Erwin Strittmatter
Der Zustand meiner Welt

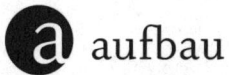

ERWIN STRITTMATTER

Der Zustand meiner Welt

Aus den Tagebüchern 1974 – 1994

Herausgegeben von
Almut Giesecke

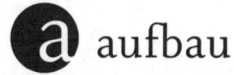 aufbau

ISBN 978-3-351-03289-0

Aufbau ist eine Marke der Aufbau Verlag GmbH & Co. KG

1. Auflage 2014
© Aufbau Verlag GmbH & Co. KG, Berlin 2014
Satz LVD GmbH, Berlin
Einbandgestaltung hißmann, heilmann, hamburg
Satz LVD GmbH, Berlin
Druck und Binden CPI – Clausen & Bosse, Leck
Printed in Germany

www.aufbau-verlag.de

1974

1. Januar (Dienstag)

NA, DAS WAR EIN JAHRESANFANG!

Bis in die neunte Vormittagsstunde hinein geschlafen. Das kommt, ausser bei Bettlägerigkeit, das ganze Jahr nicht vor. Ich fühle mich wie ein Verworfener. Dieses verfluchte Pflichtgefühl! *HERBERT* übernimmt die Stallarbeit wieder.

[...]

ICH SCHREIBE Tagebuch und Briefe, aber in der Hauptsache verbringe ich den Tag mit dem kleinen russischen Fernsehapparat, der fünf Sendeprogramme hereinholt. Sicher werde ich den Apparat eines Tages verfluchen und in die Ecke schieben. Im Augenblick spiele ich mit ihm, wie ichs als Junge mit den »Stabilbaukästen« tat, die die jüngeren Brüder als Weihnachtsgeschenke erhielten.

HAMSUN-ZEIT wieder einmal. Ich lese DIE STADT SEGELFOSS und vorher las ich DIE LETZTE FREUDE. Früh am Morgen aber lese ich LAOTSE; einen oder zwei seiner Traktate und »bewege sie tagsüber im Herzen«.

8. Januar (Dienstag)

ARBEIT

Angefangen das 3. Kap. WUNDERTÄTER III zu überarbeiten. Ich muss mir hinfür wieder versagen, jede korrigierte Seite selber auf der Maschine abzuschreiben. Es geht Zeit dabei verloren. Andererseits geniess ich's, wenn der Text ohne Korrekturgekritzel rein über die Seite fliesst.

ZU PFERDE

Auf GALBA. RAHWANA und Hengstfohlen RAOUL folgen. Fliederort. Zwanzig Zentimeter Neuschnee. Die Arbeit der vergangenen Nacht. Sie bezog mein Herz in ihre Unruhe ein.

Die Freude am Spurenmachen! Hie und da les ich an Hirsch-, Reh- oder Hasenspuren die Ratlosigkeit ab, die die neue Witterungslage bei den Tieren auslöste. Auf den frisch verschneiten Fliederort-Wiesen noch nicht eine Maussspur.

Am glücklichsten bei den Ausritten (gleichbleibend glücklich) Hund und Fohlen, die einander necken.

[…]

TIEFEN TROST, philosophischen Trost ziehe ich aus den Traktaten von LAOTSE.

Trost aus der literarischen Kunst kommt mir von Rilke, den ich lange kenne, und von Bruno Schulz, dessen Erzählungen (man müsste für sie eine neue Bezeichnung haben) ich erst seit wenigen Jahren kenne. Sie haben die Welt freigelegt, besser, sie haben gezeigt, in welche Richtung man gehen muss, wenn man von vorder- und mittelgründigem Menschenglück genug hat. Sie haben sich bis nah (vielleicht auch weiter) ans Ewige herangeschrieben.

Andere werden andere bevorzugen, aber ich bevorzuge Rilke und Schulz und ihnen folgt Emerson – ganz vorn aber schreitet LAOTSE.

12. Januar (Sonnabend)

ICH SPIELE MEINE ROLLE als Gast auf der Kreisdelegiertenkonferenz der Partei. Man schickt mir ein Auto. Es ist noch dunkel. Nachts ging Wind. Die Regenlachen auf den Wegen hatten sich verkleinert.

Ich treffe Kurt Seibt, Erwin Kurth, auch andere Bekannte und Menschen, die sich für wichtig halten und wähnen, das Leben und Weben der Kreisbevölkerung zu meistern.

SCHAUSPIEL ist die halbe Delegiertenkonferenz, aber das sind auch die meisten Tagungen in der Hauptstadt. Die Wahl der neuen Kreisleitung ist eine Farce – wie alle Wahlen bei uns. Das Schauspiel wird für eine *IMAGINÄRE GOTTHEIT* aufgeführt – die Partei. Man hat sich einen Gott mit tausend Ohren und Augen geschaffen, der aber trotzdem nicht sieht, was er nicht sehen, nicht hört, was er nicht hören will; er ist zudem allgegenwärtig und stets nirgendwo, wenn's ihm so besser passt.

Aus Liebe zu dieser Gottheit erfindet man Kulthandlungen und Liturgien, wie es die Kirche tat.

Es kann sein, dass sich dies und das von den Eindrücken, die ich dort auf der Konferenz hatte, im Roman verwenden lässt.

MEHR MIT DEM TONBÄNDCHEN ARBEITEN!

BEI ZUNEHMENDEM ALTER braucht man immer mehr Zeit, um sich für die wenigen Arbeitsstunden vorzubereiten.

FRÜHER SCHRIEB DER DORFSCHUSTER seine Rechnungsposten auf Pappstücke von zerschnittenen Zigarettenschachteln. »Nu rook ick all nich mehr«, sagte er zu Herbert, »nu habb ick ok keen Papier mehr«, damit überreichte er Herbert ein zurechtgeschnittenes Stück Einpackpapier in der Grösse von zwei Briefmarken: »Strittmatter, Halfter 1.–, Stiefel 2.–, 1 Schuh 1.– zus. 4.00 M.«

MIT DER KÖRPERLICHEN LIEBE war es so gut wie aus. Sie küsste ihn kaum noch, liess sich auch von ihm nicht mehr gern küssen. War es des Vollbartes wegen?

So gingen sie nebeneinander durch die Tage. Sie lebte in ihren Gedichten, er in seinem Roman.

17. Januar (Donnerstag)

NACH BERLIN

Regen, Regen, und die Finsternis und die Feuchte verschlucken das Scheinwerferlicht. Es fährt sich schwer.

Vom Auto in die U-Bahn, von der U-Bahn in die S-Bahn. Parteihochschule – Nähe Jannowitzbrücke – Symbolisch – vor der Parteihochschule der Bärenzwinger.

HAGER hält ein vier Stunden langes Referat. Im Präsidium – nur zur Repräsentation – LAMBERTS, AXEN, HERMANN. Keine Diskussion. Information heisst es: Mitte Dezember (73) trafen sich die Ideologen unserer Länder. Neue Erkenntnisse waren dort nicht an der Tagesordnung. Wir hören ja von H., was für »Altigkeiten« dort wiedergekaut worden sein müssen.

Eine Tortur, sich stundenlang anhören zu müssen, was man lange weiss! Das verhandeln wir mit Eva täglich je in fünf Minuten am Frühstückstisch: Die politische Weltlage.

Um Punkte, die wirklich zu erörtern wichtig wäre, drückt sich der Redner herum, weil man sich offenbar auch auf der internationalen Zusammenkunft um die Erörterung dieser Punkte drückte.

Z. B. Was ist mit China? Ist was erklärt, wenn man die Genossen dort Sozial-Chauvinisten schimpft? Ist es (nach unserer Faustregel: Alles Land und alle Fabriken, alle Produktionsmittel volkseigen) nicht ein sozialistisches Land? Wird die Losung, die H. an den Anfang seines Referats stellt: Wo der Sozialismus ist, ist der Frieden, mit dem China-Problem nicht ad absurdum geführt?

Darüber hätte man Lust zu reden, hätte man Lust, die Meinung der Polit-Bürokraten zu hören.

Nein, man ist bemüht, sorgsam zu verstecken, dass es der Kampf um die Vormachtstellung zwischen der SU und China ist, der alle Probleme heraufbeschwört.

Es sind wohl tausend Männer und fünfzig Frauen im Saal. Ich bin gewiss der einzige, der sie nicht mitschreibt, diese Plattheiten. Das Mitschreiben gilt wohl als Beleg und Zeichen, dass man mitarbeitet. [...]

Was veranlasste H., uns vier Stunden zu langweilen? Ein Teil der Konferenzteilnehmer, sollte man denken, müsste erwachsen sein (auch politisch). H. muss. Es wurde im BÜRO ein Beschluss gefasst. Die Binsenwahrheiten von der internationalen Konferenz sozialistischer Ideologen müssen weitergereicht werden.

Auch ich war (als Sekretär des Schriftstellerverbandes) nach einer Teilnahme am Schriftstellerkongress in Moskau verpflichtet, dürre Verhandlungsergebnisse unter den Schriftstellern unserer Republik auszustreuen. Eigentlich hätte mir niemand etwas anhaben können, wenn ich es nicht getan hätte, doch ich tat es, weil ich mich als Sekretär verpflichtet fühlte. Dabei arbeitete ich als Sekretär ohne ein Gehalt zu beziehen, und ausserdem hatte ich schon ein kleines literarisches Werk aufzuweisen. [...]

19. Januar (Freitag)

[...]

EINIGE BRIEFE geschrieben – und das verfluchte FERNSEHEN. Da war der Tag over.

DER SAND DER LANDWEGE war vom Regen geriffelt.

ES HERRSCHT LUST IN MIR dem täglichen Alltagsgetu mehr Glück abzugewinnen, mehr Schönheit und Poesie. Es ist nötig, dass ich die FERNSEHSUCHT besiege, damit meine Abende wieder freiwerden und Platz für Musse haben.

Obwohl ich zu Silvester (und noch Tage danach) viel Freude an dem kleinen tragbaren Fernsehapparat hatte, weil er mir versprach, dass ich alles sehen könne, was ich will; jetzt will er, nicht mehr ich.

Das FERNSEHEN ist wie eine Droge. Man verfällt ihr, verstösst die eigenen Gedanken und Einfälle und lässt sich von anderen mit halbgaren Gedanken bedienen.

20. Januar (Sonntag)

EIN BISSCHEN Tagebuch geschrieben.

[…]

BESUCH

DIE BESSONS. Diesmal sehr liebenswert wieder. Bringen die Kinder aus Bennos zweiter Ehe: Phillipp und Marie mit.

Die Bessons gehören, wie die Ronays in Budapest, zu den Menschen, mit denen man sogleich wieder (in den Gesprächen) ansetzt, wo man vor Jahren abbrach. Wir sahen die Bessons jetzt 1½ Jahre nicht.

Die Karusseit blieb – trotz ihrer Erfolge – bescheiden. Mir scheint, Bescheidenheit und Leistung sind kommunizierende Röhren. Auch Benno blieb bescheiden, schlicht, obwohl er seinen Wert kennt und ihn den Politikern gegenüber auch ausspielt. […]

Zuweilen beneide ich Benno Besson um seine schweizerische Staatsbürgerschaft. In seiner Anwesenheit ekelts mich an, ein »begrenzter« Deutscher zu sein.

Als ich jung war (in der Weimarer Republik), hatte ich (als Dorfjunge) weder Geld noch Wagemut genug in der Welt umherzustromern. Dann sperrten die Nazis zu, und es folgten die befohlenen Reisen unter Todesbedrohung als Soldat, schliesslich sperrten wir Kommunisten zu. Gibt's nicht doch ein »ostdeutsches« Schicksal, das uns noch bereithält, ungefragt Einwohner eines Sowjet-Staates zu werden?

Und doch – ob ich Wurzeln geschlagen hätte und mit 60 Lebensjahren ein literarisches Werk hätte vorweisen können, wenn mir »die Welt« offengestanden hätte?

27. Januar (Sonntag)

ARBEIT

Alle Pferde wurden ausgeschnitten, fünfzehn Pferde.

Ich wurde in drei Wochen der Schmerzen im Rücken nur vorübergehend Herr. Wenn ich mich beim Aufhalten der Pferdebeine tief genug bücke, sind die Schmerzen im Kreuz erträglich.

Eines Tages werde ich wahrscheinlich, ähnlich meiner Mutter, wie ein halb zugeklapptes Taschenmesser umhergehen.

[…]

BRIEFE geschrieben, Buchpäckchen gepackt. Nicht zu Pferde. Die Beinsehnen der Tiere müssen sich erst den gekürzten Hufen anpassen.

EVA mit DOKTOR HILDCHEN nach Berlin zu einem Interview. Matthes und Jakob sind handsam. Wir verkehren liebevoll miteinander, aber die Mutter bin ich nicht. An EVA hängen sie wie die Saugkaninchen. Es scheint auch EVAS Stolz und Ehrgeiz zu sein, ihren Kindern alles zu sein.

Die Dickens-Stunde fällt aus, wenn die Mutter nicht da ist. Das Haus wird sinnlos ohne Eva.

[…]

ES WERDEN LESERSTIMMEN LAUT, der II. WUNDERTÄTER sei schwerer zu lesen, zu erfassen als der 1. Teil. Die das klagen, dürften jene Leser sein, denen die Parallel-Erlebnisse zum gegebenen Lesestoff fehlen und die da folgern (wie der Durchschnittsmensch eben folgert), nicht ihnen, sondern mir fehle was.

Aber diese primitiven Einwände kann ich nicht berücksichtigen. Ich bin 60 Jahre vorbei, und auch wenn mir die sogenannte VOLKSTÜMLICHKEIT fürder abgehen sollte, ich kann nicht zurück. [...]

11. Februar (Montag)

[…]

DAS GROSSE GEHEIMNIS KLÄRT sich: Vor einer Woche rief man von Berlin an: Jemand wolle kommen, um mir die Einladung zum Empfang einer »hohen Auszeichnung« zu überbringen. Wir bestellten sie auf den 12. Februar.

Inzwischen kamen andere Anrufe und gestern bereits eine Gratulation zu der »hohen Auszeichnung« vom Präsidenten der Kunst-Akademie. Einigermassen geheimnisvoll und recht komisch, weil nicht herauszubekommen war, um was für eine Auszeichnung es sich handelte.

Unser kranker Hermann, mit dem Eva gestern abend telefonierte, wusste es: KARL-MARX-ORDEN.

Das mir – und ich habe DAS KAPITAL, auch keine andere Schrift von MARX je zu Ende gelesen.

Vermutlich gibt's diesen oder jenen Grund, weshalb mich die Genossen mit diesem (für sie) »hohen Orden« zu »schmücken« gedenken.

Auch Fritz CREMER soll den Orden mit mir zusammen erhalten. Vielleicht will man die Künstler-Querköpfe, die den Ulbricht-Leuten nicht genehm waren, die von ihnen kritisiert und missachtet wurden, mit der Ordensverleihung versöhnen?

Es wäre mir lieber, man verschaffte mir die Möglichkeit, ein neues Auto (ausserhalb der Schlange der Autoanwärter) zu kaufen.

13. Februar (Mittwoch)

[…]

DAS GROSSE EREIGNIS auf der politischen Bühne: Der sowjetische Schriftsteller SOLSCHENITZYN wurde nach Westdeutschland abgeschoben. Böll nahm ihn auf.

Die Politiker früherer Zeiten erkannten die Macht der Kunst nicht, und die heutigen (sogar die unserigen) tuns auch nicht. Sie erkennen sie nur, wenn sie als Macht für und nicht gegen ihre Interessen und Programme wirkt.

Die künftigen sowjetischen Politiker werden die Werke SOLSCHENITZYNS, zumindest jene drei Bücher, die ich von S. kenne,

11

aufs Bücherbrett zu den russischen Klassikern stellen. Aber erst wird der Autor für diesen Akt gestorben sein müssen.

Wenn sie doch endlich aus ihrer eigenen Geschichte lernen wollten! Sie haben Babel, Bunin, Pasternak und andere anerkennen müssen, obwohl sie sie vorher verdammten und zu Vaterlandsverrätern erklärten.

Die sowjetischen Genossen hätten besser getan, SOLSCHENITZYNS Anwürfe zu überhören, und unter der Hand einen humaneren Strafvollzug einzuführen. […]

20. Februar (Mittwoch)

[…]

VOR 22 JAHREN taten wir uns mit Eva zusammen. Die Potsdamer Nacht! Ein paar Tage zuvor hatten wir uns zum ersten Male gesehen.

Es war eine gute Zeit, und es war eine Zeit, die Krisen, auch Missverständnisse barg, aber die meiste Zeit war unser Zusammensein gut, und es war die beste Zeit meines Lebens, weil ich viel schaffte. Manchmal glaube ich zu fühlen, dass unser Zusammensein uns noch zu grösseren Leistungen bringen wird.

27. Februar (Mittwoch)

[…]

ALLEIN

Die Familie bleibt einige Tage in der Hauptstadt. Ein schönes Gefühl von Freiheit. Ich kann mich bis in die hohe Nacht hinein in meiner Arbeitsstube bewegen, musizieren und dergleichen mehr, ohne Rücksicht auf die Familienmitglieder nehmen zu müssen.

Ich habs nicht nötig, immer wieder in Evas Gesicht zu schauen, muss mich nicht nach ihren Launen richten.

Etwas ist falsch organisiert an unserem Zusammenleben; besonders jetzt, da Eva die Hauswirtschaft (Frau Franke ist immer noch krank) mitmacht.

Hauswirtschaft und Wäsche werden wichtiger als die EIGENTLICHE Arbeit.

Je älter ich werde, desto grösser wird mein Verlangen allein zu sein.

Nachdem Eva ihr Talent von der Umwelt bestätigt erhielt, tut sie die Hausarbeit wie eine Gnade, die sie mir angedeihen lässt.

Man muss eine Form des »getrennten Zusammenlebens« finden. Es wird noch dauern, aber sie wird gefunden werden.
[...]

12. März (Dienstag) 74

NACH BERLIN, nachdem ich die Jungen auf den Schulweg brachte.

ZUR AKADEMIE. Ich war mit Conrad Wolf verabredet. Er trug mir an, den Präsidentenposten der Akademie der Künste zu übernehmen. Politbüro und entspr. Stellen wären einverstanden.

Ein Glück, dass ich mich zur Zeit wieder mit Yoga-Übungen befasse. Ich habe nie so fest und bestimmt abgesagt wie dieses Mal. Ich will arbeiten, will mich selbst verwirklichen und nicht repräsentieren.

Ausserdem ist man als Akademiepräsident so gut wie ein Staatsfunktionär. Ich will schreiben, wozu es mich drängt, will auf nichts und niemand Rücksicht nehmen müssen.

NACH POTSDAM ZUM LESEN. [...]

LESEN vor einem Publikum (wohl 80 bis 100 Leute), das eine Leseveranstaltung noch nie absolviert hatte. Es ging gut. Eva hatte mit recht anspruchsvollen Gedichten Erfolg. (Für Lyrik sind die Leute bei uns nur wenig aufgeschlossen.) Das ist aber ein Irrtum. Die BRECHT-Epigonen haben mit ihrer zerhackten Prosa über politische Themen das Lyrikpublikum verekelt.

Natürlich waren ein paar literarische Eiferer da. Die sorgten für ein flottes Frage- und Antwortspiel, nachdem wir gelesen hatten. [...]

14. März (Donnerstag)

[...]

EVA NACH GRANSEE gebracht. Sie fährt schon wieder nach Berlin. Sitzung im Verband. Söhnchen Jakob mit mir.

MIT DER KUR in PISTANY wirds nun ernst. Unsere beim Ver-

band neu eingerichtete Sozial-Abteilung hat »den Fall« übernommen. Ich zahle die Kur selber, damit ich dort (am Kurort) so
untergebracht werde, dass ich arbeiten kann.

15. März (Freitag)
[...]
MIT SÖHNCHEN JAKOB, Liliputstute BEERE und ASSAN am
Thörnsee. Brandenten, Stockenten. Wir sprechen über Himmel
und Erde, verstehen uns auch ohne Worte. Eine Weile denke ich
an den Tod, bin ganz an ihn verloren. Jakob spürt zumindest
meine »Abwesenheit«. Er schiebt seine harte Jungenhand von
hinten in die meine. Ich schau zu ihm hinunter. Eine kleine
Sonne lacht mich an. [...]

25. März (Montag)
DRAUSSEN ohne Pferde. Das macht mich traurig. Mit ASSAN am
Thörn-See: Stock-Enten, Schell-Enten, Brandgänse, Blesshüh-
ner. Die Haubentaucher sind noch nicht da.

Klassischer Märztag. Die Sonne erscheint frisch und in ge-
schützten Waldecken, die der scharfe Wind nicht erreicht, ist's
warm.

Nicht ein Fisch im Flachwasser. Weiter draussen springen
Hechte.

WIEDER EIN EICHELHÄHER als Imitator. Er ahmt den Drossel-
ruf nach und irritierte mich, als ich im Wald diktierte. Einen Tag
später überraschte er mich mit dem Ruf des Mäusebussards.
Seine Gefährten ratschten beim Davonfliegen, er schrie: »Miau,
miau!«

28. März (Donnerstag)
ARBEIT
Ein Stück WUNDERTÄTER III auf Band gelesen, um den Lektoren (man weiss nicht wie sonst die Zeit mit ihnen herumbringen)
etwas vorzuspielen, aber auch, um selber etwas zu hören und um
festzustellen, was an einer Textstelle, die man vor zehn Wochen
schon für »in etwa« fertig hielt, doch noch zu tun ist.

Dann drüben (in der Stallstube) die Bibliothek geordnet, weil bei mir etwas gründlicher gesäubert werden sollte, denn TANTE ELSE arbeitet wieder.

BESUCH: CASPAR UND SCHUBERT vom »Aufbau-Verlag«. Sobald der Verlagstratsch und der Literaturklatsch verausgabt sind, sitzen sie steif da, und es entstehen Löcher in den Gesprächen, in die man bis über dem Kopf verschwindet. SCHUBERT isst Kuchen, raucht und trinkt ab und zu Schnaps. CASPAR isst nichts, raucht Zigaretten aus Zigarrentabak und betrinkt sich mit Bedacht an Wodka. Nebenbei hören sich beide einen Ausschnitt aus dem WUNDERTÄTER III an. Was kann ich da schon für ein Urteil erhoffen? […]

5. April (Freitag)

[…]

ZU PFERDE. Seit Wochen das erste Mal wieder. […]

Beim ersten Ausritt auch gleich EIN ABENTEUER MIT EINER WILDSAU: Im Hohlweg am Tietzen-See. ASSAN spürt (etwa fünf Meter) seitlich vom Pfad eine Wildsau mit Frischlingen auf. Er packt einen Frischling, der Frischling quiekt. Die Sau stürzt sich auf den Hund. Der Hund lässt das Ferkel aus – und flüchtet zu mir auf den Pfad und nimmt Deckung hinter RAHWANA. Die Sau saust auf das Pferd los. Ich sitz im Sattel und mach mich drauf gefasst, dass die Stute mit mir durchgehen wird. Nichts dergleichen. Die Stute greift die Sau an. Schlägt abwechselnd mit den Vorderhufen von oben herunter. Die Sau (sie stand einen halben Meter entfernt von der Stute) zieht sich in die Dickung zu ihren Ferkeln zurück. Der wieder mutig gewordene Hund (hyänenhaft) folgt der Sau. Die Sau nimmt ihn wieder an. Der Hund prescht und nimmt wieder Deckung hinter der Stute. Dreimal geschieht alles. Dann lässt die Sau ab. Sie und die Stute grunzen um die Wette. Die Sau lässt ihren Lockton heraus, um ihre Ferkel zu versammeln. Ich höre sie noch lange in der Dickung hügelan ziehen.

Der Hund geht jetzt mit gesenktem Kopf, fast zwischen den Stutenhinterbeinen hinter uns her.

15. April (Montag)

ARBEIT

Zwei Partien Neudiktat vom Taschentonband auf Cassetten-Recorder umdiktiert. Briefe auf Tonband diktiert. Briefe mit der Maschine geschrieben.

NACH WOCHENLANGER TROCKENHEIT – ENDLICH REGEN

MITTAG – DIE STIMME VON EVA im Telefon. Sie war schon in der Wohnung. Das Lyrik-Festival war (wohl aus Geldmangel) in Sarajewo früher zu Ende gegangen als es geplant und erwünscht war.

Froh! Aus dem Mittagsschlaf wurde nicht viel. Den Jungen verheimlichte ich die unerwartete Rückkehr der Mutter. Ich lud sie ein, mit mir zur Grossmutter ins Krankenhaus zu fahren.

Erst unterwegs weihte ich sie ein. Die Freude!

[…]

16. April (Dienstag)

ARBEIT

Im Walde neuen Text diktiert. […]

Endlich 3 Seiten BIENKOPP-Manuskript herausgesucht. Das Museum für deutsche Geschichte wollte sie zur Ausstattung einer Vitrine haben.

DAS IST WAS MERKWÜRDIGES mit dem BIENKOPP-Roman. Ein ganzes Ministerium und ein grosser Teil von Funktionären, die diesem Ministerium untertan sind, obendrauf die Landwirtschaftsabteilung im Zentralkomitee lehnen das Buch ab und versäumen keine Gelegenheit, den Roman und seinen Verfasser zu schmähen, während er im Museum zur Charakterisierung einer Gesellschaftsetappe herhalten muss!

ES STIMMTE MICH SAKRAL, als ich das Bündel mit der Aufschrift: BIENKOPP Auskorrigierte Seiten – aufschnürte. Eine Begegnung mit der Vergangenheit? Mir schien mehr –: Blick auf einen Verstorbenen. […]

18. April (Donnerstag)

[…]

MEINE LITERARISCHEN PLÄNE

Den WUNDERTÄTER III zu Ende schreiben und in der Rohfassung liegen lassen.

Dann das Buch DER LADEN schreiben. Es soll vor dem WUNDERTÄTER III herausgegeben werden!

Jetzt vielleicht Kleingeschichten oder noch einige NACHTIGALLGESCHICHTEN.

Das Buch WAS ICH VON PFERDEN WEISS oder ähnlich soll (hintergründig) ein Buch über Ästhetik aber auch meine Ansichten und Erfahrungen mit der Kunst behandeln.

DAS BUCH OHNE ANFANG UND OHNE ENDE soll schliesslich mein letztes Buch sein. Es wird ohne Ende sein, aber ich will daran bis zu meinem Tode schreiben. Und wenn die Hände nicht mehr können, wenn ich vielleicht vor lauter Rheuma nicht mehr sitzen kann, dann will ich es diktieren; wenn es aber ein Buch voll Altersgeschwätzigkeit werden sollte, dann soll Eva das Manuskript verbrennen.

19. April (Freitag)

ARBEIT

Von Band zu Band diktiert.

NEUE KANINCHEN kamen an. Darunter Hermelin-Kaninchen für Jakob. Die Freude!

Ich weiss, dass ich mir mit dem Neuanfang (die älteren schlachteten wir, weil sie sich nicht mehr vermehrten) neue Arbeit auflud, die pünktlich ausgeführt werden muss, wenn man Freude am Ergebnis haben will.

Ich konnte nicht anders. Die leeren Ställe auf dem Hofe, nein!

Kaninchen, Hunde, Pferde begleiteten mich durch die Kindheit, durch den grössten Teil meines Lebens. Sie haben mich mit erzogen.

26. April (Freitag)

LANGSAM WIRD die Vorabreise-Stimmung lästig. Es müssen so viele Stränge zur Umwelt in einen Zustand gebracht werden, dass sie nicht eintrocknen und für einen Monat ohne meine Beobachtung und Pflege weitergedeihen oder dass sie mit ihrer Wasserration auskommen für vier Wochen – wie Kakteen etwa.

Aber das ist eben lästig, dass man so vieles bedenken und berücksichtigen muss, dass man nicht sein Felleisen schultern und davonziehen kann.

Unfreiheit – die sich der zivilisierte Mensch unserer Tage selber erbaute!

DARUM SITZE ICH und schreibe Briefe, Briefe, und ich stelle fest, dass meine Postschulden nie so niedrig waren wie in diesen Tagen. Das freilich ist eine kleine Genugtuung. Ein Sieg über Umstände, in die man sich nicht selber brachte.

29. April (Montag)

NACH BERLIN

Einkäufe, die mit der Reise zusammenhängen. Der Geldtausch macht Schwierigkeiten.

AUCH ZUR WAHL gehe ich und stecke den vorgefertigten Zettel in die Urne. Die Hauptsache, es kann notiert werden, dass ich den Zettel, ohne die Wahlkabine aufgesucht und etwas gestrichen zu haben, in den Schlitz der Ersatz-Urne steckte. Eine Farce von Wahl nur noch, und man macht als Sechzigjähriger die Zeremonie mit, damit man seine Ruhe hat. Ruhe – natürlich nicht im bürgerlichen Sinne, sondern um ungestört arbeiten zu können und sich unbelästigt Klarheit über den Sinn seines Hierseins zu verschaffen.

BESUCH: ROSEWITSCH, der polnische Lyriker, Dramatiker usw. Eine Bekanntschaft von Eva aus Jugoslawien.

R. gefällt mir. Kleiner Jude mit schönem Lachen und traurigen semitischen Augen. […] R. ist mir sehr sympathisch, doch ich wehre mich dagegen, irgend etwas zu tun, um ihm zu gefallen.

Vor zehn Jahren hätte ich das nicht so eindeutig hier einschreiben können.

NOCH SPÄT AM ABEND zurück nach Schulzenhof. Mir ist wehmütig. Der Prozess des Lostrennens ist gar zu lang.

2. Mai (Donnerstag)

Ein Fahrer vom Schriftstellerverband brachte mich zum Flugplatz. Evchen begleitete mich, half mir beim Geldumtausch und »verreiste« mich.

Nun, da ich das einschreibe, ist der 2. JUNI, und ich habe Eva nicht wiedergesehen. Inzwischen fuhr sie (23. V.) zum Puschkin-Festival nach Russland.

[...]

WAS ICH VOM 2. – 30. MAI IN PIESTANY erlebte, fand seinen Niederschlag in Briefen an Eva und die Kinder, und ich schrieb fast jeden Tag einen Brief.

2., 3. und 4. Juni

Die Tage gehen dahin, und ich weiss nicht wie und wohin.

Morgens diktiere ich die in Piestany diktierte Erzählung WIE WINDS KARLE SICH WIEDER UND WIEDER ABFESSELTE vom Taschen-Recorder auf den Kassetten-Recorder um. Nachmittags beantworte ich die dringendsten Briefe. Wie immer lag ein Berg Post auf meinem Stubentisch, als ich heimkam.

Am ersten Pfingsttag (2. Juni) ritt ich (auf Rahwana) eine Stunde. Es bekam mir nicht recht; wie die Schmerzen überhaupt zunahmen und jetzt heftiger sind als in den Tagen, bevor ich in die Slowakei reiste. [...]

17. – 23. Juni (Montag–Sonntag)

[...]

(18. 6.) ZWEI THEATERLEUTE: ARMIN STOLPER, den ich flüchtig kannte, mit HORST SCHÖNEMANN, den ich gar nicht kannte. Beide sind am DEUTSCHEN THEATER. SCHÖNEMANN wohl Oberspielleiter, STOLPER DRAMATURG.

Die beiden nahmen sich vor, zum 25. Jahrestag der Republik einen STRITTMATTER-Abend zu veranstalten. Sie denken an einen Querschnitt durch mein bisheriges Werk unter dem Titel KRAMKALENDER.

Sie machten Andeutungen von dem, was vorläufig in ihren Köpfen (und nur dort) herum summt. Ich bin skeptisch. Trotzdem will ich kein Spielverderber sein.

19

Die Gäste blieben an sieben Stunden und fühlten sich in der Schulzenhof-Stille und bei Evas Betreuung so wohl, dass wir sanfte Gewalt anwenden mussten, sie zu später Stunde aus dem Haus zu schubsen.

BERLIN PARTEIGRUPPEN-SITZUNG 19. 6. Zu Gast war der Kulturminister Hoffmann.

Ich hörte ihn das erste Mal länger sprechen und neben den Ansichten der Partei auch seine eigenen Ansichten dartun. Er gefiel mir. Er machte den Eindruck, wirklich einen Standpunkt (auch einen eigenen neben dem offiziellen) zu haben.

Was mir missfiel: Die Haltung der meisten Berufs-Kollegen und -Kolleginnen. Ich entferne mich von ihnen. Sie sind, wie sie immer waren. Aber in dieser Sitzung (auch den nächsten Tag in der Akademie) erfühlte ich, wie viel Raum bereits zwischen mir und den sogenannten Berufskollegen liegt. [...]

24. Juni (Montag)

DIE SOMMERTAGE klettern über die Lichtscheide. Sogleich stellt sich Wehmut bei mir ein. Wieder ein Jahr rollt zu Tal.

Wenn man diesem NIE WIEDER-Gefühl, das sich in dieser Jahreszeit in einem ausbreitet, rechtgibt, scheint unser Leben etwas Einmaliges, Unwiederholbares zu sein, aber da lassen wir (wie vielleicht bei jeder Sentimentalität) die Unwissenheit zu laut mitsprechen.

Wie so oft hat uns diese Sentimentalität mit täuschen helfen: Die Freundin, der Freund, ein Mensch, den wir gern haben – sie gingen, und es schien uns, sie würden endgültig gehen, und es gäbe kein Wiedersehen.

Aber nach längerer (manchmal auch kurzer) Zeit sahen wir sie doch wieder. Wir kannten die Konstellationen und die Gesetzlichkeit nicht, mit der sie sich im Weltenraum bewegen würden, nachdem sie von uns gingen. Unsere Unwissenheit machte uns traurig an Lebensstellen, an denen keine Trauer angebracht ist.

In sehr mutigen Augenblicken gestehen wir uns ein, dass selbst beim Trauern um Tote unsere Unwissenheit im Spiel ist. Wo geht denn was verloren auf dieser Welt?

DIESER BRIEF VON MONETTE beschäftigt mich mehr, als vielleicht recht ist. (Aber das ist, scheint mir, schon wieder arg vordergründig gemessen!)

Der Brief lag hier, als ich aus Piestany kam. Er bietet ein Wiedersehn nach dreissig Jahren an.

Damals war ich 32, sie 39 Jahre alt; jetzt muss sie 69 Jahre alt sein.

Monette war über einige Kriegsjahre der Mensch, an dem ich mich festhalten konnte. Österreichischer Charme, Wohlerzogenheit, Kunstverständnis, Sorglichkeit und grosse Liebe von ihrer Seite her.

Ich, damals noch mit diesem Weibchen verheiratet, das mich (von allen Menschen, die mir begegneten) am meisten erniedrigte. Aber die Schuld lag mehr bei mir. Ich wollte der »Besitzer« dieser schönen Larve sein und verabsäumte, andere menschliche Qualitäten zu veranschlagen.

(Forts. morgen!)

25. Juni (Montag)

[…]

BRIEF VON MONETTE (Forts.)

Aber dann im vorletzten Kriegsjahr wurde ich von dem schönlarvigen Hürchen (Mutter meiner beiden ältesten Söhne) geschieden.

Monette rechnete (sicher?) damit, dass ich sie heiraten würde, aber ich machte derweil jener katholischen Krankenschwester ein Kind und ich glaubte nun, mich da festlegen zu müssen, und das tat ich auch (vor allem vom Mitleid meiner Mutter dazu angeschoben).

Noch bevor ich jene Änne Angermann heiratete, fragte Monette bei mir an, ob ich es nicht doch überlegen wollte, und sie war auch da noch bereit, mich trotz meiner reichlich verworrenen Familienverhältnisse zu heiraten.

Ich weiss nicht einmal, ob ich ihr auf ihr »letztes Angebot« antwortete. Ich war schon so an ihre Grosszügigkeit gewöhnt und wähnte vielleicht (verworfen genug), dass mir die Möglichkeit, sie (Monette) zu heiraten immer noch bliebe.

Als Dämpfer auf meine Hoffart erhielt ich einige Zeit später eine Vermählungsanzeige von Monette. Jetzt hiess sie nicht mehr SCHOBER sondern BÜCHELE mit Familiennamen.

(Forts. morgen!)

7. Juli (Sonntag)

[…]

DASS, WAS ICH SCHREIBEN WILL, vor allem was ich *be*schreiben will, Dinge, Zustände, Örtlichkeiten und Gefühle – noch immer weiss ich nicht, ahne ich kaum, wie ich es werde auf diese weissgrauen Papierseiten mit den blauen Linien locken.

Da wären zum Beispiel die Lichtverhältnisse zwischen zwei aufeinanderliegenden Papierseiten, und wie sie sich verändern mit jedem Millimeter, den sich ihr Abstand voneinander erweitert oder verengt. Der grobe Begriff, mit dem dieser Vorgang unter uns ist, heisst: Ein Buch, ein Heft aufschlagen.

Es gibt eine Menge solcher Vorgänge, die bisher nur grob benannt und beschrieben wurden, aber in ihnen steckt eine Dimension, die bisher literarisch nicht erfasst ist.

Das Öffnen einer Schranktür. Wieviele Arten von Winkeln entstehen dabei, welche neue Raumformen im Raum.

Die halboffene Stubentür! Was kann sich in dem da entstandenen durchdämmerten (ganz neu) entstandenen Raumwinkel nicht alles entwickeln, wenn diese Tür an einem heissen Sommertage in einem durchsonnten Zimmer ein paar Stunden halboffen steht?

Was ist in den Schrunden eines zwei Tage alten Brotlaibes geschehen, den wir sogleich verzehren werden?

Das Wunderbare ist: Sobald ich daran denke (oder glaube?), dass ich das beschreiben werde und dass meine künstlerische Aufgabe darin bestehen wird, solche Zustände, Situationen und unsichtbaren Gegebenheiten aufzuspüren, [dass] sogleich meine körperlichen Schmerzen unerheblich werden, dass alles Störende im Alltag zu nichts wird, dass ich tiefglücklich bin und im Einverständnis mit meinem Dasein, und dass sogar die Verheissung aufschimmert: Wenn du diesem Wink folgst, wird der Riss verschwinden, den du noch immer zwischen deiner Kindheit und deinem jetzigen Leben klaffen fühlst.

18. Juli (Donnerstag)

[…]

UNTERSCHIED zwischen Tagebucheinträgen und Prosa-Texten:

Liest man das Niedergeschriebene nach Wochen oder Monaten (in beiden Fällen), hat man das Bedürfnis zu korrigieren. Man erkennt, das Aufgeschriebene hätte sich auch mit anderen Worten und in anderen Wendungen wiedergeben lassen. Die Prosa bleibt in dieser Hinsicht noch nach Jahren offen. (An meinem Roman OCHSENKUTSCHER würde ich gern korrigieren!) Bei Tagebucheintragungen verliert sich das Bedürfnis zu korrigieren mit der Zeit. Man fürchtet das Gewesene (das, was stattgefunden hat) mit nachträglichen Korrekturen zu fälschen.

ILJA

Mit eins taucht ein Junge wieder auf. Das Leben – ein Strudel. ILJA blieb ein paar Stunden hier, erzählte vielerlei, meldete sich für den nächsten Monat an, um hier zu helfen und verschwand wieder.

19. Juli (Freitag)

DIE KLEINEN PFERDE

Und immer wieder dieses Wunder: Immer wieder wächst neues Gras, immer wieder gehen die kleinen Stuten in ihrem glänzenden Sommerfell über die grosse Waldwiese hin, immer über die gleiche Wiese. Und wenn elf Monate vergangen sind, werfen sie ein wohlgeformtes Fohlen heraus, das nach kurzer Zeit wieder Gras von der gleichen Wiese frisst und wächst und wächst.

[…]

ICH WERDE IMMER WIEDER DAVON REDEN, was RILKES Dichtung mir bedeutet. Einmal wird man darauf eingehen müssen; widersprechend oder zustimmend. Das eine wäre mir so recht wie das andere; die Hauptsache das Schweigen um Rilke wird gebrochen.

ES HAT DEN ANSCHEIN, als ob andere Menschen in den nächsten Tagen und Wochen über mein Leben verfügen werden. Wie dem entkommen, ohne unhöflich zu sein? […]

31. Juli (Mittwoch)

[...]

IM WALD, Pilze gesucht. Das erste Mal (seit Wochen) Kraft für einen längeren Spaziergang. Die Stille tat gut, die Luft tat wohl, auch wenn es Treibhausluft war. Ein regnerischer, aber üppiger Sommer! Die Gedanken fangen wieder an zu spielen.

ZUFÄLLE gibt es, die einen mit einem Ruck in seinen Anschauungen weiterbringen oder etwas klären.

Ich sah im Fernsehen illustrierte Ausschnitte aus dem Tagebuch des Tyrannen FRANK, der während der HITLER-Zeit Polen beherrschte. Man zeigte für die ILLUSTRIERUNG Dokumente und Dokumentarfotos: Mord, Mord – Menschenquälerei, Rassenüberheblichkeit; vor allem die Verbrechen an polnischen Kindern.

Ein Pole, der das bewusst erlebte, wird den Deutschen meiner Generation das nie vergessen. Das kann er nicht.

Andererseits zeigte mir diese Dokumentation, was es einem 1945 so leicht machte, dem Sozialdemokratismus aufzusagen und Kommunist zu werden.

Man wähnte, dass der Kommunismus alles ausschloss, alle Verbrechen, die sich der Faschismus schuldig machte, die man mit seiner sozialdemokratischen Haltung begünstigte.

Nach dieser polnischen Dokumentation las ich noch eine Weile in Solschenizyns ERSTEN KREIS DER HÖLLE, und ich wusste wieder, weshalb mich die Aufdeckung der Verbrechen im STALINISMUS fast zu einer Gleichsetzung von Faschismus und STALINISMUS führte. Die Entschuldigungen und Zurechtredereien der alten Genossen verfingen bis heute bei mir nicht. Das Gramm auf der Waage, das die Schale auf der Seite des Kommunismus schwerer machte, war und blieb für mich meine (fast kreatürlich zu nennende) Ablehnung des Kapitalismus, der mich in seiner Herrschaftszeit als Mensch nicht gelten liess.

5. August (Montag)

ABREISE

Eva reist (zunächst) mit Jakob und Matthes nach Berlin. GALSAN reist mit ihnen. Ich bringe sie zum Bahnhof nach Gransee. [...]

WIE SCHWER mir die Trennung von meinen drei lieben Hausgenossen fällt! Es ist gut, dass die Anwesenheit Galsans mich den Abschied nicht selbstquälerisch auskosten lässt!

Um Galsan brauche ich mir keine Sorgen und weniger Abschiedgedanken zu machen. Er wird langsam eine JESSENIN-Figur. Alle (hier wenigstens) schauen mit verklärten Augen auf das junge Genie, und das JUNGE GENIE weiss das leider schon zu nutzen und ist schon kein »Naturkind« mehr. [...]

12. August (Montag)

[...]

EINE ÜBERRASCHUNG

Die alte Freundin aus der Zeit in Tirol – Monette Schober, jetzt BÜCHELE – hatte 1971 meine Aufzeichnungen (bei einem Wohnungswechsel) aus der Kriegszeit wiedergefunden, und sie hatte sie mir geschickt.

Bis nun hatte ich keine Zeit ein Mal in diese Aufzeichnungen hineinzuschauen. Jetzt entschloss ich mich, weil mein Kopf zur Zeit eh leer war.

Es wurde eine Überraschung. Alle meine Ansichten von heute über das Leben und den Tod, über die Kunst und über die Politik waren im Ansatz schon vor dreissig Jahren vorhanden.

13. August (Dienstag)

ICH VERSORGE DAS VIEH, aber sonst beschäftige ich mich den ganzen Tag mit den Aufzeichnungen von vor dreissig Jahren.

Dreissig Jahre brauchte es, bis ich mir selber traute. Dreissig Jahre Umweg hätte ich ersparen können, wenn ich stark genug gewesen wäre, auf meinen Erkenntnissen von damals zu beharren, oder sie wenigstens von flüchtigen zu festen Erkenntnissen zu erhärten.

Nichts davon. Die Folgen des Krieges stürzten mich in eine philosophische Primitivität und Sektiererei, in eine solche Veräusserlichung, dass ich für den Rest meines Lebens Erhebliches leisten muss, um dieses Loch von Schwäche mit entsprechender Stärke aufzufüllen.

Wenn mir nur Kraft und Gesundheit dazu verbleiben!

27. August (Dienstag)

NACH BERLIN

Es fängt an zu regnen. Natürlich zu früh auf dem Flugplatz, ausserdem hat das Flugzeug aus Moskau Verspätung.

Ich sass herum und starrte die Menschen an.

Um halb drei Uhr nachm. trafen meine AUSWANDERER ein. Sie waren schön und lieb (wie bronziert) und alle ein bisschen krank.

Schnell in der Berliner Wohnung etwas gegessen, dann weiter (immer noch im Regen) nach Schulzenhof.

Erzählen, erzählen, erzählen, und zwischendrein von Zeit zu Zeit die ernsthaften Versicherungen, wie sehr man einander vermisste.

19. September (Donnerstag)

AM ROMAN gearbeitet. Es geht gut. Als ob ich erst jetzt reif genug wäre, ihn zu schreiben.

NICHT GERITTEN, auch gestern nicht, nur damit es keinen Grund zu der Behauptung gibt, das Rheuma habe sich durch das Reiten verschlimmert. [...]

BORIS DJACENKO

Als ich gestern aus Gransee zurückfuhr, musste ich heftig und mit einem Gefühl von Freundschaft, das sich auf den jüngeren Teil unseres Bekanntseins bezog, an ihn denken.

Ich wusste, dass er sich vor einiger Zeit hatte von seiner dritten Frau scheiden lassen und erwog, ob er sich nicht doch würde bei mir melden. Er hatte das eigentlich stets getan, wenn er sich allein und in Not fühlte. (Einmal rief er vor einem Selbstmordversuch an!)

Am Abend telefonierte Eva aus Berlin: Es läge Djacenkos neuestes Buch mit einem Brief in der Berliner Wohnung. In dem Brief war von der »Erneuerung« unserer Freundschaft die Rede.

20. September (Freitag)

AM ROMAN gearbeitet. Das vierte Kapitel so durchgearbeitet, dass es mir für den Augenblick fertig erscheint.

SPAZIERGANG MIT EVA.

Eine Seltenheit. Früher sind wir zuweilen miteinander durch die Wälder geritten, aber seit Eva Gedichte macht, gehen wir noch selten zusammen. Ich reite, aber das verbietet sich mir zur Zeit durch meine Hüftschmerzen. Eva läuft. Wir respektieren einander. Jeder sinnt auf seinen Gängen über etwas nach. Ich hüte mich Eva zu stören. Ich bin froh, dass sie sich hineinfand, ihre grosse Gefühlswelt in »Formen zu giessen« und sie für andere nacherlebbar zu machen.

25. September (Mittwoch)

Die Jungen auf den Schulweg gebracht. Das hat die MAMA so eingeführt. Sie steht auf dem Hof hinterm Wall der Rosenhecke und winkt. Die Jungen fahren durch's Wiesental, schaun zum Hof herüber und radeln, bis Büsche und Bäume das Widerwinken unmöglich machen.

Der Vater kopiert das Zeremoniell, aber es ist eben nur eine Kopie, Ersatzkaffee, Zichorie!

BERLIN. PROBE ZUM KRAMKALENDERABEND

Wie merkwürdig, wieder im dunklen Zuschauerraum des Theaters zu sitzen, in dem meine »Theaterlaufbahn« begann, und wieder bei einer Probe zuzusehen!

Ernst Kahler und Mathilde Danegger kommen von der Bühne und umarmen mich, echt und theatralisch zugleich. Trude Beckman, die die ALTE FEIMER in der HOLLÄNDERBRAUT spielte, ist wieder dabei. Man wird auch Szenen aus der »Holländerbraut« spielen und die LABUDDA mit den abstehenden Ohren wird die HOLLÄNDERBRAUT sein.

Ich bin befangen. Ich kann nicht urteilen und beurteilen. Eva fehlt. Mir ist's (wie oft schon) ein Wunder, wenn mir die Gestalten, die ich erfand, leibhaft gegenüberstehen. Mit diesem WUNDER habe ich zu tun, und wie soll ich da Zeit haben Urteile anzufertigen.

MANIFESTATION DER KÜNSTLERVERBÄNDE in der Staatsoper.

Honecker, Sindermann, Hager und Lambertz sitzen da und halten es aus (vielleicht doch ab und zu mit Unbehagen, wenn ich nicht positiviere), wie sich erwachsene Männer, einige davon sogar Künstler mit etlichen Meriten, hinstellen und arschlecken und davon reden, dass sie von der Partei (einer Institution!) angefertigt, beraten, erzogen, vorwärtsgebracht, sehend und zu Künstlern gemacht wurden. Und wenn sie nicht vom Begriffsfetisch PARTEI sprechen, der sie *alles* zu verdanken haben, dann nominieren sie Erich Honecker und bedanken sich bei ihm.

Wahrlich, eine Parade des Personenkults war das! Aber wie schon oft gesagt: Es gehören zwei Parteien zum Personenkult: Lecker und Leckenlasser!

Ich will derlei Peinlichkeiten ferner aus dem Wege gehen, *ich muss!*

28. September (Sonnabend)

DER TAG verging, wie viele Sonnabende in den letzten Jahren hier in Schulzenhof vergingen. Bis 9ʰ arbeitete ich irgend etwas in meiner Stube, dann fuhr ich mit Eva in den Dorfkonsum, sass dort und wartete im Auto, bis Eva eingekauft hatte. Ich tat, als ob ich läse und liess die Dorfleute Revue passieren.

Nachdem ich gelesen habe, dass Leute, die mit Hüftgelenk-ARTHROSE befluchte sind, wie unsereiner, rechtzeitig einen Gehstock (zur Entlastung der betroffenen Hüfte) benutzen sollten. Das mache ich nun und errege Mitleid bei meinen Söhnen.

Ich mache einen kleinen Nachmittagsspaziergang von etwa zwei Kilometern. Es liegt eine vom Sturm gerissene Kiefer am Rande eines austrocknenden Sumpfes. Auf dieser Bank mit der schrundigen Rindendecke sass ich im Frühjahr und diktierte. Nun sass ich dort und meditierte. Aber ich bin noch kein grosser Künstler im bewussten Meditieren; ich fühle jedoch, dass es erlernbar ist. […]

9. Oktober (Mittwoch)

ICH FUHR ALLEIN NACH BERLIN.

Es hatte die ganze Nacht geregnet. Morgens sah man, dass sich der Regen gerüstet hatte, den ganzen Tag dazubleiben. Es blieb dämmergrau. Vorweggenommene Novemberstimmung. Die Autofahrer schalteten ihre Lichter ein.

[…]

IM SCHRIFTSTELLERVERBAND
Die Parteigruppe des Vorstandes tagte seit dem Kongress zum ersten Male. Vor Wochen hatte man geplant, das Verhalten einiger Genossen und Kollegen zu rügen. Sie hätten Abträgliches in Interviews gesagt, die sie westlichen Reportern gegeben hätten.

Inzwischen war Breshnew zu Besuch. Er befahl Grosszügigkeit gegenüber Westdeutschland. Natürlich aus wirtschaftlichen Gründen. Nun wurde von den Rednern Baumert, Görlich, Henniger usw. das vorgeführt, was im Volksmund Eiertanz geheissen wird. Man verhielt sich wie Jan Bullert im BIENKOPP: »Ich nenne keine Namen.«

Als sich ABUSCH als erster Diskussionsredner zu Wort meldete, verliess ich demonstrativ die Versammlung. ABUSCH gehört für mich zu den alten Genossen, die ihren Mantel im günstigsten Winde wehen lassen; und einmal einen Tuch-, mal einen Seiden-, mal einen Perlonmantel tragen. Mein Abgang hat, wie man erzählte, ABUSCH stutzen machen. Er hätte erst ganz zum Schluss ein paar Worte gesagt.

ICH GING EINKAUFEN, schlenderte durch Geschäfte. Fand 9-Volt Flachbatterien, die es lange nicht gab, und kaufte einen Jägerspazierstock, den man zu einem Sitz ausklappen kann.

Ich wurde mit der inneren Erregung schneller fertig als sonst. Schlagen meine bisher dürftigen Meditationsübungen an?

25. Oktober (Freitag)
DAS REGENWETTER um und um wirkt sich ungünstig auf die Stallarbeit aus. Die Pferde können nicht auf die Weide, nicht auf ihre Auslaufplätze gebracht werden. Sie durchkneten unruhig ihre Einstreu. Man muss morgens und abends mehr Mist karren als an normalen Tagen und verbraucht mehr Sägespäne als vorgesehen zum Einstreuen.

WENN JEMAND fragt: Wozu habt ihr die (vielen) Pferde? – so wird jetzt (nachdem die Shetlandpony-Fohlen kaum noch begehrt werden) die Antwort schwieriger. Wir hielten die Ponies nie aus Nützlichkeitsgründen. Wenn es sich ergab, dass die Pony-fohlen eine Zeitlang gut bezahlt wurden, so war das nicht von uns einkalkuliert.

Also, weshalb die Pferde? Die Antwort: Aus romantischem Hang, den nicht nur ich, sondern die ganze Familie zu hegen an-fing.

Um den Tieren nahezubleiben. Weil wir Tiere, weil wir Pferde (ganz besonders) lieben. Weil ich gern reite. Weil unser Leben auf dem Lande ohne die Pferdezucht bar von Wurzeln wäre.

Es gäbe gewiss noch viele Antworten, die mir zur Zeit nicht einfallen. Schliesslich wäre ohne unsere Pferdehaltung kein PONY PEDRO entstanden und so manche von den Kalendergeschichten nicht.

4. November (Montag)

EINER VON DEN TAGEN, wie ich sie gern habe:

Am Roman gearbeitet, Briefe geschrieben und diktiert.

Kleine Arbeiten in Haus und Hof.

Geritten.

14. November (Donnerstag)

[…]

NACH BERLIN in guter Stimmung. Innen wohlig. In der Stadt hat man die Verkehrsampeln durch weiss bemäntelte Polizisten ersetzt. TITO im Anmarsch auf WANDLITZ. […]

IN DER VOLKSBÜHNE KÖNIG HIRSCH von Gozzi das zweite Mal angesehen. […] Da die beiden alternierenden Darstellerinnen des Zauberer-Dieners erkrankten, spielt Usch ausser der SME-RALDINA auch diese Rolle.

Ein Naturtalent. Man muss dieser Usch gut sein. Als private Menschin genügt sie meinen Ansprüchen und Wünschen nicht. Aber wenn sie spielt! Sie macht Clownerien und man möchte weinen. Das heisst – eine göttliche Kraft ist da. Wenn Usch spielt, wird sie heilig.

14. Dezember (Sonnabend)

NUR EIN WENIG im lieben Zuhause gebadet. Jede der laufenden Arbeiten nur wenig gefördert, ihr nur rasch ins Gesicht gesehen.

NACH BERLIN am Nachmittag ums Dunkelwerden. Es liegt etwas Schnee, und die Strassen möchten am liebsten glatt werden, und sie warten auf eine Auflassung dazu aus der Luft.

Wir sitzen in der Berliner Wohnung, warten auf Telefonanrufe der ausländischen Freunde und hoffen insgeheim, dass keiner von ihnen diesen Abend noch kommt. Das stille Miteinandersein tut uns gut.

Eva arbeitet an ihrem Puschkin-Essay. Ich lese Hesses »GLAS-PERLENSPIEL«.

21. Dezember (Sonnabend) bis 29. Dezember (Sonnabend)

Also eine Woche nicht eingeschrieben. Das ist nur grob nachzuholen. Keine Lust für Tagebuchaufzeichnungen.

Geschehen ist dies und das, aber nichts von lebensverändernder Bedeutung.

Die lebensverändernden Meditationen traten zurück. Leider. Trotzdem keine Trauer: Das Meer und das Marschland. Mein Symbol, das auf alle Prozesse passt und standhält.

Sohn Erwin erschien, schrieb an einer Prüfungsarbeit Marxismus-Leninismus; geriet in Zweifel, ob er sie so dogmatisch liefern soll, wie sie von ihm verlangt wird.

Wir rieten ihm für die dogmatische Arbeit, damit er sein Schauspieler-Diplom erhält. Bei uns wird im Berufsleben am bereitwilligsten für diplomierte Dummheit gezahlt. Über undogmatischen Marxismus kann E. nachdenken, wenn er sein Diplom hat.

Der einzige Ausweg aus den Konflikten, in die alle denkenden Jugendlichen geraten, ist, schöpferisch arbeiten, sich selber verwirklichen oder den Marsch ins Innere antreten. Welcher Jugendliche aber wäre zu so einem Marsch bereit?

EVA kränkelt. Mal Grippe, mal das, was sie Rheuma-Anfälle nennt. Man soll's am besten nicht wahrnehmen, wünscht sie; wenn man es auffällig registriert, dass sie zu oft kränkelt, wird sie wild. Und doch muss sie etwas tun. Mit der Kur in Piestany – da werde ich nicht locker lassen.

ARBEIT

Bis zu den Weihnachtstagen arbeitete ich recht eifrig am Roman. Gefeilt, geschliffen. Bald müssen die ersten hundert Seiten »stehen« und »knallen«.

Seit Weihnachtsabend mache ich mit Matthes und Jakob Herberts Urlaubsvertretung im Stall. Die Jungen sind lieb, arbeiten rege und betrachten die Stallarbeit nicht als Muss. Sie empfinden die Romantik, die einem zeitweiligen Dasein für die Tiere innewohnt. [...]

KEIN BESUCH die ganzen Tage. Die Tatsache wird von Monat zu Monat wohltuender. [...]

1975

8. Januar (Mittwoch)

TAG OHNE EVA

Sogleich ist die offene Fröhlichkeit nicht im Hause. Das Zwitschern und Jubilieren Jakobs. »Drei Einsen, Vater, drei Einsen heute!« Ich lobe ihn, freilich, aber ich kann nicht so tief erfreut und so wirklich erfreut darüber sein wie die Frau Mutter.

Der ganze Nachmittag geht in gedämpfteren Farben einher.

ICH DENKE UNABLÄSSIG über den Roman nach. Ich sitze fest. Aber ich weiss, dass das kein Endzustand ist. Ich weiss, dass in bezug auf die Fabel in solchen Fällen von Festgefahrenheit in der Regel ein Denkfehler vorliegt oder dramaturgischer Dilettantismus.

Manchmal will man auch die politische Wahrheit umgehen, weil die alte Befürchtung: SO WIRD'S BESTIMMT NICHT GEDRUCKT noch in einem steckt.

Von Zeit zu Zeit zeigen sich Lichtungen oder Türen, die jedoch, sobald man sie (nur gedanklich) benutzt, in neue Dickichte, Schmutz-Ecken oder in unelegante Räume führen.

Vor allem nicht vergessen, was man sich schwor: Keine Rücksicht auf die derzeitigen Ansichten von Politikern, Ökonomen, von Dilettanten im allgemeinen!

Das Gefühl nähren: MAN HAT ZEIT. Nicht unberücksichtigt lassen, dass man sich in der Kunst der Meditation üben und vervollkommnen muss!

UNTERWEGS mit den Stuten und dem Fohlen. Sogar die Sonne scheint. Aber es dringt nichts von draussen zu mir herein.

Der Roman rumort. Auch so eine SÜNDE – sich diesem Rumoren zu überlassen. Man weiss doch, dass einen das wenig weiterbringt. Der Fortgang der Handlung muss einen wie ein Blitzstrahl »treffen«.

19. Januar

EIN GESEGNETER SONNTAG-VORMITTAG

Angeekelt von der Arbeit am Roman, ermattet von Sich-Zer-denken. Gereizt. Auch ein wenig zornig auf Eva. Weil man ja stets denkt, der liebste Mitmensch will nicht verstehen, will einem nicht zubilligen, dass man etwas schrieb, wie man es schrieb. Man hat den Verdacht, der liebe Mitmensch will's so geschrieben haben, wie er es geschrieben hätte. Etwas Wahres ist wohl auch an dem Verdacht, überhaupt dann, wenn ästhetische Forderungen gestellt werden.

Ich verkünde (morgens beim Sonntagsfrühstück zu zweit), ich werde den Roman liegen lassen, die Arbeit an ihm einstellen. Will ich's oder drohe ich nur (man ist in solchen Situationen kindisch), um Eva geneigt zu machen, von ihren ästhetischen Forderungen abzustehen?

Aber Eva bleibt hart, künstlerisch unbestechlich. Gern wüsste ich, ob auch ich so auf sie wirke, wenn es um ihre Gedichte geht und die Situation umgekehrt ist.

Allmählich beginnt sich's zu lichten. Man weiss später nie zu sagen, wie es dazu kam. Ich spreche mein Unbehagen an der Fabel aus. [...] Eva sieht sogleich ein, dass ich in bezug auf die Fabel-führung recht habe.

In einer Stunde entsteht eine viel unkompliziertere, eine klassisch-einfache Fabel. Ich spür mich belebt und voller Lust weiter-zuschreiben. Alles Unbehagen getilgt, verjüngt und mit mehr Liebe für Eva im Herzen denn je.

BESUCH: MAX FRÖHLICH, der »Kartoffelkönig« aus Wulkow. Ich wollte gerade ausreiten. Max mit seinem zehnjährigen Enkel Axel, dem Ebenbild der Grossmutter.

Max F. gehört der Bauernpartei an, ein ehemaliger Schlosser, ein naturbegabter Manager, eine Vorstandsfigur mit altruistischen Zügen, ein Fuchs, ein Rechner – das alles aber nicht nur aus Egoismus.

Er führte bisher zwei Genossenschaften. [...] Nun hören wir zum ersten Male von einem gefuchsten Fachmann, was wir lange vermuteten, nur vermuten konnten und mussten, weil wir keine Zahlen zu packen kriegten.

Durch die Prinzipienreiterei (unbedingte Industrialisierung der Landwirtschaft, für diese Schein-Industrialisierung) wird jedes landwirtschaftliche Produkt teurer. Die Verteuerung beträgt ein Drittel des bisherigen Gestehungspreises. Dieses FIASKO wird geheim gehalten. Alle LPG- und KAP-Funktionäre wurden zu »Geheimnisträgern« gemacht. Die Begründung: Der Gegner soll keinen Einblick erhalten.

Wie lange wird der Staat durch Subventionen die Kostensteigerungen in der Landwirtschaft noch vom Verbraucher abhalten können. Der Staat hat kein Geld. Woher wird er es nehmen, wenn er Preissteigerungen auf dem Nahrungsmittelmarkt vermeidet?

19. Februar (Mittwoch)

ARBEIT

Briefe diktiert.

Wehmut, weil eine Berlinfahrt bevorsteht. Es wird von Jahr zu Jahr schwerer, sich von hier, vor allem vom gleichmässigen Rhythmus der Arbeit, loszureissen.

In Berlin werden es immer weniger Menschen, Dinge und Angelegenheiten, die mich interessieren. Vielleicht sollte ich in den Museen versuchen, vielleicht wären sie etwas, in das ich so gern ginge, wie ich in den Tierpark gehe. Museen? Das Stehen? Mein Hüftgelenk! […]

4. März (Dienstag)

[…]

Mit den Stuten unterwegs. Auf dem WOZ-SEE trafen die Schwäne ein.

Ich reite bis zu den Rheinsberger Wiesen an der DÖLLNITZ. Lauschiger Fleck zwischen Woz- und Zechow-See. Trockene Moorwiesenkuppe, Riedgras, alte Föhren, Blick auf die eingekoppelten Jammertal-Wiesen. Hier in der Nähe hörten wir an einem Nachregen-Abend im Juni den Wachtelkönig. Einige Tage später wurde unser Jakob geboren. Jetzt wird Jakob gleich zwölf Jahre. Ich umdenk' Eva mit Zärtlichkeit. Es muss ihr nicht leicht gefallen sein, damals, so hochschwanger mit mir in den nassen

Wiesen umherzuziehen. Aber sie tat's, weil sie spürte, dass es mich freute, und dass ich meine Erlebnisse gern mit ihr teile, ohne natürlich den Zustand genügend zu berücksichtigen, in dem sie sich befindet.

5. März (Mittwoch)

[...]

DIE MARIE-LUISE FLEISSER ist eine Verwandte von mir. Ich hab's schon geahnt, seit ich sie im Rundfunk mal lesen hörte. Nun kamen drei Bände FLEISSERIN aus der Akademiebibliothek. Ich seh's auf Schritt und Tritt, ich lese, dass sie meine Verwandte ist.

Obwohl sie eine Frau ist, hat sich ihr Zusammentreffen mit Brecht, seine Zusammenarbeit mit ihr sehr ähnlich abgespielt wie die meine. Auch unserer beiden End-Erkentnisse über Brecht sind annähernd die gleichen. Sie sah in B. bis zuletzt ein ihr überlegenes Genie. Ich neige mehr und mehr dazu, B. als bösartiges Genie zu sehen, ein Genie, das sich um's Andersseinwollen verkrampfte und mehr geistigen Schaden als Nutzen stiftete. [...]

29. März (Sonnabend)

DIE IDEE FÜR EINE KOMÖDIE kam mir. Endlich der Einfall, in dem sich vieles, was ich zu sagen habe, wird unterbringen lassen. Steife Kritik wird sich humorvoll sagen lassen:

Arbeitstitel etwa: »Die Himmel- und die Erdenfahrt des Willi Malzbiermann«.

Ein sozialistischer MANAGER (Kombinatsleiter) sauft beim Baden in einem Waldsee ab und kommt in den (sozialistischen) Himmel, der sich ihm als Hölle darstellt.

Die Sache lässt mich nachts nicht schlafen. Ich erfinde und erfinde Details, überprüfe dies und das und komme zu dem Ergebnis, dass sich die Komödie wird machen lassen.

Ich muss um 3^h Hopfenperlen schlucken, damit ich endlich einschlafe.

31. März (Montag)

DAS LEBEN rollt, rollt. Was bleibt von ihm? Jeden Tag tut man etwas und hält's für getan, doch am nächsten Tag erscheint dieses Etwas wieder und will getan sein, und man tut es. Aber was bleibt? frage ich, was bleibt?

Was man aufschrieb, bleibt – eine Weile, vielleicht auch die Aufzeichnungen in diesem Büchlein hier – eine Weile. Man schreibt's so nieder für andere und die Kunst ist vielleicht nichts als eine verbrämte didaktische Lust oder der alte tierische Warnschrei für die Herde.

Denn was zählt, ist unsichtbar und führt zu einem Ziel, was keiner von uns kennt, was manche von uns nur ahnen. Es liegt ausserhalb von Schrift, von Worten, von Gedanken gar.

[...]

DIE ARBEITSAUSSICHTEN sind diesen Monat gering. Wir haben Veranstaltungen in Dresden, im Deutschen Theater, in Uhsmannsdorf. Es geht in keinem Falle um Stunden, sondern in jedem Falle um Tage. Ein Besuch beim Vater lässt sich mit Uhsmannsdorf verbinden.

Den Mai über werden wir in Piestany zur Rheumakur sein. Ich bin (wie stets vor Reisen und wenn mein Arbeitsrhythmus gefährdet ist) von Unruhe umlauert. Sie darf nicht hinein! Ein Jahr Übungen in Lebenskunst sollten ihre Früchte zeitigen!

11. April (Freitag)

NACH BERLIN

Besorgungen. Nachmittags beim Sekretär Henniger im Schriftstellerverband. Dort wieder einmal Weltuntergangsstimmung, ideologische. Die Jungen wollen sich nicht so reglementieren lassen, wie es die alten Herren im Polit-Büro für ihre Bequemlichkeit gern hätten!

Sobald man in diesen Scheiss-Verband kommt, wird man als Vize mit PROBLEMEN gefüttert, leider nie mit schöpferischen. Der Begriff IDEOLOGIE fängt an, mir Brechreiz zu verursachen.

LESEN IN DER »KLEINEN KOMÖDIE« mit Eva. Viele junge Leute mussten umkehren. Keine Karten.

Es gefiel uns nicht, von der Bühne zu lesen. Alles so honettes Publikum. Der gestraffte ZIRKUS WIND kam gut an. Eva hatte aufmerksame Zuhörer und ehrlichen Beifall. Ich auch, aber ich muss (oder mach eben) nach Evas ernsten Vorträgen stets etwas den Clown, den Hansnarren des Shakespeare-Theaters. [...]

16. April (Mittwoch)

[...]

MAN HAT MICH EINGELADEN

Ich soll im November im Zirkus auftreten. NACHT DER PROMI-NENTEN nennen sie das. Wohltätigkeitsveranstaltung. Wahrscheinlich hat der Vortrag von ZIRKUS WIND so animierend auf die Veranstalter gewirkt. Ich weiss nicht, was machen in diesem Falle. Ein alter Jugendtraum war's – im Zirkus auftreten. Vielleicht könnt' ich mich damit zu meinem Nutzen desillusionieren; vielleicht zum Schaden. Wieviel Zeit wird's mich kosten? Es muss geprobt werden. Werd ich nach der zweiten Rheuma-Kur im Mai wieder einen Rückfall haben und zunächst unbeweglicher sein als jetzt?

DRAUSSEN mit GALBA. Das Nest des See-Adlers scheint tot zu sein. Ich sah ihn schon lang nicht mehr. [...]

3. Mai (Sonnabend)

Ich schreibe im voraus ein. Der letzte Tag in Schulzenhof. Schmidt und Sohn aus Menz stellen ein Hoftor aus Metall auf.

Gleich werden wir Irma in Köpenick abholen. Sie wird hier bei den Kindern sein.

Ilja fährt morgen ab. Das »grosse Abschiednehmen« beginnt.

Morgen, den *4. Mai, Sonntag*, fliegen wir über Prag nach Piestany.

2. Juni (Montag) bis 8. Juni (Sonntag)

Das Wiedersehen mit den Söhnen! Herzlich. Auch Sohn Erwin war zu Besuch. [...]

Dann versanken wir wie in einen Strudel: [...] Abgebrochene

Tätigkeiten mussten wieder angeknüpft werden; über anderes hatte man sich Ein- und Überblick zu verschaffen, Anordnungen mussten getroffen werden.

[…]

Besucher kamen und liessen uns nicht zur Besinnung kommen, und wir seufzten den schönen, ruhigen Tagen in Piestany nach, die uns so sehr selber gehört hatten. […]

Ich war trotz aller Abhaltungen, die andrängten, fleissig. Das bescheinige ich mir selber. Ich diktierte einige Kapitel WUNDERTÄTER III um und ich diktierte die Erzählung SCHREIBEN, die ich in Piestany schrieb, vom Taschen-Tonband auf den Recorder. Etwa 50 Seiten umfasst die Rohfassung dieser Erzählung.

[…]

Am Sonnabend wurde das erste Gras zum Heuen geschnitten. Der Juni ist kalt in seinen Morgen, empfing uns noch mit Nachtfrösten, aber er ist grün, und der Ginster blüht.

9. – 11. Juni (Montag bis Mittwoch)

[…]

Man braucht nur eine Weile in RILKES Briefen zu lesen, um zu wissen, was einem ansteht, der's ernst mit seiner ARBEIT meint. Er gibt Normen für's Verhalten von Künstlern. Wer sie einhält, kommt weit.

Bei mir schleicht sich die Frage ein: Sind die Pferde noch etwas, was zur Norm gehört?

In Berlin brech ich die Beziehungen zur sogenannten Gesellschaft leise ab. Sie gibt nichts; sie frisst von mir. Eva wird's unheimlich, wenn ich (fast unwillentlich) mal davon spreche. Achtzehn Jahre Altersunterschied! […]

17. Juni (Dienstag)

BEIM HINSCHREIBEN fiel's mir auf: Ein Datum von Bedeutung für die deutsche Nachkriegszeit! Was geschah, wurde und wird von rechts und links durch Lügen unkenntlich gemacht. Für mich war's der erste Riss in der fünfjährigen naiven Gläubigkeit, mit der ich den sozialistischen (kommunistischen Partei-Oberen) folgte. Der zweite »unheilbare Riss« kam von Stalin und denen her, die in seiner Nachfolge sind bis auf den heutigen Tag. – Am 17. Juni 1953 wurde ich gewahr, dass die Mäuler gross, aber der Mut klein war, auch bei den führenden Genossen. Am 17. Juni 1953 gewahrte ich, dass auch im Kommunismus Geist und Macht nicht identisch sind, und dass alles gegenteilige Gerede aus bewussten oder unbewussten Lügen besteht.

HEUTE VERSTEH ich schon nicht mehr, wie ich überhaupt an Politisches, an eine Partei glauben konnte. Der Krieg und seine Folgen trieben mich nach aussen. Die fünf Jahre Parteigläubigkeit bewiesen, dass ich noch wurzellos in den Tiefen war.

DIE VERLEGER (LEKTOREN) waren da. Caspar führte den Schubert-Ersatz, unsere neue Lektorin, *Frau Pankoke*, ein.

Caspar war nicht recht gesund, und es dauerte sechs Stunden, bis er seine obligate Flasche WODKA verspeist hatte.

Eva soll eine Nachauflage von LIED AUS STILLE ausser der Reihe bekommen.

Zum 65. Geburtstag wollte man Reden und Aufsätze herausbringen. Ich lehnte ab. Das macht man bei alten Leuten, die hinten nicht mehr hoch und vorn nicht mehr heraus können.

Wir einigten uns auf eine Art Sonderdruck. Die neue Geschichte SULAMITH MINGEDÖ, DER DOKTOR UND DIE LAUS in einem Büchlein. Illustriert von GIEBE. Nun kommt's auf GIEBE an. […]

18. Juni (Mittwoch)

DAS LETZTE HEU wurde eingefahren. Vormahd-Heu. Es drang dieses Jahr nicht bis in unsere Arbeit – das Heu. […]

PIESTANY

Was mir dieser Ort in einem fremden Land doch bedeutet! In zwei Jahren hat's darin WEIMAR und auch noch das Heimatdorf BOHSDORF eingeholt.

Eva sagte: »Ich freu mich schon auf's nächste Jahr in Piestany.«

Ich tanzte vor Vergnügen, weil der Ort auch Eva verzauberte. Es geht wirklich um den Ort, die Bade-Einrichtungen und die

Ortsumgebung; es geht nicht um Menschen. Zwar kennen wir nun dort den und jenen, aber flüchtig nur. Keine Freundschaft, die bindet. [...]

19. Juni (Donnerstag) bis 24. Juni (Dienstag)

DIE MINGEDÖ-GESCHICHTE

[...]

Ich ging gleich wieder ans Überarbeiten und war für die Umwelt verloren. Man steckt da, wie ich bis jetzt erkenne, in einem Zwischenreich: Die Menschen, die Dinge – also die Umwelt – existieren für einen nur, wenn man sich zwingt, sie zu sehen und auf sie einzugehen.

Es ist, wie wenn man aus dem Schlaf kommt, sich das durchgeschwitzte Nachthemd gegen ein trockenes tauscht, das man widerwillig aus dem Schrank holt, weil man viel lieber im Schlaf geblieben wäre, und man ist bedacht, nicht hellwach zu werden und eilt in den Schlaf zurück.

Aber in dem Zustand (in *der* Lebenslage), die die Alten als TAO bezeichnen, ist man gewiss nicht. Man agiert in einem Reich von Gestalten, Dingen und Landschaften, die man selber erschuf.

Ich lieb' diesen Zustand. Nicht aus Feigheit, nicht aus Lebensüberdruss. Ich freu mich am Geschaffenen und such alles in dieser von mir geschaffenen Welt zu bessern und zu kräftigen und mit Dynamit auszustatten, die zunächst mich befriedigt und später Aussenstehende (Leser) überwältigt.

VORSTANDSSITZUNG (Freitag) in Berlin. Fünfundzwanzig Jahre lang die gleichen Redereien. Sie bewirken nichts. Sie sind nur Tätigkeitsnachweis für die unschöpferischen ZK-Instrukteure, Kultur- und Verbandsfunktionäre.

So wie mir dort in den Sitzungen muss denen in den Zuchthäusern zu Mute sein, die Sand von einer Stelle zur anderen und dann wieder zurückkarren.

ICH TREFFE Alfred Wellm, Stefan Hermlin, Hermann Kant und viele, die man bei solchen Sitzungen trifft. Wir haben uns nichts zu sagen, teilen uns gegenseitig ein paar Äusserlichkeiten mit. [...]

ICH GEH WIEDER SCHWIMMEN, folge den Anweisungen Dr. NIE-

PELS aus Piestany, stärke die Muskeln überm kränkelnden Hüftgelenk.

Beim Schwimmen im stillen Waldsee erkenn ich, was ich viele
Jahre unerkannt und ungenutzt fürs drinnige Leben vorüber-
liess: Das Ewigkeitsgewisper der Wellen, die nicht müde werden,
ihre Begegnung mit dem Strand zu schildern; den linden Wind,
der auf dem See eine Herdstatt hat; die Blesshühnchen bei der
Unaufhaltsamkeit ihres täglichen Tuns.

Und den Waldschatten, und die Räume, die er unter den Bäumen auskleidet, würdigte ich lange Jahre keines Blicks, die Teppi-
che auf den Waldfusssteigen und das Material und das Geweb,
aus dem sie bestehen.

Scharen von Wildenten erscheinen, als wären sie aus der
Schwüle überm Wald entstanden, und lassen sich fern, nun wieder wie graue Falter – auf's Wasser.

Die Schwäne – nie kamen sie mir so nah wie als ich im Waldsee
schwamm. Die Schwingenmusik und der Wind ihrer Flügel über
meinem nassen Kahlkopf. Sie trugen was unter sich aus, vier Vor-
jahrsschwäne, sie suchten sich zu packen und immer nicht mehr
als einen Meter über dem Wasser dabei. Kampf schon oder noch
Spiel? Uns war's, als bezögen sie uns da ein und wir fühlten: Es
war ein Einmals-Erlebnis.

29. Juni (Sonnabend)

[…]

ETWAS ZUM ERSTEN MALE ERLEBEN

Das gibt's immer noch: Zum ersten Male ass ich dieses Jahr Kirschen von einem Baum, den ich selber pflanzte. Zum ersten Male
schwamm ich dieses Jahr einsam auf dem grossen Waldsee und
war mit meinem Kopf dort, wo das Teichgeflügel bäuchlings auf
der Wasseroberfläche schwamm. Ich war der einzige Mensch in
einem grossen See. Auf einem gleich grossen Waldstück kann sich
ein zweiter verborgen halten, ebenso kann er hinter einer Hecke
hocken, wenn es sich um ein gleich grosses Feld- oder Wiesenstück
handelt. Alle Luft und jeder Wind, jeder Sonnenschein, die den See
berührten, standen mir allein zur Verfügung, auch die See-Stille
mit ihren verhaltenen Geräuschen bezog mich in sich ein.

Und wieder die Kirschen: Kirschen vom »eigenen« Baum wünschte ich mir meine Kindheit lang; ich wünschte sie mir auch noch als Mann – dieses Jahr hatte ich sie.

4. Juli (Freitag)

DER DÄMON WIEDER

Es ist vielleicht am besten, wenn ich ihn beschreib und damit banne:

Kommt er stets dann, wenn ich mich zu lange von meiner eigentlichen Arbeit getrennt wähne, wie Eva sagt? Welches ist die eigentliche Arbeit? Ists wirklich das Schreiben, oder sind es innere Vorgänge, die bewältigt werden müssen, z. B. den Dämon zu besiegen? Oder eine Stimmung auf Dauer zu erzeugen, die dem DÄMON nicht mehr einzutreten erlaubt?

Und die Einflüsterungen diesmal: Alle Pferde verkaufen. Sich von der Familie trennen. Alles hingeben, alles aufgeben! Man braucht ja nur eine einfache Stube mit Kochgelegenheit auf dem Lande, in der man sich selber versorgt, um das zu produzieren, was man produziert.

Die ganze Umwelt ist dir feindlich gesinnt. Auf deine Familie kannst du dich nicht verlassen. Deine Frau, die du einst liebtest, denkt nur an sich und die Ausstattung ihrer Dichterinnen-Rolle.

So sieht er diesmal aus – der Dämon. Möglich, dass ich diese und jene seiner Einflüsterungen aufzuzählen vergass.

GEGENMITTEL

Sich vor Augen führen, dass man nichts verpasst, wenn man nicht schreibt; alles, was gut ist, kommt wieder.

Die Zeiten, in denen man am Schreiben gehindert wird, zum Austilgen charakterlicher Unzulänglichkeiten benutzen.

Wenn man die als »tot« betrachtete Zeit benutzt, um innerlich eine neue Position zu erreichen, wird sie positiv in das Schreiben hineinreichen.

21. Juli (Montag)

JETZT SOLLT ICH WOHL mit aller Kraft wieder in den Roman hinein. Ich ging hinein, doch es fleckte nicht, wie es sollte. Wir sind uns fremd geworden, der Roman und ich. Das 16. Kapitel musste in neuer eingängigerer Form beginnen, musste einen Reusenhals bekommen, durch den der Leser schlüpfen kann. [...]

DER *MALER CARL ROERICHT* und seine Frau LEONIE [...], wir waren sogleich in Gesprächen über die Kunst, über das MACHEN und die Lebenshaltung, die dem Künstler eigen sein sollte. Eine solche Unterhaltung gefällt mir. Sie ist indirekt produktiv.

Die ROERICHTS sind in den Jahren, in denen ich mich weniger um sie kümmerte (Eva tats immer), gereift und ihre Erfahrungen in der »Lebenskunst des Künstlers« fangen an, den unseren zu gleichen. Alle suchenden und strebenden Künstler müssen zu sich ähnelnden Lebenshaltungen kommen.

EINE KONSTELLATION, von unsichtbarer Hand vorbereitet: [...] ROERICHT sprang sofort, als er unsere Diele betrat, auf die Porträts von GIEBE zu, riss die Brille herunter und bestarrte sie, ehe wir ihm noch was von GIEBE erzählt hatten. – Dann die Überraschung: in einer Stunde wird der Mensch, der das malte, hier in der Diele sein. ROERICHT bat sich aus, bleiben zu dürfen. [...]

22. Juli (Dienstag)

ES WIRD WOHL SO GEHEN mit dem jungen Maler GIEBE. Es wird besser gehen, als es mit allen anderen ging, die durch unser Haus und unser Familienleben zogen.

G. ist den ganzen Tag unterwegs, macht Skizzen und Landschaftsbilder in Ölkreide. Bald hie, bald dort sieht man GIEBES geschorenen Blondkopf aus dem hohen Gras leuchten. Dort hockt er mit seinem Skizzenblock auf den Knien. [...]

25. Juli (Freitag)

ROMAN

Es geht gut, aber immer wieder stösst man beim Schreiben auf Sklavendenken und Gehorsam, sobald man an Partei-Politisches kommt. Siebenundzwanzig Jahre Parteizugehörigkeit! Da gibts hundert und mehr Themen, von denen ein GENOSSE in vorgeschriebenen Klischees zu reden, zu denken – vor allem zu schreiben hat. Man stösst auf billige, wenig oder gar nicht stichhaltige

Argumente, die einem, von der Parteiführung vorgefertigt, zum Gebrauch übergeben wurden.

Wenn man sich all diesen Schranken hinterordnet, ist nur noch schwer oder unzulänglich oder überhaupt nicht mehr möglich zu schreiben; es sei denn, man fasst Schreiben so auf: Einen Schriftsatz anfertigen, der nicht an das Wohlwollen unserer Politiker stösst und sich die Anfertigung dieses unanstössigen Schriftsatzes gut bezahlen lassen.

Da hats geheissen, als der neue Partei-Chef gegen den »veralteten« Partei-Chef antrat, es dürfe für die Kunst keine TABUS geben. Ein rhetorischer Kniff, die Künstler parteipolitisch wohlgesonnen zu machen; denn als einer einen Helden von der Bühne schreien liess, die DDR wäre das langweiligste Land der Welt, war's mit den Non-TABUS und der Grossmütigkeit des Obersekretärs zu Ende.

Was mich interessiert: Ob ich lange Zeit benötigen werde, mich ganz und gar von diesen Denkschranken zu befreien. In Gesprächen schweigt man sich um sie herum, aber aus diesem GEDAN-KEN-ZOO heraus schreiben, kann man nicht.

1. August (Freitag)

[...]

SOZIALISTISCHER REALISMUS von Schulzenhof: Landwirtschafts-Buchhalter LAMPRECHT bei der Betrachtung einer Skizze vom alten Forst-Schuppen, die GIEBE machte: »Na, da hätt er doch wirklich gleich das neue Dach malen können, das nächstes Jahr auf den Schuppen kommen soll!«

Besser ist die WURZEL des SOZIALISTISCHEN REALISMUS nie entblösst worden!

CHRONIK

Am Roman gearbeitet. Ablage geordnet (im Archiv). Baden mit Eva im Tietzen-See.

Bruno Apitz und Frau Kiki auf Nachmittagsbesuch. Mühselige, quälende, greisenhafte Unterhaltung.

GIEBE macht in der Diele eine »Ausstellung« seiner Schulzenhof-Arbeiten. Ein spassiger und ergiebiger Abend. Eine Geselligkeit, wie man sie sich besser nicht wünschen kann. [...]

7. August (Donnerstag)

INNEN

Beim Romanschreiben jetzt grosse Einsamkeit. Gut, das zu erproben: Es lässt sich leicht über die TOTALE HINWENDUNG ZUR KUNST reden, von der »Kunst unter allen Umständen«, aber jetzt, da es so ist, dass man nicht weiss, wer, was man schreibt, lesen wird, wem es helfen wird; jetzt, da keine Aussicht auf Anerkennung aus Leserkreisen oder Freundeskreisen, überhaupt von der Öffentlichkeit zu erwarten ist, handelt es sich um die Feuerprobe, und die muss man bestehen, und die werde ich bestehen. [...]

GIEBE machte eine Abschluss-Ausstellung. Bilder und Skizzen waren noch einmal auf dem honiggelben Fussboden der Diele ausgebreitet. Er hatte Tokayer-Wein und Pralinen besorgt. Er hob sein Glas und sagte: »Ich möchte mich bedanken für die Gastfreundschaft und den schönen Sommer und weiter sage ich nichts.«

Wehmut beschlich uns. Jeder drückte sie auf seine Weise aus. Jakob weinte und war schwer zu beruhigen.

GIEBE – das war dieses Jahr unser Sommer, und nun, so war uns, verlässt uns der Sommer, der dieses Jahr GIEBE hiess.

Vorher aber schenkte er noch viele seiner Skizzen her. Sogar Schulzenhofer Einwohner wurden bedacht.

CHRONIK

Arbeit am Roman.

Baden im Tietzen-See. [...]

17. August (Sonntag)

[...]

CHRONIK

1. Den Vormittag zerfranste mir der Vater. Er machte grosse Sprüche über unerhebliche Dinge.

DIE KRAFT DES EWIGEN LEBENS SCHÜTZE MICH VOR EINEM SOLCHEN ALTERSZUSTAND!

[...]

2. Nach dem Mittagessen fährt der Vater mit seiner Escorte ab. [...]

ICH MÖCHTE AUFATMEN, als das Auto in der Kurve des Wiesen-

wegs verschwindet, aber es meldet sich ein eingepauktes Sünden-
gefühl. DU SOLLST VATER UND MUTTER EHREN! Wie kannst du
aufatmen, wenn der Vater seinen Besuch beendet?

Doch! Ich atme auf. Wenn ich mit diesem Vater zusammenleben müsste, wäre mein Dasein als geistiges Wesen dahin. Der
Vater hat in seinem Leben einige praktische Erfahrungen erworben, doch er hat keine Weisheit gewonnen. Ja, ich atme auf.

Goethe war klug. Er besuchte seine Mutter nie wieder. Sie war
materiell versorgt. Rilke handelte nicht anders und Jesus soll ja
wohl zu seiner Mutter gesagt haben: »Weib, was habe ich mit dir
zu schaffen?« (Joh. 2,4.) Maria wollte ihn bestimmen, Wunder zu
tun, kurzum, sie wollt mit ihm prahlen, denn auch sie hielt ihren
Sohn, dem sie geistig keineswegs folgen konnte, für einen Zau-
berkünstler. Weib, was habe ich mit deiner Vorstellung (von mir)
zu schaffen? sagte er ihr.

Und Lukas 8,19–21, ist davon die Rede, dass seine Mutter und
seine Brüder EHRENPLÄTZE bei einer seiner VORLESUNGEN
haben sollten. Er aber sprach seinen Verwandten die EHREN-
PLÄTZE ab: »Meine Mutter und meine Brüder sind diese, die Gottes Wort hören und tun.«

3. BRIEFE beantwortet. Der Fluch nach den Geburtstagen! Man
muss sich für die schriftlichen Gratulationen bedanken. Muss
man? […]

25. August (Montag)

INNEN

[…]

CHRONIK

1. Der Gang des Morgens nicht aufgehalten, aber zerrissen von
Evas Abreise.

Matthes fährt mit Eva nach Berlin. Er soll zum Augenarzt und
zum Orthopäden, bevor er mit der Oberschule in Gransee beginnt.

2. Nach Gransee. Die beiden Reisenden zum Bahnhof gebracht. […]

3. Arbeit am WUNDERTÄTER III. Ein Stück Umdiktat vom
25. Kap. […]

26. August (Dienstag)

INNEN

Nach etwa 20 Jahren die beiden Übersee-Koffer geöffnet. Sie enthalten alte Manuskripte, Briefe, Andenken etc. Zuerst standen sie in der Gartenlaube, später auf dem Dachboden der Kate.

Es handelt sich um Manuskripte, die ich anfertigte, als ich 18, 20, auch 25 Jahre alt war. Manuskripte, die nach dem 2. Kriege entstanden, und da war ich 33 Jahre.

Ich las mich hinein und stellte fest, dass ich im Alter von 25 Jahren vieles von dem wusste, was ich heute weiss.

Man könnte verzweifeln, wenn man bedenkt, dass alle anderen Lebensformen und Gedanken, denen man sich überliess, Umwege oder Irrgedanken waren. Freilich kam man auf den Hauptweg zurück, aber die Zeit, die Zeit, die man dazu benötigte, bis man wiedererkannte und aufnahm, was man mit 25 Jahren bereits intuitiv erfuhr! [...]

Man kann den Vorgang (ohne zu verzweifeln) so sehen: Das, was ich in bezug auf meine Lebensführung als Fünfundzwanzigjähriger erahnte, war, wenn ich mich auf den Standpunkt eines »modernen« Menschen unseres Jahrhunderts stelle, eine Hypothese, zu der ich mir den empirischen Beweis erst durch die Umwege liefern musste. Damals ahnte ich, jetzt weiss ich. [...]

27. August (Mittwoch)

[...]

CHRONIK

1. Am »Wundertäter III« gearbeitet. Am Vor- und am Nachmittag. 25. Kap. 1. Umdiktat.

2. Baden im Tietzen-See. Mit Jakob. 23º Aussen-Temperatur. Die jungen Haubentaucher sind ausgewachsen. Wenn die Sonne kommt, schimmert ihr Gefieder hell. Sie halten sich in unserer Nähe auf und beobachten uns.

3. Reitstunde für Jakob. [...]

4. Alte Manuskripte und Briefe gesichtet. Was für eine Menge Geschriebenes sich in den beiden Übersee-Koffern aufhielt!

Zwei meiner alten SCHÜLERKALENDER fand ich wieder. Schon

als Dreizehnjähriger über Strecken Tagebuch geführt. Jeder Tag mit zwei, drei Sätzen festgehalten. Manche Sätze sind wie Samenkörner; sie lassen vergessene Situationen aus der Kindheit aufblühen. Bedenkenswert BRIEFE VON MÄDCHEN, die ich unglücklich machte. So heisst jedenfalls in den Briefen. Freilich haben die Mädchen sich später getröstet. In keinem der Fälle scheine ich mich von der Unrechten getrennt zu haben. Aber es war doch vorübergehendes Leid, das ich Menschenkindern bereitete, weils in mir wirr aussah. Gewiss werd auch ich damals mitgelitten haben. Oder nicht?

29. August (Freitag)

[…]

CHRONIK

1. Mit dem Roman herumgeschunden. Das muss aufhören! Die Arbeit muss lockerer werden.

2. Baden im Tietzen-See. Matthes, Jakob. Die beiden Schwäne kommen mit ihren zwei Jung-Vögeln dicht heran. […]

3. Reitstunde mit Jakob. Zum ersten Male reiten wir zusammen. […]

4. Sichten von Manuskripten und Briefen aus den Übersee-Koffern. Den zweiten Koffer entleert.

Wieder ein TAGEBUCH gefunden. Aufzeichnungen von WALLERN (BÖHMEN) und die ersten Wochen nach dem Krieg und die erste Zeit in Bohsdorf. Schlichte Aufzeichnungen ohne literarischen Schmuck und sie wirken insgesamt doch kunstvoll. Das gibt mir zu denken. Nur wo ich von Liebe rede, werde ich halbseiden. Da ist die kleinbürgerlich-sentimentale Mutter nicht überwunden.

Jedenfalls lohnt sichs, Tagebuch zu führen.

22. Oktober (Mittwoch)

INNEN

Was für ein Sektierer war ich vor fünfundzwanzig Jahren! […] Wenn ich in jener Sektiererzeit Ausfälle gegen den Geist machte, tat ich es meist aus der Menge heraus und vor der Menge und weil ich meinte, meiner Eitelkeit saftiges Gras geben zu müssen. In stilleren Stunden hatte ich danach ein schlechtes Gewissen, weil mirs insgeheim stets schwerfiel, die marxistische Philosophie als Philosophie im höheren Sinne anzuerkennen.

Die einzige Beruhigung und die einzige Selbst-Entschuldigung: Ich lebte um diese Zeit geistig gespalten. Ich bin kein abstrakter Denker. Meinen Erkenntnissen muss jeweils eine Strecke Lebens vorausgehen. In meiner Sektiererzeit vermochte ich nicht die Stelle zu bestimmen, die der Marxismus im Weltgebäude des Geistes (oder im geistigen Weltgebäude) einnahm. Jetzt weiss ich es.

CHRONIK

1. Stall-Arbeit.
2. Tagebuch-Aufzeichnungen, Briefe, Päckchen.
3. Wieder Stall-Arbeit.
4. Abends Proust gelesen. Leider in den Televisor geglotzt.

28. Oktober (Montag)

[...]

MAL ETWAS ZEIT in der Berliner Wohnung. Ich räume das Fach meines Stehpultes auf, weil ich dort nach dem KRAFTFAHRZEUG-Brief für das alte Auto suche.

Ich stosse auf alte Briefe und lese mich fest. Briefe von Frauen, die mich bedrohen und beschimpfen. Briefe aus der Zeit beim »Berliner Ensemble«. Wenn mich jemand nach diesen Briefen zu beurteilen hätte, müsste er mich für einen Heiratsschwindler halten.

13. November (Donnerstag)

NUN WAR'S SOWEIT. Abreise für mindestens vierzehn Tage nach Berlin. Das hats – ausser in meiner Sekretär-Zeit – wohl noch nicht gegeben, seit wir in Schulzenhof wohnen: Ich vierzehn Tage in Berlin!

Noch gemächlich meine Morgenpflichten erledigt: Den Hund abgeführt, geheizt, Kaninchen versorgt, Blumen begossen, Sachen gepackt.

NACH BERLIN

Einkaufen. MUTTER gab mir keine Stullen mit.

Kostüm-Anprobe bei der Schneider PGH Friedrichstadt. [...]

15. November (Sonnabend)

BERLIN-HOPPEGARTEN-ZIRKUS

Natürlich schlief ich schlecht und wenig. Natürlich war ich 7^{30} statt 8^h schon im Zirkus-Gelände. Der Pförtner weiss von nichts. Er verrät mir, dass am Eisentor von OBJEKT II zwar ein Schloss hängt, aber nur fiktiv.

Die Wohnwagen vom Zirkus PRAHA: Alles schläft noch. Ein asthmatischer Stallhelfer mistet die Pferde ab. Er hatte nachts Stallwache. Er hat stets Nachtwache. Er schläft stets auf Heu im Stall. Ich helfe abmisten. Endlich kommt der Fernseh-Stab. Von den Zirkus-Leuten noch niemand zu sehen.

Langsam, langsam kommt alles ins Geschick. Erst um 9^{30} beginnt meine Probe. Die Pferde haben acht Tage gestanden. Es wird nur bewegt. Schon das muss erprobt werden: Acht Pferde in gleichmässiger Bewegung und auf gleichmässigen Abstand halten.

[...]

ZWEITE PROBE

Changieren. Mit acht Pferden klappt es noch nicht. Mit vieren geht's dann recht und schlecht. Daheim mit zwei Pferden – wie oft machte ichs, aber hier geht man von der anderen Seite heran, von den geometrischen Figuren nämlich, die der Dresseur zu machen hat. Schliesslich auch den ersten Kniefall probiert und den ersten Steiger. Ich fühle mich wie ein Kind, so stolz auch auf alles, was ich zuwege bringe. [...]

Ich weiss, dass ich mich lächerlich mache. Ich kanns nicht vermeiden. Den meisten Leuten, selbst Eva glaube ich, ist unverständlich, wie ein alter dreiundsechzigjähriger Mann sich dem Zirkus (und allem, das damit zusammenhängt) gegenüber so verhalten kann wie ich es tue, wie ein verliebter Jungbursche sich zu seinem ersten Mädchen verhält. Ich habe viel zu vielen Leuten, die es gar nicht wissen oder hören wollten, erzählt, dass ich im

Zirkus mit arabischen Pferden arbeiten werde. Und wie verschwiegen kann ich sonst sein! Es stimmt in diesem Punkte etwas bei mir nicht.

Ich erzählte Söhnchen Jakob, nur um einen Partner zu haben, der vielleicht noch einen Schlüssel für das Traumland hat, in dem ich mich jetzt befinde, wie »meine« Pferde heissen, was ich zu ihnen sage und welche Zirkus-Kommandos ich ihnen gebe. Söhnchen Jakob lachte, etwas gezwungen, etwas künstlich – am Telefon. Da wurde mir mit eins klar, dass ich der Umwelt unzurechnungsfähig erscheine; es hielt mich nicht ab, es weiter zu bleiben.

20. November (Donnerstag)

DREI PROBEN

Das heisst, meine Nummer läuft dreimal durch. Beim ersten Durchlauf gibts noch einen Patzer, wenn die (vier) Tiere mit der Vorderhand auf den Podesten zu stehen haben. Zwei bestiegen die Podeste nicht und die Figur ging zu Bruch. Bei den nächsten beiden Durchläufen ging alles glatt.

Es wurde das erste Mal mit leiser Musik geprobt. Orgel. Immer mehr Bürokraten-Volk vom Aufnahme-Stab Fernsehen schleicht (mit Aktendeckeln unterm Arm) herum, und damit klappt das Organisatorische von Tag zu Tag weniger.

[...]

ABENDS IM THEATER

Endlich das Stück angesehen »DIE NEUEN LEIDEN ...« usw. von Plenzdorf. Gefiel mir. Obwohl ich die herzlose Sprache der »harten« Jugend nicht mag, dieser »SALINGER-Jugend«, wird einem der Held WIBEAU doch sympathisch. Mir erschien auch die Parallelisierung mit dem Goethe'schen WERTHER gelungen. Plenzdorf zeigt das Wachsen gewisser Einsichten beim Helden, zeigt auch, gegen welche Art spiesserlicher Rechtschaffenheit [er sich] wehrt, die besonders in unserer Partei herangezüchtet wird.

[...]

21. November (Freitag) bis 24. November (Montag)
Jetzt rutschten mir die Eintragungen aus der Hand. Ich fand die
Zeit nicht mehr dazu am Morgen. Ich hole nach, was mir einfällt.

ES KLAPPTE NICHT am Sonntag 23. XI. (die zweite Probe) und
zwar jene Stelle, an der die Pferde zu acht zu gehen haben. Der
Hengst TRIUMPH rückte nicht mehr auf, die Achter-Reihe kam
nicht zustande.

STIPKA übernahm, aber auch bei ihm wars nicht besser. Da
packt ST. die Wut. Alle Pferde wurden nacheinander gepeitscht.
Das half. Er machte die Achterreihe mindestens fünf Mal hintereinander. Dann machte ich die Nummer zu Ende. Die Pferde
keuchten und schäumten.

[…]

MIT DEN ZIRKUSLEUTEN IN SCHULZENHOF. Es war schon 2^{h}
oder später, als wir über die Autobahn Frankfurt nach Dollgow
fuhren. STIPKA mit seiner Frau und Direktor Kutschera. STIPKA
im Zivil-Anzug. Sein Temperament passte nicht hinein. Zu ihm
passt nur romantische Kleidung. Heller Flausch-Hut, helle Strick-
jacke mit Leder-Einsatz, lange Reithosen, hell, darunter rote Stiefel oder hohe Stiefel mit Torero-Absätzen.

Alles ist sehr herzlich. Frau ST. und Eva mögen sich. Aber die
ST. sitzen doch ein wenig wie gezähmte Vögel auf der Stange (für
längere Zeit) an unserem Tisch in der Diele. […]

26. – 28. November (Mittwoch, Donnerstag, Freitag)
ES WAR NICHT MEHR MÖGLICH, Aufzeichnungen zu machen.
Keine Zeit mehr, keine Ruhe mehr.

Ich werde versuchen, in den nachfolgenden Tagen aufzuzeich-
nen, was mich beeindruckte.

Am Freitag ging's nach Schulzenhof zurück. Vielleicht ist einem
Süchtigen so zu Mute, wie es mir gewesen war. Ein Traum, aus
dem man nicht erwachen konnte!

Was mich sehr quälte: Die zweite öffentliche Vorstellung mit
meinen Pferden gelang mir nicht so wie die erste. Die Ursachen
kamen von weither: Den tschechischen Zirkusleuten wurde am
letzten Tag der Strom abgeschaltet. Konkurrenzgründe, vielleicht

gar Chauvinismus mögen im Spiel gewesen sein. Das Stallzelt der Pferde blieb ungeheizt. Sie konnten nicht, wie vereinbart, ablongiert werden. Man kann sie nicht, wenn sie erhitzt und geschwitzt sind, in den kalten Stall stellen. Also waren die Tiere am Abend übermütig. Ich bemerkte sogleich, was mir blühen würde, als sie schon bei der zweiten Runde auszubrechen versuchten. Sie setzten zu zeitig zum Changieren an, aber das fing ich ab. Bei der grossen Achter-Reihe gabs eine Beisserei. Sie kam durcheinander. Das Abrufen ging zu schnell. Liter ging am falschen Platz zwischen die Pisten. Er musste von den Leuten zurechtgestellt werden. Eines der Pirouettenpferde huschte davon, als es erst halb hingekniet hatte.

Es war gut, und es musste so sein, wird mir klar, dass ich nicht nur Manegen-Triumph, sondern auch Miss-Erfolg durchlebte und wie einem ist beim Zurückkommen in den Sattelgang, wenn die Nummer nicht recht geklappt hat, und wenn du ohnmächtig dastehst und kannst (und darfst) dem Publikum nicht erklären, welches die Ursachen zum Misserfolg waren.

ÜBERHAUPT waren diese vierzehn Tage das Durchmessen vieler Formen von Lebensmöglichkeiten. Ich ging vom Zentrum, von der Verinnerlichung, die ich die ganze Zeit anstrebte, vom Punkt also, als der kleinsten Möglichkeit eines Kreises, bis zur äussersten Veräusserlichungs-Möglichkeit des Lebens, bis zum bewussten SICH-ZUR-SCHAUSTELLEN.

29. November (Sonnabend) bis 1. Dezember (Montag)
ZWEI TAGE DAHEIM und ich fand noch nicht in meinen Arbeits-Alltag, nicht zum Schreiben zurück. […]
ZIRKUS-ERINNERUNGEN
In Jena sah ich sie zweimal auftreten, die Leute von der VENUS-Gruppe. Die Mädchen Olina und Maria tanzten so graziös zur Musik, wenn ihre Partner einen Perche-Trick entwickelten, dass man nur auf sie schauen mochte, ganz besonders charmant war dabei die kleine Olina. Damals wusste ich die Namen der Mädchen nicht, aber ihr Tanz und besonders die Darbietung der kleinen Olina unter der Zeltkuppel gingen mir nach. Ich hoffte, sie in

Berlin bei den Proben wiederzusehen. Ich träumte wie in der Dorfjungenzeit von den Artistenmädchen, und dass sie mich lieben mögen. (SULAMITH MINGEDÖ!)

Und alles das geschah. Die Mädchen fingen mich an zu lieben. Olina neckte sich mit mir, und als ich zum ersten Male meinen blauen Zirkusfrack trug, flog sie mir an den Hals und drückte mich ab. Nach der Premiere bekam ich Küsse von beiden Mädchen im Stallgang und das ging so fort. Ich ging umher wie betäubt und konnte mich nicht genug darüber wundern, dass sich meine geheimen Wünsche so märchenhaft rasch erfüllt hatten. Und alles war dabei so keusch wie in der Kindheit. Auch das erlebte ich zum ersten Male seit ich mannbar bin. […] Und Eva sass bei mir und den Mädchen am Abschiedsabend und fands nicht befremdlich, dass wir flirteten, und ich wusste meine volle Liebe gehört Eva und keiner Frau sonst, denn das andere war Unwirklichkeit – Traum – Gaukelei ohne Geistigkeit. Auch das war eine neue Erfahrung. Eva selber war entzückt und bezaubert von diesen grazilen Naturwesen. […]

DIE ABSCHIEDS-NACHT

Die zweite Vorstellung war vorüber. Die Spannung wich. Die grosse Sentimentalität kam auf. Wir zogen uns um,»nahmen Abschied« von unseren Kostümen. Es war wohl um $2^{\underline{h}}$ morgens, als wir uns in einem der drei Kantinenwagen zusammensetzten. Die Gruppe STIPKA, wie wir uns jetzt nannten. […]

»In zehn Minuten, ich mach eine grosse Spass«, sagte Roberto zu Eva.

Nach zehn Minuten wurde die Tür geöffnet, und der Shetland-Hengst Aitos, mit dem Wolfram gearbeitet hatte, stapfte die Treppe hinauf und in den Restaurationswagen hinein.

Alle stürzten sich auf das Tier. Die Sentimentalität schlug Wellen. Der kleine Schimmelhengst nahm alle Liebkosungen gelassen hin, leckte den klaren Zucker, den man ihm auf den Handflächen entgegenhielt. Der betrunkene Wolfram hing überm Pony-Hals und flüsterte Liebkosungen in die Pferdemähne. […]

Als wir das Pony die Treppe des Zirkuswagens hinunter liessen, sah man, dass es draussen angefangen hatte zu schneien. Das Zirkus-Zelt, das vor zwei Stunden noch die Blüten vieler bunter

Lichter trug, war zu lebloser Leinwand erstarrt; das Zirkuszelt, in dem wir unsere Hochs und Tiefs erlebt hatten, unsere Triumphe, unsere Enttäuschungen, unsere Freude an den geschmeidigen VENUS-Mädchen.

Nach einer Weile ging die Tür des Restaurationswagens wieder auf und draussen stand der silbergraue Stepps im Schneetreiben, Stepps, das tête-Pferd meines Araber-Achter-Zuges. Auch er sah mit Gleichmut zu uns in den erleuchteten Wagen. Ich rannte um Zucker an die Theke. Man hatte dort nur Portionsbeutelchen mit klarem Zucker (für Tee), aber Stepps leckte mir auch den geniesserisch von der flachen Hand. Der Schnee lag wollig auf dem Rücken des Pferdes. Es schneite stark und das Pferd dauerte mich und die Pfleger im Stallzelt dauerten mich. ROBERTO hatte sie alle aus der Nachtruhe gerissen, um mir eine Freude zu machen. Wie konnt ichs verantworten!

2. Dezember (Dienstag)

NOCH IMMER BIN ICH VERSTRICKT und die Träume wollen nicht weichen. Zwar meldet sich leis die eigentliche Arbeit und es wird mir für Augenblicke bewusst, was da zunächst zu tun sein wird, und wo anzuknüpfen ist.

Im übrigen fällt mir das Familienleben schwer. Der kleine Jakob bemüht sich zärtlich um mich und scheint am besten zu erfühlen, wie es um mich steht. Man hat mich verwöhnt mit Aufmerksamkeiten, mit Zärtlichkeiten. Man hat mich eingesponnen mit dem blauen Garn von Träumen; es ist wie ein Fluch; ich komm nicht heraus. Vielleicht fühlt man so, wenn man Drogen genommen hat, wenn man mehr davon haben will, obwohl man weiss, dass man sich aufs neue betrügt, wenn man sie nimmt. […]

12. Dezember (Freitag)

Morgens ganz früh den Wagen (den winterfest gemachten) aus der Wäscherei in der Nalepa-Strasse geholt.

EVA BEKOMMT DEN HEINE-PREIS. Verleihung in einem Saal der Staats-Oper. Christ hält die Verleihungsrede. Jean Villain erhält den »publizistischen Teil« des Preises. Ich bin stolz auf Eva. Christ verwendet viele ihrer Gedichte in der Verleihungsrede. Das ergibt eine neue Art von Verfremdung und man erfährt aufs neue, wie stark die Gedichte sind.

WAHLBERICHTSVERSAMMLUNG beim Bezirks-Verband der Berliner Schriftsteller. Routine. Augen-Auswischerei, Betrug, Oberflächlichkeit. Einst wird sich das (muss sich das) rächen. Eva wird in die neue Parteileitung gewählt. Hoffentlich bereut sie nicht schon nach kurzer Zeit, dass sie sich beschwatzen liess.

EINE REPORTAGE ÜBER MEIN AUFTRETEN IM ZIRKUS erscheint (Titelbild Str. im blauen Zirkus-Frack) in der »Neuen Berliner Illustrierten«. Die Kollegen wissen nicht recht, was sie sagen sollen. Die einen werdens bestaunen, die anderen werden die Nase rümpfen. Was mir die Zirkus-Vierzehn-Tage und alles Drumherum wirklich bedeuteten – weiss keiner.

19. Dezember (Freitag)

NACH BERLIN

Fahre zum Verband. Hör mir bei Sekr. Henniger den neuesten Verbandsklatsch an:

Eine Gruppe PLENZDORF, BECKER, STADE sammelt Leute aus Berlin um sich, auch »Schriftsteller«, die noch niemand kennt. Sie wollen in »eigener Zensur« einen Sammelband Erzählungen zusammenstellen. Wenn man bei uns ablehnt, ihn zu drucken, will man ihn im WESTEN drucken lassen.

Das macht den Funktionären Bauchweh.

[…]

In den Geschäften stehen die Menschen, stehen Schlange nach Dingen, die sie unbedingt zu Weihnachten haben müssen; man bekommt von ihnen den Eindruck, als hinge ihr Heil in Zeit und Ewigkeit vom Erwerb dieser oder jener Flasche oder einer ganz bestimmten Sorte Käse ab. […]

22. Dezember (Montag)

Wieder ein verlorener Tag. […]

Die Eintragungen wurden nicht fortgesetzt. Ich verletzte mir die rechte Hand.

Erst am 7. April 1976 begann ich wieder einzuschreiben.

1976

7. April (Mittwoch)
106 Tage habe ich nicht eingeschrieben, beinahe den dritten Teil eines Jahres nicht.

Der Grund: Der Zeigefinger meiner rechten Hand schwoll an. [...] Die Hand musste ruhig gestellt werden. [...] Eine Weile war ich nur auf Diktieren angewiesen, dann schrieb ich notdürftig auf der Maschine und benutzte den rechten Mittelfinger, und das tu ich noch heute, denn noch immer sind die Sehnen des Zeigefingers anfällig.

Heute am 7. IV. Arbeit am WUNDERTÄTER III, 16. Kapitel.

Warum ich nun wieder am 16. Kapitel bin, werd ich bei Gelegenheit hier aufschreiben. Zur Zeit steck ich wieder in einer Krise. Die wievielte schon! Die letzten Krisen wurden jedoch nicht mehr vom Inhalt, sondern Unklarheiten über die schliessliche Form ausgelöst. Der Text will wieder einmal unbedingt rhythmisch werden. Auch davon später.

11. April (Sonntag)
GERITTEN auf GALBA. Zeuthen-See, Kleine Voss-Kuhle. Dort jetzt auch Schell-Enten. Wenig Augen für den (spät genug kommenden) Frühling. An den Roman gedacht. Und immer wieder einmal drängen sich die Scherereien mit dem Verband in Berlin in meine Gedanken. Ich drück sie zurück, übe Gelassenheit, übe mich im Vertrauen auf das grosse X, doch alles erfordert Kraft.

DER SOLDAT UND DIE LEHRERIN

Sie kamen immer wieder von der Television und wollten etwas machen für ihre Zwecke aus meinen Erzählungen. Schliesslich sagte ich zu. Fast bereu ichs bereits. Ein Szenarium zu DAMALS AUF DER FARM verwarf ich.

Jetzt zersägen und zerbohren sie »Der Soldat und die Lehrerin«. Heute schickten sie das sogen. Treatment. Ich kann das nicht umsetzen. Das ist, als hätte man mir Noten geschickt. [...]

DER DRAMATISIERTE BIENKOPP wird in Riga aufgeführt. Über den Erfolg oder Misserfolg konnte ich bis heute nichts erfahren. Unsere Fortschritts-Enthusiasten kümmern sich um die Venus und für den Durchschnittsbürger wird's zum Unding, eine Nachricht aus RIGA zu erhalten.

AN EINER »BIENKOPP«-OPER hat man sich mehrmals versucht. Jetzt solls endlich ernst werden. Der Musik Verlag in Leipzig honoriert das Unternehmen. Man ist leichtsinnig.

In Halle läuft wohl immer noch die Oper nach meiner Erzählung KRAFTSTROM. Dass die Leute sich so etwas anhören mögen!

22. April (Donnerstag)

[...]

VON DER KULTURABTEILUNG des ZK brachte mir die nunmehrige Leiterin R. die Einladung zum Parteitag. Ich will nicht hin. Sie betrachten so eine Einladung als eine Ehre. Für mich wärs eine Qual.

Wir redeten über die Vorgänge im Präsidium des Schriftstellerverbandes, über die Verlogenheit des 1. Sekretärs, der für den Sicherheitsdienst arbeitet. Wenig Ohren dafür. Ich fühle, dass ich von ganz anderen Dingen rede als von dem Sozialismus, den sie meinen. [...]

Mit uns will die R. Kameraderie. Gefährlich! Sie macht auf »unter uns Pastorentöchtern«. Mich versetzt stets in Erstaunen, wie sie über Privilegien verfügen, diese Leute: Ich verschaff dir eine Reise. Ich bezahl dir die Kur. Ich verschaff dir zusätzliche Devisen für die Slowakei. – Ekelhaft das alles! Ist es ihr Geld, über das sie verfügt?

Nein, nein, ich muss weiter, immer weiter weg von diesen Bonzen!

[...]

WEIL ICH DEN POLITIKERN nichts zum Parteitag schrieb, rätseln sie, was mich »so verstimmt« haben könnte. Auf das Wirk-

liche kommen sie nicht. Nun wollen sie mit einem Nationalpreis
1. Klasse versuchen, mich geneigter zu stimmen! Was dagegen
machen?

3. Juni (Donnerstag)

AUFBEWAHREN FÜR ALLE ZEIT heisst der Titel des Buches, das
LOWA jetzt in West-Deutschland herausbrachte. Der Verlag
Hoffmann und Campe aus Hamburg schickte es mir.

Ich bin L. längst nicht mehr so böse wie vor ein, zwei Jahren;
ich seh jetzt, dass der Stalinismus wieder restauriert werden soll.
Die diese Restaurierung neben den Russen am eifrigsten betreiben, sind unsere Leute. Eigentlich hats bei uns nie Anti-STALI-
NISMUS gegeben. Jetzt herrscht zu allem Unglück eine Garde
von Funktionären, die »stalinistisch erzogen« wurde, die (noch
schlimmer) sogar Hitlerjungen waren.

Aber im Weltmassstab hat der STALINISMUS geringe Chancen.
Und solche Tatsachenberichte wie der von LOWA tragen dazu bei,
auch diese geringe Chance noch zu verkleinern.

Es handelt sich um den Bericht von LOWAS erster Lagerhaft.
[…]

28. Juni bis 12. Juli

WENN ICH JETZT NICHT EINSCHREIB, wird die Hürde, über die ich
muss, damit ich wieder was ins Tagebuch bring, immer höher,
und es wird immer schwieriger, sie zu nehmen. Weshalb das so
ist? Frag die Psychologen; sie werden es mit einem Begriff belegen, aber klären werden sie damit nichts.

ALLERLEI BESUCH WAR DA. […]

ERICH LOEST und das Ehepaar *GLOGER* am 10. 7.

Wichtig war mir dabei LOEST. Man hat ihn in der STALIN-
ULBRICHT-ZEIT verhaftet, ihm den Prozess gemacht! Er wäre eng-
lischer Agent. Man hatte das konstruiert. Heute ist mir das klar.
Damals nicht. Ich war sektierisch vernagelt und fürchtete Repressalien. Heute fürcht ich Repressalien nicht mehr. Die Sektiererei habe ich abgeschüttelt. Den Prozess meiner Befreiung will
ich (und tu's schon) im dritten WUNTERTÄTER künstlerisch ab-
handeln.

Das Zusammensein mit LOEST sollte ihm zeigen, wie ich über ihn denke, und dass ich mich mitschäme, damals, als man ihn verhaftete, gleichgültig zugesehen zu haben. Ich liess ihn das wissen. Eva liess es ihn auch wissen.

[…]

»MEINE FREUNDIN TINA BABE«, die neue PIESTANY-Geschichte, hielt stand. Eva las sie auf Band, und wir liessen sie in Abständen zweimal ablaufen. Inzwischen wurde sie auch abgeschrieben. Ich fand beim Abhören: Es ist eine Geschichte, die wächst. […]

IM ROMAN, WUNDERTÄTER III, bin ich nun wieder richtig drin. Ich arbeitete zunächst (in die ersten sechs Kapitel wohl) neue Passagen ein. Löste den artistischen Stil auf, versuche beiläufig und leicht zu erzählen. Das ist nicht ganz leicht, weil an dem vorhandenen Text schon arg herumgearbeitet ist. […]

4. September (Sonnabend)

PFERDEMARKT in Havelberg. Der letzte, der in der Republik stattfindet. Ich fuhr morgens 7^h hier los. […]

WENN IRGENDWELCHE SCHEISSER fürchten, unsere Republik könnte zugrunde gehen, weil ein Schriftsteller (BRAUN) die Handwerkelei von dummen Geheimdienstmännern in einer »Geschichte« schilderte, dann soll diese Republik zugrunde gehen, dann war sie nichts wert.

[…]

EINER VOM POLIZEIKREISAMT KAM […] um die beiden Schlumpschützen von der Staatssicherheit in Berlin, die hier morgens ins friedliche Wiesental hineinschossen. Lokaltermin. Ich glaub nicht, dass was herauskommt. Die Leute von der Volkspolizei, die sich zwar im Kreis aufspielen, werden sogleich klein, wenn sie es mit Leuten von der Staatssicherheit zu tun kriegen.

[…]

25. September (Sonnabend)

BELLA CHAGALL

Ich las mit Genuss ihre Erinnerungen an das Witebsk der Jahrhundertwende. Die wohltuend patriarchalischen Familienver-

61

hältnisse bei den orthodoxen Juden. Fast mit Neid las ich von den Vätern, die so viele Stunden täglich in Meditation zubrachten, dass sie nicht wussten, wars gestern oder vorgestern oder gar erst heute, dass ihnen die Frau von Haushalts- oder Geschäftsmiseren vorbarmte. Nur wenn man von diesem starken Kontakt der alten jüdischen Männer und Familien-Oberhäupter mit dem ABSOLUTEN weiss, ist die Kraft zu verstehen, die in diesem Volke steckt, die Kraft Jahrhunderte in die gleiche Richtung zu gehen, die Kraft, allüberall Gast zu bleiben, ohne sich vom jeweils gastgebenden Volke wirklich assimilieren zu lassen, die Kraft alle Verfolgungen und Pogrome zu überstehen.

Aber auch die Bibel (vor allem das Alte Testament) rückt einem näher, wenn man die politischen Aufzeichnungen der BELLA CHAGALL gelesen hat.

DANN DIE STRICHZEICHNUNGEN VON CHAGALL, mit denen das Büchlein illustriert ist. Da weiss man wieder, wie man erzählen muss, falls man es durch irgendwelche Umstände vergessen haben sollte. [...] Ich werde diese Zeichnungen noch oft betrachten, weiss ich, und ich werde über sie meditieren, und von der Technik in meine Prosa einfliessen lassen, wenn sie nicht dort schon vorhanden ist. Meine Sympathie für Chagall erweist jedenfalls, dass dort Verwandtes ist.

5. Oktober (Dienstag)

DER WIDRIGE AUGENBLICK kommt mit jeder Stunde, die verfliesst, näher. Angst oder Furcht vermischt mit Widerwillen. Ich arbeite, meditiere mich mit Arbeit davon los.

[...]

ICH FUHR DIESER LEIDIGEN Ordensverleihung entgegen. Alles unterwegs war unberührt davon, ruhte in sich: Die herbstelnden Bäume, die grünen Zwischenfrucht-Felder. Der Himmel war verhangen; es regnete leicht. Niemand (ausser der lieben Eva) ahnte, wie elend mir war.

Und dass man sich trotz der Gegenstimmung, die in einem war, auf Gäste und Gratulanten einrichten musste! Und fast alle Arbeit hatte das Evchen. [...]

8. Oktober (Freitag)

[…]

ROMAN

Um 5^h aufgestanden und aufs kleine Tonband diktiert. Später auf den Recorder umdiktiert. Mein Pensum also frühzeitig geschafft. Das gibt ein Gefühl der Zufriedenheit (mit sich selber) für den Tag.

GELESEN:

Ich schreib hier längst nicht alles ein, was ich les, vor allem, was ich an Mystikern (quer durch die Welt) las, um mir einen Überblick über durch alle Systeme hindurchgehende Erkenntnisse zu verschaffen. Es war Gewinst!

Nun les ich dem FRISCH sein MONTAUK. Nicht so was besonderes, mein' ich, und nicht viel anderes (vielleicht bisschen sorgfältiger gestaltet) als was ich hier in den Tagbüchern mach. Aber die hat niemand noch gesehn, ausser Eva ein wenig, aber die will sie gar nicht sehen, ausser sie liest sie heimlich. Das hat sie jedenfalls zu einer Zeit gemacht; ich hoff sie machts nicht immer.

Dann las ich im BRECHT, in dem, was man seine Tagebücher (20–22) nennt, auch »persönliche Aufzeichnungen« werden auf dem Buchtitel versprochen, aber das ist Hochstapelei von Verlegern. Aber was für ein gewolltes Originellsein beim FRISCH sowie beim BRECHT. Ich mags nicht. Ich mag schon lang nicht mehr, was ich mir Mühe geben muss zu mögen. Mit Unklarem und Gefasel könnt auch ich aufwarten, sähe ich mich nicht vor.

24. Oktober (Sonntag)

ROMAN

Am frühen Vormittag angefangen, den zweiten Teil zu korrigieren.

SONST ABER GINGS den ganzen sonnigen und vom Blätterfall eingefärbten Sonntag lang um EVAS RÜCKKEHR aus BELGRAD. Wir mit Jakob sassen wohl an die vier Stunden lang auf dem Flugplatz und warteten, und immer wieder wurden neue Flugzeugverspätungen gemeldet. […]

EVAS FLUGZEUG kommt und kommt nicht. Es wird auch nicht

angegeben, wann es kommt, nur dass es Verspätung hat. Angst und Bedenken machen sich einwärts gross. In Jugoslawien gabs in letzter Zeit mehrere Flugzeug-Unfälle.

Wir fahren nach Hause. [...] Da ist Eva am Telefon, ist soeben am Flugplatz angekommen. Sie kommt mit einem TAXI in die Allee.

AM FRÜH-ABEND NOCH fahren wir zurück nach Schulzenhof. Ich weiss nicht, was für eine Frau ich neben mir sitzen habe, und ob sie nicht denkt: Jetzt gehts wieder los mit dem Stumpfsinn.

26. Oktober (Dienstag)

ROMAN

Das Diktier-Pensum geschafft. Das Korrigier-Pensum dagegen nicht.

Gespräche mit Eva über ihr neues Vorhaben BRIEFE AUS SCHULZENHOF (anstelle des Puschkin-Essays, den sie vorläufig liegen liess) kamen dazwischen.

[...]

VIEL POST am Abend erledigt; meist Routine-Post, Dankschreiben für Gratulationen. [...]

30. Oktober (Sonnabend)

ROMAN nichts. Nur Tagebuch-Eintragungen. Dafür werden mir ROMANE ins Haus gebracht.

INS DORF ZUM EINKAUF und gleich darauf meldet sich HERMANN KANT zu einem Besuch an. Man spürt diesem plötzlichen Verlangen das Aussergewöhnliche an. Man ist aufs Schlimmste gefasst.

Zwischendrein ruft Frau SCHIEFER bei Eva an und offenbart, dass Dr. Rolf S. von den Kreisbürokraten aus seiner Chef-Arzt-Stelle im Krankenhaus gedrängt wird. Das reicht.

ZWEI SÄTZE, NEIN EINIGE SÄTZE aus Hermanns Bericht blieben mir besonders haften, werden haften bleiben.

Hermann: »Ich melde Totalschaden in meiner Ehe.«

Hermann zum Polit-Büro-Mitglied Konrad Naumann: »Und ich glaubte, du wärest mein Freund.«

Naumann: »Du glaubst wohl auch noch an' Weihnachtsmann.« […]

Hermann fragt N.: »Was würdet ihr machen, wenn diese Ehe-
betrügereien unter durchschnittlichen Genossen stattgefunden
hätten?«

Naumann: »Na, wir wollen hier keine Gleichmacherei betreiben.« […]

8. November (Montag)

[…]

BRIEFE

Ich stecke sie morgens zwischen sechs und sieben Uhr in den
Briefkasten am Nachbarhaus. Das Sternlicht trifft sie, das Licht
des seit zwei Tagen abnehmenden Mondes fällt auf sie, Wildgans-
Schreie hallen über sie hin. Dort, wo sie ankommen, werden sie
aus einer »amtlichen« Ledertasche gezogen und ihren Empfängern übergeben. Sie verraten nicht, was ihnen widerfuhr, bevor
sie auf die Reise gingen.

17. November (Mittwoch)

ROMAN

Obwohl ich den Vormittag über dran arbeitete, kam ich nicht
erheblich weiter. Aber Sicherheit war da und das Gefühl: Ich
kann.

[…]

DIE NEUESTE AUFREGUNG, wenn man sie bei sich zulässt: BIER-
MANN des Landes verwiesen. B. politischer Querkopf, der unsere
selbstherrlichen Politiker in Liedern verspottete. Was er anzubieten hatte, wurde (mir) nie klar. Eine Art von »reinem Kommunismus«. Sowas glaubte ich zu erkennen. Naiv das freilich und
vom Geist her unbefriedigend. Wild gewordener Intellektualis-
mus. Jedenfalls hätt ich von B. nicht mögen regiert werden.

Zwölf Jahre haben die Politiker B. geduldet. Wohl, weil Bs. Eltern von Faschisten hingerichtet wurden.

Jetzt aber haben sie sich den ungünstigsten Zeitpunkt aus-
gesucht, ihn auszuweisen und zwar mit Argumenten, die vor
Dummheit, vor politischer Plumpheit strotzen. Die politische

Gegnerschaft in aller Welt schliesst den Fall liebevoll in ihre Arme. Der Schriftstellerverband ist gespalten. Ich habe über Jahre auf diese unsichtbare Spaltung hingewiesen. Ich wurde nicht gehört, auch jetzt nicht. Jetzt sollen die Schuldigen durchaus löffeln! Jetzt wird die Spaltung sichtbar.

22. November (Montag)

[…]

MIT DEM ROMAN nur ein Stückchen weiter.

DIE BIERMANN-HYSTERIE geht fort. Jedenfalls bei uns. Freund Jurij B. hielts nicht mehr aus, erklärte seine »Treue«. Sie sind schlecht beraten, unsere Herrschenden, wenn sie die Treue ihrer Untertanen nur schätzen, sobald sie in Druckerschwärze manifestiert neben ihrem Morgenkaffee liegt.

Ich rühr mich nicht. Sie haben meine Warnungen die ganzen letzten Jahre in den Wind geschlagen.

Seit Verleger Voigt mir vorigen Freitag einen »schüchternen Antrag« machte, eine »Treue-Erklärung« abzugeben, machte niemand mehr einen Versuch. Noch weiss ich nicht, wie ich das zu deuten habe.

[…]

DIE NEUEN BÜCHER kamen zur rechten Zeit. Sie sind mir behilflich, die politische Psychose, die die Intellektuellen und die Politiker unseres Landes packte, gelassen zu bewältigen.

Ich werde gewahr, was der HESSE da auf sich nahm, als Deutscher gegen die deutschen Hysterien anzustehen. Diese verausgabten Kraftposten muss man auf die Summe seines Gesamtwerks draufschlagen.

23. November (Dienstag)

[…]

NACH BERLIN

Vor-Schnee-Stimmung. Man fühlt sich wie eine viel zu kleine Kerze, um Licht in diesen dunklen Raum, der die Welt auch mitten am Tage ist, zu bringen.

SOHN ERWIN für zwei Stunden auf Besuch. Das Gefühl, dass er

mir anfängt zugetan zu sein. Er scheint in geistige Gegenden hineinzuwachsen, in denen eine Begegnung zwischen uns leichter ist. [...]

WEITER MIT DER BIERMANN-HYSTERIE

Dieser Kerl, den zuvor nur ein paar Intellektuelle kannten und ernst nahmen, wird nun durch taktische Fehlgriffe (um nicht zu sagen: dumme Fehlgriffe) der Herrschenden auch den Arbeitern, die sich vorher um B. nicht kümmerten, bekannt gemacht. Wenn die Arbeiter nun die Wahrheiten, die hie und da in den Provokationsgesängen des B. vorkommen, aufgreifen und als Losungen benutzen?

ICH BANGE UM EVA. Sie sitzt seit 15$^{\underline{h}}$ in der Partei-Gruppen-Versammlung des Verbandes. Erst zwischen 11 und 12$^{\underline{h}}$ nachts kommt sie heim. Das Scherbengericht hat begonnen. Wieviele erlebte ich, und wie müde bin ich ihrer! [...]

27. November (Sonnabend)
NICHTS EIGENTLICHES GETAN den ganzen Tag nicht. Nach Oranienburg gefahren. Eva abgeholt, ihren Bericht angehört:

Man hat sie in die Bezirksleitung bestellt. Man hat ihr eine sogenannte Entschliessung aufgeredet. Die Entschliessung war vom Polit-Büro verfasst. Fürchterliches, verlogenes Partei-Welsch. Man hat Eva regelrecht erpresst, diese »Entschliessung« als ein Eigenprodukt in der Sitzung der Gruppe zu verlesen. Das Mittel Eva zu erpressen: Sie und ich, wir hätten keine Treue- und Loyalitäts-Erklärung abgegeben, hätten uns nicht hinter den Ausweisungsbeschluss der Regierung in Sachen B. gestellt.

Eva hat dann doch in der Gruppe die »Entschliessung« nicht für ihre eigene ausgegeben.

Einige Funktionäre, die bisher in der Kulturpolitik mehr gewürgt als gewirkt haben, fürchten um ihre Sessel und Funktionen. Ihnen ist jedes Mittel recht, ihre »Degradierung« zu verhindern. Sie lernen nicht. Sie sind unfähig zu erkennen, dass gerade diese Praktiken, dieses undemokratische Verhalten innerhalb der Partei die Langmut so mancher Kulturschaffenden erschöpft hat. Es muss zu Ende sein mit den stalinistischen Praktiken!

Eva ist ganz krank. Sie tut mir leid. Sie hat noch so wenig Derartiges und Schmutziges im Verhalten sogenannter führender Genossen erlebt. Sie rauft sich das Haar: »Weshalb nur habe ich mich damals bereitgefunden, der Gruppenleitung beizutreten!« Sie erwägt, ihre Funktion niederzulegen. Ich könnte es verstehen.

30. November (Dienstag)

[...]

PRÄSIDIUMS-SITZUNG beim Schriftstellerverband. Natürlich gehts um diesen BIERMANN wieder. Man möchte seinen Namen schon nicht mehr schreiben. Er hat kein Werk aufzuweisen. Maniker, der seine GENIEBLITZE benutzt um destruktive Politik zu machen. Synthese und Harmonie hat er nicht anzubieten. Er wird auch gegen die Politik in Westdeutschland schreien.

SITZUNG

Dieser HENNIGER lügt und lügt. Die Herrschenden können keinen besseren Verband-Sekretär bekommen. Am liebsten möcht man die STÖRENFRIEDE ausschliessen aus der Partei, aus dem Verband. Dann wär man wieder unter sich, hätte Ruhe.

Fehlgeschlossen. Das war der Anfang von der Unruhe, die andauern wird, bis sich die Partei von innen heraus reformiert oder spaltet. Die Sowjets werdens zunächst mit Panzern und Kanonen zu verhindern wissen: Reform und Spaltung ganz gleich. Es sei denn, dem Breshnew folgt eine Chruschtschow-Figur, die die Antidogmatiker auf sich vereinigt.

Ich sage ihnen das alles und wie ich es denke. Der Vertreter des ZK notiert eifrig. Ich warne davor, die AUFSÄSSIGEN auszuschliessen. Ich sage ihnen, dass ich nicht FEUERWEHRMANN für sie spiele, wenn sie zündeln wie die unreifen Jungen. Denn das sind sie in Wirklichkeit und mit diesen Zündeleien wähnen sie WELT-POLITIK machen zu können.

WESHALB LIESSEN SIE B. ausreisen? Weil sie den Vertreter der westdeutschen Gewerkschaft hier haben wollten. Tausche VETTER gegen BIERMANN! Tausche politische Sträflinge gegen Westgeld. Tausche Einmischung in unsere Politik von westdeutsch-amerikanischen Politikern gegen Milliarden-Kredite. [...]

6. Dezember (Montag)

[…] Anruf aus Berlin. Scheinheilig erkundigte man sich nach Evas Ergehen und dann rückte man mit der Forderung heraus: Abschliessende AUSSERORDENTLICHE SITZUNG der Parteigruppe des Schriftsteller-Verbandes. Das Urteil über die DELINQUEN-TEN, die in ihrer seelischen Not den FEIND um Hilfe anriefen, soll gesprochen werden.

Wie gern spielt sich da der oder der im Schutze des Kollektivs als Verurteiler auf!

Ich weiss nicht, was machen. Hingehn muss ich, so fühle ich. Ich muss Mut zeigen, fühle ich. Wie ich handeln, wie ich abstimmen werde, fühle ich, muss ich von der Situation abhängig machen.

Mir ist, als würfe ich mich da selber in ein Experiment zur Er-probung von Standhaftigkeit und dergleichen, wäre aber auch gleichzeitig der Beobachter dieses Experiments, der Beobachter meines irdischen Ichs von einem geistigen Standpunkt aus.

Ich sah nochmals in die Gedichte von Kunert. Er weiss oder ahnt was vom Absoluten. Das ist massgebend. Die jetzt über ihn urteilen, werden tot und vergessen sein, da werden diese Ge-dichte (einige von ihnen) noch existieren und die Nachwelt, der sie dann etwas sein werden, wird nicht danach fragen, wie sich ihr Erzeuger in einer vergangenen politischen Situation taktisch verhalten hat. […]

7. Dezember (Dienstag)

[…]

DIE »STRAFAKTION«

Da ist nicht zu rütteln. Die Stalinisten im Polit-Büro fordern ihre Schriftsteller-Opfer. (Auch beim Theater und beim Fern-sehen und beim Film werden Genossen geopfert werden!) Der MACHT wird Geist zum Frass hingeworfen.

Freilich, sie hätten erst die Sekte verlassen müssen, jene Genos-sen, ehe sie sich bei den Kapitalisten um die Landesverweisung des hirnkranken Schreihalses B. beklagten.

Alle Urteile waren schon vorgefertigt. (Gewiss im Polit-Büro, zumindest dort bestätigt), und das hiess, sie mussten durchge-setzt werden.

Wieviel Stalinismus wird mitgeschleppt, der in solchen Fällen als die Partei-Norm bezeichnet wird! Das ist nie untersucht worden.

Die Genossen der Parteileitung sassen da wie die Mannschaft eines Schlachthauses. Die Sitzung leitete (wieso überhaupt?) der Ober-Ehebrecher NAUMANN, und der liebe HERMANN K. assistierte ihm eifrig in seinem Vorhaben: Rein sei die Partei!

Vor drei Wochen aber sagte dieser H. K. hier in der Stube, in der ich das schreibe: »Wenn sie mir mit meinem Roman (es ist einer von ihm unterwegs zum Druck) Schwierigkeiten machen, dann habe ich in diesem Lande mein letztes Lied gesungen.«

Neben mir sass »Freund« BAUMERT, eine gelbe Tasche umgehängt, in der er ein Tonbandgerät verborgen hatte.

Ich tat ihm den Gefallen nicht, hielt mich in meinen Nebenäusserungen zurück, stimmte allen Beschlüssen zu wie neunundneunzig Prozent der Genossen. Ein Gegenstimmen hätte nichts bewirkt. Ausserdem meine ich, hätten alle Protestierer und Kapitalistenverständiger aus der Partei austreten müssen.

Meine Zeit wird da sein, wenn mein Roman herauskommen soll. Dann habe ich etwas zu verteidigen, denn was ich an B. zu verteidigen hatte, wurde mir nicht bewusst. Eine Sensation: Die STERNS schlossen sich nachträglich und bewusst der Gruppe der Protestierer an. Was wird man mit ihnen machen?

8. Dezember (Mittwoch)

MORGENS ZURÜCK nach Schulzenhof. Meine Verfassung: Angeekelt. Traurig.

Ich tue den ganzen Tag nichts Eigentliches. Denke, zerdenke mich: Weshalb nur trat ich damals dieser Sekte bei?

»Damit du diese Erfahrung machen konntest«, sagt Eva, die noch krank im Bett liegt und ihre Erfahrung ebenso macht.

Die eigentliche Antwort werde ich in meinem Roman geben.

[…]

16. Dezember (Donnerstag)

MORGENS am WUNDERTÄTER gearbeitet.

SEKTIONS-SITZUNG in der Akademie. Gesprochen, aber ruhig geblieben. Nochmals vor Partei-Ausschlüssen bei den AUFSÄSSIGEN gewarnt. Partei-Strafen sollten genügen.

Den ganzen Tag Sitzung. […]

24. Dezember (Freitag)

IN DEN ROMAN nur grad so hineingeguckt. Merkwürdig und rätselhaft, dass man an dem, was man gern macht und machen müsste, am wenigsten tun kann. Bei strenger Prüfung ist's der Familien-Apparat, der sich vor solchen Festtagen aufbläst und einen mit Beschlag belegt.

[…]

Immer um die Weihnachtszeit steigt meine Lust an der Schreib-Arbeit, einfach als Gegendruck zur Konvention und zur Neigung der Umgebung, familienfeierlich zu werden.

29. Dezember (Mittwoch)

TAGESLAUF

Lief der Tag, oder lief ich?

Gleichwie, es war wie am Tage zuvor. Die gleichen Tätigkeiten an sich verwandelnden Objekten.

Auch am ROMAN ein wenig gearbeitet, aber nur so viel, dass ich ihn nicht aus den Augen verlor.

Der Rest des Vormittags wird allemal für das Schreiben von dringenden Briefen verwendet. Auf der Schreibplatte des Schreibschranks liegt ein Stoss Gratulationen; wohl an dreissig Zentimeter hoch. Soll ich erwidern, soll ich nicht?

ICH WILL HIER LEBEN, auch teilnehmen am gesellschaftlichen Experiment, das gemacht wird. Aber ich will protestieren dürfen, wenn da Dummheiten gemacht werden, wenn Bürokratismus Menschlichkeit tötet. Ich will nicht, dass nur eine Herrscher-Clique bestimmt, die sich selbstherrlich selbstbetrügt und belügt und die geistigen Belange der Bevölkerung ignoriert. Die Liste wär noch lang bis zu der Forderung, dass *ich ich* sein darf.

WENN ICH BEDENKE, die primitiven Clown-Entrees, die ich damals in der Winterzeit für die dörflichen Vereinsfeiern schrieb,
die grässlich kleinbürgerlichen Laien-Theater-Stücke, in denen
ich mitwirkte – im Gegensatz zu dem, was ich heute schreibe,
und dass ich selbst damit noch immer unzufrieden bin! […]

1977

7. Januar (Freitag)

BERLIN

noch einige Besorgungen.

BEI HAGER im Politbüro. 2½ Stunden mit ihm und der Hinkel allein. Ich zieh vom Leder. Kritisiere, gehe dabei soweit, wie man vernünftigerweise gehen kann.

Die Grenzen liegen dort, wo die Privilegien der Herrschergruppe im Politbüro beginnen.

Aber was man in dieser Hinsicht von ihnen denkt, haben sie eben auf so skandalöse Weise von oder aus oder durch ihren Biermänne erfahren. Ich kann mir nicht helfen, es ist ihr Fall, der Fall Biermann. Sie waren wirklich so naiv und glaubten, das meiste was dieser Blärrer in Westdeutschland loslassen würde, würde ihnen einigermassen gefallen.

Nun sind sie ratlos, wie ich vermutete. H. wollte von mir wissen, was mit den abtrünnigen Schriftstellern zu machen wäre. Nicht ausschliessen, rief ich immer wieder. H. wäre wohl einverstanden, aber da sind die Stalinisten im Politbüro, die sich erst ihrer MACHT richtig erfreuen, wenn Kanonen sprechen. [...]

9. Januar (Sonntag)

TAGVERLAUF

Ein bisschen länger geschlafen als sonst.

Jakob und Matthes grippekrank.

AM ROMAN gearbeitet. Normales Pensum. Nun habe ich das vorletzte Kapitel des zweiten Buchteiles in der Korrektur. Alles fängt an, sich immer besser zu fügen.

BRIEFE GESCHRIEBEN. [...]

EVA LAS mir aus ihrem Manuskript BRIEFE AUS SCHULZENHOF

73

vor. Die Zeit hat Taten und Begebnisse, die aus dem Aufgeschriebenen auftauchen, wundersam verfremdet. Man kann sich vorstellen, was spätere (auch heutige) Leser sagen, wenn sie diese Briefkonzentrate lesen werden: Ja, das waren noch Zeiten! Die konnten freilich noch schreiben in dieser heilen Welt!

Man ist sogar verführt, selber so etwas zu sagen, wenn man mit dieser nun schon romantisch verklärten Vergangenheit konfrontiert wird.

12. Januar (Mittwoch) bis 14. Januar (Freitag)
MÖGLICH, dass in nächster Zeit das Tagebuch vernachlässigt wird.

ROMAN

EIN ENTSCHEIDENDER TAG war der 12. Januar. Die Fabel für den 3. Teil WUNDERTÄTER III musste neu entwickelt werden. Um dieses Unternehmen hätte ich mich noch gern eine Weile herumgeschlichen. Aber ich wusste auch, dass sich dann ein Wall von Unlust um die Fortführung des Romans gelegt hätte, der nur mit hoher Kraftanstrengung hätte beseitigt werden können.

ES GING GUT, an einem Vormittag war der Grob-Aufriss der neuen Fabelführung da. Das bereits Geschriebene hat freilich dabei geholfen.

[...]

ILJA ruft von Fürstenberg aus an. Ich fahr ihm bis Menz entgegen. Er war auf der Försterei bei Usadel (hinter Neustrelitz), die er ab März beziehen und bewirtschaften will. Die Landschaft dort ist schön. Hoffentlich stimmen Iljas Träume von dem, was er dort machen und ausrichten will, mit dem was dort ist und sich verwirklichen lässt, überein.

16. Januar (Sonntag) bis 21. Januar (Freitag)
DIE GRIPPE packte mich; es war jene heimtückische mit Unter-Temperatur.

Lange genug sah ich mich vor und fing ab, aber die gestrige Herausforderung (geschwitzt ins kalte Auto) war zu stark.

[...]

SOHN KNUT urplötzlich (21. 1.) nachm. Wieviel Jahre war er nicht hier? Sechs? Acht?

Den Grund der »Wandlung« kann ich noch nicht erkennen. Als ich ihn im vorigen Jahr in Leipzig traf, versprach ich, seinen Töchtern ein Pferd zu kaufen. Noch hat er keinen Stall dafür.

5. Februar (Sonnabend) bis 11. Februar (Freitag)
DAS TAGEBUCH wird folgerichtig vernachlässigt. Die Arbeit am Roman nimmt mich gefangen.

Das Tagebuch-Eintragen versucht sich als eine Art Pflicht in meine Tage zu bohren und will mich belasten. Ich dränge es zurück. Das Gestaltete hat Vorrang.

[…]

EVAS GEBURTSTAG (8. 2.)

Die BESELERS vom Mittag bis zum Abend. Sie wurden von den Skodowskis abgelöst. Man hört, man hört und beobachtet, aber im Grunde kann man augenblicklich nichts gebrauchen. Man schleicht sich in Gedanken zu seiner Arbeit und weiss, dass man erst vollglücklich sein wird, wenn man wieder dransitzt.

DIE ROEHRICHTS (11. 2.) waren da, blieben mit Tochter über Nacht; es war nebelig geworden, als sie nach Hause fahren wollten.

Der Besuch war anstrengend. Viel Klatsch. Wenig über Kunst und Machen. […]

1. April (Freitag) bis 4. April (Montag)
[…]

ARBEIT

Weiterhin ist alles machbar. Freilich ist bei mir, wie stets, der Hang vorhanden, eine bestimmte Mach-Weise zu verabsolutieren. Wenn SAKRALER TON mit viel UNDS, wie in der Bibel, dann durchweg SAKRALER TON und nichts anderes mehr. Oder – wenn Verknappung, dann Verknappung bis es anfängt rhythmisch zu werden. (Mit dieser Tour habe ich mir beim WUNDERTÄTER einige Jahre lang alles zerschrieben. Nächsten Sommer werde ich also das Vergnügen (im Wortsinne) haben, die Verknappungen aufzubrechen, wieder aufblühen zu lassen.)

Seit ich nun, mit gutem Ergebnis, wie mir scheinen will, zum ersten Male den INNEREN MONOLOG benutze, ist der Hang wieder da, ihn ausschliesslich zu benutzen und den Autoren-Kommentar ganz wegzulassen. Wieder heisst es also Obacht geben, dass kein Manierismus dabei herauskommt!

Es ist kein Zufall, dass ich leicht zum Sektierer werde oder umgekehrt, dass bestimmte Eingleisigkeiten mir zusagen. Zugleich aber ist soviel Lebenskraft in mir und eine scharfe Beobachtungsgabe, dass Eingleisigkeit mich nicht lange befriedigt. Von der Eingleisigkeit, die Marxismus und Partei für mich waren, kam ich innerlich zwar auch rasch, aber äusserlich sehr mühsam los. Die rasche äusserliche Loslösung – bis heute nicht vollkommen vollzogen – schien mir, würde Nachteiliges im Gefolge haben, und sie hätte es auch gehabt, und dann: man muss sich das eingestehen – fehlte wohl doch die klare Alternative zum Marxismus und Partei. Diese Alternative habe ich mir in den letzten Jahren »erlebt«. Sie heisst Glaube, sie heisst Mystik. In dieser Richtung hatte ich erst in den letzten Jahren entscheidende Erlebnisse. Des bin ich froh.

Der von der Mutter anerzogene evangelische Kirchenglaube ist gegen den Glauben, der mich nun mehr und mehr einnimmt, ein Theaterglaube gewesen, den man freilich rasch mit dem marxistischen Glauben verdrängen und ersetzen konnte.

27. April (Mittwoch)

DIE STIMMUNG, ein grosses tagelanges Abschiednehmen, ein schweres Abschiednehmen, denn nun wird es schön, ganz schön in Schulzenhof; es geht auf den Mai zu, und die Blumen beginnen zu blühen an der frisch angelegten Blumenkante bei der Pony-Koppel. Aber auch das Haus mit all seinen Innenräumen verhält sich wie eine Geliebte, die einen nicht davonlassen will. [...]

29. April bis 18. Juli (Montag)

Also lange nicht eingeschrieben. Die Arbeit am ROMAN zehrte mich aus, machte mich unlustig Tagebuch und Briefe zu schreiben.

Wir waren vom 1. bis zum 29. Mai in Piešťany und nun das vierte Mal.

Vorher aber am 29. April gab ich für alle Mitarbeiter des Aufbau-Verlages ein Fest. Es wurde geschmaust, gezecht und getanzt. Ich selber tanzte und das hatte ich wohl seit 10 Jahren oder so nicht mehr getan. Es war das grösste Fest und natürlich auch das teuerste, das ich in meinem Leben veranstaltete, und das wird es auch bleiben. Für die Mitarbeiter des Verlages, die sogar aus Weimar herübergekommen waren, war das Fest ein Novum. Nie hatte bisher ein Autor daran gedacht, für sie ein Fest zu geben, und sie würdigten es, wie mir von vielen Seiten versichert wurde, so dass ich es fast glauben möchte.

Auch Eva fühlte sich, wie ich meine, nicht gerade unglücklich bei diesem Fest.

Ich nahm mir vor, in Piešťany fleissig am Roman zu arbeiten. Das neue japanische Taschen-Recorder-Gerät erlaubt, dass ich normale Kassetten bespreche, die Frau Zellner sogleich auf dem Apparat, den ich ihr hinstellte (zwei sinds sogar), abspielen kann.

Ich hielt mein tägliches Pensum von mindestens drei Schreibmaschinen-Seiten ein, und doch brachte ich den Roman nicht, wie ich hoffte, zu Ende.

1978

21. März (Dienstag)

UM 16 UHR DEN WUNDERTÄTER III ABGESCHLOSSEN.

Jetzt kanns nur noch kleine Feilereien am Manuskript geben und das Verlebendigen von ein, zwei Szenen, die ich schon herausfand.

Jetzt fang ich wieder an, die Umwelt zu sehen.

4. April (Dienstag)

Nach Berlin.

ROMAN

Nachmittag 16 Uhr Cheflektor Caspar und die Lektorin Pankoke. Literaturklatsch bei teurem französischen Cognac. Mir will der Mut sinken.

In einer Ledertasche nahbei drei Abschriften des Romans.

Es langweilt mich, empört mich, die Machinationen von Kulturfunktionären zur Kenntnis zu nehmen. Und dort in der Tasche der fertige Roman, und man spricht nicht über ihn.

Schliesslich schleppen sie ihn fort. Die Pankoke ihr Manuskript in einem Einkaufsbeutel, Caspar seine zwei Durchschläge mit der Taxe.

Sie schleppen Sprengstoff davon. Sprengstoff aber nur, wenn mans von den Dogmatikern her sieht. Alle Genossen, denen das Rechts- und Gerechtigkeitsgefühl nicht verlorenging, werden den Roman begrüssen, wenn er gedruckt werden sollte.

Abends bei Dr. Hildchen. Erwin jr. dort. [...]

8. April (Sonnabend)

[...]

DER ROMAN ist abgegeben, aber ich gehe umher wie ein Mörder, der bangt, dass man seine Tat bald entdecken wird.

Kanns soweit kommen, dass ein Mensch fürchtet, zur Rechenschaft gezogen zu werden, wenn er aufschreibt, was er in seiner Umgebung und in der Gesellschaft, in der er lebt, durchschaute und erkannte?

Das ist so, weil ich bereits in der zweiten Diktatur lebe und weil in beiden Diktaturen (auch der zweiten, von der ich etwas erhoffte) nach dem Grundsatz gehandelt wird: Wer nicht für uns ist, ist gegen uns, und wer uns kritisiert, ist ein Abgesandter (Abgestempelter) des Feindes.

Ob Rechts- ob Links-Diktatur, in beiden wird der Geist vergewaltigt, und in der einen wird der anderen vorgeworfen, dass sie den Menschengeist knechtet und umgekehrt. Wie kann ein denkender Mensch das gutheissen? Er heisst's nicht gut, doch allmählich bildet sich in ihm das Gefühl heraus, ein Ketzer, ein Verbrecher zu sein. Er ist allein und derer, die der Diktatur lobsingen, sind viele.

POESIE

Poetisches wollte ich schreiben, wenn der ROMAN fertig ist, aber Polemisches schreibe ich. Es wird nötig sein, das politische Polemisieren zurückzudrängen.

16. April (Sonntag)

TAGESVERLAUF

Immer noch: Roman auf Tonband lesen, Briefe schreiben, zwei halbstündige Spaziergänge, morgens und nachmittags.

AN DER ROMANFRONT alles ruhig. Verdächtig ruhig. Immer wieder ertappt man sich dabei zu denken, dass man sich ausgeliefert hat. Man wartet wie ein Schüler auf Zensuren von Menschen, die möglicherweise gar nicht brauchen, was man im Roman sagte, oder die es zwar brauchen, es aber lieber ungesagt wissen würden, weil es sie zu Entscheidungen zwingt, zu politischen Entscheidungen, die sich ungünstig auf die Funktion auswirken könnten, mit der sie ihr Brot verdienen.

Das denk ich im Wechsel mit kraftvollen Gedanken, die mir werden und wie Erlösung sind: Was machst du dich klein, heisst es da, das sieht ja aus, als hättest du nicht schreiben gemusst, was du schriebst, um endlich mit diesem politischen Gerangel fertig zu sein, in das du dich nach dem Krieg aus Bussfertigkeit hineinbegabst. (Wie naiv nimmt sich das nach dreissig Jahren aus!)

Und weiter: Ergib dich! Lass alles seinen Gang gehen! Wenn du schreiben musstest, und das musstest du, wird das Geschriebene, als eine aus dir gestellte Kraft, sich seinen Weg schon bahnen.

21. April (Freitag)

ROMAN

Um 11^h wollen die Verlagsleute kommen.

Mit Ruhe wappnen! Unsere Linie: Sobald sie zuviel auszusetzen haben, ziehe ich den Roman zurück, kassiere die drei Durchschläge. Wenn also (die immer nur relativ schuldigen) Verlagsleute der Meinung sind, man könne nicht gut ausgewogen und dialektisch über Vorgänge und Ereignisse (politische) schreiben, die sich vor fünfundzwanzig oder dreissig Jahren in unserem Lande zutrugen, dann kann man auch nicht auf den Schriftsteller-Kongress gehen und die Partei-Öberen und Regierungsvertreter begrüssen.

ROMAN

Nun sind sie dagewesen Caspar und die Pankoke. Um 11^h begann's um 20^h fuhren sie. Mit soviel Verständnislosigkeit hatte ich nicht gerechnet. Sie sind nicht imstande ein Manuskript zu lesen, ohne Angst, ihre Funktion zu verlieren. Nein, sie können nicht unvoreingenommen lesen. Ihre Angst vor der politischen Verantwortung verstecken sie hinter künstlerischen Argumenten. Die Pankoke: »Der zweite Teil fällt künstlerisch ab.«

Caspar: Komposition und Dramaturgie stimmen nicht. Ausserdem historische Ungenauigkeiten.

Nun muss ich still sein und lauschen, was will das Leben von mir, wenns mir diese, wenn auch noch so unzulänglichen Einwände entgegenstellt. Wie soll ich mich verhalten?

Es wird sich klären. Zur Zeit neige ich dazu, das Manuskript zurückzuziehen. […]

22. April, 23. April, 24. April (Sonnabend, Sonntag, Montag) […]

NACH DEM GESPRÄCH MIT DEN LEKTOREN lud Eva (immer die beherzte) Eva (fast diktatorisch) Freundin Dr. Hildchen und Sohn Erwin ein. Sie sollten (ihr müsst!) als Zuhörer fungieren. Eva hatte sich vorgenommen, das letzte Drittel des Romans laut zu lesen. Wir wollten kontrollieren, ob wahr ist, dass dieser Teil »künstlerisch herabfällt«, wie die P. sagte, oder ob sich hinter diesem Vorwand nur politisches Unbehagen versteckte.

Hildchen und Erwin kamen. Eva las den Sonnabend-Nachmittag, den Sonntag-Vormittag und Nachmittag. Eine körperliche und stimmliche Leistung. Und kaum ein »Verleser« die ganze Zeit. Die liebe, liebe Eva!

Unsere Feststellung: Das »künstlerische Unbehagen« ist berechtigt an einigen wenigen Stellen. Man kann da mit Kürzungen und Zusammenziehungen und dramaturgischen Umstellungen Behagen schaffen. Bestimmend für die Unzufriedenheit der P. ist aber, sehr erkennbar, das politische Unbehagen gewesen. Das gleiche für die Einwände von Caspar.

DAZWISCHEN HÖRT MAN TAG UND NACHT den Balzruf der grossen Rohrdommel vom Thörn-See herüber, und der Gimpel-Hahn sitzt auf dem Apfelbaum vor Evas Stubenfenster und lässt einen Trauer-Ton hören.

DAS WAR EIN MERKWÜRDIGER SONNTAG. Wir werden lange denken an ihn, werden ihn als Neunzigjährige mit wackelnden Köpfen erwähnen, sagte Eva. Das erste Mal seit jener Zeit, da er ein Knabe war, umarmte ich meinen Schauspieler-Sohn Erwin. Ich hatte das Bedürfnis. Da war mir ein Kamerad zugewachsen. Klug – liebevoll und doch unbestechlich in seinem Urteil, das erstaunlich sicher ist.

Und Hildchen, der diese Eigenschaften fehlen, wiegt alles mit Treue und Zuneigung auf. Die Schwester!

[…]

UNSER PLAN: Das was künstlerisch daran noch zu verbessern oder umzuschreiben ist, werden wir verbessern, werde ich umschreiben. Es ist nicht erheblich, immerhin wirds aber nötig, sich nochmals intensiv mit dem Roman zu befassen, von dem man sich schon befreit wähnte.

Dann, wenn wir ganz sicher sind, dass künstlerisch alles in Ordnung, dramaturgisch alles elegant gemacht ist, soll das Manuskript wieder in den Verlag, der solls weiterreichen bis zu der Stelle, die bekennen muss: Über die Stalin-Verfehlungen darf nach 25 Jahren gesprochen werden oder nicht. Das wird *alles* sein und von *der* Entscheidung wird vieles abhängen.

GUT WÄR, wenn ich bald in eine neue Arbeit hinein käm. Mir schwebt dies vor und das vor. Ich will in Demut auf Entscheidungen warten, die mir aus dem ABSOLUTEN zugespielt werden werden.

FÜNF JAHRE meines Menschenlebens für nichts dahingegeben zu haben, das kann das grosse Leben doch nicht von mir gewollt haben!

ODER war ich so stumpf und bemerkte nicht, was es wirklich von mir wollte?

ES MANGELT AN GLAUBEN.

Soll ich etwa denken: Wenn ich nun fünf Jahre krank gewesen wäre? Und nun beginne ich mich leise wieder in die Schreibkunst hinanzutasten?

HABE ICH GESTOHLEN, gemordet, oder habe ich nur meine Wahrheit und was ich miterlebte (in umgesetzter Form) niedergeschrieben?

25. April (Dienstag)

O, HERRLICHKEIT!

Beim Umkleiden für die Fahrt nach Berlin geschiehts, dass ich mit eins weiss, was ich als nächstes schreiben werde. Seit längerer Zeit stehen mir zwei Möglichkeiten zur Verfügung: DER LADEN, meine in einen Roman übersetzte Kindheit, und DAS BUCH OHNE ENDE, ein offenes Buch, gefüllt mit kurzen, poetischen Kabinettstücken aus der Jetztzeit, der Vergangenheit und der Zukunft.

Nun weiss ich, es wird zuerst DER LADEN sein. Es traf mich.

Wie ein Blitzschlag lag alles, was darin (die Möglichkeiten) zu sagen ist, vor mir. Ich hielt beim Umziehen inne. Es arbeitete schon in mir. O, wie ich das nötig hatte! O, wie mir das zur rechten Zeit inne wurde! Ich konnt nicht anders. Ich musste es Eva, der lieben Frau, der guten Kameradin mitteilen.

[…]

NUN KOMMT MIR WIEDER ALLES NÄHER, das Gras, die Blumen, die Tiere, der Frühling überhaupt. Ich bin demütig genug für sie, ich stosse sie nicht mehr durch das innere Angespanntsein zurück. Es war die ganze Zeit, in der ich am Roman schrieb, Kampfstellung und Anspannung in mir. Ob das gut und dem Roman zuträglich war?

ICH GLAUBE DOCH, dass es in der Ordnung war, die Geschichte eines Dichters in unserer Zeit zu schreiben, zu beschreiben, wie arm er dran ist, und ich schreib das, obwohl ich weiss, dass der Dichter zu keiner Zeit »reicher« dran war.

UND DASS ICH GUT GEWAPPNET WAR mit der Aussicht auf das neue Vorhaben, mit der Gewissheit, dass ich den LADEN schreiben werde.

Ich war IM VERLAG und holte die Manuskripte ab. […]

27. April (Donnerstag)

[…]

ICH FREU MICH auf die vier Wochen Piešťany. Aber die Freude wird durch die Unfreude der lieben Eva gemildert.

Der Grund ihrer diesjährigen Lustlosigkeit ist schwer zu ergründen. Die Krankheit (Grippe), die da war? Die unversorgten Jungen? Es ist das letzte Jahr, dass die beiden jüngsten Söhne (Jakob und Matthes) im Hause sind.

HAT MAN MITGEMACHT oder hat man sich nur diszipliniert verhalten? Das muss von Fall zu Fall entschieden werden.

Ich las im Tagebuch aus dem Jahre 1966 eine Episode aus Moskau, aus der gediegen hervorgeht, dass ich nicht mitmachte.

30. April (Sonntag)

(noch Berlin)

[...]

FRAGEN, DIE ICH DENEN STELLEN MUSS, DIE DEN WU 3 ALS NEGATIV BEZEICHNEN

1. Habe ich gelogen?
2. Ist der Roman parteifeindlich?
3. Rede ich darin den Kapitalisten das Wort?

DR HILDCHEN kommt und nimmt ein versiegeltes Paket mit.

SOHN ERWIN kommt, sich zu verabschieden. Für ihn ists schwer die nächste Zeit. Militärdienst ab Anfang Mai. Er gibt sich gefasst, ist aber nachdenklich. [...]

27. September (Mittwoch)

ROMAN

Jawohl, es ist immer noch vom gleichen Roman die Rede, vom WUNDERTÄTER III.

Seit meiner Rückkehr aus Pieštany war ich wieder tief drin in ihm. [...] Es gab so manchen Lebenslauf, so manche Szene, die mir nun bei der Durchsicht (von Anfang Juni bis 24. Septr.) nicht mehr gefiel. Manches wurde neu und wenn nicht neu, dann anders oder umgeschrieben.

Das Unbehagen von Lektor Caspar, was die Dramaturgie betraf, war, wie ich sah, nicht ganz von der Hand zu weisen.

Vielleicht war sogar etwas am Einwand der PANKOKE, der dritte Teil des Romans wäre (künstlerisch) schwächer. Und Eva? Sie hatte zuerst ihr Unbehagen geäussert, es dann aber (aus Liebe) zurückgenommen, weil sie sah, wie ich litt. [...]

ALLERDINGS war bei mir danach Misstrauen der lieben Eva gegenüber entstanden. Ich zeigte ihr nichts mehr von meinen Umarbeitungen ab Juni bis zum 23. September. Inzwischen hatte es einige Krisen gegeben, mit denen ich allein fertig wurde.

So war ich bis zum letzten Kapitel des Romans (vor dem Nachspiel) gekommen, und da war ich so erschöpft, dass mir nichts mehr an der ganzen, grossen Arbeit gefiel. Ich war sicher, dass ich sie (unbewältigt) würde liegen lassen müssen.

Gleichzeitig wusste ich aber auch, dass ich dann nichts Neues würde schreiben können.

In dieser echt, echten Not bat ich Eva um Hilfe. Wie stets, warf sie alles hin und las sich in den Roman hinein und fing sehr bald an zu loben und meine negativen Gedanken zu zerstreuen. Sie gab zu, dass sie sich vor diesem Augenblick des Wiedereingeweihtwerdens gefürchtet hatte.

28. September (Donnerstag)

[...]

MATTHES' ERSTE HEIMKEHR

Ich war schon im Nachthemd, war beim Zähneputzen, hatte mich schon von Eva für die Nacht verabschiedet, da hörte ich sie nochmals vor der Haustür reden.

Matthes war (um die elfte Stunde) zum ersten Male als Forst-Student heimgekommen. Er war forstlich kostümiert, durfte die Uniform, nach der er schon als Vorschul-Junge gierte, endlich mit einer gewissen Berechtigung tragen. [...]

Die Mutter Eva war glücklich, plauderte eifrig wie ein Schulmädchen. Immer wenn's glücklich zugeht, steht die Zeit still.

1. Oktober und 2. Oktober (Sonntag und Montag)

[...]

Am Montag (2. 10.) nach Berlin. Die Abschrift der achten (letzten) Roman-Mappe von Frau Zellner geholt.

»Jebn Se se man bloss schnell ab«, so Frau Zellner, »damit Se nich wieder anfangen zu vabessern! Ick ha zu mein' Mann jesagt, ›jetzt ha ick ENDE jeschrieben‹, sach ick. – ›Biste sicher?‹ hat er jesacht!«

Mit uns der kleine Förster. Einkaufselig. Das war er schon als Kleinkind. Der Unterschied jetzt: Er muss einen Teil des Geldes, das er ausgibt, mit Hand-Arbeit verdienen. Das vermindert seine Kauflust nicht. Er kauft auch Unnützes. Es bestärkt für den Augenblick seine Phantastereien. Aber die wechseln rasch, und das Interesse am eben mit Begeisterung Gekauften ist verraucht.

Der kleine Förster reiste ab zu seiner Wald-Arbeit (Teil des

Studiums) nach Dipoldiswalde. Die Mutter bestellte ihm eine Taxe, damit er mit seiner neu erworbenen Förster-Winter-Ausrüstung und dem neuen Radio-Apparat (mit eingebautem Recorder!) bequem zum Ost-Bahnhof kam. Man möchte wünschen (oder soll mans nicht?), dass es den Söhnen immer so ausgeht. Aber es wird nicht!

[…] Was für ein schönes Heimkommen am Abend! Herbert hat geheizt. Draussen ists, als könnt man für die Nacht den ersten Frost erwarten. Aus der Diele strömt einem der pfefferkuchenähnliche Hausduft entgegen. Assan jault vor Wiedersehensfreude. Die Katzen streichen einem um die Beine. Der Ton der holzgetäfelten Räume zwischen honig-gelb und honig-braun. Die Porträts von Giebe und nascha Karl, auch die Landschaften tun, als hätten sie geduldig und ohne uns im geringsten Vorwürfe zu machen, darauf gewartet, dass wir sie anschauen, wieder anschauen. Äpfel duften aus der Schale auf dem polierten Kiefern-Holz-Tisch. Der Eisschrank summt, aber gerade sein Gesumm macht uns die Stille spürbar, die die Nacht hat. Kein Flugzeug in der Luft, nur die Graugänse ziehn.

13. Oktober (Freitag)

[…]

DER VORSTAND

Die Unzufriedenheit der Schriftsteller gegen die Machinationen der Geheimdienst-Leute wächst. Das Präsidium (einige Mitglieder knurrend, wie H. K. mir telefonisch mitteilte) stellte sich hinter Erich Loests Roman »Es geht seinen Gang«, der »verboten« wurde. Eine schäbige Rolle spielt dabei Klaus Höpcke, der Leiter der Haupt-Abteilung Literatur im Kulturministerium. Er hat Ls. Roman im Ms. gelesen, hat die Druck-Erlaubnis gegeben und zieht jetzt gegen den Roman zu Felde, weil die SICHERHEIT nieste. Die Zeit der Schönfärberei soll wieder herbei, wünschen Geheimdienstler und Stalinisten. Alle Geheimdienstler sind Stalinisten, obwohl wahrscheinlich nicht alle Stalinisten Geheimdienstler sind, zumindest aber gefährliche Dummköpfe. Stalinistisch regieren ist leichtes Regieren, Regieren mit Strick und Fallbeil, Genickschuss. […]

25. Oktober (Mittwoch)

NACH BERLIN

Mit Eva in den Auslands-Laden. Man hatte was von mir in Westdeutschland gedruckt. Ich bekam den dritten Teil der Honorar-Summe. ($^1/_3$ der Staat; $^1/_3$ der Verlag). Natürlich nicht in bar, in Gutscheinen. Es waren etwa 350.– WM. Wir kauften für Eva einen warmen Pullover aus HONGKONG, für die Jungen Jeans, für mich ein Jersey-Hemd und löslichen Kaffee. Ich geh ungern in diese Läden. Am liebsten würde ich die Devisen verfallen lassen. Leider muss ich bei jedem Scheiss-Einkauf dabei sein. Die Bürokratie will mein Gesicht und meinen Ausweis vergleichen. […]

DER ABSCHIED von Eva war schwer. Dabei war's nur der körperliche. Man denkt an die vielen Unglücksmöglichkeiten, die bei so einer Zwei-Etappen-Reise in den Kaukasus gegeben sind.

Und doch, weiss man, ist nichts zu verhindern. Es läuft alles, wie es muss, und wir müssen es tragen so oder so. Ich werd immer gläubiger. Und das ist wohl der einzige Gewinn, den einem das Alter bringen kann.

DAS ALLEINHAUSEN mit Katzen, Hund und Pferden gefällt mir nicht schlecht.

27. Oktober (Freitag)

KAUFHALLE

Wie schnell ich mich an das Einkaufen mit dem Korb-Schiebe-Wagen gewöhnte, nachdem ich mich dazu überwand. Wie ich noch vor vierzehn Tagen bei Eva, macht MATTHES mit einem zweiten Wagen jetzt bei mir den »Hilfseinkäufer«. […]

MATTHES ist ein guter, hilfsbereiter Junge, ein Gemeinschaftsmensch, allgemein beliebt, geistreich, empfindsam und gerecht. Und doch ists nicht einfach mit ihm: Die kleinen Schwindeleien, in seiner Kindheit »wahre Geschichten« genannt, sind geblieben, und wenn er sich erst in etwas hineingelogen hat, gibts kein Zurück. […]

ICH DENKE AN EVA

Ob sie den Duft des Isabella-Weins noch mitbekommen wird? Was wars eigentlich, was mich für Stunden, ja, für ganze Tage so glücklich machte, wenn ich im Kaukasus war, und ich war dreimal dort?

Wars der Duft unbekannter Blüten noch im Oktober, November?

Wars der Holzrauch, der am Abend aus den Schornsteinen der Hütten stieg und sich an den Hängen niederlegte? Warens die roten Zähne der Granatäpfel, wenn die Fruchtschalen sich öffneten wie Lippen?

Wars die mit Blütenduft vermischte, warme Luft vor verschneiten Bergen mit einem tiefen Himmelsblau auf dem Flugplatz von ADLER?

Wars der Haustiergeruch hinter den Hütten an den schmalen Hangstrassen?

Wars der Duft, der sexuell erregende Duft des Buchsbaumlaubes?

Das wars vielleicht alles nicht, oder das war es alles zusammen, aber die Hauptsache war wohl, dass man beim Anblick und beim Sein in dieser Landschaft alles vergass, woran man vorher gedacht hatte, dass etwas, wie ein neues Leben, begann, zumindest die Vorstellung, es könnte sogleich ein neues Leben beginnen, wie wohl auch das Täuschung war. Wahr und unwiderlegbar war wohl nur, dass dieses Land es einem erleichterte, alles, was war, fallen zu lassen und dem Augenblick zu leben, das heisst, zu leben, wie man leben sollte.

DIE SHETLANDPONYS werden hereingeholt und werden für die nächste Zeit und bis wir einschneien in den Torfwiesen weiden und wieder nachbarlicher sein.

3. November (Freitag)

EINKAUFEN in Gransee. Diesmal allein. […]

EIGENTLICH hatte ich mir vorgenommen während Evas Abwesenheit eine Menge aufgeschobener Arbeiten (Umräumen, Post erledigen, ein Stück am neuen Roman schreiben) zu erledigen, aber dann hiess es in mir: Unsinn! Du hattest dir vorgenommen, nach der Fertigstellung des WU 3 mit mehr Musse zu leben, und das tu jetzt auch!

Und ich tat es: Kramte in Briefschaften, schrieb nur hin und wieder einen Brief, kroch in den Inhalt alter Kalender, kramte vor allem in einem Sack Postsachen (Familienpost), die ich letzlich in einem Plaste-Sack aus Bohsdorf mitbrachte. Manche Brief-Serien hatte die Mutter zusammengestellt und in grosse Brief-umschläge gesteckt. Die Hände der Mutter und die meinen waren sich nahe. Ohne Sentimentalität. Im Gegenteil: Es gab Briefe, aus denen hervorging, dass die Mutter, um zu allen gut zu sein, nicht aufrichtig und nicht gut zu uns, zu mir und meiner Familie war, und dass sich ihr Verständnis der Kleinbürgerei in unserer Familie mehr zuneigte als unseren schriftstellerischen und künstlerischen Belangen […].

EVA. In der Nacht telefoniere ich mit ihr. Sie ist bereits wieder in Moskau, in dem gräulichen Hotel PEKING. Die Verständigung ist schlecht. Evas Heimweh gross. […]

5. November (Sonntag)

EVA ruft gegen 10ʰ an. Sie ist schon in der Wohnung. Natürlich hat sie sich erkältet im unbeheizten Tbilissi.

NACH BERLIN gegen 15ʰ. SÖHNCHEN bleibt noch eine Stunde länger, nutzt den Sonntag. Er winkt mir nach.

Das grosse Erzählen bis in die Nacht hinein mit Eva. Sie sitzt in der rosaroten Angora-Mütze. Diese Mütze ist immer das Zeichen, wenn der Schnupfen bei ihr einfährt. Gleichzeitig bewirkt die Mütze, dass sie ganz, ganz jung-mädchenhaft aussieht, die Eva, meine Eva.

RESO hat einen geschnitzten kleinen Meisterfaun-Kopf aus Tbilissi mitgeschickt. Ich werde ihn in der Hosentasche tragen.

6. November (Montag)

GÜNTER CASPAR UND HELGA PANKOKE, die Lektoren vom AUF-BAU-Verlag. Alles läuft dieses Mal anders. Sie haben die politische Furcht abgeschmissen. Verlagsleiter und Verlagsleiterin, auch die Lektorin Töpelmann o. ä., sie haben ausser Caspar und der H. P. das Manuskript gelesen. »Wir alle stellen uns hinter das Manu-skript«, verkündet uns Caspar.

Das ist mehr, als ich erwartete. Es wird tatsächlich Widerstand spürbar gegen die laienhafte, ohne jegliche Bildung betriebene Kulturpolitik.

Natürlich wird noch um einige Formulierungen gefeilscht. Aber wir (Eva und ich) geben nichts auf, inhaltlich nichts. Wir erklären uns hier und da zu sanften Umformulierungen, die an der Sache nichts ändern, bereit. [...]

12. November (Sonntag)

EIN DUNKLER GRAUER SONNTAG, ein Totensonntag von Natur aus, und am Kalender-Totensonntag gibt es vielleicht klaren Frost, und die Sonne wird scheinen.

[...]

EVA quält sich noch mit ihrer aus dem Kaukasus importierten Erkältung herum. Morgen aber will sie mit nach Berlin. Ich erfahr', was ich bisher nicht wusste, sie fürchtet sich, nun da keiner der Söhne mehr im Hause ist, allein in Schulzenhof zu bleiben.

13. November (Montag)

NACH BERLIN. [...]

SEKTIONS-SITZUNG in der Akademie. Man wollte sich eigentlich über die »Lage der jungen Autoren« unterhalten, die zum grössten Teil mit anderen Augen auf unser gesellschaftliches Leben sehen, als es unsere Politiker tun. Die Politiker halten sie aus diesem Grunde für »undankbar« und das, was sie schreiben, für undiskutabel. Sie vergessen dabei, dass es sich um die Jugend handelt, die unter ihrer (der Politiker) Führung heranwuchs, die in den Schulen nach den Lehrplänen, die die Politiker bestimmten, erzogen und geschult wurden.

In der Sektionssitzung tut man, als überlegte man, was man tun könnte, um mit der Jugend in einen Dialog zu kommen. Aber der Dialog über den zu planenden Dialog bleibt schon in sich stecken. Die Wahrheit wird nur angetippt. Jemand schlägt sein Deckbett zurück und findet drunter einen jungen Löwen kauern, der zum Sprung ansetzt. Er schlägt das Bett wieder zu und tröstet sich, zunächst muss sich der junge Löwe mal vom Deckbett befreien, dann erst kann er zuspringen. Die Zeit bleibt uns noch. Und einige hoffen vielleicht, dass der junge Löwe unterm Deckbett einschläft. Die ganz »Mutigen« und Unbelehrbaren aber denken: Immerhin bleibt uns noch die Möglichkeit, einen Panzer vorm Bett auffahren zu lassen. […]

17. November (Freitag)

WIE DER TAG SO VERGING

Am Nachmittag fuhr ich zur ZAHNÄRZTIN nach Gransee […]. Ich hör kaum drauf, was die Doktorin B[…] zu mir sagt. Ich lass mich von ihrem Tonfall in meine Frankfurter Redaktionszeit entführen und empfinde etwas wie Wohlbehagen, Genuss oder Sehnsucht nach etwas Unwiederbringlichem. Dabei war meine Frankfurter Zeit, von den Lebensumständen her gesehen, wirklich keine »glänzende«: Ich hatt' nur knapp zu essen. In der Redaktion wars kalt. Ich ging monatelang mit starken Kreislaufstörungen und einer Rippenfellreizung, die ich aus Pflicht- und Parteibewusstsein nicht auskurierte, umher. Den halben Vormittag waren die drei mittleren Finger der rechten Hand bis zum zweiten Gelenk undurchblutet, weiss und abgestorben. Ich wohnte als »Möblierter Herr« bei einem ehemaligen Hauptmann der »Wehrmacht«. Er trug den Hugenottennamen DEPUIS. Ich wohnte dort, weil die Hauptmannsfamilie hundefreundlich war, und ich hatte damals die Chow-Chow-Hündin Hella, die täglich mit mir in die Redaktion ging. Und ich schlief nachts in einem alten Lumberjack aus meiner Motorrad-Jugend, um besser ins Schwitzen zu kommen. Morgens kletterte ich geschwitzt aus meinem »Panzer« und erkältete mich in der ausgekühlten möblierten Bude aufs neue.

Meine Familienverhältnisse stimmten nicht. Mein Zuhause hätte Spremberg sein sollen, aber dort fror ich unterm Dogmatismus der zum Marxismus konvertierten katholischen Krankenschwester Anna Angermann, die damals meine Frau war.

Ich hatte ein Liebesverhältnis mit der Redaktions-Volontärin (Christel Kolasser […].) Zu ihr fuhr ich übers Wochen-Ende, ein um die andere Woche, wenn in Frankfurt keine Sonntagsveranstaltungen stattfanden, die ich als Redakteur »wahrzunehmen«

hatte. Ab und zu fuhr ich der Kinder wegen nach Spremberg, und es waren allemal traurige Sonntage, weil ich keine und keine Vorstellung hatte, wie ich aus diesen verfahrenen Verhältnissen herauskommen würde [...].

Ich denk und denk, während Frau Doktor B[...] im Frankfurter Tonfall auf mich einredet, was an dieser wirklich für dich nicht guten Zeit macht dich »sehnsüchtig« nach ihr? Ists die Tatsache, dass in jener Zeit mein erster Roman OCHSENKUTSCHER in der »Märkischen Volksstimme« vorabgedruckt wurde, weil ich das erste Mal literarischen Ruhm, aber auch antiliterarische Beschimpfungen zu spüren bekam. Fast möcht' ich glauben, dass es diese Umstände waren, die mir diese Zeit als »unwiederbringlich« erscheinen lassen.

26. November (Sonntag)

MATTHES kam schon am Donnerstag, fuhr umher, stillte seine Kauflust, besuchte seine alten Freunde. In der Regel hat er mit allen was zu kaupeln, und dieses Kaupeln vollzieht sich so wie in seiner Schuljungenzeit; er zieht den Kürzeren: Das Ding, das er begehrt, »vergoldet« sich für ihn, mags anderen wertlos scheinen, er muss es haben, und er tauscht es mit etwas aus seinem Besitz, das weit über dem Wert des Begehrten liegt.

M. wäscht unser Auto gegen Bezahlung, natürlich nebenher auch sein Motorrad, und er schläft vor allem, schläft und schläft und dieses Wochen-Ende hat er sich vorgenommen, nicht in die Dorfschenke zu gehen, und er hält es ein, er geht nicht. Das muss man auf sein Plus-Konto schreiben.

JAKOBS Haar wird länger und länger und wird bald die Schultern erreichen. Er verteidigt es, wenn die Mutter es kürzen will. Ihm schwebt eine Idealtracht vor. Wahrscheinlich die Haartracht der Minnesänger und der fahrenden Ritter. Die Mode scheints nicht zu sein, die Js. Haartracht bestimmt; die Langhaar-Mode, sie scheint übrigens vorüber zu sein. Man sieht die Jungen wieder mit geschorenen Köpfen einhergehen. [...]

3. Dezember (Sonntag)

ILJA besucht uns unangemeldet mit der ganzen Familie, sogar der vier Monate alte Säugling, namens STEFAN, musste mit auf Reisen. [...]

Alsbald durchdringen Unwillensschreie und Säuglingsweinen die Stille unseres Hauses. Dass das einmal so kommen würde und dass die mit Beharrlichkeit durch den Bau des zweiten Hauses errungene Arbeitsruhe gefährdet sein würde, wusst' ich. Deshalb war ich dafür, im alten Haus alles so zu belassen, wie es war, damit es für künftige »Familien-Invasionen« bereitstünde. Eva lachte mich damals aus, weil noch keiner der Jungen verheiratet war. »Deine Vorsorge immer!«

Nun lachte sie nicht mehr. Es zeigte sich, wie wenig wir geeignet sind, Grosseltern zu sein. Ich wusste das. Und wir werden nicht »geeignet« sein, so lange sich der Trieb noch in uns regt, literarisch zu schaffen.

Unsere eigenen Kinder waren so erzogen, dass sie uns bei unserer Arbeit, die ja daheim und oft in den gleichen Räumen betrieben werden musste, in denen die Kinder aufwuchsen, so wenig wie möglich störten. Vielleicht ist das der Grund für die Tatsache, dass sie heute ihre Kinder entgegengesetzt erziehen. Vielleicht ists auch nur modisch? Sie sollen »Freiheit« haben. Das wäre verständlich, zumal in ihren Häusern keine »Lesestoffe« produziert werden müssen.

So werden wir die gleichen wunder- und absonderlichen, aus der Art gefallenen Menschen, die wir als Eltern waren, auch als Grosseltern sein.

8. Dezember (Freitag)

WUNDERTÄTER III

Dr. Plavius rief an und teilte mit, dass er (als Aussengutachter) WUNDERTÄTER III positiv beurteilt hätte. [...] Hoffentlich geht auch weiterhin alles gut mit dem Roman. P. meinte den Zusammenstoss meiner Arbeit mit der Zensur, und in die »Zensurbehörde« werden in diesem Fall gewiss auch Polit-Büro-Mitglieder installiert werden.

P. möchte, dass ich sein Gutachten lese. Auch das ist nicht die

Regel. Das Verlagslektorat enthält solche »Aussengutachten« dem Autor gewöhnlich vor. […]

WIE DER TAG SO VERGING

Bis Mittag normale Arbeit. Ausser Diktat am neuen Roman das erste Heft vom Tagebuch 1968 auf Band gesprochen. Ich hatte am Vortage in dieses Tagebuch gesehen, um mich zu erinnern, was ich vor zehn Jahren tat. Das Tagebuch 1968 besteht aus 17 Heften. Es ist wohl das Jahr, in dem ich, weil ich Erzählungen und keinen Roman schrieb, am fleissigsten Tagebuch führte. In anderen Jahren sinds weniger Hefte, ganz wenige in der Zeit, in der mich jeweils ein Roman stark beanspruchte.

Ich war überrascht, was ich im 1968-er Tagebuch alles vorfand. Es kam mir der Gedanke, es nach und nach unter dem Titel »Ein Jahr meines Lebens« auf Band zu sprechen. Später will ichs Eva und meinen Vertrauten vorspielen. Steckt Eitelkeit dahinter? Will ichs erleben, dass meine Vertrauten, und wer weiss wer noch, ein bisschen über das »kluge Kind« staunen. Sollten die Aufzeichnungen nicht besser ruhen, bis man sie nach meinem Tode findet? Keine Antwort. […]

18. Dezember (Montag)

STARKER FROST über einer dünnen Schneeschicht, und wir fuhren nach NEURUPPIN. […]

Wir fahren nach Evas Mutter Hedwig sehen. Die ist guter Dinge, ist eben von einer Reise zurückgekehrt und schneidert sich bereits wieder Garderobe für die Weihnachts- und Neujahrsreise nach Leipzig und Kassel.

Alles, was sich an unmitgeteilten Familien- und Verwandtschafts-Ereignissen in Frau Hedwig aufgestaut hat, fliesst der geduldig zuhörenden Eva entgegen.

Ich hör nur halb hin und denke dies und das und werde gewahr, dass Neuruppin, die Stadt, in der meine Eva ausgebrütet wurde, wohl doch die Stadt ist, aus der ein guter Teil Potenz und Kraft für den wichtigsten und glücklichsten Abschnitt meines Lebens kam. Und ich versuche mir vorzustellen, wie und wo ich wäre, wenn Eva nicht auf mich zugekommen wäre, und ob nicht

dies und das von dem, was ich schrieb, ohne diese liebe Lebens-
genossin in mir steckengeblieben wäre. […]

21. Dezember (Donnerstag) bis 23. Dezember
WIE MAN DIE ZEIT SO VERBRACHTE UND VERTAT
Graufrost ohne Schnee ist's draussen, und der Frost hält sich,
der See fror wieder zu. […]

DER LADEN
Es geht weiter mit ihm. Jeden Tag diktier ich ein Stück auf
Band. Der japanische Apparat bewährt sich dabei. […] Ich dik-
tier sozusagen (mit etwas Verzögerung) Frau Zellner direkt in die
Maschine.

WUNDERTÄTER III
[…] Hermann Kant zu Eva am Telefon: »Na du glaubst doch
nicht, dass ich noch eine Stunde hier auf dem Präsidentenstuhl
sitzen bleib, wenn Erwins Roman nicht in Druck geht.«
Alles »hibsch und scheene«, würde mein Grossvater gesagt haben, aber er hat sich unbewusst ne Tür offengelassen, der Hermann, er hat das Roman-Manuskript noch nicht gelesen.

24. Dezember (Sonntag)
EIN BESINNLICHES WEIHNACHTEN
Herbert bekommt eine gefütterte Überjacke, einen sogen. PAR-
KER. Er probiert ihn im Stall an und gerät dabei so aus dem Häus-
chen, dass er vergisst, die Riegel an den Boxen der Fjordpferde
BLAKKA und INKA herumzuwerfen. […] Ja, die Pferde warn los,
die Norweger-Stuten feierten Weihnachten vor der Box des Ara-
ber-Hengstes GALBA.
[…]
Ich liebe es nicht mehr, beschenkt zu werden. Bücher von der
Art, die mich erfreuen würden, sind rar und schwer und um-
ständlich zu beschaffen … Also, lassen wir es, ich habs mir ver-
beten.
Aber Ilja hat doch was gefunden, worüber ich mich freute,
einen Myrthen-Setzling. Die Myrthe war die erste Fensterblume,

die ich als Dorfschuljunge zog, und ich bekam sie von Tante Magy, die sie in der Einkaufstasche übers Feld und zu meinem Geburtstag brachte.

Ein stilles, stilles Weihnachten war es, und ich habe seit Jahren nicht so lange und so innig den Weihnachtsbaum und die sich in der Kerzenwärme drehende Weihnachtspyramide angeschaut.

Und ich verfolgte die Texte und Klänge der alten Weihnachtslieder, die Peter Schreier sang, Wort für Wort und Ton für Ton. Wieviel gespeicherte Innerlichkeit! Ob sie von den Singenden jeweils aufgeschlossen wird oder nicht, sie ist doch da, wers nötig hat, kann sich von ihr nehmen. Und das ist das Grosse, viel zu wenig Benannte an der Kunst, dass sie da und allgegenwärtig ist wie das Absolute, ob wir von ihr Gebrauch machen oder nicht.

1979

3.–7. Januar (Mittwoch bis Sonntag)

WIE DIE TAGE SO VERGINGEN: DER FROST HAT SIE ZEMENTIERT, die Tage. An zwanzig Grad minus Stück für Stück. Berlin hielt den Rachen. Die Taschen der Ämter und Institutionen, aus denen sonst die Einladungen zu dringenden Veranstaltungen auf uns regneten, mit kalten Nähten zugeschweisst. Die Zeit, die wir sonst mit effektloser Betriebsamkeit, die uns Bürokraten verordneten, zubrachten, blieb uns, gehörte uns.

Das LADEN-Diktat wuchs jeden Tag um ein Stück, der Postschulden-Berg schrumpfte, das Tagebuch 1968, EIN JAHR MEINES LEBENS, wurde weiter auf Tonband gesprochen, und mein Kreuz-Rheuma ging zurück. [...]

Jetzt, am Nachmittag des 7. Januar, ist Südwest-Wind eingetroffen, die Temperatur steigt an, das angekündigte Tauwetter scheint zu kommen.

Die Schulen arbeiten wieder. Ich rüste, unseren Jakob auf hoffentlich nicht zu glatten Landstrassen nach Gransee ins Internat zu bringen.

WUNDERTÄTER III. Die Lesestunde am Weihnachtsabend scheint Freude gestiftet zu haben. Es liegen Hörerzustimmungen aus Berlin, Babelsberg, Jena und Dresden vor.

8.–13. Januar (Montag bis Sonnabend)

[...]

WUNDERTÄTER III [...]

Meine Unruhe war nicht umsonst: Am nächsten Tag rief Verlagsleiter Voigt an, man habe das Manuskript noch im Verlag liegen, lasse ein zweites Gutachten anfertigen, das von Dr. Plavius wäre zu positiv. Das zweite Gutachten fertigt eine gewisse Löffler an, die als Literaturwissenschaftlerin zur Zeit Mode ist.

Alsdann, wenn dieses zweite Gutachten vorhanden wäre,
würde man das Ms. weiterreichen. Eva sagt aus Berlin am Telefon, sie hat mit Voigt in der Wohnung gesprochen: »Es sieht alles
dunkel aus.« […]

16. – 21. Januar (Dienstag bis Sonntag)

DIE FAMILIE: Eva von Mittwoch bis Sonnabend in Berlin. Sie absolvierte zwei Lese-Veranstaltungen in Oranienburg, und machte
in Berlin den Anfang zu einer medizinischen General-Untersuchung. […]

MATTHES kam über Berlin von seinem Urlaub in Dippoldis-
walde, den er sich selber verordnet hatte, zurück.

ILJA mit seinem laubfroschgrünen TRABANT, das Geschenk der
Mutter, am Sonnabend rasch von seiner Försterei in Usadel herüber. Er brachte den Soldaten Erwin mit, der eigentlich nur
Stadt-Urlaub für Neubrandenburg hatte. Den Soldaten redet
man (ihre Vorgesetzten) ein, der Krieg stünde in unmittelbarer
Nähe und wäre unvermeidbar. Einer macht den anderen verrückt und ganz hinten steckt die sowjetische China-Angst und
-Allergie. Frag, wieso ein sozialistisches Land das andere fürchten müsse, es hätte doch vormals geheissen: Je mehr Völker sozia-
listisch, desto sicherer der Weltfrieden – frag das und sogleich
bist du für Partei-Scholastiker und -Bürokraten ein Feind.

Freilich kann bei dieser Hysterie leicht ein Krieg vom Zaune
gebrochen werden, zumal er gewissen Regierungen willkommen
wäre, auch noch andere Unzulänglichkeiten in ihren Regierungs-
bereichen zuzuschmieren. Trotzdem sagte ich den verängstigten
Jungen, die nun schon fast Männer sind: »Es wird vorläufig nicht
kriegen«, so wie man sagt: Es wird vorläufig nicht regnen.

MATTHES fuhr am Spätnachmittag mit den Brüdern mit. Da
war er seiner »Studien-Anstalt« bei Schwerin gleich ein Stück näher.

DER LADEN wuchs diese Woche jeden Tag um ein Stück Band-
länge. […] Bei der ersten Korrektur des LADENS bekomm ichs
bereits wieder mit Zweifeln (gar leisem Ekel) zu tun und die
Frage taucht auf: Wird das jemand interessieren? Ists nicht gar
Altersgeschwätzigkeit, die sich da ausbreitet?

Wie und was auch immer, das Diktieren, das Meditieren über die Kindheit macht mir noch Spass, und während ichs tue, frage ich nicht nach Zweck und Sinn, und ob es jemand gefällig wäre.

Was das Unbehagen beim Korrigieren und bei Wiederansehen des Textes betrifft, so wäre dazu kritisch zu sagen: Dieses Schreiben, um anderen zu gefallen, diese längst abgelegt geglaubte Sucht nach Ruhm, wenigstens nach dem »Aufsehen« anderer, sitzt doch tief in einem. Man muss weiter dagegen an.

WUNDERTÄTER III. Um ihn fängt nun an, die Gerüchte-Suppe zu kochen. Dem Verlagsleiter schlottern die Hosen. Dieser Tage wurde das zweite Gutachten, jenes von der auf S. 22 erwähnten »Tante«, die sich anmasst, über Wohl und Wehe der DDR-Literatur zu entscheiden, beim Verlag angeliefert. Anfang nächster Woche, so teilte der zitternde Doktor Voigt Eva mit, wird das Manuskript mit den beiden, nein mit drei Gutachten und einer zusätzlichen Erklärung des Verlages ans Hauptamt Literatur »weitergereicht« werden.

Der Leiter des Hauptamtes, Höpcke, schickte mir die drei Bände Ehrenburg-Memoiren, um deren Herausgabe man sich bei uns jahrelang herumdrückte, und ein anschmeisserischen Brief dazu. [...]

22. – 28. Januar (Montag bis Sonntag)

[...]

SCHNEE UND KÄLTE blieben uns indes treu. Man kann von einem »beständigen« Winterwetter sprechen. So wie der Schnee uns Silvester einbettete, blieb er auf und bei uns liegen, und das Gerede von »Schnee-Notstand« und »Katastrophenzustand« in den Publikationsorganen liess nach.

Ich verliess Schulzenhof, ausser zu kleinen Fahrten ins Dorf, nach Rheinsberg oder Gransee, seit vor Weihnachten nicht. Mir geht nichts ab, im Gegenteil, es wächst Harmonie an. Die sich fast im gleichen Rhythmus aneinanderreihenden Arbeitstage (jeden Tag entsteht ein wenig was) sind wohltuend.

Der einzige Kummer: Das Evchen kränkelt. Die General-Untersuchung in Berlin zieht sich hinaus. [...]

NOCH: WUNDERTÄTER III

Am 14. Febr. sollte dem Verlagsdirektor vom Hauptamt Literatur Bescheid werden, ob er den WU drucken darf. Als der Termin heran war, hiess es, nun müsse man wieder zehn Tage warten, der Kulturminister wolle das Manuskript selber lesen. Auch dieser Termin ging vorüber, und man hört nichts. Es wird also jene Situation durchgespielt, die ich im Roman beschrieb. Bemerkt man nicht, oder will, darf und kann man es nicht bemerken?

Wie lange, und die Westkorrespondenten werden von irgendwelchen Leuten Informationen erhalten und werden sich der Situation in ihrem Sinne bemächtigen.

26. Februar (Montag) bis 11. März (Sonntag)
WUNDERTÄTER III

Während Eva am 1. März zur Vorstandssitzung des Schriftstellerverbandes in Berlin war, raunte ihr Dr. Voigt (streng konspirativ) zu: Es werde sich bald was in der Sache »Wundertäter III« bewegen, das Manuskript läge jetzt an höchster Stelle. Wie lächerlich, diese unterwürfige Geheimniskrämerei! Bei wem sollte das Manuskript schon liegen? Bei Kurt Hager im Politbüro natürlich.

AM FREITAG (2. 3.) Eva war noch nicht wieder daheim, da kam ein Telefon-Anruf aus dem Büro Hager (Reetz). Kurt Hager hätte mich gern gesprochen, er käme auch heraus nach Schulzenhof. Termin: 14. 3. 15^h. Alles sehr höflich, aber dass H. sogar nach hier gekommen wäre, wenn ich es gewünscht hätte, verrät, dass man mir mitteilen will: Es wird nicht gedruckt.

Freilich sind Varianten eines solchen Beschlusses möglich. Es wird im Jubiläumsjahr nicht gedruckt, oder es wird gedruckt, wenn ich den ganzen Trakt mit der Vergewaltigung der Risse-Tochter herausnehme, das hiesse, wenn ich einen neuen, anderen Roman schriebe.

12 TAGE WARTEZEIT also, die herumzubringen und zwar würdig herumzubringen sind. [...]

Da ist dieses Ich, dieses ruhmsüchtige oder zumindest das Interesse und die Aufmerksamkeit der Umwelt heischende Ich. Es sagte sich leicht, als man noch am Roman schrieb und kalkulierte, es könnte mir (in unserem Lande) verweigert werden, ihn drucken zu lassen: Die Hauptsache, er ist geschrieben, und ich kann sagen, ich habe, was ich mir vornahm, künstlerisch bewältigt. Ganz gleich, ob er früher oder später gedruckt wird, einmal wird es schon geschehen, denn wenn ich ihn nicht bewältigt hätte, wär es mir (wahrscheinlich) nicht möglich gewesen, noch Neues, Anderes zu schreiben. Ich musste mir mit dem WUNDERTÄTER III den Weg freischreiben für das, was ich sonst noch in meinem Leben zu schreiben, zu machen gedenke.

Ja, alles das sagt sich zu einem Zeitpunkt, da es noch nicht nah ist, da man es noch nicht durchleben muss, so leicht und sonder Zauder hin.

Nun aber, da man drin ist in dem Lebenszustand, den man sogar für erstrebenswert hielt, merkt man, wie verwöhnt und verweichlicht von Spontan-Erfolgen und Lesergunst dieses eitle, selbstsüchtige Ich ist.

Wenn das Buch nur geschrieben, der Stoff nur bewältigt ist, so dachte man, was liegt am Drucken? Du wirst dich in eine Art »innere Emigration« (politisch gesehen) zurückziehen. Dass man dein Buch nicht druckte, soll dir als hinlänglicher Grund dienen, dass du dich aller Berlin-Veranstaltungen, ob Partei, Verband oder Akademie, mit einer gewissen Berechtigung entziehst. Man druckt dich nicht und gibt damit zu erkennen, dass man dich nicht braucht. Und das soll dir nicht nur recht, sondern willkommen sein; die Hauptsache, man lässt dich in Ruhe weiterschreiben und die Erkenntnisse, die dir wurden, ungehindert niederlegen, lässt dich ein ungedrucktes Buch auf das andere stapeln.

Nun ist diese gewünschte Situation nahe, zwar noch nicht wirklich und mit »amtlichem Siegel« versehen, aber doch nahe, und schon greift dieses schlangenhafte Ich täglich mehrmals an.

Du trittst dieser Schlange mit Meditationen auf den Kopf, glaubst ihr den Garaus gemacht zu haben, aber kaum hebst du den Fuss, und die Schlange kämpft ungeschwächt um ihre Herrschaft.

Das sieht so aus: Du bereitest dich auf die Diskussionen mit H. und anderen Polit-Bürokraten vor; du sammelst Argumente, mit denen du diesen Leuten entgegentreten wirst (könntest oder solltest), obwohl du nur zu gut weisst, dass alle Diskussionen, alle Hinweise auf Vernunft und Logik Spinnenspucke sind, weil man den wirklichen Hausherrn, der von ausserhalb kam, nicht erzürnen will, weil man in dessen Wohlwollen bleiben will.

Und immer wieder muss ich mir vor Augen halten, dass alles Diskutieren und Argumentieren nur an dem Zustand zehren würde, den ich in guten, beherrschten Minuten herbeisehne, und der da heisst: In Zurückgezogenheit niederschreiben, was ich bei meinem Gang über diese Erde erkannte. [...]

16. März (Freitag) bis 27. März (Dienstag)
[...]

EINE WESTZEITUNG brachte (in ihrem Messebericht) die Mitteilung, dass der WU 3 keine Druckgenehmigung bekäme. Die Zeitung lag bereits in Kurt Hagers Büro vor, als ich dort war.

AM 19. III. WAR ICH NUN ENDLICH ZU JENER BESPRECHUNG IN DER HAGERSCHEN POLIT-Büro-Filiale.

2½ Stunden währte das Gespräch, und es war gründlich und H. zeigte sich einsichtiger und toleranter, als ich erwartete. Sehr bald schon liess er durchblicken, dass er die »Druckgenehmigung« geben würde. Er war wütend auf seine Untergebenen und Zuarbeiter im Kulturministerium, die sich um eine Entscheidung herumdrückten und sie ihm zuschoben.

Ich fragte: Ist der Roman parteifeindlich, staatsfeindlich, sowjetfeindlich oder sind die sogenannten TABUS darin nicht parteilich behandelt? Wenn nur eine dieser Eigenschaften zuträfe, liess ich wissen, sähe ich mich gezwungen, auf die Einleitung eines sogenannten Parteiverfahrens gegen mich zu bestehen. H. verneinte, versicherte, dass er die Druckgenehmigung geben würde, dass er jedoch nicht wissen könne, wie die sowjetischen Genossen (von der Botschaft) reagieren würden.

Ich hatte den Eindruck, dass er mit der Einmischung, die der Botschafter im Falle Heiduczek betrieb, durchaus unzufrieden war, und dass der Abdruck meines Romans eine Kraftprobe in dieser Richtung werden solle.

Er müsse, so sagte H. im Politbüro nach Verbündeten suchen, denn der Roman würde auf krasse Ablehnung und begeisterte Zustimmung stossen. Kreis- und Bezirksfunktionäre würden protestieren, ich müsste mich auf eine heftigere Diskussion und auf eine schärfere Kritik als beim OLE BIENKOPP gefasst machen.

Im grossen und ganzen hatte ich den Eindruck, dass H. hin und her gerissen wurde, dass ihn der Roman, den er nachts zuvor zu Ende gelesen hatte, beeindruckte, und dass er (H.) durchaus was wagen wollte, aber schon im voraus sah, wie die Dogmatiker aller Schattierungen nicht nur gegen mich, sondern auch gegen ihn zu Felde ziehen würden.

Er ging, für ein Politbüromitglied, in seinen Äusserungen ziemlich weit. Er werde, so sagte er, auch (wie er das machen würde, sagte er nicht) auf die sowjetische Seite versuchen einzuwirken und einer möglichen Intervention den Wind aus den Segeln nehmen.

Er gestand, dass die kritische Haltung der sowjetischen Schriftsteller zu gesellschaftlichen Irregularitäten viel krasser wäre als bei uns, sprach sogar von »Nachholebedarf« auf unserer Seite, blieb aber die ganze Zeit unsicher, ob es ihm gelingen würde, die sowjetische Seite (als dogmatische Kritiker) auszuschalten.

Er gab zu, dass bisher nicht vieles (!) (ich meine – ganz wenig) über die Verhältnisse in der Stalinzeit, die bei uns herrschten, geschrieben wurde, und dass mein Buch deswegen wichtig wäre. Er wäre mit seiner West-Emigration (in England) noch günstig davongekommen, aber einem Genossen wie Franz Dahlem wäre viel Unrecht geschehen. Er hätte aber darauf hingewirkt, dass wenigstens zum achtzigsten Geburtstag DAHLEMS drei Bücher von dem herausgekommen wären, an denen er (Hager) mitgearbeitet hätte, damit sie hätten herauskommen können. (!)

Zu spät, leider viel zu spät wäre DAHLEM Gerechtigkeit widerfahren!

Er versprach mir, er wolle am nächsten Wochen-Ende, denn nur da könne er das, meinen Roman ein zweites Mal lesen. (Es war Montag, und die Woche, in der er nicht lesen konnte, lag noch vor uns!) Er wolle mir eine Liste machen mit Ausdrücken, die ich vielleicht mildern sollte, und ob es nötig wäre, die Vergewaltigung der Risse-Tochter dreimal zu beschreiben, wie das geschehen wäre.

Er machte aber nicht zur Bedingung zu ändern, was er zu ändern für richtig halte. (Da wusste ich schon nicht mehr, ob das ehrlich war oder Taktik, Diplomatie. Die Partei-Oberfunktionäre »empfehlen«, dringen aber drauf, dass ihre »Empfehlungen« ausgeführt werden!)

Da war zum Beispiel das Wort »Parteisträfling«, das er nicht haben wollte. Ich bewies ihm, dass niemand (im Roman) diese Bezeichnung auf den Helden anwende, sondern dass er sich selber für einen Parteisträfling hielt. H. akzeptierte.

Ähnlich wars mit der Feststellung, »das Tier« wäre in den Vergewaltigern durchgebrochen. Das bezog H. einzig auf die Tatsache, dass es sich um Sowjetsoldaten gehandelt hätte, die vergewaltigten.

Nun also warte ich der Dinge, die da kommen sollen. [...]

EINES ODER ZWEIES (?) ist allerdings geschehen: Die sogenannten Massenmedien wurden verständigt, dass der Roman gedruckt wird und es wurde ihnen als »wichtiges Buch« bezeichnet, das allerdings heftige Diskussionen zeitigen würde. [...]

Ich warte.

9. April (Montag) bis 22. April (Sonntag)

TAGEBUCH

Noch immer unlustig, es in der Form wie bisher weiterzuführen, und wenn es nicht darum ginge, die Vorgeschichte des WUNDERTÄTERS III ein wenig festzuhalten, würden auch die wenigen Aufzeichnungen, die ich seit Jahresanfang machte, noch ausbleiben.

Aber die neue Form ist da, kündigt sich mir von Zeit zu Zeit an. Ich hoffte, sie würde sich allmählich in die Aufzeichnungen schleichen. Sie tats nicht. Also muss ich wohl auf den Tag warten, an dem ich sie pack, und an dem sie ganz fertig da ist.

WUNDERTÄTER III

Da rührt und rüttelt sich nichts, und man hört nur intellektuellen Klatsch. Hager hat auf meinen Brief noch nicht reagiert. Nun ists über einen Monat her, dass ich bei ihm war (!). Die Druckgenehmigung ist noch immer nicht erteilt. […]

7. Mai bis 13. Mai

WUNDERTÄTER III

Da hat sich von aussen her nichts getan. Es scheint auch bei HAGER grosse Unschlüssigkeit Platz gegriffen zu haben. […]

ES GEHT NACH PIEŠTANY, und das Losreissen von Schulzenhof versetzt einen stets in eine Art von Schuldgefühl. Der Hund ASSAN beobachtet jeden Handgriff. Er weiss, wenn wir für länger wegfahren und blickt (meint man) vorwurfsvoll drein. All die unsichtbaren Ketten, Stricke, Faden und Fädchen reissen je nach ihrer Stärke, wenn man im Auto und dann im Flugzeug sitzt und sich entfernt. Und dabei weiss man, dass nirgend Bleibens ist und nimmer, aber man weiss es eben nur, und das ist zu wenig; es muss mehr, muss bewusst sein! […]

4. 7. 79.

Jedenfalls trieb es mich geradezu, in die Akademie-Bibliothek zu gehen. Mein äußerlicher Vorwand hieß: Bücher zurückgeben. Entleihen wollte ich für die nächste Zeit keine, aber da sah ich sie stehen, als ob sie auf mich gewartet hätten, die »Politischen Schriften« von Hermann Hesse. Sie standen bereit, mir in meinem Vorhaben politisch in die INNERE EMIGRATION zu gehen, behilflich zu sein. Es quollen mir Bestätigungen aus ihnen entgegen.

12. 7. 79.

Bei H. im Oberbüro

Am 19. März sprach ich mit H. aus dem Oberbüro. Wir sprachen über meinen Roman. H. hatte dies und das an ihm auszusetzen. Der Roman, so sagte er, sollte trotzdem gedruckt werden.

Der März verging. Der April verging. Der Mai verging. Der Juni verging. Der Juli kam bis zum achtzehnten Tag, da wurde ich wieder zu H. gebeten.

Mein Passierschein wurde ausgefüllt. Die Posten der Staatssicherheit wiesen mir am Eingang den Platz an, auf dem ich zu stehen hatte. Ich sollte den Eingang nicht versperren. Ein »höherer Mensch« konnte kommen. Die Posten prüften meinen Passierschein. Die Posten prüften meinen Ausweis. Ein Mann in Zivil kam mir entgegen. »Ich soll Sie abholen«, sagte er.

»Ich weiß den Weg«, sagte ich.

»Es kam schon vor, daß sich einer verlief«, sagte er.

»Ich nicht«, sagte ich.

Fahrt mit dem Paternoster. Aussteigen im zweiten Stock. Mein Passierschein und mein Ausweis werden wieder geprüft. Gang durch die Gänge ins Vorzimmer von H. Nur eine Sekretärin diesmal. Sie nimmt mir Passierschein und Mütze ab. Sie gibt beides dem Mann, der mich heraufführte. Es ist ein ergrauender Mann. Er ist servil und spricht sudetendeutschen Dialekt. Er ist H.s Bewacher.

H. entschuldigt sich. Statt acht Tage hats vier Monate bis zu dieser zweiten Unterredung gedauert. »Ich war zu beschäftigt, mußt du verstehen«, sagt H.

›Ich habe gefaulenzt‹, hätte ich sagen mögen. Ich sagte es nicht. Ich anerkannte die Kluft: Der König regiert; der Bürger arbeitet nur.

»Ich wollte dir mitteilen, was ich am Roman auszustellen hatte, war ausgemacht«, sagt H. »Ich sah, das ging nicht. Ich wäre von hundert auf tausend gekommen. Und du? Fiel dir was ein, was du ändern könntest?«

»Es fiel mir nichts ein. Ich dachte nicht dran! Ich habe es satt. Ich lasse es liegen, das Manuskript; ich zieh meine Konsequenzen!«

»Die Konsequenzen, wie werden sie sein?«

»Ich schreib nicht mehr über Gegenwart. Ich bleibe nicht mehr im Verbandsvorstand!«

H. schien zu erschrecken. »Ein Roman von dir, der ungedruckt bleibt, ist schlimmer als einer, der dennoch gedruckt wird!«

So gings hin und her. Er immer wieder: »Was werden die Freunde, die Sowjets sagen? Du rührst etwas auf, was lange verjährt ist.«

»So laß es doch liegen, das Manuskript!«

»Nein, nein« und »nein« und wieder »das geht nicht! Ich werde es mit den Sowjets bereden. ›Es kommt bei uns ein Roman‹, werd ich sagen, ›darin ist von euch das und das gesagt. Der Roman muß kommen, der westlichen Feinde wegen. Haltet Botschafter A. im Zaum. Er soll uns nicht wieder regieren helfen.‹ Aber du wirst freilich verprügelt werden«, sagt er zu mir.

Über zwei Stunden ein Hin und ein Her. Ergebnis: »Wir geben die Druckgenehmigung!«

Das gleiche Ergebnis wie damals im März.

Feierabend im Oberbüro. Die Sekretärin ist schon gegangen. Der Bewacher bewacht meine Mütze. Er quittiert meinen Abgang auf dem Passierschein. Er bringt mich zum Eingang.

Das war am zwölften. Schon wieder sechs Tage her. Noch immer weiß mein Verleger nicht, daß der Roman gedruckt werden darf. Wiederholt sich, was man seit März mit mir treibt?

18. 8. 79.

EVA BETRACHTETS MIT SKEPSIS, WENN ICH DIE METAPHYSI-SCHEN, MYSTISCHEN und religiösen Strömungen und Systeme der Welt durchforsche. Sie argwöhnt, das LIEBÄUGELN, so nennt sie es wohl, mit Bewusstseinszuständen von Heiligen oder Mystikern könnte dem Künstlernaturell schaden, oder es könnte sich literarisch in Traktaten und Traktätchen oder ein wortgefaßtes Gotterleben wie beim »späten« Tolstoi niederschlagen.

Aber das liegt mir ferne. Ich weiß, daß ich aus der Künstlerhaut in diesem Leben nicht mehr herausfinde, vielleicht sogar – nicht herausfinden will! Ich weiß aber auch, dass sich der Wahrheitsgehalt meiner literarischen Arbeiten durch meine Studien und Exerzitien vergrößert. Schon habe ich erkannt, daß in allen Religionssystemen, nur auf verschiedenen Wegen, das gleiche Ziel angegangen wird. Schon sehe ich, daß jeder Mystiker, jeder Metaphysiker, der seine Glückseligkeit erreichte, sie auf seinem, durch seine Körperlichkeit bedingten Wege erreichte, und daß einem bestimmten Mystiker oder Metaphysiker nachzufolgen, ein bestimmtes, von anderen Systemen verschiedenes, System erfordert, und daß ein jedes Gefahr läuft, in einem Dogma zu erstarren.

Es wird mir genügen, daß ich das, was mir noch zu schreiben auferlegt ist, fern der Politik und anderen wirren Vordergründigkeiten hochpoetisch und mit meinen neuesten Erkenntnissen ausgestattet, niederschreibe.

DIE WILDEN MALVEN HINTER DOKTOR HILDCHENS HAUS AM WALDRAND haben sich in diesen Jahren vermehrt. In ihrem Zartrosa wirken sie überirdisch; sie leuchten aus dem Waldschatten heraus und zeigen an: Auch hier ists möglich.

WENN DIE PANZER ÜBER DIE WALDWEGE DRÖHNEN ists gut, gleichzeitig zu beobachten, wie rasch die jungen Birken wachsen.

27. 8. 79.

DIESER 27. AUGUST WAR EIN TAG, UM DEN, OBWOHL ICH ES UNTERDRÜCKTE, so gut ich es vermochte, meine Gedanken seit einigen Wochen kreisten. Der DEVIL Höpcke, der mit zwei Zungen redet und wechselnd in zwei Gefühlslagen lebt, kam mit dem Verleger Dr. Voigt zu uns. Ich hatte mir vorgenommen, ruhig zu bleiben, aber etwa fünf Minuten ereiferte ich mich doch und erregte mich und ich spürte es den linken Arm entlang und bis ins Herz hinein, aber Evchens besänftigende Hand holte mich zurück, auf die ruhige Verhandlungsebene, die ich mir vorgenommen hatte, nicht zu verlassen. Es waren die fünf Minuten, in denen ich diesem DEVIL, der stellvertretender Kulturminister genannt wird, meine Meinung über sein zwittriges Verhalten (seit Januar dieses Jahres) sagte. [...]

Jedenfalls erkannte ich während des Gesprächs, daß auch er die Drohung fürchtete, ich würde den Roman zurückziehen, auf seinen Druck vorläufig verzichten. Er versicherte mehrmals und auch Voigt und Evchen konnten es hören, daß er sogleich tags darauf die Druckgenehmigung erteilen würde.

WUNDERTÄTER III

HAGER IM OBERBÜRO WOLLTE, DASS IM ANSCHLUSS AN DIE STELLE, AN DER Lenka Meura von der Vergewaltigung der Risse-Tochter erzählt (um den russischen Zensor zu beruhigen) sogleich von der Schuld der Deutschen geredet wird, und daß es zu Frauen-Vergewaltigungen nie gekommen wäre, wenn die Deutschen nicht in Rußland eingefallen wären usw. usw. Also »agitatorische Absicherung«, wie sie es nennen. Aber es war künstlerisch, das sah ich sogleich, nicht vertretbar, daß der Autor diese »Absicherung« vornehmen konnte. Es gelang mir aber, diesen Part der Heldenfigur Friede Zaroba zu geben. Die Konstellation ist jetzt so: Ich, der Erzähler, lasse Lenka Meura erzählen, was Friede Zaroba sagte, als die Finkenhainer über den abscheulichen Tod des Emmchen Risse wehklagten.

Es scheint gelungen. Wenn der Sorbe Friede Zaroba, der Parteilose, in einer halbdeutschen Mund-Art die Deutschen daran erinnert, was sie für Leid über die Russen brachten. Ja, das hat viel, viel mehr Gewicht, als wenn ich es als Autor gesagt hätte, von dem die meisten Leser annehmen, daß er sich noch mit der marxistischen »Weltanschauung« begnüge. [hs. Einfügung:] Und doch habe ichs ja schliesslich als Autor gesagt, nicht aber für den vom Gang der Handlung befangenen Leser. Wunder der Literatur.

Die Umarbeitung bezog sich auf zwei Seiten, auf denen einige Umstellungen im Text, einige Striche und einige neue Textzeilen gemacht wurden

Zum Schluß fand auch Eva, daß diese zwei Seiten künstlerisch gewonnen hatten. Sonst wurden keinerlei Abstriche gemacht, trotz aller Verhandlungen, die wir seit März 1978 hinter uns haben, trotz aller Verhandlungen mit Lektoren, den Verlegern, trotz aller Verhandlungen im Oberbüro.

30. September (Sonntag)

Das war also der Monat! Es soll mich nicht wundern, denn ich erwarte es eigentlich, dass sich in diesem Monat dies und das verrückte, zurechtrückte oder sich anschickte, ins Gleichgewicht zu kommen, sich zu harmonisieren.

Was war so gewichtig?

Die Druckgenehmigung für den WUNDERTÄTER III wurde gegeben. (Vierzehn Tage drückte der DEVIL Höpcke, trotz gegenteiliger Versicherungen, sich noch drum. Am 4. September traf sie endlich beim Verlag ein!)

Ich wurde operiert und erfuhr, wie Narkose, dieses Probesterben, ist.

Ich machte fürsorglich mein Testament und nahm vorsorglich Abschied von dem, was meine Welt war.

Ich machte – auf dem Krankenlager lesend – Bekanntschaft mit der subatomaren Physik und ihren Berührungspunkten mit der Mystik.

Als ich am 9. September endgültig für die Operation ins Krankenhaus ging, hatte ich vor, meine Eindrücke von dem, was mir zum ersten Male geschah (Narkose, Operation und Wundlager) mit meinem kleinen Bandgerät festzuhalten. Es gelang mir nicht, d.h. ich machte sie nicht, weil ich spürte, dass ich nicht *meine* Eindrücke wiedergegeben hätte, sondern das, was allgemein von Krankenhausaufenthalten, Narkose und Operationen erzählt wird. Es gelang mir also nicht, mich so über die Schmerzen zu erheben, dass es mir möglich wurde, auszusagen, was *ich* wirklich empfand.

An dieser Stelle meines Naturells (?) muss also Training einsetzen; das gewiss schmerzvolle Altern wird es erforderlich machen, dass man zu jeder Zeit und unter allen Umständen das Wirkliche auszusagen in der Lage ist.

NACH EINER KRANKHEIT

Der Buntspecht beklopft den hohlen Baumstumpf.

Ein gilbes Baumblatt fällt.

Ich geh gekrümmt am See entlang.

Die Gänse ziehn; sie ziehn im Keil.

Der Buntspecht sucht Gewürm im Mulm.

Ich such nach einem neuen Anfang.

17. Oktober (Mittwoch)

[...]

DIE ERSTE NACHT, die ich nach dem Krankenhausaufenthalt ohne Schmerzen verbrachte und durchschlief!

DIE SHETLÄNDER WURDEN AUS DEM FLIEDER-ORT GEHOLT und nun sind sie wieder hundert Meter vom Hause entfernt hinter dem lichten Kiefernhochwald in den TORF-WIESEN. Es sind nur noch die beiden schönen Fuchs-Stuten AINA und ANKA (die Schwestern), der Fuchshengst PAN, die Zwergin BEERE und ihr diesjähriges Scheck-Stutfohlen BELLA. DUSSJA, die stille dunkelbraune DUSSJA verschenkten wir. Sie war ausersehen, elternlose Kinder (oder Kinder, die von ihren Eltern abgegeben wurden) zu erfreuen. Ob sie es tut, erfuhren wir bisher nicht. Die Leute von der Heimleitung zeigten sich eifrig, als es um das Abholen von DUSSJA ging, mit dem Berichten (schon ist das Pferdchen ein Vierteljahr dort im Heim) habens die Herrschaften gar nicht eilig, weil sie sozusagen obendrein noch meinen Besuch – dort im Kinderheim – erpressen wollen. Gibst du den kleinen Finger …

21. Oktober (Sonntag)

[…]

VIELE BRÜCKEN SIND ABGEBROCHEN. Ich spür, wie ich mehr und mehr auf mich verwiesen bin und mit und aus mir selber zu leben anfange.

Ich habe es gewünscht. Habe ich es gewünscht aus eigenem Willen, oder weil es notwendig wurde und zu der Aufgabe gehört, die ich hier auf Erden zu lösen habe? Ich fühl ziemlich sicher: Es gehört zur AUFGABE …

Schon gibt's keinen Freund mehr, den ich an meinem intimen Erleben teilnehmen lassen könnte und auch bei meinem besten Kameraden, meiner Eva, stoss ich an Grenzen. Wir erleben zwar innerlich (einmal sie, einmal ich) intensiv das Gleiche, aber wir erleben es jeder auf seine Art, wie es anders nicht sein kann, aber die Gefahr, in Diskussionen oder Belehrungen zu verfallen, ist häufig latent. Man weiss aber doch schon seit langem, wie unergiebig das ist. Bleibt der Trost, dass einem die Organe zuwachsen oder heller werden, mit Hilfe derer man sich ohne die Sprache verständigt. […]

DIE JUNGEN WAREN ÜBERS WOCHEN-ENDE DA, Matthes mit Angst vor der Mathematikprüfung in der nächsten Woche, die er bereits zweimal verpatzte.

Jakob, der mit seiner Schulklasse für einige Tage nach PULS-NITZ fuhr, kam mit Liebeskummer zurück. […] Er hockt die Abende knurrig-verträumt oben im alten Haus und tröstet sich mit der Lektüre von Lessing, Schiller und Keller.

111

27. – 31. Oktober (Sonnabend – Mittwoch)

WIE DIE TAGE SO HINGINGEN

DER SONNABEND beschloss eine ruhige Woche. Eva schrieb zwei, drei vorzügliche Gedichte; ich lasse mich allmählich wieder auf meine Hauptarbeit ein, auf die Arbeit am LADEN.

Nach einem Jahr haben wir uns daran gewöhnt, dass unsere Söhne nur an den Wochen-Enden bei uns sind und wir wissen die Stille, die wochüber im Haus und auf dem Anwesen herrscht, zu würdigen und zu nutzen.

[...]

AM SELBIGEN ABEND waren Evchen und ich mit Sohn Erwin, der dieser Tage seine Armeezeit beendete, seit langem wieder einmal im Theater und wir (ich) sah(en) auch endlich wieder einmal Theater (unzersetzt vom geistreichelnden Intellekt halbreifer Regisseur-Jünglinge!).

Besonders gut gefiel uns Kurt Böwe in Gorkis »Kinder der Sonne« als Tierarzt. Donnerwetter war das eine Leistung, eine Laughton-Leistung! Wir umarmten uns draussen auf dem Theatervorplatz nach der Vorstellung, als hätten wir uns am Vortage zum letzten Male gesehen (dabei sinds Jahre her). »Ich habe doch für dich gespielt«, sagte Böwe. Das machte mich glücklich, so glücklich, wie mich machte, als mir die Weigel, da ich eben erst zum Ensemble gekommen war, während einer »Courage«-Aufführung ein Zeichen gab. Ich glaubte es nicht, konnte es nicht fassen, aber sie sagte mir tags drauf, »ich habe für dich gespielt, Alter«. Sie sagte besonders gern Alter zu mir, obwohl sie ja älter war als ich.

10. – 17. November (Sonnabend – Sonnabend)

[...]

PETER-SCHREIER-BESUCH (10. 11.)

Vor drei Jahren wars wohl, als Evchen und Jakob im Rundfunk mit ausgewählten Gesängen des Peter Schreier für zwei Stunden das Gesang liebende Publikum beglückten.

Seit dieser Zeit hängt ein Besuch von Schreier überm Hause. Joachim Kynass, der anhängliche Junge (Musik-Redakteur vom ND), betrieb die Vorbereitungen für diesen Besuch. [...] Nun kam er (10. 11. Sonnabend) mit seiner Frau und Kynass. »Mercedes«-Auto natürlich und als der pompöse Wagen vor der Kate oben im Hof hielt, an der Kate, von der der Putz abblättert, und die hoch-elegant und mondän gekleidete Frau aus dem Wagen sprang, da dacht' ich: O, Uschi, Usch, Usch! Was wird das werden, und wie werden wir nach diesem Besuch einigermassen elegant und unverstimmt auseinanderkommen!

Meine Befürchtungen waren umsonst. Die Schreiers gingen nicht, wie wir das bei Provinzschauspielern erlebten, unangerührt und von dem Bestreben beherrscht, sich nirgends schmutzig zu machen, durchs Anwesen, sondern zeigten sich sogleich echt angerührt und stürzten sich in unsere Ländlichkeit wie in ein angenehmes Bad. Wir fanden die Natürlichkeit und Freundlichkeit, die Schreier beim Singen ausstrahlt, auch beim »privaten Schreier« wieder. […]

Auch die Frau des Schreier war nicht von der Sorte, wie wir sie erlebten, von der Sorte, die sich so aufführt, als wäre nicht der Mann durch seine Leistungen, sondern sie der Mittelpunkt, und als trüge der Mann nur Leistungen vor, die sie ihm beibrachte. Diese Frau, erkannte man, hatte kein beneidenswertes Leben, gewissermassen als stille Zuarbeiterin, Sekretärin und Chauffeuse ihres Mannes.

Kurzum, der Besuch der Schreiers schien für beide Teile (auch für unseren Achim, der immerzu die Schreiers fragte: »Na, habe ich zuviel versprochen?«) erspriesslich. Wir assen zusammen zu Mittag (Evchens Pilzsossen und Huhn (tabakka) fanden Anklang!), tranken gemeinsam Kaffee, spazierten zu den Shetländern hinterm Hochwald, spazierten zum Thörn-See. Gegen Abend fuhren sie davon mit der Versicherung (von beiden Seiten), man müsste sich unbedingt wiedersehen. Schreier fuhr zu Schallplatten-Aufnahmen (Bachkantaten) nach Berlin.

21. November (Mittwoch)

[…]

DER DEVIL HÖPCKE (16. 11.)! hatte sich angemeldet. […] Gewiss war H. geschickt worden, unsere Meinung zu testen. O, unsere Meinung, die konnte er haben, im übrigen testeten wir ihn. Möglich, dass er beauftragt ist, einen »STIMMUNGSBERICHT« zu liefern. Im Dezember soll ein Parteiführungs-Plenum stattfinden.

Nach Hs. Andeutungen will als nächster Schriftsteller ein gewisser SCHLESINGER die Republik »befristet« verlassen, aber auch mein alter Erich LOEST. Wenn ers tun würde, müsste ich ihn »dumm« schelten. Drüben wird er, nachdem das politische Interesse der GEGNER an ihm verpufft ist, wieder Kriminalromane schreiben. Und er hatte doch eben, nachdem sein Buch ES GEHT SEINEN GANG herauskam, den Stossseufzer losgelassen: »Endlich brauche ich keine Kriminal-Romane mehr zu schreiben!« Er fühlte sich wieder »eingereiht«, nachdem man ihm 1956 (?) einen politischen Prozess gemacht und ins Zuchthaus gesteckt hatte. (Wahrscheinlich zu Unrecht!) Und wir alle waren noch viel zu viel Stalinisten und protestierten damals nicht. Ich habe L. dafür um Verzeihung gebeten, weil ich mich heute ob meines Schweigens schäme!

Dafür versuchte ich zu helfen, als man seinen Roman ES GEHT SEINEN GANG einzog und nicht weiter auflegen wollte. Zumindest sorgte ich dafür, dass H. K. als Präsident des Verbandes nicht aufhörte, gegen das Unrecht zu protestieren. Schliesslich wurde erreicht, dass eine neue Auflage (zwar in einem anderen Verlag, vorher wars NEUES LEBEN) erschien.

Über so Dinge sagte ich Höpcke meine Meinung. Schon wieder hat er dem Buch keine weitere Auflage eingeräumt. Und dann das Krokodilswundern, wenn ein Mann wie LOEST sich »endlich« entschliesst, die Republik zu verlassen. Erich L. scheint müde geworden zu sein. […]

Er blieb fünf Stunden, dieser Höpcke, bald werden wir wohl erfahren, was er wirklich von uns wollte. […]

25. November (Sonntag)

[…]

DIE ARBEIT AM LADEN geht eigentlich langsam, in der vergangenen Woche sogar gar nicht voran. Allerlei Krempel war zu erledigen, von dem ich schon wieder nicht mehr weiss, wie er aussah.

Andererseits will ich einhalten, was ich mir im Krankenhaus schwor, will mich nicht mehr selber bedrängen; will jede Lebensstunde, so wie sie mir kommt, hinnehmen, will die ihr innewohnende Harmonie herausholen. Oder in sie hineinlegen?

Übrigens begann ich (von vorn) den WUNDERTÄTER III auf Tonband (Kassetten) zu lesen. Ich will bei dieser Gelegenheit von den meisten Figuren des Romans Sprech-Porträts anfertigen. Vor allem will ich hie und da den Tonfall der deutschsprechenden Sorben literarisch verfestigen. Wer wird es sonst tun? Im LADEN soll das noch intensiver geschehen.

[...]

27. November (Dienstag)

EIN GUTER TAGESRHYTHMUS hat sich eingestellt, wir haben ihn hergestellt. Zwar liegt Eva mit einer Grippe die längste Zeit des Tages zu Bett, aber sie liest und schläft viel und ist nicht ganz unglücklich.

[...]

DAS SCHWITZBAD von Majakowski sahen wir (Eva, Erwin jr.) im »Deutschen Theater« mit FRANKE in der Hauptrolle (19. Nov.). Es war ein kräftiger Spass. Der grösste Teil des Publikums amüsiert sich. Funktionäre, zumindest etwas höhere, besuchen, vermute ich, die Vorstellungen nicht, sonst wären sie durch die tosenden Zuschauer, ihren Nebenleuten, in die Lage versetzt, über ihre Dummheiten zu lachen und sie auszuklatschen.

Das Stück lief um 1960 schon einmal in der VOLKSBÜHNE. Ein sowjetischer Regisseur hatte es eingerichtet. Ich sah es mir damals an. Es war, als ich Sekretär beim Schriftstellerverband war. Ich hielt das Stück politisch für gefährlich und verliess meine Loge vor dem Schluss-Applaus. In einer anderen Loge sass Lotte Ulbricht. Sie folgte meinem Beispiel. Im Foyer sprach sie mich an. Sie wollte wissen, was ich »vom Stück« halte. »Es richtet sich gegen uns«, sagte ich. L. U. atmete auf: »Gottseidank«, sagte sie, »ich dachte schon, ich wär's allein, die so denkt.«

So dachte ich also damals vor rund zwanzig Jahren, und die

Situation von damals zeigt, dass ich mich unseren Oberfunktionären ehrlich verbunden fühlte, dass ich ihre Sorgen und Befürchtungen teilte und gleich ihnen (nicht immer, aber von Zeit zu Zeit) eine marxistisch unmündige Bevölkerung vor mir sah, der man Literatur, die sich gegen (sagen wir's ruhig) das stalinistische System richtete, vorenthalten müsste.

Ich arbeitete damals (es war eine Sensation für die bezahlten Funktionäre!) als Sekretär des Schriftstellerverbandes ohne Gehalt. Ich wollte kein bezahlter Beamter, sondern wollte »frei« sein. Ich hoffte in solch einer Position, was für die Literatur (für die echte!) tun zu können.

Ich konnte nichts leisten. Ich war weiter nichts als der »Postbote« zwischen der Kulturabteilung im Oberbüro und dem Schriftstellerverband. Ich glaubte, Parteidisziplin üben zu müssen, gehorchte und tat, was angeschafft wurde. Otto Gotsche, der Auch-Schriftsteller, der an Ulbrichts Ohr sass, weil er Sekretär des Staatsrates war, leitete in Wirklichkeit die Kulturpolitik, besonders aber die Literaturpolitik. Er leitete nach seinen sektiererischen Vorstellungen. Die sogen. Bitterfelder Bewegung KUMPEL GREIF ZUR FEDER hatte zu entstehen. Zunächst war ich für diese »Bewegung«. Schliesslich war auch ich mal Fabrikarbeiter gewesen und hatte zu schreiben begonnen. Dabei stand kein Staat hilfeleistend hinter mir. Weshalb den Talenten, die möglicherweise unter den WERKTÄTIGEN lebten, den literarischen Anfang im Arbeiterstaat nicht erleichtern?

Bald sah ich, dass das, was für mich ein Experiment war, von Gotsche und Ulbricht als eine schon feststehende, unbestreitbare Tatsache angesehen und betrieben wurde. Die Laienschriftsteller aus den Betrieben wurden mit ihren unzulänglichen Versuchen gegen die Berufsschriftsteller ins Feld geführt. Ich spürte, dass ich als Sekretär des Schriftstellerverbandes missbraucht wurde, dass man von mir erwartete, ich sollte an der Spitze einer grossen Gruppe mittelmässiger und schlechter Schriftsteller (sogenannter Auftragserfüller) gegen die wirkliche Kunst, gegen die wahre Literatur zu Felde ziehen. [...]

Ich befreite mich durch Krankheit aus der Sekretärsfunktion – das nach anderthalb Jahren harter, aber nutzloser Arbeit.

Es war meine Rettung. Andererseits hatte die Sekretärsfunktion mir Einblick in die eigentlich planlose Arbeit unserer Politiker verschafft. Ich sah, wie sie bald taten, was man ihnen von der Sowjetunion, bald was man ihnen auf andere Weise vom Westen her anschaffte. […]

Der Einblick in die »grosse Politik« (die alles andere als das war), den mir die zeitweilig innegehabte Sekretärsfunktion verschaffte, der Abscheu, der Ekel – sie bewahrten mich davor, je wieder eine politische Funktion anzunehmen.

Ich lehnte nacheinander ab, Mitglied des Zentralkomitees, Mitglied der Volkskammer, Präsident der Akademie der Künste, Präsident des Schriftstellerverbandes zu werden, und im vorigen Jahr trat ich zudem aus dem Präsidium des Schriftstellerverbandes aus.

Und nun komme ich wieder zum SCHWITZBAD und Lotte Ulbricht zurück. Damals fühlte ich mich als Funktionär und der Inhalt von Majakowskis SCHWITZBAD beleidigte mich, stellte mich als politischen Menschen in Frage, wie er Lotte Ulbricht, die Frau des damaligen Kings, beleidigte und in Frage stellte.

Damals wagte ich noch nicht zu erkennen, dass die Parteibürokratie, die Majakowski schon erkannte und aufs Korn nahm, keine behebbare Unart oder Schwäche war, sondern dem marxistischen System inhärent ist. Und auch Majakowski, der, als er das Stück schrieb, an die Behebbarkeit dieser SCHWÄCHE zu glauben schien, wäre gewiss zu meiner heutigen Erkenntnis gekommen, dass da nichts zu machen ist, und dass er schon wenige Jahre nach der Revolution den Krebsschaden unbewusst entdeckt hatte, der zum Untergang der Gesellschaftsbeglückung führt, die sich Marxismus nennt. […]

30. November (Freitag)

[…]

Ich reite noch fast jeden Tag hinaus, einen Tag auf RAHWANA, die vierteljährige RECHA und die zweijährige REBEKKA bei Fuss. Die Fohlen setzen ihre edlen Bewegungen und ihre mokanten Sprünge in die Welt und sie preschen sich schweissig. Die zweiundzwanzigjährige RAHWANA geht unterm Sattel wie eine Jungstute. Hirsche und Damwild, Hasen und Füchse queren unsere Wege. Der Wald duftet noch, besonders aus den Mäulern der Pferde, wenn sie Kiefernnadeln kauen.

Den anderen Tag reite ich den Hengst GALBA. Er hat sein »verständiges Alter« erreicht, ist zuverlässig, macht alles, was ich will und bleibt doch verspielt – ein grosser Junge. Er steht mir so nahe wie einst der kleine Schimmelhengst Malek, der voriges Jahr in Hoppegarten an Altersschwäche starb.

Ich reite nach und nach alle Stellen in unseren Wäldern und an unseren Seen wieder an, die für mich aus irgendeinem Grund, nicht zuletzt aus literarischen Gründen wichtig wurden.

Dieses Jahr kann ich mir's wieder leisten, täglich im Sattel zu sitzen. Die letzten Jahre vergällte es mir das Kreuz-Rheuma. Dieses Jahr nun scheint es zu pausieren. Am liebsten wäre mir, es bliebe für immer draussen und zeigte damit an, dass meine Liebe zu Piešťany auch in dieser Hinsicht ihren Grund hat.

[…]

Allemal sonnabends auf Mittag kommt der Jakob aus dem Oberschul-Internat in Gransee auf Wochen-End-Urlaub und lässt uns heftig wissen, dass wir einmal Kinder hatten, Söhne – das ganze Haus voll.

Wir sind beide vernarrt in unseren jüngsten Sohn. […] Man muss nur Eva hören, wenn sie mit Jakob telefoniert: Wie ein Jungmädchen, das mit seinem Liebhaber spricht. Also nicht nur für die Väter ist die Tochter die letzte Geliebte, wie behauptet wird.

5. Dezember Mittwoch

[…]

In Schulzenhof lag ein Telegramm: UNSER SOHN MARTIN VER-STORBEN, Beerdigung am 6. 12., dann und dann. »Also hat sich der Junge das Leben genommen«, sagte ich, und da stand Tante Else (sie war leise vom Hof her in die Diele gekommen) hinter uns und sagte: »Ja, und nu hat sich Ihr Bruder ooch det Leben jenomm'.«

Das Telegramm war noch »Liesbeth und Martin« unterschrieben, aber kurz bevor wir kamen, hatte die sechzehnjährige Tochter KATHRIN angerufen und mitgeteilt, dass sich nunmehr auch der PAPA *das Leben genommen, sich erhängt hätte.*

Was ist geschehen? Ob das je aufzuklären sein wird? Wie wirkte es auf mich? Ich beobachtete mich. Es wirkte auf mich, als ob ein Mensch gestorben wäre, den ich vor vielen Jahren kannte, bzw. kennenlernte.

Ich hatte nach der Kindheit, also seit der Jungburschenzeit keine Beziehungen mehr zu meinem Bruder Martin. Er hatte Minderwertigkeitskomplexe mir gegenüber, konnte mich nicht leiden und behauptete, ich wäre ihm ein schlechter Mensch, und ich behauptete das gleiche von ihm. Ich kann mich keiner brüderlichen Handlung von seiner Seite her entsinnen. Er wird auch da das gleiche von mir behauptet haben. Wir waren nicht wie Söhne ein und desselben Elternpaares, und schlimm wurde es mit unseren Differenzen, als er wohlbestallter Friseur und ich (für kleinbürgerliche Begriffe) nichts war, einer, aus dem nichts geworden war! Da war er der Liebling der Eltern, weil er ihnen allsonntäglich die Köpfe kraulen kam, während ich, wie es hiess, »mit hochtrabenden Gedanken« einherging. […]

O, was war ich da voll Hass, weil ich doch so ohnmächtig war und weil ich noch lang nicht so weit war, beweisen zu können, was ich konnte, was in mir steckte, und weil ich, der ich unter kleinbürgerlichen Verhältnissen aufwuchs, damals noch Wert drauf legte, von diesen Kleinbürgern auch »anerkannt« zu werden. Ach, was war ich experimentierender Wortemacher gegen einen wohlbestallten Friseurgesellen, der an jedem Wochen-Ende mit seinem Wochenlohn und Trinkgeldern angestopft daheim erschien und dort weiter an den Bauern und Glasmachern herumschnipperte und rasierte, unsere gemeinsame (ehemalige) Kinderstube zur Barbierstube machte, mich, den Schreiberling, mit dem »Schreibkram« in die Backstube verwies und nochmals verdiente und damit in den Augen der Eltern immer mehr zum »glänzendsten Sohn« wurde, der »erfasst hatte, worum es im Leben geht!«

Wo sollte da Liebe herkommen? Der Hass verlor sich in den Jahren, was meine Seite betraf. […]

Keine Bruderliebe, kein Bruderhass von meiner Seite mehr, sondern Gleichgültigkeit oder zuweilen Verachtung, wenn der

Bruder (nunmehr mit seiner zweiten Frau) von uns forderte, wir möchten uns bei massgeblichen Politikern dafür verwenden, dass seine Kinder die Oberschule besuchen dürfen, oder wenn er uns aufforderte, den Vater dran zu hindern, dass der sein Erbe nicht an Fremde verschwende.

Der Bruder liess sich von seiner Frau bestimmen, seinen Friseurberuf aufzugeben, und mit in der Kneipe zu arbeiten, die diese zweite Frau von ihren Eltern übernommen hatte. […] Mit der zweiten bekam er einen Sohn und eine Tochter. […] Er sorgte für diese Kinder, obwohl er sie mehr aus der Ferne als wirklich hatte, er sorgte und sagte: »Meine Kinder sind mein alles!« […] Martin sagt, so der Bruder Heini, wenn die Kinder nicht wären, wollte er nicht mehr leben.

Ich hielt es für »so ein Gesage«, denn von Kind an äusserte dieser Martin-Mensch derlei Selbstmordabsichten. […] Er versuchte sich mit einem lackierten Kunststoff-Gürtel meiner Schwester am Treppengeländer zu erhängen. Wie sollten wir das ernst nehmen? Meine Schwester neckte sich gern mit ihm, hänselte ihn auch, er griff sogleich ins Schub, nahm ein spitzes Küchenmesser und kündigte an, sich erdolchen zu wollen. Nach einer Weile schlich er sich ohne Messer wieder zu uns in die Küche zurück. Und wer sollte das ernst nehmen?

Jetzt aber hat er Ernst gemacht.

Zuweilen, wenn wir einander beim Grossvater begegneten, lud der Bruder mich (uns) zu sich nach Lübben ein. Ich hätte nicht gewusst, was ich dort sollte, stundenlang über Einnahmen und Ausgaben reden und darüber, was es im WESTEN gibt, aber nicht bei uns? […]

Und doch, als ich vor drei Tagen, es muss Stunden vor dem Tod des Bruders gewesen sein, auf der Autobahn an Lübben vorüberfuhr, hatte ich leise, ganz leise für Augenblicke den Wunsch, den Bruder zu besuchen, zumal ich ganz allein war und Zeit hatte. Aber ich stand davon ab, weil ich wusste, dass es Krach im Hause des Bruders gegeben haben musste, weil man doch den achtzehnjährigen Abiturienten-Sohn telefonisch beim Bruder gesucht hatte, und danach erschien mir mein Wunsch, den Bruder zu besuchen, als ganz absurd, und ich erstickte ihn.

Heute weiss ich, dass der Bruder in seiner seelischen Not doch einen Augenblick lang an mich gedacht haben muss, und wenns nur der Augenblick war, da er mich telegrafisch zur Beerdigung seines Sohnes einlud.

Meine Frage: Wenn ich den Bruder besucht hätte, als jener leise Wunsch es mir anempfahl, hätte ich da mit meinem Erscheinen was ändern, was aufhalten können?

Eines aber weiss ich und wills künftig beherzigen: Auch die leisen Wünsche sind zu beobachten. Dem ersten so leisen Wunsch nach den Vorfällen habe ich bereits nachgegeben: Statt zur Beerdigung des Bruders zu fahren und Schau-Objekt für die Spiesser zu sein, lud ich die Nichte KATHRIN zu uns ein.

22. Dezember (Sonnabend)

[…]

Viele Augenblicksaufzeichnungen, die ich hier im Tagebuch mach', möchten sich, sofern es sich um Freunde oder Lang-Be-kannte handelt, zu Lebensbeschreibungen auswachsen. Es gibt so viele zeitbezügliche, auch psychologisch interessante Stationen und Wandlungen im Leben der Leute ringsum, dass man seine Hauptarbeit, den Roman, links liegen lassen könnte und auf-schreiben, nur immer aufschreiben, was man hört, sieht, täglich erlebt.

Das aber wäre wohl nicht recht. Das Gestaltete muss den Vor-zug haben. Wenn ich nur wüsste, woher die innere Stimme ihre Berechtigung hernimmt, mir in den letzten Wochen immerwäh-rend zuzuflüstern: Schreib auf, schreib auf alle die Zeichen, die drauf hindeuten, dass die Gesellschaftsform, deren (allerdings kritischer) Vertreter du viele, viele Jahre warst, sich für die mei-sten Zeitgenossen ungespürt, von dir aber erkannt und gesehen, in eine andere verwandelt, von der noch keiner weiss, wie sie aus-sehen wird. Jedenfalls wirds nicht der Kommunismus der alten Utopisten sein!

23. Dezember (Sonntag)

Am Morgen mit DR. PLAVIUS über ein eventuelles Interview für SINN UND FORM gesprochen. Da wir ins allgemeine Politisieren und Literarisieren kamen, dauerte die Angelegenheit bis Mittag.

Nachmittag zu DEN STERNS. Ein sehr offenes Gespräch. Was ich nicht für möglich hielt: Die Freundschaft scheint sich zu restaurieren.

[…]

WEIHNACHTLICHES. Ein »deutsches Weihnachtsfest« ohne Wachs- oder Stearin-Tannenbaumkerzen und auch sogenannte Haushaltskerzen, mit denen man sich hätte behelfen können, gabs bisher nicht. Aber nun gab es es.

Wohin sind die verkauft worden; wer bot uns Devisen für sie? Wenn man so spitzfindig wäre wie unsere Ideologen, könnte man fragen: Hat der Klassenfeind die Christbaumkerzen aufgekauft, um unsere Bevölkerung unzufrieden zu machen?

[…]

EVA RUFT VON DRAUSSEN: Sohn Ilja war mit der Familie da, wurde von der Mutter beweihnachtet.

MATTHES musste in der Nacht mit der Taxe von Fürstenberg abgeholt werden. Es ist nicht aussichtslos nach »verlorener« Physikprüfung bei ihm. Er darf sie im Januar ein zweites Mal machen. Sie wolln ja nicht Physiker werden, hätte der Direktor gesagt, aber Sie sind, soviel ich sehen kann, ein Forstmann durch und durch.

Eine Art Befreiung von verdüsterten Aussichten auf die Zukunft von Matthes, der wirklich bei all seiner »Lodderigkeit« ein echter Waldmensch ist und auch ein Waldpfleger sein wird.

30. Dezember (Sonntag)

BOHSDORF (Nachtrag)

Dass man die Eichen vorm Elternhaus niederschlug, kann und kann ich nicht verwinden. Leiser Hass gegen Unbekannt ist in mir, und er wird wohl erst (wenn ich inzwischen nicht weiser werd!) gestillt sein, wenn ich diesen unbekannten, seelenlosen »Gemeindevätern« literarisch einen Hieb versetzt haben werde. –

Und nun lag auch die tausendjährige DICKE LINDE, das einzige Wahrzeichen vom kirchenlosen BOHSDORF, als ein Brennholz-Haufen an der Strasse nach Hornow. Auch bei ihrem Tod haben die Verantwortlichen für die Obstplantagen, die noch immer vergrössern und erweitern, nachgeholfen, wie so schön gesagt wird. Der alte ausgefaulte Stamm war Zuflucht und Aufenthalts-ort für Schmarotzer, wirds geheissen haben.

Die Kinder- und Jugendgeschichten, die mit dieser DICKEN LINDE zusammenhängen, sollte ich doch wohl aufschreiben!

Aber nun, wie ich den VATER antraf, der durch sein 91. Lebens-jahr navigiert.

Ich öffnete das Hoftor, warf den hölzernen Verriegelbalken herum, fuhr das Auto in den Hof, schloss das Tor wieder. […] Ich ging ins Haus, passierte die vier Türen bis zur Wohnstube, der Vater sass im Ohrensessel. Er hatte geschlafen und war beim Klappen der Wohnzimmertür erwacht, und er kam von weit her, und er brauchte lange, bis er mich erkannte. Dann aber benahm er sich weibisch oder wie ein Kind: Ich musste mich zu ihm nie-derducken, damit er mich abhalsen konnte.

Er erzählte viele kleine Geschehnisse. Mosaiksteinchen für mich, für mein Bild vom Heimatdorf, das Bild, das augenblick-lich gültig ist. […]

1980

4. Januar (Freitag)

TAGESVERLAUF:

Kaninchen versorgen.

Morgenspaziergang mit dem ASSAN.

Nach Gransee: Kaufhalle, Post, Matthes zum Bahnhof gefahren, Dienstleistungsbetrieb.

Nachm.: Am Plavius-Interview gearbeitet.

In den Televisor geglotzt. Nichts Nennenswertes. Aber der Einfall der Russen in Afghanistan! Was dachten sie sich dabei? Sie sorgen dafür, dass die Beschimpfung ROTE IMPERIALISTEN, die ihre Feinde für sie erfanden, immer berechtigter wird. [...]

5. Januar (Sonnabend)

[...]

Nachtrag: Am Nachmittag war auch HERMANN KANT eine Stunde zu Besuch. Er kam aus PRÄLANG. Dort hat er seine elektrische Heizung kontrolliert. [...] Hermann, so erfuhr ich, als ich ihn danach fragte, hätte eine Zustimmung zum Einmarsch der Russen in Afghanistan geben sollen, doch er widerstand. Das gefiel mir an ihm, auch dass er offen Auskunft gab, als ich fragte und auch, dass er aus seiner Abneigung gegen den russischen Einmarsch keinen Hehl machte.

Auch das imponierte mir: Hermann liess über die Ragwitz dem Gen. Hager im Politbüro erklären, dass er mit der Würdigung STALINS, die im »Neuen Deutschland« veröffentlicht wurde, nicht einverstanden ist.

Es ist also wieder einmal gut, dass er dort auf dem Platz des Schriftstellerpräsidenten sitzt. Wie sähe das aus, wenn jetzt Görlich, Brezan oder gar Baumert dort sässen!

14. Januar (Montag)

[...]

ES IST WERT, sie zu beobachten, UNVORHERGESEHENE VOR-
KOMMNISSE und sich aufdrängende Arbeiten zu beobachten, die
die (wenn auch noch so losen) Tagespläne spalten. Ob man es
wohl fertigbrächte (man müsste es üben), planlos wie ein Vor-
schulkind zu leben? Vielleicht würde man angenehme Überraschungen erleben. Sollte mans nicht diesen Mai in Piešt'any versuchen? Freilich enthält die getreue Absolvierung der Kur genug
Plan, aber fast alle Nachmittage und Abende sind frei, man
könnts schon versuchen, sich planlos auf sie einzulassen.

DA WAR DAS MANUSKRIPT DER TRUDE RICHTER, ihre Aufzeichnungen aus den Straflagern, die sie unter STALIN und seinen
GETREUEN, die uns bis in die Jetztzeit umlauern, machte.

Man meint, wenn man sie liest: Das soll wahr sein? Wenn ein
sogenannter sowjetischer Dissident sie in einer westdeutschen
oder amerikanischen Zeitschrift veröffentlichen würde, wäre
man verführt, sie anzuzweifeln. Hier aber schrieb eine deutsche
Genossin, keinesfalls hasserfüllt oder rachsüchtig, keineswegs
mit dem Wunsch, die Aufzeichnungen unbedingt veröffentlicht
zu sehen. Nur einige Freunde oder gute Bekannte sollen um ihr,
der Richter, Schicksal in den Straflagern wissen, in die sie schuld-
los geworfen wurde.

Ich las die Aufzeichnungen vor meiner Operation – im Spät-
sommer also – und war empört, weniger über das, was man
dieser Frau im Namen der Kommunistischen Partei antat, denn
das tat (und tut man heute noch) Millionen Sowjetbürgern an,
nein, empört über die Verschwiegenheit, über die schon an
Tumbheit grenzende Art, die Verbrecher im Parteirock zu schonen. Man muss es hinausschreien, muss die jungen Genossen warnen; denn Parteidisziplin in dieser Hinsicht zu üben, ist
platter STALINISMUS, ermuntert die jetzigen Machthaber, die
ihnen politisch nicht genehmen Bürger weiterhin mit Verbre-
chern (Kriminellen) zusammen in Straflager zu stecken. Alle
Tage ist das Aufkommen eines neuen STALIN-Typs denkbar und
möglich.

Wir (Eva und ich, je in einem Brief) rieten der Richter, wenigstens den Versuch zu machen, ihre Aufzeichnungen hier und jetzt veröffentlicht zu bekommen.

Zu einer unvorhergesehenen Angelegenheit wurde die Beschäftigung mit dem Manuskript, weil Eva es bisher noch nicht gelesen hatte, weils bei mir in einem Schub lag und wir es fast vergessen hatten und erst um die Rückgabe gemahnt werden mussten. Und wir schämten uns und liessen es die RICHTER auch wissen, dass wir ihrem Manuskript mit all dem gehabten Leid, das darin gespeichert ist, mit so gelederten Seelen gegenüberstanden. Pfui, auf uns! Wie kommts nur, wie kommts nur, dass man so rasch drein verfällt, es den Tabuisten, die nichts mehr von den STALIN-Verbrechen hören wollen, so leicht zu machen?

DA IST DIE UHR, die auf einmal müde ist, Zeit anzuzeigen, die, vielleicht aus Übermut oder weil sie sich langweilt, will, dass man Zeit für *sie* aufbringt. Es ist eine runde, eine Art Bahnhofsuhr, etwas kleiner als jene und mit roter Farbe aus der Tristheit und Amtlichkeit der Bahnhofs-Uhren gehoben. Evchen kaufte sie für die Küche, aber sie, die batteriebetriebene, rote, runde Uhr hing nur Stunden in der Küche. Dem Evchen zerhackte sie mit zu eindringlichem Tacken die Stunden in Sekunden.

Die Uhr wurde wieder verpackt, sie sollte bei Gelegenheit weiter verschenkt werden. Eines Tages fiel sie mir im Schrank, der Dinge enthält, die weiter verschenkt werden sollen, wieder in die Hände. Weshalb? Mit eins hatte ich das Verlangen, sie in meiner Stube tacken zu hören, die rote, runde Kleinbahnhofs-Uhr. Eine Kindheitserinnerung, ein Wunsch aus der Kindheit, der frühen, hatte sich durchgesetzt, war wieder nach vorn gekommen, hatte an Stärke zugenommen. Woher nahm er sie? Als ich mit Grossmutter oder Grossvater in Grodk im Uhrmacherladen stand und die Uhren, die vielen, durcheinander ticken und tacken hörte, muss er geboren worden sein, der Wunsch: Wenn du gross bist, kaufst du dir viele Uhren und stellst dich mitten in ihr Ticken hinein. Weshalb? Ich wäre froh, wenn ich es wüsste. Es tat mir wohl, dieses rhythmische Ticken, erzeugte Sinierstimmung und Behagen in mir. Die Uhren klopfen mir die Ewigkeit in verdauliche Stücke.

Alles, alles Vermutungen, ein Tasten.

Nun, die von Evchen aus der Küche verbannte Uhr tat in meiner Stube einiges, was ich von ihr erwartete. Sie war's, die mich am Wintermorgen, wenn ich nach dem Erwachen das Licht einschaltete, als erste gross ansah, etwas sagte und mir sogleich einige Sekunden entgegenhielt, die mir die Stille durch ihr Tacken stiller erscheinen liessen.

Gestern nun fiel sie, als ich die Kleiderschranktür heftiger als gewöhnlich zuschob, von der Wand, fiel mit dem Gesicht voran auf den Schrank und schwieg von da ab. Ich schraubte ihr Gehäuse auf, tippte an ihre Unruhe und sie sagte, immer noch auf dem Gesicht liegend, ein paar Sekunden an, hörte jedoch sogleich damit auf, wenn ich sie in jene Stellung brachte, die ich für die ihr angemessene erachtete, in ihre Normalstellung. Ich versuchte es dreimal, aber immer nur ein paar sekundenlange Atemzüge und dann dass Schweigen, das bedeutete: Ich bin krank.

Das sind die Ereignisse, die von irgendwo gesteuert, selbst in den zahmsten Tagesplan, den man macht, einbrechen. Woher kommen sie? Wer arrangiert sie? DAS TAO?

31. Januar (Donnerstag)

TAGVERLAUF:

Am Frühmorgen – alles wie am Vortage. Tauwetter, Glätte, Regen. Balancieren! Sand streuen!

WU 3-Umbruch redigiert. Jetzt geht das Evchen in die »Fahnen« hinein, durch die ich schon hindurch bin. Sie findet noch eine Menge Fehler, die ich übersah. Und wenn ein dritter »Korrektor« hineingeht, wird auch er noch Fehler finden. Ein *Buch ohne Druckfehler gibt es nicht*, erklärte mir einst Lektor Günter Caspar.

Sonst wie alle Tage die Nachmittagsarbeiten. Spaziergang im Regen mit Assan. Viel *Amseln* sind diesen Winter bei uns. Sie sitzen aufgeplustert umher, fressen die Hagebutten der rosa rugosa (davon gibts heuer reichlich), fressen aber auch aus dem Hundenapf. Es sind leider nicht unsere, sondern »nördlichere« Amseln, die da fortfliegen, wenns warm wird. Hoffentlich kommen recht viele der unserigen aus dem Süden der Republik zurück. Die Amsel, die Amsel, die Amsel! […]

8. Februar (Freitag)

DER GROSSE GEBURTSTAG

Es taut, aber es taut langsam, und die Landschaft ist eine weisse Creme-Torte. Die Wege hin und her sind wie die vorgegebenen Einschnittzeichen auf diesen weissen Creme-Kuchen, sind eingestampft, glättig und voller Pfützen!

Am Berg vor der alten Kate stehen Autos, als hätten sie es der Glätte wegen nicht mehr geschafft, die Hügelkuppe hinter Füllsters Scheune zu erreichen, um dort unangebremst verschnaufen zu können.

Das ist der Tag von Evchens fünfzigstem Geburtstag, und das erste Quartett von Gratulanten kommt auf dem grau-glatten Weg, der den hinteren Hof in zwei Schnee-Beete teilt, heran gerutscht. Drei Männer und eine Frau im Sonntagsstaat, die zu tun haben, sich selber auf den Beinen zu halten und dabei noch den Ehrgeiz entwickeln, mit bepflanzten Blumentöpfen zu jonglieren. Der Vorsitzende des Kulturbundes, der Leiter des Kulturhauses, die Leiterin der Stadtbibliothek von Gransee und ganz selbstverständlich: DER KRAFTFAHRER.

Das Evchen ist noch nicht ganz »in Toilette« und ich habe Zeit, die Fremden abzutasten, während Frau Franke, da die Kalten Platten von Gransee her noch nicht geliefert sind, eifrig Belegte Brötchen zurechtschneidert.

Dann kommt das Evchen, und die vier Personen erheben sich. Die Frau Bibliotheksleiterin schlägt eine rote Mappe auf; man denkt, das Quartett wird anfangen zu singen, aber es wird der Gratulationstext, den die vier Abgeordneten heranschleppten, verlesen: Dem Evchen ists peinlich: »Setzen Sie sich um Gottes Willen«, sagt es und hofft still, mit dem Hinsetzen würde ihr das weitere Verlesen des Textes erspart bleiben, aber es bleibt ihr nicht erspart.

Das war der Anfang. [...]

14. Februar (Donnerstag)

WEITER MIT DER TEXT-ÜBERARBEITUNG des LADENS für die NDL. Langsam überwinde ich die Sucht, den Text zu zerschreiben. Es gibt zwei Varianten dieser Sucht. Die eine: Man fängt an zu rhythmisieren. Die andere: Man verknappt und verknappt und nimmt dem Text alle epische Ruhe.

Wer hätte das gedacht, dass mich dieser Text, der mir so leicht »aus dem Ärmel« floss, als ich ihn hinschrieb, der Text, der wirklich so gut wie fertig war, mich Monate später wieder in Konflikte stürzen würde? Etwas in Schuld ist die Unsicherheit in bezug auf den WUNDERTÄTER III allerdings, aber die wird mir nun stündlich von Eva genommen. Dieser EVA-Engel, er kommt aller Augenblicke die Treppe hoch in meine Stube und sagt: »Glänzend, ganz glänzend« oder »zauberhaft«. Oder sie kommt und küsst mich für dieses oder jenes Kapitel, oder sie kommt und hat geweint, weil diese oder jene Stelle des Romans sie »so ergriff«. Und immer wieder muss ich sagen: Nicht nur eine grosse Dichterin habe ich zur Frau, sondern einen Engel. […]

17. Februar (Sonntag)

[…]

AM ABEND RIEF ENDLICH HERMANN KANT an. Er hat seine Grippe überwunden und war gerade mit der Lektüre des *WUNDERTÄTER III* fertig geworden. Er lässt sich so was allgemein schwer ankennen, doch er war beeindruckt, sprach es auch aus. Er sagte sogar: »Ich habe gelernt. Du hast eine Menge von Ereignissen, Erlebnissen und Zuständen aufgegriffen und mit grosser Gerechtigkeit behandelt, die ich bisher verdrängte. Kurzum, du hast ein Jahrhundert-Problem aufgegriffen und künstlerisch gelöst.«

An manchem, was Hermann sonst noch zum Roman sagte, war zu erkennen, dass es da Fragen und Tatsachen gab, auf die er von sich aus bisher nicht gestossen war.

Im übrigen meinte er, dass das Attentat auf BÜNDNER etwas verdeutlicht werden müsste, und er kann recht haben. Ich suchte sogleich die Fassung heraus, in der der Mordversuch und die Notwehr deutlich geschildert sind. Ich liess diese Schilderung in der letzten Fassung weg. Ich fürchtete zu naturalistisch zu werden.

[Berlin] 4. März (Dienstag)

MEINE GROSSE BAHNHOFSUHR aus der Reparatur geholt. Zwei Monate war sie wohl unterwegs. [...] Vor mir standen bereits zwölf Personen draußen im frischen Schnee vor der Ladentür. Überall, in allen Geschäften, Schlangen von Wartenden. Was ich nie geglaubt hätte, wir haben in dieser Hinsicht die Moskauer Verhältnisse erreicht. Das ist system-inhärent, da kann mir einer sagen, was er will. Wenn die Politiker, die dieses Alltagsleben des Volkes nur (bestenfalls!) vom Hörensagen kennen, sich nur nicht noch unpassenderweise hinstellen und brüllen möchten: Alles, alles zum Wohle der Bevölkerung!

IN DER SCHREINERSTRASSE 19 nachgesehen, ob Sohn Erwin von seinen Filmarbeiten aus Jugoslawien zurück ist. Er war noch nicht zurück. Eigenartig! Ich hätte nicht gedacht, dass ichs mal über mich bringen würde (ob freundlich, ob in Feindschaft), an die Türen meiner Söhne zu klopfen.

EVCHEN MUSS WEITER IM BETT liegen, und das fällt ihr schwer, und sie ist eine ungeduldige Kranke.

IN DIE LIEBKNECHT-STRASSE ZUR Partei-Gruppen-Versammlung. Evchen, die auf der Einladung liegt, schickt mich um 13^h, also zwei Stunden zu früh dort hin.

Kontroll-Fragebogen ausfüllen. Man macht wieder einmal eine Mitglieder-Überprüfung mit uns. Es geht lasch und mechanistisch dabei zu. Ein Einzelgespräch von Leitungsmitgliedern mit Eva und mir soll nach Evas Gesundung, also Anfang April, stattfinden. Mitte April will man alles abgeschlossen haben. Die unteren Funktionäre dürfen sich endlich mal wieder für ganz wichtig halten.

Alle diese »Unternehmungen« werden in Richtung auf einen Parteitag gemacht, der im Frühling des nächsten Jahres stattfinden soll.

ICH HABE NOCH ZEIT, gehe in die Buchhandlung, finde es langweilig, sehe mir eine Weile die Käuferschlangen vor den exklusiven Geschäften an. Es ist unheimlich Geld unter den Leuten, ungesund viel, will mir scheinen. Die längste Käuferschlange steht vor dem Wurst-Spezialitäten-Laden. Ich umrunde den relativ neuen Häuserblock. Überall der Beginn von Verkommenheit.

Schmutz, Dreck, Müll in allen Ecken. Ein scharfer Wind geht und bläst mir durch Mantel und Jacke. Markthalle. Dort drinnen unerträgliche Hitze. Mit Staunen stelle ich fest, dass die Käuferschlange vor der Abteilung HANDWERKSZEUG, ERSATZTEILE UND HEIMWERKERBEDARF noch länger ist als die vor den Wurstspezialitäten. Man steht bis auf die Treppe hinunter.

DANN INS CAFÉ UNTEN IN DER Markthalle. Heisshunger auf Schlagsahne. Esse das erste Mal eine Portion, seit ich diabetesverdächtig bin. Trinke schwarzen Kaffee dazu.

Li Weinert sucht Platz. Setzt sich zu mir. Bestellt Kaffee und Napoleon-Schnitte. Gesteht mir, dass sie eigentlich nicht darf, weil sie starke Diabetikerin ist, sogar täglich zwei Tabletten schlucken muss. […]

16. März (Sonntag)

[…]

Die Familie Berner-Diener traf auf Mittag ein. Sohn Erwin gefestigter, optimistischer. Er kam von seinem zweiten Jugoslawien-Trip. Das Leben im Ausland wirkt sich positiv auf seine Einstellung zu hier aus. Er fragt mich nach meinen Jugoslawien-Erlebnissen im Kriege, und ich erzähle zum ersten Male meinen Söhnen und Hildchen und Daniela einige meiner Kriegserlebnisse. Eigentlich habe ich eine Abneigung dagegen, die wurde mir in der Kindheit eingepflanzt, der Vater und die meisten Kleinbauern und Bergleute im Dorf erzählten, mit und ohne Flaschenbier hinterm Brustlatz, wenn sie zusammenkamen von ihren Kriegserlebnissen, und die waren das Wichtigste, was sie erlebt hatten, und ich dachte schon damals: Wozu leben, wenn für einen in mittleren Jahren das Kriegserlebnis eine solche Wichtigkeit darstellt?

22. März (Sonnabend)

NEBENARBEITEN wie alle Tage.

Briefe geschrieben.

Am LADEN gearbeitet.

VORGRIFF AUF SONNTAGSEINTRAGUNG

MIT EINS BEKOMMT DER Sonntag-Arbeits-Vormittag einen

unerwarteten Drall. Beim Frühstück bricht ein verhaltener Streit aus: Waren wir in den vergangenen Jahren zweimal oder nur einmal in Kochberg? Ich behaupte: Zweimal. Eva behauptet: Einmal. Jakob sagt zuerst: Zweimal, wird dann unsicher und schwankt. […]

23. März (Sonntag)
[…]
Durch den Familienstreit am Morgen fing ich an im Tagebuch von 1973 zu lesen. Systematisch. Zufall oder Notwendigkeit: Ich entdeckte, dass ich ab Januar 73 Skizzen für den LADEN machte. Der Plan für diese Arbeit war schon da. Dabei hatten wir soeben die Fabel für den WUNDERTÄTER III entworfen. Eva und ich.

Merkwürdigerweise lässt sich mit diesen Skizzen jetzt kaum etwas anfangen. (Soweit ich sie bisher las!) Sie sind im Gegensatz zur wirklichen Arbeit starr und unpoetisch. Und sie liegen so beziehungslos und »verstreut« da wie graue Steine in der Feldmark. Um ein Haus aus ihnen zu bauen, müsste man sie arg zuhauen.

VOM TAGEBUCHFÜHREN an sich bin ich nach dem Lesen wieder angetan. Da ist manches Erlebnis, das man vergass. Da sind Gestalten festgehalten, Menschen, die man aus dem Blick verlor oder solche, die gestorben sind! Da ist manch gelungenes Aphorisma! Da ist so manche Aufzeichnung, die den Keimling eines Weiterphilosophierens oder für eine Geschichte abgeben könnte! Da ist vor allem der Abschied aus der flach-mittelmässigen politischen Welt zu konstatieren, und die Hinwendung zur Verinnerlichung und das Anwachsen einer immer klareren Erkenntnis von dem, was Kunst kann, soll und muss, und das schrittweise Distanzieren von dem, was politische Funktionäre egoistisch von der Kunst verlangen.

Man sollte täglich eine Weile in alten Tagebüchern lesen. Mir scheint das würde die Tastatur der Orgel, auf die ein Schreibender zu spielen hat, erweitern.

8. April (Dienstag)
WAS VOM HERZEN SCHREIBEN, sich was von der Seele schreiben, und was es für Stanzen für diesen Vorgang gibt. Bei mir wirds

wohl nicht mehr als ein Gestammel, aber es muss heute niedergeschrieben sein, damit ich wieder in mein Geleis, in das Geleis
– nicht in den Trott – meiner Arbeit komme.

ASSAN, MEIN BIRKENHUND, musste erschossen werden. Das
war früh um acht Uhr. (9. IV., an Lews Geburtstag.) [...] Ich kam
aus der Kreisstadt, wieder einmal von der Zahnärztin, der es
nicht gelingt, Ruhe in meinem Mund zu schaffen. Ich führte den
Hund aus. Ich ging mit ihm bis an den Thörn-See, meinen üblichen Gang.

Auf dem Rückweg sah ich DEN FUCHS, wohl 35 Meter entfernt
in der Wiese am Bach entlang schlendern. Der Fuchs sah mich
nicht, sah den Hund nicht, und der Hund sah den Fuchs nicht.
Mein Beobachtungsdrang hiess mich still verharren, und ich sah,
wie der Fuchs, die Nase am Boden, weiter am Bach entlang
schnürte, über den Bach sprang, am drübigen Ufer entlang trottete, die kleine Brücke, die Grasbrücke, benutzte und wieder ans
jenseitige Ufer kam und jetzt war er mehr als fünfzig Meter von
mir entfernt, und da sah ihn der Hund, und ich war ärgerlich auf
den Hund, dass er mir nun mein »Beobachtungs-Objekt« ver-
treiben würde. Es war gegen Abend, und es regnete leise, aber es
dämmerte noch nicht.

ASSAN STÜRMTE auf den Fuchs zu. Mein Pfeifen war vergeblich. Das kannte ich an ihm: Interessierte ihn etwas, schienen ihm
die Ohren zuzufallen. Ich hoffte, der Fuchs würde beim Anstür-
men des Hundes flüchten. Er tat es nicht. Er nahm den Hund an.
Balgerei wie zwischen zwei Hunden. ASSAN war dem Fuchs zwar
körperlich überlegen, aber der Fuchs war fixer, raffinierter. Er
schlug den stets zur vornehmen Zurückhaltung neigenden
ASSAN (er war nun mal kein Raufer!) in die Flucht. Assan rannte
zu mir. Der Fuchs hinterdrein. Fünf Meter von mir entfernt,
kriegten die beiden sich wieder ans Leder. Ich schrie auf sie ein,
stampfte mit den Füssen. Da erst gewahrte mich der Fuchs, hielt
ein, stutzte. ASSAN war ganz nah bei mir. Der Fuchs setzte wieder
zum Angriff an, nicht ausgeschlossen, dass er mir in die Langstie-
fel gefahren wäre. Ich sah mich nach einem Knüppel um. Nicht
ein Ast in der Nähe. Ich musste angreifen, stampfend auf den
Fuchs zugehen. Er reterierte. Vielleicht zwanzig Meter. Der Hund

entfernte sich von mir auf den Fuchs zu. Der Fuchs machte Miene nochmals anzugreifen, aber da jagte ich ASSAN zurück und der Fuchs trollte sich endlich.

DAS WARS, WAS OBERFLÄCHLICH geschah, aber was wirklich geschehen war, offenbarte sich mir eine Viertelstunde später:

Anruf beim Tierarzt. Bitte um Beratung. Eigentlich erwartete ich keinerlei Komplikationen. ASSAN war mehrmals prophylaktisch gegen TOLLWUT geimpft.

Fehl gedacht: Die Tierärzte sind sich der Wirkung ihrer Injektionen nicht sicher. Der Hund sollte 3–4 Monate in Quarantäne, sollte keinerlei körperlichen Kontakt mit Menschen oder Tieren haben.

Der Kreis-Tier-Arzt schaltete sich ein, ordnete an: Zwinger mit fester Hütte! Doppeltes Drahtgeflecht! Um den Zwinger einen Sicherheitszaun! Eine mechanisierte Futterluke. Auch beim Füttern keinerlei Kontakt mit dem Hund!

Meine Frage: Und den Zwinger vier Monate lang nicht säubern? – Keine Antwort. Der Kreistier-Arzt sah die Unmöglichkeit seiner Forderungen, der Forderungen des zitierten Paragraphen 14 wohl selber ein.

Beratung mit Eva. Schon Tränen, jedenfalls bei mir: Ergebnis: Es geht nicht mit der geforderten Quarantäne. ASSAN würde winseln, jaulen, wenn wir alle, ohne Kontakt aufzunehmen, an ihm vorbeigehen. […] Dazu kam die Erwägung, von der ich nicht weiss, ob sie recht war: ASSAN ist elf Jahre alt. Er hat im Höchstfall noch zwei Jahre zu leben. Es kann sein, dass er schon im Herbst dahin zu siechen anfängt. Alle Anzeichen sprechen dafür: Er hat starkes Rheuma. Im Winter verklammte und verkrümmte er sogleich, wenn er eine Weile ohne Bewegung im Freien stand. Er konnte nachts oftmals sein Wasser nicht mehr halten und urinierte in der Küche oder in der Diele, besonders, wenn wir nicht daheim waren und ihn nachts niemand, wenn er sich meldete, herauslassen konnte. Ihn in eine Pferdebox zu tun, wäre im Winter nicht angegangen. Er war kurzhaarig und an die geheizte Küche gewöhnt.

Es war furchtbar, zu sagen: Lassen wir ihn lieber erschiessen! Und den Satz hinterdrein zu sagen, der meinen Entschluss entschuldigen (abschwächen, beschönigen) sollte: Wer weiss, wozu es gut ist, vielleicht ersparen wir ihm damit das Alterssiechtum, das ihm gewiss ist.

HIN UND HER UM DEN VORGANG DES ERSCHIESSENS. Telefonieren mit den Tier-Ärzten; der Bürgermeister war auswärts, schliesslich erklärte sich der Forst-Ingenieur etwas widerwillig bereit.

ABENDS GING ICH MIT ASSAN nochmals unsere alte Tour, auch eine Stunde, bevor er getötet wurde. Es war wie das Bohren in einer Wunde. Die Tränen! Ich wurde ihrer nicht Herr. [...]

Woher nahm ich die Kraft, das mit eisigem Vorbedacht (um mich dem Förster nicht »unmännlich weinend« zu zeigen) zu verhandeln? Und weshalb brachte ich ASSAN eigenhändig an jenen Erschiessungsplatz, an dem er mehr als tausend Male in seinem Leben hinterm Hengst und den Pferden her, oder wenn er mir beim Spazieren oder Diktieren nachrannte, vorüber getollt war? Weil ich wusste, dass auch Herbert, der Pferdepfleger, ASSAN auf seine Weise liebte, und dass ihm das »Abführen« nicht leichter gefallen wäre, als es mir fiel, kurz, weil ich den Schmerz nicht delegieren wollte, weil er der Zentner Gegengewicht war, den ich abzutragen hatte, für die vielen Freuden, die mir ASSAN im Laufe seines Lebens zugetragen hatte. Und weil ich bei seinem Sterben in der Nähe sein wollte, und weil er mich dahaben sollte, falls der Förster ihn angeschossen und ASSAN sich danach losgerissen hätte, denn zu mir wäre er geflüchtet, er hätte noch so todwund sein können, zu mir wäre er gekommen, glaubte ich zu wissen.

Und ASSAN sass da, rein und weiss und unschuldig und mit seinem ewigen Junghunde-Ausdruck im Gesicht. Und ich sagte wie sonst, wenn ich ihn ablegte: »Schön warten, ASSAN!« und er wedelte einverstehend, und es war hässlich, heuchlerisch und berechnet von mir, dass ich ihn mit der Formel, die er verstand, und mit der ich mich sonst für Minuten oder eine Viertelstunde von ihm trennte, an seinen Todesplatz zu bannen. [...]

UND DER SCHUSS FIEL UND alle Wälder, die ASSAN in den elf Jahren seines Lebens bei uns und zwischen uns durchstreift hatte, erzitterten im Widerhall. Ich war ein Stück zur Seite gegangen, aber noch während des Widerhalls sah ich mich um, und da lag mein ASSAN schon auf dem Waldboden, auf dem Boden, der ihm der vertrauteste war, in den er seinen Hundekuchen und die Knochen vergrub, wenn er satt war. Und er blickte in die Richtung, in der ich (für ihn nach meinem Zuspruch) verschwunden war, und er wedelte mit dem Schweif, wedelte und wedelte, als ob er etwas Schönes sähe, vielleicht war ich in dieser traumhaften Phase zwischen Leben und Tod zu ihm zurückgekommen und meine Heuchelei existierte in diesem Zwischenbereich nicht. Vielleicht aber sah er etwas ganz, ganz anderes und machte mir mit seinem Wedeln davon Mitteilung: Komm bald nach, Alter, du wirst hier etwas erfahren, was du bisher in deinem Leben vergeblich zu erfahren trachtetest. Es ist gut hier: Keine feindlichen Füchse, keine begehrenswerten Hasen!

Und das ist, was ich nicht vergessen werde, bis ich selber sterbe: dieses stumme Zeichen mit dem Schweif, mit dem Assan so vieles auszudrücken vermochte, diesen verheissungsvollen Abschiedsgruss.

[...]

EPILOG: Ein echter Nervenzusammenbruch bei mir, und ich schreibe das hier, und meine Tränen tropfen wie bei einem sentimental-gestimmten Mädchen, das seinem Geliebten einen Abschiedsbrief schreibt.

Und ich überdenke, was mich getrieben haben kann, den Förster zum Schuss zu überreden, wenn all die vorgebrachten Entschuldigungen nicht stichhaltig sein sollten und nicht gelten gelassen werden können.

Eva machte mich drauf aufmerksam, eine Stunde nach dem Zwischenfall mit dem Fuchs: »Wenn die indianische These stimmt«, sagte sie, »und du musst ihr ja doch wohl zustimmen, da du sie im WUNDERTÄTER III als eine Möglichkeit vertrittst, die These, dass der Tod eines jeden Lebewesens an einer bestimmten Stelle auf es lauert, so wäre das eben für ASSAN jene Stelle gewesen, an der du aus Forscherdrang unbewusst darauf wartetest, dass sich der Tod in Gestalt des Fuchses auf ASSAN stürzen konnte.«

Ich denke (hört ihr, ich sage nicht, »ich glaube«) ich denke, es war so.

27. April (Sonntag)

DIE WOCHEN-ENDEN ERHALTEN Reiz und Erhöhung, weil Jakob aus dem Internat kommt. Eva ist gut gelaunt, selig, und beide nennen wir ihn noch DAS SÖHNCHEN. Wir führen nun schon Erwachsenen-Gespräche mit ihm, auch Gespräche, die sich auf Kunstprobleme erstrecken. Evchen hat schon von Kind an einen starken Mitteilungsdrang. Für Personen, die sie schätzt und liebt, öffnet sie alle Schleusen für einfache Mitteilungen. Zu den ihr lieben Menschen zählen ihre vier Söhne, ich, Dr. Hildchen. Da Eva, wie mir scheint, alle vier Söhne gleichmässig liebt und sich zeitüber um jeden Sorgen macht, ist SÖHNCHEN am Wochen-Ende der Stellvertreter im Zuhören und Vereinnahmen von Liebesbeweisen für alle.

REGEN, REGEN, und es ist kalt dabei. Ich geh weder in die Wälder noch in die Wiesen. Schon des Hunde-Todes wegen. Noch fehlt ASSAN mir allenthalben.

Mein erster Versuch, einen jungen DALMATINER von ASSANS Züchter zu bekommen, schlug fehl. Nun gab ich ein Inserat auf.

29. April (Dienstag)

[…]

WIR BRINGEN DIE SHETLÄNDER in die Flieder-Ort-Waldkoppel.

[…]

PAN und die alten Stuten wissen sogleich, wohin es geht. Frei in der Koppel rasen sie erst einmal durch den Hochwald bis zur Weidefläche, rasen zu uns zum Tor zurück, rasen wieder zur Weidefläche, dann in die Schonung. Sie tun das alles wie Kinder, die eine ihnen bekannte Sommerfrische abprüfen: Ist alles so geblieben, wie es war?

Nun will es wohl doch Frühling werden. Die Schwalben sind eingetroffen, und die Osterkakteen, die ihre Knospen bis nun fest verschlossen hielten, lassen die jetzt aufspringen. Die Schwalben, die im Tiefflug schwatzend durch den Garten fliegen, haben sie aufgestossen.

Die letzten Vorbereitungen für die morgige Abfahrt nach Berlin, das diesmal nur eine Etappe auf dem Wege nach Piešťany ist.

[Piešt'any 22. bis 25. Mai (Donnerstag bis Pfingst-Sonntag)]
DIE TAGE GINGEN DAHIN. Es liegt Wehmut in einem solchen hin-
geschriebenen Satz in meinem Alter.

Den Tagesablauf diktiert das Kurprogramm. [...]

GEARBEITET HABE ICH WENIG, und damit bin ich dem Versprechen, das ich mir vor der Kur gab, nicht allzu untreu geworden.
Hin und wieder Notizen, Aperçus, die sich in einem Pieštany-
Buch (vielleicht) verwenden lassen könnten. Aber daran wollen
wir mal gar nicht denken!

EIN GUTER TAG WURDE DER PFINGST-SONNTAG

Eva und ich gingen unsere vor Jahren entdeckte Tour waag-
aufwärts und immer im Waag-Tal und dem Fluss-Damm entlang. Die liebliche Auen-Landschaft mit den alten raschelnden
und rauschenden Pappeln.

Eine endgültige Versöhnung (nach meinem Ausbruch kurz
vor der Her-Reise) fand statt. Die Gleichgültigkeit, die Eva mir
gegenüber die Zeit hier in Pieštany an den Tag legte, hatte ihren
Grund. Eva gestand, dass sie zum ersten Male neben der Kur intensiv gearbeitet hätte. Neun Gedichte und über dreissig Seiten
Prosa wären entstanden.

Einiges wurde erörtert, was ich seit langem fühle und weiss. Ich
habe vor dreissig Jahren eine Eva genommen, die zu mir auf-
schaute. Als ich sie damals, nachdem sie sehr anschaulich erzählt
hat, bat: Du musst unbedingt schreiben!, antwortete sie mir: »Ich
will dich lieber sehr lieb haben und machen, dass du immer besser schreibst!«

Das ist schon lang nicht mehr gültig und wurde mit den Jahren noch ungültiger, und jetzt gilt es wohl gar nicht mehr. Wir
sind Kollegen geworden mit je einem eigenen Geschäft. Ich
schreibe das so primitiv hin, um mich ein wenig mit der Tatsache,
die es in gewisser Weise nun einmal ist, zu peinigen.

Noch immer weiss ich nicht, ob ich nach dieser Aussprache
gestern froh sein oder heulen soll wie ein alleiniger Wolf, jener
vom Rudel abgebissene und ausgestossene Wolf, dem nichts
bleibt, als dem Mond über seine Einsamkeit zu berichten.

Jedenfalls muss ich mich drauf einrichten, den Rest meines
Lebens einsamer zuzubringen, als ichs mir einst erhoffte, und

erst jetzt fangen die achtzehn Jahre Altersunterschied zwischen mir und Eva an, eine merkbarere Rolle zu spielen. Aber klagen? Nein! Da heisst es eben von innen her aus dieser Einsamkeit etwas zu machen!

DIE AMSEL NICHT ÜBERHÖREN. DIE BLÜTEN NICHT ÜBER-SEHEN.

30. Mai (Freitag)

WUNDERTÄTER III ERSCHIENEN

Das ist das Haupt-Ereignis an diesem Tag! Das ist das Hauptereignis der letzten fünf Jahre! Aber immer kommt (geschieht) das Wichtige unterderhand, kommt leise auf Taubenfüssen und unter Umständen, die einem nicht erlauben, tief und ausgiebig genug über es nachzudenken, oder sich genügend über es zu freuen.

[…]

AM NACHMITTAG RIEF GÜNTER CASPAR mich an: »Rate mal, was ich hier habe?«

Ich: »Die Aushänger vom WUNDERTÄTER III, weiss ich schon, von Helga.«

Er: »Nein, zwei Signal-Exemplare sind eingetroffen. Helga bringt dir etwa in einer Stunde eines davon!«

SO WAR ES UND NICHT ANDERS, und ich sprang keineswegs an die Decke vor Freude, […] aber denkst du, dass es mich eine Sekunde überwältigte, dass eine Sekunde das Hoffen und Bangen oder die Verzweiflungs-Augenblicke, die ich um dieses Buch ausstund, in mir wieder erwachten? Da war soviel anderes, was ein Meditieren um das Buch und seinen Werdegang nicht zuliess, zum Beispiel die Heimkehr nach vier Wochen langer Abwesenheit, die Vorfreude auf das Wiedersehen mit dem geliebten Schulzenhof und manches andere.

[…]

UND DANN NOCH MITTEN IN der Nacht was Schönes: Eva hatte die Beleg-Exemplare vom neuen Gedichtband ZWIEGESPRÄCH bekommen und sie gab mir einen Band mit einer lieben Widmung, und das war wie die Ratifizierung unseres »Pfingst-Vertrages von Piešťany«.

Also waren wir wieder daheim und lasen bis in die Nacht hinein unsere Post und liessen die Stille auf uns einwirken, und wir wurden gewahr, wie sehr sie uns gefehlt hatte.

4. – 6. Juni (Mittwoch – Freitag)

NUN IST DER DRITTE HOCH-SOMMERTAG, und um ein Kleines werden die, die vorgestern noch über die viel zu »kühlen Tage« stöhnten, über die »viel zu rasch hereingebrochene Hitze« stöhnen.

ICH REITE WIEDER, reite den Hengst und auch Rahwana und lasse die beiden Stutenfohlen nebenher tollen. Bei Rebekka kann man nicht mehr von einem Fohlen sprechen. Im September wird sie drei Jahre. Auf ihrem Rücken fangen sich die ersten Schimmel-Taler an abzuzeichnen. Die noch nicht einjährige »RECHA«, die Golfüchsin mit der hellen Mähne und dem sich immer mehr aufhellenden Schweif, ist eine Fee, sagt Eva.

Ich dachte unterwegs über ästhetische Eindrücke nach, und weshalb man sie immer wieder haben kann, ohne dass sie einen langweilen. Ich meine in diesem Falle die schönen Bewegungen und die Wohl-Proportioniertheit der arabischen Pferde. […]

SOHN ILJA ist den dritten Tag auf Urlaub daheim bei der Mama und reproduziert ein wenig seine Kindheit. […]

14. Juni – 16. Juni (Sonnabend – Montag)

SOHN ERWIN kam am Freitag-Abend. Er ist jetzt bei den Proben zum Renn-Film ADEL IM UNTERGANG. Er pflegt ein nervös-bohrendes Denken. Das konnte man an ihm schon beobachten, als er noch Kind war. Er will dies und das über meine Zusammenarbeit mit BRECHT wissen. Das geht noch an, aber dann will er wissen, wie es sein konnte, dass ein Feudaler, ein Adliger, der dem sächsischen Königshaus nahestand, Kommunist werden konnte, oder weshalb die Feudalen und die Deutschnationalen die Kommunisten fürchteten, und wie er das spielen kann und dies und das und noch mehr. Ich entziehe mich baldigst. Mich schmerzt solche Bohrerei und dieses Diskutieren um jeden Preis. Es ist unter

Schauspielern zur Zeit besonders im Schwange. Auf dem Gewissen hat es Brecht. Er hat die »Lust am Denken« gepredigt, hatte aber Genie und Naivität, künstlerische Naivität genug, um »zweigleisig« zu fahren. Seine Adepten und Nachahmer zerdenken alles und schmähen echtes Komödiantentum; sie gehen mit »Ideechen« hausieren (siehe WUNDERTÄTER II!) und fahren »eingleisig«. […]

24. Juni (Dienstag)

[…]

WUNDERTÄTER III

Noch immer ist er nicht in den Buchläden, nur in der kleinen Buchhandlung des Aufbau-Verlages in der Französischen Strasse wurde er frei verkauft.

Der sogenannte Verteilerschlüssel war fertig, man wollte mit der Auslieferung anfangen, da kam die Armee und verlangte, beliefert zu werden. Dr. Voigt erzählte es mir vorige Woche. Ich sollte aber nicht drüber sprechen. Ich wollte wissen, wie viele Exemplare man von der Armee her bestellt hätte, Voigt sagte, er wüsste es nicht. Zu Eva aber sagte er: Fünftausend. Dieter Jäger sagte mir vorgestern: »Gib acht, die Armee ›kauft‹ ganze Auflagen auf!«

Was wird da gespielt? Wieder bin ich skeptisch.

8. – 9. August (Freitag – Sonnabend)

NOCH IMMER INTERESSIERT MICH, mehr als gut ist, mein Verhältnis zu anderen Leuten, krass gesagt: wie ich auf andere Menschen wirke. Das meint weniger, ob mich andere Leute als Person sympathisch finden (obwohl auch das wohl eine Rolle spielt), sondern wie mein Werk auf andere Menschen wirkt. […] Eine Schwäche. Ob eine erhebliche, weiss ich nicht, aber eine Schwäche auf jeden Fall.

Als ich den WUNDERTÄTER III schrieb, und als er dann geschrieben war, dachte ich: So, das wäre getan. Wann und ob er zur Zeit gedruckt wird, soll dich wenig kümmern; er ist da, ist in der Welt und wird eines Tages gedruckt werden.

Leider blieb ich nicht so ruhig, es begann mich doch zu interessieren, ob man die Arbeit drucken würde oder nicht, auch liess ich mich auf Verhandlungen in dieser Sache ein. Obgleich ich wiederum nicht so beunruhigt von den negativen Gegebenheiten der damaligen Zeit war, dass ich nicht geschrieben hätte; ich schrieb ja 300 Seiten LADEN.

Dann wieder dachte ich: Wenn das Buch nur herauskommt, wenn es man erst gedruckt ist, so wirst du froh sein, und du wirst dich nicht weiter um es kümmern, es soll, es muss sogar durch sein spezifisches Gewicht in der geistigen Welt wirken, wenn es gut ist und wenn es da ist.

Nun, es war da, und freilich versuchten die Dogmatiker sein Dasein zu erschweren, aber hätte mich das noch kümmern dürfen? Es kümmerte mich aber. Und so immer weiter: Ich habe mir vorgenommen, mich um die offiziellen Kritiken nicht zu kümmern. Nun lese ich sie doch. Ehe der Roman erschien, dachte ich: Lass die beamteten Kritiker schreiben, was sie wollen; die Hauptsache ist doch, der Roman ist heraussen und unter den Lesern. Nun ist's so, dass keine der offiziellen Kritiken eine Verdammung des Buches ist, nicht einmal eine teilweise Verdammung. Es gibt keinen Aufschrei der Empörung bei den Dogmatikern, wie es z. B. beim Erscheinen des BIENKOPPS zu hören war, und es fängt an, mich zu ärgern, dass die meisten Kritiker am wirklichen Inhalt des Romans bewusst vorbeischreiben.

Was aber soll dieses eitle Schielen und Passen auf Wirkungen, die ich möglicherweise auslöse, auf Wirkungen, die auf so vordergründige Weise so und so nicht gemessen werden können?

Ich setze mich hin, um eine Viertelstunde still zu sein, versuche, nicht einmal zu denken. Das ist schwer. Gedanken wieseln heran und versuchen in den Kern von Stille, den ich mühselig gebildet habe, einzudringen, ähnlich den Samenfäden, die ins weibliche Ei einzudringen suchen. Es gelingt ihnen. Ich meine, den Gedanken, in meinem Falle. Ich sehe mir diese Störenfriede an – einen nach dem anderen: Die meisten sind ausgesandte Schwingungen meiner Eitelkeit und gehören zu jenem Komplex des Wissen- und Ergründenwollens, wie ich auf die Menschen meiner Umgebung wirke.

Wie das ändern? Solche Gedanken willentlich ausrotten? Ich fürchte, sie haben Wurzeln wie die Quecken, die immer aufs neue ausschlagen und grünen.

21. August (Donnerstag)

BUCHPREMIERE. Ein gespreiztes Wort. Eva und ich signierten öffentlich in der Spandauer Strasse im INTERNATIONALEN BUCH – ZWIEGESPRÄCH und WUNDERTÄTER III. Wir signierten 3½ Stunden. Bei mir sollen es 760 Exemplare gewesen sein.

Die letzten Jahre nahm ich nicht mehr an öffentlichen Buch-Basaren teil. Es erschien mir nach und nach eitel und immer eitler, dazusitzen und Namenszüge zu verkaufen.

Aber die Menschen unseres überzivilisierten Zeitalters, an dem sie freilich selber in Schuld sind, gieren geradezu nach Mitmenschen, denen sie ihre Verehrung zuteil werden lassen können. Und da scheints mir angebrachter, sie verehren Menschen, die geistige Leistungen für die Gesellschaft aufzuweisen haben, als Schlager-, Sport- und Polit-Stars.

Ich wollte auch diese »Buch-Premiere« zunächst nicht absolvieren, weil ich glaubte, dass man die Käufer mit staatlichen Machtmitteln fernzuhalten versuchen würde. Die Haltung der Staats- und Parteifunktionäre ist ja immer noch ein halbes Nein zu diesem Buch. Aber man wünschte sogar, dass ich teilnähme an dieser Buch-Premiere, weil man Gemunkel befürchtete, weil man fürchtete, wenn ich nicht signiere, so könnte das von der Bevölkerung als ein negatives Politikum aufgefasst werden, man könnte behaupten, das öffentliche Signieren wäre mir untersagt worden. Man war also auf sich bedacht. – Also, nahm ich teil. Die Folge: Ich war gerührt und wurde bestärkt, dass es einen Sinn hat, für die Leute hier und jetzt zu schreiben, und die gleiche Erfahrung machte auch Eva, deren Gedichte ja nicht weniger Tabus zerbrechen als meine Prosa.

[…] Es war schon ermutigend, sich davon überzeugen zu können, dass beide Bücher gleichermassen begehrt waren, und es gab wohl nur wenige von den tausend Menschen, die an unseren Schreibtischen vorüber zogen (einige kamen mit älteren Büchern von uns, um sie signieren zu lassen), die nicht beide Bücher zugleich kauften. Ich sah, dass Frauen, Männer und viele Jugendliche Eva anschauten, als ob sie eine Heilige wäre. […]

Es war schon gut, dass ich die Signierstunde absolvierte; das dort Erlebte wird mir helfen, den LADEN ohne Rücksicht auf engdenkende Politiker und ohne selbstauferlegte Beschränkungen zu schreiben.

4. – 5. September (Donnerstag – Freitag)

ALFRED WELLM mit seiner neuen Hausgenossin, Sigrid Damm, zu Besuch. Das zweite Mal. Das erste Mal wars bei Evas Geburtstag. Sie scheint, wenn ich mich in ihrem Gesicht nicht verlas, ein gütiges Wesen zu haben. […]

Ich rede mehr, als gut ist. Alfred bleibt trotz der Spannungen, die es in unserem Verhältnis gegeben hat, einer von den Menschen, denen ich absolut vertraue.

Ich erzähle also (vielleicht manches doppelt, was die Sache peinlich macht, mir jedenfalls als peinlich erscheinen lässt) vom Hin und Her bei der Drucklegung des WUNDERTÄTERS und vom Hin und Her um die Drucklegung des Interviews für SINN UND FORM.

Evchen liest zwei Arbeiten vor, die in den letzten Tagen entstanden. Einen zauberhaften Essay über Marianne und eine Art Humoreske (mit Widerhaken) zu Anna Seghers achtzigstem Geburtstag.

In der zehnten Abendstunde fahren die Wellms bei halb ausgesterntem Himmel, bald hätte ich geschrieben: wie in alten Zeiten, heimzu.

IN POLEN geschah in den vergangenen Tagen und Wochen etwas, was ich als den Anfang der Liquidierung einer der von STALIN in den Sozialismus installierten Lügen bezeichnen möchte: Die polnischen Arbeiter zeigten und bewiesen, dass noch immer sie die Vertreter ihrer Klasse sind und nicht Funktionärs-Teams, die sich dafür und für die Wahrer des Sozialismus ausgeben. Und sie streikten völlig unmilitant, schmähten nicht und hetzten nicht, beharrten still und unbeirrt auf ihren Forderungen, gaben keinerlei Anlass, dass man sie von heimischer Miliz oder heimischem Militär hätte bedrohen und niederschiessen lassen können, noch, dass man solcherlei Schiess-Kräfte aus »Bruderstaaten« hätte zu Hilfe holen können.

Es bleibt zu hoffen, dass eben jene Bruderstaaten auch fernerhin keinerlei Gelegenheit finden, die »sozialistische« sprich stalinistische Staatlichkeit wieder herzustellen.

MEIN RÜCKGRAT unverändert. Schmerzen. […]

7. September [Sonntag]

MATTHES fuhr wieder davon, fuhr davon, so unruhig, wie er kam. […]

JAKOB sitzt sehr ernst in seiner Kellerstube und versucht sich in Mathematikaufgaben hineinzuarbeiten, die sich demnächst wie Diktaturen über sein Denken legen werden. Er wandelt Rilke ab: Sei allen Qualen voraus!

Im historischen Unterricht steht dem armen Kerl bevor, sich das künftige Schuljahr lang mit der Geschichte der SED zu beschäftigen. Die SED ist vierunddreissig Jahre alt. Dreiunddreissig Jahre bin ich dort Mitglied (die Hälfte der Zeit oppositionelles Mitglied!). Ich bin eine Figur in der Geschichte, mit der sich mein jüngster Sohn abplagen muss. Er hätte sich damit auch abplagen müssen, wenn ich dieser Partei nie angehört hätte. Ein schlechter Trost, aber es ist einer. Die Herrschenden waren allzeit drauf bedacht in Lehrbüchern (und das noch zu Lebzeiten) vorzukommen. Das auch unsere Herrscher nicht in, sondern aus Lehrbüchern glotzen, ist ein Beweis dafür, dass sie ihre Politik auf unneuer Leier spielen.

20. September (Sonnabend)

Der Tag hat ein Ereignis: GALSAN TSCHINAG KOMMT, diesmal (verkleidet) als Film-Fernseh- und Runkfunk-Reporter mit einer Kamera-Frau und zwei deutschen Technikern.

Der Vorsitzende des Minister-Rats (Stoph) reise nach MONGOLIEN. Zur »Ausschmückung« seines Besuches wird dort im Fernsehen Gefilmtes aus dem LEBEN unserer Republik gezeigt, aus dem Leben hiesiger Menschen natürlich. Über die Forstleute, die Landwirte, die Bergleute, die Viehzüchter und die »Kultur-Züchter«. Wir waren ausersehen, das Kulturleben zu repräsentieren. Das beruhte gewiss auf einem Fehlgriff, denn wir sind in dieser Hinsicht zur Zeit am wenigsten repräsentativ. Ich habe der Republik mit dem WUNDERTÄTER III keinen Lorbeerkranz aufgesetzt. [...]

Galsan wirkte schon wieder zivilisierter – nach Mittel-Europa zu. Er war diesmal gelassener, ruhiger. [...] Das erste Mal hörte ich Galsan sagen: »Es geht mir gut. Ich habe als Reporter und Zeitungsmensch eine gute Karriere gemacht.« Sogleich aber spricht er davon, dass er »frei« arbeiten wolle, sobald sein deutsches Buch heraussen wäre. Er will also, was lobenswert ist, seine »Karriere« nicht satt geniessen, sondern will sich wieder in Schwierigkeiten hinein tun. [...]

Wir sprachen über viele Gegen- und Zustände. Aber das war nicht allzu wichtig. Wichtig war zu spüren, dass sich die Freundschaft mit Galsan erhält. Er ist mir wie ein Sohn. In den letzten Tagen hatte ich es mit drei solcher Adoptiv-Söhne zu tun, die mir näher stehen als einige Söhne (eigene Söhne) aus früheren Ehen: Und die Adoptiv-Söhne, die Söhne im Geistigen sind Galsan, Hubertus Giebe und Achim Kynass.

21. September (Sonntag)

DER TRAUM VON DER UNBEKANNTEN WIEDER EINMAL:

Er prägt die Stimmung für ein, zwei Tage, macht sehnsüchtig, macht sogar süchtig; man möchte ihn jede Nacht haben.

Es war eine Dunkelbraune. Wohl an dreissig Jahre. Und das Verwirrendste: Evchen redete mich zu ihr hin. »Ist sie nicht schön?« sagte das Evchen. Die Unbekannte schien nichts von ihrer Schönheit zu wissen. Sie küsste mich, küsste mich fast flüchtig, jedoch vertraut, sehr vertraut. Es war, als kennten wir uns lange, lange. Sie wusste jedenfalls mein Wesen, kannte es, und es war vorausgesetzt, dass auch ich ihr Wesen kannte.

Nein, keine Intimitäten! Es blieb bei den fast flüchtigen Küssen. Die Hauptsache und das, was mir nachgeht: »Und sie versteht mein rätselhaftes Wesen und kann in meinem dunklen Herzen lesen ...« wie es bei Verlaine heisst.

22. September (Montag) bis 23. September (Dienstag)

WIEDER SO EIN PROBESTERBEN

Evchen fährt in den Kaukasus. Es geht um den Dokumentarfilm, den man von ihr macht. Eva – als »Darstellerin« und neun
Leute vom Film! Alles merkwürdig! Was treibt Eva dazu. Was sie
Kluges und Weises zu sagen hat bzw. in dem Film sagen wird,
hätte sie aufschreiben und drucken oder durch das Radio verbreiten lassen können. Eitelkeit? Oder das Auch-Mal-Erleben-
Wollen? Eva ist die Sache, die schon über ein halbes Jahr in unserem Hause umgeht, von der stundenlang durchs Telefon geredet
wird, selber nicht mehr geheuer. So scheints jedenfalls.

Ich bringe sie vors Hoftor (22. 9.). Dort wartet das Granseer
TAXI. [...]

25. September (Donnerstag)

[...]

DAS WIESENTAL VOR SCHULZENHOF. Die Journalisten sagen
von unserem Zuhause Schulzenhof, es liegt am Ende eines Wiesentales, und das Wiesental ist einen halben Kilometer lang.

Oder sie sagen: Wenn man das Dorf Dollgow verlassen hat und
einen Hügel hinab fährt, wenn man am Fusse des Hügels, kurz
vor einer Brücke, die ein Flüsschen überquert, nach rechts ab-
biegt, fährt man zunächst auf einer Park-Allee entlang. Links
sanfte, kiefernbewachsene Hügel, rechts grosse Bäume – Robi-
nien, vor allem aber Birken, mächtige alte Birken. Hinter den
Birken die Wiese, immer die Wiese! Zwischen den Stämmen der
Birken sieht man beim Autofahren immer mal wieder Schulzenhof schimmern.

Oder sie könnten auch sagen: Die lange Wiese auf Schulzenhof
zu ist nichts als ein Stück verlandeter See, ein verlandetes Stück
Ur-See, das einst Thörn-See und Dollgower See verband. Rechts
und links entlang der Wiesen das alte Ufer und Schulzenhof liegt,
wenn man aus den Städten kommt, auf dem linken Ufer und war
ehemals gewiss eine Kaupe wie jene Kaupen im Spreewald, als
das Seestück zwischen Thörn- und Dollgower-See abstarb und
ein Sumpf war.

Das alles kann ein Aussenstehender, ein Fremder, der es gelegentlich besuchte, von unserem Schulzenhof sagen, und was sonst zu sagen ist, das Poetische, können nur wir sagen, die wir seit sechsundzwanzig Jahren am Ende dieses Tales leben. Wir können andeuten, wie der Ruf der Kraniche im Frühling unser Haus umzittert, wenn sie in der Nähe der kleinen Brücke in den Wiesen weiden, neben der Brücke, die jener von ARLES ähnelt, die ein Maler namens van Gogh malte.

Und einmal ists geschehen, dass sich die Dichterin in den Sträuchern unter meiner Loggia zu schaffen machte, und dass sie, als die Kraniche riefen, diesem Ruf das Wort ELOHIM unterlegte, und dass sie es laut in die Welt rief, und dass sie sich sogleich duckte, hinter den Sträuchern duckte wie ein ertapptes Schulmädchen, als sie bemerkte, dass ich sie beobachtet hatte.

Niemand, ausser uns, weiss, wie das Wiesental geheiligt ist von den kargen, trockenen Worten der Wildgänse, die von September bis in den Dezember morgens und abends drüber hinziehen. Für sie ist unser kleines Land mit seinen Seen der Abflughafen für ihre Reise nach Ägypten.

Und dann die Abendstimmung, wenn die Stock-Enten durchs Wiesental fliegen und den Bach wie eine Strasse benutzen, eine Strasse, die sie nicht begehen, sondern befliegen.

Und wie die Schnepfen im Frühling durch die Abenddämmerung quoren, und wie die Bekassinen sich aus der Höhe fallen lassen, so rasch, dass die abendstille Luft in ihren Steissfedern zu jammern und zu winseln anfängt.

Wenn die Wiesen in vollmondigen Sommernächten wie unter weissen Deckbetten aus kompaktem Nebel liegen. Ein Fremder, der um diese Zeit ins Tal einfährt, vermeint für Sekunden, es mit Schnee und Winter zu tun zu haben.

Wenn in den ersten Frostnächten, Ende September, in den Uferwäldern die brünstigen Hirsche röhren. Wenn der Kauz in der Nacht ruft, wenn der Wildtauber am Tage ruckst und der Rote Milan wie eine fliegende Katze sein Miau über den Zausköpfen der alten Birken erklingen lässt. Wenn das Atem- und Fressgeräusch der zur Nacht im Tal weidenden Kühe durch die geöffneten Fenster unseres Hauses bis in unseren Schlaf dringt. Wenn der Kuckuck ruft und der Pirol flötet, wenn der Wiedehopf hupt und der Gartenbaumläufer verzagt im April nach seinem Weibchen ruft, wenn die Schwalben von Morgen bis zum Abend in der Brutzeit segelnd mit aufgerissenen Schnäbeln nach Mükken pfeilen – und dann die Hahnschreie, die bei halber Nacht den Wiesennebel zerreissen.

Unmöglich, in dieses kleine Stück Prosa einzuzeichnen, was alles wir sehen, hören und fühlen und bis in seinen Urgrund hinein belauschen in unserem Wiesental.

Aber auch das muss gesagt sein, dass in mindestens fünfundzwanzig verschiedenen Nächten angst- und furchtauslösende Panzer über die kleine Rhinbrücke, über die kleine Brücke von ARLES krachen und donnern, ausländische und unserige, von denen man uns sagt, wir müssten froh über ihre Anwesenheit sein, über ihr Dasein und den Kriegskrach, der in diesen Nächten die Stille des Wiesentales zerscherbt, weil sie uns Frieden schaffen und machen, dass wir ruhig schlafen können. Und es fällt uns schwer, das zu glauben – und warum auch glauben? Wir sehen und erkennen ja, dass es der Mensch mit seiner Neigung zum Glauben ist, der sich diese Widersprüche selber in die Welt setzte, und der nun auf unzulänglichen Wegen – durch Bangen und Verhandeln um den Frieden zum Beispiel – versucht, diesen selbstgeschaffenen Widersprüchen zu entfliehen.

1. Oktober (Mittwoch)

ICH DENKE AN MEINEN VATER. Er sitzt in der Wohnstube seines Hauses im Heimatdorf Bohsdorf. Sein Sessel steht links vom Fenster, durch das man den Hof überschauen und den Hühnern und Tauben zusehen kann. Dort, wo jetzt der Sessel steht, war früher das Fuss-Ende von Mutters Bett. Wenn sie morgens aufwachte, es war niemals zeitig, setzte sie sich auf, bewickelte sich die Krampf-Ader-Beine mit langen Leinenbinden, sah beim Hoffenster hinaus und versuchte dabei, den Vater zu wecken, dessen Bett in der gegenüber liegenden Stuben-Ecke stand, versuchte ihm die Beschaffenheit des Wetters mitzuteilen.

Nun sitzt der Vater dort im Lehnstuhl und stirbt vor sich hin. Menschenworte erreichen ihn nur noch, wenn sie der Absender ihm entgegen schreit. Eines seiner Augen ist erblindet; mit dem

149

anderen lässt er noch über den Televisor Abziehbilder von der Welt und ihrem Treiben in sich hinein. Aber auch das zweite Auge fängt an zu sterben. Essen und Trinken schmecken und bekommen dem Alten noch. Er schlummert zeitweis vor sich hin, wacht auf und denkt dies, denkt das, und woran er denkt, das ist sein Geheimnis. Vielleicht denkt er unter anderem an meine Familie, an mich, an Eva, die er gern hat. Dass er sich Gedanken machte, weil zu meinem jüngsten Roman, den er nicht mehr lesen kann, lange keine Besprechung im Hauptblatt erschien, teilte er mir mit zittriger Schrift in einem Briefe mit. Ja, er schreibt hin und wieder noch Briefe an mich, an die Enkelsöhne. Die Rechtschreib-Fehler, die er immer gemacht hat, schiebt er jetzt auf sein hohes Alter. [...]

[Berlin] 5. (Sonntag) bis 9. Oktober (Donnerstag) [...]

IM AUFBAU-VERLAG (Montag)

Reden mit Günter Caspar und Fritz Voigt. Caspar besteht darauf, er möchte die *SELBSTERMUNTERUNGEN* schon nächstes Jahr (1981) und nicht erst zu meinem siebzigsten Geburtstag herausbringen. Es handelt sich um die zwei »Bände«, die ich Eva in zwei aufeinanderfolgenden Jahren zu Weihnachten schenkte. Sogenannte Blindbände (eingebundene Bücher mit leeren Seiten), die mir Caspar eines Tages mitbrachte, verführten mich dazu, etwas hineinzuschreiben, und so beschrieb ich denn jeden Tag eine Seite mit einem Aphorismus oder sowas. Eigentlich ein komprimiertes Tagebuch.

Ich weiss nicht, ob ich auf Caspars Vorschlag eingehen kann. Es muss, stellte ich fest, an den Formulierungen dieser »Selbstermunterungen« noch gefeilt werden, und ich fürchte, es artet in Arbeit aus, wenn ich mich erst dranmache. Andererseits soll ich das fertige Manuskript des LADENS bis Ende des nächsten Jahres geliefert haben.

VERSAMMLUNG des Partei-Vereins beim Schriftsteller-Verband. Alles fertig. Man braucht nur immer die Hand zu heben. »Demokratische Wahlen im sich in erweiterter Entwicklung befindlichen Sozialismus!«

Der Wunsch, diesen Verein, bevor man stirbt, doch noch demonstrativ zu verlassen, wird immer dringender, immer dichter.

VON 21 bis 23 UHR (am Montag) gehe ich auf der Strasse vor unserem Häuserblock hin und her. Im Stadtinnern fahren die Panzer auf. Man feiert den »31. Geburtstag der Republik« mit einer Starkmacherei-Parade. Und wie schäbig! Die Kanonenrohre sind nach Polen gerichtet, wo sich ein wirklicher Klassenkampf abspielte, den die Arbeiter zunächst gewannen. Der Sieg aber wird ihnen nicht vergönnt. Die Cliquen, die vorgeben, im Namen der Arbeiterklasse zu herrschen, sinnen auf Rache und Rücknahme.

Ich warte auf Eva. Sie sollte um 20^h in Schönefeld landen. Ich finde die Köpfe von zwei roten Nelken auf der Strasse. Jemand hat sie aus seinem Feststrauss verloren. Ich musste sie bergen, diese ideologisch missbrauchten Nelken. Der Wind pfeift. Ich hüll mich tiefer in meinen übergrossen schwarzen Anorak. Hinter den Bienenwaben-Fenstern der Hochhäuser das Honiggelb der warmen Stuben. Betrunkene torkeln von ihren Betriebsfeiern die Allee entlang. Manche lärmend, manche still abwinkend für sich, andere erbrechen sich und halten sich an den Häuserwänden fest.

Ich werde allmählich wirr im Kopf vom Verfolgen der erleuchteten Autos, die aus der Warschauer Strasse in die Frankfurter Allee einbiegen. Von dorther müsste das Auto kommen, das Eva bringt.

Bis 23^h halte ich es aus. Dann erscheints mir nicht mehr möglich, dass Eva noch kommt. Ich esse endlich Abendbrot und betäube meine Befürchtung, es könnte Evas Flugzeug abgestürzt sein, mit Bier und lege mich hin, kann aber nicht einschlafen. Kurz nach 12^h ist Eva da. Eine ganz andere Eva als die, die ich erwartete. Sie ist ganz mit sich beschäftigt, mit der Frage, wie sie in dem Film, den sie von ihr drehen, gewirkt haben mag und fast herausfordernd damit einverstanden, auf eine Einladung hin demnächst nach Österreich zu reisen.

NACH SCHULZENHOF (Dienstag). Evas Körper ist mit Ausschlag bedeckt. Folge einer Allergie, wird gesagt. Ich möchte gern glauben, dass es diese Allergie ist, die mir Eva verändert erscheinen lässt. Sie bleibt stark selbstbezogen. Mir will scheinen, dass uns unsere Wege (vielleicht für eine Weile) je in eine (entgegengesetzte) Richtung führen. Eva scheint daran gelegen zu sein, ihre Position als Dichterin in der Umwelt auszubauen. Ich dagegen möchte in die Anonymität zurück. Das ist freilich nicht so absolut aufzufassen, wie es hier formuliert ist. Vielleicht ist [es] gar nur eine Einbildung von mir, was mir am liebsten wäre.

WIEDER NACH BERLIN. (Mittwoch-Abend) Ich will meinen Wagen gründlich waschen und (Hohlraum) konservieren lassen. Eva muss ihres Ausschlags wegen zur Haut-Ärztin. […]

ICH ARBEITE in der Berliner Wohnung, aber es ist keine Ordnung in mir. Erregung, die z. T. aus dem Politischen (Polen und meine Sympathie für die Vorgänge dort) heranweht. Ich bin jedenfalls im Augenblick (zur Zeit) zu wenig immun gegen Ideologisches.

19. – 20. Oktober (Sonntag – Montag)
[…]

BOHSDORF. Kinderwindeln flattern im Hof. Eine neue Sachlage. Die neue angeheiratete Familie des Neffen Volker. […] Das (fünfjährige) Mädchen SUSANNE, zutraulich, anschmiegsam. So habe ich mir stets eine Enkeltochter gewünscht.

Neffe Volker stolz auf seinen noch nicht einjährigen Sohn.

Der Vater sieht gut aus. Er hat sich mit 91 Jahren einen englischen Aristokraten-Schnurrbart anlegen lassen. Es geht um zwei Falten neben der Nase, die das Alter vertiefte. Er erklärt uns das. Er deckt die Falten mit dem Bart zu. Immer noch eitel, eitel! Ein gutes Zeichen. Es sieht aus, als wird er noch eine Weile leben. Sein nächstes Ziel, das er anvisiert, ist die Pensionierung von Bruder Heinjak. […]

UM DIE FÜNFZEHNTE STUNDE erleichtert uns ein ehemaliger Arbeitskollege von Heinjak […] den Aufbruch. Dem Vater ist der »ungeschliffene« Besuch gar nicht recht.

Immer ist der Abschied so, dass man zwischen leisem Traurigsein und Lächelnmüssen die Wahl hat, weil man nicht ergründen kann, ob der eitle Alte weint, weil sich das für einen Neunzigjährigen »so gehört«, oder ob es echter Abschiedsschmerz ist.

COTTBUS. Eine ländliche Nebenstrasse HÜGELWEG genannt. Modernes Allerwelts-Landhaus. Die Dalmatiner-Züchterei gehört einem Tier-Arzt-Ehepaar. […] Sechs oder sieben Alt- und Jungtiere. Alle gut und sauber gehalten. […] Die Hunde gefallen uns alle. Wir hätten jeden mitnehmen können, aber schliesslich haben wir uns schon vor Wochen auf den einzigen braun-gefleckten Rüden festgelegt.

Der kleine vier Monate alte ÄSOP sitzt brav im Auto, benimmt sich in der Berliner Wohnung ausgezeichnet. […]

20. Oktober (Montag)

ZUERST NOCH BERLIN. Lange Frühstücksgespräche. Die Erlebnisse der Reise werden bewertet. […]

ÄSOP. Freilich wird die Erziehung des Junghundes Zeit in Anspruch nehmen. Aber es wird auch Freude und Lebenslust von ihm ausgehen und er wird dafür sorgen, dass ich meine Beine wieder eifriger gebrauche.

9. November (Sonntag) – 11. November (Dienstag)

FESTSTELLUNGEN:

SELBSTERMUNTERUNGEN. Ich sitz immer noch an der Überarbeitung. Jeden Tag mache ich 10 Seiten fertig, feile, schreibe um und ergänze nicht ganz treffende oder verfängliche Sentenzen aus Tagebüchern der Jahre 1968 und 1969. Wenn ich EVCHENS Zuspruch nicht als »Kompass« hätte, wär mir alles schon zuwider. Ich muss mir zureden: Du kennst ihn doch, den Widerwillen; er überfiel dich jedes Mal bei Überarbeitungen! […]

DAS EVCHEN TUT mir leid. Es hat sich den Wagen so voll geladen und ist doch nicht recht gesund, wenn sie auch die Gesunde und Kühne spielt. Sie fuhr mit der Taxe nach Berlin. Dort erwarten sie eine Wahlberichts-Versammlung und die Ronais, die aus Budapest heraufkommen. […]

DANN DER ARME ACHIM KYNASS! Man schickt ihn mit seinem Gewächs bei der Schilddrüse oder da wo – von einem Institut ins andere und dort wieder von einer medizinischen Kapazität zur anderen, ohne dass er was Rechtes erfährt, ohne dass man ihn aber auch behandelt. Man muss also Schlimmes fürchten.

Wie soll man da helfen? Eva tuts mit einfühlsamen Worten. Niemand kann das so gut wie sie. […] Unglückselige Menschen umlagern das Evchen und lechzen nach seinem Trost.

Bin ich eigentlich neidisch oder eifersüchtig? Ich meine, es nicht mehr zu sein, eher ab und zu ein wenig stolz, dass ich Evchen nunmehr weniger aufzehre als früher. Obs das Evchen auch so empfindet?

Ich fürchte um Evas Gesundheit. – Herrgott!

17. November (Montag) – 21. November (Freitag)

FESTSTELLUNGEN:

[…]

WUNDERTÄTER III

Es gehen nach wie vor fast täglich zustimmende Leserbriefe ein.

Ich weiss nicht, ob ichs schon in den Heften hier niederschrieb. Eines Tages kam ein Brief, ein sehr zustimmender und Sohnesstolz verratender Brief zu WU 3 vom Sohn THOMAS (aus meiner zweiten Ehe) auf.

THOMAS schrieb mir, als er noch bei der Armee und von der Mutter verhetzt war, einen Brief, in dem er betonte, dass er auf meine Vaterschaft keinen Wert lege. Nunmehr versucht dieser Thomas diesen Standpunkt freudig zu revidieren. Jetzt ist er selber Vater von zwei Kindern […]. Es scheinen Thomas Einsichten gewachsen zu sein.

[…] *WUNDERTÄTER III* ist das Gegenbuch zu SONJAS RAPPORT von der Werner. Von der Geheimdienst-Gruppe, die sich um dieses Buch schart, erhielt Jürgen Kuczynski wahrscheinlich den Auftrag, gegen den WU 3 zu polemisieren. Er machte das verzwickt. Solche Leute machen das so. Er polemisierte gegen die WU 3-Besprechung von Hermann Kant in der NDL und indirekt gegen das Buch. Gleichzeitig schrieb er an Eva einen Brief, sie möge bei mir ein gutes Wort für ihn einlegen, denn ich wäre doch ein so wundersamer Freund und Mitmensch, den er hochschätze.

Unerklärliche Vorgänge. Ich las die Auslassungen von K. bisher nicht. Aber dieser Tage nun kam ein Brief von K. an mich. Ich möchte dir eine Freude machen o. ä. hiess es in dem Anschreiben und bei lag eine polemische Erwiderung auf Kuczynskis Offenen Brief in der NDL. Sie war von Sohn Thomas geschrieben. Eine fundierte Erwiderung. Der Thomas hat das in der Stille getan. Er selbst hat mir weder davon geschrieben noch am Telefon etwas gesagt. Man muss vermerken, dass er seinen unreifen Brief von damals ausstreichen möchte. Die Tatsache erfreut mich. Meine Ansicht war in dieser Hinsicht, ich meine in bezug auf meine Söhne, die nicht bei mir leben: Wenn einer von ihnen wirklich von Kunst angerührt werden sollte, müsste er mich entdecken und eines Tages zu mir finden. Das scheint im Fall Thomas nun so geschehen zu sein.

[Berlin] 25. November (Dienstag) – 27. November (Donnerstag) [...]

AM ABEND »FESTMAHL« in Evas traulicher Küche. [...] Dann kamen die Ronais mit Halloh. Mitju erscheint mir stark gealtert, etwas greisenhaft schon. Aber er hat zwei langwierige Operationen hinter sich. Star-Operationen an beiden Augen und sodann einen Schenkel-Hals-Bruch am Bein.

Auch Marianne gealtert, aber trotzdem mädchenhaft im Wesen. Wie gut Eva sie in ihrem Essay, der diese heutige Ausstellung umklingt, beschrieben hat! So gut wird nie jemand mehr Marianne beschreiben. Grosse Kunst – und es stimmt alles in diesem Essay.

Sogleich fangen die Ronais mit ihrem alten Spiel an: Sie beschuldigen sich gegenseitig, klagen einander an, machen einander lächerlich, alles aber in einer Weise, die nicht verletzt.

Die Faszination, die von Marianne mit dem schon grossmütterlichen Hals und den Über-Alt-Frauen-Schultern ausgeht, ist unvernichtbar. Man wird in diesen herben Liebreiz hineingezogen, auch wenn man ihre schwarzen Zähne und die lange Zahnlücke hinten sieht. Bei keinem anderen Menschen, den ich kenne, nur bei Eva noch, liegt die junge Seele eines Geschöpfs so offen zu Tage.

[...] Mitju begnügt sich nicht mehr damit, Schriftsteller genannt zu werden. Er legt Wert darauf, als ein DICHTER angesehen zu werden.

Schade, dass man es nicht beurteilen kann! Man kennt das Ungarische nicht. Umgekehrt scheints ähnlich zu sein. Sie können zwar beide Deutsch, doch sie nehmen sich die Zeit nicht, etwas von uns zu lesen. Sie sind mit sich und ihren Sachen beschäftigt. Unsere gegenseitige Freundschaft beruht, was Mitjus und unsere schriftstellerische Arbeit anbetrifft, auf Verdacht. Und das nun schon fast dreissig Jahre. Eine merkwürdige Freundschaft.

[Berlin] 28. November (Freitag)
Bis acht Uhr geschlafen. Das tat gut. Herrlich, einmal pflichtlos in einen Morgen hinein zu schlafen. Einmal nicht hinter der Gardine des Schulzenhofer Arbeitszimmers zu spähen, ob nicht etwa schon Licht im Pferdestall brennt. Einmal nicht federn, damit man der erste auf dem Wirtschaftshof ist oder gar schon mit Stock und Hund im Wald und am See.

Es ist einigermassen still in der Berliner Wohnung, jedoch überdeckte Hektik. Sie wird ausgelöst, weil die Abendveranstaltung bevorsteht; durch den bevorstehenden Besuch der Ilja-Familie, durch Evas Reisevorbereitungen nach Wien.

[…]

DIE AUSSTELLUNG

Es traf mich. Nicht wie ein Schlag, der vernichtet, sondern einer, der erneuert. Ein Umschlag. Eine Offenbarung. Marianne hatte mir ein Tor geöffnet, durch das ich ins ABSOLUTE hinein sehen, hinein gehen konnte.

Manche der Bilder hatte ich bereits vor sieben Jahren in Budapest gesehen. […] Hier hingen sie nun im Foyer des PALAST-Theaters. Sie hingen dicht bei dicht. Ein Gemälde neben dem anderen, Gross und Klein nebeneinander; ein Bild eigenwilliger als das andere, eines aber war ihnen gemeinsam: Sie wiesen ins Absolute.

Es war so, wie es Eva in ihrem Essay über Marianne sagt: »… hier war schon erreicht, was mir als Möglichkeit vorschwebt …« Für mich war »hier« nicht nur erreicht, was die Verschmelzung von weiblichem und männlichem Schöpfertum betrifft, sondern das »Menschenmögliche« überhaupt.

Ich zitterte. Es heulte in mir; es heulte aus mir. Eva, die mich aufsuchen kam, sagte, ich wäre blass, überblass gewesen und noch, als sie bei mir war, ging das Zittern und Heulen in mir weiter.

[…] Es war ein veränderndes Erlebnis für mich. Die Ehrfurcht vor dem Kern, der in Eva zugange ist, wuchs durch Mariannes Existenz an und umgekehrt. Und ich fühlte mich nicht ausgeschlossen. Das eben beglückte so. Wir waren drei Wissende in metaphysischem Sinne. Wissende also, ohne empirisch zu wissen; drei Ahnende, die tun, ohne zu wissen, dass sie tun und was sie tun. […]

11. Dezember (Donnerstag) – 17. Dezember (Mittwoch)
[…]

Mein Name darf in Zeitungen, Zeitschriften, im Rundfunk und im Fernsehen zur Zeit nirgendwo genannt werden.

An meiner Lesestunde (aus dem LADEN) Mitte September (im TIP) nahmen sechs verschiedene Pressevertreter teil. Keiner durfte seinen Bericht veröffentlichen.

Jemand hatte eine Anthologie mit Klein-Beiträgen veröffentlicht. Darunter waren einige von mir aus den »¾ Hundert«. Bei der entsprechenden Redaktion hiess es: »Der Name Strittmatter geht nicht über den Sender.«

Die Bezirksleitung in Cottbus rief die wichtigsten Bezirksfunktionäre zusammen. Man las ihnen sogenannte politisch anstössige Stellen aus dem Roman vor und sagte den Funktionären: Also, ihr wisst Bescheid, wie ihr dieses Buch einzuordnen habt.

Sogar Eva, und nun auch die arme Marianne, werden mit in das Verschweigen einbezogen.

Andererseits auch wieder Freude. Begeisterte Leser melden sich. Sodann eine fundierte, wohl die umfassendste Besprechung von EVA KAUFMANN in SINN UND FORM. […]

28. Dezember Sonntag

IN MEINER ARBEITSSTUBE soll umgeräumt werden. Ich wünsch mir seit einiger Zeit eine Liegestatt für am Tage. Das schöne eierschalen-farbene Leder-Sofa ist nicht das, worauf sich ein Rheumatiker ungestraft rekeln kann. Schade. Ich sah es so gern.

Nun werd ich eine Art Lotterbett bekommen. Wie stets ging das Evchen sogleich auf meinen Wunsch ein. MATTI und JAKOB werden die kleine Umräumerei leisten. Sie sind so gross und stark nunmehr. [...]

MERKWÜRDIGERWEISE KAM ich beim Für-Mich-Hingehen drauf, zu überprüfen, welche meiner literarischen Arbeiten vielleicht etwas länger leben könnten als ich: Kramkalender, ¾ Hundert Kleingeschichten, die Nachtigall-Geschichten, einige Erzählungen – meine arme Tante oder Hasen über den Zaun –, die Wundertäter-Trilogie, vielleicht auch die Selbstermunterungen und der Laden. Alle anderen Arbeiten scheinen mir vom Zeitgeist besprungen. Sie berühren die Tiefe zu wenig, in der sich unser wirkliches Leben abspielt. Vielleicht besteht für den Ochsenkutscher eine Überlebens-Aussicht.

[...]

30. Dezember (Dienstag)

DAS IST »DIE LAGE« IN DEN LÜFTEN einen Tag bevor das Jahr den von Menschen erdachten Eichstrich erreicht hat: Sechs Grad Wärme, lauwarmer Fallwind, Baumrauschen und Regenstaub.

[...]

ES SOLL SPÄTER NICHT HEISSEN, ich hätte mich gescheut, meine Irrtümer einzugestehen. Ich will nicht erst fünf Minuten vor meinem Tode vom Zustand berichten, den ich geistig erreicht zu haben glaube. Die »Gerechten« sollen nicht sagen dürfen: »Als er ›vom Glauben‹ abwich, lag er schon in der Agonie.«

DIESES WEIHNACHTEN ENTSCHWAND MIR, obwohl es eines der verinnerlichtesten Weihnachtsfeste war, das ich durchlebte, der Traum, den wir mit Eva gemeinsam träumten, nämlich dass einer unserer Söhne Schulzenhof übernehmen könnte.

1981

4. Januar (Sonntag)

AUFBRUCH-STIMMUNG: Matti fährt in seine Försterei-Schule zurück. Ich fahre nach Berlin, ohne überzeugt zu sein, dass ich dort fehle. Jakob fährt erst Montag früh ins Internat. Der liebe Jakob ist Hausherr für einen Tag. Die poetische Weihnachtszeit ist zu Ende. Ein wenig wehmütig stell ichs fest. […]

IN DER AUSSTELLUNG. […] Ich komme nicht zum Alleinsein, komme nicht in die Stille, die nötig ist, damit Mariannes Bilder zu mir kommen und ich zu ihnen gelange. Ich muss von Bekanntengruppe zu Bekanntengruppe gehen, Konversation machen, auch ernste Gespräche führen. Niemand von denen, die Evchen einlud, soll sich zurückgesetzt fühlen. (Ist das richtig, wie ich mich verhalten zu müssen glaube? Guckt da nicht wieder der alte Dorf-Bäcker-Sohn hervor, der auf die Kundschaft Rücksicht nehmen soll?) […]

Mehr als Mariannes Bilder bewundere ich diesmal das Evchen. Alle hängen sich an sie und lechzen nach ihrem Zuspruch. Sie aber hat noch immer übergenug. Ihre Güte braucht sich nicht auf, sondern vermehrt sich beim Ausgeben. Würde ich krank werden, wäre sie mit übervoller Kraft bei mir. […]

9. Januar (Freitag)

MARIANNE UND MYTJU. Es geht mir auf, weshalb sie nirgendwohin zur Kur gehen können, damit sich Mariannes Rheuma lindere. Sie würden ein Kurprogramm nicht einen Tag lang absolvieren können. Mytju ist erst mittags aus dem Bett zu bekommen. […] Den ganzen Nachmittag ist Mytju misslaunig und nicht gut zu Fuss. Erst am frühen Abend fängt er an, sich wohl zu befinden und seine Artikel fürs Parteiblatt zu schreiben. Vom Zu-Bett-Gehen darf ihm dann niemand reden.

Marianne erzählt, M. wäre von seiner Mutter so verwöhnt worden. [...] Mytjus Stärke ist Geistesgegenwart. Sie hat das junge Paar damals aus vielen gefährlichen Situationen herausgeführt. Eltern und Geschwister wurden von den Nazis umgebracht. Marianne und Mytju überlebten. Sie mussten. Marianne musste ihr grosses Werk an den Tag bringen. Für mich steht das fest.

[...]

ABENDS BEI DOKTOR HILDCHEN

Wir sehen uns, mit den Ronais zusammen den zweiten Teil von ADEL IM UNTERGANG an. Ich bin zum ersten Mal überzeugt, dass der Sohn seinen Weg als Schauspieler gehen wird. Seine stimmliche Unzulänglichkeit wird das Publikum alsbald als ein für ihn typisches Charakteristikum betrachten. Wenn er nur recht viel Filme oder Stücke zu spielen kriegt, in denen er zeigen kann, was in ihm vorgeht. Das kann er grossartig!

12. Januar (Montag)

NACHDEM ICH NUN WIEDER seit einigen Tagen im LADEN bin, drängt er sich schon auf dem Morgengang in meine Gedanken, versucht sie zu beherrschen und macht sich wichtig.

WUNDERTÄTER III.

Es wäre aufschlussreich, ein Verzeichnis von den philosophischen Linien des Romans aufzustellen, die in den offiziellen Besprechungen nicht wahrgenommen werden, auf die aber auch Freunde, wohlmeinende Leser und sogenannte Bewunderer nicht (oder nur ganz vereinzelt) stossen.

Da wären zum Beispiel die Betrachtungen über die Eigenschaften des Genies. Sodann der durch den ganzen Roman gehende Versuch, LEBEN für das einzusetzen, was früher GOTT genannt wurde. Ausserdem die Spekulationen über das Schöpferische im Menschen, auch über die Freiheit, über den Individualismus und über die Intuition, auch wie die sogenannte materielle (oder marxistische) Ästhetik ad absurdum geführt wird, ebenso wie die »Verbesserung und geistige Qualifizierung des Menschen« durch Ideologie verneint wird. Ist bisher überhaupt von jemand bemerkt worden, dass sich der Held meines ersten Romans, Lope Kleinermann, unter dem Figuren-Ensemble des dritten Wunder-täters befindet und eine nicht unwichtige Rolle spielt? [...]

25. Januar (Sonntag)

EIN HUND lief uns in Woltersdorf vor dem Auto über die Strasse. Er sah aus wie ein blasser Abzug unseres ASSAN. »Es könnte ein Nachkomme von ihm sein«, sagte Evchen. Das war uns merk-würdig tröstlich.

LOWA KOPELEW. Nun kann er nicht mehr zurück in sein Russ-land. Ob er unglücklich sein wird? Evchen sagt: »Nicht allzu sehr.« Aber ich denke, er wirds doch sein, nicht sogleich, aber mit der Zeit wird das Heimweh ihn beschleichen. Noch schlimmer wirds RAJA befallen, die – zumindest, was die Muttergefühle be-trifft –, sehr russisch ist.

Alle haben LOWA gewarnt. Jahrelang spielte er mit der Absicht und unternahm Versuche, besuchsweise nach Westdeutschland zu fahren, zu seinem Freund Genrik Böll, Genrik Böll! [...] End-lich durfte er fahren. Er bekam ein Visum für einen einjährigen Aufenthalt in Westdeutschland. LOWA glaubte an dessen Gültig-keit. Evchen sagt: »Er glaubte halb und halb dran.«

LOWA und RAJA fuhren. LOWA hatte anscheinend den festen Willen, sich nicht politisch zu exponieren, sich politisch nicht missbrauchen zu lassen. Er wimmelte die sensationslüsternen Reporter bei seiner Ankunft ab. Man sah es im Fernsehen. Es wurden uns jedenfalls keine Interviews bekannt.

Nun hat man LOWA doch ausgebürgert. Gestern sah man ihn und RAJA brav auf die Fragen eines Fernseh-Journalisten antwor-ten, hörte man sie eingestehen, dass ihnen nichts bliebe, als die Regierung der Bundes-Republik um Asyl-Recht zu bitten.

Die Nachricht liess uns nicht gleichgültig. Wir überdachten sie nach allen Seiten hin. In uns hat sich allmählich die Ansicht her-ausgebildet: Emigrieren ist Schwach-Werden, ist Aufgeben. Man kann in jedem Lande leben und künstlerisch arbeiten, wenn man sich an das BIBEL-Wort hält: Gebt dem Kaiser, was des Kaisers ist und gebt Gott, was Gottes ist!

LOWA war eben nie ein Künstler, ein schöpferischer Mensch. Er ist feinsinnig-kongenial. LOWA ist aber auch kein WEISER, sonst hätte er auf andere Art feststellen müssen, dass einem kein Politiker den Kontakt mit dem Absoluten verwehren oder verstellen kann.

Freilich muss man sich, wenn man eine solche Haltung einnimmt, drein schicken, dass man zunächst für den Tag und für die Zeitgenossen nicht zu sehen ist, dass man nicht an billigen Tagesruhm denken darf.

Dahin gingen unsere Auseinandersetzungen mit LOWA schon vor zehn, vor fünfzehn Jahren. Aber er war da unbelehrbar. (Heute wissen wir, dass es sowieso ein fragwürdiges Unterfangen ist, einen anderen zu belehren!)

LOWA fühlte sich wohl, wenn sein Altruismus zu sehen und von seinen Freunden und von den Menschen, an denen ihm etwas gelegen war, erkannt und anerkannt wurde. Auch in der Rolle des Märtyrers fühlte er sich nicht allzu unwohl.

Ich weiss freilich nicht, ob ich das alles so sehen und sagen würde, wenn ich jahrelang ungerechterweise in sowjetischen Straflagern gesessen hätte, wie das LOWA widerfuhr.

27. Januar (Dienstag)

TAGEBÜCHER aus den Jahren 1954, 1955 und 1956 waren in den letzten Tagen meine Lektüre.

Ich war nicht enttäuscht. Es wuchs beim Lesen die Ermunterung an, mit dem Tagebuch-Schreiben fortzufahren. Vom Vorhandensein so mancher Eintragung war ich erfreut; manche beschämte mich und gleichzeitig war die Genugtuung drüber vorhanden, dass ich sie in aller Ehrlichkeit gemacht hatte. Erstaunt war ich über die Tatsache, dass mancher gute Gedanke schon damals schüchtern aufklang, mancher gute Gedanke, der mir in den verflossenen 25 Jahren zur Lebens-Maxime wurde. Am wohlsten war mir bei der Lektüre von Eintragungen über Taten und Reaktionen, die sich in meinem jetzigen Leben nicht wiederholen würden, Eintragungen, die mir die Einsicht vermittelten, dass ich inzwischen weiter gekommen bin, dass ich reifte, ob seelisch, ob politisch, ob in der Beherrschung meiner Übel-Launen oder meines Jähzorns. Traurig machten mich jene Eintragungen, die mir vor Augen hielten, wie ungerecht und wie zu wenig langmütig ich dem Evchen gegenüber oft war, wie häufig ich seine Gefühle missachtete. Woher dafür nun Verzeihung erlangen? Wiegt das Vorhandensein meiner Bücher diese Rohheiten, die ich beging, auf?

28. Februar (Sonnabend)

AUF DER KLEINEN BACHBRÜCKE aus Erde und Rasen vor dem THÖRN-See. Ein Zweiglein hat sich im Bachwasser verklemmt. Das Wasser umfliesst es. Auf dem Wasserspiegel zeichnet sich eine Figur ab, ein Dreieck mit sanft gerundeter Spitze. Das Äussere dieser Figur wird stehen bleiben, so lange das Zweiglein dort stecken wird, innen aber ist die Figur fliessend, ist sie aus Wasser, das unablässig dahin strömt.

Ein unbekannter Jemand hat ein Zweiglein in den Lebensstrom geklemmt, die Figur, die entstand, bin ich ...

12. April (Sonntag)

FUCHS-STUT-FOHLEN.

Morgendämmer. Ich schieb die Fenstergardine zurück. In der Nachbargarten-Koppel stehen die vier Shetländer und starren auf etwas. Das Verhalten kennen wir schon: Ein neues Tier kam aus dem Nichts in die Pferdewelt, ein Fohlen. Und da löste es sich schon aus der kleinen Pony-Versammlung und rannte, ohne den vorgespannten Elektrozaun zu berühren, am drübigen Lattenzaun entlang und versuchte sich in den ersten linkischen Sprüngen. [...]

IN BERLIN TOBT DER PARTEITAG

Ich les nichts über die Vorgänge dort, will auch nichts hören. Ich bin fertig mit all dem.

Aber Eva liest manches und hört sich manches fast lustvoll an. Nicht dass das, was dort (besonders in Sachen Kunst) verhandelt wird, ihre Zustimmung fände. Wie ists zu erklären? Der Altersunterschied? Die Tatsache, dass sie nie, wie ich so oft, auf Partei-

tagen und Parteikonferenzen hat sitzen und wider Willen ap-
plaudieren müssen?

Man fände nicht schnell ein Ende, wenn man das mal alles
analysieren würde!

18. + 19. April (Sonnabend + Sonntag) Ostern
DIE OSTERTAGE ZERFLATTERN durch die Hiobs-Nachrichten, die
von Bruder Heini aus Bohsdorf kamen [...]. Und die Besucher,
die sich angekündigt hatten, die trafen auch alle ein und das Ergebnis heute (Montag, wo ich das einschreibe) ein nervlich arg
zerstrubbeltes Evchen.

MATTHES UND ICH nahmen uns vor, beim Grossvater in Bohsdorf nach dem Rechten zu sehen. [...]

WIR FUHREN um 7ʰ von Schulzenhof weg; fuhren durch Berlin,
durch Spremberg und »sahen« uns Graustein an. (Matthes war
noch nie dort!) Und wir waren gegen 11ʰ in Bohsdorf.

DER VATER lag im Bett. Er wirkte wie mumifiziert. Das Leben
zieht sich aus ihm heraus und beansprucht nur noch wenig Platz.
Die körperlichen Aktionen sind nur noch vom Bett zum Sessel,
allerhöchstens die fünf Stufen von der Küche zur ehemaligen
Backstube hinunter, wo die jungen Leute jetzt eine Toilette eingebaut haben. – Zu diesen Gängen wird nicht mehr viel Körper-
kraft gebraucht, denn auch die Sinne, Gesicht und Gehör erlö-
schen. Das Hirn aber ist noch wach, sehr wach. Noch vermengt es
die Geschehnisse der Jetztzeit nicht mit denen der Vergangenheit.
Noch ist der Alte vollkommen über alles Politische im Lande und
in der Welt unterrichtet. (Soweit die Nachrichten-Fabrikanten
unterrichten können und dürfen.)

Der Vater stellt den Lautsprecher des Fernseh-Gerätes auf volle
Lautstärke, da hört er, was er hören will und aus einer Entfer-
nung, die er bestimmt, erkennt er auch noch in etwa die Fernseh-
Bilder. »Fussball in aller Welt und die Politik sind seine Freuden«,
schrieb Bruder Heinjak in seinem Brief. [...]

Halb gezwungen, halb aus immer noch vorhandener Eitelkeit,
lässt der Vater sich einen Vollbart stehen. (Er selber kann sich nicht
mehr rasieren, der Bruder hat wenig Zeit!) Mit dem englischen
Bärtchen, das er sich zuerst hatte stehen lassen, weil sein älterer

Sohn und seine Enkel auch Bärte tragen (!), erntete er allenthalben Beifall. Nun scheints ihm nicht uninteressant, auszuprobieren, ob nicht ein Vollbart seine Besucher in neues »Entzücken« versetzt.

Den Augen des Vaters sieht man zwar an, dass sie die eines Erblindenden sind, aber sie haben durchaus noch Glanz, der hoffen macht, er könnte noch ein letztes Mal über das Tief kommen, in dem er steckt! Eine Flasche Bier, die ihm zufällig jemand anbot, weckte die Lebensgeister wieder. [...]

Wir fotografieren den Vater. Er bemerkts nicht gleich, doch als ers merkt, sagt er: »Ihr hoabt ma woll fotografiert?«

»Ja, hoam wa, Papa!«

»Iss ja zwecklos!«

22. April (Mittwoch)

MAN SOLLTE AUCH DANKBAR erwähnen, wenn man einmal gute Stunden hat. Mein Kreuz schmerzt nicht. Ich arbeite gut. Der Ehrgeiz meines ICHS piesackt mich nicht. Es ist still in mir. Das Leben zieht durch mich hindurch. Ich ziehe wunschlos durchs Leben.

WIE EIN HOHN auf das, was ich soeben niederschrieb, beginnt mich fünf Minuten später wieder einmal die Absicht zu beschäftigen, aus der Partei auszutreten. Ich ertappe mich bei Erwägungen: Soll ich austreten. Soll ich mich passiv verhalten, bis man mich hinaustut. Soll ich in der Passivität bleiben, in die ich eingetreten bin, damit kein »Strudel« entsteht, der womöglich meine Arbeit für längere Zeit gefährdet?

Man solls nicht beschreien, höre ich meine Grossmutter sagen, man solls nicht beschreien, wenns einem gut geht!

DER TAG WAR KALT, die Nacht wurde kalt, der Wind war kalt und in der siebenten Morgenstunde fings leise an zu schneien.

WESHALB SOLL ICH MICH RÜHREN? Das Leben umspült mich, durchspült mich. Alles, was mir geschehen, was mir widerfahren soll, ist unterwegs zu mir, und wenn mir in den Tagen, an denen ich noch hier sein werde, nichts mehr geschieht, nichts mehr widerfährt, dann war nichts mehr unterwegs zu mir.

Ich will immer besser lernen, dem Augenblick zu leben und keine Zukunft zu haben.

Und was meine Vergangenheit betrifft, so will ich mich mit ihr nur literarisch beschäftigen, um vielleicht einige Fingerzeige aus meinem gehabten Leben herauszukristallisieren, die diesem oder jenem Nebenmenschen hilfreich sein könnten. [...]

2. Mai (Sonnabend)
EVA kam gestern am Spät-Abend aus Berlin vom Buch-Basar zurück. Sie hatte mit einer Menge Kollegen auf dem Basar gesprochen. [...]

GEGEN DEN WUNDERTÄTER III hat sich jetzt eine unterirdische Front formiert. Wenn man auf jemand stösst, der dieser Front angehört, entzieht er sich durch Lügen. Wenn man auf Massnahmen stösst, die getroffen wurden zu verhindern, dass sich der Roman in natürlicher Weise verbreitet und dass er gelesen wird, so werden diese Massnahmen dreist abgestritten oder es wird auf »Prügelknaben« verwiesen, die die Schuld unter Hinweis auf die Parteidisziplin auf sich zu nehmen haben. [...]

WAS WILL ICH ABER AUCH? Ich wusste im voraus, dass die negativen Kräfte in der Gesellschaft, deren Verhalten und deren Tun ich kennzeichnete, den Roman nicht »stürmisch begrüssen« würden. Und es war oft davon die Rede: Wenn das Buch mal erst draussen ist; seine Wirkung ist nicht rückgängig zu machen, selbst, wenn man es nach kurzer Zeit verbieten oder einstampfen sollte!

Nun ist das in etwa (noch nicht einmal so krass, wie man fürchtete) geschehen. Weshalb fällts aber so schwer, an der Voraussicht festzuhalten, dass die Wirkung des Buches nicht aufzuhalten sein wird?

Es fällt so schwer, weil man zwar mit Einzelprotesten rechnete, nicht aber mit einer Front der Gegner, die mit elastischer Schäbigkeit operiert. Weshalb hatte man diese Taktik eigentlich nicht einkalkuliert?

Zweitens fällt es schwer, die »Eiszeit« zu überstehen, weil man ungeduldig ist und weil man dummerweise auf Gerechtigkeit lauert, die einem widerfahren soll.

Kurzum, alles LEIDEN geht von meinem ICH aus, dessen Eitelkeit ich immer nur auf kurze Zeit zu besiegen vermag, aber die Zeiten, in denen ich es geduckt halten kann, werden länger. Das tröstet.

7. Mai (Donnerstag)

ICH BIN AUF DEM PUNKT, an dem man nicht mehr erkennen kann, weshalb man in dieser Form noch weiter existieren soll. Keine Freuden locken mehr, keine Erfüllungen.

Wenn man dann doch dort bleibt, wo man ist und so bleibt, wie man ist, ist das nicht heldisch?

Was steckt dahinter? Instinktives Vertrauen zu dem Vorgang, den wir LEBEN nennen?

Ich komme mir vor, als ob ich in einem Strom dunklen Wassers durchs Dunkel des Erd-Innern fliesse: Ich halte es einfach aus. Es kommt drauf an, wie lange ichs aushalte.

Es ist das zweite Mal, dass ich mich in diesem Zustande befinde. Das erste Mal wars, als ich mich über Nacht zum Sekretär des Schriftstellerverbandes »gemacht« fand. Danach kam freilich noch vieles, was das Existieren als Mensch von Wert erscheinen liess, aber selbst von daher, von diesem Wissen weht heute keine Hoffnung zu mir herüber.

WILDE STIEFMÜTTERCHEN, eine Insel aus Blau am Rande eines gelb-bläkenden Loches am Waldrand. Kinder haben das Loch ausgehoben: Es ist Frühling, hierher gehört ein tüchtiger Punkt aus Blau. Verdrängen wir das Blass-Gelbliche, das unseren Blüten am Feldrand eigen ist; seien wir so blau wie möglich.

8. Juni (Pfingst-Montag)

UND WIEDER KÖNNTE MAN fragen: Weshalb tust du brav, was man in dieser Republik WÄHLEN nennt? Es ist doch keine Wahl, sondern eine Demonstration, dass du mit diesem Staat einverstanden bist, und eine Wahl ist es nicht.

Und wieder müsste ich antworten: Es bleibt mir keine Wahl. Weisst du einen besseren Staat für mich? Irgendeinen brauche ich doch! Also, ist mir der, in dem ich zur Zeit lebe, der liebste, denn ich will geschützt vor Räubern, Mördern und privaten Ausbeutern Bücher schreiben, selbst, wenn ich solche schreibe, die ich vorerst nicht veröffentlichen darf: Unparteiische Bücher, verstehst du, denn es gibt keine Partei, die so gut ist, dass ich ihr vorbehaltlos zustimmen könnte.

Ich will Bücher für die Menschen und über die Menschen schreiben, und ich will helfen, dass sie sich ihrer Kraft und Macht als Einzelwesen bewusst werden.

UND ICH REDE EINE WEILE mit dem kleinen Kirschbaum, den ich erst diesen Frühling am Waldrand fand, wo er versteckt zwischen Eichen und Kiefern stand. […]

11. Juni (Donnerstag)

WAS DER TAG mir auch an Unvorhergesehenem bringen mag, meinen Morgengang (heute sogar schon um 4ʰ normaler Zeit!) kann mir niemand mehr nehmen. Ich habe den Pirol und die Heidelerche gehört, und ich sah einen Schichtnebel, flach und zart wie eine Tüllgardine über der Schonung hängen; und die Gartengrasmücke sang mir und ich sah die Sonne, als sie für diesen Tag noch neu und jung war!

Da kann man es schon mit Berlin aufnehmen, was heute geschehen soll!

18. Juni (Donnerstag)

ES IST ZU VERMERKEN, dass ich, wahrscheinlich eine kurze Weile glücklicher Zeit durchlebe: Was ich für den »*Laden*« schreibe glückt mir. Die Episoden fügen sich glücklich ineinander. Der Blickwinkel, aus dem ich auf meine Kindheit und ihre Umgebung sehe, verharrt bei mir. Ich wandere im grünen Juni umher und bespreche meine 125 bis 150 Meter Tonband. Der junge Dalmatiner Äsop ist bei mir. Wenn ich allein versunken und tief in der Vergangenheit bin, stösst er mich mit der Vorderpfote an und fordert mich auf, in der Tasche meines Anoraks nach einem Stück Hundekuchen für ihn zu suchen.

Hie und da fällt mir ein Kraut oder eine Sommerblume auf, die ich bisher in meinem Leben übersah. Ich sehe sie mir genau an, nehme sie gar auf und trage sie nach Hause, um sie zu »bestimmen«.

Mein Kreuz verhält sich schon seit einer Woche neutral, wenn ich nur seinen geringsten Willen zum Aufmucken mit Rotlicht und Schlangengift niederhalte.

Die »Ungerechtigkeiten«, die mir im Zusammenhang mit dem WT 3 wurden und werden, sind in einen Bereich abgedrängt, der gut isoliert ist und keine Schmerzen mehr nach innen durchlässt. Das eitle Ich hat sich beruhigt, hat sich unter den sanften Einfluss der Demut begeben.

EVA fuhr mit Sohn Erwin nach Berlin, um Nodar und seine Familie zu begrüssen, vor allem aber, um sich den Dokumentarfilm anzusehen, den sie letzten Herbst im Kaukasus drehten. [...]

5. Juli (Sonntag)

EINEN HUND ABRICHTEN, ein Pferd einreiten und dressieren – wie leicht fiel mir das früher! Und mit wieviel innerem Widerstand und wieviel Erwägungen tue ichs heute!

Fast meine ich, dass das jetzt so ist, weil ich über die Jahre hin beobachtete, wie es der Mensch mit dem Menschen treibt, der Mensch mit dem Menschen, mit seiner Mit-Kreatur, wie er sie unterjocht und dressiert und nach seinen unzulänglichen Vorstellungen biegt und seinem wilden Zweckdenken unterordnet.

TEUFEL, NOCHMAL! Was ist das für ein Julimorgen, an dem man sich den Kragen des Anoraks bis oben hin schliessen muss!

GEGEN ABEND wusste ichs: Eine sogenannte Mandel-Entzündung. Etwas Schüttelfrost und die Aussicht, dass ich mir eine Grippe zugezogen habe.

12. Juli (Sonntag)

[...]

DIE »BELAGERUNGSZEIT« fängt an. Privat-Autos umkreisen unser Anwesen. Familien steigen aus, spähen nach uns oder versuchen, auf irgend eine Weise ins Gehöft einzudringen. Wandergruppen, Schulklassen, Menschengruppen in Kremsern und Kutschen aus Rheinsberg. Man schiebt Zettel unterm Tor durch, gibt Briefe und Nachrichten in der Nachbarschaft ab: Juchhee, wir sind hier gewesen. Leider trafen wir Sie nicht an. Und aus anderen Bemerkbarmachungen geht eine gewisse Empörung darüber hervor, dass sie uns nicht antrafen, oder dass wir uns nicht antreffen liessen. Und jetzt kommen sogar Westdeutsche und glauben, sie hätten ein Recht auf uns, und eines Abends kam ich dazu, wie so ein westdeutsches Mädchen im Backfisch-Alter sich anschickte, über den Zaun zu steigen.

14. Juli (Dienstag) bis 18. Juli (Sonnabend)
SCHWALBEN, SCHWALBEN überm Garten, überm Haus, aber nicht, als wären sie ihren Nestern aus Hof- und Strassendreck entflogen, sondern aus einem höheren Himmel.

DER LADEN

Gestern (17. Juli 81) diktierte ich den letzten Satz vom LADEN im birkenbestandenen Moorloch an der »WLADIMIRKAJA«. Dorthin zog ich in den letzten Wochen zum Diktieren, um vor Urlaubern und Pilzsuchern geschützt zu sein, und es war dort gestern sehr schwül. Die jungen Meisen hatten ihr Nest im hohlen Birkenstamm verlassen; sie waren ausgeflogen. Ich hatte sie die letzten Tage beobachtet und ein wenig beschützt.

Den ersten Satz für den LADEN schrieb ich am 31. Oktober 1978 und den letzten also am 17. Juli 1981 nieder. Dazwischen lag meine Nieren-Operation, lagen alle Zwistigkeiten mit dem Druck des WUNDERTÄTERS III und das Fertigmachen des Manuskripts für die SELBSTERMUNTERUNGEN.

Wohl bemerkt bei der Fertigstellung des LADENS, von der ich hier berichte, handelt es sich um das Grob-Diktat. Es umfasst 800 Schreibmaschinen-Seiten. Nun muss es noch durch die Arbeitsgänge hindurch, die ich erwähnte.

Wieder einmal fühle ich mich ausgehöhlt. Selbst meine Augen, so fühl ich, sind tiefer in ihre Höhlen hinein gerutscht. Mein Kopf müsste, denk ich, wenn wer an ihn klopfen würde, tönen wie eine ungefüllte Suppen-Terrine. [...]

Am Abend (16. 7.) kam Eva mit Sohn Erwin aus Berlin zurück. (TAXE!) Kurz vor dem Zubettgehen machte Eva mir die Mitteilung: Was der Erwin so alles hervorkramt!

Nun, was hatte Sohn Erwin hervorgekramt? Einen Beitrag von

mir, der 1956 in der NEUEN DEUTSCHEN LITERATUR veröffentlicht wurde: DER NEUE MENSCH, Anekdoten und Beobachtungen. Es handelte sich um Anekdoten aus dem Alltagsleben der
DDR.

Nein, wenn man bedenkt, dass du damals schon den ersten Teil
des WUNDERTÄTERS geschrieben hattest! sagte Eva, und dann
diese blanke Agitation! – Es stand hinter ihrer Meinungsäusse-
rung ein bisschen der Vorwurf: Man muss sich wirklich schämen
vor den Söhnen!

Das war ein Eisregen für mich, zumal, da ich vorhatte, am
nächsten Morgen den Schluss des LADENS abzudiktieren. Grund
genug für Grübeleien, die schliesslich nur noch mit einer Schlaf-
tablette mattgesetzt werden konnten.

Richtig ist, dass ich nach 1945, als ich, der leise Sozialdemokrat,
anfing, mit den Kommunisten zu sympathisieren, als ich anfing,
ihnen zu glauben, die Sozialdemokraten hätten die Schuld am
Emporkommen Hitlers und damit Schuld am Kriege, mich in
eine künstliche Naivität versetzte und dass ich meinen Intellekt
bewusst degradierte, weil er mir beim Glauben im Wege stand.

Ich glaubte damals, dass möglich sein würde, die Menschheit
mit Hilfe der kommunistischen Idee vom Kriege zu befreien. Ich
glaubte, dass das Gefälle zwischen »arm« und »reich« unter den
Menschen eine der häufigsten Kriegs-Ursachen wäre, und dass
alles, was beim Praktizieren des Kommunismus zunächst gegen
die Möglichkeit sprach, eine Welt-Harmonie herzustellen, von
der Tatsache herrührte, dass die kommunistischen Ideen bisher
nirgendwo auf der Welt rein und ohne Behinderung durch Gegner (Klassenfeinde) in die Wirklichkeit umgesetzt werden konnten. Ich glaubte auch, weil alle deutschen Emigranten, die in der
Sowjetunion gelebt hatten, es behaupteten, dass man dort mit der
Verwirklichung der kommunistischen Ideen am weitesten voran
wäre. Ich glaubte, dass auch unter anderen mitteleuropäischen
Völkern, die fortan unter einer kommunistischen Gesellschafts-
ordnung zu leben sich entschlossen hatten, allmählich der Typus
eines NEUEN MENSCHEN entstehen würde und so wie es die marxistischen Ideologen voraussagten, und dass das auch hier bei uns
so sein würde und dass man die ersten Anzeichen dafür bereits

erkennen könnte, und eben diese Anzeichen beschrieb ich in meinen Anekdoten, die unter dem Titel DER NEUE MENSCH zusammengefasst sind.

Das wars also, was heute »unerklärlich« erscheint, und das also ists, worüber ich mich heute vor meinen Söhnen »schämen« sollte?

Nein! – Hesse hats, glaub ich, irgendwo gesagt, dass das, was man zu irgendeiner Zeit seines Lebens guten Glaubens sagte oder schrieb, einem niemals zur Schande gereicht, wenn man, sobald man zu anderen Ansichten kam, bereit ist, sich zu berichtigen.

Ich denke an TAGORE. Er besuchte die Sowjetunion 1930, der weise Tagore, der soviel künstlerisch Gültiges geschrieben hatte. In seinem ersten Brief aus der Sowjet-Union heisst es: »[…] Alles, was ich sehe, ist wunderbar, in keinem anderen Land gibt es ähnliches: Von Grund auf anders. Sie haben alle aufgewühlt.« […] Und was Tagore hier sagt, ist typisch und symptomatisch für alle Gutwilligen und Glaubensgeneigten, die sich der Sowjetunion, vor allem ihren Agitatoren und Erklärern, näherten.

Und wenn das, was ich in den Anekdoten über den Alltag der jungen sozialistischen Republik niedergeschrieben hatte, und der WUNDERTÄTER I etwas Konträres waren, so dachte ich nicht zuletzt an PICASSO, der für die kommunistische Agitation naturalistische »Friedenstauben« und Losungen malte und andererseits Kunstwerke fertigte, nach denen sich die Kenner (und die Habenden) die Finger beleckten, und die von kunst-naiven Sozialisten als formalistisches Gemach abgelehnt wurden. […]

Ja, und dann schrieb ich trotz allem den LADEN am nächsten Tag zu Ende; und am Nachmittag kamen Pferde-Leute […]. Und ich konnte nicht zu mir kommen und kein bisschen geniessen, dass ich mit der Haupt-Niederschrift meines Romans fertig geworden war. […]

30. Juli (Donnerstag)

[…]

DER VATER GESTORBEN

Die Nachricht kam am Nachmittag telegrafisch von Bruder Heini.

Er schrumpfte zusammen. Einer seiner Sinne nach dem andern stellte seine Funktion ein: Zuerst das Gehör, dann das Gesicht, schliesslich der Geschmack. Er verliess oder ihn verliess das Leben langsam und schmerzlos. Er hatte einen Tod, wie ihn sich viele Menschen wünschen. Ausser im ersten Weltkrieg im Lazarett war er nie in einem Krankenhaus. Er wurde zweiundneunzig Jahre alt. Bis zu seinem neunzigsten Lebensjahr hat er die Frauen geliebt und verehrt.

Seine letzten Zeilen, sie sind schon verschwommen, schrieb er uns am 15. Juli in einem Brief des Bruders mit:

»Vielen Dank nochmal Gruss Alle und drücke (das »Euch« fehlt) nochma und ein Süssen Euer Opa«.

Und in einem Brief des Bruders vom 20. Juli, in dem er uns mitteilte, dass er den Vater hätte ins Krankenhaus bringen müssen, heisst es, der Vater habe gesagt: Ich möchte nicht allzuviel Besuch haben, möchte mal eine Weile alles Alte um mich vergessen, – kein Radio, kein Fernsehen, keine Zeitung und keine Politik, – die verklapsen uns ja doch bloss.

2. August (Sonntag)

[...]

MATTHES, der gestern als soeben ausgebackener Forst-Ingenieur nach Hause kam, sagte sogleich, als ich ihm den letzten Ausspruch des Grossvaters mitteilte: »Also, mit einem Ruck die Reife und die Altersweisheit, die du bei ihm immer vermisst hast!«

[...]

AM ABEND fuhren Evchen, Matthes und ich zum Begräbnis des Vaters. Wir übernachteten in Berlin. Es war mir ähnlich zumute wie vor zwei Jahren, als ich vor meiner Operation, deren Vorbereitungen sich so lang hinzogen, an mehreren Sonntag-Abenden ins Krankenhaus musste, damit ich montags zur »Verfügung« stand.

3. August (Montag)

WIR FUHREN FRÜH MORGENS von Berlin ab. Matthes und ich wechselten uns beim Fahren ab. In Spremberg machten wir kleine Einkäufe. Rasch einen kleinen Spaziergang. [...] Ich finde

Samen und Sämchen, aus denen Erinnerungen aufgehen: Haus-
schwellen, alte Brücken, Treppengeländer, leerstehende Häuser,
in denen damals Bekannte und Verwandte wohnten.

WEITER NACH BOHSDORF.

Fahrt durchs geöffnete Hoftor, und dann fielen wir in den
Strudel, der das Begräbnis vom Vater war.

Trauer war sowieso nicht in mir, sie wäre aber auch sonst nicht
aufgekommen zwischen den Gestalten und den Verhältnissen,
die auf einen eindrangen. [...]

13. August (Donnerstag)

ICH DENKE AN VATER HEINRICH und wie der kleine »Lebemann«,
so wie ich ihn das letzte Mal sah, in seinem Sarge liegt, und wie
die Erde auf den Sargdeckel drückt, weil sie drauf aus ist, sich den
kleinen Heinrich-Körper ganz einzuverleiben.

Und ich denke an die Tatsache, dass Vater Heinrich, wenn auch
nicht wild so doch beharrlich, versuchte, dem Leben Vorschriften
zu machen und zuletzt schrieb er ihm vor, es möge ihn so lange
als kleinen Heinrich auf der Welt lassen, bis sein Erbe (Bruder
Heini) seinen Rentnergeburtstag (10. Okt. 81) feiert. Und insgeheim hatte Vater Heinrich auch noch andere Vorschläge bereit,
die er dem Leben machen wollte. Und ich spüre, wie das Leben
lächelnd und verwehrend sagte: Nichts mehr von all dem, keinen
von diesen kindischen Terminen mehr! Und wie es ihm gnädig
eine Erkenntnis einräumte, ehe es ihn »auf die andere Seite«
schickte, die Erkenntnis, dass alles, was Vater Heinrich die letzten
Jahre und auch weit vorher tat, nichts mit dem wirklichen Sinn
des Hierseins eines Menschen zu tun hatte.

SEIT TAGEN TRIFFT GEBURTSTAGSPOST EIN. Routine-Gratu-
lanten. Ich möchte manche Briefe nicht einmal öffnen. [...]

23. August (Sonntag)

[...]

MATTHES KAM.

Er wirkt zerstreut. Die Zeit ist heran, in der er zum Militär
einberufen werden sollte. Aber sein Herz arbeitet nicht »vor-

schriftsmässig«, und seine Leber »zeigt veränderte Werte«. M. hofft ausgelassen zu werden.

Zur Zeit richtet er sich in der Gegend von Schwerin eine Wohnung ein, dabei weiss er nicht, ob er sie je wird bewohnen können. Es ist von Kind an ein Drang in M., sich leerstehender Räume zu bemächtigen, die er zunächst mit phantastischen Vorstellungen und später mit etwas wirrer Wirklichkeit füllt. Er muss viele Räume zur Verfügung haben, weil alles, was er an sich heran holt, zwar in seinem Bannkreis zu bleiben versucht, aber doch auseinander strebt. Wenn man nicht die Dinge, die Werkzeuge für diesen Zustand verantwortlich macht, sondern den Menschen, so kann man ihn auch Liederlichkeit nennen.

4. September (Freitag)

EVA MELDETE SICH GESTERN am frühen Nachmittag telefonisch. Ein Organisationsfehler der »Festspielleitung« war schuld an ihrer Verspätung. Etwa hundert Schriftsteller waren in Skopje sitzen geblieben, bekamen kein Flugzeug. Schliesslich wurden sie in einem Omnibus nach Belgrad gefahren und sie mussten dort übernachten und am nächsten Tag bekamen sie Maschinen für ihren Heimflug.

Ziemlich natürlich brachte Eva eine dicke Erkältung heim und schnupft nun herum. Sie kam abends gegen zehn Uhr mit einer Taxe nach Schulzenhof. Die Stimmung war flau. Ich bin lebensunlustig, und ich kenne die Gründe meines Tiefs nicht. Das einzige, was mir zusagt, ist die Arbeit. Aber kann ich immerzu und ohne Aufschauen arbeiten? Der Kopf wird mir ja wund.

DESHALB KROCH ICH am Spät-Nachmittag auf den Hengst. Es war ein seidiger September-Nachmittag voller Herbstduft, und der Hengst war gängig, doch er bockte von Zeit zu Zeit und versuchte, mir seinen Willen aufzuzwingen. [...]

14. Oktober (Mittwoch)

Erste Arbeitsversuche.

Missglückt.

Stutzen.

Abwarten.

Nichts überstürzen!

Mit der Abschrift (vom Taschen-Tonband) der »Notizen aus Piešťany 1981« begonnen. [...]

7. November (Sonnabend)

MEISTER SCHMIDT GESTORBEN

Von ihm ist in manchen dieser Tagebüchlein die Rede. Wenn ich jetzt nichts weiter als die »Nachricht« von seinem Tode hier hinschreib, so ist mein träges Hirn in Schuld, das zur Zeit (hoffentlich nur zur Zeit!) nicht denken mag. Es liefert weder dem Mund Impulse (jedenfalls nicht starke Impulse genug) etwas zu diktieren, noch liefert es der Hand Impulse mehr niederzuschreiben, als unbedingt nötig ist.

LADEN umdiktiert. Pensum nicht erfüllt. [...]

10. November (Dienstag)

NACH RHEINSBERG zum Einkauf.

Zur Post. Ein Roter Neuseeländer (Kaninchen-Rammler) ist angekommen. [...]

EVA plötzlich wieder daheim. Stille Freude. Trotzdem kann man mit ihrem Zustand nicht zufrieden sein.

Nachmittags zum Begräbnis. Mir die Erde angesehen, in der ich – wenns so geht, wie ichs mir wünsche, – mal selber liegen, in die ich verschwinden werde.

Über das Begräbnis mit all seinen Merkwürdigkeiten vielleicht später. Vielleicht schlägt sich das Erlebnis auch mal literarisch nieder. Das wäre natürlich best. Es rührt mich wie längst Vergangenes, wenn ich dran denke. [...]

14. November (Sonnabend)

LADEN umdiktiert. Pensum geschafft.

Am Nachmittag werden unsere letzten fünf Shetlandponys zu ihren neuen Besitzern transportiert. Da auch noch ein Stutfohlen aus der Blakka mit verladen wird, ist das mit sechs Tieren der grösste Pferdetransport, der je vom Hof ging und vom Hof gehen wird.

Fünfundzwanzig Jahre hielten wir Shetlandponys, an hundert Fohlen wurden bei uns geboren.

Für mich geht damit ein Lebensabschnitt zu Ende. Ich werde zunächst das Gefühl nicht los, kapituliert zu haben. Ich brachte es diesmal nicht über mich, beim Verladen dabei zu sein.

Freilich, beim näheren Draufsehen handelt sichs um sentimentales Verhalten. Die Wirklichkeit ist die: Herbert bleibt nur noch allerhöchstens zwei Sommer bei uns. Ohne ihn hätten wir die Ponys sowieso nicht halten können. Eine neue Hilfskraft ist zur Zeit nirgends in Aussicht. Von unseren Jungen wird sich keiner ganz der Ponyzucht widmen. Und ich selber fühle mich verpflichtet (vielleicht ists sogar ein Irrtum!), die Kraft (die schwindende) der letzten Lebensjahre in meine literarische Arbeit zu stecken. So wie es zur Zeit mit mir geht und um mich steht, ist das ganz gewiss ein Irrtum, aber er ist – das behalte ich mir vor – korrigierbar – und eines Tages stehen auf einmal wieder Shetlandponys im Offenstall unter meinem Arbeits-Stuben-Fenster.

ALFRED WELLM und seine Sigrid abends, überraschend. Gute Gespräche. Eva dabei im Bett. Der liebe Jakob speist und verpflegt uns. […]

DAS WAR JENER HERBST und jener merkwürdige November, in dem die Laubbäume auch ohne sonderliche Hilfe von Frösten ihre Blätter verloren.

27. November (Freitag)

LADEN umdiktiert. Pensum nicht geschafft.

NEUE ARBEIT auf uns genommen. Wir haben nun doch die Zusammenstellung eines »bibliophilen« Schriftleins zu meinem 70. Geburtstag übernommen. Das, was die Verlagsleute in dieser Hinsicht planten, war uns zu linkisch. Wieder bewundere ich

177

Eva. Mit welcher Schnelligkeit und Sicherheit sie Stellen aus noch unveröffentlichten Arbeiten von mir herausfindet, die sich für das geplante Geburtstagsbändchen eignen!

Es wird einen Teil Abschreib-Arbeit für mich dabei herauskommen.

Spaziergang an den Thörn-See mit ÄSOP. Grosse Stille. Den ganzen Tag mässiger Regen. [...]

3. Dezember (Donnerstag)
Die Abschriften für den Prospekt für den Aufbau-Verlag. Noch immer.

Den Text für die Weihnachts-Lesestunde nochmals durchgesehen. Gesangsproben!

Am Nachmittag LUISE KÖPP mit einem Rundfunk-Techniker. Ich lese jenen Teil aus dem LADEN, in dem ich mit Scherz-Artikeln handele und in die Erziehungsanstalt soll. [...]

ABER ES IST WAHR, die Luise brachte ein Paket vom Aufbau-Verlag mit: Das Signal-Exemplar von der zweiten Auflage des WUNDERTÄTER III und die ersten acht Exemplare der gedruckten SELBSTERMUNTERUNGEN. Von aussen gesehen, mit der Reproduktion des CLOWNS MIT DEN TRAURIGEN AUGEN von MARIANNE, ists ein edles Büchlein geworden. Auch der Inhalt gefiel mir jetzt in der VERFREMDUNG durch den Druck. Die ganze Zeit, als die Sentenzen aus Evas Büchern, in denen sie handgeschrieben standen, herausgenommen waren und in Maschinenschrift vor mir lagen, hatte ich meine Bedenken. Jetzt sind diese Bedenken verschwunden. Aber was kann das schon heissen? Den Lesern soll das Büchlein gefallen.

Matthes traf mit seinem JEEP ein. [...]

4. Dezember (Freitag)
[...] Spaziergang mit ÄSOP zum Thörn-See. Meine Gedanken treiben sich viel zuviel in Berlin umher, tasten Vorhaben ab, Veranstaltungen, Sitzungen, an denen ich teilnehmen soll, von denen ich aber weiss, dass sie gesellschaftlich ergebnislos sein werden. Oder ich streite mich in Gedanken mit Leuten, die mir entgegenstehen.

Alles, alles Kraftverschleiss! Ich versuche dagegen anzugehen, achte bewusst auf meine Schritte, beobachte rechts und links des Weges das Fallaub, das Schneegerinnsel, die Sträucher, die Bäume. Sobald ich mich dabei anstrenge, gelingt es nicht und ich bin hopp, hopp – wieder in Berlin. […]

ES KAM IN LETZTER ZEIT wieder häufiger vor, dass ESTE, wenn er umherging, sich in Gedanken in ein Gespräch mit einem seiner GEGNER einliess, dass er sich mit dem stritt, und dass er ihm das, was er (ESTE) für die Wahrheit hielt, ins Gesicht sagte. Aber solche Gespräche verschafften ESTE keinerlei Genugtuung. Weshalb beschäftigte er seine Gedanken mit so nutzlosen Aktionen? In der Regel gingen sie von seinem Herzen, vom physischen Herzen aus, das nicht gut genug arbeitete, und immer, wenn es nicht gut arbeitete, führte ESTE solche Gedanken-Aktionen. Und der noch tiefere Grund lag in der Atmosphäre, denn es waren 10° plus und es ging ein Föhn, und man schrieb den 22. November und es war 6^h morgens und es war dunkel auf den Waldwegen.

IM SPIEGEL MEINER Waschtoilette jetzt fort und fort das frische Grab vom alten Pferdemeister Schmidt, das Grab mit den weissen Kranzschleifen vom Friedhofsberg herüber.

7. Dezember (Montag)

[…]

Jetzt gibts beim Umdiktieren erst mal eine kleine Pause. Ich suche verwendbare Skizzen aus den Tagebüchern 1967, 1969 heraus. Wir haben uns nun eben auf das Büchlein eingelassen. Die Verleger starren begehrlich auf das, was wir tun und möchten das fertige Manuskript am liebsten morgen in der Hand haben. Es geht um die Fertigungstermine, die von Jahr zu Jahr länger werden. Andererseits ist Konkurrenzneid im Spiel. Der Reclam-Verlag bringt zum Geburtstag eine illustrierte Sonderausgabe von ZIRKUS WIND heraus.

Am Abend fährt Evchen nach Berlin. Das schwere Abschiednehmen. Ich steh auf der Strassenmitte. Eva winkt so lange, wie sie mich noch dort stehen glaubt. Ich aber sehe sie länger und winke, winke bis der WOLGA-Wagen von TAXI-Behm um die Kurve am Hügelfuss biegt und hinter der Wild-Pflaumen-Hecke verschwindet.

Eva fährt, um beim »Schneiden« des Films, den man im vorigen Jahr von ihrer (und über ihre) poetische Arbeit drehte, dabei zu sein.

10. – 18. Dezember (Donnerstag – Freitag)

[…]

In Berlin findet das von HERMLIN angeregte Ost-West-Schriftsteller Treffen statt, nunmehr deklariert als BERLINER TREFFEN. Dieses TREFFEN beginnt schon (13. XII) am Sonntag-Abend. Erst sollten es nur 40 – 50 Schriftsteller aus beiden Teilen Deutschlands sein, die sich treffen, aber unter der »Fürsorge« der Sicherungskräfte waren da mindestens hundert Schriftsteller und nun auch Wissenschaftler zusammen, sogar Politiker hatten sich eingeschlichen.

Ich hatte mir vorgenommen, dort nicht zu sprechen und ich hielt es auch ein.

Die Sorge um den Frieden und die Furcht vor dem Atomtod ist ein bisschen Mode geworden unter den Intellektuellen. Hier wurde das, was die Schriftsteller anbetrifft, besonders deutlich. Man fand die aus Ost und West versammelt (jedenfalls in der Überzahl waren es solche), von denen man weiss, dass sie auch in der Vergangenheit jede Mode mitmachten, ob es sich um eine literarische oder um eine politische handelte. Ich konnte ihre Tiraden und Beschwörungen nicht allzu ernst nehmen.

Gleichwohl bin ich der Meinung, dass die Völker in Ost und West ihren Regierungen das Recht absprechen sollen, in deren Namen einen Atomkrieg anzufangen. Eine grosse Verweigerung muss durch die Völker gehen – die einzige Möglichkeit, den Krieg zu verhindern. Jetzt hat die Theorie vom Klassenkampf, haben alle politischen und religiösen Ideologien zu schweigen.

Aber eben dieses einmütige Sich-Verweigern war auf diesem Treffen nicht in der Stärke da, die man von Intellektuellen hätte erwarten dürfen.

Auch den ganzen MONTAG 14. XII. brachten wir – vom Morgen

bis zum späten Abend bei künstlichem Licht – auf diesem Treffen zu.

Meine Augen fingen an zu versagen. [...]

18. XII.

Normales Schulzenhofleben. Tagebuchnacheintragen. EVA hört sich vom Band an, was ich noch alles fürs Geburtstagsbüchlein aus den Tagebüchern von 1967 herausfischte. [...]

Jetzt starrt mich wieder ein POSTBERG an und versucht meine Arbeitslust zu schmälern.

Da die Kreuzpein das Reiten noch nicht zulässt, bin ich morgens (6^h) eine halbe, nachmittags eine Stunde und abends eine Viertelstunde zu Fuss unterwegs. Klassischer Winter, bisher 16 Grad Kälte – der Tiefpunkt. Ich trage den pelzgefütterten rumänischen Ledermantel, in dem ich vor 27 Jahren (jetzt werdens gleich 28 Jahre) hierher kam mit dem lieben Evchen, um Schulzenhof zu kaufen. Jeden Morgen stehe ich auf dem Punkt, dem höchsten am Thörnsee-Ufer, zu dem uns der Verkäufer brachte, um uns Schulzenhof attraktiv zu machen.

20. Dezember (Sonntag)

NATÜRLICH KEINEN SONNTAG gefeiert. Gearbeitet wie alle Tage. Tagebuch. LADEN umdiktiert. Die letzten Tage auch Post beantwortet und die ersten Exemplare der SELBSTERMUNTERUNGEN an Freunde und Bekannte verschickt. Es handelt sich immer noch um die Voraus-Exemplare. Die 300 Exemplare, die ich ausser den Belegen bestellte, sind noch nicht eingetroffen. Weder der WT 3 noch die SE sind zum Weihnachtsgeschäft in die Buchhandlungen gekommen. [...]

Und noch immer kann man aus der Ferne nicht erkennen, ob die aufständischen Arbeiter (die freilich von amerikanischen Agenten angeführt werden) sich gegen die Diktatur des landeseigenen Militärs durchsetzen und damit die Russen veranlassen werden zu intervenieren. Es ist traurig, besonders, weil man weiss, dass der Urgrund fürs »Ungehorsam« der polnischen Arbeiter die Taten und das Verhalten korrupter sozialistischer Funktionäre sind.

Meine Losung: Heraushalten aus jedweder Ideologie!

DIE SEEN SIND ZUGEFROREN. Unser Ländchen ist grösser geworden, jedenfalls für Spaziergänger. Man kann auch dort gehen, wo man sonst versinkt und am Sonntag, den 20. Dez., ging ich mit ÄSOP zum ersten Mal dieses Jahr quer über den Thörn-See.

30. Dezember (Mittwoch)

[…]

JETZT IST SIE WOHL DOCH GESTORBEN.

Die alte Sauheitl.

Das sagte ich zu Eva.

Ich dachte an die Sauheitl.

Nicht ohne Wehmut.

Ein Mensch, der wichtig war.

In meinem Leben.

Der mirs Weiterleben möglich machte.

Damals.

Wer wird mir mitteilen, dass sie starb?

Niemand.

Ich dachte sie mir in einem Zwischenreich:

Sie lebt noch, aber sie kann mir nicht mehr schreiben.

Sie ist tot und niemand teilt es mir mit.

Am nächsten Tag eine Weihnachtskarte von ihr.

Zittrige Schrift:

Ich habe Gelenkrheuma.

Die rechte Hand zittert.

Ich bin froh, wenn ich morgens aufstehen kann.

Ich wohne bei meiner Nichte.

Ich bin gut aufgehoben. […]

Die Sauheitl lebt also noch!

Weshalb wurds mir warm ums Herz?

Weil noch jemand da ist, der alles weiss von damals?

Aber dem ist ja nicht so.

Ich befragte sie im Laufe der Jahre.

Nach diesem, nach jenem.

Sie wusste nicht mehr viel von den Tagen, die so lebensgefährlich für mich waren.

Sie wollte nicht mehr wissen, dass sie drei Deserteure beherbergte.

Mich, Köppen und Bethmann.

Monate lang.

Nachdem sie ihr Dorf und ihre Landschaft verlassen musste, (»der Tschech, der Tschech!«) wurde sie deutsche Patriotin.

Schien die Guttat zu bereuen, die sie uns angedeihen liess.

Ihre Rechte sollte nicht mehr wissen, was die Linke getan hatte.

Sie liess sich umtaufen. [...]

Nannte sich SEIDEL:

Weshalb sie?

Und doch.

Mein Herz wurde warm.

Weil die Weihnachtskarte bezeugte, sie lebt noch.

Es muss nicht alles Zweck erfüllen, Sinn haben.

Genug, mein Herz wurde mir warm.

1982

1. Januar (Freitag) – 4. Januar (Montag)
ICH SCHLEICHE UMS TAGEBÜCHLEIN HERUM, wenn ich nun nicht sogleich mit dem Eintragen anfange, verdichtet sichs zur Pflicht und wird mir zum Ekel.

Das konventionsloseste Silvester! Nicht einmal umarmt. Mein Infekt verbots.

Obs das letzte Mal zu dritt war?

Mit dem Jakob. […]

11. Januar (Montag)
ZUERST FUHR JAKOB, DANN EVA davon, und ich bin wieder allein mit Pferden, Tauben, Kaninchen, Hund und Katz. Die Vögel des Himmels, die ich täglich dreimal füttere, nicht zu vergessen.

[…]

EVA fuhr mit dem Manuskript vom Geburtstagsbüchlein und brachte es zum Abschreiben. (Frau Zellner, Frau Thomas – je zur Hälfte.) Wir haben uns auf den Titel: WAHRE GESCHICHTEN ALLER ARÐT (Tagebuch-Aufzeichnungen) geeinigt. Diesen Titel hatte sich MATTHES in seinen Kinderjahren gewünscht, als ich jene Geschichten schrieb, die heute in dem Band EIN DIENSTAG IM SEPTEMBER vereinigt sind.

Übrigens habe ich vor, diesen Band zu stoppen, ihn nicht mehr auflegen zu lassen. Einige dieser Geschichten genügen meinen künstlerischen Ansprüchen von heute nicht mehr. Sie sind nicht schlecht geschrieben, nein, und einige von ihnen enthalten Elemente, auf die ich wieder zurückkommen werde. Bestes Beispiel DER SOLDAT UND DIE LEHRERIN. Da ist alles auf eine Art gesehen, die neu ist, und die mir gelang, und zu der ich wieder zurück muss, aber die Arbeit insgesamt ist doch eine Zweckgeschichte und durch den Mal- und Zeichen-Zirkel bei der Armee, der in ihr eine Rolle spielt, agitatorisch belastet. Das Gleiche gilt von einigen anderen (sonst gut geschriebenen) Geschichten.

Als ich diese Geschichten damals schrieb, wusste ich bereits, dass Kunst und vordergründige Agitation nicht zusammengehören, aber die literar-politische Umwelt, in der ich zu jener Zeit noch steckte, liess mich immer wieder in Zweifel geraten. Konnten nach der proletarischen Revolution nicht doch auch neue Forderungen für die Kunst wirksam geworden sein? Es ist für den Autodidakten, den Dorfjungen, der ich doch immer geblieben bin, nicht einfach, seinen Instinkten zu vertrauen, wenn ringsum gepredigt wird: Weg von diesen Instinkten! Weg vom Individualismus und heran an die gesellschaftlichen Notwendigkeiten!

Dabei ist in der Kunst nichts so wichtig wie Individualismus und Instinkt! […]

18. Januar (Montag)

EIGENTLICH ISTS MIR UNBEHAGLICH, am Montagmorgen nach Berlin zu fahren. Aber wann ists mir behaglich, nach Berlin zu fahren? Schon die Blicke von ÄSOP, der an dem, was wir anziehen, und daran, dass wir mit Taschen hantieren, erkennt, dass er nicht mit uns kann, und dass ihm nichts bleibt, als sich auf die breite Holztreppe in der Diele zu setzen und unseren Auszug trauernd und mit schmachtenden Blicken zu verfolgen. Wenn wir dann erst unterwegs sind, wenn ich mich aufs Autolenken konzentrieren muss, wird der Wehmuts-Zwirn, der mich mit Schulzenhof verbindet, dünn und dünner, und er reisst schliesslich, doch zuweilen kommt mir das hintere Ende des Fadens nachgeflattert und umschlingt mich für eine Weile. Oder es kommt das vordere Faden-Ende, das nach vorn schnellte, und sucht wieder Halt bei mir zu finden.

[…]

ALSDANN WAR FÜR MICH das erste Mal der Film zu besichtigen, den man voriges Jahr von Eva drehte. Es war merkwürdig, nach (wohl) fünfzehn Jahren, den kleinen Testraum zu betreten, in dem einst ein satirischer Film, ein sogenannter STACHEL-SCHWEIN-Film, für den Eva und ich das Szenarium geschrieben hatten, aus politischen Gründen abgelehnt wurde.

Diesmal war die Situation anders. Um unsern Film damals wars nicht schade. Es war ein durch und durch polemischer Film und es handelte sich um eine heute längst verjährte Zeiterscheinung.

Auch Evas Film, es ist durch und durch ihr Film, ist zwar auch nicht wenig polemisch, aber polemisch zugunsten von Ästhetik und wirklicher Kunst, zugunsten von Unvergänglichem.

Was mich ärgerte: Eva hat – gar nicht zu reden von ihren Gedichten, die über Landschaftsaufnahmen und kleine Geschehnisse verstreut sind – in ihrem Interview präzis gearbeitet und über die Existenz des Dichters (in unserer Zeit) gesprochen, mit Worten gesprochen, in einer Weise gesprochen, die hierorts noch nicht gehört wurden. Aber in der Regie und im Filmschnitt war doch eine Menge Dilettantismus zu erspähen. Und das ist so schade, und das macht mich innerlich so fluchen, und das hat mich noch mehr, als es bisher der Fall war, entschlossen gemacht, mich solchen Gegebenheiten nicht auszuliefern. Klassisch sind viele der Aufnahmen dieses Films und klassisch, das wird in einigen Jahren erkennbar werden, ist neben den Gedichten das Interview mit Eva. Man sieht sozusagen das Entstehen von Gedanken gefilmt; nicht irgendwelcher Gedanken, das wird sich bald herausstellen.

28. Januar (Donnerstag)

NUN STEHE ICH WIEDER MIT EVA IN TELEFONLIEBE, so nenne ich die Zeit, in der sie nicht bei mir ist. Sie hat mich von Anfang an mit ihrer Stimme entzückt. Besonders am Telefon. Sie hutte dir sone liebe Nautzka (Schnäuzchen), sagte der Grossvater, wenn er von seiner ersten Frau namens HANNE erzählte. NAUTZKA, das hat sich bei mir von den Kindertagen her als Begriff für etwas undefinierbar Liebliches festgesetzt.

Durch das Telefon wird mir das Melodisch-Erregende dieser Stimme geliefert. Meine Bewunderung oder Hingenommenheit wird mir geklärt, wird mir konzentriert geliefert; sie muss sich nicht spalten, denn wenn ich Eva vor mir oder bei mir habe, wenn ich ihr zuhöre, zieht die Lieblichkeit ihres Gesichts einen Teil dieser Hingenommenheit auf sich.

Wenn Eva in Berlin ist, ruft sie mich täglich wohl drei bis vier Mal an. (Von mir aus ist die Verbindung mit Berlin schwieriger herzustellen!) Manchmal dehne ich unsere Gespräche am Telefon mit Absicht aus, nur, um Evas Stimme ein Weilchen länger und noch ein Weilchen länger zu hören.

POST. Die Anzahl der Briefe, die ich jahrsüber bekomme, ist zurückgegangen. Die Gründe kenne ich nicht sicher. Vielleicht, weil ich auf Routinefragen von Lesern nicht mehr eingehe. Vielleicht weil ich die Anfragen von Lesern, die eine sogenannte Diskussion (wie sie bei uns im politischen Leben verstanden wird) herausforderten, so beantwortete, dass sie zu keiner Diskussion führten. Unbeantwortet lasse ich Briefe nicht, auch wenn ich auf die Antwort zuweilen warten lasse.

Diese Mengen von Post, die ich vor etwa fünfzehn Jahren erhielt, bekommt heute Eva. Sie geht (noch) wie es scheint, etwas eingehender auf die Auslassungen ihrer Verehrerinnen und Verehrer ein (die sich heute fans nennen). Es ist als hätte ich damals meine Post-Blüte-Zeit gehabt, und als hätte sie nunmehr Eva. Blüht man in dieser Hinsicht als Schriftsteller ab? Wird man zum alten Baum an Menschenwegen, zum alten Baum, an den sich die Leser gewöhnten, dessen regelmässig erscheinende Blüten sie erwarten?

Auffällig ist der Rückgang der Anzahl von Briefen, die von Künstler-Kollegen eintreffen. Es sind fast gar keine mehr. Auch dafür fehlt mir eine Erklärung. Was ich dazu sagen könnte, sind Vermutungen. Dass mir junge Schriftsteller nicht schreiben, liegt vielleicht an der Tatsache, dass sie in mir einen politischen Dogmatiker sehen oder sahen, einen, der mit seiner Arbeit beflissen den Ansichten der Politiker und Funktionäre diente. Sie taten es sogar mit Recht. Viele von ihnen, denen ich in der Schule zur »widerlichen Aufgabe« gemacht wurde, haben später nichts mehr von mir gelesen, sind von meiner Wandlung zum Undidaktischen, zum Antidogmatischen nicht unterrichtet. Die Zwänge, denen Leute meines Alters durch ihre politischen Erlebnisse ausgesetzt waren, sind ihnen fremd.

Andere Kollegen, darunter auch jüngere, die inzwischen längst wissen, wo ich jetzt stehe, sind Neider geworden. Sie arbeiten flüsternd mit Gift und Galle. Weshalb sollten sie mir schreiben?

2. Februar (Dienstag)

MIT DIESEN BÜCHLEIN, von denen ich eines nach dem anderen vollschreibe, habe ich mir eine kleine Behausung geschaffen. Wo ich auch bin, wenn ich das Büchlein auftu und schreibend eintrete, bin ich daheim und rede so ungeniert wie möglich mit mir und von meiner Umgebung. [...]

19. Februar (Freitag)

[...]

DAS GEBURTSTAGSBÜCHLEIN

Caspar war krank, als wir uns um das stritten, was er am Manuskript glaubte ausstellen zu müssen. Jetzt meldet er sich nach dem Telefongespräch mit Eva nicht mehr. [...]

Dr. Voigt schrieb mir einen Brief, in dem er »gut Wetter« zu machen versuchte, und der sich anhörte, als ob die Verlagsleitung so gut wie nichts an dem Manuskript auszusetzen hätte; im übrigen würde er noch telefonieren. Gestern (19. 2.) telefonierte er nun und sprach von Passagen, die herausgenommen werden müssten. Man müsste es erwägen, lirum, larum. Meine Abneigung gegen Funktionäre wäre zu greifbar. Die Furcht unserer Funktionäre vor ähnlichen Verhältnissen wie in Polen (dort fing man vor der Militärdiktatur an, die dogmatischen Funktionäre ob ihrer Verfehlungen zur Rechenschaft zu ziehen) wäre so angewachsen, wie ichs mir nicht vorstellen könne: Brachialgewalt. Jede Art von Kritik ersticken!

Ich schlug vor, ob die Funktionäre, die gemeint seien, nicht besser den Schluss aus den Vorgängen in Polen ziehen sollten, ihren dogmatischen Stil zu verändern. Ich sagte es, obwohl mir bewusst war, dass unser Gespräch abgehorcht wurde.

Wir kamen mit Dr. Voigt überein: Ich komme nach Berlin. Er soll »den Finger« auf alle Stellen des Manuskripts legen, von denen er glaubt, dass sie die zweite Zensur nicht passieren würden. Ich (wir) würden dann entscheiden, ob wir Konzessionen machen bzw. andere Texte einsetzen würden.

Heute (20. 2.) rief Eva bei Voigt an, um ein Treff zu vereinbaren. Am Apparat Fritz Voigtens Frau, Fritz gestern in die Charité eingeliefert. Verdacht auf Herz-Infarkt.

Das liess mich aufhorchen.

1. März (Montag)

[…]

NUN WERDEN SIE GLEICH (2. 3. 82) hier in meiner Berliner Stube erscheinen, die stellvertretende Verlagsleiterin und die Lektorin. Und wir werden der Leiterin nicht erlassen, mit dem Finger auf die Stellen im Manuskript des Geburtstagsbüchleins zu weisen, die ihnen politische Ängste bereiten, von denen sie ihre Leiterfunktion gefährdet sehen. Ich stelle mich auf Ruhe ein.

[…]

[Berlin] 2. März (Dienstag)

UND SIE SIND ERSCHIENEN und alles ging ziemlich rasch. In zwei Stunden hatten wir uns geeinigt. Dazwischen kam noch Luise Köpp vom Rundfunk und Sohn Erwin kam und verlud Geschirr, das Eva vor einiger Zeit gekauft hatte, ins Auto.

Bei unseren Verhandlungen […] fiel mir die Geschichte von dem Maler mit dem kleinen Hund ein. Ich hörte sie vor dreissig Jahren zum ersten Male in Moskau: Ein Maler malt auf jedes seiner Bilder, ob Landschaft, Porträt oder Stilleben, einen kleinen Hund. Auf diesen kleinen Hund stürzen sich alle Male die Kritiker: Der kleine Hund muss weg! Der Maler sträubt sich zunächst, argumentiert, debattiert und schliesslich tilgt er den kleinen Hund aus. Alles andere auf den Bildern, das die Kritiker sonst als »konterrevolutionär« bezeichnet hätten und getilgt hätten haben wollen, übersahen sie und es blieb auf den Bildern, denn sie stürzten sich alle auf den kleinen Hund und fühlten sich erhört und freuten sich über den Respekt, den sie eingeflösst hatten.

So wars auch bei dem Geburtstagsbüchlein. Ich nahm vier solcher Hunde heraus und tat ihnen vier Köter mit einer rosa Schleife hinein. Das Büchlein ist jetzt nicht weniger kritisch als vorher. […]

3. März (Mittwoch)

GEBURTSTAGSBÜCHLEIN

Den ganzen Tag beschäftigts uns wieder. Besonders die liebe Eva. Sie glüht. Dieser schöne literarische Eifer! Sie komponiert die hinzugekommenen Geschichten (zweiundzwanzig sinds wohl) ins Vorhandene ein. Die rechte Dramaturgie muss es haben, sagt sie. [...]

ZWEI BÜCHER von LOWA sind angeliefert worden. Vielleicht hat er sie mir längst geschickt, nur sie sind nicht angekommen. Unsere SICHERHEIT fürchtet um meine Seele.

Das eine (das dicke) der beiden Bücher mit einem fast biblischen Titel lese ich und zwar von vorn an, was ich selten tue. Ich will aber genau wissen, wie L. sich damals in der Haft fühlte und woran er mitarbeitete. Jedenfalls stelle ich nachträglich fest, dass L. nie (so gern er sonst auch lehrte und bewies), wenn er seine politischen Erkenntnisse von sich gab, argumentiert: Ihr könnt mir das glauben, ihr müsst mir das glauben, denn ich habe das und das erlebt. Vielleicht hat er aber auch lange, mindestens bis zum Ende der Chruschtschow-Zeit, an eine Änderung, an eine Demokratisierung von innen heraus gedacht, geglaubt.

Hoch rechne ich ihm an und als einen Beweis erworbener Weisheit, dass er, nachdem er sich von einem politischen Götzen löste, sich nicht dem entgegengesetzt operierenden Götzen zur Verfügung stellte.

DIE BRUNNENBOHRER sind da. Unsere Hofpumpe funktionierte seit Jahren nicht mehr. Keine Hofpumpe im Weiler Schulzenhof! Beim Versagen des Elektrostroms schleppten alle das Wasser vom Bach her. [...]

9. März (Dienstag)

WIE OFT SCHRIEB ICH ÜBER STARE!

Seit fünfundsechzig Jahren kenne ich ihre Äußerungen, ihren Gesang. Heute entdeckte ich: Wenn sie ankommen, halten sie sich noch in kleinen Scharen zusammen, aber wie sie sich dann verlautbaren, das kann man nicht als ihren Gesang bezeichnen. Es ist ein Plaudern, ein Quieken, ein Schnarren und ein Gepfiffel, kein Pfeifen. Der Gesang der Starenmännchen fängt erst an, wenn sie sich zweispännig gemacht haben. Dann beginnt die Balz und das, was man gemeinhin bei den Vögeln als SINGEN bezeichnet.

Wer also sagt oder schreibt: Die Stare sind angekommen, sie singen schon, ... der hat nicht richtig beobachtet. [...]

5. April (Montag) – 15. April (Donnerstag)

ZEHN TAGE ALSO NICHT eingeschrieben. Es war wohl nötig, zu unterbrechen, um aus dem Zwang mit den fünf Seiten täglich herauszukommen. Es lief mir, um fünf Seiten zu beschicken, manches sehr in die Breite.

Ausserdem hatte ich zehn Seiten LADEN-Überarbeitung (täglich) auf dem Plan. Das war schwer zu schaffen. Es mussten ja auch dringende Briefe geschrieben werden. Es war wieder einmal Selbstmarter.

IN DIE ZWISCHENZEIT FIEL OSTERN. Besuch war da. [...]

AUCH MATTHES WAR EINIGE Tage auf Osterbesuch. Er bemühte sich, [sich] ins Familienleben einzufügen und diesen und jenen Handgriff zu übernehmen und war nicht ganz so abwesend in Gedanken wie bei seinen letzten Besuchen. Aber Unruhe trug er doch ins Haus. [...]

AM KARFREITAG LAS EVA im Rundfunk neue Gedichte. Zwei (oder war es nur eines), in denen sie unerfüllter körperlicher Liebe Ausdruck gibt (ich hatte sie schon gelesen), wusste ich zu ertragen. Ob aus »Reife« oder aus Impotenz weiss ich nicht. Reif bin ich nicht, auch impotent bin ich nicht. Diese Gegend meines Lebens, so scheints, ist mir gleichgültiger geworden.

Ob Eva im umgekehrten Fall bereit wäre, Gleiches zu ertragen, lasse ich dahingestellt.

DAS GEBURTSTAGSBÜCHLEIN IST in Produktion gegangen. Es hat die Haupt-Zensur ohne Beanstandungen passiert. [...] Manchmal wünschte ich mir, die Leser erführen, von welchen verzwickten Bedingungen das, was sie von uns schliesslich lesen, abhängig ist.

DIE ZURÜSTUNGEN ZUR REISE nach Piešťany sind im vollen Gange. Alles, was da zu tun ist, besorgt das liebe Evchen. Auch einen neuen blauen, sogenannten Dienstpass werde ich bekommen. Er enthält nun ein Vollbart-Foto, und die Beanstandungen an den Zollstationen werden ein Ende haben. Allerdings erhielt ich ihn nur im Zusammenhang mit einem fingierten Visum für die Sowjetunion.

BEUNRUHIGT BIN ICH VON ZEIT ZU ZEIT von der Tatsache, dass Herbert und Else nach ihrer Pensionierung nicht mehr weiter bei uns arbeiten werden. Die Pferde abschaffen ist keine Lösung, sich auf das neue Haus mit seinen Räumen zurückziehen, den Garten und die Wiesen in den Urzustand zurückfallen lassen, ist auch keine Lösung. Schulzenhof aufzugeben erscheint (mir wenigstens) unmöglich.

Unweise – sich darüber Gedanken zu machen – ich weiss. Aber von Zeit zu Zeit beunruhigts mich.

8. Juni (Dienstag)

[…]

Ich bin schon wieder bei der letzten Korrektur des LADEN-Manuskripts. (Mappe 6, und 8 Mappen sind es.) Der Anschluss an die vor der Badereise abgebrochene Arbeit war sogleich wieder hergestellt.

UNSER MATTHES LIEGT IM LAZARETT. Er, von dem wir dachten, er würde mit seinem Kameradschaftssinn seine Armeezeit hinter sich bringen wie einen Sommerspaziergang, hats nun doch auf andere Weise nicht leicht. Ein Herzfehler, der seit Matthes' Pubertätszeit immer mal wieder »gesichtet« wurde, lässt die Einberufer stutzen. Gegenwärtig liegt er im Bett und bat telegrafisch um Vitaminhaltiges zu seinem Geburtstag.

Man kann Matthes nicht bei dem Truppenteil (Funker) verwenden, für den er vorgesehen war, man will ihn andererseits nicht entlassen.

IM GARTEN HABEN DIE OBSTBÄUME fein geblüht. Auch der Frucht-Ansatz bei den Apfelbäumen ist gut, bei den Süsskirschen mässig. Ein jüngerer Pflaumenbaum und ein älterer Apfelbaum starben. Jeder hatte eine andere Todesursache. Hatte auch jeder seinen eigenen Tod?

13. Juni (Sonntag)

DIE STIMMUNG DIESES SONNTAGS wird von Evas Reise zu Sohn
Matthes bestimmt. Eva und Doktor Hildchen fuhren mit der
Behm-TAXE zu ihm. M. liegt im Lazarett. Angina schon längere
Zeit. Er hatte Geburtstag. Man stiess wohl auf Ms. Herzfehler
und sonderte ihn aus. Man entlässt ihn aber nicht vom Militär.
Ich sage bewusst nicht VOLKSARMEE. Ich will nicht lügen wie die
von uns, die sich zu Mächtigen machten. [...]

Matthes hat sich also dort nicht »arrangiert«, wie ich hoffte.
Die Unteroffiziere haben sofort herausbekommen, dass Matthes
bei der geringsten Veranlassung beleidigt den Kopf nach hinten
wirft. Nun ists geschehen. Sie schikanieren ihn, beleidigen ihn
absichtlich. Und er zeigt ihnen immer wieder seine Verletzlich-
keit. Im Zivilleben erleichterte er sich mit Widerworten. Gewiss
wird ers auch dort versucht haben, und man wird [es] ihm ausgelegt haben, wie man jede Unbereitwilligkeit beim Militär auslegt, als Gehorsamsverweigerung.

M. weigert sich zu akzeptieren, dass auch heute wie eh und je
beim Militär jedweder Eigenwille und jeder Ansatz zur Persönlichkeit gebrochen wird. [...] Die liebe Eva hat diesen »Vorgang«
schon miterlebt, als Sohn Erwin Rekrut war.

Frauen werden sich das nie vorstellen können, was beim Militär in der Ausbildungszeit mit den Männern gemacht wird. Viele
Männer verschweigens ihnen »männlich«.

Eva ist empört. Sie hat an die Reform im Militärdienst geglaubt, die man jüngst verkündete.

Ich habe weder an VOLKSARMEE noch an Reform geglaubt. Ich
glaubte mit dem preussischen Militarismus im WUNDERTÄTER
abgerechnet bzw. an seiner Beseitigung mitgewirkt zu haben.
Dem war nicht so. Allzu viele Soldaten der VOLKSARMEE hatten
mir, nachdem sie den Roman gelesen hatten, geschrieben, dass
der preussische Militarismus fröhlich weiter lebe.

Auch ich bin natürlich empört, wenn man Hass, den man gegen mich als Schriftsteller hegt, an meinen Söhnen abreagiert:
Ah, der Strittmatter, Ole Bienkopp, so heisst es, auf den haben
wir schon lange gewartet. Oder: Hier werden keine Ausnahmen
gemacht, auch wenn man der Sohn eines Schriftstellers ist. Oder:

Sie sind total gesund. Das Attest über Ihre Herzerweiterung hat Ihnen Ihr Alter beschafft, damit sie sich hier drücken können.

Fazit: Ich habe 35 Jahre meines Lebens verbracht, eine Gesellschaftsform zu verwirklichen helfen, die im wesentlichen der Gesellschaftsform gleicht, die hätte annulliert werden sollen. Das heisst: Ich habe zu viel widerspruchslos hingenommen, was jene anschafften, die sich zu meinen Bevormundern aufschwangen. Ich ernte, was ich anbaute. Es nutzt nichts, nun dem Ekel Platz einzuräumen. Man muss sich verweigern, hätte es längst tun müssen.

DAS HEU LIEGT AUF HÄUFCHEN. Man rührt es besser nicht an, damit in den Regenschauern nicht auch noch nass wird, was trocken ist. [...]

20. Juni (Sonntag)

MIT EVA ZU SOHN MATTI nach DEBEN, Nähe GOLDBERG, STERNBERG.

Fahrt durch grüne Lauben und Hohlwege aus Linden-, Eichen- oder Buchenlaub. Wolkenschauspiele, Regenschauer. Ich fühle BARLACH. Brüderliche Sehnsucht nach ihm befällt mich. Lust, wieder was von ihm zu lesen. Er erscheint mir am würdigsten und nachdrücklichsten über die Menschen ausgesagt zu haben, die der mecklenburgischen Landschaft entwachsen.

KASERNE UND KLEINE WOHNSTADT in einem dürftigen Wald. Wahrscheinlich Raketenbediener. Ich hatte Gelegenheit, meinen Eindruck mit den Eindrücken zu vergleichen, die mir Sohn Erwin (als erster) und Eva (vorige Woche) vermittelten. Eva passierte wohl zum ersten Male ein Kasernentor, eine Wache – und sie fand alles »grausig« und »scheusslich«. Ich fands eher ein bisschen salopp.

MATTHES träumt freilich »von Wölfen«, wie mein Vater gern sagte. MATTI, ach MATTI! Er hat alles gedurft, gab Geld aus nach der Schnur, handelte, kaupelte, war liederlich nach der Schnur, war vor allem unstet. Er vollbrachte freilich in seinem Beruf auch Hau-Ruck-Leistungen und wurde prämiiert und die Leistungen waren das Privileg für neues Geldausgeben, zu neuen Liederlichkeiten.

Nun dieser »Absturz«! Gebannt an einem Ort. Nicht mehr

handeln nach eigenem Ermessen, Ungerechtigkeiten ertragen, verbale Drohungen hinnehmen. Dabei mit einem Herzfehler und einer akuten Angina belastet sein. – Das ergibt freilich Tränen und Heimweh und Sehnsucht nach der Mutter und nach einem Zuhause, in dem man alles durfte.

Freilich ein kahler Raum, in dem sich die Rekruten, die noch keinen Anspruch auf Ausgang haben, mit ihren Angehörigen treffen und wenn sie mögen von 10^h – 19^h zusammensitzen dürfen. Ein bisschen etwas von Besuchen im Zuchthaus! Trotzdem bei den Ariern gabs nicht einmal das. Am schlimmsten sind hier in diesem Falle wohl die Jungverheirateten dran. Die jungen Frauen bringen neben gebratenen Hähnchenkeulen, Süsskirschen und Erdbeeren ihre Kinder, ja die Kleinkinder mit, um den jungen Vätern ihre »Erniedrigung« recht fühlen zu lassen. Aber die jungen Frauen wissens nicht, fühlens nicht, warten auf Küsse und lassen ihre Gefühle und Sentimentalitäten ausschwärmen. Die jungen Rekruten schielen nach ihren Kameraden, genieren sich zu zeigen, wie sie privat sind, wie sehr ihre Frauen sie lieben. Morgen wird der Spiess zu ihnen sagen: Der grösste Fehler an Ihnen ist, dass Sie noch atmen.

WIR SITZEN WOHL DREI STUNDEN in dem übernüchternen Raum und versuchen dem Sohn mit Gesprächen, Berichten und Spässen ein bisschen zu Hause zu sein. Kirschenknabbern. Ich beobachte die »Familienzusammenführungen« an den Nebentischen. [...]

WIR FUHREN DURCH REGEN, Regen, der sich immer wieder zu Schauern steigerte, heimzu. Die Schauer waren mit Schlossen durchsetzt. Viele »Autowanderer« lenkten ihre Fahrzeuge an den Strassenrand. Beim dritten Schauer taten auch wir so. Wir hielten am Ausgang des lieblichen Städtchens Malchow, holten unsere Mittagsmahlzeit nach, und die Bissen von den mit Räucher-Aal belegten Broten und die Schlucke von warmem schwarzem Kaffee fielen nur so in meinen Magen hinein. Ich meinte, den Hall ihres Aufpralls im hohlen Magenraum zu hören.

Vor uns eine Bucht der Müritz und hinter uns eine Bucht der Müritz und der Regen so heftig, dass seine Tropfen, wenn sie auf das Müritz-Wasser trafen, als grau-weisse Kügelchen wieder zurücksprangen. Über dem ganzen See-Stück, das wir vor uns hatten, schwebten in fünf Zentimeter Höhe solche Wassergraupen, die, wenn sie ins grosse Wasser zurückfielen und ihr individuelles Leben beendeten, von neuen Graupen abgelöst wurden. Etwas, was ich noch nicht erlebt hatte! Mit dem Gewitterregen, den ich im »Kramkalender« (unter »Pritzerbe«) in ähnlicher Lage erlebte, nicht zu vergleichen! Das wars wohl, was ich (wir) an diesem Sonntag erleben sollte. [...]

24. Juni (Donnerstag)

WEHMUT

Die Tage werden kürzer. Die alte Dummheit: Man möchte, dass ewig Sommer sei und weiss doch, dass man sich schon nach einigen heissen Tagen nach Nässe und Kühle sehnt.

EVA mit der BEHM-TAXE nach Oranienburg. Sie fährt weiter nach Berlin und von dort nach Rudolstadt. (25. 6.) Als Geburtstagsgeschenk für Sohn Erwin. Premiere von KABALE UND LIEBE im Rudolstädter Theater. Erwin dort mit FERDINAND als Gast.

Erwin zur Mutter: Ich spiele für dich. Wenn du nicht zur Premiere kommst, hat alles keinen Sinn!

Die vier Eva-Söhne sind Muttersöhne. [...]

27. Juni (Sonntag)

JUNITAGE GABS SEIT DER RÜCKKEHR von Piešťany, die waren wie ein Traum, immer wieder einer, mehrere. Freilich war deren negativer Pol zwischendrein immer mal wieder ein Tag, an dem das, was wir fälschlich als die wirkliche Wirklichkeit bezeichnen, auch anerkennen, so »heftig« auf mich eindrang, dass sich alles Ungetane, Unbequeme, Unabweisbare, aus dem sich diese »Wirklichkeit« zusammensetzt, so in mir verknäulte, dass mir war, als müsste ich bersten, als ginge es nicht mehr weiter mit mir, keine Arbeit, kein Leben mehr möglich.

Ein kurzes Gespräch mit Eva bringt mich dann wieder in Ordnung. Wenn ich vorher das Gefühl hatte, dass ich schon tagelang ohne ihre Kümmerung und Anteilnahme lebe, wird mir nach einem solchen Gespräch bewusst, dass sie mich, zumindest aus einem Augenwinkel heraus, beobachtete, und dass sie alle Faktoren kennt, die zu meiner Krise führten.

Natürlich kenne auch ich alle Gründe und Dinge, die in mir zur Verknäulung führten, aber theoretisch nur. [...] Der Ausgangspunkt für das Versagen, über das ich mich ärgere, ist die Tatsache, dass mein Herz schlecht arbeitet, dass ich mich müde fühle im diesjährigen Juni wie in keinem Jahr zuvor, dass Ängste in mir wie in Urzeugung entstehen, dass zuerst die Ängste da sind, die dann notdürftig dem Ungetanen und den Unbequemlichkeiten zugeschrieben werden.

Was muss also geschehen? Ist mein Herz (zur Zeit nehme ich schon seit Wochen ein Mittel, das sein vorzeitiges Altern verlangsamen soll) doch schon zu alt? Wird es sich mir (wer ist »mir«?) versagen und die Taten, die ich mir auferlegte, nicht mehr mittun. Oder ist das Sich-Auferlegen von Taten schon etwas, was ich falsch mache? Ist das Muss, von dem ich zu fühlen glaube, es ist mir auferlegt, schon ein Trug? Hat mein Herz endlich genug von diesem trügerischen Muss? Muss ich es endlich in die Erholung einer »untheoretischen« Gelassenheit führen. Doch wohl.

Sogleich ein Versuch. Ich werde die erste Stunde nach dem Frühstück, in der ich bei der Schreib-Arbeit das erste Mal müde bin und einschlafe, verreiten. Werde meinen Hengst satteln, davonreiten und sehn, was aus mir wird.

5. Juli (Montag)

TAG VOLLER REGENSCHAUER [...]

JAKOB UND HERBERT bunkerten 170 Zentner Braunkohlen-Koks ein. Eine ekelhafte Arbeit! So widersinnig – im Hochsommer dafür zu sorgen, dass man Stoff hat, mit dem man im Winter die menschliche Körperwärme auf einer Höhe halten kann, die ein Weiterleben garantiert.

[...]

BRECHT (WIE ER WAR)

Einmal, als ich abends zu ihm ging (es war schon in der Chausseestrasse) hatte ich meine Zigaretten daheim vergessen. Ich bat Brecht um eine Zigarre. Er stutzte. Es war keine grosse Bereitwilligkeit an ihm zu erkennen, mir aus der Verlegenheit zu helfen.

Ich weiss, dass ich das für mich ungewöhnliche Wort »schenken« benutzte: Brecht, schenken Sie mir bitte eine Zigarre! – Verlegenheit, ein wenig Scham auf meiner Seite. Langsames, zögerndes Sich-Entschliessen auf seiner Seite. Es war als müsste er erst ausrechnen, ob der Zigarrenvorrat nach dem Verschenken eines Exemplars noch für ihn ausreichen würde. Es waren aber stets genügend Zigarren da, kistenweis – Westzigarren.

Als mir dieser Vorgang einfiel, fiel mir auch ein, dass ich BRECHT nie sah, einem Besucher oder Freund etwas zum Rauchen anbieten. Das allerhöchste »Geschenk« war bei stundenlangen Gesprächen ein Glas Schnaps, nein, Schnaps in einem zinnernen Becherchen.

15. Juli (Donnerstag)

[…]

BEI MATTHES IST NOCH NICHTS entschieden. Wie ich jetzt von Eva erfuhr, ist auch die R. von der Kultur-Abteilung, in deren Klatschbasen-Hände Eva den FALL gab, misstrauisch. Damit wir uns recht verstehen, hätte sie zu Eva gesagt, dein Sohn will nicht BAUSOLDAT (Wehrdienstverweigerer) sein. Er will wie jeder Bürger der Republik seinen Staat mit der Waffe verteidigen – oder?

20. Juli (Dienstag)

»DER LADEN« IST FERTIG.

Nachmittags korrigierte ich die letzte Seite. Merkwürdigerweise die Seite 777 im Manuskript. Nun bin ich den Roman also nochmals durchgegangen und klopfte jedes Wort und jeden Satz ab. Natürlich wird vor der Drucklegung noch hie und da eine kleine Verbesserung gemacht werden müssen, aber die Hauptsache ist getan, ich kann ohne Übertreibung sagen: Ich bin fertig.

Ein Gefühl ist da: Jetzt gehst du in einem Lebensteil, der mit Leichtigkeit und Zufriedenheit angefüllt ist. Und ich weiss gleichzeitig, dass das einige Tage anhalten wird. Nach diesen Tagen werde ich mir nutzlos vorkommen, wenn ich nicht alsbald etwas Neues mache.

Oder sollte es doch einmal glücken, bei einer neuen Arbeit die Leichtigkeit, die jetzt in mir ist, zu erhalten?

EVA FUHR mit Doktor Hildchen nach Berlin. Sie bringt die letzten beiden Mappen vom LADEN zur Reinschrift und will in der Wohnung in Berlin, nachdem die Maler hindurch gezogen sind, Ordnung machen. […]

ZIRKUS BEROLINA. Mit Jakob und Herbert dorthin. […]

24. Juli (Sonnabend)

[…]

HIER FÄNGT ALTER MANN AN
ALTER MANN WIRD AUS EINER HIMBEERE GEBOREN.

In jeder Früh nimmt ALTER MANN seine Umhängetasche und seinen Spazierstock und geht den See in der Nähe seines Anwesens besuchen. Er unterhält sich mit dem See und mit dem Getümmel von Pflanzen, Fischen und Federviehzeug, das sich vom Gewässer nährt und dort aufwächst. Zur Unterhaltung gehören nicht Worte. Worte sind zweitrangig. Hören und Sehen sind dem Schwätzen überlegen.

Die Waldhimbeeren sind reif. ALTER MANN wundert sich, ärgert sich fast, dass niemand die Himbeeren erntet. ALTER MANN hat viele Möglichkeiten: ALTER MANN kann denken, kann sagen, kann fühlen, kann meinen, kann hören, kann spüren, kann was zu sich selber sagen, kann singen, ihm fällt gerade nicht ein, was er noch alles kann.

ALTER MANN denkt also: Weshalb pflücken sie die Wald-Himbeeren nicht? Andererseits würde ALTER MANN nicht überaus froh sein, wenn er auf seinem sich in Stille haltenden Waldweg täglich jemand fände, der dort in den Himbeerstauden herum rauft. So ist er, so hin und her zuweilen, trotz seines Alters, ALTER MANN. – Er selber traut sich nicht ran an die Himbeeren. Er fürchtet, gewisse Kontrollstreifen könnten sich grün färben und anzeigen, dass er sich mit den Himbeeren Zucker ins Blut schmatzte.

Und täglich werden die Himbeeren grösser und schwerer und die reifesten fallen ins Waldmoos und zwischen die trockenen

Nadeln der Kiefern, und nicht einmal die Vögel ernten sie, und
da hält es »Alter Mann« nicht aus, er nascht, und wie er die erste
Himbeere im Mund hat und mit der Zunge zerdrückt und sich
fürchtet, dass er nun nach dem Verzehr der ersten Himbeere
nicht wird anhalten können, und dass er mehr, immer mehr wird
pflücken und einschmatzen wollen, entsteht aus dem Saft und
dem Aroma ALTER MANN im Kopfe vom ALTEN MANN. ALTER
MANN hat schon ein- oder zweimal ganz behutsam an so eine literarische Figur gedacht. Das war vor Wochen, vor Monaten.
Aber da war sie nur ein Schatten dieser Figur, nichts Verfestigtes.

Aber jetzt ist ALTER MANN fertig und vollständig da und will
loslaufen, lostapern, will da sein und gibt Befehl: Nicht warten,
keinen Tag mehr. Schreib dich im Tagebüchlein ein auf mich!

27. Juli (Dienstag)

AM TAGE HAT ALTER MANN die Reinschrift seines LADEN-Romans
auf Abschreibefehler durchsucht. Wieder muss er jeden Satz und
jedes Wort »in die Hand« nehmen und er schläft ein dabei, »tunkt
bissel«, wie der Grossvater früher sagte, wacht wieder auf. Er
fühlt sich bissel wie schuldig, obwohl er niemand Rechenschaft
über seine Arbeitszeit abzulegen hat, ALTER MANN fühlt sich
schuldig, besonders, wenn er sein Weib drunten in der Küche
oder wenn er die Zugehfrau auf der Treppe rumoren hört. Wenn
er aufwacht vom Schlummern, erwacht das Schuldgefühl mit
ihm, das sich ihm in der Jugend einsenkte: Du faulenzt hier über
Büchern, bist zu ihnen geflüchtet, während du hättest in der
Backstube mithelfen sollen.

Aber wer hats dem ALTEN MANNE eingesenkt, dieses Schuldgefühl? Niemand als er selber. Er hört die tadelnde, sich beschwe-
rende, auch höhnende Stimme des Vaters, die sich an die Mutter
richtet, der ihr ihren »feinen Büchersohn« vorhält.

SOHN MATTHES hat sich endlich wieder gemeldet. Man hat ihn,
nachdem [ihn] ein Ärztekonsilium für militär-untauglich erklärte, wieder an die Truppe zurückgeliefert. Dort spielt er, muss
er den »ewigen Putzer« spielen. Der Kommandeur, der in MAT-
THES einen Simulanten und Drückeberger sieht, verzögert seine

Entlassung. ALTER MANN ist betrübt, obwohl er die Darstellung von MATTHES Lage nur aus dessen mündlichen und schriftlichen Berichten kennt. Die Abneigung des Kommandeurs gegen M. kann auch unzufällig sein. Nicht der »berühmte« Vater muss den Urgrund für die Abneigung hergegeben haben, es kann auch MATTHES Verhalten sein. Aber ALTER MANN ist doch betrübt.

HIMBEERSUCHT befällt ihn. Am Nachmittag macht er sich über den Bach und frisst mit seinem Hund Äsop um die Wette Himbeeren. Wenn das man gut geht! Das Schlimmste, ALTER MANN verheimlicht die Frevelei gegen seine »Gesundheit« vor seinem eigenen Bewusstsein. Er ist gespalten, ALTER MANN, seine Gier auf Obst und Früchte hat es getan, und er hat es zugelassen. Das ist doch schlimm. [...]

5. August (Donnerstag)

DER TAG GEHÖRTE MATTI, dem aus »der Katorga Zurückgekehrten«, wie Mutter Eva sagte. ALTER MANN beobachtete: MATTI sprang ohne das geringste Stutzen, ohne einen Hauch von Nachdenklichkeit in sein Leben zurück, das er damals hier als Jungbursche und Wald-Arbeiter-Lehrling führte, in ein Leben voll Unlogik, voll Halbwahrheiten und Phantastereien.

ALTER MANN wurde durch MATTIS Erscheinen heftig auf seine Lage verwiesen. Er hatte geglaubt, die Erschütterungen der letzten Zeit, die MATTI beim Militär erfuhr, hätten ihm wenigstens zu gewissen Einsichten verholfen. Es ist nicht so, und damit schwand für ALTEN MANN und seine Frau Eva auch endgültig die Hoffnung, MATTI könnte einmal einen Wirtschafter für Schulzenhof abgeben.

Nichts dergleichen.

ALTER MANN erwägt deshalb wieder einmal: Soll er alle Tiere abschaffen und die Bewirtschaftung von Schulzenhof so verkleinern, dass er mit Mutter Eva alles allein bewirtschaften kann? ALTER MANN ist sich aber nicht sicher, ob er nicht seine Wurzeln abschneidet, wenn er die Pferde abschafft? Kennt er nicht seine Stimmungen und Gelüste, wenn er mal ein paar Tage in Berlin oder ein paar Wochen in Pieštany zubringt? Rennt er da nicht sogleich in den Tierpark oder in Pieštany bis ans Ende der Bade-Insel, um dort die Pferde der Reitsport-Gruppe zu sehen? Wird das Leben vom ALTEN MANN, wenn er keine Pferde mehr um sich hat, nicht anfangen zu verwelken? Wird er seine letzten Lebensjahre nicht wie ein Siecher dahinbringen und vom Schreiben abstehen?

Woher werden fremde Leute, die Schulzenhof und die Pferde warten, herzunehmen sein? Alle Söhne möchten zwar, dass Schulzenhof ihnen erhalten bleibt, aber keiner hat wirklich das Verlangen, sich Schulzenhof anzupassen. Und das brauchts eben, dieses Schulzenhof verlangt, wenns bleiben soll, was es ist, dem der es führen will ganz bestimmte Qualitäten ab.

Mutter Eva ist dafür, dass Schulzenhof nicht »vererbt«, sondern ein Heim wird, in dem Schriftsteller arbeiten. Noch kann sich ALTER MANN nicht mit diesem Vorhaben einverständlich erklären, noch nicht ganz. Aber Mutter Eva hat recht: Was aus der Gesellschaft und aus der Poesie kam, soll der Gesellschaft und der Poesie wieder zufliessen […].

7. August (Sonnabend)

[…]

SOHN MATTHES HAT MAN ZUNÄCHST im Krankenhaus in Berlin festgelegt und ruhig gestellt und das passt ihm gar nicht. Und sein Jeep-Auto, das er unbedingt haben musste, steht mit entzweier Benzinpumpe ruhig gestellt hinter der Füllster-Scheune nah beim Flieder- und Schlehengesträuch, das dort eine Hecke bildet. Und die Mutter Eva sagt: Den Kerl müsste man entmündigen oder man muss ihm für Zeit seines Lebens eine Gouvernante beigeben, aber auch die müsste man ihm aussuchen, damits nicht die falsche ist.

10. August (Dienstag)

NUN TREIBT ES ALTEN MANN immer mehr auf seinen siebzigsten Geburtstag zu. Freilich hätte er flüchten können, aber dann hätte er viele Tage und Stunden mit Gratulanten versitzen müssen.

[…]

DAS EVCHEN KAM AUS BERLIN zurück und brachte den letzten Teil der Reinschrift vom LADEN. Von 777 Seiten schrumpfte das Manuskript nach der letzten Durcharbeitung auf 707 Seiten zusammen. Es ist der Vorschlag seines Evchens, und es ist ein sinnvoller Vorschlag, dass ALTER MANN am Tage seines Geburtstages den Verlagsleuten das fertige Manuskript übergibt. Eine symbolische Handlung: Nicht das Altwerden, sondern die Vollendung einer literarischen Arbeit wird gefeiert. […]

13. bis 16. August (Donnerstag bis Montag)

[…]

AM TAGE DANACH – die Stimmung wie nach einer Bauernhochzeit. Die Gäste, die im ALTEN MANNES Hause übernachteten, fahren ab. […] Tags drauf der Bruder Heinjak. Er schwamm still und bescheiden durch das Gestrudel des Festtages. Er wirkte wie ein Baumblatt, das in den Wassertrichter eines dahinziehenden Flusses fiel. Es wird geworfen und gedreht und bleibt doch die ganze Zeit ein Baumblatt. Der Bruder ists, dem die Wehmut des ALTEN MANNES ein Wegstück lang nachläuft. Er ist ein Mitwisser von ALTEN MANNES Kindheit.

IM WALD HINTER DEN TORFWIESEN klagen die Gimpel. Juib, juib, the summer is over.

WENN ALTER MANN IN DER NÄCHSTEN ZEIT am Pony-Offenstall vorbeigehen wird, wird er den Abdruck des Festtag-Getümmels in der Stalltiefe sehen, jenes Getümmels, das sich aus Üblichkeit entwickelte, weil ALTER MANN siebzig Jahre alt wurde. Noch stehen im Stalldämmer die langen Tische aus rohen Brettern, die der Dorfwirt herlieh. Auf ihnen liegen die Bett-Tücher zusammengefaltet, die aus den Tischen eine »Tafel« machten. In der Ecke vorn links auf der ehemaligen Kalk-Krippe der Ponys steht das fast leere Fass, aus dem sich die Gäste ihr Bier zapften. Auch das wird alles verschwinden, und doch wird das Fest dort eingedrückt sein, bei einigen Gästen, die es miterlebten für eine Zeit, beim ALTEN MANNE, so lange er noch lebt. Es wird für ihn das Fest aller Feste gewesen sein, ein Fest, das ihm seine Frau Eva schenkte, ein Fest, so meint ALTER MANN, das seiner lieben Frau die Kraft für das Hervorbringen vieler Gedichte kostete.

SEIN HUND VERSÖHNT SICH wieder mit ihm.

19. August bis 21. August

(19. 8.)

BÜCHER UND DANKSAGUNGEN eintüten. Den ganzen Tag, bis auf zwei kurze Spaziergänge, Bücher und Danksagungen eintüten. Wieviele Tage werde ich das jetzt tun müssen, wie viele Tage meines Lebens? [...]

SOHN MATTHES WURDE MITTE DER WOCHE aus dem Krankenhaus entlassen. Sein »Herzleiden« und seine »Herzvergrösserung« sind nervlicher Art. Wenn man sagt »hysterischer Art« tut man dem Sohn gewiss unrecht. [...]

20. 8.

FAHRT NACH BERLIN. [...]

VORSTELLUNG IM ZIRKUS BEROLINA

Grosse Ehrung. Eva und ALTER MANN werden von den Moderatoren begrüsst, beglückwünscht. Beifall der Zuschauer. Ein Präsentkorb. ALTEM MANNE wirds heiss. Seine Zirkusleidenschaft kriegt mit seiner Eitelkeit zusammen zu fressen. Diese »Ehrung«, diese Anerkennung als Freund der Zirkusleute ist ihm mehr wert als ein staatlicher Orden. Was ist ALTER MANN nur für ein zwittriger oder zuwidriger Mensch! Eva erträgt es mit Abstand. Vielleicht wäre sie lieber nicht dabei. [...]

29. August (Sonntag)

ES IST NICHT LANG HER, dass ich hier in den Aufzeichnungen ALTEN MANN begrüsste, der aus einer Waldhimbeere kam. Er hatte sich als literarische Tagebuch-Figur angeboten, er hat von einigen seiner Eigenschaften gesprochen und verheissen, dass er für dies und das bei Tagebuch-Aufzeichnungen zu verwenden sein würde. Lasst es uns leise sagen: Er hat ein wenig übertrieben, oder ich wusste ihn nicht richtig zu behandeln, ich brachte es nicht fertig, ihn zu den Leistungen zu veranlassen, die er versprach. Mit ihm zogen gewisse Umständlichkeiten in die Aufzeichnungen ein. Das muss gesagt sein.

Wir wollen ihn nicht entlassen. Statten wir ihn mit Arbeitsmöglichkeiten von Fall zu Fall aus. Er bemühte sich, rasch Abstand in manche Meldungen zu bringen, die ich den Tagesheften einverleibte. Auch das muss gesagt sein.

17. September (Freitag)
NACH LEIPZIG, UM LEIPZIG, IN LEIPZIG: [...]

BIGGI MOSSNER. Der Name, den ich in der letzten Zeit des öfteren nennen hörte, wurde mir überraschend zum Menschen. Sie hat meine Erzählung ZIRKUS WIND für den Reclam-Geburtstagsband illustriert. Sehr märchenhaft und rauschhaft in den Farben, die Figuren – mir weniger verständlich und weniger sympathisch – alle mit den Physiognomien von Mäusen.

Dann zog sie los mit dem westdeutschen Botschafter DÖLLING, als man den nach Bonn zurückrief. Grosse Liebe. So versichert sie. Agentin des Staats-Sicherheits-Dienstes, behauptete man westelbisch. Die Mossner wurde »lieblos« abgeschoben. Wer will nachprüfen, ob es mit der »grossen Liebe« oder mit dem Staatssicherheits-Dienst seine Richtigkeit hatte? [...]

18. September (Sonnabend)
NOCH LEIPZIG (Fortsetzung) [...]

Wie auch immer, diese Frau sass nun neben uns und gehörte für zwei Tage zu mir. Sie war meine Illustratorin. Und weshalb sollte ich ihr feindlich begegnen? Man hat sie wieder aufgenommen in unserem Ländchen.

Die MOSSNER ist ein elfisches Wesen. Wie MARIANNE GABOR etwa. Sie ist sadistisch, ohne zu wissen, was das ist, intelligent, ohne es zu wissen, naiv, ohne es zu wissen und bei allem eine Frau mit grossem Talent, wenn nicht Genie. Ich glaube, dass sie sich echt verliebt hatte und vorhatte, dieser Liebe (für eine Weile) zu leben, für sie alles zu investieren, sogar den Verzicht (für eine Weile) auf ihre künstlerische Arbeit, obwohl sie besessen ist von der, obwohl sie fleissig ist. Um Geld oder um eine Karriere hat sie sich nicht auf dieses Abenteuer eingelassen, sichtbarlich nicht.

Sie schloss sich uns rasch an, »offenbarte« sich mir, vor allem Eva, erzählte freimütig, was ihr widerfahren war und log nicht, war ganz so, wie wir es von Marianne kennen. Es war sogar so, dass ihr der Abschied von uns schwer wurde, sie winkte mit beiden Händen, winkte und winkte, als wir uns zwischen Hotel ASTORIA und dem Hauptbahnhof von ihr trennten. Auch uns wars, als ginge da ein Mensch davon, den wir lange kennen. (Wir tauschten uns mit Eva aus. Es ist etwas dran an ihr, es ist etwas dran, sagte Eva.) Ich setze die Bekanntschaft von zehn mittelmässigen Menschen gegen die Bekanntschaft mir ihr.

Ich hatte sie in dieser und jener Weise grob »verhört« und befragt. Sie wirkt zigeunerisch. Während Eva las, erkannte ich sie in der ersten Reihe, vermutete ich sie, denn sie sah mich an, halb ängstlich, halb herausfordernd in jeder Hinsicht und eben, sie versuchte mich anzuzünden mit ihren schwarzen orientalischen Augen.

Ich stellte sie zu Beginn meines Lese-Parts dem Publikum vor. Das war nicht vereinbart, doch ich fühlte, dass ich es tun müsste. Da war sie dankbar wie ein Kind und sah zu mir hin wie eine unartig gewesene Tochter zu ihrem Vater hinsieht, der ihr vergeben hat.

Später in der Abendbrot-Runde gestand sie, dass ihr die Knie vor Freude gezittert hätten, als man ihr den Antrag machte, ZIRKUS WIND zu illustrieren. Sie hätte es mit lauter Lust getan. [...]

Die MOSSNER geht in einem halblangen Kleid, engen (auf alt zugerichteten) Jeans, die Zöpfe aus schwarzem orientalischdrahtigem Haar hinten zu einer Schaukel geflochten, umher. Über die Schulter trägt sie eine Leinentasche von der Grösse eines mittleren Koffers. Die Tasche ist schmuddelig und wie mit einem Stempel mit einem Fettfleck versehen. Wir unterhalten uns über den Sinn ihrer Aufmachung, die aller Ästhetik ja wohl zuwiderläuft.

19. September (Sonntag)

NOCH EIN WENIG VON DER MOSSNER.

Ich sehe es gern, wenn sich die Jugend mit alten, abgelegten Kleidungsstücken versieht, um damit gegen jene Reichen zu protestieren, die sich nicht genug schniegeln können, sage ich ihr, aber wenn das Tragen von abgelegten Kleidungsstücken Mode wird, wenn die Geschäftemacher Kleidungsstücke alt machen, auf alt herstellen und Überpreise dafür verlangen, dann handelt es sich bei mir eben nicht mehr um Protest, sondern eben um ein Feuer, an dem sich wiederum die Reichen die Hände wärmen, das ihnen die jugendlichen Revoluzzer teuer bezahlen. Sehen Sie das nicht? frage ich die M. und sie sagt, sie sieht es. – Und wie ists, wollen Sie auffallen, wenn Sie sich so ausstaffieren, wie Sie es tun, im Ballkleid, in engen, wie abgewetzt aussehenden Hosen, mit Stöckelschuhen und verschmutzter Leinentasche, im Zigeunerinnen-Aufzug in etwa, umhergehen? Ich will auffallen, antwortet sie mir. Es wäre mir nicht recht, wenn ich nicht auffiele. – Gut, wenn Sie es eingestehen und sich nichts vormachen, ist alles in Ordnung. – Und dass sie ihre Absichten nicht verredete, gefiel mir.

Wir sprachen mit Eva später drüber. Sie war dabei, als ich die M. scharf befragte. Eva gestand: Wenn ich die Figur der M. hätte und noch jung genug wäre, würde ich mich ebenso exzentrisch kleiden wie sie. – Da hatten wirs!

Die M. wollte sich bei uns melden. Wir werden sehen.

[…]

NOCH LEIPZIG. […] Buchbasar auf dem Leipziger Marktplatz. Hitze. Überstarkes Gedränge. Zwei Absperrketten aus Männern mit Wäscheleinen vor meinem Stand. Peinlich. Ich signiere (neben mir signiert die Mossner) an diesem Tag 700 Exemplare von ZIRKUS WIND, von der illustrierten Sonderausgabe. Rührend, fast bedrohlich rührend die Zuneigung der Leser. Bin ich Mode? Wird die Wirkung meiner Bücher auf die Mitmenschen anhalten? […]

27. September (Montag)

WIE ES ZUR ZEIT AUSSIEHT, bin ich mit dem Schreiben zu Ende, fürs Leben zu Ende. Der Versuch von zwanzig Seiten wird mir, ohne dass ich ihn im abgeschriebenen Zustand gesehen habe, immer fragwürdiger. Die Mach-Art, die sich mir gestern Nacht sichtbar machte, war ein Irrlicht. Die Möglichkeit, die sie darstellte, ist dahingeschmolzen. Das Gefühl des Nicht-Mehr-Könnens hat sich verschlimmert. Ich sehe mich im Augenblick nicht einmal fähig, den geplanten zweiten Teil vom LADEN zu schreiben. Er sollte DIE KLEINSTADT heissen und meine Schülerzeit in Spremberg behandeln. In dieser Leere und Ratlosigkeit hätte ich nicht einmal den LADEN schreiben können, der doch fertig ist und beim Verlag liegt.

Verpeinlichen tut den Zustand die Tatsache, dass Eva zur Zeit abgewandt von mir lebt, dass sie mich mit leisem Widerwillen erträgt. Sie gibts nicht zu. Sie weiss es nicht; sie ist mit der Drucklegung von Essays beschäftigt, vor allem mit der Umarbeitung eines langen Interviews zu einem Essay. Die Arbeit scheint sich ihr nicht zu fügen. Vermutlich ist sie – wenigstens in dem Punkt – in gleicher Lage wie ich.

2. Oktober (Sonnabend)

[…]

DER KLEINE ZIRKUS PROBST gastiert in Gransee. Als ichs erfuhr, gings in mir hin und her: Gehst du – gehst du nicht. Die Abende sind schon kühl. Den lieben langen Sommer verbrachte ich ohne Kreuzpein. Auf den primitiven Zirkusstühlen würde ich mir sie zuziehen. Mit einem Kissen unterm Arm in die Vorstellung gehen und damit zugeben, dass ich ein alter Mann geworden bin? Es wollte sich mir nicht. Die liebe Eitelkeit! (Obwohl die schon nachgelassen hat – in der Beziehung und in anderer Beziehung, zum Beispiel in bezug auf die Arbeit gibt's nur noch schwache Gründe, eitel zu sein). Man ist eitel in Fällen, in denen man etwas nicht hat, was man gern haben oder erreichen möchte. Meiner Glatze schäme ich mich zuweilen noch. Wie gern hätte ich in diesen Augenblicken mein volles Haar von früher! Ich schreib das ausführlich nieder. Die Schonungslosigkeit, mit der ichs niederschreibe, soll mir helfen, die Alters-Eitelkeit zu besiegen. Riecht das nicht nach Heuchelei? Denk ich an spätere Leser meiner Aufzeichnungen? Verflucht sei es!

[…]

Ich fand einen Ausweg, ging mit meinem Anorak überm Arm in die Vorstellung, faltete ihn zusammen und benutzte ihn als Sitzkissen. Und die Leute konnten gut und gern sehen, dass ich kein alter Mann war. Wie grandios kindisch! […]

4. Oktober (Montag)

SCHWARZER ANZUG, aber lustig-bunter KÜNSTLERSCHLIPS. Ordensverleihung. Schon das Wort klingt gestelzt, ein von Bürokraten hergestellter Begriff. Auch der Name des Ordens von Polit-Bürokraten gezeugt, nach Nationalismus stinkend: VATERLÄNDISCHER VERDIENSTORDEN (IN GOLD). Die Teilnahme an der Zeremonie wird mir durch die Vorstellung erleichtert: Geht dich nichts an, das Ganze! Du hast schon in früheren Jahren aus (schriftstellerischer) Neugier an Gottesdiensten religiöser Sekten teilgenommen. Was ist das weiter als der Gottesdienst einer Sekte, der du nicht (mehr) angehörst? Als du den VVO IN SILBER kriegtest, vor zwanzig Jahren etwa, glaubtest du noch (ganz leise zwar) mit dem Besitz dieses Emblemes wärest du ein wenig »herausgehoben«. Hat ich da noch so wenig Vertrauen in meine künstlerische Arbeit? [...]

DIE VERLEIHUNG. Es war schon eine zwanzigprozentige Genugtuung für mich dabei. Wie primitiv! aber es war so. Es wird in diesem Leben nicht mehr zu einem Heiligen bei mir reichen. [...]

KURT STERN, das habe ich bewundert, kam in einem hellen Strassen-Anzug, grünen Pullover, Hemdkragen ohne Krawatte. Allerdings hatte er alle Auszeichnungen, die er bisher bekam, an den Strassenanzug gesteckt. Es waren nicht wenige.

Da waren natürlich Leute, sehr viele Veteranen (ich war ja auch einer), die hatten einen Panzer aus bunten Orden auf der linken und auf der rechten Rockseite bis zu den Seitentaschen hin. Auch ich hatte lange überlegt. Was tun? Auf der Einladung war vermerkt, man habe Orden und Ehrenzeichen anzulegen. Schliesslich steckte ich meinen »höchsten Orden«, den Karl-Marx-Orden, so an die linke Rockseite, dass er vom linken Unter-Arm verdeckt war, wenn ich den anwinkelte, und man winkelt die Arme ja meist an. Aber immerhin – auch ich ging mit einem Orden dorthin. Diesmal zwanzig Prozent Eitelkeit und achtzig Prozent Schutzbedürfnis. [...]

AUCH DER FRISEUR, der den Mitgliedern des Polit-Büros die Haare schneidet, wurde ausgezeichnet für seine Verdienste. Andere, die im APPARAT arbeiten und ausgezeichnet wurden, nannte man »Politische Mitarbeiter«, der Friseur wurde als Polit-Mitarbeiter gekennzeichnet. Ein Mitarbeiter aus dem APPARAT, der neben mir sass, erklärte mir alles. [...]

11. Oktober (Montag)

BRUDER HEINI KAM. Mit seinem schaukelnden Gang kam er in die nachmittäglich gestimmte Diele. Vorsichtig, zögernd. [...]

In der Dämmerstunde machen wir einen Spaziergang. Herbst-kühle fällt vom Himmel zu uns auf den Waldweg herunter. Die Waldwand schickt den Hall meiner Stimme zu uns zurück. Ich muss laut reden. Meine Ohren sind altersschwach, die Ohren des Bruders altersschwächer. Der Knall der Kanonen hat die Hör-kraft des Bruders schon in seinen jungen Jahren zerlöchert. Der Bruder hat dabeistehen müssen, wenn die gestopften Kanonen ihre Ladungen mit Getöse in die russische Richtung feuerten. Hat er müssen? fragt die heutige unbefangene Jugend. Sie war *noch* nicht in der Situation, sich fragen zu müssen: Stirbst du heute »totsicher« als Defaitist oder Deserteur, oder versuchst du es im Vertrauen auf dein Glück in den Krieg zu ziehen und viel-leicht lebend aus ihm rauszukommen?

Wenn es so Herbst wird wie jetzt, sagt der Bruder, wenn die Kälte kommt, werde ich unruhig, kriege ich Unruhefieber, fahr ich umher, wenns geht, suche nach wärmeren Gegenden, krieg auch bisschen wie Angst.
[...]

EVA FÄHRT FORT. Ich schreibe nicht: wieder einmal fort – damit es sich nicht wie Jammern und Klagen anhört. Eva will in Schwedt »auftreten«, will in eine Vorstands-Sitzung gehen, will die Wohnung putzen. Das unterschätze ich – dieses Wohnung-putzen, hält sie mir vor.

Es geht ihr nicht gut. Sie hat Rheumaschmerzen, vor allem in den Füssen. Ich nehme an, Wegfahren und das Zusam-mentreffen mit anderen Menschen und Umgebungen machen Eva die Schmerzen etwas vergessen. Sie hat Erleichterung. Mag auch sein, dass ihr das Klima hier draussen nicht und nicht be-kommt. Der nässelige Herbstanfang dazu. Wir sollten nach Piešťany. Vielleicht sollten wir wirklich zweimal des Jahrs nach Piešťany.

19. Oktober (Dienstag)

NUR DAS ZEITCHEN MEINES MORGENGANGES bleibt regenleer. [...]

Ein Tag mit Stimmungswetter, heisst ein solcher Tag mit mässigem Regen in unserer Familiensprache. Eva gibt mir ein Manuskript von sich zu lesen. Sie hielt es eineinhalb Jahr und länger vor mir verborgen, arbeitete wohl auch noch hier und da an ihm. / Ich nehme das Manuskript. Ich fürchte, dass das Lesen mich anstrengen, dass es eine Arbeit wird, denn ich bin die letzte Zeit so müde, so übermüdet.

ABER DAS LESEN DES MANUSKRIPTS wird zu einer grossen Freude für mich. Keine Müdigkeit. Ich lese es munter, fast besessen. So las ich lange nichts, seit »Zeit zu schreiben« von Laxness vor Jahren las ich nichts wieder mit solcher Begier.

Da ist etwas Neues (auch in der Form) entstanden. Eva hat vor zwei Jahren in Pieštany angefangen, das Badeleben, vor allem das Menschengemisch zu beschreiben, mit dem wir es dort alljährlich zu tun haben. Und sie hat den Extrakt ihrer Beobachtungen mit den Schwierigkeiten und Schönheiten der künstlerischen Arbeit in Zusammenhang gebracht; nicht gewaltsam. Es ergibt sich so. Durch alles, was ich las (die Arbeit ist noch nicht fertig), geht eine ziehende Wehmut, aber eine lebensbejahende Wehmut trotzdem. Der Ton und die Tatsachen, aus denen er hervorgeht, wirken wie eine Droge auf mich, die mich schweben macht, und ich möchte weiter, immer weiter lesen.

Eva hatte vor, diesen »Edelstein« zwischen ihren Essays zu veröffentlichen. Die Essays sind wichtig, und sie sind schön, dieser Text aber über die MENSCHLICHKEIT braucht Raum um sich. Er sollte gesondert in einem Büchlein veröffentlicht werden. Das rate ich.

26. Oktober (Dienstag)

MEINE MORGENFRÜHEN BRINGE ICH seit einiger Zeit in folgender Weise hin: Um fünf Uhr stehe ich auf, wasche, beklopfe und bebürste mich, veranstalte Kopfrollen (fünfzehn Drehungen nach jeder Seite), traktiere meine Finger, die vergreisen wollen. Mit einiger Mühe bring ichs hin, dass sich Kleinfinger und Zeigefinger auf der Handrückenseite im Zangengriff berühren. Die Finger der rechten Hand haben das Geschick zu dieser Übung mehr verloren als die der linken. Alsdann bürste ich mich (bei nacktem Körper) mit der Wurzelbürste von oben bis unten durch. Damit lass ichs genug sein, und ich setze mich und beschicke mein jeweiliges Groschenheft. In der letzten Zeit unterhalte ich mich damit, bis ich das Heftchen aufschlage, nicht zu wissen, was ich jeweils für den Tag hineinschreiben werde. So auch heute, und heute wusste ichs besonders *nicht*. Ich meine, man merkts. [...]

28. Oktober (Donnerstag)

UND NUN WEISS SOHN JAKOB endgültig, dass er seine anderthalb Jahre Soldatenleben in HAGENOW verbringen wird, und dass er am kommenden Dienstag sich dort in der Kaserne melden muss. Schon vor vierzehn Tagen hat er sich das Haar, das romantische Märchenprinzen-Haar, herunter schneiden lassen. Nun hat er sich in Berlin, seinem amtlichen Wohnort, polizeilich abgemeldet und geht Schritt für Schritt auf diese hässliche Lebensveränderung zu. Er steht in nervöser Erwartung, doch er beherrscht sich, gibt sich fröhlich und versucht, jeden Tag, der ihm noch in Freiheit gehört, auf seine Art zu feiern.

WIR FAHREN IM NEUEN AUTO unterm Blätterfall mit Einkaufs-Zwischen-Station in Gransee nach Schulzenhof. Die Eva-Mutter gesteht, dass sie damals, als ihre jüngsten Söhne geboren wurden, fest daran geglaubt habe, auf die würde die WEHRPFLICHT nicht mehr kommen, die Kriegsgelüste der Menschen würden inzwischen geschwunden und die Vernunft zur Lebenshaltung erhoben sein. Diese Utopien! Und immer wieder sind die meisten Menschen Utopisten und ahnen nicht und wissen nicht und lassen sichs auch nicht sagen, dass sie mit der grossen, erwünschten Weltverbesserung bei sich selber anfangen müssen, und dass eine der erstrebenswertesten Verbesserungen wäre, keinen Utopien mehr nachzuhängen, sondern im Auge zu behalten, was wirklich ist.

SOHN ILJA GEGEN ABEND auf Blitzbesuch. Er scheint sich in seinem »neuen« Beruf wohlzufühlen, scheint dort auch (er kann ja sehr tüchtig sein!) gewisse Avancen zu machen, weil er willig mehr arbeitet, als er muss, ohne nach entsprechender Entlohnung zu fragen. […]

3. November (Mittwoch)

UNSER SOHN JAKOB MUSSTE UNS VERLASSEN: Wir wussten ja, dass er würde zur Armee gehen müssen. Wir wussten ja, dass er abgewogen hatte zwischen den drei Möglichkeiten: Gefängnis, Strafdienst, Armee. Wir wussten ja, dass er sich für den Armeedienst entschlossen hatte, dass er mit zusammengebissenen Zähnen dorthin gehen würde. Eva, er und ich, wir wurden trauriger, je näher der Einrücktermin kam, aber wir verbargen je unsere Trauer voreinander, so gut wirs vermochten, und wir machten uns gegenseitig Mut: Das werden wir schon zwingen, wie? – Das wird auch vorübergehen, was?

[…] Und unser Sohn Jakob ging nach einer unruhigen Berliner Nacht zu seinem Stellplatz. Ein grau, grauer Novembermorgen, noch mild in seiner Luft. Ich stand vor der Haustür und winkte, und Jakob winkte zurück und schleppte an seiner gelben grossen Henkeltasche, die da bläkte und sich nicht schliessen liess, weil sie so vieles, vielleicht zu vieles halten musste, was das Evchen in Fürsorge hineingepackt hatte. […]

9. November (Dienstag)

EVA NOCH IM BETT. Und sie sieht nicht gut aus: Das Gesicht verschwollen. Das Augenweisse etwas gelblich. Alle Ratschläge werden von ihr mit schlecht verhohlenem Unwillen zurückgewiesen. Sie weiss die Ursache ihres Grippe-Rückfalles (Hantieren an einem Frosttage im unbeheizten Haus oben), doch sobald sie sich etwas besser oder gesund fühlt, begeht sie eine ähnliche Unvernunft bewusst und provozierend. Was hat sie dabei im Sinn? Begehrt sie damit auf gegen ihr »Los«, das sie mit zunehmendem Berühmtwerden immer schwerer zu ertragen scheint? Dort scheint auch die Wurzel des Hasses gegen mich zu liegen, der von Zeit mit Heftigkeit herausbricht und die letzte Zeit latent bei ihr vorhanden ist. […]

18. November (Donnerstag)

UND NOCH EIN TAG BERLIN, ein Regentag. [...]

Es regnet während der Rückfahrt nach Schulzenhof, regnet noch beim Nachtgang, den ich mit ÄSOP nach dem Nachtränken der Pferde mache. [...]

DAHEIM IN DER HEIDE ist inzwischen die lebenslustige Cousine ILSE gestorben. Sie starb schon am 12. November, aber erst heute kam das Telegramm, das mich unterrichtete. Das was mir danach zuerst einfiel: Nun ist es endgültig Erinnerung, das Kanarienvogelgezwitscher, das die Cousine so täuschend nachzuahmen wusste. [...]

ABER DIE ARBEIT, DIE EIGENTLICHE, scheint mir, habe ich nun doch wohl gepackt. Vom Titel VERWANDLUNG bin ich abgekommen. ZWEITE KINDHEIT scheint mir, das, was ich vorhabe, besser zu treffen. Dieser Titel ist wie ein Programm und die Fortsetzung von dem, was ich im Nachwort zur ersten Serie der Nachtigall-Geschichten schon berührte: Die Schwerelosigkeit, mit der man in der Kindheit lebte, zurückzugewinnen. [...]

24. November (Mittwoch)

ZUR ZEIT SEHE ICH EVAS MANUSKRIPT für den Essay-Band zum zweiten Male durch und finde hier und da eine Doppelung. [...]

ICH SEHE MICH, wenn ich ein Häppchen Zeit ergattere, in der Arbeitsstube von Proust um. Wenn er aus seinem Leben mit Hilfe der Literatur ein Kunstwerk machte, so bin ich dem, ohne es eigentlich zu wollen (bewusst zu wollen) sehr nahe gerückt. In diese »Lage« hat mich der LADEN gebracht. Der lag lange als Schreibwunsch in mir. Entsprechende Vor-Übungen in den Groschen-Heften beweisen es. Aber auch die Fortsetzung des LADENS, gewiss wird sie DIE KLEINSTADT heissen, wird als »Grundmaterial« meine Autobiographie enthalten und ebenso der dritte Band in dieser Serie, an dem ich, mit dem ich jetzt ein wenig vorab experimentiere. Ich glaube bereits zu wissen, dass sich meine jüngste Vergangenheit auch verklären und vertiefen, symbolisieren und objektivieren lässt, ähnlich wie es die fernere Vergangenheit mit sich tun liess. Und als mir das in den letzten Tagen zur Gewissheit wurde, sah ich mich mit eins in die »Lage« von Proust versetzt. [...]

30. November (Dienstag)

ZU SAGEN WÄRE, dass ich am Montag eigens nach Berlin fuhr, um mir die sogenannte NACHT DER PROMINENTEN im *Zirkus* anzusehen, und dass ich enttäuscht war bis tief drinnen, und dass die Veranstaltung und der Zirkus kein Erlebnis mehr für mich waren, und dass ich das mit leiser Freude feststellte. Verwandlung?

DASS TANTE ELSE den letzten Tag bei uns arbeitete. Sie wird im Dezember sechzig Jahre alt, und sie war wohl an fünfundzwanzig Jahre bei uns und half im Haushalt. Es war oft so, dass man sich drauf verliess, wenn etwas im Hause schmutzig geworden oder in Unordnung geraten war: Na, das macht Tante Else wieder glatt! Und für unsere jüngeren Söhne MATTI und JAKOB war sie wirklich wie eine gute Tante. MATTI war bei den Frankes wie zu Hause und lebte und übernachtete dort, wenn wir wegfahren mussten, und das mussten wir zu jener Zeit noch oft. / Ich wagte nicht, um die Mittagszeit, als der Schluss-Strich gezogen wurde, hinauf in die Katen-Küche zu gehen. Mir geht zur Zeit alles so nahe, wie es im Volksmund heisst. Ich hätte natschen müssen, wie man bei uns auf der Heide fürs gelegentliche Weinen sagt. Der Rentengang eines mir so vertrauten Menschen spiegelte sich in mir als Verlust. In Wirklichkeit natscht gewiss der Egoismus in mir. Ich fürchte, die Ordnung um mich herum wird gestört und meine Arbeit am Eigentlichen wird gefährdet werden. Oder doch Verwandlung? [...]

3. Dezember (Freitag)

KLEINE AUFZEICHNUNGEN: Eva kam aus Berlin zurück. Das ist, wie wenn daheim die Anderthalb-Meter-Grossmutter aus dem Wirtshaus zurückkam, wo sie auf der langen Altweiberbank gesessen und den Tanzenden und den biersaufenden Männern zugesehen hatte. – Man braucht nicht selber dabei gewesen zu sein. Das Evchen erzählt anschaulich, erzählt Details. Es ist dann und wann vorgekommen, und es kommt noch vor, dass ich nach einiger Zeit nicht weiss, ob ich eine Begebenheit selber erlebte oder ob sie mir Eva erzählte. Ich höre der Eva gern zu. Ich bin der Alte, der hinter dem Ofen sitzen blieb, der sich zutragen lässt, hauptsächlich, wenn es sich um Nachrichten aus dem Stadtgetümmel handelt.

Was die Einkäufe betrifft, die Eva in der Hauptstadt macht, so sag ich oft: Unse Mama kommt aus Spremberg. Auch die Mutter führte uns ihre Einkäufe vor, als hätte sie sie erfunden, und unsere Neugier verführte sie auszupacken und auszupacken: Dad was ich hier erscht hoabe!

Wenn ich auswärts war und zurückkomme und erzähle, verkürze ich zu arg, und ich mache es dem Evchen selten recht, und es stellt mir Zwischenfragen, und es will manches genauer wissen, aber ich weiss es nicht, weil ich bei den Leuten, die mir etwas erzählten, nicht genügend scharf zurückfragte. Ihre Kinder? kann Eva fragen, wie viel Kinder haben sie denn? Ich weiss nur von einem Mädchen. Und damit ist meine Erzähl-Lust gedämpft. [...]

11. Dezember (Sonnabend)

DIE MOSSNER, DIE ZIERLICHE HEXE, Elfe, Nymphe, Nymphomanin war das erste Mal bei uns. Es können, wie es aussieht, mehr Male werden. Sie braucht den Mann, mit dem sie zusammenlebt, als die Grundlage für ihre orchideenhaften Liebesabenteuer. Sie braucht für ihre wundersamen Illustrationen die geistigen, sogar die ungeistigen Unterlagen von Dichtern und Prosaisten. Die Hauptsache Unterlagen. Sie zeichnet, malt, tuscht, knispelt, strickt kongenial, wenn ihr gute Unterlagen zur Verfügung stehen. Und sie macht schlechte Geschichten und Gedichte poetisch und bewirkt, dass die einen »Markt« finden, das heisst Geniesser und Verehrer finden, die sie sonst nicht hatten. [...]

Mit ihrem »Botschafter« BÖLLING ist sie nicht fertig. Sie hat ihn dieser Tage wieder besucht. Sie hätte den Taufbecher ihres Vaters bei ihm im Schrank stehen lassen.

Eva: Ein bisschen mit Absicht wohl? / Der Mann verteidigt die M. sogleich. Nein, dafür könne er sich verbürgen, keine Absicht!

Ausserdem wäre sie an diesem Tage nur in Westberlin gewesen, um dort ihre Mutter zu besuchen.

Schafwoll-Strümpfe über die Hosenbeinlinge gezogen, Schnürsandalen und eine schwarze Kutte im Stil eines Hirtenmantels. So flattert sie auf mich zu und umarmt mich, küsst mir die Backe beim Kommen und beim Gehen. Ich habs nicht anders erwartet, obwohl wir uns das zweite Mal im Leben sahen.

12. Dezember (Sonntag)

EIN MARKSTEIN-TAG, einer, an den man noch eine Weile denken wird, so oder so.

Vera, die was ihr Privatleben betrifft, eine rechte Rätseldame geworden ist, lud zur Premiere ihrer ersten Regie ein. Sie hatte das Stück DER KOMET von DÜRRENMATT in Szene gesetzt. Das Stück ist hier noch nicht gespielt worden. Ich meine, hier in unserem Ländchen. Ich kenne es nicht. Für mich wars eine WUNDERTÜTE. Mal sehen, was drin ist, eine Kanone, ein Sperling? Der Tod war drin. Der Schauspieler ROLF LUDWIG sagte: Sterben, das kann ich jetzt. Die Angst vor dem Tod ist mir bei den Proben verlorengegangen. Ludwig wollte unbedingt auf den Duzfuss mit mir. Weshalb sollte ichs ihm verwehren? Bedenk, sagte er, wenn ich mir da, wie du ja gesehen hast, ein Stück vom papiernem Sterbehemd abreiss und mich drin schnäuze! Das härtet ab.

[...]

Dürrenmatt selber hat drei verschiedene Aufführungen des Stückes gesehen. Das hier sei also die dritte gewesen. Hat mirrr gefallen, sagt er, auch der Ludwigkk habe ihm gefallen. Er spricht seine Sprüche so hin, ohne dass man die geringste Emotion auf seinem Gedicht sieht. Für einen Sechziger wirkt er schon zu alt. Dieses dünne, weisse Altershaar im Nacken! Engelshaar. Watte. Das Stutzen, wenn man ihn anredet! Von welchchem Interview sprechchen Sie? Ich verrrgess immer oalles! [...]

16. Dezember (Donnerstag)

NACHTS STURM. Er reisst die Lichtleitung entzwei. Er reisst die Telefonleitung entzwei. Zurückgeworfen auf den Zustand am Anfang der zwanziger Jahre. Lichter und Leuchter. Der Strom, als er wiederkommt, ist zu schwach. Der Motor der Kreiselpumpe brennt durch, weil der Schutzschalter versagt. Telefonieren zum Pumpenbauer nach Gransee. Der hat keine Motoren, verweist mich aber an den Eisenwarenhändler nach Löwenberg. Der hat eine dreistufige Kreiselpumpe mit Motor am Lager. Er reserviert sie mir. Der Pumpenbauer sagt mir zu, dass er Motor und Pumpe am nächsten Tag einbauen wird. Das ist eine himmlische Sache. Der Pumpenbauer, ein Handwerker in dritter Generation; der Eisenwarenhändler ein ebenso korrekter in Kommission arbeitender privater Geschäftsmann. Ein Glück, dass es das noch gibt, und dass ich beide Männer kenne! Die meisten solcher Leute haben wir wegsozialisiert und die Gebliebenen sind durch ihren »Seltenheitswert« korrumpiert worden. Und ich habe diesen Zustand nicht gerade mit heraufbeschworen, aber doch durch stille Duldung (als Parteimitglied) begünstigt. […]

28. Dezember (Dienstag)

HIER MUSSTE ICH LEIDER DIE DIESES Jahr so eifrig geführten Aufzeichnungen abbrechen. Eine grosse Müdigkeit überfiel mich. Sobald ich mich hinsetzte, schlief ich ein. War eine unbekannte fieberlose Grippe in mir? Hat sich die Zuckerkrankheit unter der Hand in mir verstärkt? Schickt der Tod einen Vorboten? […]

Das hielt an bis über Silvester und Neujahr und bis in das neue Jahr hinein, und die meiste Zeit verbrachte ich im Bett.

AUF DEM KRANKENBETT: Hinter geschlossenen Lidern. Ich bin in mein Privat-Kino gegangen. Ich sehe die Erl-Zeisige durch den sonnigen Dezembertag-Vormittag fliegen. Sie fliegen in zwei Abteilungen. Die kleine Abteilung (das kleine Schof) ist schon viele Wochen bei uns im Wiesental. Das grössere Schof kam gestern hinzu. Manchmal vereinigen sich beide Abteilungen, doch sobald ein Pferd oder ein Mensch sich ihnen nähert, trennen sie sich wieder in »Einheimische« und »Fremde«.

1983

9. Januar (Sonntag)

UND NOCHMALS STELLTEN WIR IN den Tagen, da MATTHES bei uns war, Erwägungen an. (Von meiner Seite aus sogar recht bange Erwägungen!) Werden wir miteinander auskommen, wenn M. hier die Wirtschaftsführung übernimmt? Wird es nicht Spannungen und Spannungen geben, vor allem für Eva als Vermittlerin zwischen M. und mir, den beiden immerhin heterogenen Charakteren. Wird M. gegen seine Vergesslichkeit, seine Unordentlichkeit, Unsystematik und Sprunghaftigkeit wirklich ernstlich angehen? Werde ich den nötigen Gleichmut, die nötige Nachsicht und Toleranz aufbringen?

EINE BERUHIGUNG FÜR MICH brachte erst eine Beratung mit Eva und Jakob am späten Nachmittag, als MATTHES schon davon war.

Wir kamen überein, die anderthalb Jahre von Jakobs Militärdienst, es mit MATTHES zu versuchen. Jakob versprach, nach seiner Militärzeit sich dann mit M. die Wirtschaftsführung zu teilen. [...]

10. Januar (Montag)

[...]

DIE KLEINE MOSSNER schickte mir als Weihnachtsgeschenk einen Schreib-Apparat, nicht grösser als ein Füllhalter, mit dem man spinnwebfein schreiben kann. Er wird mit chinesischer Tusche gefüllt. Ich hatte mich bei unserem letzten Beisammensein nach diesem rätselhaften Schreibgerät erkundigt. Die Mossner malt (zeichnet) damit nämlich auch. Und auch diese Zeichnungen sind so fein, so winzig, als hätten Insekten sie produziert. Soll ichs hinschreiben oder soll ichs nicht? Diese Winzigkeiten ob Zeichnungen, ob Buchstaben rufen Sinnlichkeit in mir wach. –

Die M. besass noch ein zweites Exemplar von diesem Zauber-Schreiber, und das schenkte sie mir. Ich war überrascht. Ich war gerührt. Nun muss ich erst lernen aus dem Zauberstift zu holen, was er unter meiner Hand herausgeben will. Vielleicht muss ich den Stift steiler halten.

Wer von uns mit Eva hätte das vor zwei, drei Monaten gedacht, dass uns dieses begabte Persönchen so rasch nahekommen würde. Vor Monaten war sie für uns noch eine Abenteuerin, die einer uns fremden Welt zugehörte. Eva hat sich ihr so rasch und so heftig zugewandt, wie ich es bisher nicht erlebte. Sie kann sonst etwas anstellen, ich werde ihr alles verzeihen, weil sie eine Frau von Genie ist, sagt Eva.

26. Januar (Mittwoch)

VON DER LAGERSTATT IN BERLIN erhebe ich mich in der Regel kreuzlahm. Es war als ein Provisorium gedacht, dieses Bett, das eigentlich eine gepolsterte Sitzbank ist. Aber es ist schon so: Für das Auswechseln anscheinend so bedeutungsloser Dinge nehmen sich die beiden »Lebensverdichter«, die wir sind, nie Zeit. [...]

MEINE LESEVORSTELLUNG wurde mit viel Beifall bedacht, und ich wurde immer wieder »heraus geklatscht«, und ich las als Zugabe die Passage über den dummkollerigen Wallach. Heiterkeit brach aus. Sie steckte mich an. Ich fing an, ein wenig zu schauspielern, und das steigerte die Heiterkeit. [...]

Für mich war es die vierte Veranstaltung im PALAST-Theaterchen. Mag sein, dass der Beifall, auch der Andrang, eine Art Demonstration waren. Es hat sich herumgesprochen, dass meine drei letzten Bücher, die die Leser besonders schätzen, nicht den Beifall der Herrschenden fanden. Na, mäg!

NUN HABE ICH ALSO IM BEIFALL gebadet. Habe den Lohn (ach, nein, den hatte ich beim Schreiben schon) für viele einsame Stunden voll Grübelei kassiert.

Es wird wichtig sein, mich nach diesem »Bad« rasch wieder trocken zu reiben und in die derzeitige Arbeit hinein zu kommen.

Eine halbe Stunde lang signierte ich im Anschluss noch Bücher. Das Dankgestammel einzelner bringt mich nach wie vor in Verlegenheit. Ich weiss knapp, was antworten und wie mich bedanken.

3. Februar (Donnerstag) und 4. Februar (Freitag)
[…]

EVA KOMMT AUS BERLIN ZURÜCK. Doktor Hildchen und Sohn Erwin bringen sie. Dazu »Einkäufe« für den Haushalt. Eva gehts ein wenig besser. Die jüngste Blutsenkung hat ein positiveres Ergebnis.

Evchen freut sich wie ein Kind, im verschneiten Schulzenhof zu sein. In der Stadt war die geringe Schneemenge schon verwurstet. Ich höre seit langer Zeit wieder einmal das Ich-liebe-Sie von Eva. Nie werden wir hinter das Gesetz kommen, nachdem wir uns bald duzen, bald siezen. Christa hatte das übernommen, auch die beiden jüngsten Söhne. Die beiden älteren Söhne übernahmen die »Gewohnheit« nicht. Wir sagen wohl immer dann Sie zueinander, wenn wir uns leis kritisieren oder hänseln, wenn wir einander was Heikles mitteilen oder einander Intimitäten mitteilen, oder stets dann, wenn wir, wie Leute auf dem Dorf, uns vor »hohen Begriffen« scheuen.

AUCH »ABGESCHRIEBENES« BRINGEN die Stadtfahrer. […] Ich fall drüber her wie Äsop auf mitgebrachte Knochen. […]

16. Februar (Mittwoch)
DER WINTER HÄLT STAND, auch wenn seine Hosen in der Stadt nicht gar so klamm-kühl sind wie draussen auf dem Lande. Es ist jedesmal eine Art Abstieg in den Eiskeller, wenn wir in Schulzenhof ankommen, und das erste, was ich mache, ist in der Regel, ich werfe noch Feuerung auf die Heizung.
[…]

DIE DRUCKFAHNEN FÜR DEN »LADEN« sind in der letzten Mai-Woche zu erwarten. Das heisst also: Nach der Rückkehr von der Rheumakur gehts erst auf den Schriftstellerkongress und dann ran an die Fahnen-Korrektur! Anfang August nach Salzburg zu den Schreiers und im Oktober nach Ungarn. Auch diese Reise wird sich nicht aufschieben lassen, nicht mehr.

Ein Reise-Jahr also! Und was wird der Roman dazu sagen? ESAU, ESAU, tut dir nicht schon wieder im voraus die Zeit leid, die du wirst »verreisen« müssen?

9. März (Mittwoch)

ACHTUNDVIERZIG KRANICHE kamen von den Torfwiesen her über den Hochwald. Sie flogen ziemlich ungeordnet und über unserem Hof fingen sie an zu kreisen, als hätten die Dächer unserer Gebäude die Verwirrung, die so schon unter ihnen war, noch vergrössert. Sie kreisten eine Weile und verständigten sich durch krächzende Zurufe und zogen in der Richtung der Menz/ Güldenhofer Saat-Äcker weiter. Es war, glaube ich, bisher die grösste Versammlung fliegender Kraniche, die ich sah. Das Evchen war auf dem Spät-Nachmittags-Spaziergang, und es sah diesen Kranichzug in den Torfwiesen, und es schwärmte von diesem Kranichzug, wie nur das Evchen schwärmen kann.

21. März (Montag)

FRÜHLINGSANFANG – einfach, und der alte Mann freut sich über diese Tatsache wie eh und je, obwohl die Luft statt noch milder schärfer geworden ist, und obwohl alter Mann weiss, dass bis Anfang Mai mit Schneefällen zu rechnen ist, allein, dass die Erde duftet und das Gras grün wird, sind zwei Vorgänge, die sein altes Herz ergötzen.

ZU BESUCH: GERHARD HENNIGER, der Sekretär des Schriftstellerverbandes ostdeutscher Nation. Anfang Mai soll Schriftstellerkongress sein, eine jener Schaustellungen für Scheindemokratie, wie es Volkskammersitzungen oder öffentliche Wahlen sind. Sie brauchen den alten Mann und seine Eva als Aushängeschilder. Seht, zwei Autoren, deren Bücher auch anspruchsvolle Leser in Ost und West zufriedenstellen, zwei Autoren, die treu ostdeutsch sind und nie einen Versuch machten, sich vom Klassenfeind in Westdeutschland missbrauchen zu lassen, sie sitzen unter uns! Sie wollten, dass der alte Mann zusammen mit alten Männern aus Aussenländern, die hier in Ostdeutschland kaum jemand kennt, zahnlos vom Frieden redet und ihn fade beschwört. Zahnlos vom Frieden reden, das meint, ausschliesslich von den Westlern eine Abrüstung verlangen und von den Atombomben der Östler voraussetzen, dass sie zum Anrauchen für Friedenspfeifen vorgesehen sind.

Der alte Mann lehnte ab.

22. März (Dienstag)

[...]

AM ABEND EREIGNET SICH ETWAS, was, so wie es der alte Mann bis nun sieht, einen bösen Einschnitt in sein Verhältnis zu seiner Eva und umgekehrt, mit sich brachte!

Der alte Mann sass am Telefon und wartete auf einen Anschluss. Da lagen die Fahnen-Abzüge für den neuen Gedichtband (HELIOTROP) von Eva vor ihm. Er blätterte an und fand als erstes ein ihm unbekanntes Gedicht, als zweites ein ihm unbekanntes Gedicht, und weiter las der alte Mann nicht. Vor Monaten, als Eva die neue Gedichtsammlung zusammengestellt hatte, wurde der alte Mann gebeten, sie zu begutachten, und er tat es, und er und seine Eva waren sich einig. Alsdann wurde der alte Mann nicht mehr gefragt. Nun also – der Zufall gabs her – die neue Anordnung, die unbekannten Gedichte.

Was also war los? Wird der alte Mann inzwischen für desinteressiert oder für inkompetent gehalten?

Eva erklärte dem alten Manne, sie habe gefürchtet, der alte Mann würde gegen den neuen Buch-Anfang und eben gegen jenes neue Gedicht etwas auszusetzen haben. Und wirklich, das hatte er.

Eva mag fast unfehlbar bei der Beurteilung von literarischen Arbeiten anderer sein, eine Frau mit »absolutem Geschmack« im Babelschen Sinne. Das hat ihr der alte Mann stets zugebilligt, und er hat sich, soweit es seine Arbeiten betraf, wenn auch manchmal widerwillig, den künstlerischen Ansichten seiner Eva untergeordnet.

Hat das dazu geführt, dass seine Eva sich anfing, für »unfehlbar« zu halten? Aber ein Mensch kann in der Beurteilung fremder künstlerischer Arbeiten noch so unfehlbar sein, seinen eigenen künstlerischen Arbeiten gegenüber ist er es nicht. Da reden Selbstgefälligkeit und Eigenliebe mit.

9. April (Sonnabend)

SOHN KNUT ZU BESUCH: Er war lange nicht hier. [...]

MEINE EXISTENZ HAT SPANNUNGEN in meiner menschlichen Umgebung ausgelöst. Jetzt, da ich alt werde, gehts mir darum, diese Spannungen zu beseitigen, selbst wenn ich Kompromisse eingehen muss. Ich weiss nicht, woher sich dieses Verlangen nimmt. Es kommt mir andererseits nicht darauf an, auf die alten Tage einen Sippenkleister anzurühren, der dann meine Schaffenskraft ersticken würde. Ich bin nur drauf aus, das Gefühl haben zu können, dass da keine Spannungen mehr sind, die mich belästigen. Ob das nun einen Sinn hat, weiss ich nicht.

STEFAN HEYM gibt drüben ein Interview zu seinem siebzigsten Geburtstag. Er nimmt die Anfeindungen, die seine Bücher bei unseren Dogmatikern und Edelfunktionären auslösen, mit grösserer Gelassenheit hin als ich. Darum beneide ich ihn. So lange man sich über Anfeindungen von Vertretern der »reinen Lehre« ärgert, hat man sich nicht über sie erhoben. Als Entschuldigung kann ich vielleicht für meinen Teil beibringen, dass ich noch immer formell Mitglied des Bundes bin. Stefan H. war das niemals.

Ich musste an das Jahr 1954 denken, als ich zwei oder drei Wochen mit ihm und seiner Frau Gertrude in Moskau verbrachte. Da war er noch sehr moskaufreundlich. Aber das nahm ein Ende, als damals die Untaten von STALIN so dokumentar vor uns lagen. Jeder denkende Genosse musste zugeben, dass sie unvereinbar mit der sozialistischen Utopie sind.

Ich hätte jedes Wort, das H. in seinem Interview sagte, unterstreichen können, nur die Tatsache, dass er dieses Interview gab, halte ich nicht für richtig. Wieder sage ich: Als Kosmopolit muss man sich sowohl diesen als auch jenen verweigern.

10. April (Sonntag)

SOHN KNUT bleibt länger, als er wollte. Er bleibt über Mittag, geht auf dem Vorwerk umher, besucht die Nachbarn, rennt über die Pferdekoppeln, springt über die Weidezäune, fängt einen Hecht, kehrt in seine Kindheit zurück, in die freie Kindheit, die ihm Eva vermittelte. Auch dafür kann ich Eva niemals genug danken. […]

BRUDER ULF, mein ältester Sohn, holte seine Nichte, die Tochter meines erhängten Bruders Martin, aus einem unserer Gefängnisse. Er kaufte sie vom Westen her frei bzw. liess sie freikaufen. (Wir handeln gegen Devisen mit Menschen. Das muss man sich stets vor Augen halten, bevor man vom Sozialismus redet!)

Das Mädchen sass gefangen, weil ihr Onkel (Sohn Ulf) es angestiftet hatte, von Ungarn aus illegal über die Grenze nach Westdeutschland zu gehen. (Das ist für mich keine Straftat, aber schliesslich muss man Strafe gewärtigen, wenn man gegen die Gesetze jenes Staates verstösst, in dem man lebt.) […]

15. April (Freitag)

EIN TIEF, EIN SCHWARZES TIEF, was unser Leben in Schulzenhof anbetrifft. Der alte Mann und seine Eva sind ratlos und überlegen, ob Schulzenhof in der jetzigen Form einstellen, ob weiterführen und wenn weiterführen, wie. Bei Matthes Freikommen ist noch keine Entscheidung getroffen. Der Tag der Abreise nach Piešt'any kommt näher. Können wir Schulzenhof halb unbestellt zurücklassen? […]

Herbert bleibt dabei: Er lässt im Juni seine Arbeit. Dann hat er sein Renten-Alter in der Tasche und wähnt sich in der Hauptsache angekommen.

Vielleicht ist die Misere der Schulzenhof-Leute ein Fingerzeig? Vielleicht sollen sie ihre Schulzenhofer Umwelt mit den Tieren nicht so aufrecht erhalten wie bisher? Vielleicht sollen sie sich die Tiere abgewöhnen?

Wird der alte Mann ohne die Tiere auskommen? Wird er in einem in dieser Hinsicht sterilen Schulzenhof noch etwas Annehmbares schreiben können? Wenn er von hier wegzieht, wo wird er hinziehen? Denn wenn die Tiere nicht mehr da sind, ihre

Pflege fortfällt, so ist doch das Anwesen zu pflegen und instand-
zuhalten.

Die Lebensmüdigkeit hat keinen Grund zu weichen.

H. Kant rief an. Eva legte ihm die Sorgen der Schulzenhof-
Leute dar. K. will sie an Stellen weiterleiten, die mühelos, mit
einem Hauch ins Telefon, helfen können. Aber ist das der richtige
Weg? Wärs nicht richtiger, die unglückliche Lage, in der die
Schulzenhof-Leute sich befinden, reifen zu lassen, bis erkennbar
wird, was hinter ihr steckt?

26. April (Dienstag) bis 26. Mai (Donnerstag)

EIN GROSSER AUFRUHR ist in mir, ein Chaos, und beides will heraus, und will mir die Welt und das Jetzt meines Lebens vergällen.
Ich muss mich zuhalten, darf mir nur eine winzige Öffnung ge-
statten, damit nicht alles mit einem Knall aus mir herausfährt
und mich zersplittert und die Umwelt versengt. Ich probiere, ob
das neuerliche Einschreiben hier ins Büchlein die mögliche Öffnung ist, von der ich oben rede.

[…]

VOM 28. APRIL BIS 26. MAI also in Piešťany. Wir waren echt
glücklich. Ich liess die Besorgnis, die mir der Wechsel in der Bewirtschaftung von Schulzenhof macht, nicht vordergründig werden. Das Leben in der Hotel-Familie, die sich dort alljährlich
zusammenfindet, nahm ich mit dem nötigen Abstand hin. […]

DIESES MAL MACHTE ICH KEINE Notizen in Piestany, sondern
verwendete meine »Freizeit« für Diktate zur ZWEITEN KINDHEIT.
Am letzten Sonntag spazierten wir ohne Ruhepause vier Stunden
bei Sommerhitze durch die Urwälder an der Waag und bewiesen
uns was. Die Nachtigallen sangen, der Wiedehopf hupte und
Düfte, Düfte, Blumendüfte. […]

ABENDS SCHON IM BLÜHENDEN SCHULZENHOF. In der Nacht
hatte die Araberstute REBEKKA ein Stutfohlen geboren. Alles
friedlich. Ich halbglücklich, aber mit irgend einer Ahnung versehen. Wie fragwürdig die ganze Schulzenhof-Pracht für die Zukunft geworden war, zeigte sich in den nächsten Tagen.

27. Mai (Freitag)

HERBERT LIESS KEINEN ZWEIFEL: Sonntag (29. Mai) ist seine Zeit bei uns zu Ende. Er fühlte sich schlecht.

Ich hatte mit einem so plötzlichen »Schluss« nicht gerechnet. Geburtstag ja, Renten-Alter ja – aber die Heu-Ernte!

Allzu übermächtige Bedenken, ob MATTI schon fähig sein würde, Haus und Stall allein zu bewältigen. Der Schreiber-Kongress stand uns als etwas Unangenehmes bevor. Vier Tage in Berlin bleiben. Das Wetter regnerisch und drückend. Und Schulzenhof war so so voller Blüten, meinte es so gut mit mir, verlockte zum Entzücktsein: Rotdorn, Flieder, Spiersträucher, Blumen, Weissdorn! Aber alles war nur halb für mich da, nein, es war schon ganz für mich da, ich machte nur halben Gebrauch davon.

UNTER DEN POSTSACHEN waren solche, die gleich nach Antwort gierten.

29. Mai (Sonntag)

UND SO GINGS AN DIESEM TAG mit jeder Stunde, dem zu, was in der Umgangssprache auch zur Benennung eines menschlichen Zustandes benutzt wird: Es kam bei mir zu einem Zusammenbruch:

Wenn ich mich früher überfordert wähnte, wenn meine Nervenleitungen überstopft schienen bis zum Zersprengen, war mir Ersatz durch Herausbrüllen von Unsachlichkeiten und Beleidigungen, die sich auf meine Mitmenschen, in der Regel auf die nächsten und liebsten bezogen. Seit jenem Tag nun, da ich meinen Hund ASSAN erschiessen lassen musste, äussert sich so ein Zusammenbruch in Weinkrämpfen und Schimpfereien und Beleidigungen. Irgendein ungeschicktes Wort oder eine Trotz- oder Rechthaber-Haltung von Eva – und es geschieht: Ich werde ein Heuler und Schluchzer, ich werde unzurechnungsfähig. Und das geschah, und des schäm' ich mich, aber ist damit was ausgerichtet? Wärs nicht besser, nicht weiser, so zu leben, dass es gar nicht zu Überlastungen und Ausbrüchen kommen kann? [...]

Ich schäme mich, weil die Söhne ERWIN und MATTHES meinen Ausbruch diesmal miterlebten. Andererseits ist mir Sohn Matthes, der mich bei der Hand nahm und mich zu trösten versuchte, wieder so nahe gekommen, wie er es in seiner Kindheit war. Die Liebe, die ich mit eins zu fühlen bekam, riss Vorurteile und Misstrauensneigungen, die ich hatte, hinfort. Ich wurde in bezug auf unsere Zusammenarbeit in Schulzenhof zuversichtlicher.

30. Mai (Montag)

MIT EVA VERSÖHNT, aber die Spannungsfelder bestehen in uns beiden weiter. Wir hätten einige Tage Zeit gebraucht, unseren alten, bewährten Rhythmus aufzunehmen. Leider. Wieder gehts auf. Nach Berlin. Zum Kongress. [...]

31. Mai (Dienstag)

WIR GEHEN IN HARMONIE zum Kongress. Ich möchte hier im Tagebuch ausbrechen, möchte nichts einschreiben über diese von Propagandisten mit demokratischer Scheinheiligkeit gesteuerte Zusammenkunft dichtender und schreibender Zeitgenossen, von Zeitgenossen, die sich von Politikern vorschreiben lassen, was sie zu dichten und zu schreiben haben; der grösste Teil dieser Zeitgenossen jedenfalls.

Seit dreissig Jahren bin ich Teilnehmer solcher Kongresse. Das war der geistig-ärmste. [...]

Nun, ich bin hingegangen, um den politischen Geiferern im anderen Teil des Landes keinen Anlass für Lügen und Verleumdungen zu geben. Ich gab mich zum Fotografieren frei. Ich enthielt mich aber auch des »kirchlichen« Beifalls (des Knicksens und Dienerns), als die Mitglieder des Oberbüros einzogen und Könige spielten. Es gelang mir, wie ich meine, zum ersten Male präzis, mich beiden Seiten zu verweigern.

6. Juni (Montag) bis 10. Juni (Freitag)

ALL DIESE TAGE SIND ZERFRESSEN von einer kniffligen Arbeit, die Korrektur von Druckbögen genannt wird. Es handelt sich um die Korrektur der Druckbögen zum Roman DER LADEN. [...]

SOHN MATTHES macht sich als Herbert-Nachfolger besser, als wir (ich) dachte(n). Er ist ein mitfühlender Sohn und mir mehr zugetan, als ich in der Zeit, da er familienfern lebte, erfühlen und ermerken konnte. Ich hoffe, dass wir vorsichtig und stetig auch noch seinen Sinn für Ordnung und ein wenig Systematik verstärken können.

11. Juni (Sonnabend) bis 12. Juni (Sonntag)

[...]

EIN NEUER ZUSTAND in unserem Familienleben wird sichtbar und verdeutlicht sich: Dass mich Eva anherrschte und wie man das so nennt, herunterputzte, auch in Gegenwart Familienfremder, hatte ich allmählich gelernt hinzunehmen. Auch dass solche Attacken mit Evas zunehmendem Alter sich häuften, versuchte ich zu ertragen. Da trat was vom Charakter ihrer Mutter hervor, das glaubte ich, müsste man hinnehmen. Auch bei mir dürften ja wohl die negativen Charakterzüge meiner Vorfahren im Alter deutlicher nach vorn kommen.

Nun aber ist noch ein Sohn dazu gekommen, und der herrscht mich an und denkt nicht daran, sich zu entschuldigen, falls es sich bei der Anrempelung um ein Ausrutschen im Jähzorn gehandelt haben sollte. Bei den anderen Söhnen kommen die Beanstandungen meines Wesens aus der Ferne.

Alle diese Versuche mich anzuherrschen, mich einzuschüchtern und in die Schweigsamkeit und in die Duldung zu treiben, haben eines gemeinsam: Man will mich anders, als ich bin. Andererseits erwartet man von mir, dass ich leiste, was ich bisher leistete.

Schlimm ist für mich, dass Eva sich zur Zeit, ob aus Unkenntnis, ob wider Wissen mit Sohn MATTI, wohl auch mit den anderen Söhnen verbündet, und dass mich alle zusammen anders haben wollen, als ich bin.

Und wenn das so beibleibt, eröffnen sich drei Möglichkeiten, und die erste ist, ich füge mich den Änderungswünschen, leiste aber nicht mehr das, was man gern von mir geleistet sähe. Die zweite Möglichkeit ist: Ich zerspringe, mein Herz geht entzwei. Die dritte Möglichkeit ist: Ich trenne mich von der Familie, von Schulzenhof und sieche langsam dahin. Die vierte Möglichkeit wäre, es wüchsen Einsichten, oder es würden Ansichten sich wandeln.

229

15. Juni (Mittwoch)

[…]

EVA […], die bisher meine Hinwendung zu den Pferden treu unterstützte, sprach den Hinweis aus, der so lange unausgesprochen zwischen uns schwebte. Zunächst vorsichtig: Wolln wir nicht doch die Pferde reduzieren?

Wie vorsichtig immer – nun war es gesagt.

Der Missmut und der Überdruss bei Eva wurde ausgelöst durch den Druck, den die Heu-Ernte, wie alljährlich, zur Zeit auf uns ausübt.

Vom Standpunkt der Vernunft her ist so einzusehen, dass die Pferdehaltung und die Heugewinnung unsinnig sind, aber eine Stunde beim Heumachen auf den Wiesen und der Duft dort und die Sommerstimmung – sie löschen die Unsinnigkeit aus. Es gibt viel Unsinnigeres, was man tut, von dem man sogar glaubt oder von dem man sich einreden lässt, es wäre sinnvoll, das Glucken auf Sitzungen, die Arbeit für den Verband der Schriftsteller u.v.a. mehr, was man weiserweise nicht beim Namen nennt.

18. Juni (Sonnabend) und 19. Juni (Sonntag)

AN BEIDEN TAGEN IN DEN WIESEN. Aber in gereizter Stimmung. Die vor Tagen geschilderten Schönheiten finden mich ungeöffnet für sie. […]

DIE SINGVÖGEL WERDEN STILLER, nur die Gartengrasmücke, der Kuckuck und der Pirol führen noch das grosse Wort.

Es gab Aussprachen an beiden Tagen zwischen mir und Eva. Danach wurde mir etwas heller. Tief hinten lieben wir einander noch und jeder hält ein Leben ohne den anderen für ausgeschlossen, doch im Vordergrund hasst Eva mich zuweilen, und ich gifte mich gegen sie und bilde mir ein, dass sie den Söhnen liebevoller zugetan ist als mir. Eifersucht? Ich kanns nicht glauben. Aber überflüssig fühle ich mich.

29. Juni (Freitag)

PFERDE-TAG. Mit Herbert nach Alt-Lüdersdorf zum Stuten- und Fohlen-Auftrieb. Eine stattliche Anzahl von Ponys, Arabern und

Halb-Arabern, die direkt oder indirekt aus unserer Zucht stammen, sind dort zu sehen. […]

EVCHEN RIEF AUS HEIDELBERG an: Ich freute mich, sie freute sich. Die Freude war in unseren Stimmen und legte sich uns hüben und drüben ins Ohr. Schön, schön alles, und wie es in guten Zeiten immer war. Eva fing an zu schwärmen vom schönen Heidelberg. Die schönste Stadt, die sie bisher gesehen hätte. Aber beide müssten wir dort hinfahren und auf einer bestimmten Brücke stehen. Und der Plan, wie wir das bewerkstelligen würden, war schon gemacht.

In solchen Augenblicken lobt man still die Einrichtung, die Telefon genannt wird. […]

1. Juli (Freitag)

EVA zurück. MATTI holte sie von der S-Bahn-Station Oranienburg. Ich bin nicht nur von der Nüchternheit enttäuscht, mit der Eva mir nach diesem duftigen Gespräch aus Heidelberg nun begegnet, sondern weil sie mir nicht *ein* (für mich) interessantes (hier nicht erhältliches) Büchlein mitbrachte. Ich bin eben ein Kind. Aber bin ich je aus einem Aussenland nach Hause gekommen ohne ein Angebinde für sie?

[…]

DER JASMIN blühte nie so über und über wie heuer. Jasmin und Holunder um die Wette. Jeden Tag will ich den Jasmin fotografieren. Ich tus und tus nicht. War ich nicht mit mir übereingekommen nunmehr mit dem Auge für die Dichterwerkstatt zu »fotografieren«? […]

7. Juli (Donnerstag) bis 11. Juli (Montag)

[…]

LEIPZIG (Freitag) Gleich bei der Ankunft treffen wir im Vestibül des ASTORIA auf die MOSSNER. Sie hat sich herausgeputzt und stellt einen makedonischen Hirtenknaben dar. MATTHES macht Augen. Was haben die Eltern da für eine neue Bekannte? Sie fliegt uns an den Hals (an die Hälse). MATTI gesteht sie später, als sie ihn zu ihrem Bruder gemacht hat, dem sie von ihrer »grossen Liebe« erzählt, dass sie sich am liebsten von uns adoptieren

231

lassen würde. Damit ich weiss, wo ich hingehöre, sagt sie. Ich ge-
wahre, dass sie beim Gehen so vorn auf den Fussspitzen läuft, als
ob sie nach vorn überzufallen droht und sich immer wieder abfangen muss.

Ihre neue grosse Liebe [...] muss geheim betrieben werden.
[...] Aber das gerade scheint die MOSSNER zu reizen. Sie ist ein
schmales Genie. Den breiteren Raum ihres Wesens nimmt die
dämonische Kindsfrau ein. Fort und fort muss sie sich auf Stel-
zen von aussichtslosen Liebschaften durchs Leben bewegen.

WOMIT ICH NICHT GERECHNET habe, und was mich doch beglückte, wenigstens für den Tag: Es waren einige ansehnliche und
auch schöne Frauen dort am Festnachmittag auf den Wiesen am
Göschen-Haus, die sich auf ein Abenteuer mit mir eingelassen
hätten, mit denen ich für den Fall, dass Eva mich fallen oder mich
lange Lieblosigkeit spüren liesse, ein Abenteuer eingehen hätte
können. Aber wer will Abenteuer? Schöpferisch leben ist wichtiger. Könnte ich das ohne Eva? Träumereien eines alten Mannes in
kurzer Sommerzeit fernab vom Rheuma. [...]

WIR GABEN BEKANNT, dass ein bei uns am Vortage geborenes
Araber-Hengst-Fohlen den Namen Reclam gekriegt hätte. Marquardt, der sein dreissigjähriges Verleger-Jubiläum feierte, war
von dieser Idee begeistert, wollte alsbald kommen, um sich mit
dem Hengst-Fohlen fotografieren zu lassen. Die Mitarbeiter und
Lektoren belästerten den Einfall. [...]

14. Juli (Donnerstag)

JEDEN ABEND IM TIETZEN-SEE. Und noch immer ruft der Kuk-
kuck, obwohl die »ersten Kornpuppen« längst gestanden hätten,
würden es die Mähdrescher nicht verhindern. Die Mähdrescher
haben ein Charakteristikum der früheren Erntefelder gefressen.
Freilich haben sie auch das schwere Mähen mit Sensen und das
Garbenbinden und das Aufsetzen der Getreide-Puppen mitge-
fressen.

[...]

Nun ist die Zeit wieder da, in der wir geduckt zur Kate und
zum Stall gehen, um den sensationslüsternen Spähern und Foto-
grafierern nicht zu Willen zu sein.

WO SIE NUR HERKOMMT, aber sie meldete sich wieder und ganz energisch am Morgen beim Gang mit ÄSOP, die Lebensunlust, die Lust, mein Leben eigenhändig zu verkürzen. Der Selbstmord stellt sich mir verlockend und leicht dar. Ist es der erhöhte Blutzucker, der mich in dieses Verlangen drängt? Ist es die Hitze – also das Herz, das sie nicht mehr ertragen mag. Bisher liess ich mir die Hitze doch geschehen. Ich nahm sie widerstandslos an.

Mit der Arbeit an der KLEINSTADT in den zwei frühen Morgenstunden geht es nicht allzu schlecht.

Also, was ists, das mich so lebensunlustig macht? Wird mir zu wenig Zärtlichkeit? Oft giere ich danach. Oder ists die Tatsache, dass ich auf Sprödigkeit und sanfte Abwehr stosse, wenn ich Zärtlichkeit vergeben will? Wieder die Trugbilder von einer neuen Liebschaft, die mich vielleicht noch einmal aufmuntern und ein Stück weit tragen könnte. Aber auch im voraus schon der Ekel vor den Konsequenzen und das Wissen, dass ich ohne Eva nicht sein kann, wenn ich künstlerisch noch etwas zuwege bringen will. Aber will ich? Ist der Drang danach noch gross genug? Schreibe ich nicht nur noch, weil ich zu einer gewissen Zeit damit angefangen habe? Entweder werde ich schon bald nicht mehr in der bisherigen Form existieren, oder ich werde Besseres von mir wissen.

ES KOMMT EINE SCHWALBE ZU MIR in die Arbeitsstube. Sie setzt sich auf den Lampenschirm und redet auf mich ein. Aber es ist heute nicht der Tag, an dem ich sie verstehe. [...]

17. Juli (Sonntag)

[...]

WIEDER SPANNUNG MIT SOHN M. Ich werde es wohl nicht durchhalten. Er ist zu keiner Einsicht fähig, auch unfähig zur Selbstkritik. Was er gemacht oder nicht gemacht hat, es ist richtig. Und er verteidigt alles, was er gemacht hat, auch das Unsystematische an seinen Handlungen, auch die Anarchie, die er um sich verbreitet, mit unlogischen, kindischen, auch lächerlichen Argumenten, und er wird aggressiv oder ist tief beleidigt, wenn man seine Argumente nicht anerkennt.

Aber auch ich scheine halb verrückt zu sein. Jedes Krümchen regt mich auf. Vielleicht bin gar ich das, der sich so verhält, wie ich es dem Sohn MATTI zuschreibe. Welche Not! Ach Herr, dies eine lehre mich erkennen doch … möchte ich in Abwandlung des alten Kirchenliedes nicht singen, sondern hinausschreien.

Die liebe Eva, sie kam mit einer Beruhigungstablette, und die Tablette hatte ihr Doktor Hildchen tags zuvor anempfohlen, mir anzuempfehlen, und diese Tablette schluckte ich.

29. Juli (Freitag)

[…]

MIR FÄLLT AUF, dass Eva, wie mir scheint, die Anfangszeit, die wir in Schulzenhof verbrachten, die Zeit, da sie noch nicht an ihrem Werk baute, die Zeit, da noch nicht erkannt war, was für eine grosse Künstlerin in ihr steckt, heute als verlorene Zeit betrachtet. Sie fühlt sich, was die damalige Zeit anbetrifft, ein wenig Märtyrerin. Ich habe damals ihre Kräfte mit in mein Werk gesteckt und verbraucht. Eva war mal richtigerer Meinung und brachte das auch in Gedichten und anderweitig zum Ausdruck, nämlich, dass sie nicht wäre, was sie heute ist, wenn diese Zerreissproben nicht gewesen wären. Freilich ist mir damals etwas von dem zugeflossen, was gemeinhin RUHM genannt wird, und ihr ist er nicht zugeflossen, und sie stand im Schatten. Aber sie sollte bedenken, dass mein Ruhm von Politik angeschimmelter, unverdienter, stinkender Ruhm war, und dass ihr meine starre Arbeit und meine »übertriebene Ordnungsliebe«, wie mein Sohn MATTHES jetzt zu konstatieren pflegt, den Umweg über den stinkenden zum verdienten Ruhm ersparten.

28. August (Sonnabend)

DIE WEHMUT WILL NICHT WEICHEN. Wer hätte gedacht, dass die Reise, die ich mit so vielen Bedenken begann, so verwandelnd in mir nachwirken würde?

War es die Grossmütigkeit dieses Sängers? Waren es die Eigenschaften, die uns verwandt sein lassen?

War es das tiefe Eindringen in die altindischen Schriften, in die

Veden, deren Übersetzung und Erläuterung (durch einen fast grobschlächtig wirkenden indischen Weisen) dort im Zimmer einer österreichischen halbgebildeten Arztfrau als Taschenbuch für mich bereitlagen?

UND NUN BELÄSTIGT MICH der Korb mit Geburtstagspost. [...]

6. September (Dienstag)

WIEDER AUF GALBA UNTERWEGS. Ein altes Gefühl tut sich auf: Ich reite durch *meine* Wälder, geniesse die Waldstellen, die ausser mir kaum jemand kennt. Nur die Tiere wissen von mir und dem Hengst, und dass wir uns durch ihre Reviere bewegten.

Ich hoffe, dass ich Schritt bei Schritt wieder in die Stimmung komme, aus der ich vor Jahren den KRAMKALENDER schrieb. Eigentlich stünde dem nichts im Wege. Ich habe alle vordergründigen gesellschaftlichen »Gebundenheiten« abgeschüttelt.

Nicht unidyllischer als die sieben Seen im Salzkammergut liegt der Zeuthen-See unter mir. Es fehlen nur die bunten überzivilisierten und überperfektionierten Anwesen und Ansiedlungen an seinen Rändern. Hier liegen die Fichten, die Kiefern, die Erlen und die Gebüsche als unverarbeitete Landschaft umher. [...]

UM DEN LADEN IST ES NOCH STILL. Die Frage ist natürlich, ob er schon im Buchhandel ist. [...]

15. September (Donnerstag)

DIE ÜBLICHE FOLGE VON ARBEITEN: 5–7^h Arbeit an der »Kleinstadt«. Nach dem Frühstück: Stuten abprobieren, Kaninchen füttern, Morgengang mit ÄSOP, Tagebuch, kleiner Schlummer auf der Ruhestatt, danach Post abfertigen – das auch nach der Mittagspause eine Weile.

Nachmittags nach dem Kaninchenfüttern zu Fuss mit ÄSOP unterwegs. [...]

SOHN ERWIN SCHRIEB IN EINEM Brief an die Mutter Verständnisvolles über den LADEN. Nach Eva und Günter Caspar hat er einige Anliegen, die ich mit diesem Buch sozusagen im Gespräch mit mir selber zu klären versuchte, mit schöner Sicherheit herausgefunden. [...]

26. September (Montag)

[...]

UND ES SIND SO SCHÖNE SEPTEMBERTAGE, so nachsommerlich! Bunte Äpfel in den Bäumen, über ihren bunten Schalen, eine wärmende Schale aus Sonnlicht. [...]

HERMANN KANT ruft spät noch an und lässt ein uneingeschränktes Lob auf den LADEN los, und das ist nun schon das zweite. Er hat vieles erfasst und erfühlt, was mit diesem Roman aus mir heraus wollte und auch heraus kam. Eigentlich kann ich mir keine besseren Freunde wie H. K. und Alfred W. wünschen. Freundschaften, die in neidloser Anerkennung literarischer Leistungen ihren Grund haben.

2. Oktober (Sonntag)

UND NUN FUHR EVA DOCH NICHT nach Frankreich: Ihre Koffer waren schon verpackt. MATTI stand mit dem älteren TOURIST zur Abfahrt (nach Magdeburg) auf dem oberen Hof. In M. sollte die Gruppe abends um acht Uhr einen Reisebus besteigen, und während der Nacht (wahrscheinlich aus Ersparnisgründen) Westdeutschland und Belgien passieren, um morgens in Frankreich zu sein. Und Evchen mit ihren undefinierbaren Leibschmerzen, mit denen sie seit Tagen umhergeht. Ich war voller Besorgnis und stand wieder einmal vor einem Weinkrampf. Bei allem Verständnis für Evas Reiselust – hier schien sie mir in Unvernunft auszuarten. Aber da waren glücklicherweise die beiden Söhne, die auch etwas gegen die Auslandsreise der Mutter unter solchen Umständen hatten.

Und das alles wirkte zusammen, unsere Bedenken und Evchens Leibschmerzen, die sich, wie sie gehofft hatte, nicht verringerten. Und dann war er da, der Entschluss, daheim zu bleiben, und er wurde nicht zurückgenommen, und Eva selber war in den nächsten Stunden glücklich, dass sie ihrer Vernunft Mitsprache-Recht gegeben hatte und hiergeblieben war. [...]

16. Oktober (Sonntag)

SCHON ZWEI TAGE NICHT EINGESCHRIEBEN. Wer bindet mir die Hand? Ists die Erlebnisfülle eines Abends, die mich unsicher sein lässt, was davon zu beschreiben sei.

Kurzum, Eva und ich waren im Theater. Wie lang waren wir nicht im Theater? Ah, doch – im Frühling zur Premiere von Dürrenmatts KOMET war ich.

Nun die zweite Inszenierung von Vera. [...]

DIE LUSTIGEN WEIBER VON WINDSOR. Gewiss ist dieses Shakespeare-Stück zu meiner Senftenberger Kritiker-Zeit gespielt worden, aber das ist lang her und seitdem sah ichs nicht wieder. [...]

Wir nahmen an der Premierenfeier teil, unterhielten uns mit Schauspielern. [...]

17. Oktober (Montag)

WEITER IM TEXT VON GESTERN: Wir trafen Hager. Er bedankte sich für den LADEN, den ich ihm mit einem Dankwort geschickt hatte. Er dankte für die Einladung zum nächsten Frühling nach Schulzenhof. Er hat wirklich auf diese Einladung gewartet. »Ich wäre schon mal gekommen«, sagte er, »aber meine Mutter hat mich gelehrt, gehe nirgend hin, wo du nicht eingeladen bist!«

Den LADEN will er Weihnachten lesen, und dann will er mir dazu schreiben. Mal sehen! Übrigens, bin ich nicht neugierig drauf.

[...]

ICH FUHR NACH SCHULZENHOF ZURÜCK. Eva blieb in Berlin, um am Montag ihrer »Leberwerte« wegen, nochmals in die Klinik zu gehen.

AUF DEM HENGST IN DIE WÄLDER. Mir ist wohl. Jemand hat ein zärtliches Wort zu mir gesagt. Und mag das Wort von einem Menschen gesagt worden sein, dessen Zuneigung jeden Tag auf andere umspringt, so ist es mir doch gesagt worden, und es tat mir wohl, denn ich lebe schon lange fern von allen Zärtlichkeiten, nicht nur das Nehmen, auch das Geben ist mir versagt, und wenn jemand des Weges kommt und lässt mich eine vernehmen, so weise ich sie nicht ab; ich bin – wie gesagt – nicht verwöhnt, nicht mehr.

20. Oktober (Donnerstag)

[...]

UND DIE »FERNSEHSPRACHE« greift um sich. An Herberts Rede-reien kann man das immer wieder feststellen. Heute: Ich: Willi Füllster (der Nachbar) hat heute Geburtstag. Herbert: Dat kann ich di nich seggen, doa ben eck überfroat.

POSITIVE VERSCHWÖRUNG nennt Eva das Wiedergutmachungs-getümmel, das sich jetzt in Zeitungsbesprechungen und privaten Briefen um den LADEN abspielt. Wieviele würden wohl jetzt gern ihre hinterhältigen Manipulationen widerrufen, die Ehrab-schneidereien, Verleumdungen und negativen Nachsagen zum WUNDERTÄTER III, die ihnen von den STALINISTEN im Staats-sicherheitsdienst auferlegt wurden.

ACH, WENN ICH ZURÜCKDENKE, wie schwer mir ums Herz war, als (von offizieller Seite) mit Dreck beschmissen und verachtet ich hier an diesem Rolltischchen in meinem alten Sessel sass und trotz allem mit dem neuen Roman, mit dem LADEN begann, dann möchte ich ein Lob auf die Beharrlichkeit anstimmen. Nicht nur auf meine Beharrlichkeit, sondern auch im allgemei-nen. Ein Lob auf die Beharrlichkeit jener Menschen, die die Kraft und das Vermögen aufbringen, ihrer eigenen Kompassnadel zu folgen. [...]

21. Oktober (Freitag)

DER NACHBAR HAT GEBURTSTAG.

In den letzten Jahren hat sichs herausgebildet, dass wir einan-der gratulieren. [...]

Der Nachbar hackt im fünfzigjährigen Holzschuppen Holz. Der Schuppen ist ein Nachlass des Grafen Arnim. Der war, wie gesagt wird, der Erfinder des Scherengitter-Zauns. In diesem Schuppen wurden die ersten Scherengitter-Zäune zusammen-genagelt.

[...] Wir gehen in die Stube. Dort machen wir weiter nichts, aber es muss so sein, wenn Geburtstag ist, man geht mit dem Gratulanten in die Stube. Dort sitzen wir eben eine Weile. Er in Tuchpantoffeln, ich in Langstiefeln unter den Manchesterhosen. Er mag nicht trinken, ich mag nicht trinken. Es ist Arbeitstag und ausserdem sind wir beide nicht sehr mit dem Schnaps befreundet. Das teilen wir uns gegenseitig mit und dieses Jahr wohl zum zwanzigsten Male, denn am Neujahrstag, wenn ich Besuch mache, teilen wir es uns auch mit. Den Neujahrsbesuch mache nur immer ich, weil der Nachbar zwei oder drei Jahre älter ist als ich, und weil es sich geziemt, dass ein Jungbursche wie ich einen Altmenschen ein gutes neues Jahr wünschen geht.

Es hat alles seine Ordnung: Der Kamm liegt im Kasten und die Butter im Schrank, und die Menschen beglückwünschen einander auf Neujahr, die jungen die alten – nicht anders.

25. Oktober (Dienstag)

ZUM ERSTEN MALE DER NEUE Verlagsleiter vom Aufbau-Verlag. Er heisst Elmar FABER, ist 1934 geboren und stammt aus einem Dorf im Thüringer Wald. Ich hatte die stellvertretende Lektorin gebeten, mitzukommen. Sie sollte die Brücke schlagen. Sie kam auch mit. [...]

Es wurde die Höhe unserer Nachauflagen bis 1985 besprochen. Rekordzahlen, wenn man mit den Augen westlicher Autoren drauf sieht. Evas Lyrik-Bände haben Auflagen, die Gedichte in unserem Ländchen bisher wohl nie gehabt haben. Sie werden ja den Leuten nicht aufgezwungen wie die Gedichte der Hurrah-Patrioten (Becher, Berger, Preissler!) Wir erfuhren bei dieser Gelegenheit endlich auch einmal, wie viele unserer Bücher nach Westdeutschland (direkt) verkauft werden. Von einer Auflage sechzig Tausend, wie jetzt beim LADEN, gehen zehn Tausend nach Westdeutschland. Bei Eva ists ähnlich. Das bringt dem Staat Devisen. Wir selber haben freilich in diesem Sinne nichts davon. Und wir halten das auch nicht für allzu wichtig. Die Hauptsache, man liest uns im anderen Deutschland, man weiss von uns, obwohl die offiziellen Stellen uns drüben verleugnen. Wir können mit keinerlei »Unzuverlässigkeit« aufwarten.

30. Oktober (Sonntag)

BRUNOS GEBURTSTAG IN SCHÖNHORN (gestern). Soll mans wiederholen, was allenthalben geschrieben wird, wenn der und der durch einen Buchenwald im Herbst fährt. Soll man schreiben von dem gülden-flammenden Laub der Buchen und vom »Maler« Herbst? Ist nicht besser zu sagen, dass die Buchen den Sonnenschein Taler für Taler zurückzahlen, den sie die Frühlings- und Sommermonate hin einheimsten?

Mich beunruhigt, dass die alten Kiefern, die zwischen den Buchen stehen, beharzt werden. In fünf oder sechs Jahren wird man sie fällen müssen. Man wird die Buchen mit ihnen fällen müssen. Man wird wieder junge Kiefern auf dem Kahlschlag anpflanzen, aber man wird keine jungen Buchen anpflanzen. Ihr Dasein ist für die Forstwirte nicht rationell. Sie verbrauchen durch ihre breiten Laubschirme zu viel Standplatz und liefern im Verhältnis dazu zu wenig Nutzholz.

Ich befürchte in dem Augenblick, da wir den Sonnenschein-Wald im Auto passieren, dass er in fünf, sechs Jahren nicht mehr dort sein wird, wo er ist. Wie dumm, wie unintelligent: Ich mische die reine Freude an den leuchtenden Buchen mit der Befürchtung, dass ich diesen Anblick in fünf, sechs Jahren nicht mehr haben werde; dabei weiss ich nicht, ob ich in fünf, sechs Jahren noch als Mensch in der grossen Werkstatt umhergehen werde, die die Welt ist, vielleicht werde ich als ein Krümchen oder als viele Krümchen Rohstoff drin verweilen (auf einem Stern auf Halde liegen) abrufbereit, ausruhend, verfügbar.

Es ist wirklich eine Kunst, den Augenblick und nur den Augenblick zu feiern. Vielleicht bin ich noch nicht zu alt, diese Kunst zu erlernen? Ich wäre glücklich, wenn es mir gelänge.

DIE GEBURTSTAGSFEIER VERLIEF WIE üblich. Geburtstagsfeier-Schema. Der Jubilar wird zuerst mit Torte und Sahne geehrt, dann mit Kartoffel-Salat und Stullen. […]

10. November (Donnerstag)

UND ES GIBT TAGE, DA IST DER ALTE MANN mit sich zufrieden, weil er etwas geschrieben hat, von dem er hofft, dass es seinen Lesern ein Trost oder eine Freude sein kann, und seine LIEBLICHE GEFÄHRTIN hat in der gleichen Zeit etwas geschrieben, von dem sie hofft …

DER ALTE MANN und DIE LIEBLICHE GEFÄHRTIN, sie könnten vielleicht einander mit dem was sie schrieben einen Trost geben oder eine Freude machen, und das werden sie auch tun, aber nicht jetzt. Jetzt geht eines am anderen vorbei und jedes kommt sich hochwertig vor und tut beleidigt, weil es glaubt, vom anderen nicht erkannt zu werden, und einer verlangt vom anderen: Siehst du denn nicht, was ich nach dem, was ich schrieb, geworden bin; dass ich gewachsen bin? Vielleicht wirst du es erkennen, wenn andere kommen und es dir sagen.

Und da gibts kein Linderungsmittel, und solche Tage sind nicht zu umgehen, DER ALTE MANN und DIE LIEBLICHE GEFÄHRTIN sie müssen da hindurch, immer mit der Vorstellung, von seinem Gefährten nicht erkannt zu werden. O du manchmal merkwürdig verkantetes Leben. O du merkwürdiges Miteinander, das streckenlang unterirdisch läuft.

[...]

DIE SONNE IST ZURÜCKGEKOMMEN, als wollte sie sich nach Dingen und Verhältnissen umsehen, die der Herbst vom Sommer zurückliess. Kraniche – eine Heerschar – zog am Blauhimmel daher. Ich wähnte sie längst auf Reisen. Saatgänse krächzten und probten für den General-Abzug, und die Birken blinkten weiss-stämmig und mit gold-gelben Blättern in die Landschaft hinein. [...]

23. November (Mittwoch)

IN EINER ART MISCHWETTER, das nicht Herbst- und nicht Winterwetter ist, am späten Nachmittag nach Berlin. Dort bei Eva-Sohn Erwin. Sie sind so Mutter und Sohn, dass sie mich nur »linkshändig« begrüssen. Das ist keine Eifersucht. Es ist eine Feststellung. [...] Und so sehr und oft Evchen in ihren Gedichten auch klagt, dass sie von der Familie aufgebraucht und verzehrt wird, mit Familie bin dann stets ich gemeint, ich – ihr Stress, wie sie sagte. Dass die Söhne noch immer an ihr saugen, gefällt ihr, verschafft ihr, wie ich sehe, eine Art Genugtuung: Sie obsiegt. Sie rangiert in der Gunst ihrer Söhne immer als die erste Frau, sie besiegt die Fremden, die ihre Sympathien nach den Söhnen ausstrecken.

EIN ABEND BEI DER BITTERSÜSSEN Island-Elfe GIGI. Ich hab mir dieser Tage mit vollem Bewusstsein Ruthchens Illustrationen zum TINKO angesehen. Elfenstickereien. Die TINKO-Illustrationen öffneten ihr die Tür zum Verband der BILDENDEN KÜNSTLER.

Und so wie diese Tinko-Illustrationen, auf die man gucken und gucken kann, und an denen es immer wieder was zu entdecken gibt, so ists auch in ihrer Wohnung. […] Ich bin sogleich zu Hause. Das geschieht mir wohl das dritte Mal im Leben. Zuerst bei Monette als heimatloser Gesell, dann bei Evchen, wieder als heimatloser Gesell, und jetzt bei der Bittersüssen und das, obwohl ich nicht heimatlos bin und es bei Evchen so schön und warm habe wie nie im Leben. Das will schon was heissen, und da ist Hexerei hinter. Muss ich mich hüten? Noch fällts mir nicht schwer.

[…] Man muss viel über die bittersüsse Elfe nachdenken. Es lohnt sich schon. Es lohnt sich. Hat sie je jemand (von den Männern) verstanden? Ist sie überhaupt zu verstehen bei ihrem allzu raschen Hin- und Herwechseln von der Wirklichkeit ins Märchen und wieder zurück?

28. November (Montag)

[…]

BANGEN UM EVAS GESUNDHEIT

Wieder diese Verlassenheit, nachdem EVA sich nach dem Schlucken von FAUSTAN drüben in Berlin zum Schlafen gemacht hat, und MATTI, der wenig mit mir redet, weil er mit seinen Autos beschäftigt ist, in seiner Kellerstube verschwunden ist.

Ich stelle fest, dass kein Freund mehr da ist wie früher, kein Freund, den ich anrufen könnte. Brauche ich Tröstung? Brauche ich Ablenkung? Ich rufe die bittersüsse Island-Elfe GIGI an und siehe da, sie ist merkwürdigerweise daheim. Wir sprechen über Gott und die Welt und sie lässt wieder einmal durchblicken, dass ich ihr »gefalle«, aber was ist das für ein Verdienst bei GIGI, der, wie mir scheint, alle Männer zwischen 15 und 90 Jahren gefallen, Männer die sich einigermassen fortbewegen können.

Ich liebe, wenn ich schon liebe, ihr Talent und ihre Fähigkeit, allen Dingen, die sie anpackt, ihr Air aufzudrücken. Das versuchte ich, ihr in einem langen, langen Telefongespräch klarzumachen, und ich versuchte, ihre Art zu malen, mit der sie mir zur Zeit auf der Stelle zu stehen scheint, aufzubrechen. Ob mir was davon bei ihr gelang, weiss ich nicht.

War ich danach weniger allein und etwas getröstet? Von heute her gesehen, scheint es mir so.

10. Dezember (Freitag)

[…]

BIN ICH EIGENTLICH STOLZ über das Lob, das mir nun aus Zeitungen, Zeitschriften und Leserbriefen über den LADEN entgegenprasselt? Ein wenig. Hoffart ist nicht dabei, doch die Befürchtung, ich könnte das nächste Buch schlechter schreiben. Ists Ehrgeiz, der mich zwiebelt. Das ja, wenn es einen edlen Ehrgeiz gibt. Ich möchte meinen Lesern Texte vermitteln, die sie noch tiefer ins Nachdenken hineinreissen. Texte, die ihnen die Welt noch mehr als ein Ganzes zeigen; Texte, aus denen der Leser die Gewissheit erhalten soll, dass er dasein *muss*, dass die Welt ohne sein Hiersein zusammenbrechen würde.

Ich weiss nicht, ob ich mich klar genug ausgedrückt habe.

12. Dezember (Montag)

KLASSISCHER WINTERTAG mit Rauhreif und Sonnenschein. Gefunkel. Die Strassen sind schwarz und manche lauern mit Glätte auf. Ich fahre nach Schulzenhof zurück.

IN DOLLGOW BRANNTE AUF SONNTAG die Gastwirtschaft SÜHRING nieder, jene Gastwirtschaft, in der wir mit Evchen einkehrten, als wir um unser jetziges Schulzenhof handelten. In jenen Tagen, da wir umherzogen, um uns Grundstücke anzusehen, fühlten wir uns heimatlos, obwohl wir in Berlin (es war Februar) eine warme Wohnung hatten. An einem solchen Tage entdeckten wir die Gastwirtschaft, und sie erschien uns warm und gemütlich. Und wir beschlossen damals, sollten wir nach Schulzenhof werden, in dieser Schenke ab und zu einzukehren.

Damals kannten wir die Dorfbewohner und Zwistigkeiten

noch nicht, obwohl ich sie von daheim her hätte kennen müssen. Aber wir waren eben Dichter, naive Kinder des Lebens, die nicht verallgemeinern mochten. Auch von Parteiungen waren wir noch nicht belastet. Später gingen wir »bei SÜHRINGS« sogar zweimal »zu Tanze«. Ich tanzte – damals war ich zweiundvierzig Jahre alt – mit der fünfundsiebzigjährigen Bürgermeistersfrau Ernestine Wohlgemuth einen Tango. Die Dörfler lachten, ohne es uns zu zeigen. Ich gehörte zu den ersten Nationalpreisträgern. Für die Dorfbewohner verfügte ich über Macht wie ein Minister, die ich niemals hatte. Ernestine Wohlgemuth sagte sogar, als wir unseren ersten Besuch bei den Bürgermeisters machten: Schau her, da kommt unsch der Herr Nobel-Preisträger mit seinem Töchterle besuche! Das »Töchterle« war Eva. [...]

Als ich ins Dorf einfuhr, war der Tanzsaal herunter gebrannt. Das Vorderhaus halb eingebrochen. Sein Dach – Loch bei Loch – wie ein starres Netz, die meisten Dachziegel davongeflogen. [...]

[Berlin] 21. Dezember (Mittwoch)
NACH BERLIN. Den Strassen ist nicht zu trauen. Manche ihrer Strecken sind heimlich glatt. Mein Gesäss signalisiert es mir: Der Wagen tänzelt. Berlin liegt im Dunst. Befühlt man die Temperatur, könnte es Spätherbst oder Vorfrühling sein.

DIE STADT IST VOLL WEIHNACHTS-WILDER MENSCHEN. Wie oft habe ich das in meinen Tagebüchern beschrieben! [...]

DEN ABEND VERBRINGEN WIR BEI DER KLEINEN HEXE. Mit uns ist Sigrid Damm (alias die noch bis vor kurzem gewesene »Frau« WELLM). Die kleine Hexe geht in einem langen Gewand (unrein rosa) umher. Indisch, höre ich die Frauen sagen.

Die Hexe überrascht uns mit ihren Illustrationen. Ich bin beschämt. Ich habe ihr Unrecht getan, als ich sie bezichtigte, sie plagiiere sich selber. Aber ich wollte es, wenn ichs recht bedenke. Ich wollte sie schocken, weil sie in Gefahr war, ihr Künstlertum aufzugeben und es durch Liebesräusche zu ersetzen.

Von den fünfzig Büchern, die sie illustrierte, liegen wohl fünfundzwanzig vor uns auf einem (Magenkrampf)-Tischchen. Man weiss nicht, wo hinsehen. Immerzu schön! schön! zu sagen, genügt nicht. [...] Eva und ich sind überzeugt, dass sie die Illustratorin unserer Arbeiten werden muss. [...]

Ein Abend, an dem es so geistreich zuging, wie ich es lange nicht erlebte, und lange habe ich nicht so innig gelacht wie über die Spässe und die Schlagfertigkeit dieses Kobolds.

Da Eva gleichermassen entzückt von der Hexe ist (es sogar früher war als ich), dürfte keine Missbilligung aufkommen. Und wenn? Sollte ich meine Freude und mein Gefallen an der Hexe dann verstecken? Ich, der ausgebrannte Mann?

29. Dezember (Donnerstag)

POST, POST – VON ÜBERALL HER. Unmöglich, sie jemals aufzuarbeiten. Ich kann sie nur mit Mühe lesen. Das Fieber!

Ich denke an eine merkwürdige junge Frau, die einmal sagte: Sie haben soviel gearbeitet in Ihrem Leben, sie müssten zwei Frauen haben dürfen.

Weshalb fällt mir gerade das ein, da ich auf einem der schwächsten Punkte meines Lebens stehe?

[...]

AM LIEBSTEN WÜRDE ICH NACH Berlin ins Krankenhaus gehen. Als ich es sagte, stutzte Eva. sie hat meine Krankheit bisher mit gespielter Gleichgültigkeit hingenommen. Bestrafung! Ich wäre die letzte Zeit nicht gut zu (sie sagt stets *uns*) gewesen. Vielleicht wahr, vielleicht unwahr. Ich habe wieder zu viele Kräfte in den neuen Roman gesteckt. Nun aber weiss ich, dass der Anschluss an den LADEN gelungen ist. Es kommen Zusprüche von Hörern auf die Lesestunde am Weihnachtsabend. Seit wann will Eva nicht mehr wissen, dass die künstlerische Arbeit wie eine Zecke ist, die der ehelichen Liebe das Blut aussaugt. Sie will es nicht mehr wissen und weiss es auch ganz und gar nicht mehr, seit sie selber grosse Gedichte schreibt. In dieser Hinsicht wird unser Leben als Mann und Frau tragisch zerfressen. Dazu meine sexuelle Impotenz, die mich traurig und unsicher macht.

31. Dezember (Sonnabend)

EIN SILVESTER, DEN ICH IN DEN JAHREN, die ich noch lebe, nicht vergessen werde. R. war da. Ich kann sie nicht mehr HEXE nennen. Was eine stille Silvesterfeier hätte werden sollen, war eine gegenseitige Belagerung. Ich lag – das erste Mal übrigens – auf Evas Doppel-Schlafstatt gebettet. Ich war der Genesende. Eva war die Krankwerdende. MATTI balanciert seit zwei Tagen am Rande der Krankheit entlang. Im angetrunkenen Zustande hinderte es ihn allerdings nicht, R. vorzulabern, was er über seinen Vater wirklich denkt. [...]

Gewiss wird sich R. mit Grippe-Viren infiziert haben. Aber mir scheint, sie ist stark in gewisser Hinsicht. Stärker als wir alle. Wenn sie von Liebe spricht, spricht sie von Liebe. Wenn sie sagt: Ich mag nicht mehr, dann mag sie nicht mehr.

Und damit ist das Jahr zu Ende. Glücklicherweise unfeierlich. Feierlich wäre Heuchelei gewesen.

Das neue Jahr bringt veränderte Verhältnisse und damit vielleicht meinen Tod.

1984

1. Januar (Sonntag)

ES WIDERSTREBT MIR ZUNÄCHST, niederzuschreiben, was ich am Morgen dieses Tages erfuhr. Da ich nicht annehmen kann, dass es erlogen war, was mir da übermittelt wurde, warte ich ab.

Zwar wollte mein Jähzorn sogleich explodieren, doch ich bezähmte mich, und ich schaffte es. Und ich weiss nun, dass ich mich nicht nur in der Lage befinde, in der sich Tolstoi in seinen letzten Lebensjahren befand, sondern dass meine Lage schlimmer sein dürfte.

Aber abwarten! Ruhe halten!

Jedes Wort einmal wenden, ehe ich es von mir gebe, wie der Geizige seine Geldscheine umwendet. Ich bin reinen Herzens. Irgendwo muss das zu Buche schlagen. Wo steht geschrieben, dass es Sünde und verboten ist, einen Menschen gern zu sehen, mit dem man nicht gesetzlich verehelicht ist?

ICH MUSSTE DAS KRANKENLAGER gezwungenermassen verlassen, da sich Eva und MATTI a tempo legten, wahrscheinlich um R. nicht das Geleit geben zu müssen. Matti fühlte sich (angeblich?) ausserstande, obwohl er sich nachts wunderbar betrunken hatte, R. nach Oranienburg zu fahren. […]

Schliesslich wurde TAXI-BEHM beauftragt. Er kam gegen 11^h. Bis die Zeit heran war, sassen R. und ich noch in den Ledersesseln in meiner Arbeits-Stube. Zwischendrein wurden wir von Eva urplötzlich kontrolliert. Alles war sehr erniedrigend.

Schliesslich fuhr R. ab. Mir tat sie leid. Zeitchen verging, da rief sie von daheim an. Das wurde mir mit zusammengepressten Zähnen mitgeteilt. Am Abend rief sie abermals an und gab die Marke einer bestimmten Zahnpasta durch, die Eva wissen wollte. R. wusste nicht, dass sie sie einer Frau durchgab, die sich inzwischen von einer schwärmenden Verehrerin zu ihrer ärgsten Feindin verwandelt hatte. Das Leben, das Leben!

Ich muss aufhören. Angegiftete Gedanken wollen in mir aufsteigen.

ICH BLIEB DEN GANZEN TAG in Kleidern bis in die Nacht hinein. Ich versuchte, die beiden Kranken zu versorgen, die aber behandelten mich wie einen Paria. […]

JEDENFALLS arbeitete ich, so gut es gehen wollte, damit der Tag nicht zu den toten Tagen des Lebens zählte.

3. Januar (Dienstag)

DIE LUFT IM HAUSE GELB UND GIFTIG VON DER EIFERSUCHT. Verdächtigungen schweben umher. Ich schweige. Es scheint mir ratsam. Am Nachmittag stand Evchen, die gewiss nicht fieberfrei war, auf und machte sich reisefertig. Denkst du wohl, ich habe Spass gemacht? sagte sie mir.

Von diesem Augenblick an kann ich nicht mehr sachlich schildern, was alles geschah. Schwarze Flecken in meinem Bewusstsein.

Jedenfalls rannte ich aus dem Hause in der Absicht (wars wirklich Absicht?) mich umzubringen.

Eva schnitt mir den Weg ab und stellte mich und versuchte, mich zu versöhnen. Sie sagte mir allerlei Angenehmes.

Eine Weile war ich wieder daheim auf meiner Arbeitsstube, schluchzte und weinte. (Es schluchzte und weinte; ich beherrschte es nicht!)

Nun bin ich so alt und vergesse immer wieder einzukalkulieren, dass Eva auf keinen ihrer Jungen einen Makel fallen lässt, dass sie z.B. MATTI aufs Wort glaubt, obwohl nicht nur sie, sondern auch andere Leute [ihn] beim Erzählen von Lügengeschichten, die dann wie in seiner Kinderzeit WAHRE GESCHICHTEN genannt wurden, ertappt haben.

Wieder musste ich mir Beschuldigungen anhören, die sich auf R. bezogen.

Inzwischen wars dunkel geworden. Ich rannte wieder in die Wälder. Es erschien mir möglich, mich in meinem pelzgefütterten Ledermantel im Tietzen-See zu ertränken. Aber dann reichte der Mut nicht. Entschuldigende Gedanken schoben sich vor den Mutmangel: Ich würde den See entheiligen, der sommers der Bade-See der Familie ist. Es ist der See, in dem ich schwimmen lernte. Es ist der See, in dem ich meine grössten Erlebnisse auf dem Wasser hatte.

Was mich wirklich aufhielt, weiss ich nicht. Ich irrte durch die Wälder, sass in alten Schützenlöchern. Man hatte mir Äsop nachgejagt. Er war so ratlos wie ich. Schwarz, schwarz – alles, was vor mir lag, schwarz. Die Erbmasse, der Trieb zum Selbstmord vom väterlichen Vater her wirkte in mir, gewiss wirkte sie in mir.

Sie suchten mich mit dem Auto und Taschenlampen, suchten mich anderthalb Stunden und leuchteten alle Wege und Schneisen ab. Schliesslich spielte Äsop den »Verrater«. Sie schleppten mich ab. Herbert, Lamprecht und Matti. Herbert weinte und drückte mich ab, und ich konnte spüren, wie sehr er mit zugetan ist.

Die allgemeine Les-Art für die Nachbarschaft: Er konnte viele, viele Nächte lang nicht schlafen, da musste [es] ja mal zum Nervenzusammenbruch kommen.

Evchen macht mir viele gute Versprechungen. Ich soll mein Leben nicht wegwerfen, soll schreiben, was ich noch zu schreiben habe, und alles, was ich sonst tue, wird gebilligt werden, wird recht und richtig sein. Es gehe um die Kunst, ums Werk, versichert sie.

Aber im Unterton ist schon wieder zu hören, aber du hast dies und du hast das getan und du glaubst deinem Sohn weniger als einer fremden Frau, die womöglich eine Agentin ist. Und schon sind wir wieder am alten Fleck.

6. Januar (Freitag) Dreikönigstag

DER TAG AN DEM DAS LICHT DES Jahres sich wendet. Mein Bewusstsein ist nicht in diesem Tag. Ich liege in meiner Bettbutze bei künstlichem Licht und diktiere Antworten auf die viele Festpost. Ich tue es, um meine Gedanken zu reglementieren. Sie verlangen immer wieder, dass ich meine Arbeit unterbreche. Sie haben was mit mir vor. Sie wollen, dass ich erkennen möge, dass mein Weiterleben unmöglich ist. Sie haben das Mädchen R., das als kleiner Lichtstrahl in mein Leben eindrang, mit Teer zugestrichen. Und das ohne eine objektive Schuld, ohne einen objektiven Grund dafür angeben zu können.

[…]

WAS BLEIBT DA FÜR EINE LÖSUNG? Von Eva will und werde ich mich nicht trennen. Von R. werde ich aus Menschlichkeit nicht lassen.

Plötzlich versichert Eva, vielleicht, weil sie spürt, wie ernst mir alles ist: Du kannst alles tun, was dir für richtig erscheint, wenn du dir nur nicht das Leben nimmst. Niemand wird etwas dagegen haben, wenn du dich mit R. triffst. Aber ist das nicht nur so vorläufig hingesagt?

Gerechterweise muss ich veranschlagen, dass es vielleicht auch mir schwerfallen würde, wenn Eva sich von Zeit zu Zeit mit einem jungen Mann treffen und über Kunstdinge und Kunstangelegenheiten reden würde.

Aber sie hat ihre Söhne in allen Altersklassen […]. Jeder macht ihr in seiner Weise Freude. Und wo ist meine Tochter, die mir Freude macht?

13. Januar (Freitag)

AUCH SO KANN MAN ES SEHEN:

Der alte Mann hatte mehr als sein halbes Leben lang geistig gearbeitet. Er hatte Bücher geschrieben und in diesen Büchern hat er versucht, das Leben, das wir hier auf diesem Stern verbringen, zu poetisieren. Das schien ihm mit der Zeit zu gelingen. Es gab eine Schar von Zeitgenossen, die das Bemühen des alten Mannes respektierten.

Aber da gabs Augenblicke im Leben des ALTEN MANNES, in denen er sich fast gelangweilt sagte: So wird es wohl nun bleiben. Du wirst die letzten Jahre deines Lebens sitzen und weiter versuchen, dein und deiner Zeitgenossen Leben zu poetisieren und du siehst es schon ab, und hoffentlich fängt dir deine Tätigkeit nicht an zu erstarren und knorrig zu werden wie die Rinde der Dicken Linde daheim einst war.

Aber so lange man auch lebt, mit dem Leben kennt man sich nie ganz aus. Eines Tages sah der ALTE MANN eine Elfe. Bis dahin hatte der ALTE geglaubt, Elfen kämen nur in Märchen vor. Nun sah er eine lebende Elfe, und sie macht ihn munter und er erfuhr, wie Elfen sind, die unter uns leben. Sie sind gut und böse wie andere Menschen auch, und manchmal sind sie ein wenig verschlagen, sie erkennen Moralmauern und Bindungen gewöhnlicher Menschen nicht an. Sie können verschlagen sein und Lügen sind für sie keine Vergehen und Untreue ist für sie kein Versehen. Sie glauben an das, was sie möchten mit Inbrunst, werden aber rasch müde dabei und dann glauben sie an das, was ihnen danach gefällt mit Inbrunst. Sie lachen in Ehrlichkeit und sie weinen in Ehrlichkeit und sie lieben so stark, dass niemand ihrer Liebe auf Dauer standzuhalten vermag, und das ist das am meisten Elfische an ihnen. Sie werfen den, auf den ihre Liebe fällt, aus der Bahn, so sicher der sich auf seinen Lebensschienen auch fühlen mag.

Die Elfe, die sich dem ALTEN MANNE in Liebe entgegenstellte, brauchte ein ganzes Jahr, um ihn ein wenig aus der Bahn zu drücken. Zwischendrein vergnügte sie sich da und dort und anderswo, und sie kam aber immer wieder auf den Alten Mann zurück. Und nun taumelt der ALTE etwas, und er weiss nicht, ob er lieber sterben oder ob er sich noch eine Weile neben seiner lieblichen Gefährtin und neben seiner geliebten Arbeit von der possierlichen Elfe unterhalten lassen soll.

Ich sagte schon: Auch so kann man es sehen.

16. Januar (Montag)

DIE BEIDEN SÖHNE FAHREN AB. Mir ist Jakobs wegen kaum weniger zu Mute wie damals, als er einrückte. Dabei hat er nur noch hundert Tage herunter zu leiern.

Die Traurigkeit produzieren meine von der Grippe angebohrten Nerven, wohl auch die häuslichen Verhältnisse, die noch immer vergiftet sind.

MATTI bleibt acht Tage in Urlaub. Herbert hat den Stall übernommen.

EINE STUNDE SPÄTER FÄHRT EVA nach Berlin. Sie braucht neue Medikamente für ihren Magen und zu Laboruntersuchungen.

Grosse Stille im Haus, aber nicht weil Eva wegfuhr, die Stille tut mir gut. Es wäre gut, wie Eva vorschlug (zunächst probeweise) eine Woche lang allein in Berlin zu leben.

[...]

Klärendes Gespräch mit R. Sie versichert, dass sie keinerlei Ansprüche auf mich macht, wie sich das hauptsächlich Sohn MATTI, aber nun wohl auch Eva einbildet. Aber was soll R. denn auch mit mir? Ich bin doch in einer bestimmten nicht unwichtigen Hinsicht kein Mann mehr. Weshalb sieht Eva das nicht ein? Weshalb fühlt sie sich nicht endlich gedrungen, die VERDAMMUNG, die sie über R. in Fieber und in der Erregung aussprach, aufzuheben und den Zustand wieder herzustellen, in dem wir beide Freude an R.s Elfenhaftigkeit und an ihren künstlerischen Einfällen hatten?

22. Januar (Sonntag)

MEINE SONNTAGE unterscheiden sich schon lange nicht mehr von den Wochentagen. Ich meine, was die Arbeit anbetrifft.

[...]

LANGER SPAZIERGANG mit EVA nachmittags. Die Kälte kriecht mir in die Filzstiefel. Unsere Gespräche sind müde, als hätten sie sich in einem Irgendwo übernommen. Wenn sie so vor mir hergeht, wenn wir nebeneinander gehen, weiss ich, dass ich sie immer lieben werde. Aber da ist das Unberechenbare, das ihr die Mutter mitgab. Es bricht jetzt häufiger hervor als früher. (Auch ich werde beim Altern gewiss verstärkt mit den Abträglichkeiten, die meine Vorfahren an sich hatten, belastet!) Bei Eva jetzt oft das Starre, das Überaus-Von-Sich-Überzeugte. Da neigt sie sich ab von mir, manchmal weit ab, dass es mir zu Zeiten nicht möglich ist, dass ich mich ihr nachneige. An dieser Stelle droht unserem Füreinandersein Gefahr.

DER HOCHWALD AM RHEINSBERGER Weg, gleich vorn, links, ist bis auf einen schmalen Streifen gefällt worden. Dabei fiel die einzige Schwarzkiefer, die wir hier hatten, dabei fiel der Horst-Baum des Roten Milans. Der Wald wird ausgeraubt. Die Forstangestellten protestieren nicht. Ist ihre »Liebe zum Wald« nur eine verbale?

AM ABEND MATTI ZURÜCK. In seiner Wohnung hatte sich eine politisch-oppositionelle, angeblich kirchliche Gruppe festgesetzt. Jemand hatte einen Zweitschlüssel. In allen Städten tun sich jetzt so Jugendliche zusammen mit dem Rücken zur Kirche und Geld aus dem Westland.

11. März (Sonntag) und 12. März (Montag)

GESTERN HATTE DER ALTE MANN das Groschenheft vor sich liegen und fand die Kraft zum Einschreiben nicht. Heute (Montag) nun macht er einen neuen Anlauf.

[…]

EVA LIEBE ICH INNIG WIE früher. DER ALTE MANN hatte für eine Weile den Verdacht, das Evchen liebe vor allem seine Söhne und ihn liebe es nur noch wenig. Die Einbildung gehörte, wie DER ALTE MANN annimmt, mit zu den Kräften, die ihn in das Intermezzo mit R. hinein trieben. DER ALTE hatte nicht vor, seine Eva zu verlassen, aber er war wirr, war irr, war behext. Er konnte die Lage, in die er sich gebracht hatte, nicht mehr analysieren. Keine Entschuldigung. Anklage.

Als der Alte, gestützt durch die Behandlung im Krankenhaus, leise zu erkennen mochte, wo er sich befand, und wie sehr ihn seine Eva liebte, und welchen Kummer er ihr gemacht hatte, fing er sich an zu schämen und sich selber zu verachten. […]

Der ALTE selber weiss nicht, was ihm geschah und wie ihm was geschah. Es kann so, aber auch so sein. Dem ALTEN kommts vor, als wär er in einen bittersüssen Traum verstrickt gewesen.

20. März (Dienstag)

FRÜHLINGS-ANFANG. Es geht aufwärts mit mir, ich kanns kaum glauben. Die Schweissausbrüche vermindern sich. Die Füsse sind nicht mehr ganz so bleiern kalt. Die Hälfte des verlorenen Körpergewichts ist aufgeholt. Die Müdigkeit lässt nach. Die Arbeitslust kommt zurück. Nur die Hände zittern noch erbärmlich, und das Eisgrau im Bart wird nie mehr wegtauen.

DIE KLEINSTADT: 7 um ersten Male nach der Krankheit hineingesehen. Noch ist die Gefahr, dass mir »augenblicklich« vieles nicht mehr gefällt, dass ich streiche und streiche und ändere und das Manuskript unbrauchbar mache. [...]

21. März (Mittwoch)

HE DA, EINE KETTE KIEBITZE! Sie überqueren das Wiesental und gleich nach ihnen überfliegen unsere beiden Nebelkrähen kontrollierend über den »sauberen« Himmel. Die Nebelkrähen leben länger hier als wir, sagt das Evchen. Für sie sind wir die Zugezogenen. [...]

DIE AUFGEHENDE SONNE beleuchtet das Bauchgefieder der fliegenden Ringeltauben, und der ALTE MANN erfährt, dass sie unter den Flügeln viel heller gefärbt sind, als es ihm der Tag verrät.

DIE HAUBENTAUCHER SIND eingetroffen. Sie knicksen und plärren einander zu und vergnügen und begnügen sich mit dem flachen Wasser, unter dem noch Eis steckt.

IM WINTER, SAGTEN DIE ALTVORDEREN, verwandele sich der Kuckuck in [den] kleinen Sperlingshabicht, den Sperber. Und der ALTE MANN sagt: Im Frühling verwandelt sich der Bussard in eine fliegende Katze.

ZUM ERSTEN MALE IN SEINEM Leben sieht und hört der ALTE MANN einen Kampf zwischen Buntspecht-Männchen. Er sieht deren rote Federbüschel in der Nähe ihrer Schwänze aufleuchten, und die Laute ihres Gezänks sind die von heiseren Marktweibern, die sich um ihren Standplatz streiten.

26. März (Montag)

[...]

EVA MUSS SICH LEGEN. Sie hat die »riechende« Grippe. Das das dritte oder vierte Mal im ersten Viertel dieses Jahres. Der ALTE MANN überlegt hin und her, was der Grund dafür sein könnte, dass gerade das EVCHEN von den Grippe-Viren als Vermehrungs-Ort ausersehen ist.

DIESE SENTENZ fand der ALTE MANN dieser Tage bei Hermann Hesse: »Was der Weise im kontemplativen Verzicht auf jedes Tun zu erreichen sucht, die Aufhebung der Zeit, das streben die

Künstler auf dem umgekehrten Weg an: durch erhöhte Aktivität im Dienst des Festhaltens und Verewigens.« (»Lektüre für Minuten«, S. 226.)

Was in diesem Satz ausgesprochen ist, beschäftigt den ALTEN MANN seit Jahren. Seit seiner Jugend bedräut ihn der Wunsch, ein Weiser zu werden, und er hat einiges versucht, die Zeit für sich oder in sich aufzuheben, aber er hielts niemals lang genug aus; seine »Aktivität im Dienst des Festhaltens und Verewigens« übersiegte ihn immer wieder. »Verzicht auf jedes Tun« lag nicht in seinem Temperament. Er war stets viel zu verliebt in die künstlerische Arbeit. Er hätte es vom Temperament her nicht leisten können, ein Weiser zu werden. In diesem Leben jedenfalls nicht. Die Einsicht ward dem alten Manne sehr spät, fast zu spät. Aber es ist ihm leichter, nachdem er es über sich brachte, sich zu bescheiden.

24. April (Dienstag)

[...]

NACH DER GROSSEN KRANKHEIT, die aus dem ALTEN MANN gebrochen war, nahmen die LIEBLICHE GEFÄHRTIN und er sich vor, so etwas wie ein neues und wenn das nicht, ein anderes, ihnen zusagenderes Leben zu führen.

Sie wollten da einander wieder näher sein, und eines sollte wieder (wie in guten Zeiten) aufs andere eingehen, und ihr Weg, der sich gegabelt hatte und zu zwei Schenkeln eines spitzen Winkels geworden war, sollte wieder zusammengelegt werden, und das Gewesene sollte wie ein spitzwinkeliges Dreieck hinter ihnen zu liegen kommen.

Ist es ihnen gelungen? Der ALTE MANN meint, es ist ihnen (noch) nicht gelungen. Die LIEBLICHE, so scheint ihm, versuchts mit dem Vergessen des Gewesenen, aber da kommt alsbald ihr Stolz nach vorn und ändert ihr Vorhaben. Sie fühlt sich (nachträglich) wieder hintergangen, in ihrer Grösse verkannt und betrogen und unterbewertet und wer weiss was alles, und das, obwohl sie doch weiss, es war was Dämonisches im ALTEN zugange, was zu beherrschen und niederzuhalten vielleicht gar nicht in seiner Macht stand.

Und nun steht er da und weiss nicht, was machen. Er fühlt sich allein und möchts nicht sein. Er sehnt sich danach, ohne Vorbehalte geliebt zu werden. Er glaubt, sein Werk verleihe ihm die Berechtigung dazu. Und die LIEBLICHE glaubt, ihr Werk hätte sie berechtigen müssen, und der ALTE hätte ihr das nicht »antun« dürfen.

Es vertreibt dem ALTEN MANNE die Lebenslust, wenn er denkt, dass das nun der Zustand sein soll, in dem er bis zu seinem Ende verharren muss.

WOHER DIE HEXE NUN KAM, die den ALTEN Mann anschoss, ist nicht zu ermitteln. [...] Er blieb tagsüber im Bett, schluckte Medizin, bestrahlte mit Rotlicht, rieb mit Schlangengift ein, schlief und las und schlief und am Abend steckte der Schuss schon nicht mehr so tief in seinem Kreuz.

26. April (Donnerstag)

DER TAG, UM DEN SICH SEIT anderthalb Jahren die Gedanken von Mutter Evchen, auch die vom ALTEN MANNE drehen, der TAG, an dem die Militärzeit ihres jüngsten Sohnes – Jakob – abläuft. Je näher dieser Tag rückte, desto eifriger wurde an ihn gedacht, obwohl man doch weiss, dass mit seinem Eintritt nichts weiter bewirkt ist, und dass er später nur eine Marke im gelebten Leben sein wird, auf die man sich kaum noch orientiert.

[...]

NUN HAT ER SIE ABGEWORFEN – die Soldaten-Unfreiheit. Pünktlich auf Mittag brachte ihn sein Bruder MATTI heim. Er wirkt sportlich trainiert und hat eine gesunde Frühlingsfarbe im Gesicht. Er kann noch nicht fassen, was ihm mit der Rückgabe der Freiheit geschehen ist.

Nach der Mahlzeit legte er sich hin, rollte sich ein und schlief und schlief.

SOHN MATTI fuhr wieder hinauf nach Mecklenburg, in die Welt, in der er an seinen »Geheimnissen« arbeitet, in der seine Träume liegen, die ihm leider, leider immer wieder bares, schieres Geld kosten, sonst anerkennt er sie nicht. [...]

DIESER TAG, ein warmer Tag, von kalten Winden unterspült. Der Frühling macht einen Überschritt nach vorn, fühlt der ALTE sich zu sagen gedrungen, obwohl er weiss, dass das Leben weder vorn noch hinten kennt.

3. Juni (Sonntag)

DIE REISE GING ZU ENDE. […]

In Piešťany kein Tagebuch geführt. Dafür Notizen gemacht wie fast jedes Jahr.

Die Kur war heuer nicht gleichzeitig Erholung.

Der ALTE MANN kam herunter. Acht Tage Grippe.

Die Kuren gegen Rheuma wurden trotzdem gemacht.

Die Laune wurde rüchig. Das Alter will und will anerkannt sein.

Der ALTE MANN wills und wills nicht anerkennen.

9. Juni (Sonnabend)

ROMAN. (KLEINSTADT)

Seit Tagen sitzt der ALTE MANN wieder drüber. Er liest sich wieder ein, liest alles bisher Geschriebene. Es sind 150 Seiten. Er ändert stilistische Ungeschicklichkeiten; er verkürzt umständlich gebaute Sätze. Sonst ist er mit dem bisher Geschriebenen zufrieden. Es kann als »fertig« gelten. […]

14. Juni (Donnerstag)

DIE GROSSE AUSSPRACHE.

Gestern abend fand sie statt und sie dauerte drei Stunden und mehr. Es wurde manches ausgesprochen, was bisher unausgesprochen schwelte. Danach wurde die Luft sauberer. Es scheint, dass etwas vom Hass, den Sohn MATTI gegen den alten Mann hegte, abgetragen wurde. Wichtig war auch, dass die LIEBLICHE diesmal ihre Bedenken und Einwände gegen MATTIS Verhaltensweisen (wenigstens zur Hälfte) aussprach.

Gereinigte Atmosphäre. Der ALTE ist sich über das klar, was ihm beim künftigen Zusammenleben für seine Haltung und Einstellung zufällt. Er muss eine neue Einstellung zu dem gewinnen, was Liederlichkeit genannt oder als Unlogik oder Unsystematik bezeichnet wird. Er muss mit seiner Sicht aufs Leben eine andere

Ebene beziehen. Das hat er zwar immer gewollt, doch er dachte dabei nicht an die Ebene, die er jetzt beziehen muss. Aber vielleicht ist es eine Vorübung fürs Einstellen und Umstellen überhaupt.

EINE ÜBERRASCHUNG WAR auch für die LIEBLICHE das Wesen von Sohn Jakob, das er nun nach seiner Armeezeit an den Tag legt. Eine Umwandlung hat stattgefunden. Seine kindliche Hinwendung zu den Eltern und zum Elternhaus ist dahin. Liegts an uns, liegts an ihm? […] Es geht ihm jetzt um seine Selbstverwirklichung. Wir sollten nicht mehr erwägen, dass er nach dem Studium hier Fuss fasst.

DÄMLACK, DER DU BIST! sagt sich der ALTE MANN, wann endlich wirds dir gelingen, ohne Illusionen zu leben?

DASS TROTZ DER FAMILIENKRÄCHE, die im Hause Tolstoi stattfanden, ein grosses Werk entstand, sollte uns ein wenig trösten. Bei uns dürfte trotz allem ein zwiefaches Werk entstehen. Das soll wohl sein.

DER ALTE LAS EINE WEILE im Tagebuch 1973. Tagebücher von vor Jahren zu lesen, ist das das Wühlen im eigenen Dreck?

15. Juni (Freitag)

JUBILÄUM: 30 JAHRE IN SCHULZENHOF!

Beim Frühstück war der ALTE MANN mit der LIEBLICHEN allein. Nochmals eine Aussprache. Noch einmal wurde über die Verfehlungen des ALTEN (letzten Winter) gesprochen. Aber kann der ALTE sein damaliges Verhalten wirklich als Verfehlungen bezeichnen? Er wusste, als er sie beging, im Hintergrund oder an einer psychischen Hinterwand, dass es sich in der kurzen Zeit, in der er sich mit R. M. abgab, um Trieb, nicht um Liebe handelte. […]

AUCH HIER WIEDER (AM 30. JAHRESTAG SCHULZENHOF) ein Übereinkommen, das Erlebte vergangen sein zu lassen. (Dem ALTEN fällt es nicht schwer.) Auch hier wieder ein Übereinkommen, den Versuch zu machen, in Harmonie weiter zu leben und zu schaffen. Der ALTE sagt zu und muss an seiner Zusage nicht zweifeln. Und es gibt schon gar keinen Grund, an der Zusage der LIEBLICHEN zu zweifeln. Also: Amen, Amen, Amen!

WAS FÜR EINE ERLEICHTERUNG und wie färbt es die Welt um, wenn man im psychischen Wirrwarr wieder ein Stückchen Land gewann, auf dem man stehen kann!

24. Juni (Sonntag)

JOHANNI-TAG. Gestern war die längste Nacht. Dem ALTEN MANNE ist zum ersten Male widerfahren, dass er sich auf seinem Grundstück nicht frei bewegen konnte.

SIE NANNTEN ES FOLKLORE-FEST. Und sie feierten es oben im alten Haus. Der »Einfädler« war merkwürdigerweise Sohn JAKOB, von dem man eine solche Aktion ins Ungewisse hinein am wenigsten erwartet hätte.

Zwanzig, fünfundzwanzig Leute aus Berlin und der hiesigen Umgebung belegten das alte Haus, die geliebte Kate im Sinne des Wortes, sie haben ein wenig gefiedelt, gitarrt, getalkt, vor allem aber (nicht nur ein wenig) getrunken, und sie haben sich dann niedergelegt, wo sie standen. [...]

Sohn MATTI sagte, es sei eine Clique von AUSSTEIGERN gewesen, wie man lebensunentschlossene und wenig tatbegeisterte Jugendliche heute nennt, die sich da zusammengefunden hätte. [...]

25. Juni (Montag)

SOHN ERWIN HAT GEBURTSTAG.

Die LIEBLICHE und die Söhne sind in Rudolstadt und begeistert von ERWINS FAUST gewesen. Er selbst war auch zufrieden, hoffentlich nicht selbstzufrieden. Dem ALTEN scheint, Sohn ERWIN schwankt noch zwischen Schauspieler- und Schreiber-Dasein. Der ALTE MANN will nicht raten, darf nicht raten, aber er weiss es – wenn, dann nur eines von beiden: Schauspieler oder Schriftsteller und das eine dann gründlich.

DAS ZU HEU WERDENDE GRAS hats nicht gut. Es muss einen Regen nach dem anderen über sich ergehen lassen. Würde man die Schober anlüften, liesse man den Regen ganz und gar hinein. Das verwelkende Gras quittiert das lange Umherliegen mit Nährstoffverlusten.

DAS SOGENANNTE FOLKLORE-FEST zerbröckelte nur langsam.

Es mussten »Teilnehmer« von MATTI mit dem Auto weggebracht werden und etzliche brachte Jakob mit dem Motorrad nach Fürstenberg zur Bahn. Schliesslich gabs welche, die des Regens wegen überhaupt noch nicht davonwollten. [...]

Jeunesse dorée. Es wiederholt sich alles. Eva entsinnt sich als Entschuldigung für die Unbekümmertheit ihrer Söhne an die Studenten-Feste, auf denen auch sie – nicht unbedingt wie eine zahme Katze – umhersprang.

Und der ALTE MANN denkt an die Dorf-Tanzsäle, an seine Freundschaften, an die Dorfburschen, die bis spät abends in seiner Stube hockten und Allotria trieben und sich Schlager- und Zappelmusik anhörten und mitsangen. Und die Musik kam aus den Radio-Empfängern, die noch warm und ganz neu in der Zeit waren.

Deibel hole, schimpft der ALTE MANN auf sich, dass du nicht davon loskommst, deine Söhne vor geistigen Umwegen zu bewahren. Du hast diese Umwege auch gemacht, und ohne sie gemacht zu haben wärest du nicht der, der du heute bist.

30. Juni (Sonnabend)

[...]

DER FORTWÄHRENDE REGEN hat auch sein Gutes, den üppigen Graswuchs und die Verlängerung der Zeit, in der der Kuckuck ruft.

DEM ALTEN MANNE GEHT'S NICHT mehr um diesen Staat. Es geht ihm nur noch um sein Werk, und dass die Beherrscher dieses Staates ihn dieses Werk bis zu seinem Tode fortsetzen lassen, ohne ihn mit ihrer Dummheit und ihren Intrigen daran zu hindern.

13. Juli (Freitag)

GESTERN: EINIGE GLÄSER DIABETIKER-SEKT getrunken. Keinerlei berauschende Wirkung. Aber heute ist die Wirkung da: Der ALTE MANN neigt zur Faulheit und zu Lallerigkeit. Er möchte vor sich hinstarren und an den gestrigen Spätnachmittag und den Abend denken und am liebsten sogar das nicht, sondern nur ein wenig labern und ungenaue Eindrücke von sich geben. Er hasst diesen Zustand, der nach dem Genuss von Alkohol spürbar wird. Er hat ihn schon bei seinem Vater beobachtet, und er hat die Disposition zur Faulheit nach dem Genuss von Alkohol von seinem Vater geerbt.

Als der ALTE MANN ihn (den Zustand der Faulheit) an sich selber erfahren hatte, hütete er sich, Alkohol in grösseren Quanten zu sich zu nehmen. Er fürchtet den verlorenen nächsten Tag im voraus.

UND WAS WAR GESTERN? Der ALTE MANN und seine LIEBLICHE GEFÄHRTIN wohnten einer sogenannten Akustik-Probe bei. Das GROSSE SCHAUSPIELHAUS wurde restauriert und ausgebaut und umgebaut und wieder »nutzbar« gemacht. Freund Peter Schreier ist zum Vorsitzenden eines Kuratoriums bestellt, das dieses Haus künftig leiten wird. Und er wird und will vor allem dort auch selber singen. Nun will er und wollen alle, die künftig in und mit dem Haus umzugehen haben werden, wissen, wie Musik und Gesang sich in diesem Raum betragen und ob sie den Zuhörern sich so zeigen und hingeben, wie ihre Schöpfer es erhofften.

Das also wurde gestern erprobt. Es ging alles gut aus. Alle waren zufrieden. Dem ALTEN MANNE kams drauf an, Leute zu beobachten, die etwas Unalltägliches tun und zu leisten haben. Er hörte sehr auf Peter Schreiers Gesang hin. Schreiers Stimme facht in ihm was an. Wie der Umgang mit den Schreiers ihn überhaupt ermuntert und anhebt. Sie bringen das DRAUSSEN der Welt ins Leben des ALTEN. Er könnte sichs freilich auch selber hereinholen – dieses DRAUSSEN, aber dazu ist er schon zu bequem und zu zeitgeizig, dazu unterbricht er zu ungern den Rhythmus seiner Arbeitstage, und wenn ihm die SCHREIERS das DRAUSSEN hereinbringen, hat ers billiger. […]

18. Juli (Mittwoch)

ES BALLT SICH: Die LIEBLICHE liegt wieder darnieder. Weit schlimmer als vorige Woche. Der ALTE bestrahlt ihren Rücken mit Rotlicht. Diese Woche Kreuzpein und die Bronchien. Wenn die LIEBLICHE darniederliegt, weiss sie jedes Mal, wo sie es sich »holte«. […]

ES BALLT SICH: Der ALTE MANN sieht keine Gründe mehr, weshalb er Schulzenhof für die Söhne erhalten sollte. NATÜRLICH würde er es auch für Sohn MATTI tun, für Sohn MATTI, den letzten Halb-Anker, doch es zeigt sich immer wieder, dass dessen Interessen anderslang gerichtet sind, und dass Schulzenhof für ihn etwas ist, was er mit der halben linken Hand zu machen gedenkt.

ES BALLT SICH: Der ALTE MANN erwägt, ob es nicht ein Weg wäre, Schulzenhof schon jetzt der Kunst-Akademie zu überschreiben. Vielleicht bestünde die Möglichkeit von dort aus, einen Prokurator hier einzusetzen, der sich um die Erhaltung der Gebäude kümmert. Die Tiere? Na, wer will sie schon ausser dem ALTEN?

ES BALLT SICH: Besonders, nachdem der ALTE zuverlässig weiss, dass die LIEBLICHE nach seinem Tode Schulzenhof aufgeben und in die Stadt ziehen wird.

ES BALLT SICH … und die Kräfte, die der ALTE aufbringen muss, um unter diesen Umständen seinen Roman jeden Tag einen Schritt weiter zu befördern, sind so erheblich, dass er nicht ausmachen kann, wie lange sie noch ausreichen werden.

23. Juli (Montag)

UND ALS DER ALTE MANN der Verzweiflung nahe war, und als er sich so allein wie nie in seinem Leben fühlte, kam es zu einer Aussprache mit der LIEBLICHEN. Die Aussprache vereinnahmte fast die Zeit eines ganzen Sonntag-Vormittags. Dabei erklärte sichs dem ALTEN, weshalb die LIEBLICHE die letzte Zeit so zugeknöpft und unnahbar einherging.

Der Erfolg, den der LADEN-Roman des ALTEN hat, liess Feinde und Missgönner nicht ruhen. Sie benutzten die kurzfristigen Beziehungen des ALTEN zu R. M. als Grundstock zu einer Sensations-Story. Demnach soll der (die meiste Zeit schon impotente) ALTE MANN R. M. ein Kind gezeugt haben oder soll einer Gruppe von Männern angehören, die das besorgt hat. Freilich Unmöglichkeiten, aber sie werden gern und eifrig geglaubt. […] Die LIEBLICHE glaubte sie, besonders weil der ALTE, bevor die MATTS zur Kur fuhren, an zwei Vormittagen für längere Zeit zum Einkaufen in der Stadt war. Da könnte er nach Meinung der LIEBLICHEN »wieder« bei R. M. gewesen sein.

Alles erklärlich, denn zu Jahresbeginn hatte der ALTE wirklich zwei Einkaufs-Vormittage benutzt, um etwa für je eine Stunde R. M. zu besuchen. Der ALTE hat diese Tatsache zunächst durch Nichterwähnen verborgen gehalten, hat sich aber dann, als er krank war (niemand glaubt es ihm mehr, und das ist grausam), doch entschlossen, um die Gewissenslast von sich zu haben, es der LIEBLICHEN aufzudecken.

Wie auch immer – das Verschweigen von Tatsachen kommt dem Lügen gleich.

Aber hat ein Mensch, der aus Not oder um jemand zu schonen log (und welcher Mensch hat das nicht getan?), seine Glaubwürdigkeit für alle Zeiten verloren?

Auch die LIEBLICHE hat – sogar ziemlich gross – gelogen. Sie hat ihre Leser belogen und zwar in einem Buch, das sehr beliebt ist. Sie hat geschrieben, in der Familie MATT wird das Briefgeheimnis gewahrt. Sie hat es aber nicht immer gewahrt, und sie hat auch – was sie in diesem Buch versichert nie getan zu haben – heimlich in die Tagebücher des ALTEN eingesehen. Und sie heuchelt zudem, wenn sie in jenem Buche erklärt, sie könne nicht verstehen, dass in manchen Familien die persönliche Sphäre der Familienmitglieder nicht gewahrt bleibe.

Jedenfalls einigten sich die MATTS wieder, und es wurde ein schöner Tag, und er blieb bis in seine Nacht hinein schön. Hoffentlich – so wünscht der ALTE – werden noch mehr schöne Tage folgen.

12. August (Sonntag)

NOCH DAS GEWIMMEL IM HAUS. Die LIEBLICHE hat Fieber, sagt sie, es geht in ihr um.

Ein undeutlicher Sommertag bricht an. Der erste nach vielen bedeckten und nassen Tagen. Geburtstagspost trifft ein. Zum Teil sich anbiedernde »Leser«, die dem ALTEN auf die Schulter klopfen und ihm mitteilen, dass er ein »grosses Talent« sei. Widerlich.

Auf keinen Fall wird der ALTE dieses Jahr auf solche Briefe antworten.

UND DOCH IST ES UNGERECHT, dass die LIEBLICHE ihre kaum
noch aussetzenden Unpässlichkeiten in die Verantwortung
des ALTEN MANNES schiebt. Es gibt bei ihr zu wenig Augenblicke,
in denen sie ihre Liebe zu den Söhnen zugunsten der Gerechtigkeit zurückstellt und bekennt, dass ein nicht geringer Teil ihrer
Bekümmernisse von den Söhnen herkommt.

14. August (Dienstag)

GEBURTSTAG. FLUCHT. Und doch entgeht der ALTE dem Nachbarn Füllster nicht, der steht schon halber sieben mit einem Blu-
menstrauss im Pferdestall.

Dann mit Proviant-Körben ins pommersche Mecklenburg.
Die LIEBLICHE fährt mit. Sohn MATTI chauffiert. Der ALTE kann
sich dem Besehen hingeben. Seine Knie machen ihm zu schaffen.
[…]

NACH FELDBERG UND KARWITZ. DIESES Fremden- und Touri-
stengewimmel jetzt um die Ferienzeit dort! Die LIEBLICHE und
der ALTE MANN schätzen sich glücklich, dass sie vor zwanzig Jahren nicht zugriffen, als ihnen von der Witwe Ditzen das ehemalige Fallada-Haus angeboten wurde. Es wäre, von heute her
gesehen, damals billig gewesen. Aber draufgezahlt hätten sie
später, denn sie hätten dort keine Ruhe gekriegt und inzwischen
wären sie längst von dort fortgerannt. […]

23. September (Sonntag)

RIESELREGEN FÄLLT. Die Blütenmauer auf der Brüstung der Loggia hat Löcher gekriegt. Sie zerfällt, wie jede andere Mauer mit
der Zeit zerfällt. Die Blüten verwandeln sich zu Samen. In den
Samen steckt die Ewigkeit. Das Kraut der Blumen verwandelt
sich zu Humus. Der Humus lässt Samen keimen und kriecht
durch Wurzeln in neue Pflanzen. Es wiederholt sich. Auch die
Menschen wiederholen sich, nur ihre ICHS, die sie für so wichtig
halten, wiederholen sich nicht.

DAS JAHR klettert auf der Klapp-Steh-Leiter seiner Monate auf sein Ende hinunter.

[...]

ABENDS RÖHREN die Hirsche. Die Nächte werden kühler.

ROMAN. Dem ALTEN fällts schwer, wieder hineinzukommen. Es ist Furcht in ihm, er könnte die »Qualität« des Ladens nicht wieder erreichen. Er muss sich wieder freischreiben. Er muss unbekümmerter werden.

DIE VERSCHWIEGENHEIT DER WÄLDER!

ABENDS IM PFERDESTALL – ein junges Rotkehlchen aus einer Spätbrut. Noch nicht ganz ausgefiedert. MATTI und der ALTE setzen es über Nacht (die Katzen!) in eine Kaninchenbox im Hof. Am Morgen fliegt das Kehlchen davon. Eingriff in ein Schicksal? War der Eingriff zum Guten oder zum Schlechten für das Kehlchen?

[...]

WENN DEINE LIEBESERLEBNISSE nur noch die mit Frauen sind, die dir im Traume begegnen, und von denen du nur fühlst, dass sie dich lieben oder lieben würden; wenn deine Liebeserlebnisse nur noch aus Erinnerungen an schöne Frauen bestehen, die dir begegneten und die dich liebten, weil sie dich nicht kannten, dann bist du ein ALTER MANN.˙

30. September (Sonntag)

[...]

PILZ, PILZE, PILZE. Gestern nachmittag einen Beutel; heute vormittag einen Beutel. Jetzt liegen schon so viele Pilze auf der Dörre wie vor zwei Jahren. [...]

VOM STUDENTEN JAKOB ist nichts zu hören; vom »RAKU-Töpfer« Ilja ist nichts zu hören; vom Schauspieler Erwin ist nur rar was zu hören.

Jetzt ist der ALTE zuweilen froh, dass wenigstens Sohn MATTI hier ist. In den letzten zwei Wochen ist das Einvernehmen gut. Der ALTE bemüht sich und MATTI bemüht sich Frieden zu halten. Der Umgangston ist, wie er zwischen Vater und Sohn und Sohn und Vater sein soll.

DIESE NACHT WURDE die Uhrzeit umgestellt. Der Alte war

überrascht, als er aus dem kleinen Rundfunk-Apparat [...] erfuhr, dass ihm eine »geschenkte« Stunde in den Morgen hinein-
gefallen war. Selbstbetrügerei.

5. Oktober (Freitag)
SICH ANPUTZEN zur Nationalpreis-Verleihung. Der ALTE nimmt
sich selber nicht ernst. Und doch spielt er mit. Er will keine Scherereien. Er will nicht, dass er sein Haus anputzen muss, falls er
drauf besteht, dass ihm der Nationalpreis ins Haus gebracht werden muss.

[...]

MEHRERE HUNDERT Preiserwartende sitzen zwei Stunden umher. Sie werden in Omnibussen die hundert Meter zum Staats-
Rats-Gebäude gefahren. Es gibt viele unter den Wartenden,
die sich wie Kinder vor der Weihnachtsbescherung verhalten.
[...]

REST DES TAGES – taumeliges Gedreh. Der ALTE ruht ein wenig,
verschafft sich den Eindruck, geruht zu haben.

DIE OFFIZIELLEN vom Verband und der Bezirksleitung kommen gratulieren. Dann Sohn Thomas, Sohn Erwin, schliesslich
Lektorin Pankoke und die Doktorinnen Hildchen und Carla.

Die Unterhaltung hat hie und da Löcher, schleppt sich aber bis
gegen Mitternacht hin. [...]

Das Evchen, es hat wieder gezaubert. Aber nicht mit Hingabe
wie früher. Der ALTE kommt sich vor wie ein Missetäter, weil er
ihr mit dem Empfangen des Preises Hausfrauenpflichten aufge-
laden hat. Es ist nur ein Trost für die LIEBLICHE, dass sie gleich auf
grosse Reise gehen wird.

DEM ALTEN ISTS FLAU. Er musste viel Flaches und Anekdoten
aus sich herauskramen, um die Gäste zu unterhalten. Sogar zur
Schauspielerei entschloss er sich wieder.

Der schöne Herbsttag, der draussen war, musste sich dafür
hergeben, ein Tummelplatz für Eitelkeiten zu sein. Und die Eitelkeit des ALTEN MANNES, ob er es sich eingesteht oder nicht – war
die Primadonna auf diesem Tanzplatz.

16. Oktober (Dienstag)

KALTER NEBEL, aber kein Frost. Noch blühen die Dahlien üppig, und der ALTE wünscht sich, die Blüten blieben noch, obwohl er weiss, dass alle Wünsche unvernünftig sind. Das Apfelbaum-Laub ist noch grün, und die Äpfel leuchten bunt.

[...]

DIE LIEBLICHE und der ALTE MANN begegnen einander (sehr zufällig) in der Thörn-See-Bucht am schwimmenden Viadukt. Dem ALTEN hüpft das Herz bei dieser (so unerwarteten) Begegnung. Er legt auf dem Heimweg den Arm um die Schultern der LIEBLICHEN. Sie warnt ihn vor ihren Grippe-Viren. [...]

18. Oktober (Donnerstag)

[...]

»*GRÜNER JUNI*«. Am Abend schlägt die LIEBLICHE vor, der ALTE möge seine Geschichte hervorholen, die er im Winter 82 zu 83 schrieb. Der ALTE hatte der Geschichte den Titel ZWEITE KIND-HEIT gegeben; die LIEBLICHE nennt sie GRÜNER JUNI.

MATTI ist »Gasthörer«. Er kennt die Geschichte nicht. Und die LIEBLICHE liest wohl an 2½ Stunden, sie liest die Geschichte bis zur Hälfte, und sie beteuert in den Lesepausen, die Geschichte sei, bis auf Winzigkeiten, druckbar. Die LIEBLICHE ist (wie früher oft) in einem literarischen Rausch. Schöner kann kein Mensch sein wie die LIEBLICHE in ihrem literarischen Rausch.

DER ALTE MANN hat an der Arbeit noch dies und das auszusetzen, aber die LIEBLICHE wird mit ihrer Ansicht wohl siegen. Sie war bei der Beurteilung von Arbeiten des ALTEN fast immer im Recht.

9. November (Freitag)

DIE TAGESZEIT BIETEN – sich gun Tach sagen – wird immer un-üblicher, auch auf dem Dorfe. Leute, besonders jüngere Leute, gehen an einem vorbei, starren einen an oder sehn weg.

Freilich war das Gun-Tach-Sagen früher mechanisiert, aber nicht in jedem Fall. Ganz gleich wie: Da geht ein Mensch, ich bin ein Mensch, ich wünsch dem anderen Menschen Gutes, wünsch ihm einen guten Tag. Wie mechanisch man die Worte oft auch aussprach, es waren Worte, die gingen von einem Menschen aus und gingen zu einem anderen Menschen hin.

[…]

KLASSISCH: Dichter Nebel über dem See. Die Insel in der See-Mitte – grau lasiert. In der Bucht ein alter Kahn, ein Nachen, gelbes Erlenlaub als zufällige Fracht. Das Seewasser gekräuselt. Gilbendes Schilf nickt leise. Immer wieder ein fallendes Baumblatt, ein Baumblatt, ein Baumblatt …

BESUCH WIRD ERWARTET. Nichts vorbedenken, bitte! In sich ruhen! […]

18. November (Sonntag)

[…]

ERINNERUNGS-BLITZ: Einmal wollten wir Grillen züchten, Bruder Heinjak und ich. Wir fingen die Grillen auf dem Mühlberg, kitzelten sie mit Grashalmen aus ihren Verstecken, den fingerhut-weiten Erdhöhlen, die sie sich unter den Heidekrautbüscheln anlegten. Wir füllten eine Margarinekiste mit Sand und Altgras, sperrten die Grillen hinein, verdeckelten die Kiste und erwarteten, dass die Grillen sich in der Kiste Höhlen graben und heimisch machen würden. Aber die Grillen entwichen durch einen Spalt aus der Kiste, und sie verteilten sich im ganzen Haus, und am Abend gab es ein Grillengezwitscher, und der Vater schimpfte: Hier versteht man sein eigenes Wort nicht mehr! Und die Mutter hielt sich die Ohren zu und wir wurden gedrungen, die mühsam eingefangenen Grillen ein zweites Mal zu haschen und ins Freie zu bringen. Onkel Phile lag wie ein grauer Kater vor den Grillen-Unterschlüpfen, fuchtelte mit einem seiner Hauspantoffel und benutzte ihn als Grillenklatsche.

12. Dezember (Mittwoch)

NOCH SIND DIE SAATGÄNSE hier und schicken uns ihre verrosteten Frostschreie herab: Noch ist nicht Winter!

RUTH GLATZER RIEF AN und sagte dem ALTEN MANNE Gutes zu dessen Nachtigall-Geschichte GRÜNER JUNI. Sie fand u. a. heraus, was auch die LIEBLICHE sogleich nach dem jetzigen Wiederlesen der Geschichte sagte: Es ist wieder dieser gewisse geistig-literarische Schwebezustand erreicht, wie der ALTE MANN ihn im LADEN zum ersten Male in Perfektion praktizierte. (Die bisherigen Nachtigall-Geschichten waren Vorübungen für diese Mach-Art!) Man könnte auch von einer wirklich dialektischen Schreibweise reden, aber von Dialektik zu reden und sie nicht zu üben, hat den Begriff zum Verlogenen hin entwertet. Es ist, besser gesagt, jener Schwebezustand erreicht, der erhellt, dass in allen Dingen, Pflanzen, Tieren, Menschen und in deren Beziehungen zueinander das Plus und Minus, das Gut und Schlecht zugleich existiert.

RUTH GLATZER war zuversichtlich in Bezug auf ein positives Verhalten der Zensoren. Der ALTE hat sich vorgenommen, wenn die Zensoren etwas beanstanden, die Geschichte sogleich zurückzuziehen.

[…]

UNTERWEGS AUF DEM MORGENGANG tut sich dem ALTEN MANNE dar, dass hier nun seine Heimat ist, denn hier lebt er seit dreissig Jahren um und um. In jener Heimat, in der er geboren wurde, lebte er bis zum Alter von elf Jahren, und er ging nie wieder für längere Zeit für viele Jahre nach dorthin zurück.

16. Dezember (Sonntag)

DER TAG IST AN DIE NÄCHSTEN TAGE vergeben. Er leiht die Zeit, die ihm innewohnt, an die Tage her, die ihm folgen werden. DER ALTE MANN bereitet sich auf eine Woche Leben in Berlin vor. Da sein Gedächtnis mehr und mehr einem alten Kamm gleicht, dem schon Zinken fehlen und aus dem unerwartet ein Zinken herausbricht, wirds häufig nötig, dass er sich, sobald ihm ein Gegenstand einfällt, den er unbedingt mitzunehmen hat, sich ihn sogleich notiert. Das Gedächtnis des ALTEN MANNES lagert sich vom Gehirn immer mehr auf Papier um.

DIE LIEBLICHE und ihre Söhne haben freundlichen Umgang miteinander. Jakob freut sich wie in kindlicheren Tagen wieder auf Weihnachten und aufs Zuhause-Sein; MATTI freut sich auf Silvester und auf das Zusammensein mit seinem Bräutchen.

DER LIEBLICHEN scheints nach dem Einnehmen von ANTIBIO-TIKA etwas besser zu gehen. Wirds vorhalten, oder sitzen schon wieder (oder noch) unabgetötete Grippe-Viren auf Lauer? [...]

DER ZWEITE GERINGE SCHNEE fällt, während die MATTS unterwegs nach Berlin sind. Die Strassen nach Berlin zu sind [mit] dahinbrummenden Autos gefüllt. Die einen streben auf die Grossstadt, die anderen ins Land hinein. Die Autos sind wie in Adern dahinrollende Blutkörperchen. Der Weihnachtspuls des Ländchens ist in kräftiger Bewegung.

31. Dezember (Montag)
[...]

EIN RUHIGER SILVESTER-ABEND hing über dem Schulzenhof der MATTS. Das Gegenstück zum vorjährigen Silvester-Abend, den die LIEBLICHE ihm verziehen zu haben scheint, aber der ALTE selbst hat sich ihn am wenigsten verziehen.

DIE LIEBLICHE, Sohn JAKOB und der ALTE sahen (nicht allzu gebannt) in den Fernseh-Apparat. Sie sahen ein Zirkusprogramm und ein Gewinnspiel des Holländers Carell. Der ALTE schlich von Zeit zu Zeit davon und schluckte Tabletten, weil er fühlte, wie sich die Folgen der Verkühlung in seinen oberen Luftwegen breitmachten und sich festzusetzen versuchten.

Zwischendrein besuchte er seine Pferde im Stall, tätschelte sie, fütterte sie mit Altbrot und versuchte vorausschauend zu erfragen (bei wem?), ob auch nächstes Jahr noch Pferde zu seiner Familie und zu seinem Wohlbefinden gehören würden, und draussen stand die blaue Schnee-Nacht, der ausgelassene Burschen in der Umgebung da und dort grelle Kratzer mit Feuerwerkskörpern beibrachten.

1985

3. Januar (Donnerstag)

ES GIBT TAGE, die der ALTE MANN mit einem Läusekamm durch-
hecheln kann, ohne dass zwischen dessen Zähnen was hängen
bleibt. So ein Tag scheint dem ALTEN der 3. Januar gewesen zu
sein.

NUN SINDS VIELE TAGE HER, seit der ALTE das letzte Mal im
Roman war. Es wird nötig sein, das Stück, an dem er zuletzt
schmiedete, wieder glühend zu machen und zu behämmern, ehe
er drangeht, neue Teile anzusetzen. Das Unbehagen, das ihm dieses Neuanfangen macht, ist schon in ihm.

DER WINTER SPIELT mit Wind und feinem Schnee. Schon bilden sich Wächten, und es ist das erste Mal, dass der Zement-
boden der Loggia vor der Arbeitsstube mit einer dünnen Schnee-
decke ausgelegt ist.

SOHN MATTI kommt bei halber Nacht von seiner Brautschau.
Die versorgte Mutter macht ihm Vorwürfe. Er kommt ihr patzig.
Es wird nicht ausgesprochen, doch ehe ein Familienmitglied, von
dem man weiss, dass es unterwegs ist, nicht ankommt, umranken
heimliche Befürchtungen sein Ausbleiben.

NACHMITTAGS GABS SONNENSCHEIN. Der ALTE MANN ging, als
wäre er nun ein wirklicher Rentner, mit Hund ÄSOP auf der vom
Schnee geräumten Strasse spazieren. Die verbliebene Schicht
Strassen-Schnee war mit gelbem Streusand vermischt. Der ALTE
ging wie über einen Streifen Streuselkuchen, der in einem zu
kalten Ofen abgebacken wurde. Die Kiefern reckten ihre Ast-
Hände hin, als hätten sie sie dick mit weissem Haut-Creme ein-
geschmiert und wären dabei eingeschlafen.

ALSO, WAR DOCH etwas vom dritten Januar im Läusekamm geblieben.

9. Januar (Mittwoch)

[…] Es ist ein neues Buch angekommen. Es war länger als ein Vierteljahr unterwegs auf dem Wege zum ALTEN MANN. Er musste wieder Umwege benutzen, um das Buch zu kriegen. Bei solchen Anlässen verflucht er den Staat jedes Mal, in dem er beschlossen hat zu leben und zu bleiben.

Das Buch verschafft dem ALTEN Genugtuung. Es bestätigt seine Gedanken. Es wird von dem Buch hier später noch die Rede sein. Es soll nur das befriedigende Gefühl angedeutet sein, dass der ALTE jedesmal hat, wenn er seine Erkenntnisse, besonders die, die er jetzt in den ALTENTAGEN hat, von einem Mitmenschen bestätigt findet. Es steckt viel Misstrauen in uns Menschen der Jetztzeit gegen die Erkenntnisse, die aus einem selber emporquellen.

EIN LANGES TELEFONGESPRÄCH mit den SCHREIERS, hauptsächlich mit PETER. (Gestern!) Der ALTE wundert sich, dass er so viel Wert auf diese Freundschaft legt. Aber es geht was von diesem Sänger aus, eine Energie, eine künstlerische Besessenheit, die sich auf den ALTEN überträgt und dessen altes Leben auffrischt. […]

10. Januar (Donnerstag)

DAS BUCH TRÄGT DEN TITEL WENDEZEIT. Geschrieben hat es der sechsundvierzig Jahre alte Atomphysiker FRITJOF CAPRA. Der ALTE las bereits ein Buch von CAPRA, der in Amerika lebt. Dieses Buch heisst DER KOSMISCHE REIGEN.

Im Schreibsekretär des ALTEN MANNES liegt seit Jahren eine Mappe mit dem Titel: WISSENSCHAFT BESTÄTIGT METAPHYSISCHE ERKENNTNISSE. In der Mappe sammelt der ALTE Ausschnitte aus Zeitungen und Zeitschriften zu diesem Thema. Der Drang, eine Synthese von Wissenschaft und Metaphysik herzustellen, weil es sie geben muss, ist dem ALTEN eingeboren. Er beschäftigt sich seit seiner Pubertätszeit, seit seinen Jünglingsjahren damit. Und er hat nie, auch in den Zeiten nicht, da er mit dem Marxismus umging, von den metaphysischen Erkenntnissen eines Tagore oder eines Rilke Abstand genommen. Er vertiefte sich immer wieder in deren Erkenntnissen, wenn er sich (halb und halb notgedrungen) eine Weile fast ausschliesslich mit jener schmalen ökonomisch und sozialen Philosophie, dialektischer Materialismus genannt, beschäftigen musste. Zu Beginn der fünfziger Jahre kriegte er Laotse in die Hand, beschäftigte sich mit CHUANG-TSE und dem hiesigen Meister Eckart und Jakob Böhme. Er vertiefte sich in den Buddhismus und seine Spielarten, schliesslich in den ZEN-BUDDHISMUS, vor allem aber immer wieder in den TAOISMUS.

Dieser FRITJOF CAPRA nun folgt den gleichen Bestrebungen. Er verfügt als versierter Atomphysiker über gründliche Kenntnisse aller Zweige der Naturwissenschaft und kennt dazu die vieltausendjährigen meditativen Erkenntnisse der östlichen Mystiker.

All dieses Wissen hat sich auch der ALTE MANN in seinem siebzigjährigen Leben angeeignet. Er hats mühselig tun müssen, weil er (bis heute noch) schwer an die Bücher herankam, die er nötig hatte, um zu den Weisheiten aus dem Osten vorzudringen.

CAPRA ist also der Mann, der die Ansichten, Einsichten und Erkenntnisse des ALTEN und dessen Traum von einer Synthese von wissenschaftlichen und mystischen Erkenntnissen bestätigt und praktiziert und deshalb fesselt den ALTEN das Buch WENDE-ZEIT wie ein Roman.

Der ALTE ist froh über einen Satz, der das Problem wie eine Formel packt, und den er schon vor vielen Jahren niederschrieb und zwar als er die Geschichten von der BLAUEN NACHTIGALL verfasste, und der so lautet: Ich stehe nicht an, Dichtern genau so zu trauen wie Wissenschaftlern, weil ich erfuhr, dass in jedem echten Wissenschaftler ein Poet und in jedem echten Poeten ein Wissenschaftler steckt, und die echten Wissenschaftler wissen, dass ihre Hypothesen dichterische Ahnungen sind, und die echten Dichter wissen, dass ihre Ahnungen unbewiesene Hypothesen sind, und weder die einen noch die anderen lassen sich von der Mannigfaltigkeit der Erscheinungen verwirren oder halten einander für Kontrahenten.

DEN ROMAN täglich ums übliche Pensum weitergebracht.

DIE LIEBLICHE noch in Berlin.

DIE WINTERKÄLTE hält an.

DIE KOHLEN nehmen ab.

IN VIERZEHN TAGEN, heisst es, sollen die MATTS noch einmal hundert Zentner Briketts kriegen.

ES RUFT kaum jemand an.

BESTE Arbeitsbedingungen.

13. Januar (Sonntag)

[...]

EINEN FILM VON FASSBINDER gesehen: DIE EHE DER MARIA BRAUN. Da ist ähnliche Genialität für eine neue Qualität des Films vorzufinden, wie man sie bei BRECHT fürs Theater vorfand.

EIGENTLICH MUSST DU dankbar gegen das Leben sein, denkt der ALTE, weil es dir keine Genie-Laufbahn zuschob. Genie – das ist Schöpferkraft, die sich mit Dämonen verbunden hat, und zum raschen Untergang führt.

UND WAS BIST DU? fragt der ALTE MANN.

Ein Lebensbetrachter, der (freilich zuweilen mit Ungeduld und gelindem Hang zur Selbstzerstörung) intuitiv erhascht, welche von seinen Lebensbeobachtungen sich in seiner Hand zu einem literarischen Kunstwerk fügen.

21. Januar (Montag)

EIN TAG OHNE DIELUNG, ein Tag ohne Dach. Der ALTE MANN muss Obacht geben, dass er nicht Anstalten und Vereinbarungen trifft, nicht Handlungen begeht, die nach Monaten zeigen, dass in ihnen keine Vernunft mitwirkte.

SOHN MATTI hat den ALTEN über die LIEBLICHE wissen lassen, dass er höchstens noch ein Jahr auf Schulzenhof bleiben wird. Innerhalb dieser Frist müssen die Pferde von dannen sein; es muss ein Verwalterpaar gefunden werden. Die Schulzenhof-Wirtschaft muss in anderer Form weiterbetrieben werden. Auch die ganz und gare Auflösung von Schulzenhof wird wieder einmal erwogen.

EINE STUNDE SPÄTER: Merkwürdig, seit der ALTE von der Unabänderlichkeit der Umformungen weiss, ist ihm alles gleich, was in der nächsten Zeit auf dem Hofe und mit den Tieren geschehen oder nicht geschehen wird. Er kann sich mit den Tieren nicht mehr einlassen, sonst verstärkt die Wehmut das Aufgewühltsein, in dem er steckt. [...]

22. Januar (Dienstag)

[...]

EINMAL FRAGTE DER ALTE MANN BRECHT: Weshalb bist du nie in die Partei eingetreten?

Es war da so eine Sache mit der Disziplin, antwortete er.

An jenem viel zitierten 17. Juni 1953, um den die Politiker Lügen und Lügen ranken liessen, bis seine wahren Ursachen nicht mehr erkennbar waren, wollte BRECHT in die Partei hinein. Der ALTE MANN wurde ausgeschickt, den Partei-Oberen mitzuteilen, Brechts Aufnahme in die Partei solle rasch geschehen. B. versprach sich davon Wirkung auf die »Gegner« im Westen, jedoch die Parteibürokraten zögerten, und als drei Tage herum waren, sagte BRECHT: Nun will ich nicht mehr; der Effekt ist weg.

NUN IST TAUWETTER und der zerschmolzene Schnee treibt sich als Wasserdampf oberhalb des Erdbodens umher. Es atmet sich schwer, und das Herz des ALTEN MANNES sinnt auf Revolten.

GEHEN, GEHEN – DEM GERÄUSCH der Tritte nachlauschen, keine Vergangenheit und keine Zukunft haben.

[...]

AUCH DIE RUSSEN SIND AUFGETAUT und rumoren mit ihren Panzern und ihrem Kriegszeug durch die Wälder.

7. Februar (Donnerstag)

AM ABEND WAR DER ALTE MANN eine Weile in einem Buch mit dem Titel: NINON UND HERMANN HESSE. Eine Frau schriebs nach der Art der ro-ro-ro-Biographien, nur besser, erstaunlich objektiv. Viele Zitate und Briefstellen mit Zwischentexten der Autorin aneinandergereiht.

Die Ähnlichkeit im Zusammenleben der Hesses mit dem Zusammenleben der LIEBLICHEN mit dem ALTEN MANN ist auffallend. Das Ertrinken in Leserpost (bei den MATTS ists eine doppelte Leserpost!), das zeitweis aufgehobene Eigenleben durch den Zustrom von Besuchern und Touristen. Die gleiche Wehrlosigkeit, die gleichen (wenn auch anders gefärbten) politischen Angriffe von Lesern und Parteilern. NINON – Schutz-Engel des alten Hesse – wie die LIEBLICHE als Schutz-Engel des alten ALTEN. Man bezeichnet H. als querköpfig, aber es ist doch jeder ein Querkopf, der sein Leben nicht nach dem Muster von Mitbürgern und Zeitgenossen abrollen lässt.

Hesse hat sich über die Verleumdungen, die ihm wurden, über die politischen Unterstellungen und das dumme und gewollte Missverstehen seiner literarischen Arbeiten geärgert und hat Bittersäfte in sich erzeugt. Wenn der ALTE MANN es doch schaffen könnte, sich nicht mehr über das zu ärgern, was ihm in gleicher Weise geschieht, so wäre er dem guten H. überlegen. Verlockend die Aussicht; vergeblich wohl das Unterfangen!

AM NACHMITTAG NACH RHEINSBERG. Scharfer Ostwind. Die Kälte zieht an. Die Wegpfützen frieren wieder zu. Das Eis klirrt unter den Auto-Pneus. Es ist, als ob die Kälte zwischen dem ALTEN MANN im Auto und den Wäldern flimmert wie die Hitze im Sommer.

BLUMEN ABHOLEN. Geburtstag der LIEBLICHEN. Im Laden der Duft angewärmter Pflanzen. Gelinde Gewächshausstimmung. […]

11. Februar (Montag)

DURCHEINANDER. Der ganze Tag ein grosses Durcheinander.

DIE FREUDE: Die LIEBLICHE hat das bisher roh Niedergeschriebene des Romans (500 Seiten) gelesen. Sie findet am Gang der Handlung und an der Substanz nichts auszusetzen, und sie meint, dass die Kleinstadt, nachdem sie ihren »Feinschliff« gekriegt haben wird, dem LADEN ebenbürtig, wenn nicht noch reicher sein wird.

DER KUMMER: Die Hoffnung, hier in der Schulzenhof-Nähe doch jemand zu finden, der Wirtschafter in Schulzenhof werden könnte, zerschlug sich. […]

DER ENTSCHLUSS, die Pferde zu verschenken, scheint jetzt beim ALTEN MANN festzustehen. Das LEBEN möge ihm die Kraft geben, bei diesem Entschluss zu verharren.

NUN HAT AUCH DIE LIEBLICHE offenbart, dass sie nie mehr wird schreiben können, wenn der ALTE MANN starrsinnig an seinen Tieren hängen bleibt und mit diesem Verharren Spannungen schafft. […]

[Berlin] 15. Februar (Freitag)

[…]

DER ALTE MANN SITZT im Schaukelstuhl und sieht beim Atelierfenster hinaus. Über den froststarren Bäumen kreisen die zu Städterinnen gewordenen Möwen. Die kommen vom Osthafen der Spree herüber und tummeln sich hier, gewiss nicht umsonst.

DANN KAM DER VERLAGSDIREKTOR und redete mit knarrender Stimme. Hinter dieser knarzigen Stimme kann man nicht den Deut eines Gefühls erkennen, aber es müssen doch wohl Gefühle da sein.

Der Verleger Faber berichtete, was die Grün-Jungen von der Zensur für »Unmöglichkeiten« in der Geschichte vom GRÜNEN JUNI des ALTEN MANNES fanden: Die alten stalinistischen Wasserspiele. Der ALTE MANN lässt sich nicht erregen. Es ist wohl das erste Mal, dass es so ist.

Dann ist da noch eine putzige Geschichte: Es wird im GRÜNEN JUNI ein Mann erwähnt, der dem ALTEN MANN, als der jung in den BUND eintritt, seine Kunsttheorie auflädt. Es ist die Shdanow'sche, also die stalinistische Kunsttheorie. Der ALTE hat beim Schreiben der Geschichte ein wenig an seinen kommunistischen Belehrer ALBIN HARTMANN gedacht und hat dessen Vornamen und dessen parteiliche Unverrückbarkeit verwendet und hat ihn in der Geschichte den EWIGEN ALBIN genannt.

Nun erfuhr er, dass der oberste Kultur-Chef der Partei, sein Halbfreund Kurt Hager, in der Emigration den Decknamen ALBIN führte. Die überängstlichen Zensoren nun wollten erkannt haben, dass der ALTE MANN mit dem EWIGEN ALBIN Hager gemeint hat. Und dieser »Angriff« muss raus aus der Geschichte, und er darf nicht drinnen bleiben! fordern sie.

Gut, lassen wir ihn raus, nennen wir die umstrittene Person (das Prinzip) den EWIGEN EDWIN.

Und das ist das einzige Zugeständnis, das der ALTE MANN den Zensoren in dieser Sache machen wird.

21. Februar (Donnerstag)

MORGENS RIEF VERLAGSLEITER FABER an, er müsse den ALTEN unbedingt nochmals sprechen: DER GRÜNE JUNI. Der ALTE wusste, was kommen würde. […]

F. hat den GJ bereits in Druck gegeben, wollte ihn im Mai herausbringen, kündigte ihn in Zeitschriften an, erwähnte ihn in einem Presse-Interview und der ALTE sollte am 9. März auf der Messe in Leipzig öffentlich aus dem G. J. lesen.

Alles hinfällig. Hinfällig mit dem Urteil der Kulturdilettanten, die sich zusammensetzten und verlangten, die Seiten 48–52 der Geschichte müssten heraussen bleiben.

Für den ALTEN gehört der Fall bereits zu den Routinevorgängen, die er schon hinter sich hat.

Der ALTE beschliesst: Die Geschichte wird zurückgezogen. Er behält sich vor, was er mit ihr macht. […]

5. März (Dienstag)

VIERZEHN KRANICHE FLOGEN über die Torfwiesen, dann über den Dollgower See zu den Saatfeldern. Noch immer ist kein Star zu sehen, aber der Ringeltäuber balzt. Ein ungewöhnlicher Mitt-März in dieser Hinsicht, denn auch eine Amsel liess sich bisher nicht hören. Das Geklingel der Meisen ist dünn und mühsam.

ES KOMMT DIE NACHRICHT, dass auch die LIEBLICHE in Leipzig lesen soll und wird. Das ist dem ALTEN angenehm, und es heisst, die Druckgenehmigung für den GRÜNEN JUNI wäre plötzlich erteilt worden. Die Meldung ist noch nicht bestätigt.

Die Gedanken des ALTEN haben den Drang, sich zwecklos und sinnlos um die Lesestunde in Leipzig herumzulegen.

DER LIEBLICHEN GEHTS IMMER noch schlecht. Jeden Tag Rheuma-Anfälle. Sie fangen am Spätnachmittag an, da zu sein, und sind nur mit Bädern und Medikamenten zu kirren, und das auch nur unvollkommen.

ROMAN: Die Scharte, die der ALTE dem Manuskript vorige Woche durch Unkonzentriertheit beibrachte, ist ausgewetzt. Es wäre gut, wenn man den gelöschten Text mit dem nun vorhandenen vergleichen könnte. Der ALTE hat das Gefühl, als wäre der Text des Zweit-Diktats besser als der erste.

13. März (Mittwoch)

NUN IST ER TOT, DER ROTE PAPST. Viele haben auf seinen Tod gewartet. Der neue Papst schob sich neben der Leiche des alten Papstes auf den Thron. In den Zeitungen stand allzu deutlich: Der Papst ist tot – es lebe der Papst! Fotos von beiden zugleich auf der Hauptseite. So dicht gab es das noch nie.

Als der alte Papst vor einem Jahr auf den Thron gehoben wurde, war der Tod in ihm fast ausgewachsen. Der Altpapst schien in einem eisernen Korsett zu stecken, das ihn zusammenhielt. Besonders unter seinen Jackenschultern sah er sehr rechteckig und eisern aus. Er reiste nie ins Ausland. Selbst die kleinen Gänge, die er vor den Kameras für die »Weltöffentlichkeit« machen musste, fielen ihm schwer. Er stützte sich dabei auf Stuhllehnen, und wenn er die eine losliess, haschte er nach der nächsten. Ein »lebender Leichnam« repräsentierte für das Weltreich der Roten. In der Zeit, in der sein Leben nur noch an einem Faden hing, trugen die Kardinäle den Kampf um seine Nachfolge aus.

DER NACHFOLGER GORBATSCHOW ist zweiundfünfzig Jahre alt, fürs rote Reich geradezu ein jugendlicher Papas. Man erwartet Umstürzlerisches von ihm. Der ALTE MANN meint, man wird sich täuschen. Er ist ein kleines, ein junges Loch in der Phalance der orthodoxen Kardinalsgreise, eine Lücke, die sich vielleicht allmählich vergrössert, durch die nach und nach etwas Erneuerndes strömen kann. Auf mehr ist vorläufig nicht zu hoffen.

ROMAN abdiktiert. Das übliche Pensum. Es ging etwas stockend voran.

MIT DEM HENGST unterwegs. In der Waldkoppel, in der früher seine Shetlandponies weideten, will den ALTEN die Wehmut überfallen. Er treibt den Hengst an und macht sich davon. […]

16. März (Sonnabend)

[…]

MIT SOHN MATTI sind wieder Spannungen entstanden. Die LIEBLICHE leidet, der ALTE leidet, auch der Sohn leidet. Es muss ein Ende werden und zum Frieden kommen. Der ALTE sieht deutlicher, dass ein gutes Zu-Ende-Kommen und eine Heraus-kommen aus der Wirrnis einzig von ihm abhängt: Er muss und muss sich von den Pferden trennen. […]

17. März (Sonntag)
WENDEPUNKT. Hoffentlich für lange Zeit. Das Romandiktat flutscht dem ALTEN am Morgen nur so heraus, und mittenin sagts in ihm: Der Welt ihren Lauf lassen, duldsam sein, sich nicht durch individuelles Planen sperrig machen, sich taoistisch ver-halten!

Nach dem Frühstück geht er in den Stall und sagt dem Sohne MATTI, der Kriegszustand soll beendet sein! Er wird nicht mehr versuchen, ihn zu halten. Er kann gehen, seinem »Glück« nach-laufen, doch er muss einen festen Zeitpunkt bestimmen und ein-halten, an dem er zu gehen gedenkt.

Der Sohn ist überrascht von der Milde des ALTEN. Er wird noch bis zum Jahres-Ende bleiben. Sie besprechen, was bis dahin getan werden muss, damit der ALTE im äussersten Schulzenhof allein bewirtschaften und im alleräussersten Falle allein hier le-ben kann, wenn sich herausstellen sollte, dass die LIEBLICHE das Klima nicht mehr verträgt.

Danach ist dem ALTEN, als hätte er sich so verhalten, wie das Leben es von ihm fordert. Im Laufe des Tages zieht Ruhe in ihm ein. […]

[Berlin] 2. April (Dienstag)
AUF MITTAG wieder ins Krankenhaus. Routine-Diabetiker-Un-tersuchung. Die LIEBLICHE wollte mit dem ALTEN fahren und fuhr dann doch nicht mit ihm.

Es gibt wieder Spannungen. Ein jeder lebt für sich allein. Eines hält das andere für schuldig. Wieder einmal siehts so aus, als würde es mit dem Eheleben der MATTS so nicht weitergehen. Die LIEBLICHE zeigt zu oft, dass sie glücklicher wäre, wenn sie in der Stadt und in der Nähe ihrer Söhne leben würde, und wenn sie den ALTEN immer weniger und am besten gar nicht mehr umsor-gen muss. Die Ursachen sind verschiedenartig und manche da-von sind dunkel.

Jedenfalls gehts mit der Disharmonie nun schon zu lange. Der ALTE braucht viel Kraft, sich davon zu distanzieren, und er muss sich anstrengen, Kraft für seine Arbeit zusammenzuhalten.

DER ALTE MACHT seinen Rundgang durch die Geschäfte, die er immer dann aufsucht, wenn er Zeit dazu findet. [...] Er geht ins Geschäft für Jagd-Ausstattungen. Es ist eines seiner »Nachfrage-Geschäfte«. Er hat dort zum Beispiel mindestens zehn Mal, also etwa ein Jahr lang nach Pürschstiefeln gefragt. Letztes Mal traf er welche an. Seine alten Pürschstiefel sind nicht mehr wasserdicht.

Oder er geht ins russische Spezialgeschäft und fragt nach dem billigen Parfüm Chypre, in das er sich vor 25 Jahren in SOTSCHI verliebte. Ein paar Tropfen davon hat er noch in seinem Berliner Schreibpult. Der Duft dieses Riechwassers öffnet ihm Tore zu Erlebnissen in Russland, die er einst hatte, Tore nach Russland hin, das er nie wiedersehen wird.

IM GROSSEN WARENHAUS am Alexanderplatz sieht der ALTE in jungenhafter Eitelkeit und so, als ob er etwas Verbotenes tut, ob Hüte oder Mützen von besonderem Stoff oder von besonderer MACH-ART eingetroffen sind. Das ist eine der Kindereien, die zu seinem Wohlbefinden gehören. Auch nach Farbbändern für die Schreibmaschinen muss er immer wieder sehen gehen. Sie sind rar, und er muss in diesem Ländchen, in dem die Bürokratie in Hochblüte steht, vier, fünf Mal vergeblich nach Farbbändern fragen. Dann endlich kriegt er welche und legt sich eine kleine Reserve an, mit der er über die nächste »Fragezeit« zu kommen gedenkt.

Die nächste Abteilung, die er besucht, ist die Koffer-Abteilung. Er hält dort nach leichten Koffern Ausschau, denn die Koffer werden ihm von Jahr zu Jahr »schwerer«, d. h. es fällt ihm schwerer, sie bei der einen Hauptreise, die er jährlich noch tut, zu schleppen. Dieses Mal fand er Koffer, auf die er lange aus ist, Koffer, die auf Rädern laufen, Koffer, die man schieben kann. Das Patent kommt von »drüben«. [...] Unsere Nachahmung ist, wie stets in solchen Fällen, auch in diesem Falle von einer gewissen Dürftigkeit. Und doch fühlt der ALTE sich beunruhigt: Soll er nicht doch solche Koffer für die LIEBLICHE und sich zur Erleichterung der Piešťany-Reise besorgen?

NACHTRAG: (10. April, Mittwoch)

REISE NACH SPREMBERG, GRAUSTEIN, BOHSDORF.

Die alten Häuser, der Stadtkern von SPR. wird abgerissen. Die Bruchbuden verschwinden und mit ihnen auch die Romantik der mittelalterlich-engen Gassen und Gässchen. Ökonomisch wärs nicht möglich, die alten Häuser zu sanieren und innen zeitgemäss auszustatten, deshalb wärs sektiererisch zu verlangen, dass man sie erhalten möge. Die Frage: Wird man geschmackvoll neu bauen oder wird man Kaninchenställe für Menschen aufstellen?

[…]

Der ALTE fotografiert das Haus Johann-Strauß-Str. 1, in dem er sein Leben als Freier Schriftsteller 1951 anfing. Er macht ausserdem Aufnahmen vom BISMARCK-Turm, der im KLEINSTADT-Roman vorkommt.

Auf den Höhen des Niederlausitzer Grenzwalls ist es aprilherrlich. Finken schlagen, Amseln singen. Im Tale liegt die Stadt voll Rauch und Qualm, doch »oben« lässt sichs atmen. […]

GRAUSTEIN: Der ALTE ist glücklich, dass er diese selbsttätig arbeitende japanische Kamera bei sich hat. Er fotografiert den alten Dorfteich, in den er als Junge hineinfiel. Er fotografiert ausserdem die alten Schulen, die Schule, in die er eingeschult wurde, das Haus, in dem er seine frühe Kindheit verbrachte. Das Haus steht leer. Es ist mit Anbauten verunziert und sieht aus, als ob es eckige Geschwüre gekriegt hätte. Der alte Birnbaum, von dem sein Grossvater die süssen gelben Birnen schüttelte, ist noch da. Jemand von Proschim wird jetzt dort einziehen. Der ALTE nimmt sich vor, dieses Jahr unbedingt zur Zeit der Birnenreife nach Grauschteen zu fahren. […]

Eigentlich weiss der ALTE nicht, weshalb er diese Recherchen im Dorf seiner frühen Kindheit macht, aber muss alles, was man tut, einen Sinn und einen Zweck haben und vor der recht anzweifelbaren »menschlichen Vernunft« bestehen können?

WEITER NACH BOHSDORF. Dort immer mehr Veränderungen und immer weniger von dem, was das Elternhaus und seine Umgebung waren. […]

Der ALTE geht durch die fremden Kakteen-Gewächshäuser. Er

ruft nach dem Bruder. Der Bruder kommt im Bademantel aus dem Haus gehinkt. Haben sich die Brüder noch etwas zu sagen? Wenig. Ich könnte nicht von meiner Beschäftigung mit den Kakteen lassen, sagt der eine; ich muss leider von meiner Beschäftigung mit den Pferden lassen, sagt der andere. Ich bin zu alt, und weder die Söhne noch Fremde wollen mir helfen, dieser Beschäftigung nachzugehen, bis sie mir das Alter ganz und gar verbietet.

DER ALTE BLEIBT wohl an zwei Stunden im Elternhaus, das sich ihm von Mal zu Mal mehr entfremdet. Er fährt nach Berlin und ist sich nicht sicher, ob er dort noch ein Zuhause hat. Hat ers in Schulzenhof? Wird er dort noch eines haben, wenn ihn der Pferdestall mit Fenster-Augen anstarren wird, hinter denen sich kein Pferdekopf mit munterem Gesicht bewegt?

17. April (Mittwoch)

JEDER TAG, der zur Vergangenheit wird, enthält auch ein Samenkorn, das in der Zukunft aufgehen wird. Manchmal ist es nur ein Samenkörnchen, aber dieser Tag, von dem der ALTE hier redet, ist ein Korn.

Er konnte die ungewissen Spekulationen darüber, wo seine arabischen Pferde ihr Leben weiterführen werden, wenn sie nicht mehr bei ihm sind, nicht mehr ertragen. Er kürzte sein Vorhaben, nach Rostock zu fahren, um dort mit dem Zoodirektor Dr. Schwarz zu verhandeln, durch ein Telefongespräch ab.

Dr. Schwarz zeigte sich bereit, den Araberhengst Galba ben Afas und die beiden Stuten RECHA und REBEKKA im Oktober in seinen Araberstall zu übernehmen.

MIT DIESEM TELEFONGESPRÄCH ist etwas Entscheidendes geschehen. Nun gibt es wahrscheinlich kein Zurück mehr, obwohl Dr. Schwarz menschlich genug wäre, auch einen Widerruf hinzunehmen.

Aber dagegen steht die Unmöglichkeit, die Pferde weiter behalten zu können.

NACH DIESEM TELEFONGESPRÄCH ist dem ALTEN zumute, wie einem Hochverräter in der Reuephase zumute sein muss. Es würgt und würgt ihn, und dort, wo seine Tränen entstehen, dräut und drängt es. Er muss sich vor Augen halten, dass er von den Pferden zugunsten seiner künstlerischen Arbeit lassen muss, weil seine Kräfte nicht ausreichen, die Pferde zu versorgen *und* zu schreiben. Hilfreich ist ihm dabei ein Ausspruch von FAULKNER: »... Der Schriftsteller ist von seinem Traum besessen. Dieses Trauma peinigt ihn dermaßen, dass er alles tut, um sich davon zu befreien. Er lässt nicht locker, bis er es geschafft hat. Alles geht dabei über Bord: Ehre, Stolz, Anstand, Sicherheit und Glück, alles; und zwar nur deshalb, weil sein Buch fertig werden muss. Und müsste er, der Schriftsteller, seine Mutter berauben zu diesem Zweck, nicht einen Moment würde er zögern ...« [...]

1. Juni (Sonnabend)

Die Sachen, die zum Reisegepäck gehörten, werden wieder eingeordnet, und sie beziehen ihre Plätze, auf denen sie jahrsüber verweilen. Es gibt Dinge, wie die zweite Badehose, aber auch andere Sachen, die das ganze Jahr über »nichts zu tun haben«, die da schlafen und erst wieder für die Reise nach Piešt'any geweckt werden.

Die Post wird gelesen.

Wichtige Post wird erledigt.

Die Tiere und die Bäume werden angeschaut.

[...]

EIN SCHRIFTSTELLER SOLLTE SEINEN LESERN BALD FERNROHR, BALD MIKROSKOP SEIN.

4. Juni (Dienstag)

IN BERLIN. Die MATTS machen Besorgungen. Der ALTE arbeitet am Aufriss vom letzten Teil seines Romans. Er kommt damit zu einem ungefähren Ende.

WARTEN AUF die Besucher aus Kaukasien. Sie melden sich erst gegen Abend. Zu spät für einen Besuch.

AM VORTAGE fragte eine fremde Frau verschlüsselt bei JAKOB telefonisch an, ob ein Telefon-Anruf eines alten Freundes aus Moskau und Suchumi erwünscht sei. Jakob glaubte zu wissen, wer da anrufen wollte, und sagte zu. Der ALTE vermutete eine

Falle des Sicherheitsdienstes, weil er einen Antrag gestellt hat, für ein Jahr nach Belieben West-Berlin besuchen zu dürfen.

DER ALTE FREUND meldete sich wirklich telefonisch. Er weinte, als die MATTS mit ihm sprachen. Dem ALTEN war nicht anders zumute. Was Menschen mit Menschen machen!

HERMANN KANT auf Blitzbesuch. Er kam hauptsächlich, um den Matts mitzuteilen, dass Spaltfreund Baumert die Präsidenten-Funktion im Schriftstellerverband niedergelegt hat. Kaum wer hat ihn als Präsidenten gebilligt. H. K. war beim ALLER-HÖCHSTEN und der hat ihm zugeredet, den Präsidentenposten verhalten weiterzumachen. Er hat angenommen. H. K. lässt uns das etwas verschwommen wissen, weil wir ihm geraten hatten, sich seiner angegriffenen Herzgesundheit wegen aus der Verbandsleitung zurückzuziehen. Er hielt den Prestige-Verlust nicht aus.

H. K. bestätigte verhalten das ON DIT, der ALLERHÖCHSTE würde nach den Partei-Rummeltagen (im nächsten Frühjahr) freiwillig eine Stufe hinunter steigen und einem jüngeren aus der GOLDENEN SCHAR den Podest überlassen. […]

19. Juli (Freitag)

EIN UNRUHIGER UND DOCH UNTERHALTSAMER FREITAG.

MORGENS DAS ROMANPENSUM ABDIKTIERT.

BESUCH: Gegen Mittag. Der ALTE geht nach vorn. (Gemeint ist der Vorderhof.) Eigentlich will er in den Stall sehen. Der Besuch kommt ihm entgegen. Die Marquardts, dazu die Tochter und eine Tochterfreundin und Schwägerin und Schwager Braun kommen ihm in einer Art SCHÜTZENKETTE entgegen. […]

Um den Geburtstag, den 65., an dem H. M. langsam aufhören will, der Reclam-Verleger zu sein, drehten sich dann auch die meisten seiner Gespräche. H. M. ist als der grosse Vor-Organisator von Feierlichkeiten bekannt. Am besten die Feierlichkeiten, bei denen er sich selber feiern lässt. Da ist ja nun Gelegenheit genug. Und da der Geburtstag in der Nähe (12. und 14. August) vom Geburtstag des ALTEN liegt, hat H. M. den gleich mit organisiert.

Die LIEBLICHE hat wieder ein grosses Gastmahl auf den Tisch

gezaubert. Es ist ihr eine Freude, den bebauchten H. M. eifrig und mit edler Begier freten und geniessen zu sehen. […]

Hans M. entwickelt vor unseren »sichtlichen Oogen« ein Vier-Tage-Programm für Leipzig, das unserer beider Geburtstag und deren Feiern einschliesst. Seine Assistent ist dabei Schwager UDO. UDO ist das »ausführende Organ«, ohne dessen Tun alle Marquardt'schen Pläne Gerede, Gerassel und Papier bleiben würden.

Dem ALTEN ist dabei zumute wie dunnemals, als er im Zirkus mit acht arabischen Hengsten auftreten sollte, als ihm sein späterer Freund, der Pferdedresseur Roberto Stipka erklärte, wie die Pferdenummer abläuft und was jedes Pferd darin zu tun hat.

NOCH IMMER KEINE LÜCKENLOSE GELASSENHEIT? UNTERSUCHE, WESHALB ES SO IST!

2. August (Freitag)

ROMAN-PENSUM abdiktiert.

DER AUGUST ist mit seinen Schmetterlingen und Sternschnuppen einmarschiert. Der Sommer hinkt weiter. Er hat einen trockenen und einen nassen Fuss. Der ALTE sieht die Grasnelken an. Sie stehen auf dem Trocken-Rasen. Sie werden deine Begleiterinnen sein, bis in deinen letzten Sommer hinein, denkt der ALTE. Der Sommer kann trocken und dürr sein, dass vielen Kräutern und Blumen die Lust am Wachsen und Blühen vergeht, aber die Grasnelken werden blühen.

Vielleicht ist es schon dein letzter Sommer? denkt der ALTE weiter. Ist dir nicht heuer sonderbar zumut – alles in dir so voll *Abschiednehmen*?

23. August (Freitag)

WIEDER einen Einschub für den Roman abdiktiert.

DAZWISCHEN die Nachricht (von Sohn Jakob) am Telefon: Die LIEBLICHE hat eine böse Nacht hinter sich. Das Fieber schnellte hoch, Erbrechen, Durchfall, zwei Ohnmachtsanfälle. Anruf bei Dr. Fleischmann im Reg.-Krankenhaus. Kranken-Auto. Die LIEBLICHE wird ins Krankenhaus gebracht.

Den Alten wollen entsetzliche Zukunftsvorstellungen übermannen. Er kämpft gegen sie an, bringt das Diktat zu einem Abschluss.

[…]

DER ALTE fährt gegen 2ʰ nachm. nach Berlin, besucht die LIEB-
LICHE und ist gegen 19ʰ wieder in Schulzenhof. Die L. mit hoch-
rotem Gesicht, wie gebäht. Sie hat Schmerzen, verlagert sich von
einer Seite auf die andere. Das Fieber will trotz Anti-Fieber-In-
jektion nicht herunter. Das Sprechen ist ihr mühsam.

WIE OFT HABT IHR ERWOGEN, EUCH VONEINANDER ZU TREN-
NEN, ABER WENN DER TOD KOMMT UND TUT, ALS WOLLTE ER, DA
MÖCHTET IHR MIT STEINEN NACH IHM SCHMEISSEN.

31. August (Sonnabend)

NICHTS am Roman getan.

EIN TAG, an dem der ALTE gegen die Trauer angehen muss, die
sich in ihn eingeschlichen hat: Drei Pferde werden abgeholt. […]

Nun stehen nur noch INKA, die Fjordpferdstute und die schöne
RECHA neben GALBA im Stall. Aber bald wird auch GALBA davongehen. Der Stall wirkt wie eine Höhle, in der Gold war, das man
herausholte. […]

3. September (Dienstag)

AM ROMAN weiter gearbeitet. Texte für Einschübe diktiert.

ZUR LIEBLICHEN ins Krankenhaus. MATTI fährt. Das Aussehen
der LIEBLICHEN will dem ALTEN nicht gefallen. Ihr Gesicht ist
verschwollen. Vor Tagen sah sie gesünder aus. Dem ALTEN wills
langsam bedenklich erscheinen. Hoffentlich irrt er sich.

[…]

DAS ISLAND-PONY-FOHLEN, das kommen soll, verlangt Arbeiten für seine Haltung und Aufstallung. Ein nüchterner Mensch
muss den ALTEN für einen Menschen halten, dem es abgeht, logisch zu denken und zu handeln. Er gibt ein Pferd (den Zucht-
hengst Galba) ab, um die Pferdehaltung zu vereinfachen, und
nimmt ein neues Pferd herein, das noch ehe es hier ist Arbeit
verursacht.

Vielleicht, denkt der ALTE, hat Sohn M. seine Unzulänglichkeit
im logischen Denken von dir ererbt und nicht von deinem Stief-
Onkel Paule.

Wie gut kennt man sich eigentlich selber?

[…]

WENN DU IHN NICHT WEISST, WER SOLL UM DEINEN WEG WIS-
SEN? DIE EIFRIGSTEN RATGEBER WISSEN IN DER REGEL IHREN
EIGENEN WEG NICHT.

5. September (Donnerstag)

[…]

DIE LIEBLICHE hat das Krankenhaus verlassen. Nach der Ansicht des ALTEN hat sie es zu früh aufgegeben. Der Grund ihrer
leichten Fieberschauer wurde jedenfalls nicht gefunden. Am
Abend gab sie bereits aus der Berliner Wohnung her bekannt:
Mir ist schon wieder so schuddrig.

Sie will sich nach Schulzenhof holen lassen. Der ALTE ist dagegen, es ist ihm zu riskant. Gewiss drängt sies nicht des ALTEN
wegen nach Schulzenhof. Gewiss ists die Sorge um ihr Kummer-
kind Sohn MATTI, von dem man hört, dass er nun Feldbau-Bri-
gadier in einer Genossenschaft werden will. Hat er die Vorausset-
zungen für diesen Beruf? Wenn der ALTE nur bedenkt, wie
unfürsorglich M. heuer die väterlichen Wiesen bedüngte und
pflegte!

9. September (Montag)

ROMAN. Der ALTE hat ungefähr die Hälfte der ersten Mappe
durchgesehen. Hin und wieder hat er das Gefühl, es wäre nicht
genug Straffheit im Text. Andererseits muss er drauf achten, dass
er nichts zerschreibt. Das hats oft gegeben und die LIEBLICHE
musste eingreifen.

LEIDER IST DER A. sich deren Zuneigung zur Zeit nicht sicher.

[…]

ES WAR EIN HARTER TAG: Hengst GALBA, ein Vertrauter des AL-
TEN, wurde abgeholt. […] Aus dem Transport-Auto wurde die
isländische Jährlingsstute Flikka gezerrt. Flikka ist ein Rotschim-
mel. Dem ALTEN kam sie mit eins höher vor als vor einer Woche,
da er sie in der Herde der Isländer sah. Er mass sie am Abend:
1,20 m.

GALBA bestieg ohne Zögern den Transportwagen. Der Stutengeruch, den der Stall auf Rädern enthielt, erleichterte ihm das Fortgebracht-Werden.

Zwei bis drei Stunden hatte der ALTE einen Wein-, einen Heulkrampf zu bekämpfen. Er fürchtete, es könnte ihm so ergehen wie damals, als sein Dalmatiner ASSAN erschossen werden musste. Der ALTE kämpfte. Er wollte nicht in diesen Zustand eines Nervenzusammenbruchs verfallen. Es gelang ihm, sich zusammenzufassen. Die LIEBLICHE liess ihn schliesslich nicht ganz ohne Hilfe. Es kam ein Teilchen von der alten bewährten Harmonie zwischen den MATTS auf.

Ganz wichtig für das Abfangen des Heulkrampfes war auch die ganz frische Gegenwart der Island-Jährlings-Stute. Als der A. sie sich letzten Sonntag im Zoo aussuchte, fand er sie nur halb so gefällig wie nun, da sie als Einzeltier im Auslauf stand. Ein zahmes Tier, das in den MATT'SCHEN Stall passt und das sich vom ersten Hiersein so verhielt, als wäre es schon immer hier gewesen. Das Stütchen gewann sogleich auch die Zuneigung der LIEBLICHEN.

Lang schon war der ALTE auf ein Islandpony aus. [...] Die Islandpferde hat ihm die isländische Literatur, besonders die Bücher von Laxness nahegebracht. Ihre Härte und Leistungsfähigkeit imponierten dem ALTEN. Bisher gab es in unserem Ländchen kein Islandpferd. [...] Der ALTE hatte sich fast damit abgefunden: Er würde niemals ein Island-Pony in die Hände kriegen. Nun bot sich die Gelegenheit so rasch und durch so merkwürdige Umstände, dass dem ALTEN scheinen möchte, er hat den lieb-teuren Araberhengst einsetzen müssen, damit er vor seinem Tode sich noch mit den Eigenschaften der Islandpferde vertraut machen kann. [...] Auf jeden Fall hat es dazu beigetragen, dass der ALTE beim Davongehen seines Araberhengstes GALBA nicht in ein allzu tiefes Trauerloch stürzte.

16. September (Montag)

ROMAN. Wie alle Tage zuvor.

Und wie sieht es sonst aus? Ein Tag, der sich mühsam sonnig hält, gegen Abend aber seine Wolken nicht mehr zusammenhalten kann und Regen herauslässt. In der Luft noch viele Schwalben. Die Raben – manchmal sind zehn und mehr von ihnen am Himmel, bebelfern und beknurren sich und tragen etwas aus, was der ALTE nicht deuten kann. Die diesjährigen Jungen sind jedenfalls dabei. Manchmal siehts aus, als kämpfte eine Gruppe gegen die andere.

[…]

DIE LIEBLICHE noch in Berlin. Die Pankoke ruft an, Sigrid Damm ruft an. Sie bedauern den ALTEN, dass er »immer so allein« mit sich auskommen muss. Das fällt ihm nicht schwer. Schwerer fällts ihm trotz seiner Impotenz ganz ohne Zärtlichkeit zu leben.

18. September (Mittwoch)

ROMAN wie am Vortage. Nach 1½ Stunden Korrektur wollen dem ALTEN jeweils die Augen zufallen. Die Stille im Haus, auf dem Hof und im Garten hüllt ihn ein wie eine Schlafdecke. Er steht auf, zieht die Fenstervorhänge zurück und versucht zu erkennen, wo sich das kleine Pferd aufhält, ob im Offenstall, ob auf der Koppel, die bis an den Hochwald reicht. […]

DIE LIEBLICHE kam aus Berlin zurück. Im Institut von Dr. Hildchen fand man, dass ihr BLUTBILD doch zu wünschen übrig lässt. Man spricht von der Möglichkeit, dass es sich um Anämie handeln könne. Vor allem soll die L. zunächst keinerlei Medikamente, auch keinerlei Schlafmittel und Mittel zu sich nehmen, die das Fieber (die erhöhte Temperatur), das bei ihr am Nachmittag einsetzt, dämpfen. Dazu vitaminreiche Kost und kurze Spaziergänge. […]

21. Oktober (Montag)

ROMAN. Noch sehr auf der Stelle, aber der ALTE hat Freude, wenn starre Passagen schliesslich doch flüssig werden.

DIE LIEBLICHE seit gestern abend in Berlin. Heute ist ihr Abreisetag. Sie fährt abends mit der Eisenbahn. Mehrere Anrufe tagsüber hin und her. Die Gespräche werden immer wehmütiger. Das ist noch ganz wie früher, wenn eines allein auf eine grosse Reise ging. Auf einmal gewahrt der ALTE, vielleicht auch die LIEBLICHE, dass noch alle Liebe da ist; vielleicht ein wenig modifiziert. Jedenfalls fühlt der ALTE so, als wäre er noch potent. Vielleicht ist er es wieder? [...]

2. November (Sonnabend)

ROMAN. Erfreulich. Der ALTE stösst auf viele, viele Seiten gelungenes Erst-Diktat.

DIE LIEBLICHE den ersten Tag wieder aus dem Bett. Aber noch nicht keimfrei, wie sie sagt.

DER WIND GEHT IN STÖSSEN. Er bläht den weissen Hühnern des Lamprechts die Schwanzfedern auf. Manchmal schreit er auf, der Wind, und dann raunt er wieder, und der ALTE lauscht wie ein Säugling, der verstehen möchte, was der Vater ihm sagt und wiederholt und sagt.

DER ALTE HAT BESCHLOSSEN, die Anregungen für seine Tagebuch-Eintragungen für eine Zeitlang wieder von aussen hereinzuholen. Was ihm dieser Tage von innen kommt, riecht schimmelig und fäulig, ist nicht würdig, auf Papier gekritzelt zu werden.

AUF DEN WEGEN vermehrt sich das »Blattgold«. Es sind auch grüne Blätter dazwischen, die nicht mehr auf den Frost warten konnten, der sie von den Zweigen treibt. Es sind die nächstjährigen Knospen, die diese Blätter noch grün ins Ausgedinge trieben.

IM MESSE-KATALOG EINIGES ÜBER ARNO SCHMIDT. Gelesen, dass er an seinem letzten Roman täglich 16 Stunden arbeitete, und das zehn Jahre lang. Seinen letzten Roman ZETTELS TRAUM nennt man vorsichtig Essay-Roman. Er wurde nicht gedruckt. Er existierte als Typoskript. Wenige lasen ihn, wenige verstanden ihn, und viele gaben sich nicht die Mühe, ihn zu verstehen. Der ALTE weiss von sich nicht, ob er sich die Mühe machen würde. Jetzt wird der Roman bei FISCHER als REPRINT im Typoskript erscheinen.

Das alles ist weniger interessant für den ALTEN. Interessant ist für ihn, sich vorzustellen, wie gross die Kraft und der Widerstand gegen alles Abhaltende bei A. Sch. gewesen sein [mussten], um das, was er sich unter *seinem* Roman vorstellte, anzufertigen.

4. November (Montag)

ROMAN. Umdiktat wie alle Tage. Die ersten zwei Kassetten wurden zu Frau Zellner zum Abschreiben gebracht.

ILJA leistete seine ersten vollen sieben Arbeitstage ab und fuhr auf seine Siedlung. (4. XI.)

DIE LIEBLICHE fuhr mit der BEHM-Taxe nach Berlin. [...]

EIN STARENSCHWARM über den Schon-Kiefern, deren »Eltern« der ALTE noch kannte. Sie fliegen locker und ungeordnet. Das wirkt fröhlich und wie eine letzte Hoffnung, denn die Stare sind es, die am frühesten wieder hier sind, wenn der Winter erst aufzukündigen beginnt.

DIE LIEBLICHE fuhr davon, zunächst nach Berlin und von dort fährt sie nach Ungarn. Es werden fast vierzehn Tage vergehen, bis sie wieder in Schulzenhof ist. Nicht eine Zärtlichkeit, auch zum Abschied nicht, nur noch Sachlichkeit und Sachlichkeit. Seit ihrer Rückkehr aus Frankreich hatte sie für den ALTEN kein Lächeln, kein Zulächeln. Sie absolvierte ihre Krankheit im Bett. Der ALTE hat sich um sie bemüht, so gut es in seinem Vermögen stand. Sie aber fragte nicht ein Mal, wie er sich fühlt. Wenn sich das jetzt zum Normalzustand verfestigt, muss sich der ALTE, wenn er nicht erfrieren will, nach anderswohin vergeben.

[...]

AM ARBEITSPLATZ DES ALTEN liegt auf der Diele ein falb-gelbes Birkenblatt. Es ist im Wald auf seine Pelzmütze geweht und flog leise und sich drehend, als der ALTE die Mütze abnahm, auf die Stubendiele. Da liegt es nun, das falb-gelbe Birkenblatt und dem ALTEN ist, als sähe es ihn an, um herauszukriegen, wer da vor ihm hockt.

12. November (Dienstag)

ROMAN: Schritt bei Schritt gehts weiter mit dem Umdiktat. [...]

ERMATTET. Keine Lust im Augenblick noch etwas einzuschreiben. Keinen Trieb, etwas aus der Erinnerung abzurufen.

UND DAS UNBEHAGEN HATTE GRÜNDE: In der Nacht von Donnerstag auf Freitag, 3^h, (14. zum 15. November) kriegte der ALTE MANN Schmerzen, die ihn nicht mehr schlafen liessen. Sie verstärkten sich und sie waren dort, wo der ALTE MANN seine Bauch-speicheldrüse sitzen wähnte. [...]

Als die Schmerzen am Mittag des nächsten Tages eher zu- als abgenommen hatten, gab er der LIEBLICHEN nach, die ihn bedrängte, ins Krankenhaus zu gehen. Und die LIEBLICHE war sehr besorgt um ihn, und er spürte, trotz der Schmerzen, Freude darüber, dass sie ihn noch liebt.

ES KAM EIN AUTO vom Regierungskrankenhaus mit Fahrer, Pfleger und einer Ärztin.

Sie brachten den ALTEN mit Blaulicht-Signalen und TATÜ-TATA in einer Dreiviertelstunde nach Berlin. So rasch kam der ALTE in den 31 Jahren, da er hier draussen wohnt, niemals nach Berlin. [...]

SCHON AM SONNABEND kriegt der ALTE MANN zu wissen, dass eine Operation unumgänglich wäre und dass nach dem Wochenende am Montag operiert werden müsse.

Die LIEBLICHE sollte am Montag, dem 18. Nov. auf eine Lese-Tournee nach Westdeutschland fahren. (Heidelberg, Kassel, Hannover usw.) [...] Die LIEBLICHE fuhr natürlich nicht.

[...]

In Schulzenhof legte der neue Gehilfe Holger seine Bewährungsprobe ab und bestand sie. [...]

AM 30. NOVEMBER kam der ALTE MANN nach Schulzenhof zurück. Die ersten Tage lag er noch für Stunden im Bett. [...]

24. Dezember (Dienstag)

DER ALTE nach Rheinsberg um die drei Blumensträusse für die LIEBLICHE, die üblich geworden sind.

Der sich ständig verändernde Verlauf, den die Menschen den Waldwegen aufzwingen!

Hinter dem Frostnebel die Sonne wie ein blass-blasser Vollmond. Die Einheimischen und die Zugewanderten schwirren von Geschäft zu Geschäft. Sie leiden an Kaufdrang und Hast. Wenn man bedenkt, dass die Absicht, jemand zu beschenken, sie so unruhig macht und umhertreibt!

[...]

DIE LIEBLICHE, DER ALTE UND JAKOB still unterm Weihnachtsbaum. Eine Stunde ohne Wünschen und Wollen.

Später hörte der ALTE sich selber (im Rundfunk) ab und war
nicht recht mit dem Ausschnitt aus dem zweiten Teil des LADENS
zufrieden. Freunde, die nach dem Abhören telefonierten, ent-
kräfteten seine Bedenken. Vielleicht liegts am matten Zustand
des ALTEN, der ihm alles unvollkommen erscheinen lässt. Der
Schnitt in die Bauchdecke macht sich bemerkbar.

28. Dezember (Sonnabend)
GANZ UNERWÄHNT ist geblieben, dass der ALTE seit etwa einer
Woche wieder am Umdiktat des Romans (LADEN, Teil 2) arbeitet,
allerdings nur täglich eine Morgenstunde lang.

POST, POST, POST. Das meiste ist Glückwunsch-Leierkasten-
Post, und der ALTE versucht, die Gegen-Post so rasch wie möglich aus dem Haus zu kriegen.

DIESER TAGE liess sich der ALTE von der Frage peinigen: War es
richtig, dass du dich wenig um deine Kinder kümmertest und
den grössten Teil deiner Kraft und Aufmerksamkeit in die
Schriftstellerei stecktest? Es schwebte dir vor, dich durch das Aufschreiben deiner Gedanken ein wenig bleibender zu machen. Du
entschuldigst dich damit für deine Fehlleistung in der Kinderbe-
treuung. Dein Verstand ketzert dir zu: Geschriebenes ist nicht
von ewiger Dauer. Und deine Schreiblust ketzert: Und was wäre,
wenn du dich zum Sklaven deiner Kinder gemacht hättest? Hättest du, wenn du ein Arbeiter geblieben und heute ein Rentner
wärest, wenn du deinen Söhnen ein sogenannter treusorgender
Vater gewesen wärest, sie je mit solchen Geldsummen unterstützen können, wie du es jetzt tust und weiter tun wirst?

Ausserdem hattest du eine Wahl, dieses zu tun und jenes zu
lassen? Wäre deine Sünde nicht grösser gewesen, wenn du die
Neigung und die Kraft, mit der es dich zum Schreiben drängte,
zugunsten der Brutpflege unterdrückt hättest?

29. Dezember (Sonntag)

ES STELLTE SICH DIE FRAGE EIN: Soll das Tagebuch im nächsten Jahr in der Ich-Form oder in der Er-Form (der ALTE) weitergeführt werden. Dabei wurde dem ALTEN bewusst, wann es mit der Er-Form begann. Er vermutet, dass es unbewusst als Ausgleich geschah, nachdem seine Hauptschreib-Arbeit vom Ich des ALTEN handelte, und dass er das Tagebuch benutzte, um mit der ER-Form für spätere Arbeiten (?) im Training zu bleiben. Vielleicht war da (unbewusst) ein Widerwille gegen die Beschäftigung mit dem ICH im ALTEN angewachsen. Da der ALTE sich noch das künftige Jahr lang wird durch die Arbeit am zweiten Teil des LADENS in der ICH-Form verlautbaren müssen, wird sichs wohl als unerlässlich erweisen, das Tagebuch in der ER-Form weiterzuführen.

DER ALTE VERSUCHT, SICH GEDANKENLEER ZU HALTEN. Er tut es ohne Willensanstrengung und ohne einen Zweck dabei zu verfolgen. Sogleich umschwirren ihn, wie die Luft das Vakuum, Gedankenteufelchen mit spitzen Lanzen und dringen in die Gedankenleere ein. Der ALTE vertreibt sie nicht mit Anstrengung, er lässt sie zu, sieht sie sich an, diese Teufelchen; auch ein Erstaunen darüber, wie schwer es ist, die Teufelchen »draussen« zu halten, lässt der ALTE nicht zu.

[...]

Zur GEDANKENLEERE gehört auch: Sehen, ohne das Gesehene zu benennen.

Ein Schriftsteller ertappt sich wahrscheinlich mehr als andere Leute dabei, Gesehenes für die Weitergabe an seine Leser vorzubereiten, es in Bilder umzusetzen und das was er sieht, auf dem Umweg über Buchstaben und Sätze die Leser sehen zu lassen.

Wie den Gehilfen HOLGER über die Silvesternacht bringen, ohne auf das, was er für wichtig hält, eingehen zu müssen?

1986

6. Januar, Montag

GROSSE UNSICHERHEIT: Kommt HENRI, kommt er nicht. Schon seit Tagen ist Gehilfe HOLGER zitterig und zerstreut; sein Freund HENRI liess nichts von sich hören. Kommt er überhaupt? Hat er vielleicht gepasst, ohne sich zu erklären? Dann kommt er. […]

DIE LIEBLICHE mit der BEHM-Taxe nach BERLIN. Auch sie fragt zweimal an, ob HENRI eintraf. Wäre er nicht gekommen, hätte man wieder an Umstellungen im Haushalt und in der Tier- und Stallversorgung denken müssen.

Dem ALTEN will scheinen, dass die LIEBLICHE schon etwas ruhiger geworden ist, nachdem die Spannungen nachgelassen haben. […]

DER ALTE nach langer Pause zum Einkauf nach Gransee. […]

14. Januar, Dienstag

UFF WAS ISN SCHRIFTSTELLER eejentlich stolz, wollt ick schon lange mal fragen, Herr MATT, is er stolz, wenn er wat fertig jeschrieben hat, oda is seine Freude, wenn dat, wat er jeschrieben hat, die Leute jefällt?

Seine Freude hat er beim Schreiben, sagt der alte MATT. Allerdings, wenn der Schriftsteller noch jung und noch eitel ist, freut er sich, wenn ihn die Leser loben, aber wenn er alt ist, hat er seine Freude nur noch am Schreiben.

Das wird auf dem halb aufgetauten Waldweg verhandelt, der zum Zeuthen-See führt. Der Anfrager ist der Genossenschaftsbauer Degebrodt. […]

Sehnse, sagt Degebrodt, det sare ick ooch imma. Ick wer ja nu ooch jelobt von die Leute, weil ick als eenziger Privatmensch vier- ooch sechsspännig fahren du, aber det macht mir nich stolz. Froh macht mir det Einfahrn von die Pferde, freilich hab ick et jerne wenn die Leute kieken, davon abjesehn.

DEGEBRODT hat zwei Kleinpferdstuten im Ponytyp und eine Halb-Araber-Stute vor seinem Wagen. Als der ALTE während Ds. Erzählungen zu dieser Stute hinguckt, sieht ihn sein Araber-Hengst Galba ben Afas an, mit dem er noch voriges Jahr durch die Wälder, auch diesen Weg, auf dem das Gespräch stattfindet, entlang ritt.

23. Januar, Donnerstag

AUSRITT AUF RECHA, im Regen. FLIKKA bei Fuss wie eine Tob-süchtige. [...]

IM TELEVISOR erscheint eine Stunde lang LOWA. Gealtert, der Vollbart schon wieder länger, aber gepflegt. Patriarchen-Bart. [...]

L. in seinem Interview einsichtig, unpolterig, sehr ruhig und doch geistig wach. Er wird gefragt, wie er heute über seine Haft-zeit denkt.

Ich denke, die Strafe war gerecht, denn ich habe in der Jugend die Stalinherrschaft unterstützt, habe bei der Gründung der Kol-chosen mitgeholfen, den Bauern ihr letztes Schwein zu nehmen und habe meine Freunde verleugnet, als die vor mir in den Sta-lin-Zuchthäusern einsassen.

Es war das erste Mal, dass der ALTE gewahrte, sein alter Freund hat den Urgrund unserer verworrenen Verhältnisse erblickt. Es war das erste Mal, dass der ALTE, auch die LIEBLICHE, alles beja-hen konnten, was der alte Freund zu sagen wusste.

DIE NOCH IMMER NICHT GRÜNDLICH diagnostizierte Krank-heit der LIEBLICHEN liegt wie eine grosse LAST auf dem Leben der MATTS in Schulzenhof. Der ALTE fühlt sich so hilflos. Die Liebliche wird von Ungeduld gebeutelt.

1. Februar, Sonnabend

DAS PFERD, die kleine Norwegerin INKA, war reichlich stallunmu-tig. Der ALTE wollte dem Gehilfen HENRY zeigen, wie man longiert. INKA wollte nicht auf dem Zirkel bleiben. Der ALTE setzte mächtig Kraft ein gegen ihr Bestreben nach aussen zu entweichen.

Dann machte er einen groben Fehler: Er liess sich von der Stute aus der Mitte des Zirkels zerren, kam ins Rennen, liess die Longe aber aus unangebrachtem Pferdemanns-Ehrgeiz nicht los, kam ins Stolpern, schlug hin und liess auch dann noch nicht los, sondern erst, als er für einen Augenblick nichts mehr von sich wusste – er war gewaltig und frontal auf den Bauch gefallen.

Der Gehilfe kam, wollte ihm aufhelfen, packte ihn am linken Arm. Schmerzen, Schmerzen. Der Gehilfe musste ablassen. Der ALTE erhob sich aus eigener Kraft, stützte sich auf den rechten Arm.

Der ALTE wankte ins Haus und bat die LIEBLICHE um Verzeihung, hielt ein privates jüngstes Gericht ab: Von jetzt ab – keinen Zank mehr! Er fühlte sich wie als Dorfschuljunge, wenn er, nachdem ihn der Lehrer verprügelt hatte, zugab, dass er faul gewesen wäre, obwohl er im Hintergrund wusste, dass er nicht gefaulenzt hatte.

Er musste lange warten und jammern, bis das Auto mit einer Ärztin aus Berlin kam. Unterwegs jammerte er weiter und bat die LIEBLICHE, ihn nicht zu verlassen, bis das Schultergelenk eingerenkt ist, denn es war ausgerenkt, die Ärztin sah es sogleich, obwohl sie nicht Chirurgin war.

Vom Aus- bis zum Einrenken vergingen sechs Stunden, und es war das für den ALTEN, was man höllisch nennt.

30. März (Sonntag, Ostern) und 31. März (Montag)
DIE LIEBLICHE plagt sich mit dem, was sie »ihre Grippe« nennt, aber wie viele »Grippen« waren es dieses Jahr bereits und wieviele waren es voriges Jahr? Diese erhöhte Temperatur, dieses Schwitzen in den Nächten aber auch bei Tage. Da ist bei der LIEBLICHEN etwas aus dem Rhythmus geraten. Der Urgrund der Krankheit liegt im Psychologischen. Der ALTE lässt sich das nicht ausreden. Vor einem Jahr, als Sohn MATTHES noch im Hause war, gab es allwöchentlich, manchmal alltäglich Spannungen. Jetzt

gibt es das nicht mehr, nachdem zwei fremde Burschen umsichtig die Wirtschaft versehen.

EINE ÜBERRASCHUNG erlebte der ALTE, als er im Krankenhaus lag. Endlich war das Manuskript zu MAI IN PIESTANY fertig. Vielleicht wars auch schon länger fertig, denn einige Leute kannten den ungefähren Inhalt. Jedenfalls liess die LIEBLICHE dem ALTEN das Manuskript da. Er kannte den ersten Teil bereits, aber las ihn nochmals, las an einem Nachmittag und einem Abend das ganze Manuskript. Da war nun die Wahrheit über das Verhältnis der beiden Dichter zueinander ausgesprochen. Der ALTE hatte sie gewusst und erkannt – diese Wahrheit – schon lange. Die LIEBLICHE leidet darunter, dass sie beim durchschnittlichen Leserpublikum unterbewertet wird, weil sie meine Frau ist. Die Leute, auch die Bekannten fragen sie nicht, wie geht es dir, sondern wie geht es dem Meister? Sie fragen nicht: Was schreibst du zur Zeit; sie fragen: Was schreibt der Strittmatter?

Es war vorauszusehen, dass eine Krise eintreten würde, schon damals, als die LIEBLICHE zu veröffentlichen anfing.

Der ALTE wusste von Anfang an, dass in der LIEBLICHEN eine Dichterin steckte. Er ermunterte sie zum Schreiben.

Was der ALTE allerdings nicht tat; er pries die guten Gedichte der LIEBLICHEN nicht an, er empfahl seine Frau nicht. Das hätte die LIEBLICHE auch selber nicht haben wollen. Oder hätte sie doch? Es lag dem ALTEN nicht. Er fands geschmacklos, wenn Sartre seine Beauvoir – und die Beauvoir ihren Sartre lobte. Nein, es lag dem ALTEN nicht. Die LIEBLICHE hatte damit einen schweren Anfang; aber es war ein ehrlicher Anfang.

17. April (Donnerstag) bis 26. April (Sonnabend)
DIES UND DAS: Der Romanbrei nahm etwa 100 Schreibmaschinen-Seiten ein. Jetzt steht der ALTE wieder auf festerem Land und das Kniffeln liegt hinter ihm. Beim Umdiktieren waren ohnehin, wie jetzt sichtbar wurde, 180 Seiten in den Papierkorb gefallen. Alles in allem dürfte das endliche Manuskript auf etwa 620 Schreibmaschinen-Seiten kommen. Aber jetzt ist alles dicht. Der ALTE glaubt, sich nicht zu täuschen.

SCHON SEIT vierzehn Tagen steht auf der Truhe in der Arbeitsstube ein Koffer. Da hinein kommen Dinge, Gerätschaften und Kleidungsstücke, die mit nach Piestany sollen.

DIESES JAHR sieht der ALTE der Kur in P. mit so grosser Hoffnung entgegen wie damals vor 12 oder 13 Jahren, als er zum ersten Male mit den störrischen Hüftgelenken dorthin fuhr. Trotz Übungen, Schonungen und Einreibungen ist sein linker Arm nicht beweglicher geworden wie damals vor Wochen, als man den ALTEN aus dem Krankenhaus entliess.

[...]

DIE LIEBLICHE kränkelt und kränkelt weiter, schwitzt, hat Leberschmerzen. Der ALTE meint, sie müsste versuchen, eine Weile salzlos zu essen und reines Wasser oder Tee statt der mit Essenzen und Kohlensäure versetzten Limonaden zu trinken.

IN BERLIN trafen sich die MATTS mit Sonja Friedland aus Moskau, die den LADEN ins Russische übersetzte. Ihren Erzählungen entnahmen die MATTS, dass sich die russische Intelligenzia skeptisch und abwartend dem neuen Partei-Chef gegenüber verhält.

EBENSO EIN ABENDGESPRÄCH mit dem Verleger Faber. Arno Mohr hat zehn Holzschnitte zum LADEN gemacht, ausserdem will er zum 75. Geburtstag des ALTEN den 3. Band des WUNDERTÄTERS illustrieren. Die Illustrationen für den 1. Band hat Lothar Sell übernommen, der Illustrator des 2. Bandes ist noch nicht festgelegt. Es gibt einige »Bewerber«. Klarheit herrscht noch nicht über die Dokumentation, die der Pankoke übertragen wurde.

27. April (Freitag) bis 3. Mai (Sonnabend)

GLEICH FAHREN die MATTS ab. Zunächst nach Berlin. Dort werden sie die Schulzenhof-Koffer ergänzen und Sonntag (um 6^h geht das Flugzeug nach Prag schon) werden sie zur jährlichen Rheuma Kur fahren.

Die erste Piešt'any-Woche werden die Gehilfen beide in Schulzenhof sein.

Was die Verlässlichkeit der beiden anbetrifft, so hat der ALTE ein gutes Gefühl [...].

Die LIEBLICHE hält sich reserviert, noch immer anerkennt sie nach aussen hin nicht, dass in Schulzenhof keine Kräche mehr stattfinden, dass der ALTE entspannt durch seine Alterstage gehen kann. Gewiss wäre es ihr lieber gewesen, wenn es mit den Söhnen MATTI und ILJA ähnlich gut gegangen wäre. [...]

NUN IST der Frühling da und holt nach, was er versäumte. Die Pflänzlinge des Riesenknöterichs, mit denen wir eine künftige Hecke anlegten, kommen stark wie die Triebe von Bambus. Es scheint zu gelingen.

Der Gehilfe HENRY hat dort, wo der alte Gemüsegarten war, ein Beet für Küchenkräuter angelegt.

HIER BRACH DER ALTE MANN die Aufzeichnungen ab. Die Schluss-Arbeiten am Roman (LADEN II) nahmen ihn in Anspruch. Da war nur die Hälfte der sonst vorhandenen Kraft. Die ausgerenkte, wieder eingerenkte Schulter schmerzte und hinderte. Er konnte seinen Schreibplatz (im Lehnstuhl am Rolltischchen) nicht beibehalten. Es machte sich erforderlich, am Ausziehtisch auf steifem Stuhl (ohne Armlehne) zu arbeiten.

DANN DIE KUR IN PIESTANY wie alljährlich. Der ALTE MANN korrigierte dort die fünfte Mappe des Romans durch und betrieb die Kur intensiv und liess nichts aus. Die Behandlung seiner Schulterverletzung in der Rehabilitationsabteilung war schmerzhaft. [...]

6. Juli (Sonntag) und 7. Juli (Montag)

IN DER TAGEBUCHLOSEN Zeit überfiel den ALTEN MANN zwischendrein grosse Lust zum EINSCHREIBEN. Er sehnte sich danach, wieder in seine Groschenhefte als in ein kleines Zuhause hineinzugehen.

Jetzt, da die Fahrt frei ist, will sich die Lust aufs Einschreiben nicht einstellen. Die Zeit, die zwischen dem Einschreiben im März und dem Einschreiben jetzt im Juli verging, liegt wie ein Chaos ausserhalb der Groschenhefte. Dem ALTEN MANNE kommts vor, als wäre das eine verlorene Zeit, weil [er] die Erlebnisse und Erfahrungen, die drinlagen, ungekennzeichnet liess. Eine fixe Idee. Der ALTE, der niederschlesische Neurotiker, muss sich hüten. [...]

8. Juli (Dienstag)

WAS DA WAR!

Die LIEBLICHE weiterhin in ambulanter ärztlicher Behandlung in Berlin. […]

ABER AUCH DAS: Der fertige Roman liegt im kleinen Schreibsekretär an der Ostwand der Arbeitsstube. Für den ALTEN ist er wie ein Pferd, das zur Musterung vorgeführt werden soll. Es wird rasch noch hier ein wenig gestriegelt und dort ein Mähnenhaar glatt gezupft.

Es wird Zeit, dass die fertige Arbeit aus dem Haus kommt.

Der ALTE kommt sich vor wie ein Ding mit geringer Schwerkraft, mit dem Wind und ziehende Lüfte es leicht haben.

Es ist nicht übel, nicht ohne Lust auf Überraschungen, so ohne Aufgabe zu leben. Wo wird sie herkommen – die Überraschung. Vielleicht sind AUFGABEN Einbildungen, oder der Drang, denken zu können, man sei nicht nutzlos auf der Welt. Vielleicht liegt der NUTZEN eines Menschenlebens in der Tatsache, dass man ist, dass man sich treiben lässt und spontanen Eingebungen folgt, dass man also NICHTSTUN tut und dieses von der GESELLSCHAFT so verpönte Missverhalten an den Tag legt.

Die bisherige Form der Groschen-Heft-Eintragungen hat sich zersetzt, eine neue bildet sich noch nicht. Auch hier abwarten!

9. Juli (Mittwoch)

[…]

OLAFUR. Noch ist nicht vermerkt, dass seit Ende Juni ein neues Pferd im Stalle steht. Ein einjähriger Fjordpferd-Wallach aus dem Tierpark in Berlin. Er stand mit drei anderen gleichaltrigen Wallachen in einem Verhau mit Sandboden und ist mager, sehr mager, aber wetterfest. Der ALTE kaufte ihn, damit die Island-Stute FLIKKA einen Gesellschafter hat, der mit ihr bei jedem Wetter im Freiland laufen kann.

MIT diesem Wallach gibts dies und das zu tun. Er muss (gesondert vom Zweitpferd) führig gemacht werden, man muss ihn fürs Hufebeschneiden vorbereiten; er muss an Zaum und Trense gewöhnt werden. Der ALTE ist mit Eifer dabei. Vor allem befördert er mit seinem Hinsehen, dass sich Dellen zwischen den Rippen des Wallachs rascher füllen. Des Herren Auge macht die Pferde fett.

Die LIEBLICHE taufte den neuen Hausgenossen: OLAFUR nach dem mageren Dichter-Helden aus Laxness' WELTLICHT.

Die LIEBLICHE nimmt an allem, was in Schulzenhof geschieht, zur Zeit nur verhalten teil, so, als gehöre sie nicht mehr hierher. Ists die Krankheit? Wirds ein Dauerzustand?

DER ALTE hört abends wieder Musik, liegt auf dem Lager in der Loggia und hört (ferngefiltert, wie er es liebt) Klaviermusik. – Chopin. In den Zeiten, in denen er in grösseren Arbeiten steckt, ist Musik ihm unerträglich. Er hat das Gefühl, dass er bei ihrem Andrang zerschellen könnte. (Besonders bei Orchestermusik, Beethoven.) […]

20. Juli 86

ABWARTEN ZAHLT SICH AUS. Geduld.

Heute ein grosser Tag für den ALTEN MANN. Hoffentlich kann man ihn auch von der Zukunft her noch als »gross« bezeichnen.

Die LIEBLICHE sagte: Das Araber-Fohlen, das kommen wird, soll bleiben. Ganz gleich, ob Stute oder Hengst.

Wie das denn?

Ich bin anderer Meinung geworden. Ich habe mich für Schulzenhof entschlossen. Es war gut, dass ich die vergangenen Wochen in Berlin verbrachte. Ich habe auch mein Verhältnis zu den Söhnen revidiert. Mir ist aufgegangen, wie wichtig die Schulzenhofer Landschaft für mich ist. Wir wollen fortan ruhig miteinander leben.

Der ALTE MANN sprang vor Freude wie ein beschenktes Kind. Sein Aushalten wurde belohnt. Natürlich hätte er z. B. auch ohne den Zuspruch der LIEBLICHEN das Araberfohlen aufziehen können. Aber die Tiere gedeihen besser mit der Sympathie der LIEBLICHEN. […]

15. August (Freitag)

DER TAG NACH DER FEIER: Er hat Stoff für viele Seiten Tagebuch geliefert.

Man könnte noch. Soll man?

Es ist schwer, Tagebuch zu schreiben. Man kanns aus Eitelkeit tun. Mit eitlem Blick auf jene, die es einmal lesen werden. Woher weiss man, dass es so Leute gibt? Woher will man wissen, dass einem Morgigen wichtig sein wird, was heute war?

Weshalb überhaupt festhalten, was da war? Macht man sich damit nicht zum Sklaven der Vergangenheit? Ist aus der Vergangenheit was fürs Heute zu ernten? Für den Augenblick, der jetzt ist? Der Augenblick, in dem die Feder kritzelt?

Die Selbstentschuldigung des ALTEN in dieser Hinsicht: Versuche, das gestern Gewesene heute schon zu poetisieren. Das sind die Tagebuch-Aufzeichnungen für ihn.

Der ALTE redet sich ein, dass diese Art Aufzeichnungen zu machen, ihre Berechtigung hat.

Poetisieren – das Leben verklären, es wirklicher zu machen. So sieht es der ALTE.

Er weiss, dass es ihm nicht täglich gelingt.

DIESES JAHR gibt es viele Blumen auf Schulzenhof. Verdienst des Gehilfen HENRY.

Der ALTE »spricht« jeden Tag mit einer von den Blumensorten. Er widmet sich betrachtend den Tieren. Diese Verbindungen werden durch das Feiergebraus zerstört. Der ALTE MANN entwickelt das Gefühl, in Schuld geraten zu sein. [...]

NUN WIEDER dieser Pappkarton. In ihm die Geburtstagsbriefe, die Telegramme. [...]

DIE STEREOTYPEN GEBURTSTAGS-GLÜCKWUNSCHFORMELN FÜR ERFOLGREICHES SCHAFFEN UND STABILE GESUNDHEIT KÖNNEN DICH KRANK MACHEN UND DIR DAS SCHAFFEN VERLEIDEN.

[Berlin] 11. September (Donnerstag)
[...]

DREI LEUTE VOM AUFBAUVERLAG in der Wohnung. [...]

ZWEI MANUSKRIPTE für neue Bücher liegen vor. Es wird hauptsächlich um deren Ausstattung gesprochen. Die LIEBLICHE belebt. Ganz auf der Seite des ALTEN.

Der ALTE in sie verliebt wie in jungen Jahren. Gleich ist das

ABER da. Er wagt nicht mehr, sich ihr zu nähern. Letzten Abend ging das Bedürfnis so zuredend in ihm um.

Wieder dieses Glücksgefühl. Kommt die Zufriedenheit von den Manuskripten her, die nun auch von andern, nicht nur von der LIEBLICHEN gebilligt werden.

Die schriftlichen Zeugnisse vieler, vieler Morgen-Arbeitsstunden liegen nun anderen vor. Sind wie Pilze, die die Erdoberfläche durchbrachen und sich sichtbar machten.

LESEN IN SCHLOSS FRIEDRICHSFELDE. Vor dem Eingang eine Mauer aus Menschen, die nicht eingelassen werden können. Peinlich, wenn man da hindurch muss, wenn man sich für die Instinktlosigkeit der Veranstalter entschuldigen muss.[...]

Friedrichsfelde war wie eine Absegnung seines ZWEITEN LADENS für den ALTEN.

Was kommt nun? Kommt noch was?

Bisher schiebt der ALTE einen eventuellen neuen Anfang von Tag zu Tag hinaus.

Wohin geht das? Ist das das Ende?

15. September (Montag)

WETTERWENDIG.

WETTERWENDISCH heisst es im DUDEN. Der ALTE sah nach. Er war ins Schwanken gekommen. Er hielt WETTERWENDISCH für eine Sprach-Eigen-Art von Heidebewohnern. Also war der gestrige Tag wetterwendisch. [...]

REGEN setzt ein, als hätt ihn ein uns und den Pferden günstig gesinntes Gottchen herbeigerufen. Der Regen schwemmt den ausgestreuten Kalk ins Erdreich unter der Grasnarbe der Weiden.

DER ALTE redet sich ein, er muss dies noch machen und das noch machen, ehe er (möglicherweise) an eine neue Haupt-Arbeit geht. Es schwebt ihm etwas vor. Aber das muss ausprobiert werden. (In dem Augenblick, dass er »ausprobiert« schreibt, ists dem ALTEN, als sässe der Grossvater rechts von ihm beim »Simselieren« auf der Ofenbank.)

Abends steigt er ins Archiv und sucht Geschichten her, die bisher nicht zur Aussage kamen. Sie hatten Schwächen oder sie waren politisch zu brisant. Beide Eigenschaften würden den ALTEN jetzt nicht mehr stören. Er fühlt sich stark genug, die Schwächen zu merzen und die politische Brisanz als Herausforderung zu benutzen. Er wird die Geschichten überprüfen. Vielleicht lassen sie sich in seine »neue Arbeit«, dieses noch gefährlich zarte Gewächs, einbauen.

Den ganzen Tag versagt er sich, die LIEBLICHE anzurufen.

SIE FUHR morgens noch vor dem Frühstück, zu dem sie sich sonst in der Küche treffen, ohne sich vom ALTEN zu verabschieden, mit der BEHM-TAXE nach Berlin. (Ihr Hass muss zentnerschwer gewesen sein!)

Dem ALTEN fiel es unter diesen Umständen nicht schwer, auf ihre Gegenwart zu verzichten.

Aber gegen zehn Uhr abends rief sie an, nannte den ALTEN ihren Lieblingsfeind und sprach von literarischen Gemeinsamkeiten. Sie hätte den ganzen Tag Briefe gelesen, Briefabschriften. Briefe an wissbegierige oder anmassende Leser, Lektionen. Sie fände sie so wichtig, dass sie erwäge, einen zweiten Band »Briefe aus Schulzenhof« herauszugeben. Und über die Gründe ihres sonderbaren Verhaltens sprach sie nicht. Wir verstünden uns gut, stellte sie fest, wenn wir über Kunst und Kunstmachen reden, wenn wir miteinander telefonieren oder wenn eines von uns im Krankenhaus läge. Na mäg.

Der ALTE glaubt, dass er das Wartenkönnen immer besser beherrscht.

26. September (Freitag)

[...]

DIE LIEBLICHE recht streng und in ihren geistigen Ländereien zugange. Fern vom ALTEN. Sie sieht die Druckfahnen ihres Essay-Romans MAI IN PIEŠT'ANY durch.

DIESE DRUCKFAHNEN kriegt am Abend der ALTE zur Durchsicht. Es sind sieben Monate her, seit er den Roman im Manuskript (im Krankenhaus) mit Schmerzbegleitung las und billigte.

Nun die »Verfremdung« durch den Druck. Schöne Buchstaben. Schön gesetzt. Die LIEBLICHE hat die Arbeit dem ALTEN gewidmet. Ihr Geschenk für ihn zum 75. Geburtstag.

Schon nach dem Lesen der ersten Seiten nimmt die Arbeit den

ALTEN ganz für sich ein. Da ist ein Ton angeschlagen, der in die Ewigkeit hinein reicht. Vergleichbar mit Rilkes »Aufzeichnungen des Malte ...« Der ALTE weiss, was er da behauptet.

27. September (Sonnabend)

ABER AUCH WIEDER nach der Lektüre beim ALTEN die unumstössliche Erkenntnis, dass es ein wirkliches Gemeinsames zwischen ihm und der LIEBLICHEN nicht mehr gibt. Das NICHT MEHR geht von der LIEBLICHEN aus. Der ALTE verdunkelt ihre Dichterinnen-Existenz. Sie will, sie muss sich von ihm losreissen. Sie fühlt sich auf ihn fixiert. Sie hält das für ihre Schwäche, die sie überwinden muss.

Gründe für das Sich-Lösen-Müssen weiss sie genug aufzuführen. Die Gründe sind mehr oder weniger gesucht, einige sind Behauptungen, einige sind Unterstellungen, zu einigen bekennt sich der ALTE, sieht sie ein, ist hilflos, weil nichts mehr zu ändern ist, oder weil er sich nicht mehr entwurzeln und verpflanzen kann.

Da ist das ungute Verhältnis des ALTEN zu diesem oder jenem Sohn, das die LIEBLICHE als Grund und Brücke benutzt, ihre Trennung vom ALTEN erklärbar zu machen; da ist die verweste Episode mit der Mossner, da ist gar die wiederaufgenommene Korrespondenz mit der Freundin von ehemals in Österreich; da ist die Tatsache, dass zwei fremde junge Männer die Erhaltungsarbeiten für Schulzenhof übernahmen, sie verleiden ihr Schulzenhof usw. usw.

ZWEI JAHRE gingen hin, seit die Aufzeichnungen der lieblichen Dichterin gemacht wurden. Der in ihnen beschriebene, beschworene, manifestierte Bruch ist in dieser Zeit nicht geheilt. Die LIEBLICHE spricht von einem künstlich zugeschütteten Abgrund. Die wirkliche Befreiung der LIEBLICHEN vom ALTEN steht aus.

DER ALTE VERSÄUMT NICHT die künstlerische Leistung, die der LIEBLICHEN mit diesen Aufzeichnungen gelang, zu loben. Kann es ein höheres Lob geben als der Verweis auf den MALTE. Da ist keine Nachahmung. Da sind ganz andere Themen zum Klingen gebracht, aber eben dieses Klingen und Schwingen und der »Ton der Ewigkeit«, der über dem Werk zu verspüren ist.

28. September (Sonntag)

(noch 27. Sept.) Aber jetzt kommt es bei halber Nacht zu einer soliden Aussprache. Der ALTE kann die Halbheit der im Buch ausgeleuchteten Verhältnisse, die hauptsächlich von der LIEBLI-CHEN ausgehen, nicht mehr ertragen. Er plädiert ernstlich dafür, der Herumquälerei miteinander ein Ende zu machen. Er will, wenn es ihm das Leben erlaubt, seine letzten Jahre (vielleicht sinds nur noch Monate, eine Woche!) harmonisch und heiter verbringen. Er kanns nicht mehr ertragen, mit Vorwürfen bedacht und für die Unzufriedenheit der LIEBLICHEN verantwortlich gemacht zu werden. Er drängt auf Trennung, auf Klarheit. Er schliesst nicht aus, sich jemand zu sich zu nehmen, der ihn, den Greis, noch bejaht, vielleicht sogar noch ein wenig zärtlich zu ihm ist. Freilich weiss der ALTE nicht, wie das gehen soll, und wer es sein soll, mit dem er künftig zusammen leben will, aber will endlich von den ewigen Vorwürfen befreit werden.

Dann schaff diese Klarheit! heisst von der LIEBLICHEN her und so trennen sie sich mit Wünschen für eine gute Nacht, von der sie beide wissen, dass sie nicht gut sein wird.

KAUM IST DER ALTE oben in seiner Stube, geht nochmal auf die Loggia, hört in die Nacht hinein, da steht die LIEBLICHE, zur Versöhnung bereit, hinter ihm. Sie verspricht, den Versuch zu machen, sich zusammenzufassen, ihre Vorwürfe beiseite zu lassen, sich an dies oder das, was ihr ungelegen ist, mit »eingeschalteter« Vernunft zu gewöhnen.

Die MATTS schliessen einen Kompromiss. Die Form dieser Vereinbarung wurde schon vor einiger Zeit entworfen, aber die Verwirklichung fiel dürr aus.

Jetzt aber soll unbedingt verwirklicht werden: Die LIEBLICHE wird sich, wann es ihr notwendig erscheint, für ihre Arbeit nach Berlin zurückziehen. Dort fühlt sie sich von Pflichten befreit, auch von den Tagesrhythmen, die der ALTE für seine Prosaschreiberei benötigt.

Sie will dort auf das warten, was ihr einkommen will und nach
Belieben tun und lassen, was sie für richtig hält. Vielleicht, wenn
ich mal drin bin in einer grösseren Arbeit, kann ich nachher auch
in Schulzenhof an ihr schreiben.

Vielleicht, vielleicht. Der ALTE verlässt sich nicht unbedingt
auf das, was sich die LIEBLICHE vornimmt. Es hat in den letzten
Jahren zu häufig und zu groben Wetterwechsel in ihren Stimmungen gegeben.

ABER ES KOMMT zu einer grossen Zärtlichkeit. Und es kommt
zu einer Erlösung. Dem ALTEN will es scheinen, als hätte bei
beiden lange unterdrückte Lust aufeinander ihre Freiheit erhalten.

Was wird nun werden? Werden sie einander wieder ertragen?

12. Oktober (Sonntag)

ICH BESCHREIBE einige Tatsachen, die sich erst einen Tag später,
also in der Nacht vom Sonntag zum Montag dartaten.

»Alles Entscheidende geschieht trotzdem …«, so oder ähnlich
heisst es bei Nietzsche, den die Marxisten anfangen, für sich zu
verbuchen, wenigstens einen Teil seiner Ansichten. […]

Ich verlier mich. Dabei habe ich zu berichten, dass mich letzte
Nacht ein Schnupfen erwischte. Er tat sich durch eine Schlafstö-
rung kund. Ich werd mir seine Erreger bei der Geburtstagsfeier in
Bohsdorf aufgelesen haben. Das häufige Händewaschen über
Tag hat gefehlt.

Ich verlier mich schon wieder: Am Morgen fasste ich den Entschluss damit aufzuhören, das Tagebuch in der dritten Person
(DER ALTE) weiterzuführen. Als ich dennmals damit anfing,
glaubte ich, damit eine verfremdende Objektivität zu erreichen.
Ich glaube, ich habe sie nicht erreicht. Wieso wollte ich das überhaupt? Sollte nicht gerade das Tagebuch subjektiv sein?

NOCH ETWAS ist zu vermerken: Es stand sich schwer auf um halber fünf. Die Schnupfen-Viren schienen Gewicht zu entwickeln.
Ich legte mir trotzdem die Versuche zu einer neuen Arbeit aufs
Rolltischchen und setzte mich dazu, setzte mich in den Sessel,
jenen Sessel, der schon Hautverletzungen an den Armlehnen hat.

Er hat mich in verschiedenen Stimmungen und Verfassungen in sich sitzen gehabt. Ich sass nachdenkend in ihm, verzweifelt, wütend, glotzend, meditierend, auch weinend und mich vor Schmerzen windend, aber auch wenn ich ein gutes oder ein böses Gespräch mit jemand führte, am meisten aber arbeitend und nachdenkend.

Und das ist es: Die Anfänge von vier Versuchen zu der neuen Arbeit, die wohl nun doch kommen will, vereinigten sich (wirklich unter der Hand) zusammen zu einem Anfang, der mich hoffen lässt. Auch die Melodie, die ich für die Arbeit bräuchte, entstand zusammen mit dieser Verschmelzung. Hoffentlich haben mich meine Wünsche nicht berauscht. Wenn es so ist, dann freilich spucke ich auf den Nietzsche-Ausspruch, dass alles Entscheidende *trotzdem* entstehe.

GERITTEN. Die Pilzsucher blieben weg. Der Wald ist kein Auto-Korso mehr. [...]

13. Oktober (Montag)

DIE LIEBLICHE am Nachmittag mit dem Gehilfen Henry (im TRABANT-Auto) nach Berlin. Arzttermin. Immer noch das gelinde Fieber und die damit verbundene Unruhe fast jeden Abend.
[...]

SORGE UM FLIKKA. Der Gehilfe Holger entdeckte beim Abend-Kontrollgang an Flikkas Nasenrücken einen Schorf, aus dem eine weisse Kuppe ragte. Die weisse Kuppe war der Zahn eines mittleren Tieres. Wahrscheinlich ist Flikka, als die Ponys am vorigen Sonntag ausgebrochen waren, gebissen worden. Aber welches Tier brachte ihr den Biss bei und verlor den zentimeterlangen Zahn. Ein Wiesel, ein junger Fuchs, ein junges Wildschwein, ein Dachs, ein Marder? Es handelt sich um einen Eckzahn. War das Tier tollwütig, oder wehrte es sich nur, als es sich von den Pferden im Maisfeld oder in den Runkeln in die Enge getrieben fühlte?
[...]

28. Oktober (Dienstag)

WIEDER BAHNT SICH EINE TIERTRAGÖDIE AN.

Die Islandstute und der Fjordpferdwallach waren aus der Elektrokoppel ausgebrochen. Wir suchten sie einen Sonntag lang. Ich schrieb vor Wochen darüber.

Vor vierzehn Tagen entdeckte der Gehilfe Holger auf dem Nasenrücken der Islandstute einen Schorf. Der Schorf hatte eine weisse Kuppe. Die weisse Kuppe war der Eckzahn eines kleinen Raubtiers. Fuchs, Marder, Dachs? Gleichzeitig der Gedanke: Und wenn das Raubtier, das den Zahn im Nasenrücken der Stute hinterliess, tollwütig war?

Wir wuschen uns die Hände gründlich.

Ich verwahrte den Zahn.

Wir wollten abwarten.

Wir vermieden es fortan, die Islandstute aus der Hand zu füttern.

Wir warteten. Wir taten es nicht lang, aber immerhin schlossen wir die Möglichkeit, dass da Tollwut übertragen worden sein könnte, nicht aus.

Dem Tierarzt meldete ich den Vorfall und den Verdacht nicht.

Die Erschütterungen, die das Töten des Dalmatiner-Hundes ASSAN in mir ausgelöst hatten, waren noch zu nah, zu wach.

Er hatte mit einem Fuchs gekämpft.

HEUTE BRACH DIE TOLLWUT AUS. […]

29. Oktober (Mittwoch)

[…]

Mit der Stute fuhr für mich auch das Land Island davon, nach dessen Pferden ich mich sehnte, so lange, so lange! Und das Land und seine Menschen steht in meiner Sehnsucht seit ich gelesen habe, was Freund Laxness schrieb, all seine Bücher, die bei uns übersetzt sind. Ich tauschte meinen arabischen Reit- und Wunderhengst gegen diese Stute ein, die mich ab nächstes Jahr in meinen alten Tagen durch die Wälder tragen sollte.

Ich ging zum Haus. Am geöffneten Küchenfenster erwartete mich im weinroten Bademantel die LIEBLICHE. Man hatte vom Seuchen-Institut in Potsdam telefoniert, die Isländerin sei tollwütig gewesen. […]

1. November (Sonnabend)

WANN AUCH IMMER das Mitleid, die Wehmut, die Trauer, das Nachdenken über die Ereignisse mit den Pferden mich packen wollen, scheuche ich sie in den Keller zurück, in dem mein Unterbewusstsein haust.

[...]

AM ABEND ZUVOR liess ich die Liebliche leise erkennen, dass »Heilung« am raschesten möglich wäre, wenn zwei neue Jungpferde, natürlich ein Islandpferd dabei, in die Koppel kämen.

Die LIEBLICHE verstand sogleich und drang mich, Dr. Schwarz im Tierpark Rostock anzurufen, und ich tat es und es durchströmte mich dabei ein kleines Glücksgefühl, vor allem, weil ich die Liebe fühlte, an der ich jetzt manchmal zweifele, die LIEBE der LIEBLICHEN zu mir, die sich jetzt, modifiziert in solchen Augenblicken des tiefen Verstehens ausdrückt, die die Umwege über das körperliche Zärtlichsein meidet und dabei an Tiefe gewinnt.

Weshalb ist es so, dass ich für meine Vorhaben Evchens Zustimmung nötig habe, um gewiss zu sein, dem Leben nicht zuwider zu handeln?

Dr. Schwarz zeigt sich mitfühlend und hilfsbereit. Freilich druckste er ein wenig, als ich ihn um ein »neues« Islandpferd bat. Es ging um Kompetenzschwierigkeiten. [...]

7. November (Freitag)

[...]

ICH FING AN, eine Geschichte über den Tod unseres Islandponys zu schreiben. Ich fange vorsichtig an. Am liebsten wäre mir, ich erführe selber nicht, dass ich wieder zu schreiben versuche. Meine Hoffnungen sind so zerbrechlich wie gläserner Weihnachtsbaum-Schmuck.

Und noch immer sind die Novembertage unnovemberig schön. Noch blüht hie und da der Löwenzahn. Die Häher verstreuen Hagebutten im Wald, und die Sonne geht abends hoffnungsvoll rot unter.

11. November (Dienstag)

[…]

EVCHEN wurde von Sohn Erwin ins Krankenhaus geleitet. Leider hat sie eine Zimmergenossin. Das kommt ihr schwer an. Am Telefon war sie zuversichtlich, wohl weil sie merkte, wie müde und abgeschlagen ich bin. Das ist wahr, und es tritt wieder das Prinzip der kommunizierenden Röhren zwischen uns in Tätigkeit: Sobald ich kraftlos werde, wachsen bei ihr die Kräfte.

EINE STUNDE ZU PFERDE. […]

ICH LAS DAS BRECHT-BUCH, das zum Jahre nach dem Tode von Ruth Berlau in Westdeutschland herauskam. Hier in Ostdeutschland durfte es nicht erscheinen. […]

Bearbeitet hat die BERLAU-Erinnerungen Hans Bunge. Und hat fleissig gehobelt und geglättet. Viele der von der Berlau geschilderten Haltungen und Eigenheiten habe auch ich erlebt, aber auch die FLEISSER, von der in dem Buche der Berlau ebenso wenig die Rede ist wie von mir.

20. November (Donnerstag)

BEI EVCHEN wurde eine sogenannte Schicht-Untersuchung der Bronchien gemacht. Nach der Untersuchung wurde die behandelnde Ärztin, die Eva ins Krankenzimmer gebracht hatte, ins Labor zurückgerufen. Es wurde von einer »kleinen, dunklen, unaufhellbaren Stelle« gesprochen, die sich in einer der Aufnahmen findet.

Evchens Phantasie arbeitete sogleich los: Es kann ja auch Krebs sein, sagte sie am Telefon und hatte gewiss den Krankheitsverlauf von Joachim Kynass vor Augen. Auch meine Phantasie fing an loszuarbeiten. Eins, zwei, drei war ich dabei, mir den Krankheitsverlauf und mir ein Leben ohne die Dichterin vorzustellen und kam zu dem Schluss, dass ich dann »quittieren« würde. Ich versuchte, mich mit der Hoffnung zu trösten, dass mein hohes Alter es mir ermöglichen könnte, früher zu sterben als die LIEBLICHE, dass es mir erspart bleiben könnte, sie dahinsiechen zu sehen.

MIT SOLCHEN GEDANKEN fuhr ich bei einem Wetter, das sich zögernd novembrig machte, nach Berlin. Die ganze Fahrt lang Rieselregen. Müde. Ich fuhr zu schnell. Hintergedanke: Es ist

313

alles gleich. Wenns an einen Baum geht, um so besser! Die Polizei hielt mich hinter Oranienburg an und bestrafte mich.

ICH SASS BEI EVCHEN im Krankenhaus und stopfte die Tränen, die hinaus wollten, zurück. Evchen machte auf forsch und verwies auf Irrtümer, denen die Ärzte in Übervorsicht zum Opfer gefallen sein könnten. Ich fühlte, dass sie an ihren Eigentrost nicht glaubte.

21. November (Freitag)

[...]

IM TIERPARK. Nach dem Fjordpferd-Hengstfohlen gesehen, das ich mir aussuchte. Es ist seit der letzten Besichtigung schon gewachsen. Der alte G[...] kommt. Er zeigt mir an zehn verschiedene Gotland Ponys. [...] Am besten gefällt mir eine fünfjährige Fuchs-Stute. Aber die will der ALTE nicht weggeben. [...] Ich helfe mit einem Hunderter nach. Für Pferde werde ich zum Gauner, zum Dieb. Ich rechne: Der Isländer aus Rostock muss noch drei Jahre wachsen. Die Gotland-Stute wird ein Ausgleich für die verlorene Flikka sein. Wir können sie sofort einreiten.

Ich habe meine Furcht, Evchen könnte mir sterben, mit der einzigen Droge, die bei mir wirkt, mit meiner Sucht nach Pferden, übertäubt.

SCHULZENHOF. Abends um 6 Uhr noch Hufschmied Schley. So wenig Pferde wie diesmal hatte er bei uns noch nie auszuschneiden. – Nur noch drei. [...]

27. November (Donnerstag)

NACHTS UM ZWÖLF UHR zwischen Mittwoch und Donnerstag wurde Evchen mit dem sogenannten Computer-Tomographen untersucht. Die Spannung bei uns beiden war erheblich, und es war schwer, nicht zu weinen, als sich zeigte, dass jene dunkle Stelle, die man bei der Schicht-Untersuchung gefunden hat, sich als harmlos, als ein Nichts herausgestellt hatte. Es war wie eine Rettung aus Todesgefahr. Evchens Stimme klang sogleich munterer im Telefon und mir erschien das bisschen Zukunft, das mir noch bleibt, aufgehellt. [...]

4. Dezember, Donnerstag

EVCHEN KOMMT. Von dieser Tatsache wird der Tag beherrscht. Sie kommt kurz nach dem Mittagessen. Sie hat ein paar Pfunde an Gewicht verloren. Das steht ihr gut. Ich bin traurig, weil E. nicht nach den neuen Hausgenossen, den Ponies sieht. Ein wenig bewundern sollte sie sie schon. Dann wären sie gesegnet. Das Beleidigtsein zerstiebt mir den Mittagsschlaf. Währenddessen sieht sich Evchen die Ponies heimlich an. Sie erzählt es mir auf Abend. Die »Beleidigung« löst sich auf. Was ist man doch für ein Unnormal-Mensch!

Gemeinsam suchen wir nach Ponie-Namen. Sie müssen zweisilbig sein, müssen sich gut aussprechen lassen und charakteristisch für das Land sein, aus dem die Ponie jeweils kommen.

Nun wird die Gotland-Stute LILLE, der Norweger OLE und der Isländer KRAPI heissen. Und KRAPI heisst der »Wunderhengst« im Roman vom »Wiedergefundenen Paradies« bei Laxness.

DEN TEXT für die Lesestunde zu Weihnachten (im Rundfunk) vorbereitet. […]

19. Dezember (Freitag)

NOCH IMMER UMGEHT DER WINTER unser Seen- und Havelland. […]

DAS EVCHEN kam aus Berlin zurück. Die Weihnachtseinkäufe sind beendet, die erhöhte Körpertemperatur ist wieder da, wie ich befürchtet hatte.

EIN GROSSER TAG für die MATTS. Evas Buch (2 Voraus-Exemplare) MAI IN PIEŠT'ANY ist erschienen. Die Ausstattung kommt dem vorzüglichen Inhalt entgegen.

Das Evchen ist froh und stolz. Es hat (ihren) seinen Lesern mitgeteilt, woran es leidet und wie sein Leben wirklich ist und aus welchen Dunkelheiten zuweilen seine Gedichte kommen.

Der ALTE ist beglückt von der Einschrift, die ihm die LIEBLICHE in sein Exemplar machte. Sie verrät, dass das Verhältnis der EVA zu ihm, wenn es auch schon lange arm an Zärtlichkeiten ist, doch nicht ohne wirkliches Verstehen, nicht ohne Liebe weiter existiert.

Gespannt bin ich, wie das Buch auf die Leser wirken wird und ob *die*, auf die es Eva ankommt, dem Text ankennen, mit wieviel Offenheit aber auch Zweifeln er entstand, wieviel Kraft das Niederschreiben dem Evchen abforderte. […]

20. Dezember (Sonnabend)

DIE DRÄNGENDSTEN meiner Gedanken umkreisen in diesen Tagen die kleine Schimmelstute in einem Schweineställchen in Krakow hinter Prenzlau. Die Tagebuch-Aufrichtigkeit gebietet, das zu vermerken. […]

UND SIE BRINGEN die Stute. Sie scheuen die Schneeschauer nicht. Auf Mittag fahren sie in den Hof, Vater, Sohn und Enkeltochter W[…] aus Krakow, Kreis Pasewalk. […] Wie so oft bei Pferdekäufen, bedrängt mich der Wunsch, die Vorbesitzer möchten, so interessant die Unterhaltungen mit ihnen manchmal sind, bald davonfahren, damit ich das erworbene Tier unbeobachtet bewundern kann.

Dazu ein Erlebnis, das ich lange nicht hatte: Das Evchen fällt mir um den Hals und drückt mich, weil sich auch ihm ein Wunsch erfüllt hat, der Wunsch nach einem Schimmelpony. […]

23. Dezember (Dienstag)

[…]

AM SPÄTEN ABEND kommt Sohn Jakob in Gransee an. Gehilfe Holger holte ihn vom Bahnhof ab. Jakob will über die Weihnachtstage die Gehilfenrolle von Holger übernehmen. […]

24. Dezember (Mittwoch)

[…]

AM FRÜHABEND zu dritt auf dem Sofa mit den gold-gelben Lederkissen in der Diele. Vor uns der beleuchtete Baum. Überall schummerige Ecken und Nischen, die jeden von uns zum eigenen Nachsinnen auffordern. Aus Evchens Stube Musik. Die Weihnachts-Schallplatte, die wir seit Jahren abspielen, Chorgesang, Sologesang und feierlich wirkende Orchestermusik im

Wechsel. Etwas wie wirklicher Hausfrieden dieses Jahr. Vielleicht wird er morgen schon von irgendwoher zerstört, aber in meinem Alter wirds immer dringlicher sich an das JETZT und nur an das JETZT zu halten.

MEINE LESESTUNDE wird gesendet. Meine Stimme kommt als Weihnachtsgast zu mir, zu uns. Ich bin ohne Urteil über das Gelesene. Kaum bin ich fertig mit dem Lesen ruft Günter CASPAR an und bescheinigt mir Gelungenheit. Es hilft mir nicht. Ich werde erst für mich selber wieder wer sein, wenn ich die Art und Weise, die Melodie gefunden haben werde, zu dem, was ich noch gern schreiben möchte. Damit sind nicht die Weise und die Art gemeint, mit der ich über den Tod des Islandponys FLIKKA schreibe.

27. Dezember (Sonnabend)

EVCHENS LAUNEN wechseln tagsüber mehrmals. Sie hängen davon ab, wie sie sich körperlich fühlt. Wenn sie froh ist oder froh wirkt, bin auch ich froh. Wenn sie unfroh ist, wenn sie kurz und gereizt antwortet und in sich hinein und auf ihre körperlichen Unregelmässigkeiten, auf ihre Schmerzen hinhört, erschreck ich und seh meine letzten Tage, von denen ich hoffte, sie in Harmonie verbringen zu können, durch das Hin und Her ihres körperlichen Befindens bedroht. Ich hänge zu viel an ihrem Gesicht. Ich komme mir vor wie eine Spiralfeder. Sie wird bald auseinandergezerrt, bald schnellt sie zurück und muss unter diesen Umständen erschlaffen.

Und wenn nun viele von Evchens Beschwerden durch ihre enorme Körpergewichtigkeit hervorgerufen werden und davon abhängen, dass sie ihre Esslust nicht bändigen kann? […]

31. Dezember (Mittwoch)

TELEFONISCH in vielen Familien, um ein gutes neues Jahr zu wünschen. Dazu hat man sich selber verurteilt und man seufzt oder stöhnt hie und da, wenn man ausführt, was man sich anschaffte. […]

DAS EVCHEN hat einen guten Tag. Es liegt trotzdem die meiste

Zeit im Bett. Wir lassen uns von Spassmachern im Fernsehen unterhalten, trinken um 12^h je ein Glas Sekt. Ein Jahr ist vergangen. Es führte mich in eine Krise. Ich weiss nicht, ob ich noch etwas *schreiben* werde, das der *Rede* wert ist.

1987

6. Januar (Dienstag)

SCHRIEB ICH hier in den Groschenheften schon davon? Eines Tages trat mir RECHA, meine Reitstute, beim Absatteln auf den linken Fuss. Aber ihr Gewicht traf den Fuss nur ein wenig. Ich hatte Filzstiefel an, einige Nummern zu gross. Ich zerrte jedoch kräftig. Ich wollte meinen Fuss unterm Huf hervorziehen. Es glückte endlich. Da muss es geschehen sein, dass ich mir die Achilles-Sehne verletzte oder anriss.

Natürlich erzählte ich der nachforschenden Ärztin nicht, dass es sich wieder um einen Unfall handelt, den mir ein Pferd beibrachte. Bei den meisten Zeitgenossen heisst es in einem solchen Falle: Was muss der alte Kacker sich noch mit Pferden abgeben, gar reiten. Ich mag das nicht. [...]

Ich bekam eine Bandage bis unters Knie. Dazu eine Einlage, eine Erhöhung des Hackens für den linken Schuh. Nicht laufen, bis die Geschwulst abgeklungen ist. Dann will man weiter sehen. [...]

10. Januar (Sonnabend)

MAN DENKT NIE an die Mitfolgen. Habe ich daran gedacht, dass ich mich zum Stubenhocker ausbilden würde, als ich der Ärztin versprach, mein Bein zu schonen, die Achilles-Sehne nicht zu belasten. Jetzt ist mir so, als liefe sich mein Kopf heiss, wenn ich den ganzen Tag Antworten auf Routine Briefe von Bekannten und Lesern ausdenke, um mich am Abend vor den Fernseh-Apparat zu hocken.

EIN INTERESSANTER TRAUM: Aus der Eva von jetzt und der Eva von damals sind zwei verschiedene Personen geworden. Ich wohne mit den beiden Evas zusammen. Es zieht mich zu der Eva von damals hin. Ich möchte mich mit ihr, ohne dass die Eva von heute es zu wissen kriegt, treffen, womöglich sie betrügen. Ziehende Wehmut. Ich will die Eva von damals heimlich treffen. Es ist die Rede davon, dass die beiden Evas zusammen ausgehen werden. Ich sehe aber nur die Eva von heute weggehen. Ich vermute, die Eva von damals hat erahnt, dass ich mich nach ihr sehnte. Sie blieb in ihrem Zimmer und erwartet mich. Um es festzustellen, will ich von aussen durchs Fenster in ihr Zimmer sehen. Ein überlanges Auto verhindert, dass ich unter das Fenster der Eva von damals gelangen kann. Ich könnte hinter das Auto treten und über sein Dach hinweg in das Zimmer der Eva von damals sehen. Aber hinter dem Auto liegen hohe Schneewächten. Ich entschliesse mich, in die Wächten hinein zu waten. Der Schnee reicht mir bis an die Knie. Ich sehe, das Zimmer der Eva von damals ist leer. Sie ist der Eva von heute in die Stadt gefolgt. Ich werde traurig. Ich weiss, dass ich der Eva von damals zu oft versprach, ich würde mich mit ihr treffen, würde gern mit ihr allein sein. Aber ich habe die Eifersucht der Eva von heute gefürchtet. Jetzt hätte ich, selbst wenn es ein Zerwürfnis geben sollte, die Kraft aufgebracht, gegen die Eifersucht der Eva von heute anzugehen. Aber die Eva von damals glaubte mir nicht mehr, sie traute es mir nicht mehr zu.

VON MITTAG AN – ein Sonnentag. […]

16. Januar (Freitag)

SCHON IN DER KINDHEIT setzte sich in mir das Jahr 2000 als zeitliches Lebensziel fest. Damals war es kindliche Neugier: Mal sehen, wie dann alles aussehen wird. Dass ich dann ein schlotterndes Gestell von einem Menschen sein würde, war nicht in meinem Bedenken.

Das Hindenken auf das Jahr 2000 wurde mir zur Gewohnheit. Gewohnheiten sind der Stoff, aus dem der Mensch seine Zwänge und Götter, seine Liturgien und Sitten herstellt.

Wenn ich jetzt im Alter, in dem ich stecke, eine Jahreszahl höre oder lese, z. B. dass etwas bis zu einem bestimmten Zukunftsjahr bewerkstelligt werden soll, überschlage ich sogleich, immer die Jahreszahl 2000, dieses selbstgesetzte Sterbejahr vor Augen, ob ich zum Zeitpunkt, wo dies oder das vollendet werden soll, noch ein Lebender oder schon ein Toter sein werde. Eine der Nücken des niederschlesischen Neurotikers?

DIE RUHE scheint meiner Ferse zu behagen. Das Auftreten mit dem linken Fuss wird täglich weniger schmerzvoll. […]

DIE WARMWASSERLEITUNG im Stallgebäude ist nun fast eine Woche eingefroren. Wir feuern und feuern die Kessel im Bad. Es hilft nicht. Wir müssen auf die Wärme warten, die vom Himmel her kommen wird.

19. Januar (Montag)

[…]

EVA wartet in Berlin bisher vergeblich auf das Ergebnis der Untersuchung ihres Sputums, das sie zum zweiten Male ablieferte. Sie bemüht sich, gelassen zu sein. […]

Ich gehe in Evchens Stube. Sie ist nicht da. Unsere Mahlzeiten schustern wir uns selber zusammen. Es steht ein Telefon-Apparat auf einem Rolltischchen in einer Ecke. Der Apparat ist modern und grün. Er sieht aus wie ein Laubfrosch, der sich absprungbereit hält. Man kurbelt sich den Gesprächspartner nicht mehr, man tippt ihn heran. Ich tippe Eva heran. Das tue ich vier bis fünf Mal am Tage. Ihre Stimme ist sanft und voll Gefühl. Ich verliebe mich stets aufs neue in diese Stimme. Sie ist so wie sie über lange Liebesjahre hin alle Tage zu mir war; so sanft, auch etwas sinnlich. Sie nennt mich manchmal, wie aus Versehen: Mein Herz. Ob aus Versehen, ob nicht; es sitzt. Ich nenne die Gespräche: Unsere Telefonpoussagen. Wir haben uns an den Telefontagen mehr zu sagen, als wenn wir hier beisammen sind.

Man könnte weinen, aber auch das geht nicht mehr.

Bald wird das Buch herauskommen, in dem Eva ihren Lesern mitteilen wird, weshalb es jetzt so zwischen uns ist, wie es ist. Sie wird ihnen erklären, wieviel Schuldanteile an unserem vergehenden Miteinander mir zufallen. Es wird ein bisschen so aussehen, als wäre sie nicht dabeigewesen, als das geschah, wofür sie mich heute schuldig spricht. Ob ihr das helfen wird?

25. Januar (Sonntag)

EIN SONNTAG, an dem mir das Alleinsein spürbar wurde. Ich brannte es mit Arbeit aus, sah zum Beispiel die Kataloge für Taschenbücher von Rowohlt und Fischer genau durch und stellte eine grosse Bestellung zusammen. Bezahlen soll sie der Verlagsleiter (Aufbau). Er versorgt sich oder entsprechende Parteistellen durch den Verkauf unserer Bücher in Westdeutschland mit Devisen. Das ist ein illegaler Vorgang. Dumping. Die westdeutschen Verlage werden damit geschädigt und wir, die Autoren, werden um unseren Devisen-Anteil betrogen. Deshalb bestelle ich Bücher aus den westdeutschen Verlagen, die mir gefallen, ohne Skrupel.

NUN HABE ichs hier auch langsam dick, sagte Eva am Telefon. Wir telefonierten tagsüber häufig. [...]

DER BUCHTITEL AUGENBLICKE von der Virginia Woolf machte mich gestern beim Durchblättern der Buch-Kataloge pp. aufhorchen. Ich bestellte das Buch, um zu sehen, was sich hinter diesem versprechenden Titel verbirgt. Gleichzeitig lief dabei eine Gedanken-Kette in bezug auf die neue Arbeit ab, die mir bevorsteht:

Sollte ich das, worüber ich glaube berichten zu müssen – die Zeit mit Brecht und mit Eva nach der Brecht-Zeit – nicht in viele, nicht unbedingt zusammenhängende Prosastücke fassen? Momentaufnahmen? Jede einzelne dieser Momentaufnahmen mit einer leisen oder lauten Pointe, die je einen neuen Reifestand, in den ich trat, kennzeichnet? Ausserdem würde diese Form Gelegenheit zum Ausschwärmen in die Vergangenheit und in die Zukunft erlauben und mich vor der gefürchteten Altersgeschwätzigkeit schützen, mich erzählerisch disziplinieren.

Also, ausprobieren!

27. Januar (Dienstag)

[...]

Da ist sie wieder, wie immer, wenn ich was Neues zu schreiben anfing, die unruhvolle Suche nach der Melodie. Wie absurd es wäre, wenn ein Bäcker vor der Ladung Teig stünde und vergessen hätte, wie man Brötchen oder Hörnchen draus macht. Aber so hocke ich da und zuletzt mache ich Schnecken aus dem Teig und wundere mich, wieso ich das nicht sofort herausfand.

NEUE REFORMEN in der Sowjet-Union angekündigt: Zulassen einer Kritik von unten. Das Funktionärs-Korps ist degeneriert, heisst es. Bei Wahlen soll es nicht mehr nur einen Kandidaten geben, der vorher festgelegt wurde. Die Wahlen sollen künftig geheime Wahlen sein. Also Abkehr von der Stalin-Diktatur. Man hat mich immer angesehen, als ob ich geisteskrank wäre oder auf einer Liste von Zuchthaus-Anwärtern stünde, wenn ich unter Parteiangehörigen erklärte, dass wir mit unserem gesellschaftlichen Gebaren noch tief im Stalinismus sässen. Besonders unsere Funktionäre waren unfähig geworden, wenn schon nicht undiktatorisch zu handeln, wenigstens undiktatorisch zu denken.

Bei uns wird man zunächst, wie dennmals in der Chruschtschow-Zeit, die Verlautbarungen des Gorbatschow über Reformen verschweigen. Schon jetzt hörte man zu den bisherigen kleinen Reformen, die in Russland eingeführt wurden, unsere in Machtvollkommenheit strotzenden Funktionäre sagen: Für uns trifft das alles nicht zu. Man (unsereiner) muss die Bestrebungen des G. so kräftig unterstützen, wie man nur kann.

4. Februar (Mittwoch)
TRÄNEN in Evas Augen. Sie hatte in einem Winkel geweint. Überdrüssig. Das körperliche Unbehagen, das ihr die noch immer nicht erkannte Fiebrigkeit verursacht, zermürbt sie und zermürbt auch mich. Ich komme mir vor wie ein Privilegierter, weil ich trotz meiner Gebresten und hinderlichen Schmerzen wenigstens noch jene Kraft aufbringe, die mir erlaubt, literarische Versuche anzustellen. Es ist möglich, dass mir mehr Kraft als Evchen zur Verfügung steht, mich selber mit Schein-Arbeit zu betrügen.

UM DIE MITTAGSZEIT fühlt sich jetzt die Welt schon frühlinglich an. […]

12. Februar (Donnerstag)
EVA also wieder im Reg.-Krankenhaus. Der Assistenz-Arzt: Diesmal entlassen wir Sie nicht früher, bis wir wissen, was der Grund ihres abendlichen Temperaturanstiegs ist! Hätte das nicht schon vor Monaten der Vorsatz der Ärzte sein müssen?

[...]

Der Sowjet-Öberste GORBATSCHOW macht Ernst. Er will sein Land aus der ärgsten Diktatur herausführen, will sogar dem Volke ermöglichen, seine Regierung sich selber zu wählen.

Unser H. und der tschechische H. – sie wollen nicht mittun. Sie geben ihre Privilegien und das Herrscherspielen (noch) nicht aus der Hand.

Mit eins hat die längst ausgehöhlte Losung: Von der SU lernen, heisst siegen lernen! keinen Wert mehr. Jetzt heisst es: Was die da nötig zu haben glauben, ist für uns nicht vonnöten.

Was wird geschehen?

Werden die Anti-Reformer Gorbatschow absetzen? Werden sie ihn umbringen?

Werden sich die Satelliten-Länder abspalten?

Wird Feindschaft zwischen ihnen und dem »grossen Bruderland« ausbrechen? Wer wird uns dann die Rohstoffe liefern, von deren Veredlung wir leben? Glauben unsere Öberen, sie könnten sich selber gegen den geschmähten fürchterlichen Westen verteidigen? Was geschieht, wenn der Westen uns *friedlich ökonomisch* in seine volle Abhängigkeit bringt? Sind wir nicht längst halb abhängig von den geschmähten Kapitalisten?

Ich seh eine Krise kommen, aus der so oder so nicht nur Reformen, sondern Wandlungen herauswachsen werden.

7. März (Sonnabend)

GEDACHT: In meiner Versuchsarbeit DER AUGSBURGER UND DIE RUPPINERIN nähere ich mich jetzt dem Punkt, an dem ich EVA beschreibe. Wie schwer das ist, wenn man Schwärmerei und Halbseidenes beiseitelassen will!

Verwundert stelle ich fest, ich wusste von Anfang an, dass in Eva eine Dichterin steckt. Natürlich ist »wissen« nicht die rechte Bezeichnung für die Tatsache. Ich ahnte es. Sie war mit zweiundzwanzig Jahren mit tiefem Verständnis für die Vorgänge ausgestattet, unter denen Literatur entsteht. Sie war aus unerforschten Regionen her literatur- und kunstkundig und war mit einem untrüglichen Tastsinn für Ästhetik »ausgelegt«, mit dem sie mich bis heute in Erstaunen versetzt. Ich war in bezug auf das Ästhetische nicht mit einer solchen Sicherheit ausgestattet. Da wir beide von den gleichen Kleinen Leuten herkommen, bei denen die ästhetische Verquastheit ihr Zuhause hat, wir aber beide mit Handfertigkeit in Ästhetik ausgestattet waren, ich etwas weniger als Eva, kann uns die nicht aus der Umgebung geworden sein, in die wir hinein geboren wurden.

Ich gebe gern zu, dass mein Sinn für Ästhetik durch den Umgang mit Eva verstärkt und sicherer wurde. So wie ich manche Vorgänge im Leben so betrachte, wie ich meine, dass Rilke (manchmal auch Brecht) sie betrachtet hätte, auch wie mein Grossvater (vor allem praktische) Vorgänge betrachtet haben würde, so sehe ich ästhetische Belange zuweilen, indem ich mir Evas Augen dazu aufsetze und ihre Massstäbe ansetze.

Aber auch E. hat von Anfang an geahnt, dass mehr künstlerischer Reichtum in mir ist, als ich durch mein erstes Buch hatte erkennen lassen. Das stand in dem ersten Brief, den sie mir schrieb.

Es wird von sehr feinfühligen und feinseherischen Leuten behauptet, jeder Mensch sei von einem Strahlen und Schwingungsfeld umgeben, und ich selber habs erspürt und geschrieben, dass der Mensch nicht dort endet, wo seine Haut ihn zu begrenzen scheint. Dieses Schwingungs- oder Strahlenfeld um den Menschen herum wird seine AURA genannt. Menschen mit AUREN (?), die einander ähnlich sind, vermögen sich zu erspüren. Die Kunst- und Literaturgeschichte ist mit Beispielen bestückt: Ein alter Künstler hat einen jüngeren erspürt und zu sich herangezogen. So war meine mehr als normale Beziehung zu Eva oder der von Eva zu mir, die Berührung zweier AUREN. Brecht aber hat meine AURA erspürt, ohne dass ich zu Anfang die seine erspürte. Das geschah erst bei längerem Umgang mit ihm.

2. April (Donnerstag)

DER VERSÄUMNISTRAUM, DIE VERSÄUMNISTRÄUME. Sie kommen stets wieder. Es gibt eine Anzahl von ihnen: Da ist der Traum, in dem man nackt oder im kurzen Hemd durch belebte Strassen geht, immer in Furcht, als Entblösser entdeckt zu werden. Da ist der Reisetraum: Der Reise-Termin steht fest, ich hab die Koffer nicht gepackt, kann sie bis zum Termin nicht gepackt kriegen, versuche, sie zu packen, aber da sind immer mehr Sachen und Dinge, die verpackt werden müssen. Der Traum endet meist mit Erwachen, eine Herzbeklemmung hat stattgefunden. Da ist der Traum mit dem Theaterspielen. Man steht auf der Bühne und kennt den Text nicht, den man zu sagen haben wird, man hofft aber, dass man sich ihn, wenn man hört, was die Partner sagen, erraten wird.

Dann der Abiturtraum: Man hat die Schule jahrelang geschwänzt, man weiss, die anderen sind, besonders in Mathematik auf der Prüfungshöhe, unsereins aber weiss nichts davon. Dieser Traum endet merkwürdigerweise, dass mir noch im Traum bewusst wird: Du bist Schriftsteller, du hast Bücher geschrieben. Die Kleinstadt-Lehrer sollen das zur Kenntnis nehmen.

In einem anderen Traum soll man gemartert und gefoltert werden, und man wird gemartert und gefoltert, doch die Schmerzen, die man vorausbefürchtete, treten nicht ein. Man erwacht während der Marter.

Man erwacht auch, bevor der Schmerz oder der Tod eintritt, wenn man aus grossen Höhen auf die Erde fällt, man erwacht während des Aufpralls.

Und dann ist da ein für mich spezifischer Versäumnistraum. Ich habe Kleintiere vernachlässigt, weisse Mäuse, bunte Ratten und Meerschweinchen. Ich finde sie (manchmal fühle ich) Jahre sind vergangen, lebend vor. Sie haben sich vermehrt, es sind noch merkwürdig gefärbte Tiere hinzugekommen. Oder die Tiere haben sich gegenseitig aufgefressen, es sind nur ein paar fette Exemplare übrig.

Oder die Grosseltern haben sich der Tiere angenommen, haben sie getreulich versorgt. Die Treue der Alten rührt mich, besonders weil ich auch sie, während ich in der Fremde war, vernachlässigte.

Heute erwachte ich nach so einem Traum und hörte mich lallen: Grossvater, lieber Grossvater, und ich hatte Tränen in den Augen.

Merkwürdigerweise haben auch andere Mitmenschen, zum Beispiel Eva, ähnliche Träume, den Abreise- und den Theater- auch den Entblösser-Traum. Der Traum mit den vernachlässigten Tieren ist aber sozusagen ein Traum, auf den nur ich »Anspruch« habe.

4. April (Sonnabend)

[...]

EVA fühlt sich nicht allzu schlecht, obwohl sich das Fieber (der subfebrile Zustand) weiter einstellt; manchmal schon am Spätnachmittag, auch das blutdurchsetzte Abhusten hat nicht aufgehört. Sie ruht viel und schläft viel. [...]

DIE SPECHTE trommeln und morsen. Die Stare sind etwas eifriger geworden, doch sie sind noch im Schwarm zusammen. Die Krähen tragen Nestpolsterung ein.

Eine von den hinzugekauften Roller-Tauben, eine rote, machte mit zwei anderen einen Probeflug. Ein Sperberweibchen mischte sich ein. Ich bemerkte die Tragödie erst, weil ich die Nebelkrähen wild krächzen hörte. Sie versuchten den Sperber abzudrängen. Der trieb die rote Taube vor sich her und liess sich von dem Krähenpaar nicht beeindrucken. Die Taube flog in den Hochwald und dort ins Unterholz, um sich zu schützen. Das war ihr Tod. Kurz vor der Waldwand liessen die Krähen von der Sperberin ab. Das Unterholz verwehrte der Taube das Wiederaufsteigen. Die Sperberin konnte über sie herfallen.

Am Nachmittag ging ich suchen. Da fand ich die Federn, sie lagen wie ein grosser heller Klecks auf dem Moos. Die Federspitzen rot-braun und nach den Kielspitzen zu wurden sie heller, und ihr unterer Teil, der Flaum war weiss.

10. April (Freitag)

[...]

KURT HAGER hat sich bei mir unbeliebt gemacht. Er gab in der West-Illustrierten STERN ein Interview. In sektiererischer Art und mit stalinistischen Verdrehungen, Halbwahrheiten bestand der drauf, dass bei uns nichts (politisch-gesellschaftlich) zu korrigieren sei. Damit hat er kundgetan, dass er nicht mehr aus der

Starre heraus kann. Früher konnte er das zuweilen. Jetzt war er der alte Kalkkopp, der um seine Privilegien fürchtet, der fürchtet, bei einer freien Wahl abgetan zu werden. Hat Mischa Wolf, der Geheimdienst-Chef gewusst, was da kommt? Hat er dieserhalb demissioniert?

Unsere alten Herren im Oberbüro werden sich verrechnen. Wenn Gorbatschow nicht von den Militärs abgeknallt wird und seine Reformen beharrlich weiter betreiben kann, dann ist es nur noch die viel zitierte Zeitfrage, bis in unserem Oberbüro die Stühle wackeln.

14. April (Dienstag)

ICH weiss (nach vier Tagen) tagebuchlosen Lebens nicht mehr, was geschah. Wahrscheinlich ein wenig an der VERWANDLUNG gearbeitet. In den nächsten Tagen ohne Einschriften scheine ich erreicht zu haben, dass es mich nicht bedrückt, wenn ich nicht einschrieb. Was mich bedrückt, bin immer ich selber.

27. April (Montag)

GESTERN NACHMITTAG in den Torfwiesen. Ich suche nach Scharbockskraut, das dritte Jahr vergeblich. Vor drei Jahren entdeckte ich es. Ich sah es nie wieder. Sumpfdotterblumen, hie und da schon ein Löwenzahn, vor allem viele Gänseblumen. Im Rhin nach Krebsen gesehen. Keine Krebse. [...]

Ich könnte laufen, laufen, wer weiss wie weit laufen und ansehen, wie jener Baum und dieses Kraut, jener Strauch und dieses Tier den Frühling erleben und datun. Ich bin froh. Mein linker Fuss läuft wieder mit. Man hatte seine Achilles-Sehne verdächtigt, angerissen zu sein. Sie sagt, sie war es nicht. Sie sagt: Der ganze Fuss hatte sich gesenkt. Nun drückt ihn eine gewölbte Stahleinlage wieder nach oben. Nun zeigt er sich nur noch zeitweis ein wenig übellaunisch.

ABER HEUTE geben die Hüften bekannt: Uns fehlt die jährlich Kur in Piestany. [...]

EVA HOFFT am 1. Mai in Schulzenhof zu sein. Die Ursache ihres Fiebers ist nicht gefunden. Ob sie es wirklich schafft, sich selber in die Hand zu nehmen und das übermässige Essen und das übermässige Trinken einzudämmen?

DIE FRONT DER SNOBS IST BREITER, ALS MAN ANNIMMT. ES SIND DIE PSEUDO-INTELLEKTUELLEN, DIE SIE VERBREITERN.

HERMANN SCHRIE mir auf Abend durchs Telefon ins Ohr, ob ich nicht Lust hätte, zu einer Schriftstellertagung nach Island zu fliegen. Keine kleine Versuchung!

7. Mai (Donnerstag)

DAS WAR DER TAG, den wir für die Reise nach PIESTANY vorgesehen hatten. Wie wir nun an Evas Zustand ablesen können, hätten wir nie und nimmer fahren können. Sie hat nach wie vor Tag für Tag Fieber, erhöhte Temperatur. [...]

ROMAN. Ich diktierte das, was bisher geschrieben ist, mit viel Mühe geschrieben ist, mit viel zu viel Mühe geschrieben ist, auf Band. Es füllt eine Stunden-Kassette. Ich spielte Evchen den Text vor. Gut, dass ich es tat. Wie so oft, fühlte Eva mit sicherem literarischem Instinkt, dass ich mit der Gesamtkonzeption auf einem falschen Wege war. [...]

Es brauchte diesmal keine Viertelstunde bis mir ganz und gar inne wurde, dass ich da versucht hatte, zwei Themen, zwei Stoffe miteinander zu verschweissen, die sich nie vertragen hätten. Es erschien mir reizvoll, mit dem Zeitpunkt anzufangen, an dem ich kurz hintereinander Eva und Brecht kennenlernte, zwei Menschen, die für mein Leben und meine Kunst von einzigartiger Bedeutung waren und sind. Dann, nachdem ich diesen Zeitpunkt gezeigt hatte, brach ich ab und ging zurück und wollte die Stationen meines Nachkriegslebens vorführen, die mich zu diesem Punkt hinführten. Um auf diesen Ausgangspunkt zurückzukommen, ehe er beim Leser vergessen wird, verfiel ich in eine überknappe fast antipoetische Diktion. Ich vermied jedes Ausladen und Abschweifen, was sich in der Schreib-Art, in der die beiden Bände LADEN geschrieben sind, als so reizvoll erwies.

Freilich hatte ich dieses Manko selber schon leise gespürt. Und ich war schon wieder dabei, übermässig zu feilen, zu zerschreiben. Das ist stets der Ausdruck bei mir gewesen, wenn an der Konzeption etwas nicht stimmt, ich hätte es nun wirklich wissen müssen, aber ich tat, als wüsste ichs nicht und unterdrückte die leisen Bedenken.

Nun, nachdem Eva die Bedenken aussprach und mich mit ihrer Kenntnis der Sachlage überraschte und überfiel, fühlte ich mich von allen Zweifeln befreit. Noch blieb freilich offen, ob ich das Thema Brecht oder das Thema MEINE NACHKRIEGSZEIT bevorzugen würde. Am Abend dieses gesegneten Tages aber war klar, dass ich zuerst über die Nachkriegszeit und sozusagen einen dritten Band LADEN schreiben würde. Der Titel aber soll zunächst meine geringste Sorge sein.

18. Mai (Montag)

ICH WERDE nach Berlin fahren. Das wird erst morgen sein. Warum kann ich mir nicht abgewöhnen, heute schon einige Male in Gedanken nach Berlin zu fahren?

Wenn nach ZEN alles so richtig ist, wie es ist, was ist das dann, wenn ich ehe ich etwas tue, es schon vorher mehrmals in Gedanken tue?

Diese Gewohnheit soll mir widerwärtig werden? Sie soll mich anekeln? Sie soll mir tief bewusst werden? Vielleicht gelingt es mir dann, sie ohne mich anzustrengen loszuwerden? Sobald ich sie willentlich ausmerzen will, ist es falsch. Es gelingt mir nicht. Es gelingt mir nur so lange, wie ich den Willen auf die Gewohnheit richte.

HERBERT zeigt mir einen Kloben von einer alten Kiefer. [...] Herbert fährt mit dem Daumen über die Jahresringe des Holzklobens, sie liegen dicht an dicht. Die kannste nich zählen, sagt Herbert. Ich fühle mich versucht, meine Lupe aus der Hosentasche zu ziehen. Ich meine, es ist möglich, die Jahresringe am Kloben zu zählen. Weshalb will ich sie zählen? Um Herbert zu beweisen, er hat Unrecht? Um zu wissen zu kriegen, wie alt unsere ältesten Kiefern an den Seerändern sind? Ich weiss keine Antwort. Ist mein Verlangen in einen Zweck eingebaut, den ich noch nicht kenne? Ist jede Handlung einem Zweck zugeordnet? Die Katze spielt mit einem Steinchen. Sie stösst das Steinchen an, macht das Steinchen zu etwas, was sich bewegt. Sie hascht nach dem rollenden Stein. Sie »fängt« ihn und setzt ihn wieder in Bewegung. Übt sie? Hält sie sich geübt und beweglich für den nächsten Mausfang? Ist ihr Spiel also doch in einen Zweck eingebaut? Ich weiss nicht mehr über den Zwecke und den Sinn mancher meiner Handlungen als eine Katze.

3. Juni (Mittwoch)
DAS LEUCHTEN DER STIEFMÜTTERCHEN.

Trüber Morgen. Gräue. Die Stiefmütterchen im Beet unter meinem Nordfenster leuchten nicht. (Meine Stube hat Fenster auf alle Himmelsrichtungen hinaus. Nach Osten, Süden, Westen je mehrere Fenster; zum Norden hin ein einziges Fenster.) Also, die Stiefmütterchen leuchten nicht. Man kann nur eben erkennen, sie sind je von anderer Farbe. Wenn der Tag lichter ist, leuchten die Stiefmütterchen, auch andere Blumen eifriger, wenn die Sonne scheint, prahlen sie. Meine naive Frage: Wie leuchten sie in der Dunkelheit? Die Antwort dürfte lauten: In der Dunkelheit hat nichts eine Farbe. Wenn ich allerdings mit einer Taschenlampe zu ihnen gehe, erscheinen sie leuchtend in deren Lichtkegel. Was in den Blüten der Stiefmütterchen muss von Lichtwellen getroffen werden, damit sie leuchten?

Mal bei Goethe oder bei Schopenhauer nachsehen! Spezielle Bücher, die die Farblehre zum Inhalt haben, sind nicht im Hause.

7. Juni (Sonntag)
ES KAM EIN BRIEF AUS PIESTANY.

Er war an mich »persönlich« gerichtet. Er verriet keinen Absender. Geschrieben hatte ihn Frau B[...] vom Gäste-Büro. Es verband uns ein gutes Verhältnis mit ihr. Wir waren ihr, sie war uns freundschaftlich zugetan. Wir kannten die Geschichten ihrer beiden Ehen, kannten ihre Kinder.

Nun fühlt sie sich durch Evas Piestany-Buch beleidigt. Dabei hat Eva gerade über Frau B. so positiv geschrieben, sie als eine achtbare Frau herausgestellt, deren Leben nicht leicht ist.

Aber auch andere fühlen sich beleidigt: der Chefarzt Dr. N., der Leiter des Hotels und einige »ältere Gäste«. Und einer von diesen »Mitbeleidigten« führte wahrscheinlich Frau B. die Feder. Man kann nur vermuten, wer es war, jedenfalls jemand, der darüber empört ist, dass Eva über die Krampf-Adern einer Geschlechtsgenossin schreibt.

Überhaupt sind es die uns bekannten Spiesseräusserungen zur Literatur. Die Äusserungen von Fotografierten, die sich nicht »schön genug« getroffen fühlen.

Ich hatte den Drang auf den Brief der B. zu antworten. Ich versuchte ihr zu suggerieren, sie habe den Brief in »erster Erregung« geschrieben. Ich deutete an, sie habe vielleicht nachgeschrieben, was wer anders ihr vorschrieb. Vor allem will ich wissen, ob wir für die Leute von der Leitung des THERMIA-Hotels von jetzt an unerwünschte Gäste sind.

Zu gebe ich: Es würde schwer für mich sein, nächstes Jahr in Piestany zu sein und nicht im THERMIA-Hotel zu wohnen. Es war wohl das dreizehnte Mal, dass ich im vorigen Jahr dort wohnte.

Andererseits, wenn ich nicht mehr dort zu wohnen käme, vielleicht sollte ichs gelassen hinnehmen, vielleicht erwartet uns etwas, was wir heute nicht wissen können, etwas, woran wir nicht denken können, vielleicht entbindet mich der Tod, einen Jammer zu erleben. Ich darf mit allem rechnen.

11. Juni (Donnerstag)

UND GOTT SPRACH: Er sprach zu den Engeln: Lassen wir ihn, der uns leugnet, noch einen weiteren Tag umherhinken. Soll er, der vom Pferd fiel, sich prellte und blutergüssig wurde und log, er habe Ischias, soll er spüren, dass er noch lebt, und dass man diesen Vorzug ab und zu mit Schmerzen bezahlen muss!

[…]

DAS OFFIZIELLE SCHREIBEN vom Rektor der LPG-Hochschule traf ein. Danach hat der Wissenschaftliche Rat dieser Hochschule am 1. Juni beschlossen, mir die Ehrendoktorwürde zu verleihen, in Hinblick auf meine literarische Salami, Salami, Salami.

Ich gestand es schon vor Wochen im Groschenheft, dass ich zu dieser Ehrung viel lauter ja gesagt habe als zu allen bisherigen. Mindestens so laut wie Brecht, der dann, wie gesagt wird, den Ehrendoktor doch nicht kriegte, weil er zu rasch hinweg starb. Da spielen wohl die Vorwürfe hinein, die meine Jugend durchsäuerten, die Vorwürfe, die mir die Eltern und die Leute meiner Umgebung machten, die Vorwürfe, die ich mir (wenn auch uneingestanden) selber machte, weil ich aufsässig und leichtfertig vom Gymnasium ging. Obwohl ich heute weiss, wie wenig notwendig mir Abitur und Universität gewesen sind, irgendeine Stelle in meinem rätselhaften Wesen lechzte die ganzen Jahre nach einer Genugtuung. Irgendwo (aber wo nur?) ist mir die Verachtung der Bürger, die mein merkwürdiger Schulabgang bei denen hervorrief, nicht gleichgültig gewesen. Siehe, mein Abiturtraum, der sich wiederholt und wiederholt!

12. Juni (Freitag)

[…]

ICH LAS die erste Geschichte von Sohn Erwin. Es ist nicht seine erste, es ist seine vierte oder fünfte Geschichte. Es zeigt sich, dass er ein Schriftsteller ist, dass er auf seine Eigenart des Machens gestossen ist. Das ist viel. Mancher von den schreibenden Leuten, die sich für Schriftsteller halten, erreichen das ihr ganzes Dasein lang nicht.

Nun scheint es mir sicher zu sein, dass ich mir beim Sturz von der RECHA keinen Knochen brach. Die Schmerzen freilich, mit denen ich oder die mit mir Umgang pflege(n), sind zeitweis erheblich. Der Bluterguss (oder handelt es sich um Prell-Schmerzen) scheint tief zu liegen. Ich bespiegelte mir in Evas Stube den Ober-Ursch. Keine Bläue, aber Geschwollenes.

20. Juni (Sonnabend)

VON DER HEU-ERNTE GEPACKT.

Schon morgens auf der Wiese. Auf dem ersten Stück das Halb-Heu in Wälle gelegt. Um 12^{30} war ich wieder draussen und schob die Wälle mit der Harke zu Haufen zusammen. […]

Zuletzt war ich doch einigermassen erschöpft. Ich wollte nicht auf die Zeichen, die mir das Alter gab, eingehen, aber zuletzt musste ich doch. Die erste Kapitulation bei der Heu-Ernte. […]

22. Juni (Montag)

KOHLEN wurden angefahren. Die Gehilfen verteilen sie auf drei Gelasse. Die dritte Wiese wurde gemäht. Die Schwaden wurden breitgeschlagen.

DIE GEBURTSTAGSFEIER verstopft mir den Kopf. Etwas Unangemessenes aber Unvermeidliches. Eva hat sich nun doch eingefunden, um mit zu erwägen. Wir beabsichtigen die Feier in zwei Teilen ablaufen zu lassen. Der offiziellere Teil soll in Berlin, der ländliche Teil im Gasthaus Seelig in Dollgow stattfinden. Das alles hört sich geschraubt an, und es ist auch geschraubt, aber man kann hin und her erwägen, der Rummel ist unvermeidlich.

NUN WIRD EVAS FERNSEHFILM doch aufgeführt. Fünf Jahre benötigten die Fernseh-Bonzen, um ihre politischen Bedenken abzubauen. Dabei war politisch nichts an dem Film bedenklich. Mir scheint, die Russen oder unsere Geheimdienste steckten dahinter. Auf Neujahr fing ich nochmals an zu bohren. Das geschah in einem Brief an Hager. Das Feuer, das Hager darauf hin machte, muss klein gewesen sein, wenn es »unten« jetzt erst etwas auftaute.

25. Juni (Donnerstag)

[…]

MIT DER NEUEN SCHREIB-ARBEIT komme ich von Zeit zu Zeit ins Stocken. Das hat diese und jene Gründe. Wieder will ich die Arbeit einen ROMAN nennen. Die Fabel des Romans aber ist der Lauf meines Lebens. Er verlockt mich zum Naturalismus, verlockt mich, langweilig zu werden.

Der Lauf meines Lebens spricht sich selber heilig. Er sträubt sich dagegen, dass ihm etwas Erfundenes zugefügt wird. Er möchte aus sich heraus ohne Zutaten, ohne Veränderungen, ohne das Hinzufügen von Dramatisierungen ein Kunstwerk sein. Das aber ist er nicht, und das kann ich nicht zulassen und daraus entstehen die Konflikte, dadurch gerät die Arbeit von Zeit zu Zeit ins Stocken.

26. Juni (Freitag)

ÜBER KURZE STRECKEN schien die Sonne. [...]

FREUND RESO für ein paar Stunden in Schulzenhof. Du weisst, ich bin abergläubisch, sagte er, wenn ich nicht auch in Schulzenhof war, ists leicht möglich, dass ich nicht mehr kommen darf. – Sie müssen da in ihrem Tblissi noch stets einige »Achsen schmieren«, ehe man sie ausreisen lässt. Unwürdig. Bei uns ist das wenig anders, aber wir sind die »Kriegsverlierer«.

Reso kam mit Eva und Doktor Hildchen zusammen aus Berlin. Er sass in meiner Stube. Wir redeten über Wesentliches. Ich fühlte mich die ganze Zeit in Freundschaft eingebettet.

Noch immer glaubt der Freund, es könnte dazu kommen, dass er eines Tages etwas literarisch Gültiges schreibt. Ich glaube es nicht. Er ist viel zu verstrickt in den georgischen Familien-Clan. [...]

Nach Faulkners Reden muss man, um gültig zu schreiben, ein »Unmensch« seiner Umgebung gegenüber sein. Ein Unmensch, wie ich einer bin.

Es ging auf neun Uhr (abends) zu, und der Holunderduft durchzog die Luft, als Henry Freund Reso nach Oranienburg zur S-Bahn brachte. Heute dürfte er daheim sein, die Geschenke für die Familie auspacken und der gute Vater sein, der er sein *muss*, wenn er nicht schreibt.

5. Juli (Sonntag)

SCHON MORGENS ZU PFERDE. Die Hüftgelenke vermerken es mit Schmerzen. [...]

EVA GIBT MIR DAS MANUSKRIPT ihres neuen Gedichtbandes, den sie ATEM nennen will. Ich lese eine Weile langsam und behutsam, dann rascher bis über die Hälfte hinaus. Bin ich bestürzt? Bin ich enttäuscht? Schöne Gedichte von der Sprache her. Kühne Wendungen. Einige machen mich weinen. Aber, aber was ausgesagt wird, sind (nicht etwa blank) hin und her Wiederholungen: Die Klagen um die verlorenen Söhne; die Klagen um die verlorene Liebe; die Klagen um das Hausfrauen-Dasein wider Willen; die Klagen über die Unfreiheit, das Angebundensein; der Wunsch davonzugehen, alle Behinderungen abzustreifen. Ich werde von

ihr ungerecht benimt, ihr willentlich die Körperliebe vorzuent-
halten. Sie weiss doch, dass ich mir die DIABETES und die Impotenz, in die mich diese Krankheit versetzte, nicht willentlich zu-
zog, so wie man sich durch eine bewusste Unterkühlung eine
Lungenentzündung zuzieht. Dann das Beklagen des Alterns. Soweit ich die Sammlung las, ist ein Teil der Gedichte die lyrische
Wiederholung der Prosa aus MAI IN PIESTANY. [...]
Ich bin hilflos, ich bin ratlos. Wie bring ich ihr meine Bedenken nahe, ohne dass es zu einem Zusammenbruch kommt. Soll
ich sie den Ungnädigen unter ihren Lesern und Kritikern auslie-
fern? Soll ichs verhindern?

9. Juli (Donnerstag) Elefantenritt
UND DER TAG KAM, wie alle Tage gekommen sind, bis mir keiner
mehr kommen wird. Eva in Berlin. Ihr Telefonanruf ging als Ta-
lisman mit. Gehilfe Henry chauffierte. Er sorgte eifrig für mich.
Eine Stunde zu früh in Rostock. Gleich zu den Elefanten. [...]
Einen Probeaufsitz gemacht. Natürlich müssen Henry und der
Wärter mich hinaufwerfen. Auf den knieenden Elefanten. Von
Aufsteigen kann keine Rede sein. Fühle mich nicht sehr behaglich. Wenn der Elefant aufsteht, macht er Bewegungen, die zu
einem Absturz führen könnten. An den Ohren festhalten. Nicht
zaghaft zupacken. Ich bin noch zu sehr auf die Gefühle der Pferde
eingestellt. Absitzen (vom knieenden Elefanten) geht besser. [...]
Der Ritt wurde öffentlich. Wir ritten in der Vorführ-Arena
umher, in der sonst Vorführungen mit Pferden und anderen Tieren stattfinden. Zuschauer ringsum. Jauchzende Kinder. Es gelang mir nur für Augenblicke, frei zu sitzen, d. h. ohne die grossen
Ohren der SARAH als Zügelersatz zu benutzen. Ich muss wie ein-
geschissen drauf gesessen haben. Ich war ein schlechter Elefan-
tenreiter. Es gelang mir nicht, mit vorgeschobenem Kreuz auf die
Bewegungen der Elefantenkuh einzugehen. Ich weiss nicht, ob
[es] nicht doch mein versteiftes Kreuz war, das mir nicht erlaubte, den Unterleib gehörig nach vorn zu schieben. Ich hatte
die ganze Zeit das Gefühl, ich könnte bei einer etwas heftigeren
Vorwärtsbewegung des Tieres kopfüber und über den Rüssel
hinweg in die Tiefe stürzen. Kurzum, der Ritt hinterliess ein un-

gutes Gefühl bei mir. Ich hatte den Eindruck, habe ihn noch, versagt zu haben, nur für Fotografen posiert zu haben wie reitende Filmstars, die keine Beziehung zu Pferden haben. [...]

11. Juli (Sonnabend)

DIE AUSSPRACHE über Evas Manuskript für den geplanten neuen Gedichtband. Sie ging in eine Analyse unseres Zusammenlebens über. Sie endete mit einer heftigen Umarmung und innigen Küssen. Früher hätten wir uns in einer solchen Verfassung auf ein Lager geworfen ... Wir hätten nicht in Betracht gezogen, dass es eine Viertelstunde vor der Mittagsmahlzeit war. Jetzt aber war die Furcht da, die zumindest mich zurückhielt, die Furcht, den Liebesakt nicht zu bewältigen, die Furcht zu versagen, die Furcht, das erotische Versprechen nicht einhalten zu können.

Es fiel mir auf, dass Eva winzige Hoffnungen aufklingen liess, ein Zusammenleben mit mir könne wieder möglich werden, dass sie andeutete, es könnten Wandlungen in ihr vorgehen, sie vollzögen sich bereits. [...]

26. Juli (Sonntag)

DAS WAR NUN DER GROSSE ABEND.

Evas Film wurde gesendet. Man hat ihn technisch etwas verludert. Von seinem Inhalt und von Evas Haltungen und allem, was sie sagte, hat er mich angerührt wie damals, als ich ihn zum ersten Male (halb und halb illegal) sah. Er wurde am Montag-Morgen wiederholt. Wir sahen ihn nochmals an. Das Erlebnis war unabgeschwächt.

Fünf Jahre lang hat man den Film zurückgehalten. Weshalb? wird gefragt. Selbst jene, die ihn zurückhielten, fragen so und können nicht antworten. Das ist Schizophrenie unserer politischen Verhältnisse. Die Öbersten in Sachen Kultur können ein Kunstwerk (wie so einen Film) als »unschädlich« passieren lassen, aber die Öbersten in der Propaganda, die über keinerlei Kunstsinn verfügen, halten es trotzdem für schädlich und lassen es nicht passieren. Dazu kommt die dritte Kraft, die ihre Hand im Spiele hat, die Staatssicherheit und zuletzt die Hand, die sich

über alles legt, die Hand der russischen Sieger, die, wenn sie es
könnte, sogar unser Denken anhalten möchte, wenn etwas gedacht wird, was nicht in der sowjetischen Bibel geschrieben steht.

30. Juli (Donnerstag)

KEIN TAG, der nicht von Vorbereitungen zum Geburtstag oder
dessen zeitlicher Umgebung durchwoben ist. Eva telefoniert und
verhandelt. Es wird ein grosses (teures) Fest mit grosser Tafelei in
der MÖWE sein. Barmusik. Bei den Vorbereitungen hilft auch RIA
WIENS.

In Dollgow wirds nicht minder trubelig werden. Auch hier
»Disco«, wie man heute amerikanisch den Dorftanz nennt.

Die Dankrede für die Verleihung des Ehrendoktor-Titels muss
verfasst und abdiktiert werden. Das Evchen beschäftigt sich ausserdem mit den amtlichen Formalitäten für die Reise nach Island. Desgleichen für die Oktoberreise nach Pizunda.

DER SOMMER lässt so lange auf sich warten. Er wird sich vermutlich kurz vor seinem Ende rasch einmal zeigen, um in einem
kühlen Herbst zu verschwinden.

Die ersten Pilze zeigen sich. Bis vor Tagen meldeten sich noch
Kuckuck und Grasmücke. Nun sind auch sie still, nur die Kraniche melden sich dann und wann, doch ihre Rufe klingen schon
herbstlich. […]

12. August (Mittwoch)

JETZT FANGE ICH AN, mich vor den Geburtstagsfeierlichkeiten zu
fürchten, je mehr sich Tag und Stunde nähern, desto eifriger. […]

Drei verschiedene Feiern erfordern drei verschiedene Dank-
reden. Bei meiner Unfähigkeit Reden zu halten, eine Plage. Ich
habe sie mir aufgeschrieben, jede Rede etwa eine Schreibmaschi-
nen-Seite lang. Jetzt lerne ich sie, wie ich früher die Rollen fürs
Vereinstheater lernte. Trotzdem, fürcht ich, werde ich mit ihnen
daher holpern. […]

26. August (Mittwoch) bis 28. August (Freitag)
VON DER VERLEIHUNG DES EHRENDOKTORS (Schlaglichter – Stichsätze) […]

Ich trottete hinter dem Rektor (der mit (vergoldeter) Amtskette) in den Saal.

Alle standen auf als ob wir ein »hohes Gericht« wären. Zum ersten Male geschah mir, ohne dass ichs verhindern konnte: Leute, ein ganzer Saal voll, erhoben sich bei meinem Eintritt von den Plätzen. Wenn ich sonst bei Preisverleihungen beim Eintritt der Öberen nur widerwillig aufstand, geschah jetzt, dass man um meinetwillen aufstund. Ich wünschte mir, es möchte keiner unter den Aufgestandenen sein, der so widerwillig wie ich bei so Zeremonien aufsteht.

Als ich den stehenden Hubertus Giebe sah, zwinkerte ich ihm zu. Er verstand sogleich und freute sich. Wir spielen jetzt Ehrung, hiess das Zeichen. Durch Evas und Giebes Anwesenheit wurde mir alles »zuhausig«.

In meiner Dankrede häckelte ich ein wenig mit den Literaturwissenschaftlern. Das tat mir gut. Ich gestehs: ich nutzte die Gelegenheit.

1. September (Dienstag)
WIE SIEHTS WIRKLICH AUS?

Die Tage müssten eine einzige Vorfreude auf Island sein. Sie sind das Gegenteil: Sie sind ein einziges Vorbefürchten. Da erwäg ich, ob ich die richtige Bekleidung für jenen Herbst treffen werde, der dort schon sein wird. Da befürcht ich, dass Evchen mir noch mehr krank wird, weil sie hier kaum noch hinausgeht. Da hat uns Baumert Bedenken eingeträufelt, und wir befürchten beide, dass wir uns auf dem komplizierten Flugplatz von Kopenhagen nicht zurechtfinden, weil wir nicht wissen, ob jemand von unserer Botschaft dort sein wird, der uns weiter »verfrachtet«.

Dann ist so unklar, worin unsere Gegenleistungen für die Einladung bestehen werden.

Wird die Reise uns nicht überhaupt eine Desillusionierung bringen? Jetzt haben wir fast romantische Vorstellungen von diesem Land. Werden sie nach dieser Reise zunichte sein?

Ich erwäge, ob mein Alter an allen Vorbedenken beteiligt ist, ob ich in jüngeren Jahren bedenkenloser in die Reise hineingegangen wäre.

HIER GEHT DIE ZWEITE HEU-ERNTE Schritt bei Schritt zu Ende.
[…]

[o. D.]
VOM 10. September bis zum 26. Oktober führte ich kein Tagebuch. Unsere Erlebnisse in Island werde ich an anderer Stelle beschreiben. Auf der Rückreise von Island packte mich eine Grippe. Ich hockte mit Fieber im Hotel und den nächsten Tag auf dem Flugplatz. Mir war, als könnte ich nicht mehr weiter. Die Grippe hielt an bis gestern oder vorgestern. Ich war lustlos, war zufrieden, wenn ich sass und meine Tage mit dem mechanischen Beantworten von Geburtstagspost hinbringen konnte.

Seit zwei Tagen sieht es so aus, als ob ich den Einstieg in eine neue Arbeit gefunden hätte: DER ALTE MANN UND DAS ALTER. Die Arbeit am Neuen wird mich in Besitz nehmen. Das Tagebuch wird zum Merkbuch werden, denke ich.

30. Oktober (Freitag)
EVA abends guter Dinge aus Berlin. Das ist eine Tageshauptsache. Das Penicillin scheint mit ihrer Bronchien- und Halsvereiterung fertig zu werden. Dass die Ärzte so lang brauchten, um draufzukommen. Ich fang an, mich den Leuten zu nähern, die da behaupten, die Ärzte hätten sich – wie die Bürokraten – von ihren Mitmenschen entfernt.

ICH diktierte – wie die Tage zuvor – beim Morgenspaziergang Betrachtungen über unsere Island-Reise. (Laxness-Besuch).

MIR ist, als wetze der Winter sein Messer; zunächst ein kleines.

DIE verlockenden Blaupflaumen an einzelnen Bäumen. Niemand erntet sie. Für den armen Diabetiker sind sie schrumpelnde Sirenen.

7. November (Sonnabend)
ARBEIT. Der Besuch bei Laxness ist abdiktiert. Es werden so fünfundzwanzig Schreibmaschinen-Seiten sein. Ich bin gespannt,

wie sich das lesen lassen wird. Ich bezeichne mich als den »hiesigen« Alten und Laxness ist der isländische Alte. Die Bezeichnungen bringen vielleicht Umständlichkeit in die Skizze. Es ist stets schwer für mich gewesen, und es bleibt schwer, mir vorzustellen, dass alles durch Umschreiben reparabel ist. Ich habe so viel Geschriebenes repariert und an ein gutes oder brauchbares Ende gebracht, aber es bleibt schwer, mir vorzustellen.

WAS ich nun schreiben werde piesackt mich, seit der zweite Teil des LADEN-Romans fertig ist. Ich habe Versuche gemacht, habe sie beiseite gelegt, weil mir manches in der Form, in der die Versuche liefen, nicht darstellbar erschien.

Ich konnte mich nicht entscheiden, ob ich den Teil meines Lebens, der noch unliterarisiert, also als Rohstoff umherliegt, aufgreifen kann und soll. Das ist die Zeit, die ich nach dem Kriege in meinem Heimatdorf verbrachte. Ihr folgt die Zeit, die ich als Redakteur hinbrachte. Die ist literarisch im WUNDERTÄTER III abgegolten. Dann aber kommt die Zeit der grossen Liebschaft (über alles Übliche hinweg) mit Evchen, dann die Zeit am Theater und mit Brecht, dann die Zeit der politischen Naivität, in der ich […] einen Irrtum nach dem anderen beging. […]

Über das alles zu schreiben, erscheint mir reizvoll, vor allem zu beschreiben, wie es in mir aussah, als ich in die Irrtümer hineinging und wie ich meine eigenen Beobachtungen und deren Ergebnisse unterdrückte zugunsten der Sache, wie dieses Verwaschene von alten Parteimännern genannt wurde.

Jetzt also neige ich nach den Experimenten und nach vielen Erwägungen doch wieder dazu, einen Roman oder was es immer werden könnte, in der Ich-Form zu schreiben, freilich nach einem System, von dem ich erst durch Proben erfahren muss, ob es machbar ist.

14. November (Sonnabend)
KÄMPERS, ein Fotografen-Ehepaar aus Berlin. […] KÄMPER war der von der FÜR DICH ausgesandte Fotografierer meines Elefantenritts in Rostock. (Wenn ich bedenke, dass es da Hochsommer war!)

K. brachte nun Postkarten, die ich bei ihm bestellt hatte: Stritt-

matter, alias ESAU MATT, hoch zu Elefant. Die Postkarten sollten eigentlich als Danksagungen für Geburtstagsglückwünsche
verschickt werden, sollten den Empfängern sagen: Da seht
den immer noch unternehmungslustigen Fünfundsiebzigjährigen! Eitles Getu eigentlich. Erbteil vom Vater, nun wohl nicht
mehr abzulegen. Schon habe ich beschlossen, die Elefantenritt Fotos als Dankeschön auf Neujahrsglückwünschen zu verschicken.

SEIT WIR LAXNESS BESUCHTEN, haben Eva und ich uns gleichzeitig eine duldsamere Haltung zu Besuchern »angeschafft«.
Dort oben auf Island waren wir (obwohl zunächst widerstrebend) nachher doch so froh, dass L. uns einen Besuch gewährte,
dass er sich so locker, wie es seine fünfundachtzig Jahre zuliessen,
mit uns unterhielt, dass uns die Laxnessfrau freundlich bewirtete. Wir waren jedenfalls »geadelt«, und verhielten uns nicht
anders als Leute, wie unsere Leser, die uns besuchen, die sich uns
verwandt fühlen. Und wir mussten so auf der Hut sein, dass
wir nicht mit den gleichen Worten und Sätzen sagten, wie es unsere Besucher »beglückt« tun, von der Möglichkeit zu reden, die
L. uns mit der Tatsache einräumte, dass wir bei ihm zu Besuch
gehen durften und nicht zu spüren kriegten, dass wir ihm (vielleicht) eine Belästigung waren.

26. November (Donnerstag)
MATT kriegte einen Ekel-Anfall. Er verlor die Lust weiter im einzelnen über das, was er auf dem Kongress wahrnahm, zu schreiben. Es gibt ja Protokolle!

MATT sass seine Zeit auf dieser parlamentarischen Festlichkeit
seines Berufsverbandes ab. Bis zur letzten Minute. Er nahm sich
vor, die verlorene Zeit nicht zu bedauern. Er hat so manchen der
alten Kollegen und Kolleginnen wiedergesehen, sah sie gealtert
und geschrumpft und war umgekehrt für sie gealtert und geschrumpft, sah das TAO nicht, aber sein leises Tun.

19. Dezember (Sonnabend)

NUN geht das wieder an mit den Gratulationsschreiben.

Die Kundschaft wünscht Glück. Nicht jeder Kunde denkt sich was dabei.

MATT hat sich vorgenommen, nicht zu danken.

Er wird aber schon wieder schwankend.

DAS GEGEN LILLE eingetauschte Pferd. Sie holten es letzten Sonntag. HENKEL, NEISE und MATT.

Ein norwegisches Stutfohlen. Vom silbernen Schlag. Dunkle Strümpfe, blaues Maul und dunkle Ohrenspitzen. Schön anzusehen. […]

21. Dezember (Montag)

VON HEUT ab *müssen* die Tage wieder länger werden. […]

EINIGE SEITEN über seinen ersten Tag mit BRECHT, die er letzten Frühling schrieb, hat er zögernd zur Veröffentlichung herausgelassen. Im Februar werden sie Brechts 90. Geburtstag feiern, und alle werden ihn besser gekannt haben als MATT, vor allem die, die ihn nie gesehen haben.

So Klecksereien entstehen, wenn ich beim Schreiben einschlaf.

Übrigens kann ich die dritte Person singularis wieder mit der ersten Person singularis auswechseln, wenn ich die Groschenhefte beschicke. Es sollte eine Übung sein, eine Vorübung für einen Roman oder so etwas, den ich in der dritten Person singularis zu schreiben vorhatte, aber ich habs mir anders überlegt, ich werde doch, wie bei den Arbeiten der letzten Zeit, in der Ich-Form schreiben. Mit ihr lässt sich Diffiziles ausdrücken und Wärme erzeugen. Wirklich, der Leser will unter anderem von seinem Schriftsteller auch gewärmt werden.

24. Dezember (Donnerstag)

ICH FÜHRE zwei Junghengste von der Weide.

Um mich schon die Vordämmerung der »HEILIGEN NACHT«.

Ich tu, was die Tierhirten schon zu jener Zeit taten.

Ich tu das, was wirklich gewesen ist in dieser hochheiligen Nacht.

Ich hüte die Herde.
Ein junger Mann kommt mir bergan entgegen.
Mein Sohn kam mich überraschend besuchen.
Geschenk genug, üppige Weihnachtsfreude.
Er nimmt mir den links gehenden Hengst aus der Hand.
Wie sehen uns an.
Wir kommen ohne Worte aus.

1988

8. Januar (Freitag)

[…]

WENN ICH DOCH endlich diesen Zustand erreichen würde:
Der Wille,
noch etwas Gültiges zu schreiben,
plagt mich nicht.
Die unbeantworteten Leserbriefe
bedrücken mich nicht.
Ich bin niemand etwas schuldig.
Ich habe kein festes Tagesprogramm.
Ich tu nur, wozu ich im Augenblick Lust hab.
Kein Mensch kann mir dreinreden.
Ich will niemand mehr gefallen.
Ich geh zu niemand hin.
Wer kommt, der kommt.
Was kommt, das kommt.
Wenn ich doch endlich
diesen Zustand erreichen würde.

2. Januar (Dienstag)

[…]

NUN SIND SIE DAVON die Tannenbaumstunden mit Eva.

Der Baum fing an zu nadeln. Er wurde abgeschmückt. Viele Tage sassen wir in der Dämmerstunde auf dem Ledersofa in der Diele. Die Kerzen brannten. Es waren dicke, weisse Haushaltskerzen. Ausgiebige Kerzen. Ab und zu leises Klingeln: Der schwarze Jungkater »fingerte« an den farbigen Dünnglaskugeln.

Wir hörten Orgelmusik von Bach und liessen uns Weihnachtslieder von Knabenchören singen. Ab und zu redeten wir leise ein paar Sätze über Bücher, die wir gelesen hatten, redeten über Eindrücke, die Menschen auf uns gemacht hatten.

Eva kraulte mir den Nacken, manchmal innig, wie mir scheinen wollte. Aber nun sind sie davon, die Tannenbaumstunden.

17. Januar (Sonntag)

EIGENTLICH WOLLTEN WIR NACH BERLIN. Wir wollten Peter noch einmal in PALESTRINA hören.

Ich hätte die Wucht der Musik nicht ertragen. Die Erschütterung vom Tod des Stutfohlens ging in mir um. […]

ES KANN NICHT SO SCHLIMM mit mir gehen wie beim Tode des DALMATINERS ASSAN. Ich hülle mich in meine neue Arbeit. Ich fühle mich jetzt, nachdem ich die Melodie gefunden habe, in einer Heimat und in einem Zuhause. […]

21. Januar (Donnerstag)

[…]

ICH HABE WIRKLICH fürs Schreiben mein Gleis gefunden. Die Zeit scheint wieder gekommen: Eine Episode ergibt sich ohne Grübelei aus der anderen. Es fliesst.

Jetzt erst kann ich, ohne mir selber zu misstrauen, Lobeleien über den zweiten LADEN-Teil anhören. Bis jetzt dacht ich: Gut, ich werde gelobt, aber war mein Erfolg nicht Zufall? Ich spür nicht, dass ich ihn wiederholen könnte.

3. Februar (Mittwoch)

MIT EVA NACH BERLIN. […]

ZU BESUCH BEI HERMANN KANT. Seine Frau ist unterwegs. Er versorgt die drei Kinder. Zwölf, sechs Jahre die Töchter, etwas über ein Jahr der Sohn. […]

Alle Gegenstände tanzen, tanzen in der Wohnung umher, ein bisschen wie bei den Kopelews. Hermann hatte uns eingeladen, dass wir uns seinen Komputer ansehen. Er ist diesem Monstrum seit Monaten verfallen. Ich kann nicht erkennen, ob meine Arbeit mit Hilfe dieser Apparatur besser flecken würde. Das müsste ich ausproben. Eine Probe zum Preise von zweitausendfünfhundert Westmark, wenn sich herausstellen sollte, dass das Ding mir nicht zur Hilfe wäre?

14. Februar (Sonntag)

MEINE GEHEIME FREUDE: Die beiden Früh-Morgenstunden, in denen ich an den LETZTEN MELDUNGEN arbeite. Jeden Morgen komme ich ein Stück voran. Da steckt meine Lust drin, weiter zu leben.

WIR SAHEN DEN PROLOG für die olympischen Winterspiele. Kanada und Kälte und Frostlust. Junge Sportsleute in prachtvollen Western-Kostümen tanzten im Stadion. Das war so schön, das war so keusch, das waren Augenblicke, die man nicht vergisst, die erst im Tode verlöschen. Es hat manche solcher Augenblicke in meinem Leben gegeben. Man sollte sie aufschreiben, dachte ich, ein Büchlein machen, AUGENBLICKE – könnte es heissen. Ich sprach mit Eva drüber. [...]

AUGENBLICKE? – sagte sie, das plane ich schon lange.

Hoffentlich macht sie es. Mir würde keine Zeit dazu bleiben. Schön, wenn sie es machen würde, ohne mich zu beschuldigen.

Dieses Schuldzuweisen, es wird mir langsam zum Ekel.

29. Februar (Montag)

EINE NEUE BÄNGNIS, EIN NEUES ZITTERN.

Seit einiger Zeit geht Eva mit etwas schiefer Wange umher. Jetzt stellte man fest, es handele sich um eine Drüsengeschwulst. Die Geschwulst wächst. Nächste Woche wird untersucht werden, ob es sich um eine »bösartige« oder eine gutartige Geschwulst handelt. Operiert muss auf alle Fälle werden, heisst es.

Alle Pläne, zum Beispiel die Ungarnfahrt, klappen zusammen. Es fällt mir leicht, auf alle Reisen zu verzichten, auch auf die Rheumakur im Ersatz-Piešťany, wenn sich da nur nichts Böses eingeschlichen hat.

RINGSUM alles tief verschneit. [...]

7. März (Montag)

ICH BIN ALLEIN AUF SCHULZENHOF, ich arbeite, schreib mein Pensum, spazier mein Pensum.

Telefonische Nachricht von Eva: Noch immer keine Klarheit. Der eine Arzt sagt, es muss operiert werden, der andere Arzt sagt, es muss vielleicht operiert werden; noch ein anderer Arzt sagt, es muss vielleicht doch nicht operiert werden. Die Entscheidung soll ein Spezialist, der erst Mitte des Monats zu haben ist, fällen.

Keine Lust Briefe zu schreiben, matt.

Transzendentales gelesen. Eva nennt diese Bücher – Zauberbücher. Sie liest sie heimlich, wenn ich eines umherliegen lasse.

22. März (Dienstag)

BERLIN [...]

GLÜCKSTAG: Im Kaufhaus am Alex nach einem halben Wartejahr endlich wieder DIN-A-IV-Umschläge: Sie werden im Handel als Waren-Musterbeutel bezeichnet. Man kommt nicht hinter die Ursachen unserer Misswirtschaft. Mal keine Minen für Kugelschreiber, mal keine Farbbänder für Schreibmaschinen, mal kein Kohlepapier und jetzt wieder keinen Büroleim. Aber die Politiker loben jeden Tag in der Zeitung den Staat, den sie uns eingerichtet haben, und sähen uns gern dankend auf den Knien. Nirgendwo Vernunft anzutreffen.

EVA LAS LEISE und ohne Pose, es sei denn, mein alterndes Gehör betrog mich, was die Lautstärke betraf. Meine Befürchtung: Werden die schönen Gedichte die Zuhörer erreichen?

Und je länger Eva las, weiterhin ohne Nachdruck und Pose, desto stärker wurde die Wirkung, die in den Worten eingeschlossenen Gefühle erschufen sich Gewalt.

PETER SANG zuweilen mit linker Hand, und dann straffte er sich wieder und sang innig und so, wie ich es liebe, sang einige von den Eichendorff-Gedichten, die Schumann mit Musik bedacht hat. [...]

23. März (Mittwoch)

MIT EVA EINKAUFEN GEGANGEN.

Das war wie eine Rückkehr in unsere besten Zeiten. Es ist mir lieber, wenn Eva mich ausstattet, wenn sie mich ermuntert, Qualitätskleidung zu kaufen. Und so kauften wir dann zwei schöne Anzüge, drei Oberhemden und einen Schlips, da kann sich Ungarn auf mich freuen. Und diese Freude bei Eva, wenn sie mir was

Schönes einkaufen hilft! Ich hatte sie gern und lieb wie am ersten Tag. Wir hakten uns ein, als wir über die Brücke gingen, die die Innenstadt mit dem Alexanderplatz verbindet.

ENTGEGEN KAM UNS GESCHONNEK und sagte: Wie ihr das nur fertig gekriegt habt, so viele Jahre miteinander zu leben und miteinander zufrieden zu sein. (Er hat natürlich MAI IN PIESTANY nicht gelesen!) Mir ist so etwas nie gelungen, sagte Geschonnek. Er bekannte, dass auch er damals, als wir alle noch bei Brecht am Ensemble waren, »scharf« auf Eva gewesen wäre. Na, das war ein Augenblick für Eva! Und er war so herzlich, der alte Geschonnek mit seinem unsymmetrischen Unter-Nasen-Bart. Er bestätigte mir, dass die Geschichte wahr ist, die augenblicklich über die Tatsache, dass wir oft miteinander verwechselt werden, im Umlauf ist: Er stand für Filmaufnahmen auf einer Berliner Strasse, da ging eine Frau auf ihn zu, küsste ihn und bedankte sich für den LADEN-Roman und sagte: Ach, machen Sie jetzt einen Film, Herr Strittmatter? Das find ich herrlich. Ich wünsche Ihnen Glück dazu. Geschonnek soll, so erzählte mir der Regisseur Tein, danach gesagt haben: Immer dieselbe Scheisse!

14. April (Donnerstag)

ICH KONNTE NICHT SCHLAFEN, im besten Bett der Welt nicht schlafen.

Um vier Uhr stand ich auf. Beim Atmen am offenen Fenster hörte ich das Gedrommel der grossen Rohrdommel am Tietzen-See. Rohrdommel-Ruf und Sternenzwinkern.

NUN SIND WIR WIEDER DA. Aus Ungarn zurück. Wir waren dort vom 28. März bis zum 11. April.

WAS SOLLEN DATEN? Ich weiss nicht, ob mir die Ungarnzeit etwas zutrug oder ob sie vertan war.

KRAFTWAGEN UND FAHRER stehen Ihnen für die ganze Zeit zur Verfügung, hiess es. Aber dann hätten wir uns unmenschlich verhalten müssen. Ich dachte an das Herumwarten in meiner Autolenker-Zeit. Die Rücksichtnahme verbot mir das »Verfügen«.

LUXUS-HOTEL AUF DER MARGARETEN-INSEL. Sie haben hier Anspruch auf freie Beköstigung, hiess es. Auch Anspruch auf eine kostenlose Badekur. Das hörte sich gut an, aber als wir die »hochen Preise« für die Mahlzeiten und die dünnen Diabetiker-wässerlein zu wissen kriegten, schwand uns der Mut zum Zugreifen. Wir muteten der ungarischen Regierung nur die Kosten für zwei Mahlzeiten zu. Die dritte Mahlzeit nahmen wir, wieder einmal, auf eigene Kosten aus Tüten. Kartoffelships, Äpfel und Mineralwässer.

18. April (Montag)

MAN KANN NICHT glaubwürdig bleiben, wenn man in einer international geführten Abmachung, wie die Akte von Helsinki, seine Unterschrift unter eine Erklärung setzt, mit der man verspricht, die Leute, die man regiert, in Freizügigkeit reisen zu lassen, wenn man später sein Versprechen nicht einhält. Eben das tun unsere Regierer.

DIE ALTEN KIEFERNWURZELN, die auf den Waldwegen durch Autos und Traktoren von den schützenden Sanden entblösst werden, warten mit einer schönen Politur auf, ebenso wie ihre Verwandten, die Steine. Und diese Politur wird, ohne dass die das beabsichtigen, von Traktoristen und Autolenkern hergestellt. [...]

20. April (Mittwoch)

IN BERLIN GEARBEITET, so gut das gehen wollte.

SOHN ERWIN. Wir sprechen wohl eine Stunde übers Schreiben. Über das, was er schreibt, sogar über das, was ich schreibe.

Es ist das erste Mal, dass ich mit Erwin so lange über die Schreibkunst spreche, dass ich ihm verständlich zu machen versuche, worauf es mir bei dem Roman ankommt, den ich jetzt arbeite.

EVA DERWEIL IM KRANKENHAUS. Wieder wurde dort nichts Endgültiges diagnostiziert.

Nun liess sie sich wieder zum Ohrenarzt schicken. Nächste Woche hat der Sprechstunde. Der Rundlauf geht geht von neuem an. [...]

8. Mai (Sonntag)

NORD-OST-WIND WEHT, er annuliert die sommerliche Temperatur. Sie beträgt (ohne Winde) zwanzig Grad plus. Seit Wochen kein Tropfen vom Himmel, doch der Löwenzahn blüht, blüht, kümmerlich. Fürwitzige Schmetterlinge, weisse, gelbe und braune, decken mit ihren Flügeln die zwergligen Löwenzahnblüten zu.

[…]

MAN SOLLTE ALLE HANDLUNGEN, die man tagsüber begeht, auch jene, die sich wiederholen, nicht in die Flachheit, nicht in die Routine fallen lassen. Man sollte sie wie Neuigkeiten und wie Wunder besehen, die das grosse Leben mit unserer Hilfe ausführt. Vor allem sollte man nicht nach einem Sinn fragen; er liegt darin, dass wir leben.

18. Mai (Mittwoch)

EVA KAM HEIM. Sie war beeindruckt von West-Berlin. Unmöglich, dass wir das, was die erreichten, mit unserem Sozialismus je erreichen, sagte sie. Das werden wir auch nicht, dachte ich, wir sind schon dabei, die Unmöglichkeit einzusehen. Wir tendieren zum Sozialdemokratismus hin.

[…]

UNSER NACHBAR VERSCHWAND

Die letzten Jahre bewohnte er sein »Landhaus«, eine alte Kate, im Winter nicht mehr, doch zu Anfang des Frühlings stellte er sich ein. Dieses Jahr kam er nicht. Nun im Mai wurden wirs gewahr, dass er ausblieb. Er ist abgehauen nachm Westen, heisst es in Schulzenhof.

20. Mai (Freitag)

IN DIESEM ÜBERHITZTEN MAI blühen Gräser, Sträucher und Bäume wie im Zeitraffer.

HINTEN IN DEN WIESEN rief mich ein Bullenkalb zu sich. Es war mit einer schweren Kette getüdert. Es stiess mit seiner glänzenden Nase gegen meine Hand. Es hielt meine Hand für das Euter seiner Mutter. Ich liess ihm die Hand.

Es sog meinen Finger in sein klebriges Maul hinein und stiess mit der Nase gegen den Handrücken, wie er vor Tagen noch gegen das Euter seiner Mutter gestossen haben mochte. Keine Milch. Enttäuschung, Heimweh, Sehnsucht?

Haben Bullenkälber das?

Der kleine Bulle brüllte und brüllte, solange er mich sehen konnte.

Ich war schon einen halben Kilometer davon, er sah mich immer noch und brüllte.

22. Mai (Pfingstsonntag)

WENN ES SICH ERGIBT, beobachte ich FAULKNER. Er beschreibt Ereignisse und Personen von vorn, von hinten, von links und von rechts. Er geht um sie herum und macht dadurch Ereignisse und Figuren plastisch. In ihm ist keine Besorgnis um Wiederholungen. Menschen, die ihn lesen und bei ihm bleiben wollen, zwingt er seine Technik anzuerkennen, an ihn zu glauben.

AM NEUNZEHNTEN MAI gab ich Eva die ersten hundert fertigen Seiten der LETZTEN MELDUNGEN. Eva findet, dass diese hundert Seiten von der gleichen Güte sind wie die beiden LADEN-Romane. Wenn mir das wer anders gesagt hätte, wäre ich skeptisch, aber Eva kann ich vertrauen, sie würde mir auch gesagt haben, wenn ihr die hundert Seiten »Fertiges« nicht gefallen.

4. Juni (Sonnabend)

HERBERT HAT SIEBZIGSTEN GEBURTSTAG.

Eva und ich gehen, halb feierlich geputzt, um die zehnte Morgenstunde hinüber: Grosses Original-Gemälde, eine Metallschale, Bademantel, Kaffeepäckchen, Bockwurst in Büchsen, Blumen aus dem Garten. Das sind unsere Geschenke.

Eva drückt Herbert ab. Nostalgie. Ich drücke Herbert ab. Zuneigung. Wir haben viele Jahre zusammengearbeitet.

Tante Else sagt: Die Zeiten kommen nicht wieder. [...]

12. Juni (Sonntag)

IM HEU.

Ich wende die ausgestreuten Schwaden auf der zuerst geschnittenen Wiese.

JEDEN MORGEN DIKTIERE ICH, wie eh und je ein Stück Roman. Ich diktiere die LETZTEN MELDUNGTEN. Die glücklichsten anderthalb Stunden jeden Tag. Satz für Satz steck ich in meine kleine Schatzkammer. Ich meine, dass es mir immer besser gelingt, in die Tiefe zu gehen, dass sich mir eine Dimension auftut, die ich bisher nur an ihrem Rande berührte. Es wäre mir recht, wenn es keine Täuschung wäre.

14. Juni (Dienstag)

WIR FUHREN DAS HEU VON ZWEI WIESEN EIN: Heuzeit – drei Tage. Die kürzeste Heuzeit, solange wir hier sind, und das werden morgen vierunddreissig Jahre sein. Es war also die achtundsechzigste Heu-Ernte, die wir hier einbrachten. [...]

MATTI FUHR NOCH AM ABEND zu seinem Ausbauernhof an der polnischen Grenze zurück. Das erste Mal, dass er mit mir über die Differenzen redete, die da waren, bevor er vor drei Jahren davonging. Jetzt nun bot er an, doch zu kommen und mit Henry zu alternieren. Aber erst will er seinen Hof verkaufen und einen anderen kaufen, der näher herzu liegt, etwa in der Nähe von Neubrandenburg. Erst dann will er uns helfen kommen. Das ist der Plan. Aber was sind bei MATTI Pläne, und wer kann wissen, was ihm morgen einfällt? [...]

22. Juni (Mittwoch)

SEIT EINIGEN TAGEN reite ich täglich wieder eine Stunde. [...]

HAST DU JE EIN BLESSHUHN schreien hören, wenn es grosse Gefahr für seine Jungen erkennt, weil der Fisch-Adler um die Schilfkante streicht?

Es ist ein so schneidender Schrei, wie ihn deine Mutter ausstiess, wenn sie dich vor einer Gefahr warnte.

[o. D.]

VOM 27. Juni bis zum 8. JULI war ich also im Krankenhaus in Berlin. Sie machten schon am ersten Tage ein Computer Tomogramm. (Ich weiss nicht, ob richtig geschrieben.)

Das war nötig, erklärte man mir, falls durch Knall und Fall eine Hirnblutung hätte stattgefunden haben können. Man hätte dann operieren müssen.

Es hat keine Blutung gegeben, wurde festgestellt. Einen anderen Tag brachte man mich nach Buch. Man impfte mir Isotope (?) ein. Man tastete das Hirn mit einem anderen Tomographen ab. Man will herausgelesen haben, vorn links gäbe es in meinem Hirn eine Partie, die nicht durchblutet wird. Man hofft, dass das kein Dauerzustand wird. Es soll ambulant weiter untersucht werden. Ich muss bunte Kapseln schlucken. […]

ICH SCHRIEB die ganze Zeit über nicht eine Zeile. Das war mir auffällig; ich wunderte mich drüber, aber es ging gut. Mich auf Lesen zu konzentrieren, fiel mir schwer, aber da liess ich nicht nach. Ich las MAKANIN, und ich las Faulkners SATORIS. MAKANIN ist (für mich) kein guter Schriftsteller.

SCHULZENHOF wurde von Henry betreut. Innen und aussen und bei den Tieren war alles gut versehen bei meiner Rückkehr.

[Berlin] 19. Juli (Dienstag)

ELMAR FABER, UNSER VERLEGER, zu einer Besprechung mit Frühstück.

Die Ausstattung der zusammengefassten Nachtigallgeschichten fand seine Billigung. Es sollen überdies vier Aquarelle jener Laienmalerin zwischen die Geschichten »geschossen« werden. Das neue »Ausgehkleid« des Kramkalenders wird mit einem Holzschnitt, mit einer Landschaft von Arno Mohr ausgestattet sein. Es wird sehr edel aussehen.

Wir sprechen über eine Leseveranstaltung in Frankfurt am Main. Auch über einen Besuch des Chefs von Kiepenheuer und Witsch in Schulzenhof.

[…]

ZUM EINKAUFEN IN DIE STADT.
Es ist erschütternd. Es gibt dies nicht, es gibt das nicht. Viele Geschäfte – wie früher in Moskau – wegen »Remont« geschlossen. Damit wird der Warenmangel kaschiert. Der Kundschaft werden lange Gänge und viel Sucherei zugemutet. Zum Schluss geht man, ohne was Rechtes eingekauft zu haben, heim.

AM FAHRKARTENSCHALTER der U-Bahn. Eine ältere Fahrkartenverkäuferin. Sie lässt die beiden Fahrscheinkarten-Streifen fallen. Ick dachte, sagt sie verlegen, Sie wern eina von Film. Ich: Alle Menschen sind Schauspieler. Sie: Aba Sie sin wirklich eena, Sie sind der, den ick meene, wa?

Ich war wieder mal Geschonneck.

29. Juli (Freitag)

[...]

UNSERE SUCHE nach einem zweiten Gehilfen wurde in einem Inserat verlautbart. Den Rat, das zu tun, gab Erwin Kurth, der alte Praktiker. Es war, als wäre irgendwo eine Kammer geöffnet worden, aus der Leute flogen, die sich beruflich verändern wollen. Aus Gransee, Fürstenberg, Zehdenick und aus den Dörfern kamen welche. [...]

Ich lief, wie es die Hausglocke wünschte, mit dem Schreibblock aus meiner Arbeitsstube über den Zwischen- auf den Vorderhof, sass mit dem jeweiligen Bewerber auf der Bank unter der Hofbirke, liess Adressen aufschreiben und gab jeweils Erklärungen über das ab, was wir von einem künftigen Mitarbeiter verlangen, sah in zustimmende, sah in abweisende Gesichter, und das alles tat sich den ganzen Tag lang und allmählich kam ich mir vor wie als Junge, da ich die Zahlentafeln für die Beteiligung am Spiel mit dem Glücksrad der Mutter unter die Leute brachte. Es waren wohl nur zwei oder drei unter den Bewerbern, zu denen ich ja sagen konnte. Man wird sehen. Erwin Kurth will die Bewerber »überprüfen«.

23. August (Dienstag)

JETZT SIND DIE GEDRUCKTEN Geburtstags-Danksage-Karten angekommen. Ich habe schon angefangen, welche abzuschicken. Es

355

fällt mir schwer, die Karten ohne eine handgeschriebene Zeile auf die Reise zu schicken.

[...]

ZWEI TAGE HENRY VERTRETEN: Die Pferde versorgt, sie auf die Weide und von der Weide geführt. Es fiel mir schwer. Vielleicht wäre es richtiger, mir das nicht einzugestehen, aber meine Füsse lassen sich in der letzten Zeit schwer schleppen, und ich bin ständig müde, so müde, wie ich nicht sein dürfte.

Äpfel und Pflaumen reifen. Die Früchte sind verführerisch. Der Zucker in meinem Blute ist zu hoch.

ICH WÜNSCHE, MÖCHTE, DÜRFTE ständig ganz in allem sein was ich tue. Ich bemerke jedoch, wie ich ständig davon abirre, dass meine Gedanken nicht bei dem sind, was Hände und Füsse tun. Mich aber zu konzentrieren wäre auch falsch. Konzentration ist in diesem Falle Zwang zu einem gewollten Zustand hin. Es bringt mich nicht in den Zustand der Kindheit, da ich nicht wusste, was mir das Leben am nächsten Tag bringen wird, da ich ohne drauf zu denken am Morgen nicht wusste, wo ich am Abend sein würde.

16. September (Mittwoch)

WENN MIR DOCH NUR die alte Ausdauer fürs Laufen und Spazieren zurückkäme! Bei einem Nachmittagsgang bis ans Ende des Thörn-Sees, linke Seite, musste ich mich auf ein Grenz-Stein-Hügelchen hocken, um Kraft zum Weitergehen zu sammeln.

Noch keine Erle, dort am See-Ufer, hat bisher ein gelbes Blatt, nur bei den Birken kommt, wenn sie flüstern, hin und wieder ein Goldzahn in Sicht. Die diesjährige Froschbrut wandert aus, wandert aus dem See in den Wald. Da war ein Fröschlein, nicht grösser als eine Schmeissfliege, aber alles an ihm war wohlausgebildet bis in die Zehen. Es rührte mich. Und wenn dort ein Käfer oder eine Fliege gekrochen wäre, es hätte mich nicht so angerührt, aber durch das so menschenähnliche Froschgebilde war mir als sähe ich einem kleinen eigenwilligen Klumpen Welt in die Augen.

Ausgezogen war ich, die Schwäne zu suchen, die dieses Jahr auf dem so nachbarlichen See ausgebrütet wurden und fast unseren Haustieren zuzurechnen waren. Merkwürdig war, dass einer der fünf jungen Schwäne als Albino aus dem Ei gekrochen sein muss. Er war gleich weiss und musste nicht erst den Umweg gehen, ein mausgrauer Jungschwan zu sein. Aber die Schwäne waren nicht da, auch in der hintersten Bucht des Sees nicht. Sind sie auf dem Kleinen Rhin hinauf zum Kleinen Thörn-See geschwommen? Früher hätte mich nichts abgehalten, das zu erkunden, aber meine Füsse nun, die so müd waren und so geschleppt werden wollten, die hielten mich ab. Mein Forscherdrang kapitulierte vor der Dumpfheit meiner Füsse.

13. Oktober (Donnerstag)

[…]

ALS WIR UNS nach vielen, vielen Jahren der Trennung in der ALTEN WACHE zu Frankfurt am Main umarmten, lag meine bärtige Backe auf der Watte seines übergrossen Vollbartes. Er riecht noch nicht nach »alter Mann«, dachte ich. Von mir fürchte ich beständig, ich könnte wie »alter Mann« riechen für die, die mich umarmen, oder die, die ich umarme. Das wäre mir peinlich. Aber ich wage nicht zu fragen, ob ich nach »alter Mann« rieche, nicht einmal Eva, von der ich doch eine ehrliche Antwort kriegen würde. Und ich dachte, als ich Lowa umarmte: Er riecht noch frisch, er wird noch eine Weile leben. Und als ich LOWA KOPELEW umarmte, waren einige Bürger unseres Ländchens im Raum. Für sie entstand damit eine zwiespältige Lage: Für sie ist Lowa ein Feind, weil man ihn in der Sowjetunion unter Breschnew zu einem Sowjet-Feind erklärt hat. Da musste er routinemässig auch ein Feind unseres Ländchens sein. Nun aber ist Breschnew weg und Gorbatschow ist da. Für G. ist Lowa kein Sowjetfeind mehr. Seine Frau Raja war soeben in Moskau.

Inzwischen haben die Fürsten unseres Ländchens eine stille Abneigung gegen Gorbatschow gefasst. Wie also sich zu Lowa verhalten, der ein Feind Breschnews war und nun ein Freund des nur bedingt anerkannten Gorbatschow ist? Das ist eine der grotesken Situationen, in die Menschen getrieben werden, die sich verschiedenen Ideologien verschreiben.

15. Oktober (Sonnabend)

AM ROMAN GEARBEITET. Festgestellt, dass ich zwar meinen Söhnen kein guter Vater bin, dass ich dafür meine »literarischen Söhne« so ausstatte, dass sie viel Liebe ausstrahlen und von den Lesern viel Widerliebe ernten.

Ich diktiere jetzt in das kleine handliche Gerät, das ich unlängst in Frankfurt kaufte, und ich schneide, nach dem Abdiktieren, auf ein grösseres Gerät um. Da ermüde ich meine Hand nicht, da erspare ich meiner Wirbelsäule Verrenkungen.

EVA BESUCHT IHRE MUTTER.

Mir fiel zu, den Stiefsohn von G. B., der mit seiner Geliebten in einem blauen VOLKSWAGEN auf den Hof fuhr, zu unterhalten. Die jungen Leute stellten die gleichen Fragen, wie man sie jetzt überall bei uns stellt: Wann ändern wir endlich unsere Regierungs- und Verwaltungsform? Einer erwartet vom anderen, dass der die Veränderungen herbeizwingt. Diese Redereien sind mir so zuwider wie die Redereien über die Atomgefahr und den Weltfrieden.

Ob Änderungen wirklich so wünschenswert sind, musste ich fragen. Denkt an die freien Arztkosten, die freien Krankenhauskosten, die ihr geniesst. Denkt an das billige Benzin für eure Autos, an die billigen Wohnungsmieten, an die billigen Portokosten und Fahrpreise und die niedrigen Preise für eure Grundernährung. In einem solchen Falle werden die »lauen Heisssporne« ein wenig gesetzter, aber morgen, des bin ich gewiss, reden sie wieder über das Modethema von den Veränderungen, die bei uns ausstehen.

16. Oktober (Sonntag)

[...]

EIN STILLER SONNTAG

Kein Wind, aber die Blätter fallen. Auf dem Sessel in Evas Stube liegt ein aufgeklapptes Buch, liegt auf der Nase. Ich heb es auf. Ich seh hinein. Ich lese und es steht mir ein Dichter gegenüber, ein wirklicher. Zwar ist er tot, aber noch nicht lange. Kurz vor seinem Tode »entdeckte?« man ihn oder hielt man es für politisch nötig, seine Heimat, die Tschechoslowakei, heraus zu heben, und man pries ihn nobel. Joroslav Seifert heisst der Dichter, und er kann nicht dafür, er hat nicht nach dem Nobel-Speck geworfen, aber er hat ihn verdient. Seine Texte haben etwas Ähnlichkeit mit den Texten in meinem Schulzenhofer Kramkalender. Er ist mir verwandt. Er ist jetzt *mein* Dichter, wie Laxness *mein* Dichter ist. [...]

17. Oktober (Montag)

AM ROMAN WENIG KORRIGIERT

NACH BERLIN. Aus reinem Spass. Treffen am Eingang von Zirkus PRAHA mit den Henkels, den Wolframs und Dieter Neise. Ich bin zu spät dran – geschwitzt. Roberto mit der »Ehrenkarte« für uns am Eingang. Wir sehen uns die Nachmittagsvorstellung an. Solider Zirkus. Die Leute von der Tagespresse rissen die Darbietungen herunter. Sie sind Snobs. [...]

Im Wohnwagen entstand eine so dichte Gemütlichkeit, wie ich sie lange nicht erlebte. Und ich habe gelacht, wie ich lange nicht lachte. Wehmut überfiel mich in der Manege, als die Nummer mit den arabischen Hengsten lief, die ich vor vielen Jahren vorführte. Die Melodien, unter denen die Pferde heute noch laufen, trieben mir Tränen in die Augen.

Der kleine Braunbär aus Berouseks Truppe. Er kam aus der abendlichen Schulstunde. B. brachte ihn in den Wohnwagen der Stipkas. [...]

Sie sind stolz auf meine Freundschaft, die Stipkas und Bärendompteur Berousek. Ich verstehe das nicht recht, es ist mir ein wenig peinlich, besonders, wenn sie es aussprechen, denn ich bin stolz auf ihre Freundschaft. Da ist etwas, was mir bei den Pferdeleuten seit meiner Schuljungen-Zeit nachgeht: Ich war immer stolz, wenn mich die Pferdemänner zu einem der ihrigen rechneten.

24. Oktober (Montag)

ICH MÖCHTE am liebsten sterben, aber nur für eine Weile.

Am Morgen offenbare ich mich Eva: Ich sehe keinen Ausweg aus der Höhle, in die ich mit meinem Roman geriet. Eva setzt sich sofort hin und fängt an, die bereits abdiktierten dreihundert

Seiten zu lesen. Da wird sie sogleich zu meiner alten Eva, die ich unendlich lieben muss. Sie lässt mich in keiner Not, aber am allerwenigsten in einer literarischen Not. Und sie weiss Rat. Man kann sich drauf verlassen. Wenn sie sich in ein verfahrenes Geschreibsel hineinbegibt, wächst bei mir die Sicherheit: Sie wird mir sagen, wenn das bisher Geschriebene nichts taugt. Oder sie wird an dem, von dem ich glaube, dass es nichts taugt, erkennen, dass ich mich irre, und wo ich ansetzen muss, um es zu einem guten Ende zu führen. Mir aber ist während der Zeit, in der Eva die von mir als untauglich empfundene Arbeit prüft, wie einem sein muss, der Todesurteil oder Freispruch zu erwarten hat. Ich zieh den Nacken ein und wage nicht, dem lesenden Evchen ins Gesicht zu sehen.

25. Oktober (Dienstag)
EVA hat sich durch das »unreife« Manuskript gearbeitet. Sie meint, es wäre nicht »verfahren«. Sie meint sogar, dass es schon jetzt »grosse epische« Passagen habe. Ich umarme und drücke sie. Mir ist, als wär mir ein neues, ein zweites Leben gegeben. Ich kann zurückkehren in die literarische Landschaft, in der mir wohl war, bis ich an die bewusste »Wand« kam. Der Fehler: Ich war dabei, von der Fabel, die das Leben vorzeichnete, abzuweichen und wollte mich drum herum schmuggeln, einige Situationen so hart darzustellen, wie sie gewesen sind. […]

15. November (Dienstag) bis 18. November (Freitag)
Ich sage, wie es ist. Wieder drei Tage nicht eingeschrieben. Ich hab einen Widerwillen dagegen. Zu diesen Zeilen hier zwinge ich mich. […]
An manchen Tagen setzt mir die Sehnsucht nach Ruhe und Verantwortungs-Abwurf arg zu. Ich seh einen braunen Kachel-Ofen. Ich spür eine warme Stube. Ich spüre Gemütlichkeit. Ich möchte sitzen. Ich möchte an was Angenehmes denken. Ich möchte früh zu Bett. Ich möchte drei, vier Seiten lesen. Ich möchte mit nichts behelligt, mit nichts belästigt werden und nur noch schreiben, wenn ich nicht anders kann. Ich möchte nur

noch kurze Texte schreiben. Ich möchte am Abend Freude haben und einverstanden und zufrieden mit dem sein, was ich tagsüber schuf. Ist das das Alter? Sind das seine Anzeichen?

21. Dezember (Mittwoch)

BERLIN: Ich fühle mich morgens um 8^h gründlich ausgeschlafen. Das kommt selten vor.

EINKÄUFE: Meine übliche Tour. Geld vom Postscheck geholt. Foto-Abzüge aus dem Zeiss-Laden. Drogerie. Im Laden für Jägerbedarf finde ich eine (leis) gummierte Pelerine mit Armschlitzen. Sie reicht bis auf die Füsse. Das ist was Praktisches für Spaziergänge im Regen. Eine Kapuze ist auch vorhanden.

AUFZEICHNUNG meiner Weihnachts-Lesestunde. Luise Fiebinger kommt mit einem Koffer-Apparätchen. Ich sollte die Aufnahme mittags um 12^h draussen im Funkhaus machen. Das wollte sich mir nicht. Es muss auch so gehen, und es wird auch so gehen.

DIE SÖHNE ERWIN und JAKOB abwechselnd zu Besuch. Sie schleppen Getränke heran. Mutter Eva wird und wird mit ihrem Trinkzwang nicht fertig.

Am Abend wieder Korrektur der Bandabschriften. […]

25. Dezember bis 31. Dezember

WIR HALTEN unsere Weihnachtsbaum Abende ab. Vom Apparat her kommen Weihnachtsmelodien. Am Baum flackern die Lichter. Eva krault mir den Glatzenrand. (Das gab es früher öfter, aber jetzt nur noch an den vier, fünf Tannenbaum-Abenden.) Wir plaudern leise. Neben mir sitzt der liebe Jakob. Zuweilen nicke ich ein.

IM HINTERGRUND immer die Vorfreude auf die Islandstute, die wir Mitte Januar holen wollen.

JAKOB PROBIERTE, ob die beiden Wallache OLE und KRAPI aufsitzen lassen, ohne sich zu sträuben. Sie leisten tatsächlich keinen Widerstand. Ich freue mich besonders über die Tatsache, dass sich der Isländer Krapi leicht einreiten lassen wird.

DEN VOLLBART schor ich mir mit der Haarschneide-Maschine herunter. Ein Jungmännergesicht kam nicht hervor. Falten und Gruben. Zunächst bin ich mir selber fremd, wenn ich in den Spiegel sehe. Es war nur ein Versuch. Ich lasse den Bart wieder wachsen. Ich will ihn aber kurz halten. Ich will erkunden, wie sich die Schuppen alsdann benehmen. Der Schuppen wegen veranstaltete ich die Aktion.

[...]

AN ALLEN DREI WEIHNACHTSTAGEN war ich mit Recha in den Wäldern und freute mich, weil die Stute jeden Tag rittiger wurde. Da konnte ich einmal wieder feststellen, was Training ausmacht.

1989

1. Januar (Sonntag)

ICH FANGE EIN NEUES Tagebuch an. Wieviele Menschen auf der Welt mögen am 1. Januar mit einem Tagebuch oder einem neuen Tagebuch anfangen. Ich kann für mich die Feststellung treffen, dass ich nicht nur angefangen oder immer wieder angefangen, sondern auch jahrelang durchgehalten habe.

WIE SEIT JAHREN verbrachten wir den Silvester-Abend im (mir so lieben) Schulzenhof. Was abträglich ist, dass wir uns vom Fernseh-Apparat lullen liessen. Aber bis 12^h und keine Minute länger, da ging ich zu Bett. Und selbst das war zu spät; denn heute zahle ich mit klebriger Müdigkeit und die Lust, nichts zu tun, sich am liebsten nicht zu bewegen hätte nicht grösser sein können, wenn ich Unmassen Alkohol zu mir genommen hätte.

ETWAS SOLLTE man sich auf Neujahr vornehmen. So weit ist man der Konvention doch verfallen. Ich nehme mir vor, das Tagebuch im neuen Jahr mit kurzen, gut gebauten Sätzen zu beschikken. Ich muss zu dieser Knappheit zurück. Im neuen Roman erwischte ich mich von Zeit zu Zeit. Da schrieb ich Sätze wie Thomas Mann. Sie nahmen das Drittel von einer Manuskript-Seite ein. [...]

NACHTS BEI DER KNALLEREI sahen wir nach unseren Pferden. RECHA tobte. Guru gewöhnte sich an das Geknall. Den Robustpferden machte das Knallen nichts. Raketen barsten über ihren Köpfen – nicht ein Zucken. Hoffentlich verhalten sie sich auch später beim Reiten so unscheu.

3. Januar (Dienstag)

[...]

IM WALDE HÖRT man als Äusserungen der Vögel nur noch das verhaltene Klopfen der Spechte. Es wunderte mich, dass die

Zwergmeisen heuer nicht zu sehen sind. Der Grund: Mein Gehör ertaubt. Ich höre die kleinen Meisen nicht, deshalb sehe ich sie nicht. Zum ersten Male wurde ich gewahr, wie man auf das Zusammenspiel der Sinne angewiesen ist, damit etwas vorhanden ist. [...]

15. Januar (Sonntag)

EIN LESER aus Westdeutschland schickte mir eine kleine Schreibtisch-Uhr. Sie wird mit einer winzigen Batterie betrieben und zeigt den Monat, den Tag, die Stunde, die Minute und die Sekunde an. Wenn man sie zeitgerecht einstellen will, muss man auf der Rückseite abwechselnd zwei Knöpfe drücken. Da muss man üben, bis das auf den Punkt gelingt. Es ist, als spiele man an einem Spielautomaten. Es hat einen Reiz. Am liebsten würde ich eine Menge solcher Uhren einstellen.

DAS HAT seinen Grund. Noch immer habe ich keinen Anfang gemacht, an den LETZTEN MELDUNGEN weiterzuschreiben. Erst schob ich die Weihnachtszeit als Behinderung vor, dann kam der Unfall (oder was es immer war) und der geschah am ersten Weihnachtstag, als ich, flott wie früher, ohne mich am Sattel herunter zu lassen, auf die Erde sprang. Sodann fingen mir an die Schmerzen am Bein eine Entschuldigung für das Nichtschreiben zu liefern. Heute sollte es nun sein, aber da standen zwei längere Telefonate in Aussicht und Haarschneiden kommt dazu. Morgen lasse ich mich in die Stadt zum Arzt fahren. Wieder keine Möglichkeit weiter zu schreiben. Ich ärgere mich über meine Unentschlossenheit. Wieder einmal neige ich dazu, die Arbeit liegen zu lassen und den Altersrentner zu spielen.

18. Januar (Mittwoch)

ALS ICH MORGENS erwachte, erforschte ich, worüber ich mich freuen könnte. Die Freude drängte sich sogleich nach vorn: Schon seit Wochen ist, worauf ich mich vorfreue, die Islandstute, die Islandstute, die bereits geritten werden kann, die eine Veranlagung zum Tölten hat.

Gestern nun erreichte ich in einem Telefongespräch mit Dr. Schwarz, dass die Stute auch noch gedeckt wird, bevor ich sie abhole. Das ist doppelte Freude: Die Geburt und die Aufzucht eines Islandfohlens vor sich zu haben.

Diese kindische Freude an Pferden. Sie nimmt statt ab eher noch zu, je älter ich werde. Um noch lange reiten zu können, versuche ich meinen Körper beweglich zu halten und in diesem Sinne jung zu bleiben. Deshalb war ich in den vergangenen Tagen arg bestürzt, als ich so heftige Schmerzen im rechten Bein hatte und liegen musste. Die Schmerzen sahen so aus und fühlten sich an, als wollten sie lange, lange bleiben. Aber heute macht das Bein schon wieder mit und ich muss meinen Gang nicht mehr durch Humpelei zerstückeln.

BESUCH: Verlagsleiter Faber, Schönling und Lautsprecher: Haste mich verstanden? Verstehste mich? Versteh mal richtig! Du verstehst, was ich meine. Von diesen Sätzen sind seine Erzählungen in einem fort unterbrochen.

Die Regierung hat die Papierlieferung gekürzt. Wir müssen Bücher ungedruckt lassen. Ihr seid nicht betroffen. […]

22. Januar (Sonntag)

ZUM ROMAN: Es gibt Zeiten in meinem Nachkriegsleben, von denen ich nur vereinzelte Tatsachen in Erinnerung habe. Mag sein, dass die Ereignisse nicht lange genug hinter mir liegen, so dass sich das (oft phänomenale) Altersgedächtnis ihrer noch nicht bemächtigt hat. Das anzunehmen ist mir angenehm, aber es ändert nichts an der Tatsache, dass mir das Schreiben zur Zeit schwer – sehr schwer fällt. Wie leicht liess sich der Stoff für die LADEN-Romane aus den griffbereiten Erinnerungen schöpfen!

Ob es daran liegt, dass ich die Zeit meiner zweiten Ehe mir mit Nachdruck vergessen machte? Jedenfalls fällt es mir so schwer wie nie, mich morgens mit dem Diktiergerät hinzusetzen. Fällt es mir u. a. auch deshalb so schwer, weil ich diesmal, ohne dass ich es mir vornahm, den Ehrgeiz entwickle, so gut wie druckreif zu formulieren? […]

31. Januar (Dienstag)

GURU der zweieinhalbjährige Araberhengst verlässt uns. Es ist heuchlerisch, wenn ich schreibe: er verlässt uns, denn er wurde gegen seinen Widerstand verladen und abtransportiert. Diesmal kamen sie von der Universität mit einem grösseren Transport-Auto. Der Aufgang war hoch wie ein Portal. Trotzdem glückten die beiden ersten Versuche, den Hengst in den Anhänger trappsen zu lassen, nicht. Wir mussten zwei Bretter für die seitliche Begrenzung und zwei Stricke, die ihm das Zurücktreten unmöglich machten, zur Hilfe nehmen.

Wieder wars mir übel und die Tränen standen weit vorn und eben das ist das Heuchlerische an der Sache. Von Anfang an war mir klar, dass wir den Hengst nicht würden behalten können. Schon als wenige Tage altes Fohlen lief er mit wie ein Hund, wenn ich auf seiner Mutter durch die Wälder ritt. Der Zuruf, an den ich ihn damals gewöhnte, hatte bis heute seine Gültigkeit: Guru, Guru, komm! rief ich, und er kam, wenn er als Fohlen neugierig etwas untersuchte und zurückgeblieben war. Und auf diesen Ruf kam er noch heute als Junghengst, ganz gleich in welcher Ecke der Koppel er sich aufhielt.

Heute gehe ich wie krank umher und denke schlecht von mir. Wenn ein Pferd, dass einem lieb war, davongeht, so hat das stets was von einer Verstossung an sich.

Ich suche nach Entschuldigung und nach tröstlichen Argumenten. Und tröstend ist: Guru wird nicht kastriert werden müssen. Er wird ein Deckhengst und wird, so hoffe ich, noch Vater von edlen Fohlen werden. Und er wird ein Reitpferd werden. Ich hätte ihn nicht mehr einreiten können.

17. Februar bis 26. Februar

Neun Tage nicht eingeschrieben. Ich hatte ein Tief, wie ich lange keines hatte. Bei einem Spaziergang von etwa hundert Metern musste ich bei der Hin- und Hertour je dreimal auf meinem Stocksitz abruhen.

Ich versuchte es mit Tief-Atmen. Es fruchtete nicht. Alles war wie verstopft bis zum Hals hin. Die ganze Luft schien zu kurz zu sein.

Inzwischen gaben Sohn MATTI und seine Marina ihr erstes Gastspiel. Sie gaben mir Gelegenheit, mich im Fatalismus zu üben, wie ichs ihnen versprach, als ich in Not und kein zweiter Mann zu Henry zu finden war. [...]

27. Februar (Montag) bis 1. März (Mittwoch)

Also Rostock! Das Wetter war uns wohlgesonnen. Mit mir waren die handfesten Pferdefreunde Wolfgang Henkel und Dieter Neise. [...]

Dann sah ich die Stute. Im ersten Augenblick kam sie mir etwas spack vor, aber dann sah ich ihr ins »Gesicht«, und es strömte mir Zutrauen entgegen. Sie wirkte gütig, wenn man das von einem Pferd sagen kann. Ich wusste sogleich, dass ich sie nehme, dass ich sie nehmen muss.

Nach diesem ersten Besehen machten wir einen Rundgang, sahen die vor einigen Tagen importieren Schnee-Leoparden, drei junge Schimpansen, die verkauft waren und demnächst auf die Reise gehen sollten. Dem Wärter standen die Tränen in den Augen. Wir sahen die kleine Isländer-Herde auf dem Fohlenhof, wir sahen die dreizehn Araberstuten, eine ausgeglichene Herde, sahen Galba. Er wirkt mit seinen 22 Jahren noch wie ein Jung-Hengst. Wir sahen die beiden anderen Hengste, aber das alles absolvierte ich wie ein Pflichtprogramm. Meine Gedanken waren bei der Island-Stute, die uns noch unter dem Sattel vorgeführt werden sollte. [...]

Und dann erlebten wir alle zusammen eine Überraschung: die Stute entpuppte sich als ausgesprochener Passgänger. Weder Direktor Schwarz noch sein Pferdemann Dr. Sperlich hatten das bisher bemerkt und gewusst. Wir bemerkten es alle gleichzeitig.

Wir nennen die Stute im Andenken an unser Silberstütchen, das so schmerzvoll starb, wieder NURID.

NURID wurde, als wir abends ankamen, zu den Wallachen KRAPI und OLE in die Hoffmann-Koppel gelassen. Die beiden friedvollen Hausgenossen nahmen die neue Stute gelassen an. Sie beschnupperten sie, trieben sie aber nicht umher. Kleine Schlägereien gab es nur, wenn NURID unter das Dach der Offenstalles treten wollte, aber die Nacht verbrachten die drei Ponys dann doch einträchtig im Offenstall.

Damit war die Spannung, in der ich seit Monaten steckte, seit ich wusste, dass ich die Stute haben sollte, behoben. Schon sehe ich mit solcher Liebe auf das Tier, dass ich seine Schönheitsfehler schon nicht mehr bemerke. Es sind zwei: die Auftreibung am Schienbein und eine enge Stellung der Hinterhand, aber die ist rassetypisch. Man darf NURID nicht mit RECHA vergleichen.

13. März (Montag)

SOLL MAN in die allgemeine Klage der Alten über die allzu rasch vergehende Zeit einstimmen, wenn man doch weiss, dass das ein Irrtum ist, und dass es an einem selber liegt, weil man die einzelnen Stunden nicht tief genug erlebt. Weil man immer noch nicht gelernt hat, das Jetzt, den Augenblick tief genug zu erleben.

Beispiel: Jetzt eben haben Wolken den ganzen Märzhimmel überzogen. Es fängt an zu regnen. Regen aus dünnen Seidenfäden. Die Singvögel – es sind jetzt schon viele hier, Gimpel, Bachstelze, Star, Rotkehlchen, Grünfink sah ich. Sobald der Regen einsetzte, suchten sie Verstecke auf, selbst die gesprächigen Spatzen sagen kein Sperlingswort. Die Wolken verschieben sich. Die Sonne kommt hervor und scheint in den Schauer hinein. Noch ein paar silbern schimmernde Regenfäden. Die Husche ist vorüber. Unten am Offenstall schüttelt sich die Islandstute NURID. Sie war nicht untergetreten. Sie liess sich beregnen. Am Kirschbaum hängen Tropfen gleich gläsernen Perlen.

Das alles ist in wenigen Augenblicken geschehen. Ich habe es beobachtet. Ich bin in die Tiefe der Vorgänge oder der Ereignisse gegangen. An Tagen, die gewesen sind, sah ich all das nicht. Ich war mit meinen Gedanken schon bei den Vorbereitungen zum Spaziergang, den ich um diese Tageszeit mache. Aber auch beim Spaziergang lasse ich die Augenblicke (die Jetzte) vorüber, ohne in sie einzudringen. Meist denke ich über den Roman nach, an dem ich schreibe. Der Roman aber ist Zukunft. Ich sollte in ihn eindringen, wenn er vor mir liegt. Ich sollte ihm nicht andere Augenblicke opfern. Ich sollte nicht zulassen, dass diese Augenblicke beim Spazieren so gut wie nicht vorhanden sind. […]

18. März (Sonnabend)

REITEN AUF NURID. Das Vorbedenken, wie alles beim ersten Ritt auf der Islandstute werden wird, uferte aus. Ich wurde fast krank. Immer wieder dachte ich alles durch: Das Aufsitzen, das Losreiten, das Absitzen. Viele Fragen: Würde ich die Stute ohne Podest besteigen können? Wird die Stute niedrig genug zum freien Aufsitzen für mich sein? Wird sie losgehen, wenn ich meinen linken Fuss im Steigbügel habe? Wird sie mich dabei mitschleifen? Wird sie mir das Bein, das Knie ausrenken, wenn ich in dieser Situation nicht rasch genug aus dem Bügel komme, weil meine Beine nicht mehr gelenkig genug sind? Wird sie beim Absitzen schon losgehen, bevor ich den linken Fuss aus dem Bügel habe? Ich fürchtete weniger, dass die Stute noch ungehorsam sein könnte, als meine Alterssteifheit.

All diese möglichen Situationen dachte ich täglich zwanzig, dreißig Mal durch, und das, seit die Stute bei uns ist, und das werden gleich drei Wochen sein. Ich dachte daran, wenn ich nachts aufwachte, und ich unterbrach zuweilen meine Arbeit und dachte daran. Ich habe eine Menge Pferde eingeritten, aber nie habe ich mich theoretisch vor dem Einreiten so lange bei einem Tier aufgehalten wie bei dieser kleinen Islandstute. Zuletzt wurde das krankhaft, wurd unerträglich. Noch ein anderes Bedenken spielte mit: Wenn du es nun nicht schaffst, diese Isländerin zu reiten, wenn sie dich enttäuscht, dachte ich. Wenn das jahrelange Bemühen um ein reitbares Islandpferd, wenn alles Bangen darum und alle Vorfreude umsonst waren?

Gestern nun, vor dem ersten Ritt, konnte ich nicht in meinen obligaten Mittagsschlaf kommen, weil ich mir fest vorgenommen hatte: Heute muss es geschehen; wer weiss wann sonst. Mein ganzes Inneres war wie entzündet.

22. März (Mittwoch)

REITEN AUF NURID. Ich schickte [Matti] weg, weil ich sah, dass er fror. Wahrscheinlich sollte er im Auftrage der Mutter in meiner Nähe bleiben. Ich trainierte bis ich das Gefühl hatte, nun ist es genug für das Pferdchen. Und bis zuletzt war ich beeindruckt vom Vorwärtsdrang der kleinen Stute. Schliesslich ritt ich hinaus und hielt mitten in der Manege an. Ich sass ab. Die Stute stand, ohne sich zu rühren und wie ein ausgebildetes Reitpferd. Ich vermute, dass beim Islandpferd die Reitpferd-Eigenschaften bereits in die Gene übergegangen sind, wie das auch beim arabischen Pferd zu sein scheint.

Nun waren alle Erwägungen und alle Vorbehalte, auch alles Vorbedenken dahin. Da stand mein Reitpferd für die alten Tage, und ich würde es mir so rittig machen, wie ich es brauchte!

DIE SCHÖNHEIT DES APRILS. Dass der April seine Schönheit hat, werde ich erst dieses Jahr gewahr. Zwar ist noch nicht April, aber der März führt sich heuer so auf, als ob er ein April wäre: Dicke Wolkenwände werden von Winden, die hoch über den Waldwipfeln zu Hause sind und dort ihr Wesen treiben, herangeschoben. Batzige Schneeflocken fallen hernieder und zergehen, sobald sie die Erde berühren. Die schräg hernieder treibenden Schneeflocken bilden eine dichte Gardine, durch die man den Hochwald hinter der Manegenkoppel noch gerade erkennen kann. Das bleibt so zehn auch fünfzehn Minuten lang, dann wird die Gardine dünn, besteht nur noch aus mühsam zusammengehaltenen Löchern und verschwindet schliesslich. Es wird hell. Das Wiesental ist mit Sonnenschein lackiert. Die Schneeflocken, die in die Zweige der Bäume fielen, lösen sich auf und hängen als Wasserglöckchen in den verästelten Baum-Ästen. Die kleine Stute NURID stand die ganze Zeit im Gestöber. Sie nahm es mit Wohlgefallen auf, und es war, als hätte sie sich vom Himmel streicheln lassen.

1. April (Sonnabend) und 2. April (Sonntag) […]

SOHN MATTI […] findet sich bereit, mit dem Gehilfen Henry im regelmässigen Rhythmus zu alternieren. Jetzt ist er auch freudig bei der Sache und fängt an, mit zu planen. Woher der Stimmungsumschwung kommt, kann ich noch nicht recht erkennen. Wahrscheinlich geht er vom Mädchen MARINA aus. […]

EVA liess sich am Sonntagnachmittag von MATTI nach Berlin bringen. Am Dienstag wird sie ins Krankenhaus gehen. Wenn es zu einer Operation kommt, wird sie einige Wochen dort sein müssen. In dieser Zeit wird Schulzenhof im Schatten liegen. Mir scheint, es ist eine Altersliebe über uns gekommen. Sie ist nicht körperlich bedingt. Es ist ein gutes Gefühl, beieinander zu sein.

8. April (Sonnabend)

[…]

RESO IST TOT. Ich kam von einem Frühlingsritt auf Nurid zurück. Ich war glücklich. Wieder hatte sich gezeigt, dass ich recht daran tat, so beharrlich auf ein Islandpferd aus zu sein.

Eva kam vom Telefon: Ich muss dir was Fürchterliches sagen.

Was?

Kleine Pause: Reso ist tot.

Hendel hatte aus Weimar angerufen. Reso kam (wahrscheinlich schon am Freitag) aus dem Liszt-Haus in Weimar, ging ein Stück, fiel um und war (gewiss) gleich tot. Er wurde mit einem Rettungswagen weggebracht. Man machte Wiederbelebungsversuche – erfolglos. Mir war, als bestünde die Luft, die ich einatmete, aus faustgrossen Würfeln.

15. April (Sonnabend)

VERTAN. Es war schon ein wenig Misstrauen in mir gegen das, was ich in der letzten Zeit für den Roman abdiktierte. Dann aber verstärkte sich die Skepsis so sehr, dass ich Eva und Jakob, der auf Wochen-End-Urlaub hier ist, einlud, mir zu helfen und ihr Urteil abzugeben.

Ich spielte ihnen das zuletzt abdiktierte Band vor. Eva war entsetzt. Völlig unepisch, sagte sie, trocken und langweilig. Ihr Gesicht war vom überhöhten Blutdruck gerötet. Man musste um sie besorgt sein. Sie hieb mit beiden Fäusten auf den Tisch: Die verfluchte Politik, an die du dich wieder einmal verloren hast! Das ist ein Mischmasch und tendiert zum Essayistischen hin. Wozu das? Hats mit deinem Alter zu tun?

Jakob sagte, es hört sich an, als ob du vor einer Kommission Rechenschaft ablegen wolltest über dein Leben.

Ich war nicht gekränkt. Ich war nicht einmal überrascht. Ich war dankbar, dass mir bestätigt wurde, mit meinem Misstrauen im Recht gewesen zu sein.

Wie stets, erbot sich Eva, trotz ihres schlechten Gesundheitszustandes, alles, was ich bisher abdiktiert habe, kritisch zu lesen, um den Finger auf die Stelle zu legen, von der ab ich mich verfuhr. […]

18. April (Dienstag) bis 21. April (Freitag)
ARBEIT am Roman […].

20. April nach Berlin. Auflagenbesprechung mit der Töpelmann. 80 Tausend Nachauflage für 1990.

Besorgungen in der Stadt gemacht. Das Umherlaufen strengte mich an. […]

In Westdeutschland sind vor einiger Zeit die beiden LADEN-Bände in einem Band erschienen. Gut aufgemacht. Der Band kostet 44,– M (West) und ist schwer wie ein Ziegelstein.

LOWA durfte für vier Wochen in die Sowjetunion reisen. Er wird erst dort von Resos Tod erfahren haben. Raja geht es (nach einer telefonischen Meldung von Edith Kaiser) schlechter. Sie wird sterben und Irmtraut Morgner wird sterben und Alfred Wellm wird seine Glieder (vor allem die Hände nicht) nie mehr normal gebrauchen können. Man ist wie der Reiche, den das Gewissen plagt, weil er als Reicher unter Armen lebt. Aber kann man sich auf jedes Sterben einlassen. Hat man nicht genug zu tun, sein eigenes Abgehen vorzubereiten?

18. Mai (Donnerstag)
UM MICH ZU TRÖSTEN lese ich mich nach Island hinein. Dieses Land hat mich nicht enttäuscht, auch als ich es bereiste, nicht. Es ist so hart, wie ich es mir vorstellte.

WENN ICH BEIM HÄNDEWASCHEN hochgucke, in den Spiegel über der Waschtoilette hinein, erschrecke ich manchmal vor dem alten Mann, der mich da ansieht, und der nichts zu tun zu haben scheint mit dem Mann, den ich innen herumtrag.

21. Mai (Sonntag)

ES IST SCHWER-ARBEIT, dem Augenblick zu leben, ihm die Bedeutung zuzumessen, die ihm zusteht und nicht mehr sentimental dem nachzuhängen, was gewesen ist, und sich nicht mehr in dem Ungewissen zu tummeln, was kommen könnte. Der Weg zum Augenblick ist ein Prozess. Wenn man ihn aber willentlich geht, führt er zu keinem Ergebnis. Ob er – auch bei den besten Bedingungen in meinem Alter – begangen werden kann, ist fraglich. Trotzdem … […]

27. Mai (Sonnabend)

NACH COTTBUS. Hotel LAUSITZ

Schwierigkeiten mit Zimmern. Henry fuhr und fährt mich. Nachmittag nach Spremberg. Kaffeestunde im Rathaus bei der Bürgermeisterin. Rundfahrt durch die Stadt. Ich muss die scheusslichen Neubauten um die Stadt herum bestaunen. Wohn-Einheiten!

Der Stadtkern wird jetzt erneuert. Man darf neugierig sein.

Ehrenbürger-Urkunde. Dazu ein eloxiertes Trinkgeschirr. Salbungsvolle Reden der Stadtväter.

Ich lese über eine Stunde aus LETZTE MELDUNGEN. Das geschieht in der Aula des ehemaligen Gymnasiums. Es war schon merkwürdig. Eine Art Rehabilitierung. Was ich empfand und wie mir war, werde ich erst später wissen.

Bis nachts bei einem Gastmahl im sogenannten Klub. Bruder Heinjak nimmt an allem teil.

Nachts nach Cottbus ins Hotel. Stickig. Charakterloses Zimmer.

11. Juni (Sonntag)

[…]

ICH BEGREIFE SO SCHWER, dass ich am Ende meines Arbeitslebens angekommen sein soll.

EIN RINGELTÄUBER fliegt über die Pferdekoppel. Seine Schwingungen schaufeln mir für einen Augenblick Hoffnung ins Herz.

VOR WOCHEN NOCH zitterte ich, als ob es um Leben oder Sterben ginge, als Sohn MATTI erkennen liess, dass er nicht gewillt ist, als zweiter Mann und Ablösung hier auf dem Hof und bei den Pferden zu bleiben. Mich von der Mehrzahl der Pferde zu trennen, fiel mir schwer, aber jetzt ist diese Trennung innerlich vollzogen. Ich sehne den Tag herbei, an dem sie abgeholt werden, sehne den Tag herbei, an dem ich mich nicht mehr vor Leuten mit unzulänglichen Charakteren verbeugen muss.

HEUTE HÖRTE ICH DEN WENDEHALS doch noch, wie alljährlich, sein trauriges Liebeslied singen. Der schwarze Kater mit den Pantherzähnen hatte ihn vertrieben. Den schwarzen Kater wiesen wir aus. Sohn Matti nahm ihn mit zu seinem Anwesen an der polnischen Grenze.

15. Juni (Donnerstag)

[…]

ITALIEN, FRANKREICH, ENGLAND überhaupt (die Bevölkerung) aller von uns kapitalistisch oder imperialistisch genannten Länder, deren Untergang wir angeblich mehr und mehr herbeiführten, leben und bestehen quick weiter in ihren jeweiligen Gesellschaftsformen, während die unserige und die anderen marxistisch-diktatorischen Gesellschaftsformen im Begriff sind, sich aufzulösen, am raschesten in Russland, in Polen und in Ungarn.

16. Juni (Freitag)

MÖGLICH, dass man mich demnächst als einen »Quisling«, wie es Hamsun geschah, an den Pranger stellt, weil ich meine gesellschaftlichen Hoffnungen eine Zeitlang auf den Marxismus setzte, während Hamsun rehabilitiert wird. Der Welt Lauf!

DIESER DRANG nach Geborgenheit zu suchen, der mich seit Wochen bedrängt, ist er das Zeichen des Alters, einer Krankheit, einer kosmischen Grosswetterlage?

Geborgen fühle ich mich, wenn ich in der Nähe von Eva hocke, oder wenn Sohn Jakob im Hause ist, auch wenn Freund Götte zu Besuch kommt, aber auch wenn Bruno erzählt. Dabei kommts mir nicht auf das an, *was* er erzählt, sondern auf die Litanei. Auch der respektvolle Zuspruch von Wolfgang Henkel stillt meine Sucht nach Geborgenheit zuweilen.

MITTE JUNI vor fünfunddreissig Jahren zogen wir hier in Schulzenhof ein. Mitte August hatte ich das erste Pferd (PONY PEDRO).

Spielerisch und froh wurden die ersten Pferde angeschafft, und mit qualvoller Selbstvergewaltigung dränge ich sie jetzt zum Tor hinaus ins Unbekannte.

21. Juni (Mittwoch)

DER SOMMER FÄNGT AN
Man hat den Frühling nicht so genossen wie es, besonders im Alter, nötig gewesen wäre, damit man im Winter einen mit Erinnerungen gefüllten Schrank öffnen kann.

EVA kam aus Berlin zurück, glücklich aber mit Rheuma-Schmerzen, auch sie also. Es ist, als ob die Wüstenhitze, die wir zur Zeit zu überstehen haben, Rheuma produziert.

DIE FREUNDIN LYDIA SAGT: Wie stolz war ich früher, wenn ich hierher kam und sagen konnte: Ich bin Russin. Jetzt schämt sie sich, eine Russin zu sein und sie tut so, als wäre die Herrschaft von Gorbatschow die Ursache für die unerträglichen wirtschaftlichen Verhältnisse bei ihnen.

Man hat sich über vierzig Jahre im Sieg über die Deutschen gesonnt und von der herrlichen Zukunft geprahlt, die mit dem Kommunismus heraufkommen wird, dass man auf seinen Nationalcharakter, den mangelnden Fleiss, vergass. Man weiss nichts vom trägen Volkscharakter, nichts von der mangelnden Arbeitssystematik, man glaubte an die erlogenen Erfolge, glaubte den grosssprecherischen Führern. Nun aber kam einer, der die Phrasen seiner Vorgänger annulliert und die schlechte wirtschaftliche Lage eingesteht und der, meinen sie, hat ihnen ihren Stolz genommen.

22. Juni (Donnerstag)

EIN JUNGER SPATZ, ein Nestling, lag auf dem Wasser der Pferdetränke. Die Spatzen-Eltern sassen abwechselnd auf den Koppelstangen und riefen etwas zur Wanne herunter. Das rührte mich. Ich glaubte, der Jungspatz wäre ertrunken. Ich sah ein zweites Mal auf die Vogeltragödie hinunter und bemerkte, dass von dem leblos scheinenden Vogelkörper Wellen, ganz leise Wellen ausgingen. Es ging kein Wind. Lebte das Spätzlein noch? Ich ging hinunter und sah: Der Jungspatz hatte seine Flügel etwas angebreitet. So trug ihn das Wasser. Mit seinen dürren Füssen trampelte er das Wasser. Daher die kleinen Wellen. Das Wassertreten bewahrte ihn, zusammen mit dem Flügelbreiten vor dem Untergehen.

Ich nahm den halb erschöpften Vogel mit ins Haus. Sein Herz pochte in uhrenhaftem Eifer. Ich legte ihn aufs Sommerbett in meiner Loggia und stülpte einen stoffbezogenen Tischlampen-Schirm über ihn, um ihn vor Unbill zu schützen. Als ich nach einer Stunde nach ihm sehen ging, war er durch die obere Schirmöffnung davongeflogen.

Einen Spatz konnte ich retten. Auf ihn konnte ich Einfluss nehmen.

In China werden zur Zeit Menschen von Menschen umgebracht. Darauf kann ich keinen Einfluss nehmen.

7. Juli (Freitag)

ICH AHNTE ES JA: Dieser Tag war noch heisser als der gestrige.

FRAU BAEHR reinigte meine Arbeitsstube. Während dieser Zeit sass ich im Archiv und diktierte. Dort war es kühl.

EVA LEIDET AN LEBENSÜBERDRUSS. Wie ich richtig fühlte, hat Sohn MATTI wieder an ihr gesägt und gesägt. Er hört nicht damit auf. Er reift nicht. Aber Eva hört andererseits nicht auf, MATTIS Klagen entgegenzunehmen, selbst, wenn es sich dabei um Halbwahrheiten handelt. Jedenfalls bin ich und bleib ich, leider auch für Eva, der unzulängliche Mensch, weil ich die Schwächen der Söhne nicht mit HOSIANAH quittiere.

Eva bestätigt, was ich vor Tagen schon fühlte: Ich bin ihr ein Aufsack. Ihr ganzes Leben hätte ich ihr mit meiner Pferde-Süchtigkeit verdorben. Sie könne nicht einmal den Buchstaben PF mehr hören. Da hat sie aber ihr Leben lang in dieser Hinsicht viel gelogen. Hat sie es mir zum Gefallen getan?

Allerdings, räumt sie ein, ihr Lebensüberdruss könne auch von der übergrossen Hitze herrühren.

WESHALB TANGIEREN mich die unberechtigten Beschuldigungen der Söhne, besonders die von MATTI, wieder und wieder. [...]

12. Juli (Mittwoch)

EIN WUNSCH ERFÜLLT SICH: Wallach KRAPI fängt an, die Stute NURID zu dulden. Mindestens drei Wochen lang brachten wir sie isoliert zusammen auf die Weide. Ich wünschte so sehr, dass die beiden Isländer, die als die beiden letzten Pferde bei uns bleiben, sich vertragen. […]

Heute stehen sie nebeneinander im Offenstall. NURID steht hinter KRAPI und lässt sich von dem die üppigen Fliegen von Stirn und Nase fächeln.

NURIDS Euter ist rasch angeschwollen. Nicht mehr lang, und es wird ein Islandfohlen da sein, ein echtes Islandfohlen.

IM (NACHT)-TRAUM MIT HEMINGWAY spazieren gegangen. Er mit einem bürgerlichen Gehstock. Aufgeschwemmter Kopf. Am Hinterkopf weisse Eiterbläschen. Wir kamen von einer Veranstaltung und hatten den gleichen Heimweg. Wir wollten nach Washington. Ländliche Gegend. Bis zur Stadt noch weit. Er ging vor mir, bog vom Hauptweg ab. Ich erkannte, dass es ein Sack-Weg war und warnte: Da kommst du auf einen Bauernhof, Ernest. Ich redete ihn mit seinem Vornamen an. Er hörte nicht auf mich. Die Bauern jagten ihn vom Hof. Er machte mir Vorwürfe: Ich hätte ihn zurückhalten müssen, es sei gefährlich für ihn gewesen. Ich rechtete nicht mit ihm. Wir gingen forsch weiter. Ich war froh, dass ich mit ihm allein sein konnte. Ich erzählte ihm etwas, um seinen Unmut zu zerstreuen. Vergewisserte mich, ob er zuhörte, sah ihn von der Seite an. Erzähl weiter! sagte er versöhnt. Ich erzählte ihm von meinem Elefantenritt. Erzähl weiter! Ich erzählte ihm von meinem Zirkusauftritt und erhöhte die Zahl der Araber-Hengste auf zwanzig.

Eine Stadt kam in Sicht. Der Traum verlor sich in der Morgendämmerung.

15. Juli (Sonnabend)

WARTEN, WARTEN WIE GEWÖHNLICH

Die Frankfurter Freundin EDITH KAISER und die Berliner Schauspielerin MONIKA LENNARTZ kamen kurz vor Mittag.

Die sprudelnde Edith! Ein Mensch voll edler Neugier und mit einem enzyklopädischen Gedächtnis. Voller Güte gegen Mitmenschen, die sie mag. Ihre selbstlose Hilfsbereitschaft lernten wir im vergangenen Jahr in Frankfurt kennen. Ihre literarische Neugier ist so wenig unaufdringlich und unpenetrant, dass ich mich herbeiliess, einiges über meine Zeit mit Brecht dahinzuplaudern. Sie nahm das auf Tonband. Das Band überliess ich ihr beim Abschied. Sie war glücklich.

[…] Die beiden bleiben bis spät abends. Ihr Besuch munterte mich auf.

HELLMIS, DER BUCHAUSSTATTER vom Aufbau-Verlag mit seiner Frau kamen am Spätnachmittag hinzu. H. ein Mensch, der meist in Andeutungen spricht. Er ist von seinem Können nicht so überzeugt, wie er es sein dürfte. […]

Es geht um die Ausstattung eines Prachtbandes zu Evas 60. Geburtstag. Gedichte aus verschiedenen Jahren. Zwischen ihnen werden farbige Skizzen von unserer Freundin Marianne Gabor zu sehen sein. […]

Eva hat allerlei an der (äusseren) Ausstattung des Bandes auszusetzen. Ich mag den Titel TRAUER NACH SÜDEN nicht. Da ich spüre, dass da eine Liebesgeschichte von Eva dahinter steckt, werde ich nicht mehr opponieren.

JAKOB kam zu Fuss direkt durch die Wälder.

19. Juli (Mittwoch)

NUN GEHN WIEDER Telefongespräche hin und her. Eva hat sich zu meiner Freude entschlossen, nicht den Titel TRAUER NACH SÜDEN, sondern die von mir vorgeschlagene Gedichtzeile für ihren Geburtstags-Prachtband zu verwenden. Auch an der von HELLMIS letzten Sonnabend vorgewiesenen Ausstattung will sie nichts ändern. Leider war dabei nicht mein Einspruch massgebend, sondern der vom Sohn Erwin, der mit meinem übereinstimmte.

[…]

ES FÄLLT MIR SCHWER, fünf von unseren Pferden hinzugeben. Noch schwerer wärs mir, sähe ich, wenn ich über den Hof gehe, keinen von den Hufabdrücken mehr, die mir durch fünfunddreissig Jahre wie Siegel unter einer Urkunde sind, in der mir bescheinigt wird, dass hier meine Heimat ist.

WENN ICH IN ANDEREN LANDEN, in fremden Städten war, schürte nichts mein Heimweh so heftig wie das Hufgeklapper von Pferden.

20. Juli (Donnerstag)

[...]

DIE KLUGE EVA, sie sagte fast von Anfang an, der GORBA-TSCHOW rede zuviel und habe kein wirkliches Programm. Sie liest seit Jahren jede seiner Reden.

Es fehle dem G. vor allem ein ökonomisches Konzept. Eva scheint Recht zu behalten. Die Schwierigkeiten in Russland werden von Tag zu Tag grösser. Man muss fürchten, dass G. gestürzt wird und dass sich eine Militärdiktatur auftut. Mir war sympathisch, dass G. versuchte, das doktrinäre Partei-System aufzulösen. Es scheint ihm nicht zu gelingen.

DAS QUÄLENDE GEFÜHL, ich würde zu wenig arbeiten, ist mir schon als Kind von meinem Vater eingesetzt worden. Er hielt uns stets die Kinder der Kleinbauern als Muster hin. Die mussten wirklich arg schuften. Das Überbewerten der Arbeit ist eine Krankheit. Werd ich sie noch überwinden, bevor ich sterbe? [...]

22. Juli (Sonnabend)

GASTWIRT SEELIG hatte 60. Geburtstag. Ein umgänglicher Mensch. MATTI überbrachte ihm ein Geschenk von uns.

Vor 35 Jahren, als ich noch an die Macht oder die gesellschaftliche Heilwirkung der marxistischen Ideologie glaubte, waren der SEELIG-Vater und ich politische Kontrahenten. SEELIG spielte sich, als Gastwirt und Mittelbauer, wie ein Dorfpascha auf, und ich glaubte von mir, ich wäre ein Heilsbringer für das Dorf Dollgow, in das mich das Leben verschlagen hatte.

FOHLEN [...] Heute tappelte es schon munter neben NURID her in die Manegenkoppel. [...]

29. Juli (Sonnabend)

DIE DAMEN VITALI UND RABE vom Luchterhand-Verlag (gestern) in Begleitung von Elmar Faber. Sie kamen von der Küste. Ein Mal

379

sahen wir sie flüchtig voriges Jahr auf der Buchmesse in Frankfurt a. M. […] Unsere Gespräche gingen quer durch die Literatur, auch ein wenig Literatur-Klatsch wurde absolviert.

Sie brachten Anfang des Jahres einen Band Gedichte von Eva, einen Querschnitt heraus. Von mir kamen bei Luchterhand vor einigen Jahren die Nachtigall-Geschichten unter dem Titel: ALS ICH NOCH EIN PFERDERÄUBER WAR heraus. Die Damen scheinen (beide?) recht geschäftstüchtig zu sein. Sie blieben bis zur Abendbrot-Zeit.

Faber führte sie noch nach Rheinsberg und weiter nach Potsdam. Man hatte den Eindruck, dass es ihnen bei uns gefiel.

Faber brachte die LADEN-Besprechung mit, die »drüben« in der ZEIT vom 21. Juli erschien. Geschrieben hat sie ein Mann namens MARTIN AHRENDS. Es ist die bemerkenswerteste von den vielen Besprechungen, die in Westdeutschland und in der Schweiz erschienen.

Der Mann AHRENDS hat erspürt, was ich mit dem Doppelroman wollte.

FABER schwebte. Sowieso, sagte er, haben mir mit dem LATEN trüben een Durchbruch erzielt, aber des is die Grone.

Er beschwor mich, im Namen von Neven du Mont, im Oktober doch die im Frühjahr abgesagte Lesereise in der BRD zu machen. Ich erwäge es wieder einmal. […]

3. August (Donnerstag)

ES GAB SCHON EINMAL EINE ZEIT, und das war die Juli-August-Zeit des Jahres, in dem die MAUER durch Berlin gezogen wurde, dass vom zivilisatorischen »Fortschritt« verblendete Leute unseres hausbackenen Kleinlandes einen solchen Ausreisetaumel entwickelten, wie er sich jetzt wieder ausbreitet. Damals fürchteten unsere Öberen, dass ihnen zu viele Arbeitskräfte wegrennen würden. Man sprach von einem Ausblutungsprozess.

Jetzt heisst es, man begünstige die Auswanderungssüchtigen, weil es sich um Unzufriedene handele, die man entfernen wolle. Man spricht davon, dass man ausländische Arbeitslose ins Ländchen holen wolle. Wenn das wahr sein sollte, würde man sich SPRENGSTOFF anderer Art herholen.

8. August (Dienstag)

DER GROSSE VERRAT hat stattgefunden: RECHA, OLE, INKA und ihr
Hengstfohlen KRAPING wurden abtransportiert.

Die Freunde Wolfgang H. und Dieter N. waren (zur Sicherheit) herüber gekommen.

Es war ein geräumiges Transport-Auto. Ein versierter Fahrer
und Pferdemann fuhr es. Es war das ruhigste Pferdeverladen, an
dem ich teilnahm.

MATTIS MARINA hat, das muss ich ihr lobend zugestehen, ein
gutes Verhältnis zu all unseren Pferden entwickelt. Die vier AUS-
GESTOSSENEN folgten ihr wie leineführige Hunde in die Auto-
höhle, in der sie auf die Reise gingen. Als alle vier Tiere in ihren
Boxen standen, in die das Wageninnere eingeteilt war, als alle ein
wenig zitterten und in Erwartung waren auf das, was wohl mit
ihnen geschehen würde, hielt ich es nicht mehr aus. Ehe das
grosse Weinen mich schütteln konnte, war ich in meiner Arbeitsstube; erst dort liess ich es heraus. Am wehesten war es mir um
die sanfte Araberin RECHA. Ich bildete mir ein, dass sie nicht
ohne leisen Vorwurf zu mir hinsah, als sie die Schräge hinauf in
das Transport-Auto ging.

Das war das Ende eines dreissigjährigen Lebens mit Araber-
pferden. Ich habe viele Abschiede von Pferden hinter mir, und
ich weiss, dass die Wehmut mit der Zeit jeweils vernarbt, aber
nicht bei allen Pferden, die man zu Freunden hatte, vernarbte sie.

Noch immer denk ich mit Wehmut an MALEK und an GALBA
und ich weiss, dass die Wehmut um RECHA offen bleiben wird.
[…]

13. August (Sonntag)

EIN MAKABERES JUBILÄUM: Die Mauer durch Berlin wurde vor
28 Jahren gezogen. Sie war damals als Hilfskonstruktion gedacht, ihr Bau war einsehbar. Hinter dem ANTIFASCHISTISCHEN
SCHUTZWALL, wie die Politiker die Mauer genannt haben wollten, hätten sich die Verhältnisse demokratisieren sollen, hätten
die Politiker unseren Staat »entdiktatisieren« sollen. Leider sind
die Politiker und die Beamten herzloser und überheblicher geworden und die provinzielle Dummheit hat um sich gegriffen.

Gewisse Leute halten das Umherreisen-Dürfen und das Kaufen-Können, wenn man will oder kann, für Kennzeichen von Freiheit, und es ist ihnen dringend, auszureisen, legal oder illegal. Kein Mensch weiss, wie die Lösung der entstandenen Spannungen aussehen wird.

DIE ANGEHÖRIGEN von LEITUNGEN, SEKRETARIATEN und sonstigen Dienststellen haben im voraus mit ihrem Erscheinen zu meinem Geburtstag »gedroht«. Sie sind beständig auf der Suche nach Gelegenheiten zu Feiern und zum Frei-Schnaps-Trinken.

SCHON DESHALB »FLÜCHTETEN« wir am Nachmittag nach Berlin. Das erwies sich als richtig. Am Abend besuchten uns unsere Söhne ERWIN und JAKOB. Beide sind ja Berliner Einwohner. [...] JAKOB erzählte von seiner ACHT-TAGE-REISE durch Russland. Er fuhr mit seiner Freundin, ANETTE heisst sie. Man ist dort bemüht, die Touristen nichts von den zerrütteten Wirtschaftsverhältnissen spüren zu lassen.

20. August (Sonntag)

DER ZUSTAND MEINER WELT.

Ich kann nicht sagen, dass ich überzufrieden bin, kann aber auch nicht sagen, dass ich unzufrieden bin.

Henry im Urlaub. Frau Baehr im Urlaub.

Meine linke Hüfte halte ich notdürftig mit zwei Schmerz-Abwehrtabletten in Schach. [...]

Die Tage sind so heiss, dass man jeden Schritt berechnet und Schritte einzusparen versucht.

Eva ist echt unzufrieden. Sie trägt einen nur leis verdeckelten Ausbruch mit sich umher.

Roman: Wöchentlich nur wenige Schrittchen weiter. Wenn er nicht so gut wird, wie ich möchte, gebe ich ihn nicht heraus und sterbe über ihn weg.

Wenn er gut wird, wird er aus politischen Gründen, ganz gleich, welche Art von Öbrigkeit wir zu erwarten haben, nicht gedruckt werden. Es ist schwer, sich täglich aufs neue an eine Arbeit zu setzen, deren Zweck und Nutzen von vornherein in Frage gestellt sind.

Das einzige, was mich treibt, trotz allem weiter zu schreiben, ich will mir Klarheit drüber verschaffen, was mich trieb, mindestens zehn Jahre meines Lebens einseitig und parteiisch zu verbringen, weshalb ich es aushielt, äusserlich freiwillig in geistiger Beschränkung zu leben, und dass es nur möglich war, weil ich mir (auch in dieser Zeit) nicht vorschreiben liess, mit welcher Literatur und mit welchen Philosophie-Systemen ich mich beschäftigte.

21. August (Montag)

WEITER IM ZUSTANDSBERICHT
Immer mehr Leute wandern über Ungarn-Österreich nach Westdeutschland aus; vor allem junge Leute, ganze Familien. Von unseren Öberen hört man so gut wie nichts über den beängstigenden Vorgang. Ohne Macht und Gewalt und Stacheldraht können sie den »run« nicht aufhalten. Halten sie ihn auf, bildet sich Explosionsgefahr im Innern unseres Ländchens.

Reformen müssten erkennbar werden, verlangen die Unzufriedenen hier und die satten Ratgeber im Westen. Wie sollten die Reformen, nach denen verlangt wird, aussehen? Unsere Öberen müssten ihre totale Macht aufgeben. Das wollen sie nicht.

Ich weiss keinen Rat.

Immer wieder muss ich mir vor Augen halten: Was gehts dich, der du mit einem Bein im Grabe stehst, noch an?

Eva sagt: Alles von den Amerikanern inszeniert. Sie hat oft genug politische Klugheit an den Tag gelegt. Natürlich wird sie im Recht sein. Sie hat bereits vor mehr als einem halben Jahr gesagt, als ein Alter, ein Dicker, der in anderen Ländern schon Draht zog, amerikanischer Botschafter in Bonn wurde: Den haben sie geschickt, den Osten und bei uns aufzurollen.

Ich kann weiter nichts, als Evas Klugheit bewundern.

MIT DEM ROMAN heute wieder ein Schrittchen weitergekommen. […]

26. August (Sonnabend)

IN KÖPERNITZ AM BAHNHOF (gestern) Blauer Himmel mit klassischen Wolken. […]

Neben mir sitzt Jakob. Ich lasse mich von einem der letzten Sommertage durchdringen und denke an die Zeit, da wir hier noch Besuche von der Bahn abholten oder verabschiedeten. Wie oft holte ich hier Eva ab, wenn sie mit den Jungen von der Grossmutter aus Neuruppin kam. Wie oft brachte ich sie zum Zuge. Stets war es ein schwerer Abschied. Stets hat Eva, das weiss ich heute, dabei am meisten gelitten. Noch heute treffen, vor allem mich, die Vorwürfe der Kinder und die Forderungen der Schwiegermutter.

Lange habe ich hier nicht, im Auto sitzend, den anfahrenden Zug abgewartet. Heute tu ichs mit dem jüngsten Sohn. Wir erwarten sein Bräutchen. Es kommt aus Berlin. [...]

31. August (Donnerstag)

WIEDER NUR FÜNF GRAD WÄRME morgens.

Um 9^h fuhr Eva mit Jakob in der BEHM-TAXE nach Berlin. Auf Mittag kam Henry für »seine Woche«.

[...]

ALLE TAGE VERLASSEN wohl tausend Menschen unser Ländchen. Sie flüchten, behaupten sie, weil für sie die Verhältnisse unerträglich seien. Viele behaupten, die wirtschaftlichen Verhältnisse seien ihnen nicht genehm. Ein Teil von ihnen straft dieser Behauptung Lügen; er fährt mit dem Auto! bis an die ungarisch-österreichische Grenze, lässt das Auto stehen und geht nach Österreich, ohne dass es ihnen die Ungarn gross verwehren.

Dann gibts solche »Flüchtlinge«, die (nicht zu Unrecht) angeben, sie hätten bei uns keine Meinungsfreiheit, man gängele sie politisch, in unserem Lande gehe es diktatorisch zu.

Wenn ich dem auch zustimme, so weiss ich doch, dass die, die das sagen, lügen. Es geht ihnen um den Besitz von Devisen, um den Besitz konvertierbarer Währung, um seichte Wohlstandsgefühle.

Unsere Öberen verhalten sich zu den Ereignissen befremdlich tatenlos. Sie wehren sich nur verbal, überschlagen sich in Selbstlob und lügen z. B. den Wahlbetrug, den sie verüben liessen und billigten, mit Ungeschick weg.

Für mich entsteht da etwas, was ich schon einmal erlebte: REICHSTAGS-BUNKER-STIMMUNG. Herstellung von ungedecktem Optimismus, bis es nicht mehr möglich ist.

10. September (Sonntag)

[...]

DIE POLITISCHE LAGE UNSERES Ländchens wird immer unklarer: Jetzt lassen die Ungarn die DDR-Ausreisser, die sich dort in der Ferienzeit angesammelt haben, ohne Formalitäten und ohne Rücksicht auf bisher geltende Verträge, nach Westdeutschland ausreisen. Die einen sprechen von drei, die anderen von sechs und noch andere von sechzig Tausend.

Reaktionen unserer Öberen auf die Peinlichkeit werden nicht sichtbar, nicht spürbar. Sie lassen Geschimpf in den Zeitungen, im Rundfunk und im Fernsehen verbreiten, das ist alles. Bisher erweckte es den Anschein, als würden sie mit dem Ausreisegewähren eine Taktik verfolgen. Jetzt aber muss man erkennen, dass Konzeptionslosigkeit dahinter steckt.

Hat man wirklich mit dem Aufkommen einer Militärdiktatur und mit einer Restaurierung des Stalinismus gerechnet? Die ausländischen Sender (leider nicht die unserigen) verbreiten Nachrichten über einen hoffnungslosen Gesundheitszustand Honeckers. Tatsache ist: Er ist nirgendwo öffentlich zu sehen.

11. September (Montag)

ICH SCHREIBE EINEN KURZEN Brief an Kurt Hager, bedanke mich für seine Geburtstagsgratulation und benutze die Gelegenheit, ihm meine Bedenken in bezug auf die augenblickliche Ratlosigkeit des Polit-Büros zu melden.

Wie gedenkt ihr zu reagieren, frage ich ihn, weshalb informiert ihr z. B. die Künstler nicht, haltet ihr sie für unmündig?

Damit habe ich etwas getan, was ich eine Woche zuvor noch für einen Ausdruck von Verrücktheit hielt, als Alfred W. mir erzählte, dass er vor mehr als einem Jahr einen Brief in ähnlicher Angelegenheit an Honecker schrieb.

Aber es war wie ein Zwang, es zu tun. Ich musste anzeigen, dass ich unter bestimmten Umständen, die eintreten können, den Partei-Öberen mein Vertrauen entziehen werde und in Opposition zu ihnen gehen könnte.

12. September (Dienstag)

[...]

WENN ICH BEDENKE, dass ich vor mehr als zehn Jahren im WT III all die Fehler kritisierte, die zu der politischen Misslage führten, in der wir uns jetzt befinden, dann gehört zu den politischen Misstaten auch, dass unsere Öberen verhinderten, dass WT III nicht öffentlich diskutiert wurde.

23. September (Sonnabend)

HAGER HAT AUF DEN SKEPTISCHEN Brief, den ich ihm schrieb, geantwortet. Da ist Unsicherheit zu verspüren. Er erklärt sich bereit, mit einigen Schriftstellern, auch parteilosen, über das zu sprechen, was an Gegenmassnahmen gegen die »Auswanderungswelle« im Oberbüro geplant wird. Er schlug drei Termine im Oktober vor, und siehe, siehe, er ist sogar bereit, sich mit mir allein zu treffen.

DAS LEBEN

JAKOB nimmt mir die Arbeiten in der verkleinerten Wirtschaft ab und presst Saft aus den Fall-Äpfeln. [...]

29. September (Freitag)

NOCH IMMER HERRLICHE HERBSTTAGE

Einzelne Schmetterlinge fliegen, manche so bunt wie die reifen Äpfel. Das Gänsefingerkraut blüht in kleinen Nestern. Später Löwenzahn und Blauer Natternkopf. Am Friedhofshügel die Lichtnelken. Die Grasnelken sind verdorrt, aber die Schafgarbe steht noch stramm und lässt ihre Dolden, grünlich-weiss, auf den Trocken-Rasen-Stücken leuchten.

[...]

JEDEN TAG neue Ausreisser nach dem Westen. Die Zahlen werden wie Wasserstandsmeldungen täglich dreimal im Rundfunk durchgegeben. Natürlich nicht bei uns. Nun sinds wohl schon 25 Tausend Leute, die drüben als Flüchtlinge bezeichnet werden.

Und unsere Öberen scheinen nur mit den Vorbereitungen zur Feier des vierzigsten Jahrestages beschäftigt zu sein.

30. September (Sonnabend)

EINE NEUE NIEDERLAGE unserer Öberen. Nun stimmten sie auch der Ausreise jener Staatsüberdrüssigen zu, die sich in die bundesdeutschen Botschaften in Prag und Warschau gedrängt hatten. Mehrere Tausend waren es (5 Taus.). Es hat den Anschein, als wollte man vor dem 40. Nationalfeiertag ohne »Ankläger« vor der Weltöffentlichkeit dastehen.

Was sie sich nur denken, die Selbstzufriedenen? Sie bedrohen (zunächst noch verbal) jeden Bürger, der Kritik an ihnen laut werden lässt, sie werden, so sehe ich es jetzt, auch »zubeissen« und ihre Kritiker vernichten, sobald sie in die letzte Ecke gedrängt werden. Sie werden, die Humanität als Losung, nicht anstehen, wie die meisten Diktatoren es bei ihrem Abtritt getan haben, Blut fliessen zu lassen.

WIE WOLLEN SIE WIEDER HALT in die erdrutsch-artigen Verhältnisse kriegen, die sie mit ihrem Starrsinn, vor allem mit dem Wahlbetrug letztlich, heraufbeschworen haben?

UND BIS ZU DER AUSSPRACHE, die (im Büro Hager) mit einigen Künstlern stattfinden soll, sind noch mehr als sieben Tage hin.

FREUND HORST GÖTTE RIEF AN. Seine Stimme war mir wie die eines Schutzengels.

SONST LÄSST SICH NIEMANDEN VON DENEN, die sich als Freunde bezeichnen, sehen oder hören.

2. Oktober (Montag)

DEN GANZEN TAG STÜRMT ES. Ein Wunder, dass nicht die vielen Äpfel von ihren Bäumen fielen. Also, war ihre Zeit noch nicht heran.

IMMER MEHR VERDROSSENE verlassen das Land. Immer neue

Oppositionsgruppen und Grüppchen werden gebildet. Unsere Öberen steuern unverdrossen auf Untergang zu. Sie lassen keine Taktik erkennen, haben, wie immer sichtbarer wird, kein Ziel. Sie pflegen ihre längst überholte Erkenntnis: Niemals zugeben, dass Fehler gemacht wurden!

Soeben die Meldung, dass unsere Leute die visafreie Ausreise in die Tschechoslowakei aufgehoben haben.

Gorbatschow kommt also zu den »Feierlichkeiten«. Ich könnte mir denken, dass die Teilnehmer am Festzug ihm zujubeln und damit die üblichen Hoch-Rufe auf unsere Öberen zudecken und verblassen lassen. Dabei kann G. durchaus in Bälde nicht mehr an der Macht sein. Das Staatsgefüge der Sowjetunion löst sich auf wie der Schnee bei Tauwetter. [...]

7. Oktober (Sonnabend)
GESCHLAFEN und wieder geschlafen. Die Grippe hat mich mehr, als ich wahrhaben möchte.

GORBATSCHOW zu Besuch. Er jongliert rhetorisch. Er will nicht noch mehr unkluge ideologische Härte bei unseren Öberen herausfordern, er wills auch nicht mit den Westlichen verderben, von denen er wirtschaftliche Hilfe erhofft. Zwei Stunden soll er mit unserem H. »unter vier Augen« gesprochen haben. Nun rätselt man hier und dort, ob G. den H. bestimmen konnte, sich auf Reformen einzulassen!

IM PALAST DER REPUBLIK tanzen die Häupter der Partei und der Regierung zu den Feierlichkeiten, und draussen werden Jugendliche mit Schlagstöcken von der Polizei und den Staatssicherheits-Leuten blutig geschlagen, weil sie nach Gorbatschow rufen, der sich längst nach Moskau verflüchtigt hat. Natürlich tun die überdrüssigen Jugendlichen, was ihnen von westlichen Politikern angeschafft wird, aber wenn man es doch weiss, muss [man] ihnen dann mit Knüppeln kommen?

Das muss die letzte »Heldentat« unserer »Schutztruppen« gewesen sein, oder unsere stalinistischen Öberen zerscherben unser Ländchen. Und andererseits weiss keiner, wie lange Gorbatschow noch ein Idol sein wird.

9. Oktober (Montag)

DER BEWUSSTE TAG.

Morgens nach Berlin. Mittags dort. Wollte ein wenig abruhen, aber es gelang schlecht.

15 UHR bei HAGER

Sie haben sich dort im Polit-Büro noch beschissener mit den Kontrollen als sonst. An zehn Jahre war ich nicht mehr in Hs. Büro. Damals mehrmals wegen WT III. Und ich hatte mir geschworen oder hatte gehofft, diesen Raum nie mehr zu betreten. Nun doch.

Es waren ausser mir dort:

Hermann Kant

Stephan Hermlin

Wekwerth, Akademie der Künste

Dieter Mann, Deutsches Theater

Sakowski, Kulturbund

Kamnitzer, Heimlichtuer

Hager

Hagers Adjutantin und Ursula Ragwitz v. d. Kulturabteilung

Kamnitzer, Hagers Adjutantin und die Ragwitz sagten kein Wort. Die Adjutantin machte Notizen. Ganz gewiss wurde alles, was wir sagten, abgehört.

Die Besprechung dauerte von 15^h bis $17^{\underline{30h}}$.

Es war das erste Mal in meiner Schriftstellerlaufbahn, dass sich so konträre Künstlercharaktere so einig waren über das, was politisch sofort geschehen müsse, damit ein unberechenbarer Aufstand oder Umsturz von der überdrüssigen Bevölkerung her vermieden wird.

Alle waren sich einig: In den Zeitungen, im Rundfunk, im Fernsehen muss sofort wahrheitsgetreu berichtet werden. Das kann man aber nicht mit den Leuten machen, die bisher in diesem Bereich das Sagen hatten. Partei-Öbere und Regierungsöbere müssen die Oppositionsgruppen, die sich gebildet haben, anhören, müssen mit ihnen verhandeln. Reisefreiheit. Die Bürokraten müssen ausgemerzt werden. Die selbstherrlichen Angestellten auf den Ämtern müssen davon. Reform des Schul- und Studiensystems. Weg vom Primat der Ideologie usw., usw.

Alle sprachen von der Notwendigkeit, den Sozialismus in der DDR zu erhalten.

In mir bohrte es, weil sich niemand darüber äusserte, wie dieser Sozialismus auszusehen habe.

Ich sagte in etwa, sozusagen als Schlusswort: Wir alle, die wir hier sitzen, bis auf den jungen Theater-Intendanten Dieter Mann, waren Stalinisten.

Etwas wie Erschrockenheit spiegelte sich in den Gesichtern.

Die meisten von uns haben allmählich eingesehen, dass die Schandtaten Shugaschwilis seine angeblichen Verdienste mehr als annulliert haben. Unsere Absage an Stalin war, besonders bei den Partei-Öberen nur rhetorisch oder halbherzig. Die stalinistischen Methoden werden nicht nur im Partei-Apparat, sondern auch im Staatsapparat befolgt. Wir merken schon gar nicht mehr oder wollen nicht merken, wie stalinistisch wir handeln. Wenn nun hier immer wieder betont wird, der Sozialismus müsse erhalten bleiben, so kann das für mich nur ein Sozialismus ohne Stalinismus sein.

Zwei oder drei der Kollegen nickten mir sparsam zu. Keine Entgegnung. Ich stellte mir vor, was mir passiert wäre, wenn ich meine Ansicht in dieser Umgebung vor einem halben Jahr geäussert hätte.

H. KANT hat in der »Jungen Welt« einen Artikel gegen deren Chef-Redakteur und dessen Verschweigetaktik geschrieben. Wer die Auflassung zur Veröffentlichung dieses kritischen Artikels gab, konnte ich nicht erfahren. H. K. wurde per Telefon von den Polit-Büro-Mitgliedern KRENZ und SCHABOWSKI für seine Veröffentlichung gelobt. Beide haben sich bis jetzt als STALINISTEN hervorgetan. [...]

10. Oktober (Dienstag)/11. Oktober (Mittwoch)
LAUSCHEN DEN TAG LANG (10. X. 89) Das Polit-Büro tagt. Wir wussten das schon, als wir bei H. waren und drängten ihn, unsere Vorschläge dort auch wirklich anzubringen, sich auf uns zu berufen und nicht zurück zu zucken.

Es war nichts zu hören, hüben nicht und drüben nicht. Aber

gestern nun (11. X.) Verlautbarungen drüben im Rundfunk. Hager habe sich für Reformen ausgesprochen.

Die PB-Sitzung sei um einen Tag verlängert worden, viele Missstände seien »beim Namen« genannt worden. Das nahm sich aus wie ein bescheidener Sieg von uns, den sechs Leuten, die H. »ins Gebet genommen« hatten. Aber da wird wohl auch noch Druck von anderswo her gekommen sein.

Kein Grund stolz zu sein. Was nach der notwendigen Erneuerung oder Umgestaltung übrigbleiben wird von dem, was einmal DDR hiess, ist unbekannt, ungewiss, fraglich.

ZUM GEBURTSTAG VON BRUDER Heinjak konnte ich nicht fahren. Es wäre mir nicht wohl gewesen, im Heimatdorf Auskünfte zu geben.

13. Oktober (Freitag)

UND DAS GEHT WEITER SO: Die Bauernpartei und auch die anderen Satelliten-Parteien (jedenfalls deren Leitungen) befürworten die Vorschläge des SED-Politbüros und machen Vorschläge, worüber man sich mit der Bevölkerung unterhalten müsste, und die Verlautbarungen gleichen eine der anderen. Und einzelne WERKTÄTIGE bestätigen, wie notwendig die Absichten der Polit-Büro-Öberen, sich mit der Bevölkerung zu unterhalten, sind, und wie sehr sie diese Absichten begrüssen.

Alles wird schon wieder schablonisiert und wird lächerlich und ist ein Auf-der-Stelle-Treten. Die Hauptsache, es soll vermieden werden, mit den wirklichen Opponenten zu reden. Und die Hauptsache, die Forderung nach freien Wahlen und nach wirklicher Demokratie wird überhört. Wir haben, so heisst es, Foren und zugelassene Organisationen genug, in denen wir das immer erst noch beabsichtigte Gespräch führen können.

WT III Ich hatte meinem Verleger Neven Du Mont in Köln vorgeschlagen, statt des BIENKOPP im kommenden Frühjahr den WUNDERTÄTER III zu drucken, weil der zur Zeit äusserst aktuell sei und u. a. die Gründe demonstriere, aus denen so viele Leute »in besten Jahren« unser Ländchen verlassen. […]

15. Oktober (Sonntag)

UND SO ZEICHNE ICH DENN weiter auf, wie die Form des Staates, zu dessen Mitbegründern man mich zählt, zerschmilzt.

Habe ich diesen Staat mit Bewusstsein mitgegründet? Bewusst oder unbewusst? Ging es mir um den Staat, als er 1949 gegründet wurde? War ich wirklich des Glaubens oder der Überzeugung, es würde ein Staat der Arbeiter vonnöten sein? Und habe ich nicht beobachtet, wie rasch ein Arbeiter kein Arbeiter mehr ist, wenn er einen Staat verwaltet? Doch, ich habe es beobachtet, aber nicht beargwöhnt. Es wurde mir gesagt, das müsse so sein und das wäre erprobt, und es hätte sich in der »ruhmreichen« Sowjetunion bewährt. Hat sie nicht die grausame Staatsform der Hitleristen zunichte gemacht?

Das hörte sich logisch an, und ich befürwortete es, ohne zu wissen oder zu bemerken, dass ich ein »Glaubender« geworden war. Allerdings missfiel mir bis heute der Begriff »Berufsrevolutionär«, weil ich in einem, der sich so nannte, nur einen eifernden oder trägen Staatsbeamten sah.

Richtig ist, dass ich Zeitlang, wenn auch schwankend, glaubte, dass eine sozialistische Kunst möglich sei. Immer, wenn ich eine Weile von der Möglichkeit einer solchen, dem »aufstrebenden Proletariat« gemässen Kunst überzeugt war, bestärkt darin vor allem durch BRECHT, wurde ich in dieser Überzeugung wieder wankend, wenn ich z. B. Rilke, Emerson oder Tolstoi las.

18. Oktober (Mittwoch)

NACH BERLIN Besorgungen. […]

EVA auf der Strasse vor unserem Wohnungsblock getroffen. Sie teilt mir mit, dass man K. zum Fürsten unseres Landes gemacht hat. Ich war enttäuscht über die politische Instinktlosigkeit. Die Möglichkeit, dass K. Fürst werden würde, war zeitweis da und wieder nicht da. Eigentlich hatte ich mir vorgenommen, dass ich austrete, wenn K. Fürst wird. Nun bleib ich doch, in der Hoffnung, dass die Bestallung von K. nur eine Übergangslösung ist.

AM ABEND hielt er seine Antrittsrede.

19. Oktober (Donnerstag)

AKADEMIE DER KÜNSTE Plenartagung.

Die meisten Anwesenden enttäuscht von der Rede des neuen Fürsten. Ich frage, wieso unsere Künstler, die Mitglieder des ZK sind, nicht verhinderten, dass diese ungeschickte Rede über das Fernsehen ging. Es stellt sich heraus, dass sie sie nicht kannten.

Das war also der alte Salat! Sie stimmten zu, die ZK-Mitglieder, ohne zu wissen, wozu sie ihre Zustimmung gaben. Die Rede war tags zuvor im Polit-Büro gehalten worden, und da hatten die ZK-Mitglieder nichts zu suchen. O, heilige Einfalt! Gehts mit ihr nun so weiter?

Es wurde eine Resolution verfasst. Darin ging es um die ungesetzlichen Handlungen der Polizei gegen Demonstranten. Viele Verletzte wurden in Krankenhäuser eingeliefert. Es wurde sogar »leicht« gefoltert. In der Resolution wird gefordert, dass diese Rechtsbrüche der Polizei untersucht werden. Dass die gefunden werden müssen, die diese Ausfälle veranlassten. Die Resolution wurde dem Präsidenten der VOLKSKAMMER (Sindermann) aber auch dem neuen »Fürsten« zugeschickt.

Man wird sehen, wie darauf reagiert wird. [...]

21. Oktober (Sonnabend)

DIE AUSWANDERUNG von DDR-Leuten über Ungarn, die Tschechoslowakei und Polen in den anderen Teil Deutschlands hält an. Unsere Politiker bangen um ihre Existenz. Sie reden und reden von einer WENDE, die sie einleiten. Die WENDE – das ist jetzt ihr Lieblingswort. Sie reden von Reisefreiheit, die sie beschliessen werden, von der Verbesserung des Wirtschafts-Systems. Sie werden alles »umwenden« behaupten sie. Nur sind sie nicht bereit, von ihrer Macht und Vormacht einen Deut abzutreten.

KÜCHENGESPRÄCH mit den Söhnen MATTHES und JAKOB.

Es liess sich manches klären. Eva und ich spürten, dass die Söhne keine rechte Vorstellung von unserem Wirken gegen die vielen Unzulänglichkeiten in unserem Staatswesen hatten. Wir haben sie die ganzen Jahre über nicht genügend eingeweiht, weil wir ihnen Konflikte ersparen, weil wir sie nicht in Gegensätze zur »Schulweisheit« bringen wollten, kurzum, um sie nicht aufsässig zu machen.

Und das war falsch. Sie haben sich längst ihre Meinung gebildet.

23. Oktober (Montag)

EINE SCHLECHTE NACHT. Schwere Träume. Schlafmittel. Vier Stunden Schlaf. Gewiss nicht gut, dass man sich so erwartungsvoll in die Tagespolitik mischt. Man kann nichts aufhalten. Man will nichts aufhalten, doch man versucht, ein wenig zu lenken, dass in der Politik keine Rückfälle ins alte Larifari stattfinden.

NACH BERLIN (nachmittags) [...]

IN LEIPZIG 300 TAUSEND Leute auf den Strassen. Man sagt, es wären die Hälfte der Einwohner Leipzigs gewesen.

25. Oktober (Mittwoch)

Wenig am Roman getan. Keine Briefe geschrieben. Immer wieder bedenkt und bespricht man politische Möglichkeiten und Unmöglichkeiten. Immer wieder ermahnt man sich, damit aufzuhören. Es ist so sinnlos, wie sich darüber aufzuhalten, was für ein Wetter wir die nächsten Wochen und Monate haben werden.

DIE NURID gesattelt. Lang her, dass ich das letzte Mal ausritt. [...]

27. Oktober (Freitag)

DAS LEBEN.

Immer noch milde Herbsttage. Mit Eva den grössten Schwarm Kraniche beobachtet, der in den 35 Jahren, da wir hier wohnen, über Schulzenhof hinweg zog.

[...]

Mit Hermann KANT telefoniert. Das Interview, das Stoph im Fernsehen gab, war aufreizend dilettantisch. Die Befrager lasen ihre abgesprochenen Fragen ab, Stoph las seine vorbereiteten Antworten ab. Lauter Phrasen. Das war wieder eine Instinktlosigkeit, die nicht angetan war, die demonstrierenden Leute auf den Strassen zu besänftigen. Auch die Verlautbarung unseres »Akademie-Präsidenten« Wekwerth war Scheisse. [...]

Eva ängstigt sich im voraus vor dem, was kommen wird. Sie ist ungehalten (von Zeit zu Zeit), dass ich ihre Vor-Angst nicht teile. Wenn die, die da kommen werden, mir den Schädel einschlagen, tun sie es, ohne das zu kennen, was ich schrieb. Was liegt an meinem Leben noch?

Aber sie würden sich, wenn sie mir (oder uns) was antäten, nicht schlechter ins Unrecht setzen als Faschisten und Stalinisten.

30. Oktober (Montag)

EVA lässt sich von Henry nach Berlin fahren. Sie will endlich die Korrektur-Fahnen von ihrem Geburtstagsbuch verabschieden. Das Buch wird von zarten Skizzen unserer Freundin Marianne begleitet sein.

HAMSUN schreibt: Wenn die Wildgänse ziehen, entblössen die norwegischen Bauern ihre Köpfe, wie sie es sonst tun, wenn sie heiligen Handlungen beiwohnen.

Der Drang, meine Mütze zu ziehen, überfällt auch mich zuweilen, wenn die Gänse über Schulzenhof hinwegtreiben. Das geschieht aber in der Zugzeit der Gänsevögel täglich so oft, dass ich draussen ohne Kopfbedeckung umhergehen müsste, denn die Gänse unterbrechen ihre Fahrt nach Ägypten oder so, und sie bleiben wochenlang hier, fliegen morgens zum Weiden auf die Saat-Äcker, und fliegen abends zur Nachtruhe zu den Wald-Seen.

ES REGNETE DEN GANZEN TAG. [...]

IMMER NOCH Auswanderer über Österreich und die ungarische Grenze. Immer noch Demonstrationen in verschiedenen Städten. Die »Begehren« der Gruppen wechseln. Unsere Öberen können sich nicht einigen, wissen nicht, was sie zulassen sollen und was nicht. Sie verlieren Zeit und werden die Ein-Parteien-Herrschaft, auf die sie aus sind, wahrscheinlich verspielen.

31. Oktober (Dienstag)
DAS LEBEN. Ein grau-grauer Tag. Nur ein oder zwei Mal beleckt die Sonne für kurze Zeit die Landschaft.

[…]

VOR JAHREN besuchte uns überraschend die Witwe des Grafen Arnim, dem vor dem Weltkrieg römisch II Zernikow und Schulzenhof gehörten.

Clara von Arnim, achtzig Jahre alt, lebt jetzt im Taunus. Sie hat ein Buch über ihr Leben als »märkische Gutsfrau« geschrieben. Aufschlussreich über die Zustände in unserer Gegend vor und während des Krieges. Die »Gutsfrau« schildert in ihrem Buch auch den kurzen Besuch bei uns. Sogar ein Gedicht von Eva hat sie abdrucken lassen. Dieser Tage schickte sie uns ihr Buch und widmete es uns »in Freundschaft«.

Eigenartig!

MIT NURID unterwegs. […]

4. November (Sonnabend)
IN BERLIN – DIE GRÖSSTE DEMONSTRATION BISHER IN DER DDR.
Man ist sich nicht einig, ob es eine Million oder eine halbe Million Berliner waren, die um den Alexanderplatz zusammenspaziert waren. So sehr ich für die Demokratie in unserem Ländchen bin, so sehr ich sie herbeiwünsche, in dieser Stunde – wir verfolgten den Ablauf des Schauspiels am Televisor, hatte ich das Gefühl, dass da etwas ablief, was einem Schulausflug von Kindern ähnelte, die ihren prügelnden Lehrern entkommen waren und sich ihres Ungehorsams erfreuten.

Einige der Redner sagten nebenher, dass die Umgestaltung der Gesellschaftsform viel Arbeit erfordern würde, aber das hörte sich sehr verbal an. Keiner von den Rednern konnte eine Konzeption für das vorlegen, was künftig wird geschehen müssen. Der eine kennzeichnet dies, was »verschwinden« müsste, der andere das. Es wurden Vorschläge gemacht und Empfehlungen gegeben.

Wo werden, fragte ich mich, die neuen Regierer sich hernehmen, solche mit Weitsicht und Gespür für das, was wirklich nötig ist? Mit der Beteuerung: »Wir sind das Volk« oder »Wir sind mündig«, ist leider noch nichts getan. Nun muss sich erweisen, ob unter den »Mündigen« auch Menschen sind, deren Haltung und deren ethische Qualitäten so sind, dass ihnen vom »Volk« ein solides Vertrauen entgegengebracht wird.

Ich befürchte einerseits, dass wir in eine Zeit hineinsteuern, in der in Sachen Gesellschafts-Ordnung ein Fehl-Experiment das andere ablösen wird, und erkenne andererseits, dass gar nichts anderes möglich ist.

7. November (Dienstag)

NACH BERLIN (14ʰ)

Wir treffen uns am Abend mit den SCHREIERS in ihrer Wohnung am Platz der Akademie. Wir sprechen über das, was zur Zeit in unserem Ländchen geschieht. Die Schreiers halten zu diesem Land hier. Gerade durch ihre vielen Reisen ist ihnen ihr Heimatland, das Land mit den mannigfachen ökonomischen und gesellschaftlichen Gebresten, das einzig mögliche Zuhause. Wir fühlten uns, als ob wir, wie Geschwister, zusammengehören.

Mein Instinkt hat mich nicht betrogen, denn ich »hänge«, was sonst nicht meine Art ist, an diesen beiden Menschen. Und es interessiert mich, obwohl sie keine Bücher lesen, alles, was das Leben der beiden betrifft. Auch das ganz gegen mein sonstiges Verhalten zu Bekannten oder Leuten, die ich hin und wieder »meine Freunde« nenne. Die SCHREIERS sind mir wirklich ganz anders Freunde, schon durch die Offenheit, die zwischen uns herrscht, als zum Beispiel H. K., bei dem mir so manches undurchsichtig ist.

10. November (Freitag)

BEI FRANKES (noch 9. November)

Herbert beim Lesen der »Märkischen Volksstimme«. Man wees jetzt nich, ob Zeitung lesen oder Fernsehn kucken. Den Ausspruch hört man häufig. Ich fühle mich geborgen in der warmen Wald-Arbeiter-Stube. [...]

DIE MAUER, die vor Jahrzehnten quer durch Berlin gezogen wurde, hat über Nacht Löcher gekriegt. Man wurde von den aufsässig gewordenen Leuten unseres Ländchens so bedrängt (unsere Öberen meine ich), dass sie ratlos wurden und Mauerlöcher anordneten. Honecker und seine Hörigen, die Wort-Fetischisten im Politbüro, hätten gern gehabt, dass diese Mauer (wenigstens von den Parteimitgliedern) ANTIFASCHISTISCHER SCHUTZWALL genannt wird. Dieser Wunsch liess sich nicht verwirklichen, die Leute (auch die Genossen) sprachen von der Mauer und von der Mauer. […] Im Schutze dieser Mauer glaubte man, in Ruhe das Wirtschaftsleben unseres Ländchens »in Ordnung« zu bringen. Auch ich glaubte eine Weile an diese Möglichkeit, die sich aber alsbald als Unmöglichkeit herausstellte. Woran es lag, kann ich nicht ergründen, jedenfalls diente die Mauer unseren Polit-Öberen mit den Jahren als Macht-Instrument. Damit wurde sie unsinnig, wenn sie überhaupt je einen Sinn gehabt hat.

Nun also die MAUERLÖCHER! Noch in der Nacht gingen unsere Leute in den Westteil der Stadt. Verbrüderungen und Volksfeste. Die meisten unserer Leute holten sich das drübig ausgezahlte »Begrüssungsgeld« ab. Und sie feierten dort einige Stunden Wiedersehen mit Verwandten und Bekannten, und der grösste Teil von ihnen kam am Morgen zurück in »den Osten«.

Die Politiker drüben liessen sich feiern und schwelgten in ihrem Sieg.

11. November (Sonnabend)
DAS LEBEN.
Die politische Verbrüderung der KLEINEN LEUTE geht weiter. Jetzt fahren auch die Land-Leute nach Berlin und nach Westdeutschland; hauptsächlich, um sich das sogenannte Begrüssungsgeld abzuholen und um das Warenangebot »drüben« zu bestaunen. Das ist freilich primitiv, aber verständlich.

ÜBERHAUPT – DIE KLEINEN LEUTE. Wenn ich (fast nur) über sie schrieb, rümpften unsere Politiker die Nasen. Sie behaupteten sogar, bei uns gäbe es keine KLEINEN LEUTE; alle LEUTE seien bestens versorgt.

Nun, jetzt kriegten sie die Kraft der KLEINEN LEUTE zu spüren, als sie sie ohne Waffen und ohne Blutvergiessen von ihren Thronsesseln holten und den Öberen bewiesen, dass sie vorhanden sind.

AUF NURID UNTERWEGS. […]

21. November (Dienstag)

[…]

ICH VERTELEFONIERTE DEN VORABEND: Gespräche mit meinem früheren Verleger Fritz Voigt, der früheren Verlegerin Ruth Glatzer, mit dem Redakteur Dieter Jäger und Alfred Wellm. In keinem Gespräch lässt man mich aus, etwas über die sich von Tag zu Tag verändernde politische Lage auszusagen. Alle zehren von meiner Hoffnung, die ich nicht aufgebe, dass alle Dinge sich nach und nach zum besten kehren werden.

22. November (Mittwoch)

UND DASS WIR FÜR EINE WEILE mit etwas weniger politischer Lüge und politischem Betrug leben werden. Allerdings nur eine Weile. Für mich kann diese Weile freilich mein restliches Leben lang sein. […]

27. November (Montag)

EIN TAG, DER SO VORÜBER SCHLEICHT, ohne dass ich ihn bemerke. Leider. Es liegt an mir und nicht am Tag.

2. Dezember (Sonnabend)

JAKOB auf Wochen-End-Besuch.

DAS SED-PARTEIGEBILDE SACKT immer mehr zusammen. Das Dachgeschoss ist mehr als verfault.

ES IST SINNLOS, dass ich mir Vorwürfe mache, weil ich nach langem Zögern im Jahre neunzehnhundertundsiebenundvierzig dieser Partei dann doch noch beitrat. Schliesslich fand ich dadurch, dass ich Mitglied war, Gelegenheit, bei meiner Arbeit als Lokalredakteur mir Schreibtechnik anzueignen. Was dazu führte, dass ich dann Bücher schrieb. […]

3. Dezember (Sonntag)

SOGENANNTE KRISENSITZUNG IM PARTEIHIMMEL: Die Insassen des Polit-Büros ausser Kurs gesetzt. Die Insassen des Zentralkomitees ausser Kurs gesetzt. Eine Sondergruppe soll die Geschäfte bis zum Parteitag führen. Die Gruppe bestehe, wie gesagt wird, aus besonders eifrigen Reformern der Partei.

Ich bezweifele es gelinde.

Wie kommts, dass dieser DIABOLO sich in diese Gruppe ein-
schleichen konnte. (Ich meine Höpcke!) Ich vermute, dass es
nach diesem sogenannten Parteitag keine SED mehr geben wird.
[…]

4. Dezember (Montag)

SIND DAS WIRKLICHKEITEN, die mich jetzt so hauptsächlich beschäftigen?

Werden die Wirren in der Gesellschaft, die zur Zeit »Mode«
sind, nicht vergehn wie der Nebel, der heute und morgen über
der Landschaft liegt? Verpasse ich nicht, wenn ich mich halb und
halb mit verwirren lasse, wirkliche Wirklichkeiten?

LEUTE, DIE ES IN DER LEBENS-KUNST WEIT GEBRACHT HABEN,
weisen drauf hin, dass man die ewigen Selbstgespräche, die man
mit sich führt, zum Verstummen bringen muss, um vernehmen
zu können, was uns das Leben zuflüstert. Diese Selbstgespräche
toben zur Zeit mit Heftigkeit in mir. Sie willentlich zum Verstummen zu bringen, ist hinwiederum Kraftvergeudung. Was also tun?

Sich auf die Landschaft, auf ihre Pflanzen und Kreaturen einlassen, beobachten, wie die Zeit mit Tag und Nacht und den verschiedenen Beleuchtungen an den Gegenständen deines Zim-
mers arbeitet und Stimmungen erzeugt und bewussten Anteil an
ihnen nehmen!

5. Dezember (Dienstag)

[…]

MIKE UND BRUNO SKODOWSKI AUF ABENDBESUCH. […] Man
hat sie auf einer Versammlung des Kreissekretariats der füh-
rungslosen Partei zu privilegierten Bürgern erklärt, weil sie zwei
Wohnungen haben, die eine in der Försterei Schönhorn, die andere in Berlin. Schönhorn sollen sie räumen.

Es ist zur Zeit in Mode, überall Menschen zu entdecken, die
privilegiert sind. Bei den Grosskopfeten triffts zu, aber jetzt entdecken KLEINE LEUTE Privilegien, die keine sind, bei auch KLEI-
NEN LEUTEN.

Das Denunzieren feiert Feste. Wieviele Bürger haben heute bei

uns eine Stadtwohnung und überdies ein Land- oder Garten-
häuschen. […]

Wie kann ich, der damit rechnen muss, bespien zu werden,
weil ich mich von der jetzt zerblätterten Staatsführung ehren
liess, helfen?

15. Dezember (Freitag)

BERLIN, EINKÄUFE

Einen neuen Blinklicht-Kasten von der WARTBURG-Werkstatt
OLBRICHT geholt. Gleich wird man in die Tagesgespräche hinein
gezogen. Was wird werden, Herr Strittmatter? Also ob ich das
wüsste.

Es gab wieder einmal Hopfen-Perlen. Ich versorgte mich. Mein
Nachtschlaf ist für mindestens ein Jahr gesichert.

DIABETIKER-Waren, Apotheke, Papierhandlung.

Jakob kommt.

Es regnet, regnet. Ich fahr aus der Stadt hinaus. Mein Knie
meldet sich wieder. Jakob löst mich ab. Er fährt uns sicher, auch
die sich ängstigende Eva, nach Schulzenhof. Er wird bis nach
Neujahr bleiben.

16. Dezember (Sonnabend)

ES SIEHT NICHT SO AUS, als ob die »neue« SED mit der Verände-
rung und Verlängerung ihres Namens noch den Anspruch machen kann, eine Arbeiterpartei zu sein. Es wird eine Klügler-Par-
tei, ausgeheckt von Juristen und Gesellschaftswissenschaftlern,
die sich reformistisch gebärden. Klugklauber.

Werde ich bleiben?

Werde ich nicht?

Ich werde wohl nicht.

MATTI UND MARINA ZU BESUCH. Sie erzählen von ihrer neuen
Heimstatt bei Schwerin. […]

[22. bis 24. Dezember (Freitag bis Sonntag)]

WIR VERLEBEN DIE TAGE mit zwiespältigen Gefühlen: Um uns die
Idylle Schulzenhof mit seinen Tieren, dem Wiesental und den

Kiefernwäldern. Und im Hintergrund (in den Städten) das, was man Revolution heisst, die für uns in einen angenehmen und einen unangenehmen Aspekt zerfällt.

Der angenehme Aspekt: Die errungene Meinungsfreiheit, die, wie wir sehr wohl wissen, relativ sein wird, wenn es zu einem vereinten Deutschland kommt, denn auch jene Herren, die uns dann regieren werden, werden Meinungen, die ihnen nicht genehm sind, zu unterdrücken versuchen.

Der unangenehme Aspekt: Das zur Zeit noch herrschende und immer wieder aufflammende Bockbierfest-Toben der Spiesser und der Rechtsradikalen, das immer in Blutrausch umzuschlagen droht.

[...]

Seit RAWANAHS Zeiten bin ich am *Weihnachtsabend* nicht wieder im Sattel gewesen. Nun ritt ich gar mit meinem jüngsten Sohn durch unsere Wälder. Das war ein besonderes Glücksgefühl, und es war da, und ich habe es gehabt, trotz allem, was politisch und gesellschaftlich geschieht. An solche Glücksaugenblicke wird man sich auch fürder halten; es gibt sie und sie werden sich leichter finden lassen, wenn man sich (wieder!) auf sie eingestellt hat.

DIE BESELERS am Vormittag des Weihnachtstages auf Blitz- und Überraschungsbesuch. [...]

AM ABEND SITZEN WIR IN EINER REIHE auf dem gelblederigen Sofa in der Diele. Die Katze zwischen uns, der Hund vor uns. In der üblichen Ecke der Weihnachtsbaum. Jakob hat ihn geschmückt. Evchen krault mir den Kopf. Mein Weihnachtsdeputat. Aus Evas Zimmer kommt die Weihnachtsmusik von einem Plattenspieler.

In der Offenstallkoppel schnaufen die Pferde. Sie waren arg geschwitzt nach unserem Ritt, aber sie sind Isländer, kein Wetter, und wenn sie noch so geschwitzt sind, kann ihnen etwas anhaben.

28. Dezember (Donnerstag)

[...] Vom späten Nachmittag bis in den hohen Abend führten [wir] mit unserem alten Apparat Filme vor. Wir waren erstaunt über die Jugendlichkeit, mit der wir vor zwanzig Jahren agierten.

Mich packte von Zeit zu Zeit die Wehmut, dann wieder der Stolz, dass die schöne Frau, die dort einherging, ich meine Eva, meine Gefährtin war und geblieben ist. Immer wieder musste ich meine Alterserkenntnisse bemühen, um Wehmut und Bedauern zurückzuweisen.

Und die vielen Pferde, die durch unser Leben gegangen sind! Wir sahen sie mit Entzücken unter den Reitern, beim Wagenziehen, auf der Weide und in der Schwemme. 130 Pferde wurden bei uns geboren, seit wir in Schulzenhof sind. Jakob war ergriffen und begeistert. Die meisten der vorgeführten Filme entstanden vor seiner Geburt. [...]

29. Dezember (Freitag) und 30. Dezember (Sonnabend)
DIE FESTPOST WIRD ZUR PLAGE. Wieder fühle ich mich verpflichtet, sie abzuarbeiten. Und ich arbeite den ganzen Tag, und ich werde noch manchen Tag daran arbeiten. Eigentlich ists nicht recht, wenn ich das so abträglich sehe; denn, was hätte ich wohl gedacht, wenn sich niemand meiner erinnert hätte in dieser gesellschaftlich-beschössenen Zeit? Die meisten Leute, die mir schreiben, sind doch Leser.

EVA UND JAKOB fuhren Einkaufen nach Gransee. Eva ist, trotz ihrer Leiden, recht munter.

Darüber bin ich froh. [...]

[4. bis 7. Januar (Donnerstag bis Sonntag)]
KEINE LUST ZUM EINSCHREIBEN. Ich tue überhaupt wenig, was
mein Werk mehrt. […]

SONNTAG packte mich das merkwürdige Verlangen, in meinen
Tagebüchern von vor zehn Jahren aufzustöbern, was ich von den
Schwierigkeiten aufschrieb, die ich (wir) hatte(n), ehe der WT III
in Druck ging, und wie später die Rezeption von den Dogmatikern behindert, erschwert und diskreditiert wurde. Darüber verging der Sonntag. Nun nahm ich mir vor, die Passagen aus den
Tagebüchern herauszudiktieren und das Diktierte dann abschreiben zu lassen. Das kann eine aufschlussreiche, vielleicht
sogar verwendbare Dokumentation ergeben.

Nach Berlin.

10. Januar (Mittwoch)

[…]

DIE HAUPTSACHE AN DIESEM 10. JANUAR aber war mein AUS-
TRITT AUS DER PARTEI, das heisst aus der SED-PDS, wie sie jetzt genannt wird.

Der P.-Sekretär des Schriftstellerverbandes Sepp Müller sass
fünf Stunden bei uns in der Berliner Wohnung. Nachdem ich
ihm vor einer Woche meinen Austritt schon telefonisch angekündigt hatte, machte er keinerlei Versuche, mich zurück zu gewinnen. Wir redeten über alle politischen Aktualitäten und kamen dabei von Zeit zu Zeit zu Feststellungen, die mich zu sagen
veranlassten: Das mach ich nicht mehr mit!

[…] Unser lang, langes Gespräch, an dem auch Eva teilnimmt,
endet, als mir Müller die beiden LADEN-Bände hinlegt, die er für
einen seiner Bekannten signiert haben möchte, da hole ich mir
einen Kugelschreiber und mit ihm mein Parteibuch und ich sage:

Ich geb dir noch ein Buch dazu, und damit bin ich, nach dreiundvierzig Jahren Mitgliedschaft, aus der Partei ausgetreten.

Da ich schon seit der Beendigung des WUNDERTÄTERS III, vor mehr als zehn Jahren, innerlich mit dieser Partei fertig war, ist die Zurückgabe des Parteibuches nur noch eine Formsache. Ich bin ebenso wenig bewegt davon wie damals, als mir die Post das Papier über die rechtmässige Scheidung meiner zweiten Ehe ins Haus brachte.

15. Januar (Montag)

WOHER WIRD MEINE GENERATION erfahren, wie es hinter den Kulissen der sich jetzt auflösenden Gesellschaftsform zuging? fragte Jakob.

Er fragte das, nachdem die Mutter ihm gesagt hatte, dass wir unsere Kinder nicht in Zwiespältigkeiten treiben wollten. Ich glaube doch, dass ihr aus meinen Tagebüchern so manches erfahren werdet, was wir erlebten und was wir wirklich dachten, sagte ich. Der Hinweis schien ihn zu befriedigen.

Nun, da ich einige Jahrgänge meiner Tagebücher durchsehe, will mir scheinen, dass ich dem jüngsten Sohn nicht zuviel versprochen habe.

EVA, die bisher merkwürdigerweise nicht aus der Partei austrat, obwohl sie früher dazu entschlossen schien als ich, kommt nicht zur Ruhe. Sie sitzt die meiste Zeit, wie in einem Nest, vor ausgebreiteten und aufeinander gestapelten Zeitungen, hat mehrmals am Tage das Fernsehgerät oder den Rundfunk-Apparat laufen.

Sie kann sich nicht damit abfinden, dass nichts mehr von dem gehabten Staat zu retten ist, und dass es Schritt nach Schritt in Mittel-Europa zu dem grossen Sozialdemokratismus kommen wird, der erahnbar wurde, als GORBATSCHOW daran ging, den STALINISMUS endlich abzubauen. Danach musste sich alles, was so festgefügt erschien, auch die geduldeten Unmenschlichkeiten, bis zum Zusammenbrechen verschieben.

Jeder Tag bringt jetzt neue politische Überraschungen. Es ist, als ob nicht nur ich alt bin, sondern als ob alle Mitmenschen unserer Breiten (auch die in West-Europa) alt geworden seien und für jeden Tag, den sie noch weiterleben, dankbar sein müssen.

23. Januar (Dienstag), 24. Januar (Mittwoch)
EVA LÄSST SICH VON HENRY nach Berlin fahren.

Diesmal wird sie nicht mit sich fertig. Wenn sie sich wenigstens schreibend befreien könnte! Es kommt nicht dazu. Sie ist ein einziges Zittern und Beben, aus dem, wie mir scheinen will, zuweilen auch etwas Existenz-Angst heraus lugt.

Bei allen schwierigen Situationen, die wir bisher hinter uns zu bringen hatten, war bisher sie es, die sich geistig auffing und Trost zur Hand hatte und ihn an ihre Umgebung abgeben konnte. Jetzt geht nur eine Klage nach der anderen von ihr aus, Aufbegehren und vergebliche Versuche, gesellschaftliche Verhältnisse, die entgleiten, festhalten zu wollen. Es geht Skepsis und Skepsis von ihr aus, und sie weist meine Versuche, sie darauf hinzuweisen, dass man sich nicht und nicht und nur und nur den Befürchtungen hingeben darf, dass die kommenden Verhältnisse einen »umbringen« könnten. Umso härter muss ich die Unruhe zurückdrängen, die Eva mit ihren Befürchtungen in mir (unbewusst) auslöst. Ich muss mich zurückziehen auf das, was ich im Augenblick für meine Arbeit halte.

Noch immer suche ich die den WUNDERTÄTER III betreffenden Eintragungen aus meinen Tagebüchern von 1973–81 heraus und lege Zeichen in die Groschenhefte ein, damit die Aufzeichnungen griffbereit zum Abdiktieren sind. [...]

[Berlin] 8. Februar (Donnerstag)
EVCHENS GEBURTSTAG.

Die für unsere Verhältnisse rar gewordene Situation: Wir sitzen bei einmütigen Gesprächen lange am Frühstücks-Tisch. Es wird beiläufig zehn Uhr. Ich gehe nach Blumen. Tags zuvor waren nur noch dürftige abgeschnittene Blüten von Alpenveilchen zu haben. Sie hingen an ihren Stielen wie Schmetterlinge nach einer überstandenen Nebelnacht. [...]

Freunde und Bekannte telefonierten ihre Geburtstagswünsche

durch. Es war schon gut, dass wir, wie Eva es vorhatte, das Telefon nicht den ganzen Tag abgestellt hatten. Wäre da nicht eine zu grosse Einsamkeit um Eva herum entstanden?

Sohn Erwin brachte Tageszeitungen. Einige brachten Gratulationsartikel. Etwas, was es in vierzig Jahren nicht gegeben hat: Das NEUE DEUTSCHLAND brachte auf der ersten Seite zwischen den feucht-neuesten politischen Meldungen ein Gedicht von Eva. [...]

Dann kam Jakob und brachte seiner Mama einen hahnenfuss-blüten-gelben Kanarienhahn. Ein zartes, zartes Wesen. Es sass in seinem blink-neuen Bauer auf Evchens Schreibtisch und hörte nicht auf zu fragen: Wo bin ich hier? Was wird mir geschehen?

11. Februar (Sonntag)

GERÜCHTE, GERÜCHTE und niemand weiss was Wirkliches, weil, was für unser Ländchen wirklich werden wird, noch nicht heran ist. Freilich wird es herankommen, und ganz freilich werden die, die sich auf die wechselnden Gerüchte einlassen und befürchten, dass sie Wirklichkeit werden könnten, hin- und hergerissen und nervös und unleidlich und Beunruhiger ihrer Umgebung.

Jakob sagt zur Mutter: Es soll keine Kritik sein, aber du solltest nicht den ganzen Tag ...

Und er tröstet mich: Schulzenhof geben wir nicht auf. Du sollst dich nicht anstecken lassen und anfangen, das zu befürchten. [...]

21. Februar (Mittwoch)

[...]

DIE GESICHTER ALLER ZEITUNGEN und Zeitschriften werden verändert. Es gibt keine alleinseligmachende Partei mehr, deren Führer verlangen, dass die Zeitungsblätter langweilig zu sein haben. Man muss für die Kurzweil, die jetzt auf dem Papier geboten wird, freilich mehr bezahlen und man zahlt für die Meinungsfreiheit, die zugesichert wird, mit Ängsten vor der Zukunft und dem Verlust sozialer Sicherheiten. [...]

25. Februar (Sonntag)

DIE MEISTEN MENSCHEN unseres Ländchens sehen, verdutzt wie die Kinder, auf ihr eingestürztes Kartenhaus. Sie wollten nur diese oder jene Karte, weil sie ihnen missfiel, entfernt haben und ahnten nicht, dass bei dieser Schönheitsreparatur das Kartenhaus einstürzen würde. Auch ich zähle mich leise zu den Überraschten, doch nicht zu den Ahnungslosen.

[…]

ES WERDEN KEINE HÜHNER-EIER mehr aufgekauft. Das wurde bisher von Staats wegen getan. Und die Eier-Aufkaufspreise wurden staatlich gestützt. Beides fällt auf Grund der veränderten gesellschaftlichen Verhältnisse jetzt weg. Die Hühnerhalter fangen an, versuchen es wenigstens, ihre geernteten Hühner-Eier privat abzusetzen. Man hört von Leuten, die sich sonntags mit eiergefüllten Körben an die Landstrassen stellen und die ausschwärmenden West-Berliner um Abkauf anbetteln.

Und überall die Fragen: Was wird aus uns? Was wird aus uns?

4. März (Sonntag)

VERLEGER ELMAR FABER und seine Frau Renate zum Nachmittagskaffee. Zunächst allgemeines Gerede über das, was sich gesellschaftlich abspielt. Die Negativismen überwiegen wie bei all solchen Gesprächen zur Zeit. Habt ihr das gehört? Habt ihr das gelesen oder im Televisor gesehen? […]

Alsdann entwickelt F. seine Verleger-Zukunftspläne. Sie sind auch für uns wichtig. Er muss vierzig Leute aus dem Verlag entlassen, um ihn in etwa rentabel zu machen. Das wird ihm schwer werden. Er muss auf alle Fälle jene Autoren, die ihm hohe Auflagen mit ihren Büchern bringen, an den Verlag binden. Da die meisten Leiter von Unternehmen, die in der Einheitspartei waren, von Neidern aus den Funktionen gedrängt werden, ist F. nicht sicher, ob nicht auch ihm so geschieht. In diesem Falle will er sich selbständig machen. Dazu braucht er erst recht Autoren, deren Bücher hohe Auflagen erreichen. Er rechnet mit uns und verspricht uns, dass sich unser bisheriger Standard nicht (oder kaum) ändern wird. Er denkt nicht an das Ansteigen unserer Besteuerung.

Aber auch wir rechnen mit ihm. Der ganze Besuch hatte den Charakter von einem neuen Vertragsabschluss.

5. März (Montag)

UNVERHOFFTER, UNANGEMELDETER NACHMITTAGSBESUCH: GRAF ACHIM VON ARNIM und seine Frau.

Nachbar Füllster brachte sie zaghaft auf den Hof und ins Haus geschleppt. Eva war schon abreisefertig für die Fahrt ins Krankenhaus nach Berlin.

Ich blieb mit den »illustren« Gästen allein. Wir sassen in der Diele, und der Graf redete auf mich ein, als kennte er mich schon lange, aber ich war mir nicht sicher, ob die Herrschaften, denn wie solche benahmen sie sich durchaus, je etwas von mir gelesen haben. [...]

6. März (Dienstag)

WEITER MIT DEM GRAFEN-BESUCH

[...] Ich fragte den Grafen, ob er denn wieder herkommen würde, um seine Besitztümer einzunehmen. Eigentlich müsste er das, so sagte er, aus Verantwortung für seine Ahnenreihe tun, aber er sei zu dünnhäutig, er könne den Bauern, denen man die Ländereien übergeben hätte, diese nicht wieder wegnehmen, nein, dazu wäre er zu human. Ganz falsch, fiel die Gräfin ein, es wäre eine egoistische Zeit, in der man lebe, und sich auf Dünnhäutigkeit und Humanität heraus zu reden, wäre falsch.

Ich: Aber Humanität ist doch was Ehrenhaftes.

Die Gräfin: Ja, Sie unterstützen das in diesem Falle, man hat dich (zum Grafen gewandt) hier vertrieben wie einen räudigen Hund (und zu mir): Sie freilich sind der Nutzniesser.

Also nahm die Dame wirklich an, ich (wir – unsere Familie) sässen auf ehemals gräflichem Eigentum. Ich musste sie zurechtrücken. Sie entschuldigte sich widerwillig, sie habe nicht mich persönlich gemeint.

Der Graf, der die Schulzenhofer Verhältnisse ein wenig besser zu kennen schien, fing an, sich mit seiner Gnädigen zu zanken.

7. März (Mittwoch)

IMMER NOCH DIE ARNIM-GRAFEN

Ich sagte der erregten Gräfin, dass nicht die Deutschen ihren Mann beziehungsweise dessen Eltern vertrieben hätten, sondern die Russen und dass es denen sogar Mühe kostete, nach einiger Zeit unter den Deutschen »Mitstreiter« zu gewinnen, überhaupt den Deutschen einzureden, dass die Vertreibung der Gutsbesitzer rechtens sei.

Die »Grafens« blieben über zwei Stunden, dann blieben sie noch etwa zwei Stunden beim Nachbar Füllster. [...]

Mit eins wurde mir gewiss, dass mit der Tatsache, dass die Russen nach dem Kriege den Deutschen die bolschewistische Gesellschaftsordnung aufzwangen, sich mir neue Gesichtspunkte für meinen Roman LETZTE MELDUNGEN auftaten. Diese neuen Gesichtspunkte müssen schon am Anfang des Romans ins Spiel gebracht werden, und zwar schon, wenn mir meine Mutter in den Garten EDEN schreibt, dass es »Mode« geworden sei, die Ländereien der geflohenen Gutsbesitzer an die KLEINEN LEUTE zu verteilen.

Mir war sehr leicht, als ich diese »neuen Gesichtspunkte« sogleich versuchte (in Gedanken) an verschiedenen, schon geschriebenen Stellen des Romans auszuprobieren. Mir war, als wär mir jetzt ein Schlüssel gegeben, um das, was ich bisher, mehr oder weniger instinktiv, niederschrieb, aufzuschliessen und kosmisch einzureihen.

14. März (Mittwoch)

BÜDNER UND DER MEISTERFAUN

Die Post bringt die ersten drei Exemplare des »verwandelten« WUNDERTÄTERS III.

NEVEN DU MONT hat es wirklich fertig gebracht, das Buch in so kurzer Zeit herauszubringen. Jetzt kann es noch seine Wirkung tun und anzeigen, weshalb es wichtig für uns war, die Meinungsfreiheit zu kriegen und die totale Überwachung im Geistigen zu zerschlagen.

[...]

VORDEM, als man noch der regierenden Partei angehörte, hatte man, wenn sich Mitbürger über Unregelmässigkeiten oder Ungerechtigkeiten im gesellschaftlichen Leben beklagten, ein schlechtes Gewissen. Man war beschämt und suchte nach Entschuldigungen für das Versagen der Partei-Bürokratie, man empfand sich als Mitangeklagter. Auch daran muss man denken, wenn einem dies und das nach dem gesellschaftlichen Umschwung nicht gefällt.

18. März (Sonntag)

DIESES IST DER TAG (die Politiker sagen so gern »dieses«), auf den die Leute in beiden Deutschländern seit Monaten warten, der Tag, auf den die Journalisten und Nachrichter in aller Welt warten. Und sie kamen von wer weiss woher, um dabei zu sein, wenn der Kommunismus in einem Lande Mittel-Europas beerdigt wird. Ich weiss nicht, ob die Beerdigung des gleichen Gesellschaftssystems in Ungarn, der Tschechoslowakei, Polens und Rumäniens die gleiche Anziehungskraft für die Beobachter aus aller Welt hatte. Ich wusste lange, dass das so kommen würde, denn ich habe das absurde Wirken der Öberen in der Sowjetunion und bei uns beobachtet, und viele Aufzeichnungen in diesen Tagebuch-Groschenheften vermelden von meinen Beobachtungen. Aber wie sich der Zusammenbruch im einzelnen auswirken würde und inwieweit man selber davon betroffen sein würde, das war im voraus nicht zu erkunden.

UM ZU WÄHLEN – FUHREN WIR zu dritt nach Berlin: Evchen, Jakob, ich. […]

Mir schien sicher zu sein, dass die Sozialdemokraten gewinnen würden, und für mich war es, wie für viele, eine unangenehme Überraschung, dass unsere Bürger sich der CDU im Westen an den Hals warfen.

Alle Parteien (oder deren Führer) waren der Ansicht, dass ein Zusammenschluss der beiden Deutschländer nicht abzuwenden ist, unterschiedlich waren ihre Meinungen nur über das Tempo, in dem der Zusammenschluss vor sich gehen sollte. Also wählte die Mehrheit unserer Leute jene Partei, die ihnen die kürzeste Frist für den Zusammenschluss suggerierte.

19. März (Montag)

DABEI GING ES DEN DDR-MICHELS weniger um den Zusammen-schluss der beiden Republiken, sondern darum, so rasch wie mög-lich in den Besitz von »harter Währung«, das heisst in den Besitz von Geld zu kommen, das in der Bundesrepublik gültig ist, um Dinge erwerben zu können, die hier rar sind oder die es gar nicht gibt. Dabei vergassen sie zu fragen und zu bedenken, auf welche Weise sie in den Besitz der »drübigen« Zahlungsmittel kommen würden und dass nur wenige Leute in diesen Besitz kommen wür-den, und dass viele, viele arbeitslos sein würden, und dass denen die karge Arbeitslosen-Unterstützung nicht einmal einen Lebens-standard bringen würde, wie sie ihn bis jetzt hatten.

[…]

DIE VEILCHEN springen in ähnlicher Weise auf dem Hof und in den Gärten umher wie die Krokusse.

7. April (Sonnabend)

LOWA MIT TOCHTER MASCHA UND EDITH KAISER.

Man fühlte sich zu den gewesenen Zeiten in Russland zurück-versetzt. Wanderung im KAFKA durch alle Räume und rund ums Anwesen.

LOWA in jedem Ohr einen Hör-Apparat: Komm näherrr, ich verrrsteh sonst nicht!

Aber sonst der alte liebenswerte Kerl, dem die Menschen zu-laufen wie einem Rattenfänger, gütig und mit grosser Intelligenz, polyglott und mit der Ausstrahlung eines Weisen, aber in Wirk-lichkeit ist er kein Weiser, dazu ist seine Neugier zu gross, die Begier, alles, was nur möglich ist, wenigstens oberflächlich in Au-genschein zu nehmen, Menschen, immer wieder Menschen ken-nenzulernen, selbst wenn er darüber seine wirklichen Freunde vernachlässigen muss.

Tochter MASCHA, die bei L. in Köln zu Besuch ist, moskauisch, provinziell und schlicht mit der obligaten Damen-Baskenmütze, erinnert physiognomisch an ihre Mutter RAJA, doch ihr Gesicht ist weniger aggressiv als das der Mutter, es ist sanfter bis in die Augen hinein.

Ich führe ein Fünfrubel-Stück vor, das mir Raja zum (letzten?)

Abschied gab. Ich ertappe MASCHA, wie sie diese Rubelmünze nachdenklich streichelt, bis sie gewahr wird, dass ich sie beobachte. [...]

Edith Kaiser [...] nimmt all unsere Gespräche auf Band, und sie fotografiert und fotografiert.

Um 15ʰ fahren die Kopelews ab.

DICKMANN, der Tolstoi-Forscher, trifft noch auf sie. [...]

(noch) 8. April (Sonntag)

EINE REIHE VON FROSTNÄCHTEN ziehen über uns hin und machen die Baumblüten und die Obstblüten zuschanden. Die weissen Blüten sehen aus wie verrostet.

EINES TAGES REDETEN LEITE: Die Genossenschaft ist pleite. Die Buchhalterei kann nicht mehr auszahlen.

Alsdann hiess es: Een Monat lang gehts noch weiter, si hoam noch moal Stützung gekriegt.

Was wirklich wird, weiss niemand. Man wartet, ob sich die Gemeinschaft auflöst oder ob woher doch noch Hilfe kommt, man wartet, wie mans gewohnt ist, auf Hilfe von »oben«.

9. April (Montag)

[...]

DIE GUTE EVA hat es mir abgenommen und hat mit Henry ausgehandelt, dass er auch im Sommer bei der Fünf-Tage-Woche (?) bleibt und nicht von Woche zu Woche mit mir wechselt. Ich kanns mit meinen rheumatischen Knochen nicht mehr leisten. Der Plan stammt vom lieben Jakob. Er wird weiterhin kommen und jedes Wochen-Ende in Schulzenhof arbeiten. Henry wird dann jedes Wochen-Ende freihaben. Henry war sogleich mit dieser Regelung einverstanden. [...]

15. April (Sonntag)

ES IST STILL UND friedlich im Haus. Wie leben einträchtig. [...]

EIN NORWEGER schrieb mir anerkennende Worte zum LADEN. Ich antwortete und dankte ihm kurz. Er schrieb mir wieder.

413

Ich liess ihn wissen, dass mir sein Land durch die Bücher von Hamsun lieb geworden sei. Er schickte mir ein Album mit ausgezeichneten poetischen Fotos von norwegischen Landschaften, die sich auf Hamsun beziehen und von Textstellen aus Hamsuns Werken erhöht werden.

Als ich das Buch aufschlug, stand mir der Atem still. Ich überblätterte es nur und sah bis jetzt nicht wieder hinein.

Ich konnte die Schönheit zur Zeit nicht ertragen.

Ebenso ergeht es mir mit Chopin-Musik.

Beim Hamsun-Buch kam hinzu, dass eine Sehnsucht in mir aufsprang, von der ich wussste, dass mein Alter nicht mehr zulassen würde, sie mir zu erfüllen.

Zu spät.

18. April (Mittwoch)

Nach Bohsdorf.

Bruder Heini: Endlich kummste doch moal. Schwägerin Gerda […] vor dem Fernseher. Ein Gewimmel von Kakteen. Erfrorene Süsskirschenblüten. Frostgebremste Apfelblüten.

Mittagessen im »Stadt Spremberg«, Bautzener Strasse, hinter meinem Geburtshaus rechts rein. Wir werden erkannt. Zehn oder zwölf Bürgermeister, von den Dörfern ringsum, feiern etwas. Unter ihnen der Kreisarzt. Keiner von ihnen ist sich sicher, ob er demnächst wiedergewählt wird. […]

NACH ZEHN UHR ABENDS allein durchs Dorf. Die herrlichen Gärten, die vielen neuen kleinbürgerlich verkitschten Häuser. Der Wettbewerb, die Anwesen nach westlichem Muster zu verfeinern und steril zu machen. Hier möchte ich und könnte ich nicht mehr wohnen.

19. April (Donnerstag)

Morgenspaziergang zu meinem ehemaligen Äckerlein. Die Spierstrauch-Hecke, die ich im Rucksack von Thüringen nach Bohsdorf schleppte, war im Knospen. Unsere Sandgrube, in der wir als Kinder spielten, ist der Baugrund für zwei Villen geworden. […]

Auf dem Friedhof. Die Gräber der Eltern und Grosseltern.

Endlich die Bungalow-Stadt am Felix-See angesehen. Der gleiche Kitsch wie im Dorf. Alles, alles so, wie man es von den westdeutschen Verwandten abgeguckt hat.

Ans Grab der Schwester nach Friedrichshain. Mir bewusst gemacht, dass sie erst 35 Jahre alt war, als sie starb.

[…]

Um sieben Uhr abends bin ich in Berlin. Eindrücke sinds genug gewesen. Vielleicht komme ich noch auf einzelne zurück.

27. April (Freitag)

DIE LAGE IN DEN LÜFTEN. So soll nun der Titel der Tagebuch-Dokumentation über den WUNDERTÄTER III heissen. Wir sind entschlossen, ihn zu verwenden. Es ist eine Bemerkung aus dem Schluss-Absatz der erwähnten Tagebuch-Aufzeichnungen.

DAZU KOMMT: Ich habe mich entschlossen, die Tagebuch-Dokumentation, die am Anfang etwas monoton wirkt und sogenannte Anleser abstossen könnte, durch andere Aufzeichnungen aus den Tagebüchern aufzulockern. Das ist jetzt meine Haupt-Arbeit. Ich schnüre die Päckchen aus Tagebüchern von 1973 an wieder auf und sehe nach, was ich sonst noch an den Tagen tat und dachte, von denen bisher nur mit einer oder wenigen Zeilen vom Fortgang der Arbeit am Roman berichtet wird. Die Nach-Arbeit, der ich vor Wochen noch gern ausgewichen wäre, macht mir jetzt Spass, also war sie notwendig.

EVA liess sich von Henry nach Berlin direkt zur Sprechstunde der Ärztin Dr. S[…] fahren. […]

AM ABEND kam der liebe JAKOB und wir leiten sein Wochen-Ende allweil mit der Bemerkung ein: Freitag ist ein schöner Tag.

Noch immer tanzen und trompeten morgens in den Torfwiesen die Kraniche.

Eine Schwalbe ist eingetroffen. Seit Tagen zerschneidet sie die kalte Luft über dem Wiesental, oder sie sitzt auf dem Elektro-Draht zwischen Hoffmanns und Füllsters, dort, wo die Schwätzerinnen, bevor sie im September/Oktober davonfliegen, zu Hunderten sitzen.

3. Mai (Donnerstag)

[…]

DAS HARZEN in unseren Wäldern wird eingestellt. Es stelle sich zu teuer, es passe nicht in die FREIE MARKTWIRTSCHAFT, heisst es. Auch Langholz soll zunächst nicht mehr eingeschlagen werden. Ein Teil der Harzer und ein Teil der Forst-Arbeiter wird arbeitslos. Die Leute im Dorf bangen. Was wollen die bloß? heisst es jetzt, wir haben hier doch so schön gelebt.

7. Mai (Montag)

HOCH-SOMMER-HITZE – nun schon fünf Tage lang.

Unsere Sprichwort-Schwalbe, jene, die noch keinen Sommer macht, ist nicht mehr alleinig; nun schwirren und pfeilen wieder ihrer mehrere bis viele über Schulzenhof und dem geliebten Wiesental.

Unterm Dach des Pferde-Offenstalles traf ich eine mit einem Schnurrbart, das heisst eine, die schon Material für die Nestbauerei im Schnabel trug.

Jedes Jahr bin ich aufs neue stolz, wenn die Hausvögel uns anerkennen, wenn Schwalben, Rotschwanz, Rotkehlchen und Bachstelze ihre Nester unter unseren Dächern bauen.

DEN KUCKUCK hörte ich morgens zwischen dem Hauptdorf und dem Vorwerk zum ersten Male. Die Grasmücke singt seit zwei Tagen, singt zuweilen neben der Amsel her.

DER WENDEHALS kam dieses Jahr nicht; die Amateur-Politiker haben ihn beleidigt.

MIT NURID auf Abend unterwegs. […]

10. Mai (Donnerstag)

DIE REDAKTION der Zeitschrift DIE ZEIT, die linkselbisch erscheint, schickte die Journalistin MARLIS MENGE und den Fotografen MEISEL für drei Tage, ein Interview mit uns zu machen. Die Angelegenheit geht auf einen Wunsch von NEVEN DU MONT zurück und wurde bereits am Ende des vorigen Jahres lose vereinbart.

Frau Menge und der Fotograf fuhren am Nachmittag mit einem roten Golf-Auto in unseren Hof. Ich verglich das Foto und die Fernsehaufnahmen der Menge mit der wirklichen Menge. Die wirkliche Menge wirkte günstiger auf mich als die von den Abbildungen; ausgenommen die Ringe auf den Mittelfingern ihrer Hände. […]

Die M. stammt aus unserem Ländchen, aus Drewitz. Sie fühlt sich mit den Leuten hier verbunden und gehört zu den Unzufriedenen von hierzulande, die ein bisschen Revolution machen, den »menschlichen Sozialismus« herbeidemonstrieren wollten, aber schon nach Tagen von den westlichen Geldleuten hinweg geschwemmt wurden.

12. Mai (Sonnabend)

DER DRITTE TAG mit den Journalisten von der ZEIT.

Vielleicht hat die MENGE den Eindruck, sie habe mich nun erschlossen. Armes Kind, wenn sie das denkt! In meine wirkliche Welt liess ich sie nicht ein. […]

Sie ruhen so in sich selber, sagte sie, dahin würde ich auch gern kommen. Aber wie? Es fällt mir schwer, Sie zu interviewen, und ich weiss schon jetzt, dass ich mit dem, was ich über Sie schreiben werde, Ihnen nicht gerecht werden kann.

Dann schreiben Sie doch nicht! sagte ich ihr.

Aber es reizt mich eben trotz meiner Bedenken, sagte sie.

Aber das war Geflunker, mit dem sie mir auch bei anderen Gelegenheiten in unseren Gesprächen kam. Sie war natürlich verpflichtet, ihrer Redaktion ein Interview mit Eva und mir zu liefern, nachdem sie drei Tage hier verbracht hatte. Dazu der Fotograf MEISEL, ein feinfühliger, intelligenter Mensch mit Hühnerschnabel-Nase und einem etwas fliehenden Kinn. Er baute in der Manegenkoppel einen Blitzlicht-Baum und vielerlei Gerätschaften auf, und der Blitzlicht-Baum war so hoch wie die Holunderbäume selbander, und ich musste mich zwischen die Flügel des Latten-Tores stellen und dort stehen, als ob ich im Begriff wäre, einen lattierten Garten zu verlassen. […]

9. Juli (Montag)

NACH BERLIN

Eva dabei. Noch immer ist umstritten, ob der AUFBAU-Verlag weiter existieren wird. Die Eigentumsverhältnisse sind ungeklärt. Er gehörte nicht der Partei, aber er führte alle Gewinne an das Kulturministerium ab, an das Haupt-Amt für Literatur, an Höpcke natürlich. Man kann also nicht behaupten, dass die Gewinne direkt an die Partei abgeführt wurden.

Beim schwächlichen Verhalten der Zwischenregierung muss man mit der Möglichkeit rechnen, dass man den Verlag an kapitalistische Gross-Unternehmer verschachert. Man hofft, dass ein Autoren-Beirat das verhindern oder erschweren könnte. Zur Gründung eines solchen Autorenbeirates, der sich Befugnisse einräumt, kamen wir im Verlagsgebäude zusammen: Heinz Kahlau, Helga Königsdorf, Christa Wolf, Christoph Hein, Reinhard Petri.

Es wurde hin und wider verhandelt, und es wurde dies und das bedacht. Und schliesslich unterschrieben wir Papierblätter, die in Paragraphen eingeteilt waren. Mir gehts darum, dass der Verlag erhalten bleibt. [...]

19. Juni (Dienstag)

DAS MANUSKRIPT von DIE LAGE IN DEN LÜFTEN mit Eva abgestimmt. Sie sah die Abschrift auf Tippfehler und Kleinigkeiten durch. Ich hatte das Druckmanuskript durchgesehen.

DIE JAHRESMITTE rückt Tag für Tag näher. Mit ihr will sich Wehmut in mir auftun: Die Tage werden kürzer, die meisten Singvögel verstummen. Die Blühzeit von Holunder und Heckenrosen klingt aus. Nur die Lindenblüte steht noch bevor.

Aber man darf sich der Wehmut nicht hingeben. Man muss die Schönheiten finden, die jeder Monat und jede Jahreszeit hat.

Die Leute unseres Ländchens harren und starren auf einen Termin, den einer ausgegeben hat, der als zweiter Bismark in die Schul-Lesebücher eingehen will. Es handelt sich um den *1. Juli*. Da wird der Wert des Geldes von hüben und drüben gleichgesetzt und die Leute unseres Ländchens verlieren die Hälfte ihrer Ersparnisse, und viele, viele Leute werden arbeitslos werden. [...]

19. Juli (Donnerstag)

SCHREIBE ICH, weil mir das Schreiben für kürzere oder längere Zeit Ruhm einbrachte, weil man mich bewunderte und lobte?

Wer lobte mich?

Leute, Leser, die Ähnliches dachten wie ich gedacht hatte, die aber nicht fähig waren, was sie dachten, in Worte zu fassen und aufzuschreiben, und die mich deshalb bewunderten? Ein billiger Ruhm, und ich sonnte mich in ihm; und ich wähnte, dass mein Talent mich heraus hob aus der Masse. Aber dachte ich wirklich immer an diesen billigen Ruhm, wenn ich schrieb. War es bei der allererersten Geschichte, die ich schrieb, so?

Wars da nicht so, dass ich sie aufschrieb, um mir eine klarere Einsicht über einen Lebensvorgang zu verschaffen? Wie man ein Zahlenspiel, eine Rechnung, die man im Kopfe macht, die einen zu verwirren anfängt, schliesslich auf Papier schreibt, um alles besser übersehen zu können.

Jetzt scheine ich wieder zu der Methode des Schreibens [zu gelangen], ohne Aussicht auf Ruhm, zu verfahren. Es ist ungewiss, dass das, was ich jetzt schreibe, auch jetzt Leser findet.

Gewiss aber scheint mir zu sein, dass ich mir mit diesem Schreiben Sicherheit verschaffe, über eine bestimmte Zeit meines Lebens, in der ich einer Ideologie frönte, mich unsinnig diszipliniert verhielt, und dass ich das alles um meinetwillen, um mir Rechenschaft zu geben tue.

Freilich tauchen dabei Augenblicke auf, in denen ich denke, das was ich schreibe, könnte auch für Mitmenschen nützlich sein. Und ich denke ganz kurz an die Möglichkeit, vielleicht doch noch billigen Ruhm zu ernten, aber das geschieht so beiläufig wie wenn ich mir eine unerhebliche Produktion im Fernsehen besehe, von der ich von vornherein weiss, dass es unsinnig ist, sie sich anzusehen.

21. Juli (Sonnabend)

[...]

ALS SIE MICH IM OSTEN MIT DRECK bewarfen, dauerte es jedesmal etwa zwei Jahre, bis der Schmutz wieder abträufelte.

Als sie mich im Westen mit Mist beschmissen, dauerte das Ab-träufeln zwanzig Jahre.

Sie sind eben in allem besser, die Geldleute.

ES IST FAST LUSTIG ANZUSEHEN, wie unter den veränderten ge-sellschaftlichen Verhältnissen jetzt viele drauf aus sind, ihren Mitmenschen Geld abzuluchsen, obwohl die Möglichkeiten, Geld durch Produktion zu verdienen, von Tag zu Tag geringer werden.

23. Juli (Montag)

WIEDER AUF NURID UNTERWEGS in den schönen mit Buchen durchsetzten Wäldern des Köpernitzer Reviers.

Die Folgen des Sturzes vor zwei Tagen behindern mich kaum. ÄSOP eifert neben uns her. Wir bringen einige mächtige Hirsche auf. Hinterm Hochwald, kurz vor Zuhause, grast ein Kranich. Er fliegt auf. Ein Stück Landschaft hat Flügel gekriegt und erhebt sich. Fünfzig Meter weiter, dicht hinter unserem Garten, froschen oder mäusern zwei Weissstörche. Sie lassen sich nicht stören. Freude in mir. Freude über unser Leben in diesem Rest-Paradies, in dem wir wohnen.

ES IST BEINAHE UNMÖGLICH, dass ein Künstlerkollege vom an-deren etwas hält. Ich denke an die Dichter. Es sei denn der Kol-lege, der von einem Lebenden gelobt wird, ist eine Weile oder lange tot. Dichterkollegen, die zusammen auf dieser Welt leben, die einander einigermassen gelten lassen, auch das kommt ja vor, tun das vor allem, um nicht als Banausen zu gelten, insgeheim aber stimmen sie dem vielleicht berühmteren Kollegen nur in ein, zwei Punkten bei, alles andere hätten sie natürlich anders oder besser gemacht.

So ist es und anders kann es fast nicht sein. Da wirkt ein fast biologisch zu nennendes Gesetz.

29. Juli (Sonntag)

ÜBER MAX FRISCH.

Max Frisch hat fünf Sonntage lang, jeweils nachmittags, eine Stunde über sein Leben als Architekt und Erzähler geredet. Die Kapitelunterteilung und der Fragensteller, ein Franzose, waren gut. […] Seine Erfahrungen über das Handwerkliche, aber auch über das Philosophische decken sich mit den meinen an vielen Stellen. […]

Ich erinnerte mich an ein Mittags-Essen bei Brecht, als ich bei ihm in Weissensee wohnte. Zu Gast war Frisch. Ich kannte nur seinen Namen.

Worüber gesprochen wurde, weiss ich nicht mehr. Ich beobachtete Frisch und gewann den Eindruck, dass er Brecht gegenüber sehr unsicher war, und dass er zu den Links-Intellektuellen gehörte, die sich in einer Sowohl-Als-Auch-Haltung gefallen. Das Mittagessen war zu Ende. Brecht erhob sich und sagte: (Forts. folgt.)

30. Juli (Montag)

Ich weiss genau, dass der Strittmatter sich jetzt ebenso gern aufs Bett schmeissen würde wie ich, aber ihm fehlt die Frechheit, es so zu machen wie ich, und damit ging er nach nebenan und warf sich, wie gewöhnlich, bekleidet und beschuht auf sein Bett. In sein Schlafzimmer drang geseihtes Licht, weil die Jalousien Tag und Nacht auf »durchbrochen« gestellt waren.

Ich kann von jetzt aus noch die Hilflosigkeit erkennen, in der mich Brecht mit Frisch zurückliess. Ich weiss nicht, worüber ich mit Frisch redete, oder ob er ging, jedenfalls hatte ich nie das Bedürfnis, etwas von Frisch zu lesen, und das bis heute nicht, aber es könnte sein, dass ich es jetzt einmal probiere.

GALSAN, SEINE FRAU NORDSCHMA UND SEINE TOCHTER AIBORA ZU BESUCH. […]

5. August (Sonntag)

ICH HABE GÜNTER CASPAR einen Brief zum Geburtstag geschrieben, in dem ich ihm mitteilte, dass ich in den Tagebuchblättern DIE LAGE IN DEN LÜFTEN nicht günstig über sein Verhalten als Lektor bei der Betreuung des Manuskripts geschrieben habe. Ich wollte nicht, dass er mir das als Heimtücke auslegt.

AUF DEM TRITT AM WIESENRAND, von dem aus ich im Winter mit schwerer Kleidung auf den Rücken meiner Schimmelstute steige, sass ein Tagpfauen-Auge, rost-rot mit dunkelblauen

Punkten. Er hatte die Flügel ausgebreitet, liess sich vom lauen Wind bewehen und segnete meine Winter-Ausritte im voraus.

NIEMALS HABE ICH SO HEFTIG gespürt, wie nun im hohen Alter, dass ich mich isoliert halten muss, und wie sehr mir das Bedürfnis ist.

[…]

JEDEN MORGEN, wenn ich hinausgeh, lassen mich SCHNECKEN wissen, dass sie nachts den sandigen Sommerweg überquerten. Ihre Spuren sind wie Bindfäden aus Sand. Es wirkt tröstlich auf mich: Sieh mal an, sage ich mir, wenn selbst die Schnecken den Menschen wissen lassen, dass sie da waren und von woher nach wohin zogen, weshalb sollte es nicht auch dir gelingen, eine Spur zu hinterlassen?

VIELE BRIEFE ZUM GEBURTSTAG. Nicht einer, in dem es nicht heisst: So wie es war, konnte es nicht bleiben. Dann folgt das ABER und mit dem ABER, was die einzelnen Briefschreiber sich gewünscht hätten. Sie zählen sozialistische Errungenschaften aus dem praktischen Alltag auf, die da hätten erhalten werden sollen. Einer meint, die niedrigen Preise für Grundnahrungsmittel hätten bestehen bleiben sollen; ein anderer wünscht sich die niedrigen Wohnungsmieten hätten erhalten werden sollen, noch ein anderer wünscht sich höhere Renten, finanzierte Kindergärten und Schulspeisungen, und der Geldumtausch hätte eins zu eins lauten müssen.

Die Frau eines verstorbenen Generals schreibt: Ein Wehrdienstverweigerer als Verteidigungsminister, wie sollen wir das vor unseren Enkeln verantworten.

Einige schreiben, sie würden ihren Optimismus behalten, aber mit dem, was sie schreiben, decken sie den Optimismus zu, und ihre Beteuerung gerät zur Phrase. Keiner analysiert und ergründet wirklich, dass ihm die Utopie, die der Marxismus von Anfang an war, recht gut gefiel. Der eine meint, es habe an den Öberen gelegen, der andere meint, die Bürokratie habe uns hereingerissen, noch ein anderer macht die Diktatur verantwortlich.

Keiner sagt: So wie es ist, so ist es, und es ist real; ich finde mich damit ab und sehe zu, wie ich mich in einer anders gearteten

Gesellschaftsform unterbringe, und nie wieder werde ich mir was vormachen oder vormachen lassen.

19. August (Sonntag)

WESHALB SOLLT ICH MICH in meiner Existenz bedroht fühlen? Ich arbeite, und jede Arbeit zahlt sich irgendwann aus.

[…]

VIELE, viele unter den Geburtstagsgratulanten, die da melden: Ich bin arbeitslos, und ich bin arbeitslos. Dankbar verzeichne ich, dass ich mein eigener Arbeitgeber bin, und heissen Herzens wünsch ich mir, dass es noch eine Weile so bleiben möge.

AUF DEM TRAMPELPFAD vom neuen Haus zum Stall steht eine Blume der zweiten Serie Löwenzahlblüten, lacht gelb und scheint voll Vertrauen zu sein, dass niemand von uns sie zertritt.

GRÜNT DIE EICHE VOR DER ESCHE, hält der Sommer grosse Wäsche. Dieses Jahr trifft das zu. Wir werden einen grünfutterreichen Herbst haben. Die Rinder werden reichlich zu fressen haben, aber niemand will die Rinder haben. Die Geldleute experimentieren mit Menschen und Vieh. Die Leute protestieren, sagen: Das kann doch nicht möglich sein! und lassen es über sich ergehen.

10. September (Montag)

EIN WICHTIGER TAG. Aber schon nachdem ich WICHTIG hingeschrieben habe, werd ich mir der Relativität bewusst. Was ist in meinem alten Leben noch wichtig?

Jedenfalls fand ich bei einer Lesestunde, die ich im Theater im Palast abhielt, dass meine Leser und Anhänger noch mit der gleichen Begeisterung zuhören (und wohl auch zustimmen) wie vor Jahren.

Das Theater war überfüllt. Man stand seitlich in den Gängen und sass auf den Treppen. Kein Räuspern, kein Rangeln während ich las. Man drückte mit Beifall aus, dass man eine Zugabe wünsche. Der neue Intendant war überrascht. Seit er das Theater führt, gabs nie ein ausverkauftes Haus.

Viele Blumen. Es war der Tag, da mein neues Buch DIE LAGE IN DEN LÜFTEN erschien.

Am Schluss der Veranstaltung warteten die Leute in der Schlange. Ich bewunderte ihre Geduld. Wohl an anderthalb Stunden musste ich signieren. Das neue Buch wurde gekauft, obwohl man allenthalben über die Geldknappheit stöhnt. Einige Leute hatten eine kleine Bibliothek meiner Bücher zum Signieren mitgebracht.

Eva und die Söhne Erwin und Jakob waren im Publikum. [...]

11. September (Dienstag)

WIEDER NACH SCHULZENHOF. Eva ist mit ihrer Lübeck-Fahrt zufrieden. Auch sie hatte Anhänger und Leser, die zum Teil von weit her kamen (aus der DDR sogar), um sich versammelt. Die treue Edith Kaiser begleitete sie als »Schutz-Engel«.

EIN WENIG ERSCHÖPFT BIN ICH SCHON. Gestern bestaunte ich mich selber, weil ich die Veranstaltung, das Büchersignieren und die Gespräche mit Lesern so gut durchhielt und überstand. [...]

27. September (Donnerstag)

[...]

DIE LANDWIRTSCHAFTLICHE GENOSSENSCHAFT löst sich auf oder wird aufgelöst. Höchstens ein oder zwei Bauern werden sich reprivatisieren.

Dollgow, auch Menz, werden Dörfer mit (offiziell) arbeitslosen Bauern werden.

Die sanften Kühe, die nachts zuweilen unser Anwesen umschmauchten, wird man sie alle erschlagen? [...]

28. September (Freitag)

VERBRECHEN UND GEWALT, die Rand-Ergebnisse der kapitalistischen Wirtschaftsform, stellen sich in den Grossstädten ein, sind schon auf den Dörfern.

Den Forst-Rentner S[...] aus Menz schlugen als Teppichhändler getarnte Ausländer in seiner Wohnung nieder und beraubten ihn.

Andere erbrachen den Tresor auf dem Gemeinde-Amt und raubten 2500.– Mark. [...]

30. September (Sonntag)

[...]

BENNO BESSON WAR DA. Seine ehemalige Frau Ursula Karusseit brachte ihn in einem grossen BMW-Wagen. Sie wohnt in Köln, aber sie will wieder zurück nach Berlin, hat sich um die Intendanz der VOLKSBÜHNE beworben.

Benno hat in Paris ein Theaterstück von Victor Hugo inszeniert. Ich kenne das Stück nicht. [...]

JAKOB MUSSTE AUF MITTAG DAVON. Nachricht war eingetroffen, dass eine Tochter namens NELE geboren wurde. Ein Menschenkind mehr auf der Erde. Wie wird sein Schicksal sein? Es wird Zeit, dass ich gehe und Platz mache.

4. Oktober (Donnerstag)

HERMANN KANT SCHRIEB EINE BRIEFKARTE.

Die erste Reaktion auf DIE LAGE IN DEN LÜFTEN. Eva hatte es vorausgesagt, er fühlt sich gekränkt. Alles Positive, was ich über ihn schrieb, ist für ihn nicht vorhanden. Er nimmt den Passus auf »die Hörner«, in dem es um das Plavius-Interview und seine Botengängerei zwischen Hager und Strittmatter geht. [...]

Hermann hat sich des öfteren solche politischen Aktivitäten als Mittler zwischen den Öberen und Schriftstellerkollegen geleistet, hat Zusicherungen gemacht und sie dann »vergessen«, aber seine Eitelkeit verbietet ihm, sich zu diesem, seinem Wesenszug zu bekennen.

Natürlich wühlt mich die Angelegenheit auf, und sie wird es weiterhin tun, ich muss mich damit trösten, dass ich nicht die Unwahrheit schrieb. Hätte ich die Tatsachen aussparen müssen, um der Kampagne, die gegen H. im Augenblick im Westen läuft, nicht Vorschub zu leisten. Vielleicht? Aber dann frage ich mich wieder: Weshalb hätte ich die Wahrheit unterdrücken sollen.

Da ich gerade ein Buch über Picasso lese, find ich ein wenig

Trost durch die Querelen, die der mit seinen Maler-Zeitgenossen ausfocht. Aber das ist wohl zu billig, wie?

EVA FUHR MIT SOHN ERWIN [...] nach Berlin.

10. Oktober (Mittwoch)

NACH SPREMBERG

Abfahrt 5ʰ morgens. Der Tag schält sich heraus, während ich auf der Autobahn bin.

Etwa um 8ʰ steh ich vor der Museumstür in Spremberg. [...]

Die Sonderausstellung über Strittmatter umfasst vier oder fünf Räume. Gerührtheit, Verlegenheit, Hilflosigkeit: Man lebt noch ein paar Tage und ist schon »musealisiert«. Man will sogar ein Strittmatter-Haus errichten.

Ich bremse.

Ich erkenne städtischen oder Kreis-Egoismus. Die Städte Spremberg und Forst liegen in Fehde. Welche von ihnen soll Kreisstadt sein? Welche hat was an Sehenswürdigkeiten zu bieten? In diesem Wettbewerb bin ich als gebürtiger Spremberger ein Aktivposten.

[...]

NACH BOHSDORF

HEINI hat Geburtstag. [...]

Am Spätnachmittag die Söhne Ulf und Knut. Sohn Ulf habe ich wohl seit zwanzig Jahren nicht mehr gesehen. (Westen!) Er ist jetzt an 54 Jahre alt. Mit seiner Mutter hat er gebrochen. Anscheinend auch Sohn Knut.

Dass die Begegnung mit Sohn Ulf, jetzt nach dem Fall der frontière, kommen würde, war absehbar. Ich glaube, U. hat sich zum ersten Male ein uneingefärbtes Bild von seinem Vater gemacht. Wir umarmten uns beim Abschied und schieden im Frieden.

Sohn Knut war bei guter Laune. Er ist Institutsleiter geworden. Auf Abend noch Neffe Volker mit seiner Adoptivtochter.

[...] Der arme Heini quält sich mit seiner Hüfte. Er sollte sich mehr bewegen und nicht in seinen Gewächs- und Bienenhäusern umherstehen.

15. Oktober (Montag)

UND NOCH EIN SOMMERTAG, aber denkt nicht, dass es Mücken und Fliegen gab, nein, nicht einmal Herbstfliegen.

Das Laub fällt leise, Blatt für Blatt, als hätt es die Sonne von den Ästen gestossen.

Die Grabenräumer gehen mit ihren langen Sensen am Rand des Flüsschens entlang und mähen die üppigen Wasserpflanzen. Man kann auf dem Wasser wieder das Spiegelbild des Himmels sehen.

Aus dem Garten der Frankes leuchten rot-gelb die auf Haufen geworfenen, krautlosen Runkeln herauf.

ÄSOP bürstet sich heuer selber. Er wirft sich auf den Rücken und schiebt über den Rasen entlang. Wie kam er in seinem elften Lebensjahr drauf?

BÜCHER. In den letzten zwei Jahren las ich wieder mehr Bücher als in den vorausgegangenen Jahren. Viel über moderne Philosophie und moderne Physik und darüber, wie sie ineinander greifen. KRISHNAMURTI, Alan WATTS u. a.

Auch Belletristik natürlich, aber wie ich mich auch anstrenge, es fällt mir kein Titel ein. Das liegt gewiss nicht an der Eindruckskraft der gelesenen Bücher, sondern an meinem schwindenden Kurzzeitgedächtnis. Das letzte Buch, das ich las, war HERBST-MILCH von der bayerischen Bäuerin WIMSCHNEIDER. Für mich waren die Wendungen interessant, die sich aus dem bayerischen Dialekt ergeben, ähnlich wie bei der Fleisser, nur dass die F. die Wendungen aus dem b. Dialekt künstlerisch bewusst einsetzt.

LADEN III. In den letzten zwei Tagen habe ich mich wieder hinein gearbeitet. Der Wegfall der Zensur erleichtert einesteils und erschwert anderenteils das Schreiben. Das ist schwer zu erklären.

31. Oktober (Mittwoch)

NACH BERLIN MIT EVA

Ein Tag (vielleicht) von einiger Bedeutung. Ich fuhr mit Dr. Hildchen nach dem ehemaligen WEST-Berlin. Ging etwas in mir vor, als wir über den Streifen Ödland fuhren, der kennzeichnet, wo die so viel verfluchte Mauer stand, von der die ehemaligen Politiker unseres LÄNDCHENS wollten, dass man sie ANTIFASCHISTISCHEN SCHUTZWALL nenne? Nein. Es hat mir vorher nichts ausgemacht, als diese Mauer mich hinderte, in den »anderen« Teil der Stadt zu gehen, und es macht mir auch jetzt nichts aus, wenn ich den Landstreifen überschreite, den sie einnahm. Ich war nicht auf diese MAUER fixiert, und für mich war sie kein Symbol.

Der Stadtteil, in den wir fuhren, war KREUZBERG, und wenn die vielen Türken (hauptsächlich Frauen) in den Strassen und die türkischen Geschäftsinschriften nicht auffallend gewesen wären, der Zustand der Strassen und Gebäude waren so glanzlos wie in der Gegend, die im Ostteil der Stadt PRENZLAUER BERG genannt wird.

In der Verkaufsstelle für AUDI-Autos. [...] Ich bestellte einen schwarzen Wagen. Weiss der Deibel, weshalb ich meine, schwarze Autos sähen vornehm aus. [...]

Ich gebe zu, ich bin voll kindischer Vorfreude, und es ist mir noch nicht recht fassbar, dass ich einen so eleganten Wagen fahren werde.

Der Grundpreis ist niedriger als der für einen WARTBURG (vor der Reform), aber es kommen noch allerlei EXTRAS dazu, die das Fahren in dem so schon klassischen Wagen noch angenehmer machen (verstellbare Sitzhöhe, Servo-Lenkung, autom. Türverriegler usw.).

[...] Eva war überrascht, dass ich den Wagen schon gekauft hatte. Sie war der Meinung, ich fahre nur ihn mir ansehen.

2. November (Freitag)

BERLIN

[...]

NACHTRAG zu Donnerstag: Als wir zur Bank gingen, um unser Geld zinsbringend anzulegen, kam uns eine dunkelhaarige Frau von etwa sechzig Jahren entgegen. Sie wirkte noch rotbäckig und frisch. Die übliche Formel: Endlich treffe ich Sie mal und kann mich bedanken. Sie hatte manches von uns gelesen. Zum Schluss umarmte sie uns je. Schön, dass sie uns treu geblieben sind! schwärmte sie. Natürlich hielt sie uns für Noch-Genossen. Es hatte etwas Makabres an sich, als sie uns beim Abgang zuwinkte und versicherte: Wir bleiben die Alten!

Es scheint noch viele in unserem Ländchen zu geben, die die Alten bleiben wollen. Schade. Das riecht so nach verruchter Illegalität.

19. November (Montag)

WARTEN AUF DIE ABFAHRT nach Buxtehude.

Der Buchhändler Ziemann kommt mit einer halben Stunde Verspätung. Fahrt über Hamburg nach Buxtehude. Hinter der ehemaligen Grenze im 180-km-Tempo. AUDI-TURBO 200. Bequem wie der WOLGA.

Ziemann ist ein guter Erzähler, 52 Jahre, hemdärmelig, in Lederweste, Kneiferbrille, Fussball-Schiedsrichter, sehr belesen, ein passionierter Buchhändler, skurril. In dieser Kleidung bleibt er die ganze Zeit. Imponiert mir, hat sich in seiner schlichten Kleidung durchgesetzt, besucht darin die »vornehmen« Lokale des Bürgerstädtchens mit uns, wird mir von Stunde zu Stunde sympathischer. Auch Eva geht es so.

[…] Essen im Ratskeller. Absteigen im Hotel »Zur Mühle. […] Am Abend in der Ziemann-Wohnung. […]

21. November (Mittwoch)

[…]

Dann wieder mit 180-km-Tempo weiter bis an die ehemalige DDR-Grenze – alsdann wieder mit Tempo 100.

Dann die grauen DDR-Dörfer. Man hat das Gefühl, sich entschuldigen zu müssen. Etwas Neues: Man schämt sich und kann die abfälligen Bemerkungen über die Verkommenheit unserer Dörfer und Städte verstehen. Alsdann schämt man sich sogleich wieder über die opportunistische Anwandlung.

Eva zaubert in einer halben Stunde eine Mittagsmahlzeit für die Gäste. Jetzt kann man dem wackeren Fussball-Schiedsrichter Ziemann doch eine Ermüdung ankennen. Die Zs. fahren nach Berlin zu den Söhnen aus erster Ehe. Ich bringe sie auf die Strasse nach Woltersdorf.

23. November (Freitag)

EIN ECHTER NOVEMBER, seine zahmen Nebel sind allerdings nicht klassisch.

Dem Bussard gelang es, während unserer Abwesenheit eine Taube zu köpfen.

VIELE ZEITGENOSSEN des ehemaligen Ländchens klagen: Wir waren mit diesem und jenem unzufrieden, aber das, was jetzt über uns gekommen ist, das wollten wir nicht. Das kann doch nicht alles gewesen sein, klagen sie, und manche fangen an sich zu trösten: Das was über uns kam, sei vielleicht nur ein Intermezzo, und der Sozialismus müsse nach ihrem Dafürhalten eine Zukunft in der Zukunft haben, und manche versteigen sich wie Rauschgiftsüchtige zu der kläglichen Behauptung, ohne Utopie, auch wenn sie gemässigt oder klein sei, könne man nicht leben. Es wird viel von möglichen Alternativen geredet. Die meine heisst: Sich verinnerlichen, der Politik und den Verfechtern ihrer verschiedenen Stränge (Parteien) in keiner Weise zustimmen.

13. Dezember (Donnerstag)

BEIM STEUERBERATER, der jetzt für uns arbeiten soll. Neue Praxis, Mann in den Dreissigern aus BERLIN-W. in der Schlegelstr. [...] Wir »begeben« uns mit unseren Steuer-Bearbeitungen in seine Hände. Er wird uns, heisst es, gegen Gebühr alles abnehmen. Wir haben nur die Belege für alle Ein- und Ausgaben zu sammeln und bei ihm abzuliefern.

Es regnet leise, aber unaufhörlich. Die Fahrt innerhalb der Stadt strengt mich nicht weniger an als die Drei-Stunden-Fahrt im Schneetreiben am Vortage.

LESE- UND SIGNIERSTUNDE IM INTERNATIONALEN BUCH. Ich lese den Roman-Anfang wie am Tage zuvor. Grossartiges, mir zugetanes Publikum. Diese grosse Buchhandlung – Nähe Alex – ist von einer Firma WEST (Bouvier o. ä.) übernommen worden. Bis zu dieser Veranstaltung hatten nur Autoren aus WEST dort gelesen und signiert. Ein wenig zögernd gestanden die Veranstalter ein, dass der Besuch meiner Lese- und Signierstunde Rekord-Charakter hatte. Das hat mich gefreut und die Buchhändler überzeugt, dass sie auf bekannte OST-Schriftsteller nicht werden verzichten können. Es wurden mir Blumen und Geschenke gebracht. […]

14. Dezember (Freitag)

NACH SCHULZENHOF. ÄSOP prescht zwischen uns hin und her und versucht, seine Wiedersehensfreude gerecht zu verteilen.

Ein Stoss Post. Marlies Menge schickte Beleg-Exemplare, denn nun ist ihr Interview vom Mai endlich im ZEIT-MAGAZIN erschienen. Auch die Redaktion der seriösesten WEST-Zeitung ZEIT hatte sich zuletzt der Verketzerung der OST-Schriftsteller angeschlossen. Uns hatte man (auch in den anderen Publikationsmöglichkeiten) ausgespart. Wie ich richtig vermutete, liess man die Kampagne erst abklingen (es gibt sie im WESTEN, wie es sie früher im Osten gegeben hat), alsdann gab man das von M. Menge ausgezeichnet gemachte Interview heraus.

Wer es liest, weiss jetzt, wo wir stehen und was wir von all dem, was geschehen ist, halten.

[…] Die Tauben sind alle noch da. 23 Stück sinds jetzt. Der Bussard hatte in der letzten Zeit keinen Erfolg.

16. Dezember (Sonntag)

ES IST ALBERN und wiederum berichtenswert, dass ich zwar meine übliche Arbeiten machte, ins Tagebuch einschrieb, Briefe beantwortete, das Roman-Manuskript ordnete, aber mit dem Gros meiner Gedanken und Bedenken beim neuen AUDI-Auto war. Ich erwog, ob und wie alles sich anlassen würde. […]

DER BESUCH VON SOHN MATTI mit seiner Marina erlöste mich für ein Zeitchen vom Gedankengerummel um das neue Auto. MATTI wirkte ungesund. Seine Herzbeschwerden sind von ernster Art. Er muss u. a. Pretnisolon schlucken und das schwemmt seinen Körper auf. Ich glaube nicht, dass er durchhält mit dem komplizierten Unternehmen, in das er sich genau so naiv stürzte wie dennmals, als er sich als Agronom (ohne die entsprechenden Kenntnisse) in eine Genossenschaft einbauen liess. […]

Bei dieser Gelegenheit trafen sich Jakob und Matti. Jakob sah man die Besorgnis um seinen kranken Bruder an.

27. Dezember (Donnerstag)

UND WIEDER EIN TAG, der sich nicht besonders eindrückte. Ich wollt hier eigentlich die Geschichte vom GRÜNESSCHNEIDER, die Bruno Sk. gestern erzählte, niederschreiben, aber ich heb mir das noch auf. Der Stoff für eine Erzählung wäre es schon.

Immer wieder guck ich, der ewige Junge, mir mein Wiegenpferd an, das mir der »Weihnachtsmann« brachte. Ich öffne einen Flügel des Garagentores, lasse Licht einfallen und seh den AUDI-Wagen entzückt an. Er steht da wie ein untersetzter Pony-Rappe-Hengst und ich sag ihm: Wir beide werden schon noch was unternehmen und keiner soll sagen, dass ich, dein Reiter, für dich schon zu alt bin.

31. Dezember (Montag)

IMMER MEHR POST GEHT EIN

Man freut sich über die Treue seiner Leser und bemerkt mit Genugtuung, dass noch neue hinzu gekommen sind, und man fürchtet sich gleichzeitig vor der Mühsal, all diese Briefe und Gratulationskarten zu beantworten, und schätzt, dass man mehr als ein Vierteljahr dazu benötigen wird.

[...]

ICH TREFF AUF FÖRSTER S[...]. Er ist mit der Jagdflinte unterwegs. Er wurde (per Blauen Brief) entlassen. Alle wurden entlassen, die bisher im Forstbetrieb arbeiteten. Er hofft, wieder eingestellt zu werden. Man treibt ein übles Spiel mit Arbeitern und Angestellten. Die »Mitglieder« der LPG wurden entlassen. In Dollgow dürfte es selbst in den Krisenjahren 1928–30 nicht so viele Arbeitslose gegeben haben wie derzeit. Unvorstellbar, dass damals die Klein- und Mittelbauern den Arbeitsmarkt als Arbeitslose belastet hätten.

Doktor Schwarz vom Rostocker Zoo, den man auch entlassen hatte, ist nach bängnisvollen Monaten wieder zum Direktor bestellt worden.

UNSERE SILVESTERFEIER (wozu auch?) spielt sich, wie all die letzten Jahre, völlig unfeierlich am Fernseher ab. Jakob geht ernst und beklommen umher und hat keine Lust auf Raketen und Feuerwerk. Auch er wird seinem Studium noch ein Jahr WEST anhängen müssen.

Schreiers gratulierten aus Berlin. Peter dirigiert am Neujahrstag den FIGARO. […]

1991

3. Januar (Donnerstag)

EVA mit Jakob nach Berlin. Die Ämter schreien. Immer mehr Forderungen. Damit wird in Zukunft viel Lebenszeit verbraucht werden.

DIE RABEN fliegen über Schulzenhof und die Waldwipfel und schnauzen miteinander. Die milde Luft – sie schnauzen sich Liebesworte zu.

NACHTRÄGLICH gewinnen durchlebte Situationen an Reiz. Eine kurze Spanne Abstand scheint nötig zu sein, bis sich ihre Poesie entwickelt. Das sieht wie ein biologischer Zustand aus, wie etwa das Aufgehen eines Hefe- oder Sauerteiges. Schon seit einiger Zeit bin ich drauf aus, die Poesie eines Erlebnisses zu packen, noch während es abläuft. Ich war eigentlich des Glaubens, es müsste unverzüglich möglich sein. [...]

DEM NEUEN AUTO wende ich erstaunlich viel Zeit zu. Es reizt mich und der Reiz muss seinen Grund haben. Immer wieder lese ich in der Betriebsanleitung wie in einem interessanten Roman. Immer wieder setze ich mich ins Auto und probiere die Schaltknöpfe durch. Ich möchte, dass sich meine Handgriffe mechanisieren, und dass ich zu jeder Zeit und bei jeder Beleuchtung weiss, wo ich die Schaltknöpfe für die verschiedenen Betriebsfunktionen finde. Das betreibe ich (wenn auch nicht ganz so intensiv) beim WOLGA-Auto. Ich will, meinen Familienargwöhnern zum Trotz, beide Autos perfekt beherrschen.

KARIN STRUCK, eine Schriftstellerin, die zur Zeit in Hamburg lebt, der ich jedoch nicht unbekannt zu sein scheine, wurde durch das ZEIT-Interview der Marlies Menge auf uns aufmerksam und schickte uns einen ihrer Romane über ein Pferd. Sie bat mich, das Buch zu lesen, es eventuell zu kürzen. Ich lese es. Es fängt mich an zu interessieren.

7. Januar (Montag)

[...]

Am Nachmittag ein Paket abholen, eine Nachnahme. Winter-Reit-Stiefel. [...]

Die Stiefel (die Schäfte mit Klettverschluss) kann man unter und über die Hosenbeinlinge ziehen. Ob sie mich so wärmen werden, wie im Katalog angepriesen, wird sich beim ersten Ausritt bei Kältegraden zeigen. [...]

MIT DEN LANGSTIEFELN kam ein Katalog jener Firma, die sich auf Reit-Sport-Artikel spezialisiert hat. Ich las darin, als wärs ein Kriminal-Roman oder der Lebensbericht eines interessanten Menschen. Imponierend die Perfektion der angebotenen Artikel, die Perfektion der Geschäftsführung und bemerkenswert die Suggestion, die die Artikel auf einen ausüben. Noch bevor man in den Katalog guckte, dachte man nicht dran, dass man den oder den haben müsste und mit eins scheint man sie unbedingt haben zu müssen.

14. Januar (Montag)

WOLFGANG HENKEL auf Blitzbesuch. Ich schriebs wohl schon: Er hat seine Praxis privatisiert. Es lässt sich gut an. Sein Bereich umfasst eine gehörige Anzahl von Dörfern des Kreises. An diesem Tage war er von halb fünf Uhr morgens bis zehn Uhr abends auf den Beinen. [...]

Früher sprachen wir viel über Pferde. Diesmal gar nicht. Unsere Gespräche drehten sich um Steuern und Versicherungen und den Verkehr mit den entsprechenden Ämtern. Die Bürokratie, von der wir im LÄNDCHEN mehr als genug hatten, vermehrt sich nach dem Zuschalten erheblich.

W.H. kann sich nicht mehr um seine Pferde kümmern. Ich seh den Tag kommen, an dem er sie abschafft. [...]

16. Januar (Mittwoch)

[...]

UND DIESE NACHT IST DER KRIEG losgebrochen. Das heißt, die Amerikaner haben ihn losgebrochen, und als ich morgens das

435

erste Mal den kleinen kunstlederbezogenen Radio-Apparat einschaltete, berichteten die hörigen Rundfunksprecher wie von
einem Fussballwettkampf, wieviele militärische Basen und Rake-
tenstellungen und nukleare Einrichtungen die amerikanische
Mannschaft vernichtet hat, und dass sie dabei nur zwei Bomber
(zwei Tore) verloren habe. Nichts von den Menschen, die dabei
getötet wurden, nichts von den Verwundeten, die da leiden, sondern Frohlocken und die Verkündigung, dass schon am Morgen
weitere Bomberverbände über Bagdad abladen. [...]

Was soll man da noch von der so gepriesenen »menschlichen
Vernunft« halten, wenn man mit ansehen muss, dass keiner
Menschengeneration erspart bleibt, so oder so Bekanntschaft
mit dem Krieg zu machen.

Und der feiste Herr Kohl, den man am gleichen Tag wieder zum
Bundeskanzler bestellte, versichert mit öliger Stimme, er werde
sich dafür einsetzen, dass dieser Krieg nicht lange dauert.

17. Januar (Donnerstag)
EVA NOCH IMMER IN BERLIN. Es geht um MATTHES. Man hat ihn
in eine Herzklinik nach dem Westteil Berlins geschickt. Man will
transplantieren, will ihm ein fremdes Herz einsetzen. Als ich es
erfuhr, blieb, bilde ich mir ein, mein Herz ein Weilchen stehen.

MATTI hat allerlei schmerzhafte Prozeduren (Herzkatheter)
hinter sich gebracht und sträubt sich gegen die in Aussicht gestellte Transplantation. Er will flüchten, ins Mercedes-Auto steigen, das er hinter unserem Wohnblock stehen hat und zu seiner
Marina nach Mecklenburg hinauf fahren. Mar[ina] scheint um
den Ernst der Angelegenheit nichts zu wissen. Mit der Telefon-
verbindung ists schlecht bestellt. (Nichts klappt. Die Eile des
Herrn Kohl, schleunigst deutscher Kanzler zu werden, zeitigt ihre
faulen Früchte!)

Eva und Sohn Erwin versuchen auf den eigensinnigen MATTI,
der die Herztransplantation für Ehrgeizbefriedigung der Kardio-
logen hält, einzuwirken, dass er wenigstens noch zur medika-
mentösen Behandlung im Krankenhaus bleibt. Ich weiss nicht,
zu welcher Partei ich mich schlagen soll – zu den Befürwortern

des Ärztevorhabens oder zum Vertrauen auf MATTIS Instinkt und ich suche das Leben des Sohnes nach Instinkthandlungen ab, die bewiesen, dass er Recht hatte. Konnte er sich in seinem verhältnismässig kurzen Leben je für längere Zeit irgendwelchen Notwendigkeiten unterwerfen, ohne zu leiden? Jetzt allerdings schien er in einer Lebensphase zu stecken, in der [er] sich in etwa frei und wohl fühlte. Aber noch war nicht genug Zeit vergangen, um ermessen zu können, ob das eine Lebensphase von längerer Dauer war.

18. Januar (Freitag)

EVA KAM MIT JAKOB AUS BERLIN zurück. Wir umarmten uns lange und brauchten keine Worte, um einander mitzuteilen, was uns bedrückt: Das Schicksal unseres Sohnes MATTHES, den wir vor 33 Jahren mit einem grossen Gelächter in der Stadt Kyritz in einer Morgenstunde zeugten, und den wir deshalb manchmal heimlich: unseren Kyritzer Knatterfrosch nannten.

Aber auch der Krieg, den der bigott-zynische Amerikanerpräsident als Vorreiter einer Industriellen-Clique auslöste.

MIT SOHN MATTI, DER SEHR GEWEINT hat, am Telefon gesprochen. Er hat mit seinem Eigensinn erreicht, dass man ihn aus dem (West)-Spezial-Krankenhaus gehen liess. Er fuhr mit seinem grossen MERCEDES-Auto zu seiner MARINA ins Schweriner Land. Nach einem Gespräch mit einem verständnisvollen Arzt schien er etwas getrösteter. Es wurde festgestellt, dass der Klein-Stadt-Arzt, bei dem M. in Behandlung war, mit viel zu hohen Gaben an PRETNISOLON o. ä., zu einer unkorrekten Diagnose geführt hat, und dass man nun erst eine Zeitlang mit angemesseneren Medikamenten behandeln und dann kontrollieren müsse, was für ein Zustandsbild man erreichen werde.

Am Abend rief M. aus dem Schweriner Land [an], dass er heil angekommen sei. Rührend, dass er sich (gerade jetzt) von der Mutter seine Geburtsurkunde erbat, weil er seine MARINA, die er DAS MÄDEL nennt und mit der er wohl an sieben Jahre zusammenlebt, heiraten will.

[...] Zu denken, dass Tag und Nacht Bomben auf den IRAK abgeworfen werden, und dass man von getroffenen und zerschlagenen Objekten und nicht von den Menschen spricht, die dabei vernichtet werden!

NICHT AUSSER ACHT LASSEN, DASS SICH DIE AUFZEICHNUNGEN JEWEILS AUF DEN VORANGEHENDEN TAG BEZIEHEN.

21. Januar (Montag)

[...]

NACH BERLIN

Mit Evchen am Spätnachmittag in der Küche gesessen und die Stimmung des hereinsinkenden Abends auf uns wirken lassen. Das Restaurant BUKAREST schrägüber ist noch nicht wiedererweckt. (Nach dem Umsturz!) Dafür leuchten an der Fassade dort mondgelb die Leuchtreklamen der Commerz-Bank und einer Versicherungsanstalt. Wir haben eine »besinnliche« Halbstunde und erwägen, wie schwer es uns fallen würde, nach siebenunddreissig Jahren die Wohnung aufzugeben. Mobiliar und Wände strahlen zurück. Wieviel gute, auch aufrührerische Gespräche sind hier geführt worden. Wieviel Freunde und Feinde zu Gast. Freunde, die schon gestorben sind, Freunde, die zu Feinden wurden. Die Stunden, wenn wir uns zu Feierlichkeiten, zu Konzerten und Theateraufführungen vorbereiteten. Die Vorbereitungen für viele, viele Reisen, das Wiederkommen, erschöpft, und das Gefühl von Geborgenheit.

Telefonieren mit MATTI, der sich an mancherlei Hoffnungen klammert, die von verschiedenen Seiten kommen, dass seine Lebenszeit, wenn er günstige Bedingungen herstellt, länger sein kann, als jene, die die Ärzte ihm prophezeien.

Man könnte heulen. Was hülfe es?

DER KRIEG AM GOLF geht weiter und weitet sich aus, und schon sind auch wir, zumindest zunächst finanziell, mit einbezogen. [...]

29. Januar (Dienstag)

EVA liess sich von Henry nach Berlin fahren. Sie berichtete telefonisch: Es war ihr letzter Besuch bei Dr. O[...] und es war der letzte Tag, an dem Dr. O[...] ordinierte. Fortan wird er arbeitslos sein. Das ehemalige Regierungskrankenhaus (es existierte zuletzt noch eine Weile als Poliklinik) ist aufgelöst. Alle Ärzte entlassen. Das Haus geht in die Regie der Charité über. Die Ärzte sind aufgebracht. Verständlich. Man hatte ihnen gesagt, sie könnten Räume des Hauses mieten und sich selbständig machen. Nun die plötzliche Auflösung. Auf welches Wirtschaftsgebiet man auch hinsieht, überall Entlassungen, sogenannte Abwicklungen. Proteste, Empörungen. Eine ungute Nostalgie wird von den »Besatzern« heraufbeschworen. […]

24. März (Sonntag)

[…]

SCHON DER ZWEITE TAG, von dem der Nachmittag nicht mir gehört. Wie kommts, dass die Leute ihre Lebensbedrängnisse und Zweifel vor mir ausschütten? Weil ich zuhöre, ohne mich zu wehren?

FÜNF UHR NACHMITTAG und der Nachtfrost ist schon auf dem Marsch. Der Frühling ist noch nicht sässig.

ACH, DIE ALTEN KIEFERN AM SEERAND, sie haben vor sechsunddreissig Jahren mitbestimmt, dass ich hierher zog und mich verwurzelte.

IN DER NACHT WURDE DER FRÜHLING zurückgestuft und die Stare wurden ins Recht gesetzt, die heuer noch nicht in der grossen Saalweide am Kleinen Rhin gesungen haben.

29. März (Freitag)

[…]

WENN ICH AN DAS TRAUMSCHÖNE Erlebnis denke, das der Kaukasus für mich war, und wenn ich jetzt feststelle, wie sich dort die damalige Harmonie unter den Gebirgsvölkern in Hass umwandelt, und dass man dort jetzt so unsicher reisen würde wie weiland zur Revolutionszeit Paustowski mit der MALEPOSTE, dann muss ich schon sagen, dass das Leben eines Menschen, wenn es denn einmalig ist, wie erzählt wird, eine unzuverlässige Einrichtung ist.

3. April (Mittwoch)

[...]

EINE HENNE BEI NACHBAR FRANKE hat gelegt. Gackernd berichtet sie über ihre Leistung. Das Gackern reisst Erinnerungen an meine Kindheit heraus, an eine Kindheit, die von jetzt aus gesehen, unbeschwert und voller Glück war, aber das war sie nicht, war sie durchaus nicht. Die Zeit hat die Bedrängnisse von damals ausgesiebt. [...]

4. April (Donnerstag)

AUF DEM WEGE ZUM THÖRN hintereinander zwei Zitronenfalter und ein Trauermantel. Der erste wirkliche Frühlingstag. In meiner Loggia zwei Schwanzmeisen.

Bleibt doch und richtet es euch in dem Häuschen, das ich für euch aufhängte, ein, sage ich zum Meisenweibchen, aber sie lässt sich nicht mit mir ein, ist nur schön und behend, benimmt sich wie ein Weib, das sich nicht so leicht *kriegen* lässt.

JETZT GEHTS AUFS ENDE DES ROMANS ZU, das Stadium, in dem ich früher zehn, mal sogar zwanzig Seiten am Tage schrieb. Ein schönes Stadium: die Figuren sind einem so vertraut wie Nachbarn. Man braucht nur aufzuschreiben, was sie verlangen oder was sie einem vorführen.

Heute ist [es] nicht mehr so. Nicht nur das Kreuz ist lahm, auch die Ausdauer hinkt.

[...]

ICH KRAULE DIE PFERDE, dem KRAPI die Ohrenwurzeln, der NURID die Kehlgrube, damit sie still bleiben, wenn Henry ihnen die Beine anhebt, damit ihnen Schmied Schley die Hufe kürzen kann. Vierundzwanzig Pferde, det woar das höchste Quantum, wat ick vor Jahren bei Sie ausjeschnitten hoab. An eenem Vormittag, det is dabei zu bedenken, sagt der Schmied. [...]

24. April (Mittwoch)

NOCH BERLIN. [...]

DAS AUTOFAHREN in Berlin wird, da die Autos täglich hecken, immer mehr zu einem Schachspiel. Merkwürdigerweise macht mir das Spass. In der Kindheit heissts: Seht her, was ich schon kann. Im Alter: Seht her, was ich noch alles kann.

DIE HAUSBESETZER in der Mainzer-Strasse wirken wie ein Völkchen von Unterirdischen. Ihr krampfhaftes Bemühen in der Kleidung und im Verhalten, die klein- und grossbürgerlichen Normen zu durchbrechen. In der Jugendzeit hätte auch ich mich ihnen wahrscheinlich angeschlossen. Wenn man mit solcher Konzentration daran arbeitet, anders zu sein, bleibt wohl kaum noch Raum für etwas Schöpferisches. […]

29. April (Montag)

[…]

WELCHEN NICHTIGEN EINFÄLLEN ich da gehorche, wenn es mir schwerfällt, an die Schreib-Arbeit heran zu gehen. Da stelle ich fest, die Fensterblumen sind nicht gegossen, da hindert mich das Gekitzel, das entsteht, wenn die aus der Nase gewachsenen Haare mit den hochgewachsenen Barthaaren streiten, da muss ich sie erst kürzen, weil sie mich am Denken hindern könnten. Ich könnte eine Liste von Verhinderungen anlegen, die ich produziere, um nicht an die eigentliche Arbeit zu müssen. Heute suchte ich in allen »Vogelbüchern«, die ich besitze, etwas über die Fortbewegung der Blesshühner zu ermitteln, wenn sie ihre Brutgebiete verlassen und in ihr »Winterland« ziehen, aber das scheint nicht erforscht zu sein. Also muss ich doch an die Arbeit.

9. Mai (Donnerstag)

[…]

UNVERSEHENS IST EIN FUSSSTEIG, der durch den Wald hinterm Haus führte, eingeschlafen. Er wird nicht mehr benutzt. Wer ists, dem alte Fusssteige mit eins nichts mehr taugen? Wer ists, der neue Steige anlegt?

Das Wild ist es: Hirsche, Rehe, Hasen, Schweine, Füchse und Dachse ziehn durch den Wald zur Tränke am Bach. Weshalb war dem Getier der alte Pfad nicht mehr recht, weshalb trampelte es sich einen neuen aus? Ich fänd es gern heraus.

HÖRST DU DIE KREISSÄGE IN DER Ferne? Henry sägt das Win-

441

terholz fürs nächste Jahr. Nach 36 Jahren werden wir echte Schulzenhofer und werden über Brennholzschober verfügen wie die
anderen Einwohner auch.

WENN SIE WEGFÄHRT, freue ich mich auf ein wenig Alleinsein.
Wenn ich ein wenig allein gewesen bin, freue ich mich auf ihr
Wiederkommen, aber im tiefsten Grunde bin ich allein, auch
wenn sie wieder da ist.

15. Mai (Mittwoch)

ABENDVERANSTALTUNG in einer Bibliothek in der Greifswalder
Strasse. Dort hat Sohn Jakob einen Teil seiner Praktikantenzeit
verbracht. Er fährt mich hin, nimmt an der Leseveranstaltung teil
und bringt mich wieder nach Hause. [...]

Achtzig bis hundert Leser. Klatschen. Mir ist das stets peinlich.
Ich wiegele sogleich ab. Solln klatschen, wenn ich was geleistet
habe. Zuruf: Ham Se schon. – Fatal.

Lese die Geschichte mit dem Stalin-Hund, und wie die Fraun
»hoam musst dran glooben«.

Aufmerksamkeit, Interesse, Stille, schweres Atmen.

[...]

Nach anfänglichem Zögern eine Art Diskussion. Einige Zuhörer hatten den Eindruck, dass die wirre Nachkriegszeit, von der
ich las, viele Berührungspunkte mit der heutigen wirrwarren
Zeit hat. Stimmt! Andere haben herausgefunden, dass meine
Figuren niemals eindeutig gut oder schlecht sind. Stimmt; darum habe ich mich die letzten zehn, fünfzehn Jahre bemüht. »Helden« sind etwas für naive Gemüter.

Auch »unentwegte« Genossen meldeten sich, redeten über die
Unentbehrlichkeit von Utopien. Dann ein Klögling: Wir sind alle
irgendwie schuld!

Ein anderer: Wer Auto fährt, hat Schuld am gewesenen Golf-
Krieg. Es droht eine jener früher üblichen, läppischen Diskussionen auszubrechen.

Ich breche ab, ich diskutiere nicht, ich verweigere. Wer diskutiert, möchte, dass andere zu seiner Überzeugung übergehen.
Wenn das nicht geschieht, ist man einander böse, zürnt, tötet im
äussersten Falle. Nein, ich diskutiere nicht mehr. Jeder, der mich

zur Diskussion bringen will, bildet sich ein, besser zu wissen, was zu tun ist. Soll er das tun, was er für nötig hält und andere in Ruh lassen.

25. Mai (Sonnabend)

EIGENTLICH IST'S WIE BEI MEINEM ersten Buch, das ich schrieb: Seine Zukunft ist ungewiss, aber die Freude beim Schreiben ist stark. Sie ist der eigentliche Lohn für die Schreib-Arbeit. [...]

SCHON SEIT TAGEN schleppe ich wie ein alter Rattenbock Gegenstände zusammen, von denen ich annehme, dass ich sie unterwegs brauchen werde. Fast vier Tage werde ich in der Heimat sein, werde dort arbeiten mit Leuten, die ich noch nicht kenne. Wie immer fällt mir das Wegfahren schwer.

11. Juni (Dienstag)

DER ZWEITE FILMTAG: Ich hatte die halbe Nacht nicht geschlafen. Ich musste um mein Herz fürchten. Zwei FAUSTAN-Tabletten brachten mich nicht in Schlaf. Ich konnte das Erscheinen der Filmleute kaum erwarten und war entschlossen, die Filmerei abzubrechen. Sie kamen. Ich zeigte ihnen mein Unbehagen. Wir besprachen eine neue TAKTIK. [...]

Am Abend kam Eva und sah sich mit uns zusammen einen Teil der »Tagesproduktion« an. Die ganze Zeit MATT in der gefleckten Lederjacke. Fragen – Reden – Fragen – Reden. Ich bin locker und versuche nicht so zu sein, wie ich glaube, dass mich die Zuschauer und die Zuhörer sehen wollen. Ganz neu dabei das Gefühl, frei reden zu dürfen. Nicht jeden Satz, bevor ich ihn sage, im Innern abklopfen zu müssen, ob er auch so ist, dass ihn die Zensur nicht sperrt, dass er politisch nicht allzu sehr stinkt. Wie gut das tut, über mein Verhältnis zu Laotse, über Hamsun und Tolstoi zu sprechen! Endlich offen sagen: Ich bin, der ich bin und nicht einer, der ich sein soll, damit man mich gelten lässt. Endlich den Ekel nicht mehr verbergen müssen, vor den engen geistigen Verhältnissen, in denen ich die letzten Jahre zu leben gezwungen war. Freilich habe ich mich selber dazu gezwungen, weil ich hier in den geliebten Wäldern, in den Wiesen und zwischen den Menschen, die mir lieb sind, bleiben wollte, weil ich keine unproduktive Unruhe in mein altes Leben bringen wollte, weil ich meinem Alter noch einige Schreibereien abtrotzen wollte.

25. Juni (Dienstag)

WENN ICH IN DEN ABEND HINAUS sinne, kommen sie alle, die noch eine Statt in meinem Werk haben wollen.

[...]

WEIT, WEIT WEG.

Es gab Streit in der verschimmelten Wohnung, immerzu Streit. Die Zuneigung war aufgebraucht. In der Ferne war Krieg. Der Mann arbeitete in Zwölf-Stunden-Schichten in einer Fabrik. Sein Lohn war karg. Die Frau erfreute andere Männer, wenn er in der Nachtschicht war: Soldaten aus der nahen Kaserne.

Der Mann wünschte sich weit, weit weg. Von Plakaten blökte es: Werde auch du Hilfspolizist. Der Mann meldete sich zur Hilfspolizei. Dann würde auch er so etwas wie ein Soldat und vielleicht weit, weit weg sein. Er erhielt keine Antwort. In der ärmlichen Wohnung wurde es ihm unerträglich. Er roch die Ausdünstungen seiner Nebenbuhler, wenn er von der Nachtschicht kam. Er zog in eine andere Kleinstadt, mietete sich eine Stube in einem uralten Haus. Jetzt meldeten sich die Polizisten, er möge sich einstellen, man wölle seine Tauglichkeit prüfen. Er schrieb, jetzt wolle er nicht mehr, denn jetzt hatte er Ruhe gefunden, die er gesucht hatte, wenn er nach zwölfstündiger Arbeit heim kam. Ruhe zum Lesen, Ruhe zum Nachdenken, kein Gezänk mehr.

Aber die Polizisten liessen ihn nicht mehr aus. Von seiner Absage wollten sie nichts wissen. Sie sprachen von seiner ersten Anfrage als von einer Verpflichtung. Sie musterten ihn, zogen ihn ein. In seine Papiere schrieben sie: Als länger dienender Freiwilliger zur Polizei eingezogen. Am liebsten wäre er in die verschimmelte Wohnung zur hurenden Frau und in die Unruhe zurück gegangen. Aber jetzt war eine Macht da, die diese Absicht mit Haft oder dem Hinsiechen in einem Steinbruch vereiteln würde.

EINE MAFIA arbeitet der anderen zu und sie tarnen ihr Miteinander mit Begriffen wie Parlament, Ministerium, Verwaltung, Politik und Diplomatie und Demokratie. [...]

ANFANG AUGUST:

Lange nicht eingeschrieben. Der Roman pochte auf sein Vorrecht. Er will endlich sein fertiges Dasein.

Ich habe mir eine gute Gewohnheit zugelegt. Noch ist sie nicht alt: Ich liege täglich eine Stunde und länger auf meinem Lager in der Loggia. Das habe ich wohl drei, vier Jahre nicht getan. Mein Lager ist umkränzt von bunten Petunienblüten, von Pelargonien, Levkoien und anderen Sommerblumen. Ihr Duft dringt mit verschieden starken Schwingungen auf mich ein. Dazu rauscht der Sommerwind im üppigen Pflaumenbaum. Die Birnbaumzweige tanzen und die Haselruten wiegen sich. Über allem ein Stück freier Himmel. Ich sehe den Wolken zu, die sich bauschen und spielen und wie der Wind in den Höhen Gebilde aus ihnen herstellt, die irdischen Formengebilden zu gleichen versuchen. Aus einem Eisbär wird allmählich ein Eichkater, aus einer Schildkröte ein Schiff. Vögel fliegen unter ihnen dahin, Schwalben und Spatzen, vom Hochwald kommt der Gesang eines Wildtäubers herüber, nicht sein Löwengebrüll, sondern ein Klagen. Ein Star kommt angeflogen, oder die Raben geben ein Gastspiel. Ein Pärchen Rotrücken-Würger zieht durch den Garten. Sie verhalten sich, als wären sie nach getaner Arbeit und hätten Zeit, dies und das zu bedenken. Wahrscheinlich ist ihre Brut schon auf und davon.

3. – 9. August (Sonnabend – Freitag)

SEIT GESTERN (8. 8.) liest Eva das Romanmanuskr. Ich vermeide im täglichen Umgang alles, was sie gegen mich aufbringen könnte, damit sie mir beim Lesen des Manuskripts gewogen ist. Wie kindisch! Ich weiss doch, dass sie unerbittlich ist, wenn es um künstlerische Belange geht.

EINIGE HEISSE TAGE gingen übers Land. Dann kam Regen. Alles wuchs und wächst noch üppig. […]

12. August (Montag)

LEW KOPELEW RÜCKT GEGEN Mittag an, wie immer mit einem Gefolge. […]

Ich fasste beim Essen in einem Satz zusammen, was mich die

445

letzte Zeit bewegt: Sinnlos – für eine Ideologie zu sterben. Lowas Antwort: Um Himmels Willen, nicht für eine Ideologie sterben, aber für die Menschlichkeit. Ach, der Lowa! So beschlagen und belesen er auch ist, er erkennt nicht, dass es sich da schon wieder um eine Utopie handelt, für die er dann doch sterben will.

Das war der Punkt, über den ich mich mit ihm gern gestritten hätte, aber der Taoist in mir siegte. Die fremden Leute, mit denen er sich umgibt, hindern einen sowieso, tiefgehende Einsichten zu äussern.

Es blieb beim Austauschen von Erinnerungen an gemeinsame Erlebnisse von früher. Lowa war sehr unkonzentriert und trampelte, denn um vier Uhr wollte er schon wieder in Berlin sein, um einen zweiten oder dritten Vortrag über die MAUER zu halten.

Wir mögen einander, werden uns aber geistig nie einigen. Ebenso denkt Eva.

16. August (Freitag)

ROMAN-MANUSKRIPT. Eva liest laut vor. Das Manuskript liegt auf dem Küchentisch. Wir flankieren sie. Jakob links, ich rechts. Auch gestern hielten wir es so. Ich beobachtete, wie sich die Wirkung des Vorgelesenen in Jakobs Gesicht spiegelt. Mal ists düster, mal halbdüster, es hellt sich auf, spiegelt freundliches Einverständnis und zerbricht von Zeit zu Zeit bei einem kräftigen Gelächter. Es ist, als ob wir zu dritt in ein Wattenmeer hinausgehen, da und dort auf seichte Stellen aus Schlick stossen.

Es zeichnet sich ab: Wo ich szenisch verfahre, wird alles flach wie das Geschreibsel eines Anfängers. Ebenso flach gehts zu, wo ich die gesellschaftlichen Verhältnisse im Dorf um ihrer selbst willen beschreibe. Ich muss alles zu mir in Beziehung setzen und die Lebenslinien jener Figuren, die im ersten und zweiten Band des LADEN-Romans eine Rolle spielen, fortsetzen oder zu Ende führen. Kurzum, es liegt ein Berg Arbeit vor mir. Langsam werde ich begierig, ihn anzugehen.

[...]

JAKOB MIT SEINER ANETTE und der Tochter Nele sind noch bei uns. [...]

22. August (Donnerstag)

NOCH ZWEI, DREI SOMMERTAGE, summende Hitze, Schmetterlinge, vornehmlich KLEINE FÜCHSE. Sie durchflattern die angesengte Luft, ihre obere Fluggrenze scheinen die Baumkronen zu sein.

SCHWIEGERMUTTER HEDWIG liegt jetzt im Granseer Krankenhaus. Sie verweigert das Essen. Eva versucht, ihr zu erklären, dass sie vom Fahrrad stürzte und wo und weshalb sie zu Bett liegt. Vergeblich.

Evas Gedanken umkreisen das, was zu erwarten ist. Zuweilen schreckt sie auf, wenn man sie anspricht.

Ach, die liebe, liebe Eva! Sie schreibt keine Gedichte, keine Briefe mehr. Wenn es das gibt, so sind die Kräfte, die literarisch-schöpferisch in ihr zugange waren, in ihren Verstand, in ihre Klugheit eingefahren. Ihr Gespür für die Vorgänge in der Weltpolitik, das in der Regel von den Vorstellungen der Kleinpolitiker und Journalisten abweicht, sich später aber als richtig erweist, bewundere und bewundere ich. Hoffentlich springt dieser scharfe Verstand bald wieder ins Poetisch-Schöpferische um.

DER PUTSCH DER MILITÄRS IN RUSSLAND ist missglückt. […]

24. August (Sonnabend)

MIT HEUTE ZERFÄLLT das Staatengebilde, das siebzig Jahre lang Sowjetunion genannt wurde, endgültig. Der letzte Generalsekretär der Partei legte sein Amt nieder und löste das Zentralkomitee auf. Die baltischen Staaten, Moldawien und die Ukraine sagten sich los. Das wird weiter so gehen. Mehr nicht dazu. (Steht ja alles in den Zeitungen.) Nur das noch, ob das ohne kriegerische Auseinandersetzungen abgehen wird? Und in Russland liegen Atomwaffen die Menge bereit.

SCHWIEGERMUTTER HEDWIG teilt sich das Sterben ein, wie bis vor kurzem noch ihre Gartenarbeit: jeden Tag ein Stückchen.

ICH SASS NACH LANGER ZEIT wieder zu Pferde. Henry hat mir im Mittelteil des Hofes einen Tritt gebaut, der mir das Aufsitzen erleichtert. NURID hat diesen Tritt angenommen, ohne Sperenzchen zu machen. Sie hatte einen mächtigen Vorwärtsdrang. Meine Lust am Reiten war ungemindert.

27. August (Dienstag)

[…]

UND NUN DAS EREIGNIS, das diesen Tag zu einem wichtigen machte: Die Hausglocke schellte, ÄSOP bellte, Henry phonte von oben aus der Kate, es wäre eine ehemalige Schulkollegin da, mit der Herr Strittmatter in der Untersekunda gesessen hätte. […]

Ich ging nach vorn zum Tor. Dort stand eine weisshaarige Dame in weissen Hosen, gut erhalten, fast sportlich bei ihren 78 Jahren. Ich erkannte sie nicht und glaubte zunächst, es wäre eine ehemalige Sprembergerin, die mich nur vom Sehen kennt.

Du weisst nicht, wer ich bin?

Nein! sagte ich.

Ich bin INGE FUKAS.

Die Frau also, die als Mädchen, als wir zusammen in der gleichen Klasse hockten, mich beschäftigte und viele Wünsche und Träume in mir aufregte, die mich zu Trotzhandlungen veranlasste. […]

Inge hatte von Bekannten gehört, dass sie in einem meiner Romane als Ilonka Spadi eine Rolle spiele. Sie hatte es zurückgewiesen. Sie kannte von mir die »¾ hundert Kleingeschichten« und »Meine Freundin Tina Babe«.

Nun aber sagte ich ihr, wie verliebt ich damals in sie war. Sie konnte es nicht fassen. Sie hätte damals drauf gewartet, dass ich Notiz von ihr nähme, aber ich hätte es nicht getan. Sie war beredsam, sehr umgänglich und ich immer wieder verblüfft, weil die Statue einer Heiligen, als die sie in meiner Erinnerung lebte, nun so umgänglich war, mich beim Vornamen nannte, als wäre es immer so gewesen.

Ich gab ihr den zweiten LADEN und das Brevier LEBENSZEIT. Sie bat um eine Widmung.

Als ich sie zum Hoftor brachte, sagte sie: Du bist ausgebrochen damals, hast ein wildes Leben geführt, aber hast etwas aus diesem Leben gemacht, kannst ein Werk aufweisen. Und ich, hab ich eigentlich etwas aus meinem Leben gemacht?

Wie sollte ich es wissen?

Sie wünschte sich Telefon-Anrufe, Briefe, Besuche in Zehlendorf. Aber das alles wird davon abhängen, wie sie den Roman aufnimmt, und ob sie so reagiert, wie ich es von ihr erwarte.

Ihr Erscheinen hat mich so aufgewühlt, dass ich meinen Nachtschlaf nicht einmal mit FAUSTAN heranholen konnte. Wie oft hatte ich mir gewünscht, sie möge mich nicht mit meinem Familiennamen sondern mit meinem Vornamen anreden, nun war das alles so selbstverständlich. Mir ist noch jetzt so, als hätte ich das alles geträumt.

22. September (Sonntag)

EVA FÄHRT MIT JAKOB NACH Berlin. Ich bin (bis Dienstag) mit den Tieren allein. Ich stelle fest, es hat mir mein Leben lang gefallen, von Zeit zu Zeit eine Weile allein zu sein. Es gibt Menschen, in deren Anwesenheit man auch allein ist. Eva ist der einzige Mensch in meinem Leben, dessen Anwesenheit ich nie überdrüssig wurde.

MIT DER ROMAN-UMARBEITUNG geht es täglich einen Schritt weiter. Da und dort tun sich Rinnsale auf, die den Strom verbreitern.

[...]

AM BACH STÜRZTE im Vorjahr eine Birke. Ich sah sie von meiner Stube aus dort liegen und sterben. Im Sommer wurde sie vom jachen Gras überwuchert, und wenn man zu ihr will, muss man eine WACHE von hohen Distelstauden passieren. Der Birkenstamm ist mir eine willkommene Ruhebank geworden. Ich hocke dort wie ein altes Tier hinter dem hohen Gras, das schon im zweiten Jahr niemand mähte.

3. Oktober (Donnerstag)

DER GESTRIGE STURM riss die Äpfel von den Bäumen, und die reifen Pflaumen fielen herab, und irgendwo müssen die Telefondrähte zerrissen sein. Darunter litt ich dieses Mal. Es konnte niemand anrufen, ich konnte nicht erfahren, wie der Fernsehfilm aufgenommen wurde.

WAS BIN ICH NUR SO RUHMVERKLECKERT. Diese Eitelkeit muss

ich mir abschneiden, sonst ist meine Sehnsucht und mein Liebäugeln mit einem ausgeglichenen, nach ein wenig Weisheit duf-
tenden Alter illusorisch.

Ich habe geschrieben, was ich geschrieben habe. Manche Mitmenschen mögen es, manche mögen dies oder das aus meinem
Werk, manche mögen es gar nicht. Das ist normal. Damit scheine
ich doch etwas geschafft zu haben, damit sollte ich zufrieden sein.
Was dürfte mich angehen, wenn Leute, denen ich als Mensch zuwider bin, schlecht von mir denken. Was dürfte es mich angehen,
wenn selbst Menschen, die mir sonst nahe sind, mit der Ansichts-
karte, die sie sich von mir gemacht haben, nicht mehr zufrieden
sind. Ich tat das, was ich in dem Augenblick, als ich es tat, tun
musste. Mag das in den Augen anderer falsch aussehen, was ich
tat, ich hielt es im Tat-Augenblick für richtig. Es ist getan, es ist
nicht mehr zurück zu holen. Ich muss anderes tun, nämlich das,
was ich im Augenblick für richtig halte.

ICH RETTETE MICH AUS DER Umklammerung der Eitelkeit in
meine Haupt-Arbeit, den Roman. Siehe, nach einem Zeitchen
war ich ihm hingegeben und die unproduktiven Gedanken und
Erwägungen wurden mehr und mehr zurückgedrängt.

29. Oktober (Dienstag)
BEI DER ÄRTZIN IN GRANSEE. Der Blutzucker ist wieder zu hoch.
Doktorin Schneider »schenkt« mir eine Apparatur, mit der ich
den Blutzucker-Wert selber bestimmen kann. Es wird immer
umständlicher, sich einigermaßen am Leben zu erhalten. Gut
denkbar, dass man eines Tages keine Lust mehr dazu hat, besonders wenn dies mühsam aufrecht erhaltene Leben keine Lust zeitigt, sich schreibend zu äussern.

ABONENNTEN-WERBER FÜR Zeitschriften in halb betrügeri-
scher Absicht belagern unser Vorwerk. Betrogene Betrüger, deren
Oberbetrüger grosse Karrieren versprach, suchen Gutgläubige
und Mitleidige zu Opfern zu machen.

EVA zum Zahnarzt nach Berlin. Wieder eine Frostnacht. [...]

2. November (Sonnabend)

ICH WEISS NUR, dass ich ein Pensum von knapp zwei Seiten abdiktierte. Ob es was taugt, werde ich bei der Korrektur feststellen.

EINE KARIERTE HOLZFÄLLER-JACKE (rote und schwarze Schachbrettkaros) liess ich mir von Pferde-KRÄMER schicken, dazu ein Jeanshemd mit (mostrich?)-gelben Lederpassen, auch einen australischen Wetterhut in Schwarz. Auch vom Versandhaus werden noch Stepp-Latzhosen und Nachthemden eintreffen. Es machte sich das Bedürfnis breit, mich äusserlich frisch auszustatten. Ob es von Erfolg sein wird, d. h., ob es mir schliesslich gefallen wird, muss ich abwarten. Woher kommen solche Anstösse, denen man nicht widerstehen kann?

7. November (Donnerstag)

DIE NEUEN INHABER DES AUFBAU-VERLAGES stellen sich in Berlin den Autoren vor. Wir haben abgesagt. Eva, weil sie eifrig grippekrank ist; ich, weil ich kein Bedürfnis habe, zu Hofe zu gehen. Wer wissen möchte, wie ich aussehe, möge herkommen. […]

11. November (Montag)

NUN ENTBLÖSSEN SICH DIE BIRKEN, Wind und Regen gehn, von kleinen Pausen durchwirkt, den ganzen Tag. Wie verzwergte Eintagsküken versuchen sie kleine Flüge (die dottergelben Blättchen) und landen auf dem Rasen.

In dem Augenblick, da ich das Wort »Küken« niederschreibe, wird mir bewusst, dass mein Leben erlebnisärmer geworden ist, seit ich keine Tiere mehr vermehre. Da gibts keine Fohlen, keine Küken, keine Jungkaninchen, keine Jungkatzen und Junghunde mehr. Junge Tauben könnte ich heranwachsen sehen, aber da ist die steile Bodentreppe in der Kate. Ich steige nur noch ein Mal wöchentlich zum Taubenschlag auf.

22. Dezember (Sonntag) bis 25. Dezember (Mittwoch)

TROTZ DES VERTEUERTEN Briefportos auf 1 DM kommt mehr Leserpost als ich erwartete.

[...]

Alle Lieben schickte die gute Eva auf Tour, um einen Gehstock (schwarz mit Silberblech-Zwinge) aufzutreiben. Die Folge: Es lagen drei Stöcke für mich auf dem Gabentisch, einer schöner als der andere. Trotzdem verlockte mich keiner zum Spaziergang. Die Schwäche, die Schwäche! Ich fange an, mir abgeneigt zu sein.

26. Dezember (Donnerstag)

JAKOB MUSSTE ZUR ARBEIT NACH BERLIN. Also fiel die Haus-Arbeit mir zu. Ein schlimmer Tag!

Jede Arbeit konnt ich nur in Etappen machen. Beim Heizen setzte ich mich nach dem Einschütten des ersten Kohleschütters zum Kraftsammeln ins Archiv. Das Schlimmste – die beiden Gänge mit ÄSOP. Ich reduzierte sie je auf zweihundert Meter. Die Pferde liess ich in der Offenstall-Koppel. Es gab Augenblicke, in denen ich dachte und in denen es mich verlangte: Jetzt fällst du um und stehst nicht mehr auf. Und ich hielt doch durch, bis der liebe Jakob kam.

27. Dezember (Freitag)

MATTI UND MARINA AUF WEIHNACHTSBESUCH.

Matti wieder niedergezogen von seinem überschwachen Herzen. [...]

*M. HAT MIR EINEN SPRACH-*Computer geschenkt. Ich beschäftige (spiele) viele Weihnachtsstunden damit und bin erstaunt, wie unzulänglich das von Fortschrittstaumeligen so gepriesene Instrument ist. Zeit sparender ists, Vokabeln zu lernen, sofern es einem das Gedächtnis erlaubt.

1992

4. Januar (Sonnabend)

[...]

EIN ENTSCHEIDENDER NACHMITTAG

Lange habe ich gezögert, die Romanteile, die ich in den letzten Monaten schrieb, meinen strengsten und ehrlichsten Beurteilern, Eva und Jakob, vorzulegen.

Nun tat ichs unter der Gefahr eines Zusammenbruchs. Eva las aus den arg zerkorrigierten Manuskriptblättern in ihrer klaren, einfühlsamen Art.

Zu Anfang wäre ich am liebsten auf Zeitkarte gestorben. Alsbald aber flocht Eva in ihr Lesen lobende Ausrufe bei. Die Freude zog, wie Sonnenflecken in ein dunkles Zimmer, in mir ein. Zum Schluss waren meine Beurteiler begeistert und drückten mich, und ich wusste, wenn auch noch ein ziemliches Quant zu tun sein wird, ich werde es schaffen, falls sich meine Krankheit nicht noch verschlimmert.

23. Januar (Donnerstag)

ICH VERLEBTE EINE ART FERIENTAG. Befasste mich nicht mit dem Romanmanuskript, stieg nicht zum Arbeiten in den Keller, als Frau Baehr meine Stube putzte, sondern fuhr nach Gransee. Unterwegs Schwärme von Erlzeisigen, und am Brückenberg ein Schof Amselhähne. Weshalb dort?

HOLE IN DER GRANSEER BUCHHANDLUNG Bücher ab. Sie wurden innerhalb 24 Stunden geliefert. [...]

ICH HATTE EIN BUCH BESTELLT, in dem die letzten Gespräche von Krishnamurti stehen. Er führte sie mit dem amerikanischen Star-Physiker David Bohm. Ich las mich sogleich in das Buch hinein.

KRISHNAMURTI gehört zu den Männern, die neben Lao-tse,

Emerson und Schopenhauer meine Einsichten über den Kosmos und das Leben befestigten und das Zutrauen zu meinen eigenen Erkenntnissen förderten. […]

29. Januar (Mittwoch)

DASS MAN BÜCHER, die man sich ausgeguckt hat, jetzt innerhalb von 24 Stunden über die Granseer Buchhandlung kriegen kann, ist eines von den stillen »Glücks«, das man hat, wenn man die Zeit der abgegangenen Regierer mit der Zeit der heraufgekommenen Regierer vergleicht. Sogleich meldet sich ein Negativum zu Worte: die Bücher sind um ein Vielfaches teurer als unter den gehabten Regierern, und dann wieder ein Positivum: man kriegt alle Bücher, die man will, keines ist verboten. […]

17. Februar (Montag)

MEIN WIRTSCHAFTSTAG.

Arbeit am Roman. Noch nie habe ich eigentlich mit solcher Musse geschrieben wie gegenwärtig. Mir ist, als ob das, was vorher (zumal in der zweiten Hälfte der Arbeit) wie ein kahler Baum war, sich jetzt begrüne und zur Pflanze mit grünen Blättern wird.

23. Februar (Sonntag)

ÜBER BRIEFE.

Seit ich Bücher schreibe, kriege ich Briefe von Lesern. Und von Anfang an ist es so, dass ich eine Anzahl davon redlich beantworte, dann aber verliere ich die Lust. Meist sind es dröge Briefe, an denen die Lust scheitert. Ich verschieb die Beantwortung auf später. Inzwischen treffen andere Briefe ein, oder jene Leser, denen ich antwortete, schreiben wieder. Manche von ihnen reizen meine Lust zu antworten wieder, bis sie wieder an den drögen Briefen erstirbt. Den Rest lege ich auf den vorigen Rest, und meist fasse ich den Vorsatz: Aber wenn du mit dem Roman fertig bist, wirst du alle Post, die du liegen liessest, aufarbeiten. Doch das geschah bisher nie. Schliesslich lege ich die drögen Briefe unbeantwortet ab, oder es packt mich der Rappel, ich vernichte sie. Ich will sie nicht mehr als stille Vorwürfe in meinen Mappen sehen.

Eine Weile komme ich mir vor, als hätte ich gemordet, jedenfalls Menschen aus mein Leben ausgemerzt, und ich nehme mir vor, die unbeantwortete Post nicht mehr anwachsen zu lassen. Aber das ist fromm gedacht. Es gelingt nicht, zumal von Jahr zu Jahr und mit jedem neuen Buch, das herauskommt, auch immer mehr Leserbriefe eintreffen, und jetzt sind es schon längst nicht mehr nur die drögen Briefe, die meine Lust zu antworten dämmen, sondern die erdrückende Menge. Seit mehr als einem Jahr ist es ein mittlerer Henkelkorb, den ich vollgestopft mit Vorwürfen von Briefschreibern vor mir stehen habe. Ich habe es aufgegeben. Ich denke nicht einmal mehr daran, die Briefe zu beantworten, wenn ich mit meinem (wahrscheinlich letzten) Roman fertig sein werde, obwohl mir aus den meisten Briefen Dank und Sympathie entgegenströmt, ich muss aufgeben.

13. März (Freitag)

MATTI kommt zu Besuch, allein. Er ist schlank wie in Jünglingszeiten. Man hat das Wasser, das in ihm angestaut war, mit chemischen Mitteln herausgetrieben. Es ist Traurigkeit um ihn. Er wähnt in Mecklenburg, das er so liebte, keine Heimat mehr zu haben. Nur sein Grundstück ist ihm dort noch Heimat. Das hängt mit seinem Geschäft zusammen. Seine Kontakte mit den Ureinwohnern sind nun geschäftlicher Art. Sie zeigen sich ihm von der Hornhaut-Seite. Ausserdem ists nie seine Sache gewesen, etwas für längere Zeit mit Konsequenz zu betreiben. Seine Krankheit begünstigt die Intention auszubrechen.

28. März (Sonnabend)

ILJA, der die Grossmutter im Krankenhaus besucht hatte, besuchte uns anschliessend mit der ganzen Familie. Es war das dritte Mal, dass ich seine zweite Frau sah. […]

Eines steht fest: Die drei Kinder, die sie in die Ehe einbrachte, gefallen mir, rühren mich, sind gut erzogen. Auch der Sohn, den Ilja mit ihr zeugte, ist ein erstaunlicher Quirl für sein Alter. Grossvatergefühle, denen ich bisher nicht ausgesetzt war, taten sich auf. Und das für Enkelkinder, mit denen ich leiblich nichts

zu tun habe. Unglaublich, das Hervortreten von bisher unbekannten Gefühlen!

30. März (Montag)

EIN ANRUF AUS MÜNCHEN: Ein Mann rief an. Er heisst Jo Maier
und nennt sich »Filmemacher«. (Ein Wort, das ich wie Stücke-
schreiber usw. verabscheue. Bin ich vielleicht ein Romane-
macher?)

Der Maier möchte den LADEN I verfilmen. Ich muss mir den
Mann ansehen und seine ungefähren Absichten erkunden. Wir
verabreden uns für künftigen Freitag hier in Schulzenhof.

1. April (Mittwoch)

VERLEGER FABER. Mit Handschlag vereinbart, dass LADEN III zum
80. Geburtstag erscheint. In den nächsten Tagen werde ich hoffentlich mit der hoffentlich letzten Durchsicht fertig. […]

Ausserdem wird »Flikka« in einer schönen Aufmachung erscheinen.

Die Vorbereitungen zum Satzmanuskript für LADEN III übernimmt der Verlag. Noch nie habe ich ein mit Bleistiftkorrekturen
durchschossenes Manuskript abgeliefert wie dieses Mal. Aber sie
sind zu allen Dienstleistungen bereit. Es kommt ihnen sehr auf
den Roman an. Viele Vorbestellungen laufen. Es war Fabers
Geburtstag. Er kniete sich vor mir hin, umhalste und küsste
mich, meine endliche Zusage wäre sein schönstes Geburtstagsgeschenk.

Mich selber hat die Zeremonie angehoben, obwohl ich eine
Grippe in mir aufsteigen fühle. Man muss bedenken, dass sie bei
einem Achtzigjährigen eine Gelegenheit für dessen Tod ist.

Wieder steht mir Eva zur Seite, als ob es sich um ihr eigenes
Projekt handelt.

3. April (Freitag)

HERR JO MAIR, DER FILMREGISSEUR aus München, fährt pünktlich um 15^h, wie vereinbart auf den Hof.

Er ist uns nach den ersten Sätzen, die er herauslässt, sympa-

thisch. Er hat sich wie ein Jüngling in den LADEN-Roman verliebt
und hat ihn geschmeckt bis in die feinsten Nuancen. Und er kann
sein Glück nicht fassen, dass sich noch niemand die Verfilmungs-
rechte reserviert hat.

Mair ist ein Linker aus der 68er Generation, kein politischer
Polterer und mit viel Einfühlungsvermögen für uns, die wir die
DDR absolvierten.

Er will die Option auf die LADEN-Verfilmung erwerben und
einen Probe-Entwurf für die Verfilmung vorlegen. Um zahlen-
den Hersteller muss er anscheinend nicht besorgt sein.

Ein produktives Gespräch von drei Stunden nimmt Eva und
mich für diesen Mann ein. Erst zum Schluss lässt er heraus, dass
er Grimme-Preisträger ist. Er lässt uns eine Video-Kassette da,
die seinen Preis-Film enthält. Wir verabreden uns auf bald.

7. April (Dienstag)

UND SCHON WIRDS MIR WIEDER schwer ums Herz. In der fünften
Mappe des Manuskripts entdeckt Eva Unzulänglichkeiten. Ohne
auch nur einen Versuch, mich zurecht zu reden, »bekenne ich
mich schuldig«. Ich kenne die Absolutheit von Evas literar-ästhe-
tischem Gespür. Jetzt kommts für mich nur drauf an, die Schlap-
pen elegant zu tilgen.

Ich gebe zu, dass ich für Augenblicke Lust verspüre, alles hin-
zuwerfen.

14. April (Dienstag)

BESUCH: Dr. Erler und Fotograf Prust vom Aufbau-Verlag. Erler
holt die ersten vier Mappen Manuskript ab. Sie werden im Verlag
vervielfältigt. Spaziergang mit den beiden zum Thörn-See. Vo-
gel-Beobachtungen. Prust macht Geburtstagsfotos.

15. April (Mittwoch)

ES WAR NOCH NICHT DER TODESTAG.
Auf der Fahrt von Kolkwitz, wo ich Bruder Heinjak besuchte,
dem man mit Erfolg das zweite künstliche Hüftgelenk einsetzte,

wollte mich Neffe Volker um Cottbus herum lotsen. Ich überfuhr nach langem Zögern, weil ich mich gedrungen fühlte, Volker eng zu folgen, ein STOP-Schild. Ein Kohlenlaster rammte mich. Das Auto zerquetscht, ich blieb am Leben.

(Vielleicht schreibe ich ausführlicher darüber, wenn ich es mit Abstand tun kann.)

Die Nacht verbrachte ich (auch den nächsten halben Tag noch) im Cottbuser Krankenhaus.

16. April (Donnerstag)

[…]

NEFFE VOLKER und seine Frau holen mich ab. Mit Volker in der Schrottsammelstelle Kiekebusch. Den total zerquetschten Wagen bewusst angesehen. Kampf mit der Sentimentalität, die mich umwerfen will. Zu diesem Auto hatte ich eine persönliche Beziehung!

[…]

FAHRT MIT DEN VOLKERS nach Schulzenhof. Eva tarnt ihre Liebe mit Grobheiten, die sie mir sagt. Angriff auf mein Selbstbewusstsein: Wenn sie dem Kerl nun doch endlich die Fahrerlaubnis entziehen! usw.

28. April (Dienstag)

DIE BEIDEN LETZTEN MAPPEN (5+6) vom LADEN-III Manuskript als »fertig« abgelegt. Ich verspüre eine halbe Befreiung, denn noch hat Eva diese Mappen nicht »abgesegnet«. Noch fällts mir schwer, zu glauben, dass ich nach fünf Jahren Arbeit in eine relative »Freizeit« vorgestossen oder eingekehrt sein soll.

EVAS GRIPPE VERSTEIFT SICH. Es kann noch einige Tage dauern, bis sie mit der nötigen Objektivität an das Lesen der beiden letzten Mappen gehen kann.

[…]

DER REGISSEUR JO BEYER rief aus München an. Ich hatte ihm ein Lob zu seinem Film auf seinen Anrufbeantworter gesprochen. Nun meldete er sich darauf, war glücklich. Er hat auf unser Einverständnis mit seiner Arbeit gewartet. Nun will er einen Optionsvertrag abschliessen und dann auf die Suche nach Finanzierern des Projekts gehen. Er glaubt Chancen bei einem Produzenten in Westdeutschland zu haben. Der gute Eindruck, den ich von ihm hatte, verstärkte sich.

6. Mai (Mittwoch)

EVA LIEST DIE SECHSTE MAPPE des Romanmanuskripts. Sie tuts trotz ihrer aufdringlichen Krankheit. Sie eröffnet mir, es sei alles einwandfrei, allerdings müsste ich noch ein Kapitel anhängen. Der Roman könne nicht mit dem tödlichen Abgang des »kleenen Schupank« enden. Er müsse zum Schluss etwas über die Hauptgestalten und das Zerbröckeln der Hauptpersonen, des Ladens und des Heimatdorfes aussagen. Das traf mich. Zuerst wars mir nach Nervenzusammenbruch. Das war wohl das vierte Mal, dass ich glaubte, mich »endlich« vom Roman verabschiedet zu haben. Ich überwand den Zusammenbruch und trug eine Stunde nach der Mitteilung bereits im Kopfe Fakten für das »fehlende« Kapitel zusammen. Mir schwebt vor, es im testamentarischen Stil zu schreiben.

NACHMITTAGS GÄSTE AUS MÜNCHEN. […]

9. Mai (Sonnabend)

FAHRT NACH LEIPZIG.

[…]

DIE ABENDVERANSTALTUNG im Gohliser Schlösschen wurde zu einer Art Demonstration. Schon zu Anfang wurde ich mit solcher Liebe empfangen, dass mir die Tränen in die Augen wollten. 250 Besucher fasst normalerweise der Saal; 400 waren da. Sie sassen und lagen auf dem Fussboden. Als wir ankamen, zog sich die Besucherschlange durch den Vorgarten des Schlösschens bis auf die Strasse hinaus. Viele mussten gehen. Am Schluss minutenlanger Beifall, wie ich ihn noch nie hatte. Dann Autogramme. Leser mit neuen Büchern, manche mit drei, vier Bänden von daheim. Das geht wohl eine Stunde und länger so. Faber kannte noch keine Zeile vom Roman. Er war überwältigt von der Zuneigung, die mir die Leser entgegenbrachten.

14. Mai (Donnerstag)

WEITER AN DER MASCHINE gesessen, mir ins Ohr diktiert und geschrieben.

EVA HAT NUN DIE SZENE ESAU-CLARA gelesen und als gelungen bezeichnet.

LANGER SPAZIERGANG mit Hund und Katze. Am Thörn-See den Drossel-Rohrsänger gehört. Kommt er denn später als der Kuckuck? Das wusste ich nicht. Vom Rotkehlchen sehe ich nichts mehr.

Die Katze ist nach dem Marsch so müde, dass sie sich in der Veranda auf die Steinfliesen hinstreckt. [...]

15. Mai (Freitag)

NOCH KANN ICHS NICHT FASSEN, dass der Roman fertig ist und an einem so schönen Datum, dem 15. Mai fertig wurde.

Ich möchte Eva umarmen, drücken und küssen. Alles das kann ich nicht tun und zwar dieser langen Grippe wegen nicht, die so lang ist wie Rogenzens Lene in Bohsdorf. Aber selbst wenn Eva gesund wäre, hätte sie sich gegen meinen Überschwang gesträubt und ihn nicht innig und nicht freudig erwidert. Gott weiss, wohin sich ihre körperliche Liebe entwickelte!

Ich muss mich, darf mich (endlich?) auf ein Rentnerleben einstellen, muss, so unangemessen es sich anhört, abtrainieren, muss aufmerken, dass ich nicht in das »Loch« falle, in dem die Depressionen hausen.

LANGER SPAZIER-GANG MIT ÄSOP. Auf der Bohlenbank am rechten Ufer des Thörn-Sees gesessen. [...]

18. Mai (Montag)

WIRTSCHAFTSTAG.

NEUES BUCH!

Soll es vielleicht doch VOR DER VERWANDLUNG heissen?

5. Juni (Freitag)

DAS SIND SO TAGE, an denen man sich freut, wenn sich eine dicke Wolke für zehn Minuten vor die Sonne legt, an denen man an

Wildblumen vorübergeht, deren Kraut schon verwelkt ist, die aber mit aller Kraft noch blühen; an denen man sich von jedem Windchen wünscht, es möge Wolken für einen Regen zusammentreiben; Tage, an denen das Entstauben der Stiefel eine nutzlose Arbeit ist; an denen die Amseln so erschlafft sind, dass sie ihre Gesangstunden versäumen.

INZWISCHEN HABEN SICH über meinem Fuss-Steig zum See die Ameisen zwei Strassen zu den Bäumen, die sie melken, angelegt. Diese Strassen sind nicht zu übersehen. Man kann kaum glauben, dass tausend mal tausend Füsschen Markierungen auf dem Weg hinterlassen. Vielleicht sind alte Ameisen drunter, die ihren Essig nicht mehr halten können, der dann die Gräser bleicht. Ich denke an alte Männer wie mich, denen von Zeit zu Zeit einige »Tropfen« in die Hosen gehen.

AM SEERAND – der zweite Hochzeitsgesang der Kohlmeisen.

21. Juni (Sonntag)

SCHON AM FRÜHSTÜCKSTISCH »reiben« mich Eva und Jakob »ab«. Ich äusserte meine Unzufriedenheit über die Ungezogenheiten von Iljas jüngstem Sohn, und dass man dem zuviel »durchgehen« lasse.

Und da kriegte ichs zu hören (wieder einmal), was für ein unqualifizierter Vater ich sei, und dass ich mich nicht in die Seelen von Kleinkindern hinein zu versetzen mag und eben – ich sei stets ein Kinderschreck gewesen. Alles gut und schön und richtig, und ich habe versucht, im LADEN III meine Unfähigkeit, mit Kindern umzugehen, zu analysieren, und ich habe dort zugegeben, dass mir die Kinder, die ich durch meine Romane laufen liess, z. B. Lope Kleinermann, TINKO und der kleine Leser im WUNDERTÄTER III stets wichtiger waren als die Kinder, die mich bei der »Anfertigung« dieser »literarischen Kinder« störten.

Eines aber tat mir bei dieser Moralpredigt am Frühstückstisch weh. Das war die Tatsache, dass auch Sohn Jakob meine Rolle als Vater kritisierte. Hat er es getan, weil er bemerkte, dass ich auch nicht zufrieden bin, wie er seine Tochter erzieht?

Soweit ich mich erinnere, habe ich ihn in seiner Kindheit nie beschimpft oder angebrüllt, habe ihm nie den »erlaubten Klaps« verpasst und wähnte mich bis zum heutigen Tag mit ihm einig. Ich war enttäuscht, bin es noch.

30. Juni (Dienstag)

BRIEFPOST

Die Tage (meist die Montage) ohne Post, ohne Briefe, da man das Gefühl hat, man wird von Freunden und Lesern nicht mehr wahrgenommen! Eva fühlt ähnlich. Sie schrieb ein Gedicht über diesen Zustand.

ICH LERNE ALT WERDEN: Ich sträube mich zwar, so gut es gehen will, dagegen, doch es werden mit den Monaten immer weniger Lebensäusserungen, die mir vom Körper her noch erlaubt werden. Immer weniger traute Orte in der Landschaft, die ich gehend noch erreichen kann. Ich beschäftige meine Armmuskeln. Noch habe ich das Gewicht, (loser Sand) in den roten Hanteln aus Kunststoff, nicht vermindert. Noch strecke ich sie jeden Morgen langsam mehrmals. Noch vermag ich mir einzureden, dass es mir nicht schwer fällt, doch eines Tages werde ich es nicht mehr können. Ich lausche diesem Zeitpunkt entgegen. […]

5. Juli (Sonntag)

EIN TAG, DER SO TUT, ALS MÜSSE ER sich für die vielen Hitzetage, die da waren, entschuldigen. Der Regen knispelt über die Baumblätter vor meinen Fenstern hin. Mir ists, als gäbe es nichts mehr zu sagen, nichts mehr zu schreiben. Die grosse Erschlaffung nach der Beendigung des dritten LADEN-Romans ist da. Keinerlei Tatendrang, und ich versuche mich vor mir selber zu entschuldigen: Sollst du die Zeit ungenutzt versickern lassen, ohne dein Werk aufzustocken? Und ich weiss gleichzeitig, dass das falsch ist, meiner Verfassung nicht nachzugeben und mich inwendig zu peitschen.

Die Zeit fällt mir ein, da ich den Roman OLE BIENKOPP abgeschlossen und alle abträglichen Diskussionen hinter mich gebracht hatte, an die Zeit, in der es mir gelang, mich ganz, ganz leer zu machen, und mich eine Weile leer zu halten und mich treiben zu lassen. Diesem Zustand entwuchsen nach und nach die Geschichten des KRAMKALENDERS.

Weshalb sollte das, trotz meiner achtzig Jahre, nicht nochmals möglich sein? Es muss nur wie damals die Ruhe in mir einziehen, ich muss sie mir ohne Widerstand geschehen lassen. Sie muss so über mich kommen, mich überfallen, wie manchmal der Schlaf am Abend.

[…]

ICH DENKE AN BRUDER HEINJAK. Er liess lange nichts von sich hören. Ich denke oft nach Bohsdorf hin, an das Bohsdorf, wie es einmal war, aber das hat wenig mit dem Bohsdorf von jetzt zu tun.

7. Juli (Dienstag)

FRAU DOKTOR SCHNEIDER will herausfinden, weshalb mein Befinden ins Stolpern kam. Sie misst die Zuckerwerte, zapft Blut ab, beklopft und behorcht mich. Es ist Spätnachmittag und die Amsel singt im Garten. Auch Eva wird untersucht. Rezepte. Neue Tabletten und neue Vorschriften, wie sie einzunehmen sind.

Wieder gehen die Frauen auf mich los. Ich soll meine Lunge nochmals auf Krebs untersuchen lassen. Sie glauben wirklich, wenn sich der Verdacht der Doktorin bestätigt, dass ich mich mit meinen achtzig Jahren noch operieren und schinden lasse. […]

DEN GEBURTSTAGS-EMPFANG, den der A.-Verlag glaubt in Berlin für mich geben zu müssen, habe ich endgültig abgesagt. Erleichterung.

Wohin wir am Geburtstag fahren werden, steht noch nicht fest.

ZEUGEN DES JAHRHUNDERTS. Man versucht mich für diese Fernseh-Serie zu gewinnen. Das hat wohl Faber vom A.-Verlag angeregt.

10. Juli (Freitag)

ES WAR NACH ZEHN UHR ABENDS, also bei halber Nacht, als er anrief, der Herr Gysi. Ich kenne ihn nicht persönlich. Dafür kenne ich seinen Herrn Vater nicht schlecht. […] Von seinem Sohn am Telefon erfahr ich, dass er einen Schlaganfall hinter sich hat. Sein Sohn nun, körperlich klein wie der Vater, hat die Partei des demokratischen Sozialismus gegründet, eine sanftere Nachfolgerin der Sozialistischen Einheitspartei. Sohn Gysi gefällt sich auf der politischen Bühne. Nun will er noch höher hinauf aufs Treppchen. Mit einem abtrünnigen CDU-Mann zusammen gründet er ein Komitee für Gerechtigkeit. Offenbar in der Absicht (wenns klappt), aus dem Komitee eine östlich gefärbte Partei zu machen. Ich sollte meinen Namen für das Gründungskomitee hergeben. Das wollte der junge Gysi, nicht mehr und nicht weniger.

Ham Se ein Faxgerät? fragte er. Wenn nein, dann muss ich Ihnen den Text des Aufrufs vorlesen.

Ja, müssen Sie, bitte.

Er las ein langes intellektuell verklausuliertes Pamphlet vor. Ein Geblabber mit vielen Rückversicherungen. Ich stimmte nicht zu, wies den kleinen Gysi-Mann ab. Ich empfahl ihm zu lesen, zu welchen Denk-Ergebnissen ich kam, er möge den Schluss des LADEN-Romans lesen. Er versprach es und hängte kleinlaut auf.

Es muss Schluss sein mit den Parteiungen!

25. Juli (Sonnabend)

NUN LIEGT ES DA, DAS FERTIGE BUCH, das mir zeitweilig leid war, als ich es schrieb, das mich beständig aufforderte, in meine Erinnerungen von der Zeit nach dem zweiten Weltkrieg hineinzufahren, das mich immer wieder zwang, gegen meine Trägheit und mein altersmüdes Gedächtnis anzugehen, das mir den Schlaf aus vielen Nächten vertrieb, das mir Verzweiflungen einbrachte und [mich] einige Male dem Selbstmord zutreiben wollte.

Nun liegt es da wie jedes andere Buch, und wenn ich nicht wüsste, dass es mir vom Inhalt her so erscheint, dass ich es nicht besser hätte machen können, bricht sich doch langsam Zufriedenheit in mir Bahn.

Auch das hard-cover Exemplar von »¾ Hundert Kleingeschichten« in neuer Ausstattung schickte die Lektorin mit. Ich las einige Geschichten und war überrascht von den Gedanken, die sich damals aus mir drängten.

MANCHMAL kommts mir vor, als ob (ausser Eva) niemand da wäre, der sich gründlich mit mir freut.

WERDE ich nun die ganze Zeit umhersitzen und vom Honig leben, den ich mir eintrug?

ILONKA SPADI hat geschrieben. Ihre Schrift ist, wie ich jetzt bei ihrem zweiten Brief feststelle, recht durchschnittlich und ist dem Idealbild, das ich mir von ihr machte, nicht zuträglich. [...] Noch möchte ich nicht, dass was vom Ideal, das ich sechzig Jahre in mir trug, abblättert. Noch möchte ich ein bisschen feiern, dass sie mich aufsuchte, dass ich nicht sie, sondern sie mich besuchen kam, dass sie mir schrieb und sich mir nahte, worauf ich sechzig Jahre gewartet habe. Ich verhalte mich närrisch von Zeit zu Zeit.

31. Juli (Freitag)

DER TAG FÄNGT MIT FÜNFZEHN Grad Wärme an. Die Blumen im Kasten auf der Loggia-Brüstung ächzen. Sie bringen es heuer nicht zur Fülle. Ich ziehe mich an und falle dabei in Pausen. Ich verharre mit einem halb angezogenen Strumpf. Ich denke. Ich denke an die Zukunft. Ich denke an Dinge und Verrichtungen, die noch nicht fällig sind. Wie werde ich dies oder das anpacken. Wie werde ich dann und dann reagieren. Ich ertappe mich. Ich bemerke, dass ich Kräfte auf etwas verwende, was noch nicht da und heran ist. Vielleicht wird es gar nicht herankommen, nicht eintreten. Ich schelte mich. Es gelüstet mich, mir die Zunge herauszustecken. Wann wirds mir gelingen, dieses unnütze Vorbedenken zu besiegen?

Beim obligaten Spaziergang mit ÄSOP umweht mich eine gelinde, eine ganz gelinde Morgenfrische. Ich gehe langsam. Ich gehe, wie es sich für einen Achtzigjährigen gehört. Wieder ertappe ich mich: Ich geh gemessen, weil man mir von allen Seiten her einredet, als Achtzigjähriger müsse man sich mässigen. Alles was die mir innewohnende Trägheit begünstigt, tue ich gern. Das ist es, was es ist!

Nun singt keine Amsel mehr, auch die Buchfinken hudern wahrscheinlich ihre zweite Brut. Die Brombeeren schwärzen sich. Dicke Drosseln fliegen mit unwilligem Gezeter aus dem Dornicht. Ich habe sie beim Beerenfrühstück gestört. Ich setz mich auf die Rasenbank am Hochwäldchen. Ein Achtzigjähriger

soll immer mal abruhen! ÄSOP ists recht. Er wirft sich auf dem
Weg in einen Schattenfleck. Er ist achtzig wie ich. Das Laufen
gehört nicht mehr zu seinen Freuden. Eine Ausnahme, wenn
Fischgeruch vom Seestrand herübergeweht wird. Der Geruch
eines von Anglern weggeworfenen Fisches, der sich sogleich anfängt zu verändern, wenn er sein Wasser verlassen musste.

9. August (Sonntag)

[...]

EVA fährt mit Jakob nach Berlin und wird bis Dienstag bleiben.
In mir summt es. Alles, was ich die letzten vierzehn Tage reden
und tun musste (?), nahm von Tag zu Tag inflationistischen Charakter an.

13. August (Donnerstag)

In Worpswede.

Meine Museumskrankheit.

Der Barkenhof – als wäre ein Traum wahr geworden.

Mittagmahlzeit im Wartesaal des Bahnhofs. Von Vogler ausgestattet. Da kamen sie an, dort fuhren sie ab – die Worpsweder.
Abends bei den Ziemanns.

14. August (Freitag)

In der Nacht reicht mir Eva eine Umhängetasche aus Büffelleder
von Bett zu Bett.

In Cuxhafen. Leipziger kassieren fürs Betreten des Deichs. Das
Meer aluminiumgrau. Gute Luft. Schlechte Laune. Zwei ver-
logene Geburtstagsartikel in den Tageszeitungen.

Abends mit den Ziemanns im Buxtehuder Ratskeller.

22. August (Sonnabend)

EVA und Jakob fahren MATTI besuchen, bringen ihm eine Lederweste von mir, dazu LADEN III und FLIKKA für Marina.

Ein ruhiger Tag. Aussen und innen. Lese Geburtstagspost, immer noch. Hochsommertag. Gräser und Blumen haben sich er-

holt. Am späten Nachmittag sitz ich auf dem Aufsteigbänkchen hinter der Manegen-Koppel. Sehe ins Wiesental. Bin dankbar gegen das Leben. Es wusste, was es wollte, als es mich hierher führte.

Die besten MATT-Fotos machte doch ROGER MELIS. Unsere Begegnung blieb wohl an dreissig Jahre ausgespart.

Noch immer kommt Geburtstagspost an.

27. August (Donnerstag)

ZUSCHRIFTEN – LESERBRIEFE auf meine Interviews in der WOCHENPOST und in der MÄRKISCHEN. Man hat den Kern der Interviews nicht begriffen, einer meint, es müsse wieder ein Buch wie der BIENKOPP geschrieben werden, ein Buch, das anprangert. Was hat der B. damals genutzt, was würde ein ähnliches Buch heute nutzen.

Ein anderer (wahrscheinlich Parteigänger) wirft mir vor, dass ich Frieden und Vernunft zu den Utopien rechne. Aber was ist bei unseren jahrelangen Bemühungen um den Frieden herausgekommen? Krieg allüberall.

Eine ehemalige Kreistagsvorsitzende aus Erfurt, ein Musterbild der Frieda Simson, meint, ich wäre zu jung, um Fallada vorzuhalten, er wäre mir vom Ästhetischen her in seiner Schreibweise zu schluderig.

Zwei bösartige Zuschriften von Staats-Sicherheitsleuten. Zum Beispiel, ich wäre eine Kreatur, die man steinigen müsste.

1. September (Dienstag)

ICH BIN AUF ÄRZTETOUR.

Werde in Oranienburg und Gransee allerlei elektronischen Apparaten zur Begutachtung (Lunge und Kopf) übergeben. Einschläfernd, wenn man solchen Apparaten willig zuarbeiten muss. Hinterher bin ich so klug wie zuvor. Befund: Nach dem Zustand der untersuchten Organe werde ich wohl noch ein Zeitchen wakkelig dahinleben können.

Im Keller wird mit dem Umbau der Heizung auf Ölbetrieb

angefangen. Sechs Ölbehälter aus milchblauer Plaste stehen auf dem Rasen unter dem Essigbaum vor dem Haus. Sie haben die Rechteckigkeit und die Grösse jener Ballen, in denen wir in meinem vergangenen Leben die Zellwolle verschickten.

2. September (Mittwoch)

NACHTRAG ZUM 31. AUGUST. ZIRKUS HEIN.

Ich wartete auf die verspäteten Fernsehleute. Da fuhr Adelheid HEIN vor. In den vergangenen fünf Jahren ist die älteste Zirkusdirektorin Deutschlands gealtert. Ich vielleicht nicht? Ihre Tränensäcke wurden zu Hängematten. Sie hält den Mund beständig offen. Atemnot. Aber sie erzählt flott, ist geistig agil und schlesiert so vor sich hin. Kurzum, sie will uns (als Ehrengäste) zur Vorstellung nach Rheinsberg einladen. Wir finden noch Zeit, einen Kaffee mitnander zu trinken und zu plaudern. Ihr Sohn, der Bärendompteur, verletztes Knie, Krücke. Ein flüchtender Longen-Bär zog ihn über die Piste.

Ich fahr in die Abendvorstellung. Regen, Regen. Wie immer führt die Regie Adelheids jüngster Sohn WERNI. Kostüme von märchenhafter Schönheit, sogar den Vorhang am Aufsitzraum hat er genäht. Eine Pracht, eine Pracht, die niemand in einem Kleinzirkus vermutet. Die Truppenmitglieder miteinander verwandt und verschwägert. Fünfzig Leute. Wenn Verluste gemacht werden, tragen sie sie gemeinsam. Keiner geht davon. Die Pferdegruppe ist zur Zeit nach Dänemark vermietet. Ich sitze nach der Vorstellung im Wohnwagen des Direktors Rudi Sperlich. Der Regen drämmelt aufs Dach. Er ist an diesem Tage 1500 Kilometer mit dem Auto gefahren. Wir erzählen, erzählen, von Kollegen in anderen Zirkussen, erinnern uns an frühere Begegnungen. Wir kennen uns an zwanzig Jahre.

Eine verzwackte Fahrt (eine Verfahrt) durch den Nachtregen. Durchweicht, weil ich mehrmals aussteigen musste, mich zu orientieren, lande ich um Mitternacht bei Evchen.

Am Mittwoch den ganzen Tag Geburtstagspost beantwortet. Noch immer treffen kleine Sendungen ein.

Meine Sendung läuft im FrühstücksFernsehen. Nicht glatt und

geleckt, sondern so, wie ich solche Sachen stets hinter mich bringe. Die LADENBÄNDE werden gezeigt. Reklame. […]

10. September (Donnerstag)

[…]

FABER erklärt mir am Telefon, dass er ohne Frist entlassen ist, dass ich meine anstehenden Lesefahrten mit Dr. Erler werde machen müssen. Es ist nicht zu erkennen, was da geschehen ist. Vorläufig heisst es, es konnte keine Einigkeit über das Verlagsprogramm erzielt werden. Glaub es oder glaubt es. Wir werden sehen. Ich bin ruhig. Das ist der Vorteil, die einem die achtzig Lebensjahre einbringen.

15. September (Dienstag)

FAHRT MIT DOKTOR ERLER nach Erfurt. Nicht sicher, wen ich da zum Reisegefährten für mehrere Tage zugewiesen kriegte. […]

Begeisterte Leser. Viel, viel, wohl 300. […] Signieren bis in die elfte Nachtstunde hinein. […]

Blumen, Blumen. Nachtmahl 11^{30} im Hotel. Ich bin aufgewühlt von der Zuneigung der Leser. Sie erscheint mir unverdient. Aber kann ich jedes Mal erklären, dass, wenn Evchen mich nicht »geführt« hätte, alles weniger stark gewesen wäre?

17. September (Donnerstag)

SUHL. […]

Abends der Höhepunkt meines »Leselebens«. 750 Besucher in der Philharmonie. Begeisterung, wie ich sie bis dahin nicht erlebt habe. Die Leute klatschen stehend Beifall, minutenlang. Zwei Zugaben. Und immer wieder Beifall. Dann noch wieder Autogramme, und Blumen, Blumen und Danksprüche. Ich bin am Rande des Heulens. Was bin ich für all die Menschen? Eine Symbolfigur, die sich aus dem zerstörten Staat herübergerettet hat?

18. September (Freitag)

[...]

Endlich Leipzig. Signieren in einem Buchladen, den junge Leute eröffneten. Mitten am Tage. Aber die gleiche Begeisterung. Die Geduld, mit der die Buchkäufer stundenlang in der Schlange stehen, ist für mich kaum zu ergründen. Der Buchladen liegt in einer der berühmten Leipziger Passagen. Von dorther windet sich die Schlange der Autogramm-Anwärter bis in den Laden, um die Buchstände herum an meinen Tisch. Hin und wieder Bekannte. Ich weiss schon nicht mehr, welche es waren. Dann eine Überraschung: Ich wurde hinausgerufen. In der Passage stand ein Pferd. Zwei Mädchen dabei. Ich erkannte sogleich, dass es ein fuchsfarbener Araber war, besah das Pferd von der Seite und erkannte, dass es aus unserer Zucht stammte, sah mir die Blesse an und sah, dass es GURU war. Unser zuletzt gezogener Hengst. Ich habe ihn notgedrungen an die Landwirtschafts-Akademie nach Leipzig verkauft. Die kleine Frau des Buchhändlers behauptete, sie hätten, nur so, um mir eine Freude zu machen, ein Pferd in die AutogrammSammler-Schlange stellen wollen. Dass es eines aus unserer Zucht war, hätten sie nicht gewusst.

Wieder war ich an der Tränengrenze. Ein wildes Begehren, wieder einen so handsamen Araberhengst daheim zu haben, stieg in mir auf.

Zum Schluss wurde Guru in die Buchhandlung und um die Stände herumgeführt. Er tat so, als wäre er alle Tage in für ihn absurden Lokalitäten zu Gast.

Es dunkelte schon, als wir von Leipzig abfahren. Ich erlebe meinen ersten AutoStau. Eine Stunde lang gehts nur schrittweis vorwärts. [...]

Um 22^h sind wir in Schulzenhof. Ich bin verwirrt von den vielfältigen Ereignissen und Eindrücken, und Evchen verübelt mir, dass ich nicht gleich auf die fertige Ölheizung eingehe, die schon Wärme absondert. Sie ist schroff, auch zum Doktor, der erschlafft ist. Von Suhl bis Schulzenhof am Steuer.

1. Oktober (Donnerstag)

ABFLUG VON TEGEL.

Die unvermeidliche Frau Strella bringt uns zum Flugplatz.

Die Widerwärtigkeit des Kofferschleppens! Begegnung mit Hetterle, der zum Filmen nach Spanien fliegt. Marlies Menge fliegt mit uns. In Frankfurt Frau Tiecke, eine sympathische kleine Frau, die sich zu einem »SchutzEngel« für uns auswuchs.

Hotel. Absteige. Schmutzig. Stundenhotel. Unglücklich. [...]

Verhandlung in einer Apfelsaft-Kneipe mit den Leuten, die mit mir die ZEUGEN DES JAHRHUNDERTS machen. Der Interviewer MARTENS. Ein wenig schillernd. Hochschullehrer. Trockener Humor. Ess- und trinkseelig.

Interview mit Bednarz. Publikum zuerst steif. Zum Schluss aber doch angetan. Bednarz versprach Besuch in Schulzenhof. Begrüsst: die rumänische Herta Müller. Hört sich gern reden. Den SPD-Ostpolitiker Thierse, die Moderatorin Marx. Das Interview wurde auch nach draussen auf den Platz übertragen. Frau Menge sah es sich dort an. Ich war nur halb und halb zufrieden. Ich sollte mich künftig hüten, meine Kräfte für das ignorante Publikum im Westen zu verschleissen. Das arme Evchen sass derweil in der Bruchbude, wartete auf Lowa und Edith, wollte sich das Bednarz-Interview im Fernsehen angucken und stellte fest: Der Fernseh-Apparat war eine Attrappe. Schlafen mit FAUSTAN.

2. Oktober (Freitag)

INTERVIEW MIT RUMLER auf den Bettkanten im Absteigezimmer. Rumler hat mehrmals im Funk positiv über meine Arbeit berichtet.

Vorher Begegnung mit Lowa und Edith. Frühstücken zusammen.

[...]

Zur Alten Wache zum Lesen. Mittenzwei käst sich aus mit einem pseudo-gelehrten Buch. Macht die Zuhörer mürb und müde. Ich bin verstimmt. Les gegen eine Wand. Andere behaupten, das Publikum wäre aufmerksam gewesen. Ich bin erbost. Lese nur zwanzig Minuten oder so.

Lunkewitz, dem es drauf ankommt, nun als Verleger »gesehen« zu werden, lädt uns ein in eine Hilton-Gaststätte: Dr. Erler, Eva, mich, Lowa, Edith. Wir lernen die junge Frau Lunkewitz kennen. Schauspielerin, schön, nicht ambitiös, strahlt Vertrauliches aus. Ich werd wie der »Star-Autor« des Verlags behandelt. Das ist mir widerlich.

Auf der Heimfahrt erfahre ich, was man mit der LADEN-Trilogie vorhat. Grosses Verfilmungsangebot, Sechsteiler. [...] Belastet: Soll ich den guten Jo Baier enttäuschen? Das Projekt nur, wenn sie B. als Regisseur einbauen.

3. Oktober (Sonnabend)

AUF DEM MESSE-STAND. Bücher signieren. Keinerlei Andrang. Dafür interessante Unterhaltung mit der Lunkewitzen. Sie ist klug, hat künstlerisches Verständnis. Sie geht mit mir umher. Ihre Schönheit fällt allenthalben auf. Leider kann der Achtzigjährige nicht stolzieren wie ein Hahn. Er hinkt wie ein angeschossener alter Hund, stolpert über jede Teppichwelle und wird von der Schönen sanft gehalten oder aufgefangen. Ach, wie blamabel!

Wir besuchen Neven Du Mont. Er fragt mich in der Gegenwart der Frau, was denn der Lunkewitz für ein Kerl ist? Hatte schon vergessen, dass ich sie ihm vorstellte. Dann will er, dass ich Biermann begrüsse. Ich lehne ab. Er hat Lowa Kopelew beleidigt.

L. legt mir Bücher für den Frankfurter Oberbürgermeister und den Alt-Kanzler Schmidt zum Signieren vor. Er geht dorthin zum Festessen. Inzwischen verschwindet die schöne Frau L. Sie ging sich wohl zum Festessen umkleiden.

Viele Begrüssungen. Bekannte und Halbbekannte. Das »Gerücht« um Hermann Kant durchwölkt die Stände.

[...]

Zu Mittag assen wir in einem Restaurant auf der Messe mit Lowa, Edith und Freund Ziemann. Und dort verabschiedeten wir uns von allen, auch von unserem kleinen SchutzEngel mit dem eleganten Herrenschnitt.

4. Oktober (Sonntag)

RÜCKFLUG NACH BERLIN. [...]

Vor dem Transportband steht unsere Freundin Edith Kaiser mit einem Schiebewagen. Es bleibt nicht mehr viel Zeit zusammen zu hocken. Ein Fremder übergibt mir den TAGESSPIEGEL mit einer LADEN III-Besprechung. Vorzüglich. Wir versuchen mit Hermann Kant zu telefonieren, um zu erfahren, wie er zur SPIEGEL-Veröffentlichung steht. Er lässt sich nicht sprechen. Ich schlafe, schlafe bis in den Abend hinein. Sohn Erwin kommt, bringt mir ein dickes Buch über den Hamsun-Prozess nach dem Weltkrieg römisch II. Dann schlafe ich wieder die ganze Nacht hindurch und werde gewahr, wie nah ich am Rande meiner Kräfte stand.

5. Oktober (Montag)

UMPACKEN, FAHRT NACH SCHULZENHOF.

Wir sind noch nicht aus der Stadt heraus, da schläft Evchen schon. Sie wollte nach dem Unfall nicht mehr mit mir fahren. Das ist ein Glücksaugenblick für mich.

In Schulzenhof haben die Grabenräumer gearbeitet, wenn auch recht oberflächlich.

8. Oktober (Donnerstag)

[...]

HERMANN KANT. Noch immer habe ich nicht gelesen, was ihm da zu seinem Umgang mit dem DDR-Geheimdienst im SPIEGEL angelastet wird. Aber ich habe ihm geschrieben (ans Telefon geht er nicht), was immer an Wahrheiten und Unwahrheiten dort herausgelassen wurde, mein Verhältnis zu ihm würde das nicht verändern.

Am Telefon kam er nur mit ein, zwei Sätzen durch. (Die Störungen.) Danach hätte er Tränen in den Augen und bedanke sich für meinen Zuspruch. [...]

9. Oktober (Freitag)

[…]

ES WAR ABEND, und es war, als sollte die Hausklingel zerspringen. Schliesslich ging ich hinaus. Vom Hoftor brüllte jemand unseren Namen. Der Telegrammbote wars. Telegramme werden jetzt von Globsow aus mit dem Auto zugestellt: Das Telegramm kam von Schwiegertochter Marina: »Matti sehr krank. Bitte um Anruf.«

Matti ging zu spät zur erforderlichen Herzbehandlung ins Parchimer Krankenhaus. Nun steckt der Arme in einer Herzkrise. Man weiss nicht, ob man ihn am Leben erhalten kann. Es war, als fiele ein Schatten in die Stuben und auf Eva und mich. Er fiel auch auf Jakob, als der ins WochenEnde kam. Wir kriegten telefonische Verbindung mit Marina. Sie wollte nachts wieder ins Krankenhaus und uns von dort anrufen.

Es kam kein Anruf. Inzwischen versagte das Telefon wieder.

Wir verbrachten die Nacht in Ungewissheit.

11. Oktober (Sonntag)

UM DAS EWIGE Nachdenken über und Bedenken von MATTIS Zustand (halb vergeblich) zu ersticken, lese ich, nachdem ich das seichte Buch »Freundesland« von Rut Brandt gelesen habe, das Buch KNUT HAMSUN – SEINE ZEIT – SEIN PROZESS von Thorkild Hansen, einem Dänen.

Wenn ich geglaubt hatte, das Leben Hamsuns wäre nur durch Robert Fergusons Hamsun-Biographie erst recht durchsichtig geworden, so meine ich jetzt, Ferguson (ein Engländer) habe es mir nur halb durchsichtig gemacht, obwohl sein Buch später (1987) als das von Hansen (1978) erschien. Beide Bücher besorgte mir Sohn Erwin. Ich bin ihm dafür zu Danke.

Was ich da nun über Hamsuns letzte Zeit auf Erden erfuhr, weil sie, wie es scheint, ganz ungeschminkt hingestellt wird, weil sie aus Briefen und Berichten der Familienmitglieder anspringt, machte mich schaudern, machte mich weinen. Der politische Prozess, den man dem Dichter machte, aus dem man ihn als Verräter und politischen Verbrecher heraus liess, ähnelt in vielem den Machenschaften der Kirchenleute in der jetzigen »Vereinigungszeit« unserer politisch auseinandergedrifteten Deutschländer. Mir drängten sich zudem die Zustände des Alterns, des körperlichen Versagens auf und entgegen. Furchtbar, in diese Hilflosigkeit hinein zu altern! Obwohl ich weiss, wie nutzlos das ist, fange ich an darüber nachzudenken, wie man diesem Zustand ausweichen könnte.

14. Oktober (Mittwoch)

NACH GREIFSWALD.

Dr. Erler und der Verlagsvertreter (Verkauf!) Püschel holten mich ab.

Sonnige Nordlandschaft. Herden, Horden von Wildgänsen, Rabenkrähen. Sammeln sich in der Nähe der Küste.

Greifswald. In die Buchhandlung des Veranstalters. Dort sogleich Interview f. Zeitung. Anschliessend Fernseh-Interview f. nördl. Sender. Alles eng. Nur ein Bänkchen steht zur Verfügung. Dumme Fragen. Grobe Antworten.

Hotel ausserhalb. In Wieck. Keine Zeit, eine Ruhepause einzulegen. Eine halbe Stunde Fahrt zum Theater. Auch die Mainzer Fernseh-Leute in der Buchhandlung und hier wieder. Was sie tags zuvor nicht glauben wollten, müssen sie jetzt für wahr nehmen. Das Theater bis oben in den Rängen gefüllt. Ausser den 500 verfügbaren Plätzen werden Stühle aufgestellt. Die Mainzer sind baff: Ein Schriftsteller füllt mit einer Vorlesestunde ein Theater. […]

15. Oktober (Donnerstag)

INTERVIEW MIT DR. TRAUB vom SPIEGEL. Nun sind also auch die SPIEGEL-Leute heran und versuchen, etwas gutzumachen. […]

Von Greifswald nach Rostock. Starker Wind. Rechts spürt und riecht man die Anwesenheit der Ostsee. […]

Lesen in der Aula der Universität. Etwa 500 Zuhörer. Notsitze. Die Reaktion des Publikums lässt mich nach zwanzig Minuten erwägen abzubrechen. Kein Lacher. Aber grosse Stille, die von Aufmerksamkeit zeugt. Als ich nachfrage, ob ich denn weiterlesen soll, bricht Beifall aus, ermunternde Zurufe. Nach einer

Stunde erklatscht man sich zwei Zugaben. Aber während der ganzen Vorlese-Zeit kein heller Lacher, nur hin und wieder ein verstecktes Gemecker. Und zum Schluss will man mich nicht gehen lassen. Mindestens wieder eine Stunde lang Autogramme geben. Der Rundfunk schnitt das ganze Abendprogramm mit. [...]

16. Oktober (Freitag)

[...]
Rückfahrt nach Schulzenhof. [...]
Am Abend wird im Anschluss an die zweiten Nachrichten des ZDF der Beitrag über mich und den Erfolg des LADEN-Romans gebracht. Ein objektiver Beitrag ohne Verzerrungen durch unangebrachte Kritik. Wir sehen ihn zu dritt. Evchen, Jakob und ich und freuten uns, dass wir keinen Grund zu Ärgernissen hatten.

17. Oktober (Sonnabend)

DIE EINGEGANGENEN ROMAN-Besprechungen gelesen. Zeitungsausschnitte. Eine Menge. Etwa ein Drittel Westzeitungen. [...]
Evchen und Jakob besuchen den kranken MATTI. Der hat im Bett ein Büro eingerichtet, um 50 TAUSEND Mark einzuklagen, die man ihm schuldet. Er denkt nicht dran, sich operieren zu lassen. Also weiter mit der Ungewissheit oder mit dem Wissen um das Unausweichbare.

23. Oktober (Freitag)

HEIMFAHRT OHNE ZWISCHENFÄLLE.
Ich fange an zu erschlaffen. Nervosität macht sich breit. Einige laute Worte fliegen mir aus dem Mund. Sie werden mir nicht vergolten.
Ilja bleibt über Nacht. In Neuruppin wird die Wohnung von Schwiegermutter Hedwig aufgelöst. [...]
Am Abend Jakob mit Anette und Neele.

25. Oktober (Sonntag)

GESPRÄCHE MIT HUBERTUS.

Wenn es Entfernungen zwischen uns gab, dann in unseren Einbildungen. Schon morgens geht er (wie früher) draussen umher und beobachtet, studiert und skizziert.

Auch mit Jakob wird die alte Zuneigung wieder hervorgeholt. [...]

Enkelin Neele nähert sich mir. Sie hockt für Minuten auf meinem Schoss, ihr Gesicht an meine Brust gepresst, als wölle sie mich einatmen, mein Wesen einatmen. Hubertus macht eine Skizze von diesem »grossen« Augenblick, in dem das Kind zu fühlen scheint, was mich mit ihrem Vater verbindet.

28. Oktober (Mittwoch)

[...]

Eva in Berlin. MATTI fiebert nach dem erzwungenen Sonntags-Urlaub aus dem Krankenhaus. Es bleibt ein BalanceAkt: Auf der einen Seite das Leben, auf der anderen der Tod.

[...]

Mike Hamburger telefoniert, bittet mich im Februar im Deutschen Theater zu lesen.

Anruf aus der SPIEGEL-Redaktion aus Hamburg. Ein Rechercheur liest mir das Interview vor, das ich Dr. Traub in Greifswald gab. Kleine, ganz kleine Unrichtigkeiten, die gemerzt werden.

Vorbereitung unserer Reise nach Dresden (23. XI.) zum Signieren bei Karstadt. Tändeln mit Emily, anmelden bei Hubertus. Beide erwarten unser Kommen und freuen sich.

3. November (Dienstag)

DER TOD VON ÄSOP

Den Vormittag lang sucht ÄSOP einen Platz, an dem er von niemand gestört werden kann. Er versucht es mit seinem Sommerplatz unter dem Schuppen, er versucht, unters Bücherregal in der Diele zu kriechen. Er sucht seinen Sterbeplatz. Er frisst nicht mehr.

Am Nachmittag, um die Spaziergeh-Zeit, die sich ihm einge-
prägt hat, will er hinaus. Sein Gesichts-Sinn scheint zu versagen.
Er will angeleint in den Winkel, den die geöffnete Haustür bildet.

Alsdann läuft er ziemlich flott an der Leine, bis zur hinteren
Scheunenseite der Lamprechts. Dort stürzt er zusammen,
kämpft, hat Atemnot, beruhigt sich nach einigen Minuten, steht
auf und lässt sich noch ein Stückchen nach Haus zu führen,
bricht wieder zusammen. Henry kommt uns entgegen, nimmt
ÄSOP auf den Arm und trägt ihn auf den Hof. ÄSOPS Kopf bau-
melt. Da weiss ich, dass keine Kraft mehr in ihm ist. Henry legt
Äsop auf den Hofrasen. Wir sehen zu wie er jappend und flet-
schend stirbt.

Henry zeigt Gefühl und streichelt ihn, bis er sich streckt. Det
wars woll, sagt H.

Ich renne, um nicht vor Henry loszuheulen, nach hinten ins
Haus. Aber unterwegs bricht das Gejammer schon aus mir, und
meine Tränen benässen die Hof-Erde wie Regen.

4. November (Mittwoch)

[...]

ÄSOP wird von Henry neben ASSAN begraben. Tief. Das Grab
mit KiefernÄsten beschwert. Die Füchse sollen nicht nach ihm
graben. Mein Morgengang ans Grab. Tränen. Mir will scheinen,
dass der Tod ASSANS mich mehr bewegte. Er musste aus dem le-
bendigsten Leben heraus erschossen werden. Nie werde ich sein
Schweifwedeln vergessen, als er nach dem Schuss zur Seite sank.
Jenes Schweifwedeln, mit dem er seine Freude erkennen liess, wenn
er mich sah. Dieses Wedeln nach dem Todesschuss erschien mir wie
eine Botschaft: Sei unbesorgt, hiess sie, es ist alles viel leichter, als du
denkst. An dieses Schweifwedeln brauche ich nur zu denken – dann
tränt es, wo ich auch bin.

9. Dezember (Mittwoch)

Seit Tagen dieses graue Licht. Man lebt in einem Sack. Wie soll da
Fröhlichkeit und Zuversicht wachsen? [...]

Manchen Tag und manche Stunde denke ich an ÄSOP. Fällt mir

beim Essen ein Kartoffelstückchen von der Gabel unter den Tisch, denk ich: gleich wird's ÄSOP gefunden haben. Es dauert ein Zeitchen, bis mir bewusst ist, dass er nicht mehr da ist. Noch zu lange hin, bis ein quirliger Junghund die fast schmerzhafte Erinnerung an den edlen ÄSOP verdrängen hilft. Erst im Januar wird er geboren werden.

10. Dezember (Donnerstag)

MIT EVA NACH GRANSEE. Einkaufen. Ein Lerntag für mich. Ich lerne, wie man einen Parkschein aus dem Automaten am Schinkelplatz herausholt. (Jetzt will mich schon wieder der Schlaf packen. Ich lasse es zu.) Wann wird die Gräue vom Himmel gezogen? Das Warenangebot in der umgebauten Kaufhalle, die jetzt »Frische-Markt« genannt wird, ist bunt, gleissend und verführerisch. Wievieles gibt es doch, was ich nicht brauche! Ob das den Kunden, in welcher Form auch immer, in den Sinn kommt. Eistorten und Kuchen wie im Märchen. Vor zwei, drei Jahren gab es sie nicht, und da sie niemand sah, hatte man sie nicht nötig.

24. Dezember (Donnerstag – Heiliger Abend)

Schon seit Tagen gehen die Menschen umher, als hätten sie von einem Elixier getrunken, das Erwartungen in ihnen auslöst. Dieses Erwarten geht auch auf Leute über, die nicht von dem o. a. liqueur getrunken haben, z. B. auf mich.

Zum Schluss bleibt die mit Lichtern und Glaskugeln geschmückte Fichte, die einen mit der Kinderzeit verbindet, und dass mir Eva beim Anhören von Weihnachtsmusik den Kopf krault. Mit meinem Geschenk für sie habe ich mich vertan: Kassette – Enzyklopädie – Geschichte der Länder Europas. Eva hat noch nicht einen Band aus der Kassette gezogen, um darin zu blättern.

25. Dezember (Freitag, 1. Feiertag)

EXPERIMENT: Wir sind alle (Evchen, Jakob, ich) bis 8^h im Bett geblieben. Hat sich nicht bewährt. Die verschlafenen Stunden fehlten uns merklich in unserem Vormittag.

Zwischen zehn und elf Uhr MATTI und MARINA. MATTI erschreckend aufgeschwemmt. [...] Er bittet uns, nicht von seiner Krankheit und nicht von seinem Geschäft zu reden, das heisst mit beidem gehts nicht gut.

Und wieder fahren sie in ihrem amerikanischen Auto vom Hof, als stünde alles bei ihnen zum besten. Es gehört ihnen nichts von allem, was sie ihr eigen nennen. [...]

29. Dezember (Dienstag)

[...]

Ich gehe umher wie im Fiebertraum. Ich will die Briefe beantworten, die eintreffen. Es sind nur wenige, die ich an einem Tag beantworten kann, aber es kommen jeden Tag mehr. Wenn ich nur aufhören könnte, mich für verpflichtet zu halten!

Ich muss mich im Loslassen üben, sonst treib ich einem gelinden Wahnsinn zu.

Ich muss versuchen, eine innere Stille zu erreichen, damit mich die Intuitionen antreffen, die ich benötige, wenn ich was Neues schreiben will. Will, will, will – was für ein Unsinn, auch das Wollen ist schon zuviel. Ich sollte nichts als sein – stille sein.

Ein Pulverschnee ist gefallen. Die Strasse ist glatt. Ich spazier auf Eiern. Nur nicht hinschlagen, womöglich wieder auf den Hinterkopf fallen. Das hat mir Unseliges eingebracht.

Ein Specht, der um sein Brot hämmert, und ich, wir sind allein im Wald.

[...]

Ich warte auf Evchens Klingel-Signal zur Tannenbaum-Stunde.

1993

5. Januar (Dienstag)

WESHALB BIN ICH TRAURIG, obwohl die Sonne scheint und das schneegepuderte DRAUSSEN glitzern macht. Es liegt in mir, es liegt in mir. Ich kann nur noch knapp laufen. Auch reiten kann ich nicht. Der Leistenbruch behindert mich. Durch meine Spaziergänge oder Spazierritte machte ich mich früher mit dem DRAUSSEN eins und einig. Jetzt bin ich davon ausgeschlossen. Mein Alter hat mich von den Möglichkeiten getrennt, mich taglich ein wenig zu erneuern.

[...]

DAS DICKE BUCH um die Tragödie, die Hamsuns letzte Jahre waren, habe ich gelesen. Ich finde, dass Marie die listigere war, dass er jedoch in seiner Alterstrottelei und Schwerhörigkeit nicht genug darauf drang zu erfahren, was Hitler in ganz Europa anrichtete.

Man wird beim Lesen dieses klärenden Buches zuweilen von Jammer und Abscheu gepackt, doch wenn man als Medikament ein, zwei Seiten von Hamsuns Prosa liest, spürt man, wie unwichtig dieses politische Für und Wider gegen sein Werk ist, das er uns schliesslich hinterliess.

Eva kränkelt und kränkelt. Ich versuche mit Inhalieren meine Bronchien vor der Operation freizubekommen. Noch sitzen wir allabendlich mit stockenden Gesprächen und Kopfkraulen unterm Lichterbaum. [...]

16. Januar (Sonnabend)

ARAB, so soll der DALMATINER-Hund, der Nachfolger von ÄSOP, heissen.

Wir fahren (Jakob und ich) nach Neuruppin, ihn uns ansehen. Er tummelt sich im Zwinger auf dem Hof eines Neuruppiner

Bürgerhauses. Bei ihm sind noch fünf schwarz-gefleckte Geschwister. Man erkennt, unser künftiger Haus- und Hofgenosse hat ein sanftes Wesen. […]

Jakob macht Aufnahmen mit der Polaroid Kamera der Mutter. Ich drücke den kleinen ARAB das erste Mal an meine Brust und hör in ihn hinein. Ich erkenne, dass er *der* Hund ist, unser Hund. Er ist auf verschlungenen Wegen auf uns zugetrieben. […]

Eines der Fotos nehm ich mit in meine Stube. Ich schaue es im Laufe des Abends mehrmals an, ich seh es mir an, bevor ich einschlafe und ich sehe drauf, als ich den Nachtschlaf unterbrechen muss. Ich bin närrisch und freue mich auf den Tag, an dem Klein-Arab durch unser Haus tappt und seine dicken Vorderpfoten auf meine Knie legt.

17. Januar (Sonntag)

ICH WARTE aber vielleicht warte ich zu angespannt, nicht demütig genug, ob sich da etwas nähert, was noch geschrieben werden will. Auf den Tod zu warten, zu passen und zu lauschen, wie er jeden Tag einen Schritt näher tappt, das würde sich mir nicht wollen. Noch hab ich kein Zeichen, dass dieser Zeitpunkt schon heran ist, deshalb sei mir erlaubt, noch auf ein bescheidenes Werk zu warten.

Ich leb gefährlich, will mir scheinen, und muss auf der Hut sein, dass das, was ich möglicherweise doch noch schreibe, nicht geschrieben wird, damit die Leser mich bewundern. Vielleicht bin ich nach den Erlebnissen der letzten Monate schon süchtig nach Bewunderung. Nein, ich muss mich ganz ganz freimachen, darf nicht dulden, dass mir die Leser beim Schreiben über die Schulter sehn. Ich darf mir beim Schreiben des weiteren nicht Gesichter meiner Leser vorstellen, aber auch nicht mit Fleiss auf etwas hin arbeiten, was ihnen zuwider sein muss.

Vielleicht liegt der Anstoss für das, was noch kommen könnte, in einer Mappe unter den Versuchen, die ich beiseite schob, und die Mappe kommt mir in die Hand, und ich öffne sie und seh: da ist es.

23. Januar (Sonnabend)

SO HARMONISCH wie jetzt haben Eva und ich unsere Abende lange nicht verbracht. Wir sitzen in der Dämmerstunde zwischen fünf und sechs Uhr in der Diele auf dem gelben Ledersofa in Kissennestern, die schnurrende Katze zwischen uns. Auf dem Tisch stehen zwei brennende Kerzen und Eva krault mir den Kopf. Ab und zu reden wir über Alltägliches, ab und zu über Literarisches oder über das Fernsehprogramm, das mehr und mehr verkommt.

Den dritten oder vierten Tag stürmt es; starke Windböen lösen einander ab, prallen gegen das Haus und die Fensterläden, reissen den alten Pflaumenbaum, die Individualität von einem Pflaumenbaum, in drei Stücke. Sein Stamm-Inneres ist vermulmt und leuchtet braunrot. Wenn wir nicht miteinander reden, scheint die Zeit still zu stehen. [...]

1. Februar (Montag)

EIN GROSSER TAG.

Den Grundstein für mein neues Buch gelegt. Wie es auch immer heissen wird. Natürlich mit Eva. Ich habs hinausgeschoben, mit ihr darüber zu reden. Inzwischen habe ich erwogen, in welcher Form ich den Stoff, der ja vorhanden ist, behandeln werde. [...]

Ich liess alle diese Möglichkeiten vor Eva Revue passieren. Sie reagierte fast wütend auf meine behutsam ausgesprochenen Absichten. Sie zankte mit mir. Es gäbe nur eine Möglichkeit und das wäre die, so zu erzählen wie etwa PONY PEDRO oder die NACHTIGALLGESCHICHTEN oder der KRAMKALENDER erzählt sind. Ich müsste mich, wie in diesen Geschichten, selber in die Mitte stellen. Kein ESAU MATT mehr, nein und nein, kein Versteckspielen, sondern darauf vertrauen und damit rechnen, dass da Leser sind, die drauf warten, was ich mir sozusagen im Selbstgespräch mitzuteilen hätte.

Ja, ja – das wars, und so muss es gemacht werden. Wir redeten wohl eine Stunde miteinander, und jetzt zieht immer mehr Klarheit in mir ein, und ich weiss, dass ich schreiben werde und dass ich wieder ein Mensch bin, der weiss, wozu er lebt.

2. Februar (Dienstag)

DER FROST hatte in den letzten Tagen wieder angezogen und brachte die Luft auf 10 Grad minus. [...]

ERNST JÜNGER. Noch vor dem Kriege las ich sein Buch AUF DEN MARMORKLIPPEN o. ä. Es war eine Kritik von rechts am Hitlertum, und im Kriege wurde es, glaube ich, verboten. Andere Arbeiten von ihm, die ich anlas, waren mir zu rechtspolitisch.

Jetzt ist es so, dass ich mit einiger Bewunderung auf seine Frische, z. B. in seinen Tagebüchern und seinen wissenschaftlichen Arbeiten sehe. Er ist siebenundneunzig Jahre alt. Gestern las ich in SINN UND FORM Auszüge aus seinem Tagebuch von 1992. Er schreibt dort seine Gedanken über die Jetztzeit nieder. Sie gleichen den meinen. Ich fühlte mich angezogen. Er schreibt aber auch über seine Denkweise. Sie ist kosmisch wie die meine. Er schreibt, unter welchen Grundsätzen er sein tägliches Leben lebt. Meine Ansichten über ihn, wahrscheinlich auch über seine Bücher (das muss ich erkunden) haben sich stark verändert, nachdem ich ihn nicht mehr aus einem ideologischen Blickwinkel sehe. Eva meint, nachdem wir (auch sie) den angeborenen plebejischen Blickwinkel hinter uns gelassen haben.

3. Februar (Mittwoch)

WIEDER ein bemerkenswerter Tag.

Die Mitteilung, dass in Biberach auf der Volkshochschule ein Seminar über STRITTMATTER abgehalten wird. (3 Abende, Gebühr 25.– DM.)

Dass am 2. Januar meine erste Frau, die Mutter meiner Söhne Ulf und Knut, Waltraut Lemke, geborene Kaiser, starb. Sie starb in Duisburg als Witwe eines mittleren Postbeamten, der sie mit ansehnlicher Rente hinterliess.

Dass mein ältester Sohn Ulf aus Duisburg telefonierte. Das hat er bisher nie getan. Dass er einen LADEN III per Scheck für einen Freund von mir kaufen wollte. Der Freund sei ein Verehrer meiner Bücher.

Dass er zum ersten Male in seinem Leben sagte: Du hast ja einen Erfolg, auch hier bei uns kennt man dich.

Dass er sich freute, als ich ihm sagte, dass ich auch ihm ein Buch schicken würde, zumal etwas aus seiner Kindheit in dem Buche zu finden sei.

Er war es, der mir ganz nebenbei den Tod seiner Mutter mitteilte, und der da sagte: Es ist schlimm, das von seiner Mutter sagen zu müssen, aber sie war eine schreckliche Frau.

Das also hatte er in seinem Alter von 55 Jahren nun erkannt. Sie hatte ihn damals veranlasst, uns (Eva und mich) als »politischer Flüchtling« zu verlassen. Heimlich!

Jetzt fand er im Nachlass seiner Mutter einen Brief, den Eva und ich ihm geschrieben hatten. Eva war damals wie eine wirkliche Mutter zu ihm. Jetzt sieht er ein, wie gemein er unter den verheuchelten Liebesbeteuerungen seiner Mutter an uns, besonders an Eva, gehandelt hat.

Dass ein Brief von INGE FUKAS (Ilonka Spadi) eintraf. Sie bedankt sich für den LADEN III, den ich ihr mit einer Widmung geschickt hatte, und sie legte dem Brief zwei Amateurfotos bei, und das eine zeigt sie als Fünfzehnjährige als Solotänzerin im weissen Kleid und weissen Schuhen, und so wie ich sie damals, als ich mich in sie verliebte, auf dem im LADEN II beschriebenen Elternabend sah. Dieses Foto! Unausdenkbar, dass es zu mir kommen würde. Nicht einmal davon zu träumen hätte ich gewagt, damals, als ich den LADEN II schrieb und diese schmerzhafte Jugendverliebtheit nachzuerleben versuchte.

27. Februar (Sonnabend)

WIE SICHS AUCH AUSNEHMEN MAG: Es war ein grosser Tag, denn Jakob und ich holten unseren neuen Hund, und der heisst ARAB. Vor fünf Wochen habe ich ihn das erste Mal gesehen und ich dachte im Krankenhaus oft an ihn, und wenn ich an ihn dachte, so gab er unter anderem einen der Gründe ab, noch ein wenig weiter zu leben und einen jungen Hund heranwachsen zu sehen und mich an ihm ergötzen zu können.

7. März (Sonntag)

DIE VIELEN KLEINEN GEFÄLLIGKEITEN, die mir tagsüber vom Evchen werden. Ich versuch mich mit zärtlichen Streichlern zu

bedanken, aber Evchen lässt erkennen, dass ihr meine Zärtlichkeiten zuwider sind.

NUN LASST IHR EUCH wohl doch nicht mehr scheiden, sagt Jakob, und man kann eure Bibliotheken zusammenlegen. Das will
er im Sommer tun. Beide Kinderzimmer im Keller sollen Bibliothek werden.

WIE IN JEDEM FRÜHLING kam eine Elster gucken, ob es sich in
Schulzenhof leben lässt. Es scheint ihr hier nicht behaglich zu
sein. Sie flog wieder fort wie alle Elstern in den Vorjahren. Ähnlich verhalten sich die Türkentauben. Sie machen einen Kurzbesuch, untersuchen Nistmöglichkeiten in den Friedhofsfichten
und kommen nicht wieder. Was gefällt den Vögeln an Schulzenhof nicht?

Es fällt mir ein, dass wir in den Heimatdörfern nie von Elstern
sprachen. Wir nannten diese schwarz-weiss gescheckten Raben-
vögel Tschackelstern. Der Laut, den diese Vögel von sich geben,
wurde mit ihrem zoologischen Namen zusammengezogen. [...]

13. März (Sonnabend)
NOCH IMMER HABE ICH keinen Versuch gemacht, den ersten Satz
für die Geschichten vom Vorwerk niederzuschreiben. Diese Geschichten habe ich meinen Lesern und Freunden im Schluss-
absatz meines LADEN III versprochen. [...]

Es war jedenfalls falsch, das Versprechen abzugeben. Es zeigt
sich, dass ich mich mit den Erwartungen der Leser belaste. Viel
Leserbriefe, in denen der LADEN III gefeiert wird, enden etwa so:
Ich freue mich schon, bin gespannt auf die Geschichten vom Vorwerk. Wie weit sind Sie mit ihnen, wann ist mir ihrem Erscheinen
zu rechnen?

Aber auch die verschiedensten Leute im Verlag bedrängen
mich, überwachen den Schreibvorgang, wähnen mich mitten
drin und versuchen mehr oder weniger dezent »anzuschieben«.
Bei den diversen Verlagsleuten spielt das »grosse Geschäft« eine
Rolle, das der LADEN III für sie war und noch immer ist. Er riss
den Verlag aus der lethargischen Zeit des UMBRUCHS heraus. Der
AUFBAU-Verlag wurde im Zusammenhang mit der LADEN-Trilo-

gie in den Publikationen des Westens genannt. Man nährt die Aussicht, dass sich das bei einem nächsten Buch von mir wiederholt.

Ich zweifle daran. Was ist wiederholbar? Wer weiss (ausser Evchen vielleicht), dass die Geschichten über Leute und Verhältnisse unseres Vorwerks so etwas wie eine kindliche Prahlerei sind, von der ich jetzt nur unter Schwierigkeiten loskomme. Entweder ich schreibe sie, oder ich muss zugeben, dass es mir mit dem Versprechen so ernst nicht war. Ich muss das mit einer Geschichte aus meiner Bohsdorfer Schuljungenzeit zu erklären versuchen.

17. März (Mittwoch)

UNSERE ISLANDPFERDE brachten wir diesen Winter nicht in die grossen Koppeln nach ausserhalb. Sie blieben am Haus. Man musste sie nicht morgens hinaus führen und am Abend heim holen. Ausserdem sparten wir den Trinkwasser- und den Heutransport. […]

DIE AMEISEN AM WEG ZUM SEE sind schon wach. Sie machen ihre ersten Ausgänge recht vorsichtig und setzen ihre Beine so bedachtsam, als kämen sie aus Streckverbänden. Gewiss werden sie ächzen. Wenn man kein alterndes Gehör hätte, mit dem man durch den letzten Teil seines Lebens muss, dürfte man es hören.

DER SEE FING DIESER TAGE an zu reden. Er redet mit den Stimmen der Stockenten, der Haubentaucher, der Blesshühner (hierzulande PriesterEnten genannt), das Knurren der Schwanenhähne rundet das vielstimmige Seegeplauder wie TubaTöne.

FÜR JUNG ARAB ist die Welt voller Feinde, die er erlegen oder wenigstens zur Ruhe bringen muss. Der letzte Sturm hat viele grün-borstige Kiefern-Äste in allen Grössen auf die Wege geschleudert. Das sind Arabs Feinde. Sie verstellen ihm seinen Weg, obwohl er sie leicht umgehen könnte (wieso er, weshalb nicht sie?), er nimmt sie an und schüttelt sie durch, als wären sie irgendwelches Getier. Manche Büschel schleppt er eine Strecke lang mit und schüttelt sie immer wieder. Das sind seine »erledigten« Füchse und Dachse.

Oder er zerrt knurrend an herausstehenden Baumwurzeln. Sie

bieten Widerstand. Für ARAB handelt es sich dabei um einen Rivalen, der von der anderen Seite zerrt. Er vermag nicht zu erkennen, dass der Rivale, wenns einer wäre, in der Erde sässe. Der Widerstand ist wichtig. Da hat er was von einem Ideologen, der dumme Hund.

19. März (Freitag)

ICH MACHE DIE ERSTEN VERSUCHE, meine VORWERKS-Geschichten niederzuschreiben. Wieder gehe ich dabei so vor, als hätte ich noch nie ein Buch geschrieben. Ich schreibe mit Bleistift in ein Diarium mit roten »Kaliko«-Schalen. Wenn ich eine Seite niedergeschrieben habe, gehe ich mit dem Radiergummi hinein, tilge ganze Sätze aus und erneuere sie. Ich bin fast sicher, dass ich in dieser Art nicht weiterschreiben werde, aber vielleicht grabe ich mich damit an die Stelle heran, an der ich auf den Erzählfluss stosse, den diese Arbeit verlangt. [...]

22. März (Montag)

[...]

WIR SIND VON KROKUSSEN eingezäunt. Am schönsten sind die dunkel-violetten und die knallgelben. Die Knospen an allen Sträuchern und Bäumen rühren sich. Ich hocke auf meinem Sitzstock und lausche. Die Amsel hat sich noch nicht freigesungen. Sie lässt nur die Hälfte ihrer Strophe hören. Meinen Sitzstock habe ich bisher ungeschickt benutzt – die Stock-Zwinge nach vorn. Sie muss aber nach der Seite hin abstehen, dann sitzt man bequemer. Den rechten Gebrauch lernte ich dieser Tage merkwürdigerweise vom Strauss-Sohn, der es im Fernsehen vorführte. [...]

27. März (Sonnabend)

[...]

Es ist nicht zu leugnen, der grösste Teil meines Tageslaufs gehört zur Zeit der Erziehung des Junghundes, der Beobachtung meines Blutzuckerstandes. (Dreimal täglich messen und registrieren). Auch die Beobachtung der Kalorien-Menge meiner Mahlzeiten fordert Aufmerksamkeit. Das Groschenheft ist das einzige, was zur Zeit nicht zu kurz kommt, von der eingehenden Post wird nur das Allernotwendigste beantwortet. Die literarische Arbeit muss sich mit unzulänglichen Versuchen begnügen. Eva nimmt das wahr, obwohl sie selber von immer wieder neuen Unpässlichkeiten heimgesucht ist. Alles Verkleidungen der psychologischen Belastungen, die von Sohn MATTI und dessen Schicksal ausgehen. [...]

Alles richtig und nicht richtig, denn bei allem anscheinend Unwichtigen, was ich tue, bin ich stille, übe Gelassenheit und erfahre, dass es keine unwichtigen oder wichtigen Tätigkeiten gibt, sondern, dass es drauf ankommt, mit welcher Haltung man das tut, was man tut. Keine unserer Tätigkeiten darf vordringlicher sein als die andere. Dort liegt das Glück versteckt.

Man muss genug stille sein, damit Innen- und Aussenwelt in einem harmonieren (zur Ruhe kommen). Das kann man eigentlich in jedem Augenblick erreichen.

28. März (Sonntag)

AUFZEICHNUNGEN – soll ab heute (wer weiss wie lang?) der Untertitel meiner neuen Arbeit heissen. Der Haupttitel soll VOR DER VERWANDLUNG heissen. Er war ursprünglich für den LADEN III vorgesehen.

Recht kindisch – spür ich, wenn ich es niederschreibe, als sei es eine lebensverändernde Erkenntnis. So recht wie ein Anfänger, der den Titel des Romans kennt, den er schreiben wird, wenn die Verhältnisse es ihm erlauben.

Nein, ich habe mit Eva gesprochen. Ich habe es provoziert. Unsere Tage mit der gemeinsamen Stunde auf dem Ledersofa sind schon wieder Vergangenheit. Eva liegt um diese Zeit, wie überhaupt die längste Zeit des Tages im Bett. Ich setzte mich zu ihr und redete über meine derzeitigen Versuche, an den Stoff, der mir vorschwebt, literarisch heranzukommen. Ich hatte gemerkt, dass der Anfang, der zunächst anziehend auf mich wirkte, nicht zügig in das, was ich zu sagen zu haben wähnte, hineinführte. Immer wieder fing ich von vorn an und schnitzelte aus Unbehagen am Detail herum. Das ist stets verdächtig. Ich erzählte Eva also den Anfang, mit dem ich experimentiere: Ich suche ein Heidenlerchen Nest und finde statt dessen ein Hühnernest auf der Heide, das sich als »Kasse« eines Bordells erweist, in die zwei siebzigjährige Männer [...] für die Lust mit einer geistig-beschränkten Hure um die Wette einzahlen.

Eva verwirft diesen Anfang. Er zerbricht die Poesie, mit der alles anfängt. [...] Sie empfiehlt mir, die neue Arbeit nicht hie und da, sondern von vornherein kosmisch anzulegen. Es müsste mein am wenigsten von irgend einer Ideologie abhängiges Stück Prosa werden. Ich hätte mir mit den LADEN-Romanen so viele Sympathisanten erschrieben, dass mir zugehört wird bei allem, was ich sage.

Das ist richtig, aber ich sags gleich: ich will niemand bekehren, sondern wieder mit der Haltung schreiben, es könnte da etwas übersehen worden sein, was nur ich auf Grund meiner Individualität erkennen konnte.

[4. April bis 7. April (Sonntag bis Mittwoch)]

ZUGUNSTEN DER AUFZEICHNUNGEN hier im Groschenheft nicht eingeschrieben. Wieder ist ein Einstieg gefunden, aber obs der richtige ist? Ich bin unsicher. Weshalb fällts mir so schwer, einen flüssigen Anfang zu finden? Ist meine Zeit aus?

[...]

EVA hats so mit ihrem Ischias zu tun gekriegt, dass sie sich zu einer physiotherapeutischen Behandlung in Gransee entschloss. Nun war sie unerwarteter Weise zur dritten Behandlung. Es lindert. [...]

[8. bis 12. April (Donnerstag bis Montag)]

NICHTS EINGESCHRIEBEN. Keine Lust. [...]

AM SONNABEND ILJA mit seiner »Iltisfrau« und den angeheirateten wohlerzogenen und hübschen Kindern. [...]

Die erste Verdichtung eines Stück meines Lebens, der AutoUnfall vor einem Jahr, scheint geglückt zu sein. Zur Zeit sehe ich kein Wort, das austauschbar wäre oder gestrichen werden müsste. Sie sollte den Anfang für die geplanten AUFZEICHNUNGEN abgeben. Es sollte die Geschichte von der angedrohten Erschiessung nach dem Kriege in Wallern, dann der ungewollte

Selbstmord von Altmutter FÜLSTER folgen. Vor allem fing mich die Absicht an zu belästigen, didaktisch daherzukommen. Da wollt ich den Lesern vergegenwärtigen, sie müssten jene Augenblicke ihres Lebens, in denen sie per Instinkt gewahr werden, dass sie gebraucht werden, dass die Welt nicht ohne ihr Vorhandensein bestehen könnte, festhalten und pflegen. Sie dürften sich diese SICHERHEITEN nicht von Alltäglichkeiten, die auf sie einstürzen, aus den Händen nehmen lassen.

Das wäre so gewesen, als würde ich wieder einer Ideologie verfallen sein. Ich spürte die Gefahr, war gegen eine Mauer gerannt, konnte nicht weiter, und wurde unglücklich an Leib und Seele.

Am tiefsten Punkt offenbarte ich mich meinen beiden liebsten Menschen. Erstaunlich, wie gut Jakob erfasste, wo der Umstand sass, der mich bremste. Und Eva schlug vor, schreib doch nieder, was dich täglich bewegt. Ich: Das schreibe ich ja ins Tagebuch.

Eva: Weshalb doppelte Buchführung?

Das leuchtete mir sofort ein. Alles wurde einfach. Keine Einstiegsschwierigkeiten. Von den aufgeschriebenen Tagesereignissen her lässt sichs nach allen Seiten weitergehen. Alle Punkte, die ich bei meinen Spaziergängen anlaufe, sind »geschichtsträchtig«.

Die Sonne geht wieder einmal auf. Hoffentlich scheint sie längere Zeit.

Die Groschenhefte allerdings werden magerer beschickt werden.

19. April (Montag)

AM MITTAG STAND DER WIND still. Ich führte ARAB ums Grundstück. Die Krähen schrien. Stare und die ersten Schwalben flogen, andere Vögel sangen, der Hahnenfuss und der ZwergStorchschnabel blühte – ein Frühlingstag, wie man ihn in Gedichten findet.

AM ABEND DIE GRAUE KEHRSEITE. EVA bekam UnterleibsBlutungen. Entsetzen. Wird ein Blutsturz folgen? Gegen Mitternacht liess der Blutfluss nach.

ETWA ZUR GLEICHEN ZEIT STARB IM KRANKENHAUS IN NEURUPPIN SCHWIEGERMUTTER HEDWIG.

Ich spüre, dass zwischen den beiden Vorgängen ein Zusammenhang besteht. Eva weist ihn strikt zurück. Bei Evchen handelte es sich um SchleimhautBlutungen. Die Gewissheit (?) wurde ihr, als sie den sogenannten Beipackzettel des Medikaments las, das sie in den letzten Tagen mehrmals eingenommen hatte.

[1. bis 6. Mai (Sonnabend bis Donnerstag)]
Das Groschenheft vernachlässigt. Man sieht es.

Mit meinen AUFZEICHNUNGEN kam ich jedoch täglich ein Stück voran. Das ist wichtiger, wie mir scheint. Nach jedem Diktat (am Vormittag) ist meine Kraft dahin. Ich meine wunder was geleistet zu haben. Das Abdiktieren von BriefAntworten ekelt mich an, bevor ich damit anfange. Ich diktierte die lange fällige Antwort auf einen Brief von Alfred Wellm und blieb darin stecken. Ich ging ihn wohl auch zu hart an, weil er Eva und mich beim letzten Besuch dort oben im Norden beschimpfte.
[…]

Zwei längere Nachmittags-Spaziergänge. Das Gehen fällt mir wieder etwas leichter.

Henry hat die Kröte, die im Stall-Keller überwinterte, ins Freie gesetzt. Jetzt trillert (balzt) sie nachmittags zwischen Bach- und Brandmauer.

Auf einmal war am Donnerstag GÖTTE da. Nachmittag – wie seit dreissig Jahren, unangemeldet. Es war nicht mehr mein alter Horst, der einen mit Zuversicht bewirten konnte. Er war krumm verbogen, die Jugendfrische war ihm aus dem Gesicht gekrochen. Noch hält er seine »versammelten« märkischen Güter mit allen Kräften, hat keine Schulden gemacht, keine Kredite angefordert, aber er weiss nicht so recht, wem die Güter gehören und für wen er sie »am Leben« erhält. Morgen kann jemand kommen, kann sagen: Ich hab das hier alles gekauft und kann Horst den Laufpass geben. […]

1. Juni (Dienstag)
BEMERKENSWERTER VORGANG
Seit Monaten, Monaten – ein Reitversuch. Schon beim Satteln komme ich ausser Atem. Der Sattelgurt zu kurz für den Grasleib

von NURID. Wieviele Male habe ich das Reitvorhaben in den Tagen vorher bedacht und durchdacht!

Dann steh ich auf dem Aufsitzbänkchen und kriege das rechte Bein nicht über den Pferderücken und Sattel. Steif, steif! Erst beim fünften Mal glückt es. Dann spüre ich, die Steigbügelriemen sind (in der Länge) ungleichmässig eingestellt. [...] Der Stute missfällt der schief hängende Sattel. Sie will zunächst nicht vorwärts, dreht sich in der Runde, will zum Wallach ins Gatter, fügt sich aber dann doch. Ich reit in die Torfwiesen, um zu erkunden, ob Henry angemäht hat. Die ganze Zeit muss ich mit viel Kraft den linken Steigbügel belasten, damit der Sattel nicht auf der rechten Seite herunterrutscht. [...]

Dieser Ritt, er hätte mit einem unberechenbaren Sturz enden können, wenn die NURID nicht so sanft und gehorsam gewesen wäre. Ich tätschele sie und bin geschwitzt bis in die Stiefel hinein. Ich könnte die Stute küssen, wenn ich nicht so keuchen würde, so ausser Atem wäre.

Der Charakter der Stute ermutigt mich, es doch wieder und weiter zu versuchen und das Reiten noch nicht aufzugeben.

1. Juli (Donnerstag) bis 5. Juli (Montag)
[...]

MIT DEN AUFZEICHNUNGEN gehts also Schritt bei Schritt weiter. [...]

ARAB zu erziehn, fürchte ich, bin ich schon zu alt. Meine Beine sind nicht mehr jung genug, um ihm die Bewegung, die er braucht, zu verschaffen, obwohl ich täglich an zwei Stunden draussen bin. Und mit der Reiterei komm und komm ich nicht ins Geschicke.

Ab und zu lässt sich die Grasmücke noch hören, aber die Amsel ist die fleissigste Vögelin. Und der Gesang der Amselriche bleibt anmutig bis zur letzten Strophe. Es war schon richtig, dass ich sie als Leitvogel durch den WUNDERTÄTER II ziehen liess. [...]

9. Juli (Freitag)

WENN ICH EINE PISTOLE HÄTTE, würde ich mich dann erschiessen, so schlecht und schlapp, wie ich mich augenblicklich fühle?
Es wäre möglich.

Wäre es angebracht, eine Pistole anzuschaffen für den Fall,
dass sich solche Phasen von Lebensüberdruss in immer kürzeren
Zeitabständen einstellen? Darüber lässt sich noch nichts Bündi-
ges sagen.

13. Juli (Dienstag) und 14. Juli (Mittwoch)

[...]

Noch immer ruft der Kuckuck, singt der Amsel und der Pirol
stösst ab und zu in seine Flöte.

Noch immer bin ich nicht geritten. Was ist das für eine Über-
Vorsicht in mir, besonders da ich nun doch weiss, dasss da kein
zweiter Leistenbruch vorhanden ist.

Es ist LabkrautZeit. von den Wegrändern duftets.

Die ersten fünfzig Seiten von den AUFZEICHNUNGEN liegen in
Maschinenschrift vor mir. Noch ein arges Durcheinander von
Zeitebenen, aber im Kern – nicht von der Hand zu weisen. Das
Misstrauen gegen das, was ich mache, ist Gottseidank da.

14. Juli (Mittwoch) bis 18. Juli (Sonntag)

Wer jetzt seinen Urlaub hat, die einzigen zusammenhängenden
freien Tage im Jahr, dem geschieht vom Wetter her Unrecht.

Am Freitag Journalist STADE und sein Fotograf aus Erfurt. Was
sie richtig wollten, war nicht zu erkennen, vielleicht etwas zum
81. Geburtstag aus mir rausholen. Sind Sie zornig über die jetzigen Verhältnisse? fragte ST. – Wie sollte ich? Ich würde mir die
letzten Lebenstage vergällen, mir schaden. Ausserdem habe ich
finanziell nicht zu klagen. Ich bin eine Ausnahme zwischen allen,
die da klagen und behaupten, es gehe ihnen schlecht. Ich weiss
selber nicht, wie es kommt, dass mich das Leben derzeit bevor-
zugt. Ausserdem gehts allen, die da klagen und ihre Arbeitslosigkeit bejammern, noch nicht schlecht. Nein, es geht noch nicht
allen schlecht. Sie werden sozial abgefangen, wie es so schön

heisst, aber eines Tages wirds damit zu Ende sein, und es wird vielen wirklich schlecht gehen, und es wird Aufstände geben und die Radikal-Chauvinisten werden »deutsche Ordnung« herstellen. Das wird manchen sogar zunächst recht sein. Ehe sie sich umsehen, werden sie wieder unter einer Diktatur kuscheln und müssen die Schnauzen halten.

Aber darüber jetzt sprechen? Nein! Alles, was hinterm Jahr zweitausend liegt, geht mich nichts mehr an. [...]

21. Juli (Mittwoch) bis 25. Juli (Sonntag)
Charakterlose Hochsommer-Tage. Oft schon morgens die Vorhänge herunter. Kurze, heftige Regen. Danach stechende Sonne. Die Luft verklumpt. Die Füsse werden schwer, als ginge man durch Moor.

Sohn Knut auf Blitzbesuch. Er zeigt mir ein Foto von seiner Mutter. Da ist sie zehn Tage vor ihrem Tod zu sehen. Ich erwog, ob ich sie erkannt hätte, wenn sie mir auf der Strasse begegnet wäre. Ich hätte nicht. Sie sah so aus wie die Leichen reicher Amerikaner. Der Unterschied: Nicht ein Leichenausschmücker, sondern sie selber hatte sich maskiert, bevor sie sich fotografieren liess, anders liess sie es nicht zu. Himmel, mein lieber Himmel, das war nun das Mädchen, in das ich mich vor sechzig Jahren verliebte, das ich heiratete, das mich bis dorthin trieb, wo im Menschen der Irrsinn beginnt, als es untreu wurde und mich verliess.

Andererseits – hat das Leid, das sie mir verursachte, nicht meinen Drang zum Schreiben bis zur Kunst hin komprimiert? [...]

29. Juli (Donnerstag) bis 1. August (Sonntag)
ALLE TAGE REGENSCHAUER, AUCH GEWITTER, die von stechender Hitze abgelöst wurden. Wenn die Sonnenstrahlen durch die wassersatte Luft dringen, gehen sie wie durch ein Prisma oder Brennglas und treffen auf uns Menschen wie Nadelstiche der Götter.

DIE ZEITUNGSREDAKTEURIN V[...] mit ihrem Mann [...]. Alte Genossen. Die Gespräche drehten sich um die Nöte der Zeit:

Arbeitslosigkeit, Korruption und die Durchstechereien der sogenannten Treuhandgesellschaft. Ich mag das mit meinen achtzig
Jahren nicht mehr hören. Von Zeit zu Zeit nimmt mein Speichel
wie vor dem Erbrechen eine andere Geschmacksfärbung an. Dieses Trauern um die verlorenen Verhältnisse in der verklungenen
Diktatur, ohne zu bedenken, dass sie zum Schluss nur noch eine
Fiktion war, die sowieso zugrunde gegangen wäre.

EINE ANDERE WENDUNG nahm die Stimmung gegen Abend, als
Sohn Jakob mit seiner Tochter Nele und deren Mutter Annette
eintrafen. Vergnüglich, ein Wesen vor sich zu haben, das vom
Umgang mit der Grossfamilie STAAT nichts weiss und in der
schönsten Zeit eines Menschenlebens, in der Existenz ohne
Pflichten steckt. So leben die Engel im Himmel und auf Erden.
Die kleine Nele ist gewachsen. Ihr Wortvorrat hat zugenommen.
Sie drückt sich schon recht geschickt aus. Sie ist sich ihrer Kind-
Königinnen-Rolle bewusst, lässt die Erwachsenen ihrer Umgebung tanzen und springen, hält für selbstverständlich, dass sie ihr
hörig sein müssen, ist lustig, wenn sie lustig und müde, wenn sie
müde ist, lässt auf dem Teller, was ihr nicht schmeckt und vertritt
souverän die Gattung Vollmensch.

Eva lacht laut über ihre Enkel und das hat man seit Wochen
und Monaten nicht gehört. […]

2. August (Montag) bis 6. August (Freitag)
WIR SIND GRAU GESTIMMT. Ich versuche, dagegen zu sein. Die
Schatten von MATTIS unheilbarer Krankheit decken nun auch
hier im Hause jedes Sonnfleckchen zu.
[…]
NUN STEHT WOHL FEST, dass es mit der Reiterei bei mir zu
Ende ist. Wieder holte ich mir die Schimmelin NURID abends aus
dem Offenstall, besattelte sie ohne Unterlage mit dem Islandsat-
tel, verschnallte die Steigbügel um zwei Loch höher und benutzte
beim Aufsitzen das erhöhte Aufsitzbänkchen. […]
NURID eiferte mit mir los. Schon auf dem halben Wege zur
Manegenkoppel bemerkte ich, dass der Sattel nicht festsass. Entweder fehlt mir schon die Kraft, ihn so anzuziehen, wie es nötig

ist, oder NURIDS unförmiger Grasbauch lässt das nötige Anziehen nicht zu.

Ich ritt in die Manege, wollte vorsichtshalber gleich absitzen. Wieder kriegte ich das rechte Bein nicht über den hinteren Sattelrand. Ich probierte und probierte, kam ins Schwitzen, fürchtete, ich müsste mich bewusst herunterfallen lassen. Das wäre ohne Knochenbrüche nicht abgegangen, aber es war doch niemand in der Nähe, der mir hätte helfen können. Ich keuchte, spürte wie der Schweiss in den Stiefelschäften an den Waden herunter rann. Ich versuchte als Letztes, das rechte Bein wenigstens bis auf den Stutenrücken zu schwingen. Das gelang mir. Erschöpft, wirklich erschöpft rutschte ich von der Stute. Die war geduldig, rührend geduldig, als hätte sie meine Not begriffen. Ich schob die Bügel hoch und liess dabei die Zügel aus. Das habe ich in meiner ganzen Reiterzeit nie getan, aber jetzt tat ich es, und das Stütchen benutzte die Gelegenheit und riss aus, rannte mit klapperndem Sattelzeug durch den Garten nach vorn auf den Hof.

Zwar war das nicht das erste Pferd, das mir, weil ich mich ungeschickt verhielt, davonrannte, aber das hier war der Punkt.

ICH DIKTIERTE WEITER. Die Aufzeichnungen werden wohl doch den vor Jahren für den LADEN III vorgesehenen Titel VOR DER VERWANDLUNG tragen. Wenn sich auch bereits die ersten Schwierigkeiten sichtbar machten. Sie werden behoben. Sie wurden stets behoben. Ich bin froh, dass ich wieder ein Buch schreiben kann. […]

29. August (Sonntag)

Schon vor Jahren sagte und schrieb ich: Wenn du im Freien stehn bleibst, fangen sich an, die Dinge und Tiere um dich her zu bewegen. Jetzt hat mich mein Leben mitten in die Praxis hineingeführt. Beine und Füsse sind gehensmüd. Keine Viertelstunde vergeht, ohne dass ich meinen Sitzstock »zu Rate« ziehen muss. Ich setz mich vor eine Wiesen-Pippau. Ihre so hellgelben Blütenblätter enden rechteckig. Wie mit der Schere beschnitten. Warum? Aus welchem Grund? Zu welchem Nutzen?

Ein kleiner Kohlweissling kommt. Er setzt sich in das hellgelbe

Nestchen aus Blütenblättern. Er ruht wohl nur ab. Zu holen scheint dort für ihn nichts zu sein.

Der Vorgang ist ein Anstoss, mich an einigen Abenden theoretisch mit dem Leben der Schmetterlinge zu befassen. Die »Schmetterlingswelt« tut sich für mich auf. Auch die Ameisen, die Bienen und die Flöhe haben ihre Welt. Es gibt tausende von Welten. Uns wird von Kindheit an gesagt und gesagt, die Menschenwelt sei die wichtigste. Mir ists, als hörte ich eine Spinne kichern. Sie sieht mir aus ihrem Netz in der Fenster-Rahmen-Ecke beim Schreiben zu.

4. September bis 7. September

VIEL ZU KÜHL und viel zu herbstlich schon. Der Pirol davon, die Schwalben zwar davon, aber sie kommen noch einmal wieder. Jedes Jahr veranstalten sie eine grosse Zusammenkunft an der Müritz. Sie scheinen dort über den endgültigen Abgangsflug nach Afrika zu beraten. Dann kommen sie nochmals für einige Tage zurück, und sie sitzen wie dicke Tropfen auf den Telefon- und Elektrodrähten und sprechen die »Anweisungen«, die sie in der grossen Zusammenkunft erhielten, nochmals in kleinen Gruppen durch. Und das tun sie in Schulzenhof. Alle Schwalben, auch die aus Dollgow, vielleicht auch aus Menz. Es sind tausende. In Schulzenhof dürften nicht mehr als hundert geschlüpft sein. Man kann hier die Nester zählen.

FRAUENMANTEL heisst die Pflanze, um die ich mich zur Zeit kümmere. Ich entdeckte sie vor Jahren an der Buschbrücke. Wie ich feststelle, trug ich einen anderen Eindruck von ihrem Aussehen mit mir umher. Ich will sie in meinen AUFZEICHNUNGEN erwähnen. – Da bin ich in den letzten Tagen ein Stück weitergekommen. [...]

18. September bis 19. September

NIE IN DEN LETZTEN JAHREN hat das Tagebuch wohl so schmachten müssen wie heuer. Woran liegt es? Reichen die Kräfte nicht aus? Schlafe ich zu oft am Arbeits-Rolltischchen ein? An Tagen, da ich an den neuen Aufzeichnungen arbeite, fühle ich mich wie ausgezehrt.

Das lange langsame Hinsterben von Sohn MATTI zermalmt Eva. Sie sitzt mehrmals am Tage beim Telefon und schmachtet nach Hoffnungszeichen. Wenn eines aufflammt, verlischt es tagsdrauf wieder. [...] Ich schrieb ihm einen Brief mit Zusprüchen, bat ihn, sich nicht aufzugeben. Von dem Brief wusste er nichts, obwohl seine Marina ihn ihm vorgelesen hat.

[...]

[30. September (Donnerstag) bis 2. Oktober (Sonnabend)]
7 technische Spezialisten
1 Regisseur (Werner)
1 Frisöse
1 Moderator (Alexander U. Martens)
hielten meine Arbeitsstube für zweieinhalb Tage besetzt. Sie stellten das Mobiliar um. Die Apparate krochen in die frei gewordenen Raumteile. Sie zerstörten das Fluidum meines Arbeitsplatzes. In der Mitte der Arbeitsstube standen sich jetzt mein entwurzelter Arbeitssessel und ein Besuchersessel gegenüber.

Das war die Konstellation und so sah es aus, als mein Part für die Sendereihe ZEUGEN DES JAHRHUNDERTS aufgenommen wurde. [...]

Ich weiss nicht, ob das Unternehmen gelang. Mir scheint, es war eine Aufreihung von einmal zufällig missglückten im Wechsel mit zufällig geglückten Fragen und Antworten. Die Art, wie ich in letzter Zeit zu den Menschen und zu der Welt stehe, konnte ich nicht verdeutlichen. Ich habe es halb und halb geahnt, und ich habe geschwankt, ob ich das eine Stunde lange Gespräch führen sollte oder nicht. Aber zuletzt willigte ich doch ein. Wars die Alterseitelkeit, die mich dazu bewog?

Der hintere Teil unseres Wirtschaftshofes machte den Eindruck, als hätten wir im Frühjahr die Samen für vornehme Autos ausgesät, die herangewachsen waren und die nun in der Nähe der mit reifen Früchten bestückten Apfelbäume standen.

7. Oktober (Donnerstag) bis 12. Oktober (Dienstag)

FAHRT NACH BOHSDORF

[...]

VOR DEM ELTERNHAUS stehen, nicht hineingehen. [...] In drei Büchern hat man das Leben, seines und das von Verwandten und Bekannten beschrieben. Viele, viele Menschen lesen und lieben diese Bücher. Und nun das Widerstreben in mir, dieses Haus zu betreten. [...]

DIE KLEINE JOHANNA PETER in Graustein. Eine entfernte Verwandte. Siebzig Jahre alt. Ich lernte sie erst vor zehn, zwölf Jahren kennen. Ihre Mutter war meine letzte Bekannte aus meiner Grausteiner Kindheit. [...] Ihre fröhliche Diesseitigkeit inspiriert mich. Vor allem spricht sie noch PONASCHEMU. Ich machte Tonaufnahmen und ass meine obligate Bockwurst, liess mich von Johannas PONASCHEMU einlullen und lebte eine Weile in der Kindheit, in der Grausteiner Kindheit. [...]

IN VIELE LANDSCHAFTSWINKEL kroch ich per Auto. Sie haben mich vor Zeiten angezogen, und sie hatten sich trotz Krieg und allem, was über sie hinging, erhalten. Sogar mancher Baum, der mich vor siebzig Jahren beeindruckte, war noch da, so zum Beispiel die alte Eiche zwischen Kirche und »Gemeindesaal« in Hornow, sie stand noch immer da, als könne ihr die Zeit nichts anhaben oder als Bestätigung, dass die Zeit eine menschliche Erfindung sei, mit der sie sich im Leben ein wenig zurechtfinden. [...]

Und bei allem, was ich sehe, ists mir, als sei es das letzte Mal. Sitzt ein rechthaberischer Tod ganz vorn in mir. Sicher bin ich nicht. Noch wehre ich solche Gedanken mit der Gegenthese ab: Deine Einbildungskraft war stets eifrig.

28. Oktober (Donnerstag) und 29. Oktober (Freitag)

[...]

IRGENDWELCHE Viren benutzen in aller Unschuld meine alternde Lunge als Acker von dem sie ihre Art ernähren. Da rührts her, dass ich immer mühsamer atme.

Es war eine dürre Geburtstagsfeier, und die, besonders die

Leute aus dem Dorf, die der Bruder erwartete, blieben aus. Eva behauptet, sie wären nicht gekommen, weil sie unzufrieden mit dem wären, was ich im dritten Band des LADEN-Romans über das Heimatdorf geschrieben hätte.

Das ist noch nicht geklärt. Vielleicht lässt es sich auch nicht klären.

[...]

MANCHEN TAG ist mir, als sei der Eiserne Vorhang in mir heruntergegangen und die Schauspieler, die ich beschwöre, rühren sich nicht, spielen nicht.

Leider häufen sich solcherlei Tage.

12. November (Freitag) bis 15. November (Montag)

VOR DER KOPPEL

Die beiden Pferde sehen mich an, als ob mich Verwandte ansehen, die einander lange nicht begegneten, die lange keine gemeinsamen Erlebnisse hatten. Wir werden einander fremd. Was die beiden Isländer empfinden, weiss ich nicht. Mir wollen Tränen in die Augen. Ich spiele ihnen vom Band ab, was ich soeben leise draufsprach. KRAPI erkennt meine Stimme. – Ein winziger Trost.

[...]

DER SCHWEFELIGE GERUCH der Thermenwässer aus der Slowakei kriecht aus meinem roten Bademantel. Ich ziehe ihn an. Ein besonderer Tag: Wenn ich mir das Insulin gespritzt habe, das ich zum Weiterleben benötige, wenn ich die Medizin getrunken und die Pillen geschluckt habe, die mir garantieren, dass mein Weiterleben einigermassen schmerzlos verläuft, werde ich gegen meine Tagesordnung verstossen und im Bett bleiben. [...]

16. November (Dienstag) bis 18. November (Donnerstag)

NUN MUSS ICH MANCHE von meinen Zukunftswünschen loslassen. Zum Beispiel die kleine Shetland-Pony-Kutsche, gelenkig und gut gefedert. Mit ihrer Hilfe wollte ich die Waldwinkel aufsuchen, die ich früher als Reiter aufsuchte. Auch das Fahrrad, mit dessen Hilfe ich früher die Waldwege erwanderte. Alles halb so schlimm, wenn ich nur mein Buch noch fertig schreiben könnte. Schweig still mein Herz!

Wenn ich nur noch eine Weile ohne Schmerzen schreiben könnte!

Irgendwann wird man auch den guten Freunden mitteilen müssen, dass man jetzt jedes Minütchen Zeit braucht, um sich für die GROSSE REISE zu rüsten. Man [wird] es ihnen mit wenigen Worten mitteilen müssen, nur nebenbei.

Jetzt heisst es mit den Augen von drüben betrachten, was hier geschieht. Jetzt heisst es von drüben aus bestimmen, was hier noch getan werden muss.

WENN DU DENKST – das würdest du jetzt am liebsten nicht tun – oder das würdest du am liebsten tun. Heute bleibst du im Bett. – Morgen stehst du später auf! Dann ist es für mich wie eine Erlaubnis oder eben die Erfüllung eines heimlichen Wunsches. Ich tu etwas mit gutem Gewissen, und das ist die halbe Heilung.

6. Dezember (Montag)

ICH LASSE keine Reparaturen mehr an mir vornehmen. Wie gestelzt und amtlich!

Ich lasse mich nicht mehr reparieren. Wie natürlich!

DER DRITTE längere Spaziergang. Lang – das ist jetzt dreimal hundert Meter.

DIE VERWAISTEN Islandpferde liegen lang gestreckt auf der Koppel. Sind sie krepiert? Ich habe nie beobachtet, dass »gestreckt« und »verreckt« so nah beieinander liegen. Wahrscheinlich ist eines der Wörter aus dem anderen herausgewachsen, aber welches aus welchem?

ENDLICH WIEDER Kraftsport, scheint ARAB zu denken, sucht sich Kiefernzweige, die er bewältigen kann, steift das Genick und trägt sie vor sich her.

DIE LUFT fliesst frei in meine Lungen. Kein Widerstand mehr von innen wie etwa vor drei Wochen noch.

ARAB STELLT sich vor KRAPI hin: Machen wir ein Spielchen? Sie stehen voreinander, senken die Köpfe, strecken die Hälse wie Hähne, die kämpfen wollen.

10. Dezember (Freitag) bis 18. Dezember (Sonnabend)
Was brächte es, wenn ich aufschriebe, wie krank ich bin, und wie
es mir täglich schlechter als besser geht. Man sprach zuweilen
vom Sterben, als fürchte man sich nicht davor. Das Bewusstsein
erlischt und man geht davon, die Hauptsache, man bleibt von
körperlichen Schmerzen verschont.

Aber das Loslassen, das Loslassen ist schwerer, als man gedacht
hat.

Am 15. nachts lief meine Sendung »Zeugen des Jahrhunderts«.
Ich bin zufriedener, als ich voraussah. Allerdings hätte ich gern
noch dies oder das gesagt, aber der Zeitplan war schon so um
zwölf Minuten überzogen. Das Echo ist (bis jetzt) gering, aber
das war bei der Sendezeit, 24^h, zu erwarten.

22. Dezember (Mittwoch)
FONTANE habe ich zwar immer geschätzt, aber jetzt, da das Alter
mich in den Klauen hat, bemerke ich, dass ich ihn unterschätzte.
Es kommt dem Gehalt seiner literarischen Produktion zugute,
dass er erst mit sechzig Jahren und nach vielen Lebenserfahrun-
gen seine Romane schrieb.

Nun warte ich auf ein Sauerstoffgerät, das der ROTE BARON
erfand. Es war mir bisher nicht sympathisch. Aber nun, nachdem
ich bei den alten Chinesen, die mir oft schon gute Ratgeber waren, gelesen habe, wie wichtig die erhöhte Zufuhr von Sauerstoff
für alte Menschen ist, bin ich darauf eingeschwenkt. AMEN!

BLACK OUT

1994

HEUTE IST SONNABEND, der 1. Januar 1994
Die Sonne ist abwesend. Den ganzen Tag. Von Zeit zu Zeit fällt
feiner Rieselregen. Die Pferde grasen wie zwei angefeuchtete
Schwämme auf der Hauskoppel. In der Diele schwebt Tannen-
duft.

Ich schreibe mit aufgesetzter Sauerstoffmaske. Das erste Mal
mit dieser Maske. Das erste Mal trage ich nach dem 22. Dezember hier was ein. Der Apparat stösst in Abständen von einigen
Sekunden stöhnend Sauerstoff in die Leitung, die zu meinem
Munde führt.

Ein Stösslein Neujahrspost auf dem Rolltischchen neben mir.
Nicht dran zu denken, dass ich sie beantworte. So treiben sich
Stösse unbeantworteter Gratulationspost seit meinem achtzigsten Geburtstag, in Kartons und kleinen Körben aus Kiefernwurzeln, in meiner Arbeitsstube herum und tun, was sie nicht
tun sollten – belasten mich.

Am frühen Abend sitzen wir in der Diele, die Lichter am Weihnachtsbaum brennen. Wir hören Musik. Eva ist lieb. Sie fühlt mit
und bestimmt klug, wie ich mich verhalten soll, rät mir, wie und
welche Medikamente ich einnehmen soll, umsorgt mich Tag und
Nacht. Vor allem zerstreut sie meine Verdächte, meine letzten Lebenstage seien herum, obwohl sie selber nicht ganz sicher ist, wie
man ihr anspüren kann, produziert sie Zuversicht für uns zwei.
Dazu der Beistand von Sohn Jakob, zwar verhaltener, aber trotzdem intensiv spürbar. Er ist *der* von den Söhnen, der mir nah,
wirklich nah ist.

MEIN BEITRAG zu der Fernseh-Sendereihe ZEUGEN DES JAHR-
HUNDERTS steht nun da. Vordergründig gesehen, ein Dokument.
Genau hingesehen, enthält das Gespräch eine Menge Ungenau-
igkeiten, wenn nicht Unrichtigkeiten. Hervorgerufen wurden die

meisten durch die Fragen meines Partners Alexander U. Martens. Er hatte zu wenig von mir gelesen. Wie hätte ich mich davor schützen können? Hätte er sich vorher in dieser Hinsicht von mir prüfen lassen?

Merkwürdig war der Eindruck, den das Gespräch auf meine Söhne (Erwin und Jakob) machte. Sie sagten zu Eva, dass sie gelitten hätten, weil ihr Vater sich politisch für ein Leben rechtfertigte, das durch seine literarischen Leistungen längst gerechtfertigt ist. Es habe auf sie den Eindruck gemacht, als wölle ich mich politisch bei der neuen Herrscherclique anvettern. Sie hätten vor dem Umbruch nichts von meiner sozialdemokratischen »Herkunft« gehört und gewusst. Jetzt wird sichtbar, wie sehr sich proletarische Diktatur und sozialistische Ideologie in ihnen festsetzten. Und ich habe dazu beigetragen, habe vermieden, mit ihnen über die Mängel der Regierungsform, unter der sie aufwuchsen zu sprechen, wenngleich ich diese in meinen Büchern kennzeichnete.

Nun bin ich für die Söhne eine geistig schillernde Person, die im politischen Leben als *Renegat* bezeichnet wird.

2. Januar (Sonntag)

EIN TAG MIT EINEM BÖSEN ENDE. Am frühen Abend trafen Sohn Erwin und seine Freundin, die Sängerin N. ein. Ich hatte nicht vor, (Jakob war ja auch noch hier) mit den Söhnen über ihre geschilderte Einstellung zu meinem »Jahrhundert-Gespräch« etwas zu klären, aber da schlich sich teuflisch eine Gelegenheit heran. Eva und ich hatten eine Geburtstagssendung für die Schauspielerin KELLER gesehen. Obwohl wir beide nie grosse Verehrer der KELLER waren, gefiel uns die Geburtstagssendung, in der die K. mitwirkte, um und um. Wir erwähnten das beiläufig. Sohn Erwin nahm das zum Anlass, uns zu erklären, was alles an dieser Sendung, vor allem an den Parts der K. nicht gut war. Da stund in mir die vielleicht falsche Meinung auf, niemand hat das Recht, apodiktisch die Leistung von Kollegen seines Fachs niederzumachen, wenn er nicht selber mit besseren Leistungen aufzuwarten hat.

4. Januar (Montag)

Ich sprach es aus: Gibts für euch denn keine Leistung, an der ihr nicht zu nörgeln habt? Sohn Erwin hielt meine Frage sogleich für einen Hieb auf seine Kritik auf mein Fernsehgespräch. Ich hatte das nicht in der Absicht, aber (mir unbewusst) wird es wohl so gewesen sein.

Zunächst grosse Beleidigung. Eva liess mich Verachtung spüren. Ihre Liebe und Fürsorge für mich schienen dahin. Diese Haltung erschien bei ihr auch früher, wenn ich mit einem der Söhne in Meinungsverschiedenheiten geriet. Sie war stets auf Seiten der Söhne, auch wenn Recht und Logik auf meiner Seite waren.

Ich ächzte mich hinauf in meine Stube, hockte dort eine Weile, überlegte und kam zu dem Schluss, dass am unaufwendigsten sei, mich für mein »Vergehen« zu entschuldigen. Es ging mir drum, Versöhnung bei Eva zu erreichen.

Als ich runter kam, war der Besuch schon davon. Ich liess mir von Eva die Telefonnummer von Sohn Erwin geben. Sie gab sie mir unwillig. Ich entschuldigte mich, heulte halb dabei und spürte, wie Alterssentimentalität und Krankheit dabei sind, meine Persönlichkeit aufzulösen.

Sohn Erwin sagte (unüberheblich), ich müsse mich nicht bei ihm entschuldigen. Mein Ausbruch sei auf seine Kritik meines Fernseh-Interviews zurückzuführen, sei ihm auf dem Rückweg aufgegangen. Er habe die Mutter aber nicht autorisiert, mir seine Kritik zu übermitteln. Auch er hätte bei einer solchen Konstellation ähnlich reagiert.

Eva hatte meine Entschuldigung mit Genugtuung konstatiert, aber sie verzieh mir erst am nächsten Tage.

Die Auseinandersetzung hat mein soeben einsetzendes gutes Befinden wieder gemindert. Ich werde es nicht sein, der das Vorstehende nach Jahren liest und wahrscheinlich als bedeutungslos einstuft. Wer es tun wird, kann nicht wissen, wie sehr es mich in meinem augenblicklichen Zustand erleichterte, es niederzuschreiben und dass ich es unter der Sauerstoffmaske tat, unter der ich langsam, langsam zu gesunden hoffe.

Und damit soll das alte Jahr beschlossen sein.

5. Januar (Mittwoch)

Jeden Tag hocke ich nun ein- und eine halbe Stunde unter der Sauerstoffmaske und atme. Es scheint leicht und leise aufwärts zu gehen. Vor acht Tagen vermochte ich die Treppe zu meiner Stube mit dreimal Absetzen zu ersteigen. Jetzt bewältige ich sie an einem Stück, ohne ausser Atem zu kommen. Seit drei Tagen mache ich mittags einen behutsamen Gang bis an die Manegen-Koppel. Mein Befinden schwankt. Das scheint auch von der Aussentemperatur abzuhängen. Zu schaffen macht mir trotz RADEDORM, das anfänglich wirkte, die Schlaflosigkeit wieder.

Bruder Heini rief an. Er war stolz wie ein Schuljunge auf sein Telefon, das man ihm legte. […]

Allmählich treffen Meldungen von Freunden und Bekannten ein, die das nächtliche Fernseh-Interview zu »Zeugen des Jahrhunderts« gesehen haben. Sie hätten es gesehen, ja, aber auf den Inhalt geht der oder der nur mit ein, zwei Sätzen ein. Bin ich in dieser Beziehung für sie alle ein Fremder gewesen? Weshalb martert mich das?

Ich las etwa zehn Seiten des Manuskripts von VOR DER VERWANDLUNG. Der Text war zart und poetisch. Ich kriegte Lust, weiterzumachen. Vor allem empfand ich, dass Eva die ersten (es sind wohl an 50 Seiten) nicht lobte, um mich zu ermuntern. Ach, die liebe Eva!

Vor mir auf dem Abstelltisch in der blaugestromten tschechischen Vase das blühende Heidekraut, als wäre es gestern gepflückt. Eine Verlockung – weiter zu leben.

6. Januar (Donnerstag)

SOHN MATTI IST GESTORBEN

Es war, wie wenn das Licht ein Zeichen ausgeht. Eva und ich hatten uns zum abendlichen Fernsehen gesetzt. Das Telefon läutete. Eva nahm ab wie stets. Schwiegertochter MARINA rief von Mecklenburg herunter: MATTI ist gestorben. Eva sagte es mir mit ersten Tränen in der Stimme.

Dass MATTI sterben würde, wussten wir seit drei Jahren. Wir sprachen aber nicht davon, taten, als könnten wir den Tod zurückhalten, wenn wir ihn nicht offen benemen. Aber wenn am späten Abend das Telefon läutete, waren wir auf die Todesbot-schaft gefasst, ohne es uns einzugestehen und atmeten auf, wenn wer anders am Telefon war.

Jetzt aber lebten wir in einer Phase, in der es MATTI nicht allzu schlecht ging. Er ging mässig draussen umher, telefonierte mit Eva, war über die Feiertage daheim und soeben zu weiterer Be-handlung ins Krankenhaus gegangen, da präsentierte sich sein Tod als Überraschung. Lachend hätten sie zu Abend gegessen – so sein Zimmermitbewohner, danach hätten sie ein wenig ge-schlummert. Der Schlummer war die Fassade, hinter der sich der Tod heranschlich.

9. Januar (Sonntag)

WENN ICH'S MIR NICHT EINBILDETE, sondern tatsächlich zu ge-sunden anfing, so fühle ich mich durch MATTIS Tod und die Vor-gänge um das Leichenbegängnis wieder zurückgeworfen. Zwar lassen mich Eva und vor allem Jakob von allem so unbelastet wie möglich, aber es kommen auch die leisen Vorgänge bei mir an.

Es war MATTIS Wunsch, in Schulzenhof begraben zu liegen. Das führte dazu, dass wir »ein Stück vom hiesigen Friedhof« kau-fen werden, denn auch ich und Eva wünschen hier in unserer Wahlheimat begraben zu werden. [...]

10. Januar (Montag)

ALSDANN wechselt man sein Geschlecht: der Tote wird die Leiche. Die Leiche sei auf dem Wege von PARCHIM nach hier.

Millionen Male ist mein Name in Büchern und Zeitungsarti-keln gedruckt; zum ersten Male jedoch in einer Trauer-Anzeige. Zunächst als Trauernder, noch nicht als Betrauerter. Das kommt noch.

Am Friedhofshügel, wo MATTHES als Kind zwischen Turm-kraut und Kuckucks-Lichtnelken spielte, hielt ein trauer-schwar-zes Auto. Männer mit Werkzeugen und Brettern krochen heraus, erstiegen den Hügel und gruben ein Grab für den einst fröh-lichen Jungen, der so lange in einer Märchenwelt lebte, bis er Schaden nahm.

12. Januar (Mittwoch)

DIE BLÜTENTRODDELN DER HASELN färben sich schon frühlinglich. Sie haben die Farbe von Lindenblüten.

Unser MATTI wurde drüben auf dem kleinen Friedhof begraben. Eva und ich nahmen nicht teil. Unser gesundheitlicher Zustand hätte es nicht ohne Zwischenfälle zugelassen. Die Eva-Söhne nahmen teil. Jeder mit verschieden starker Intensität. Am eifrigsten und am umsichtigsten – Jakob. Er geht so taktvoll und fürsorglich mit den Menschen um, dass ihn jedermann lieb gewinnt.

Auch Henry wird in letzter Zeit umgänglicher und wurde durch den Todesfall in die Familie integriert. […]

13. Januar (Donnerstag)

ICH HABE VON PFERDEN GETRÄUMT, VON PFERDEN, DIE MIR EINST GEHÖRTEN. SIE STANDEN VERSAMMELT AUF EINER WEIDE, UND ICH FUHR MIT ZWEI SCHIMMELN IN IHRER NÄHE HEU EIN.

DEMNACH MÜSST ES MIR BALD BESSER GEHEN, MEINE KRANKHEIT MÜSSTE WEICHEN.

UND NOCH EIN BEGRÄBNIS auf dem Friedhof gegenüber. Der Sohn unseres Nachbarn Hoffmann – Frank. Er war sechs Jahre jünger als unser MATTI. Sie sind nebeneinander aufgewachsen, haben miteinander gespielt, soweit das bei dem Altersunterschied in Betracht kam. […]

Zwei Tage hintereinander war unser kleiner Waldhügel-Friedhof ein Anziehungspunkt. Jetzt liegt er wieder still da und ordnet die Neu-Hinzugezogenen ein. Nicht lang und auch wir werden dort liegen.

15. Januar (Sonnabend) [bis] 16. Januar (Sonntag)

Ein Tag grauer als der andere. Jetzt habe ich fünf oder sechs verschiedene Schlafmittel ausprobiert. Keines hilft mir. Halb ausgeschlafen geh ich wie ein halber Mensch durch den Tag. Beim Aufstehen schlafe ich auf dem Bettrand sitzend ein. Den nächsten Ruck wach zu bleiben, muss ich mir beim Anziehen der Strümpfe geben – und so durch den ganzen Tag. Weshalb klagen? Ich muss mich daran gewöhnen, dass ich mein Leben Schritt für Schritt zu Ende gehen muss.

[19. bis 20. Januar (Montag bis Donnerstag)]

ALLES IST SO GEBLIEBEN! Jede kleine Tätigkeit fällt mir schwer. Es ist, als ob meine Kräfte immer mehr abnähmen. Sitzen und Liegen lassen mich meinen Kräfteschwund nicht empfinden, auch lesen kann ich, aber die Nächte, die mir keinen Schlaf bringen, sind quälend.

Eva umsorgt mich, teilt mir, damit ich nichts verwechsele, die Medizin zu, misst meinen Blutdruck. Der Puls eifert so wie nie in meinem Leben.

Das Schönste in meinem Restleben sind die Stunden am Spätnachmittag mit Eva. Eva krault mir den Kopf. Wir plaudern. Die Plaudereien haben Lücken wie die Mützen die uns die AMERIKANISCHE schickte, als wir noch Schuljungen in Bohsdorf waren. Mein Gesundheitszustand verbietet uns, von der Zukunft zu reden. Also, reden wir von der Vergangenheit, von der Zeit, als unsere Söhne noch Kinder und in Schulzenhof waren und von den Tieren, die in den vierzig Jahren, die wir bisher hier verbrachten, durch unser Anwesen zogen.

21. (Freitag) bis 26. Januar (Mittwoch)

Leider kann ich nur von Verschlechterung berichten. In der ganzen Zeit keine Zeile geschrieben. Die Hände zittern mir. Die Lust zum Schreiben war nicht da.

TANTE ADELHEID (Zirkus HEIN) ist gestorben. Die Familie teilte es mir mit. Merkwürdige Erinnerungen werden bleiben. Wie sie z. B. Reso vor Jahren ein Autogramm gab und ihm sagte: Heben Ses gut auf! Wird moal wertvoll! – Reso ist seit Jahren tot. Wer kommt hinter die Schliche des Lebens?

Die Leute von der Abendzeitung »Berlin Kurier« machten aus MATTIS TOD und seiner Transplantations-Verweigerung mit grossen Buchstaben eine Riesensensation. Es gibt Leute, die glauben, wir hätten das veranlasst. Die Leute von der Aufbau-Verlags-

Leitung reichten bei der Redaktion eine Beschwerde über die Pietätlosigkeit ein. Aber die leisteten sich daraufhin noch mehr. Sie brachten eine Titelseite mit Fotos und Grossbuchstaben über mein Befinden. Krähen auf dem Zeitungstitel, MATTIS Tod habe mich niedergeworfen. Ich liefe auf den letzten Beinen, wölle niemand mehr sehen, der Atem fehle mir, ich schliefe nur und schliefe. – Halb wahr, halb unwahr. Immer wieder taucht in den Sensationsberichten Bruder Heinjak auf. Aber der ist unschuldig. Sie schöpfen aus vielen Quellen, befragen den Totengräber, den Pastor, berufen sich auf Telefongespräche und schmieren die Berichtslücken mit spiessbürgerlicher Sentimentalität zu.

Die Erde ist stundenweis von dünnem Schnee bedeckt, dann kommt Frühlingswind und schleppt die Schneeschleier davon.

Wenn die Atemnot nicht aufhört, möcht ich lieber ganz aufhören. Die wunderbare Eva telefoniert umher. Die Meinungen, die sie zu hören kriegt, beissen einander. Jemand sagt: zu wenig Insulin, ein anderer sagt: viel zu viel. Dann heisst's wieder: Alte Menschen keine Spritzen, nur Tabletten. Alle aber behaupten aber mein schlechter körperlicher Zustand, die Kraftlosigkeit kämen von meiner »falschen« Blutzucker-Einstellung her.

Anhang

Nachwort

»Man sollte täglich eine Weile in alten Tagebüchern lesen«,
meinte Erwin Strittmatter, als er mit Hilfe seiner Aufzeichnungen einen Familiendisput um ein Datum klären konnte. »Da ist
manches Erlebnis, das man vergass. Da sind Gestalten festgehalten, Menschen, die man aus dem Blick verlor oder solche, die
gestorben sind!« (23. 3. 1980) Vor allem aber sind ihm die Tagebücher wichtig als Wiederbegegnung mit dem eigenen Denken
und Tun, denn mit ihnen, schrieb er am 2. 2. 1982, habe er sich
eine »kleine Behausung« geschaffen und rede darin so ungeniert
wie möglich mit sich und von seiner Umgebung. Strittmatters
»Groschenhefte«, in seiner exakten, ausgeglichenen Handschrift
mit nur seltenen Korrekturen beschrieben, unterscheiden sich
zwar im Umfang, nie aber im DIN-A6-Format. Strittmatter bewahrte sie in einem Glasschrank seines Arbeitszimmers auf, bün-
delte und verschnürte sie nach Jahrgängen, wenn dort der Platz
nicht mehr ausreichte, und verwahrte sie dann in seinem Archiv
im Untergeschoss des Hauses. Einblicke anderer schloss er aus,
nur gelegentlich taucht in den Notaten ein leiser Zweifel an der
Diskretion seiner Frau Eva auf. Dass er von der Staatssicherheit
beobachtet wurde, wusste er, doch war dies kein Grund für ihn,
sich in den Tagebüchern zurückzuhalten.

Auch in Strittmatters sechstem Lebensjahrzehnt funktioniert
das Leben in Schulzenhof zunächst noch in jenem Schema, das
von seinen Bedürfnissen geprägt und von der Familie mitgetra-
gen wurde: in den frühen Morgenstunden das Tagebuch, Tonbanddiktate für das aktuelle literarische Projekt, Korrekturen
und Überarbeitungen der Abschriften, dann Arbeit mit den Pferden und in der Wirtschaft, Spaziergänge bzw. Ausritte, am Nachmittag wieder literarische Arbeit und Lektüre. Zwar werden die

515

Söhne erwachsen und halten sich nur noch zeitweise im Elternhaus auf, aber der entscheidende Einschnitt in diesen Rhythmus vollzieht sich 1983 mit der Berentung des langjährigen Mitarbeiters und »Pferdemeisters« Herbert Franke. Strittmatter, inzwischen siebzig Jahre, belastet mit Diabetes und Gelenkarthrose, ist nicht imstande, das Anwesen allein zu erhalten. Über zwei Jahre lang übernimmt Sohn Matthes, das einst seiner Phantasie wegen vom Vater besonders geliebte Kind, die Wirtschaft, aber es wird eine Zeit voller Konflikte und Unfrieden. Vater und Sohn trennen Welten, wenn es um Arbeitsauffassung und Disziplin geht. Für Erwin und Eva Strittmatter zerbricht der Traum, dass einer der Söhne das Anwesen in Schulzenhof übernehmen und weiterführen wird. Am Ende dieses schmerzhaften Prozesses steht Strittmatters Entschluss, sich bis auf zwei Islandponys von den Pferden zu trennen, die Zucht aufzugeben und die reduzierte Wirtschaft mit fremder Hilfe weiterzuführen.

Während sich Strittmatter mit der Situation, wenn auch schweren Herzens, arrangiert, ist sie für seine Frau schwieriger zu ertragen. Sie flüchtet immer wieder aus dem ihr fremd gewordenen Schulzenhof nach Berlin. Ihre Krankheiten, die medizinisch nicht geklärt werden können, nehmen zu. Eva Strittmatter ist inzwischen selbst eine viel beachtete und erfolgreiche Autorin geworden. Doch wie in den Jahren zuvor bleibt sie die wichtigste Mitarbeiterin am Werk ihres Mannes und Stütze in den Schreibkrisen, jederzeit zu Rat und Hilfe bereit. Sie liebt, wie sie in Interviews sagte, den Schriftsteller Strittmatter, seine Sprache, seine Fähigkeit zu fabulieren. Aber im Alltagsleben kommt es immer häufiger zu Spannungen. Der Entfremdung zwischen beiden folgen kräftezehrende Ehekrisen, die Strittmatter in ein emotionales Chaos führen. Seine Situation und seinen Anteil an den Konflikten versucht er im Tagebuch so schonungslos wie möglich zu analysieren, aber Evas Klagen und Vorwürfen steht er betroffen und ratlos gegenüber. Dass sie in ihren Texten offen über ihre Probleme reflektiert, irritiert ihn. So schwelt die Krise lange Zeit weiter, obwohl es immer wieder Aussprachen und Versöhnungen gibt.

Inneren Halt sucht Strittmatter in der Beschäftigung mit dem Taoismus und der Mystik, um sich in Gelassenheit zu üben, nicht einzugreifen in den Gang des Lebens. Er versucht, die »Schwer-Arbeit« zu meistern, »dem Augenblick zu leben, ihm die Bedeutung zuzumessen, die ihm zusteht« (21. 5. 1989). Oft genug hadert er mit sich, wenn ihm dies im Alltag nicht gelingt. Und obwohl er sich nur noch als kritischer Beobachter der DDR-Verhältnisse versteht, ist sein Zorn über die Politiker stärker als sein Vorsatz, sich nicht einzumischen. So interveniert er 1977 beim ZK-Mitglied Kurt Hager wegen der Repressalien gegen Autoren, die gegen die Ausbürgerung Wolf Biermanns protestierten, und versucht im September 1989, eine Aktion zu initiieren, die dem Schweigen der Regierung zur Massenflucht junger Menschen aus der DDR entgegentreten soll. Zu spät, wie er erkennen muss.

Eine harte Belastungsprobe seiner inneren Balance ist für Strittmatter die Zeit nach der Beendigung des dritten Bandes vom »Wundertäter«. Dieser Roman ist ihm als seine persönliche kritische Auseinandersetzung mit den DDR-Verhältnissen besonders wichtig. Zwei Jahre lang wird die Druckgenehmigung mit einer langen Liste von Beanstandungen verweigert. Der Grund dafür liegt neben der kräftigen Polemik gegen die Allmacht der Partei in einem Figuren-Bericht über die Vergewaltigung eines jungen Mädchens durch Sowjetsoldaten, ein Tabu-Thema in der DDR. Im Roman nimmt Strittmatter die politische Skandalisierung um diesen Roman vorweg, indem sein Alter Ego Stanislaus Büdner einen Roman mit ebenjenem Thema schreibt und dafür bestraft wird, obgleich er bereits die historisch erklärende Fassung formulierte, die von seinem Autor noch erwartet wird. Strittmatter weigert sich zunächst entschieden, Änderungen vorzunehmen, und verweist auf andere Passagen des Romans, die seine Haltung expressis verbis artikulieren. Als Kompromiss erweitert er schließlich den Bericht über die tödlich endende Vergewaltigung um Aussagen einer allseits geachteten Person, die mit besonnenen Worten an die Verbrechen der deutschen Wehrmacht erinnert, ohne dass damit die Brisanz des Romans abgeschwächt wird. Die ist dann auch der Grund dafür, dass Verkauf und Verbreitung des Buches massiv behindert werden.

Die Vorgänge um dieses Buch stellt Strittmatter 1990 in der Dokumentation »Die Lage in den Lüften« mit Auszügen aus seinen Tagebüchern dar. Er benutzt dafür seine handschriftlichen Aufzeichnungen, nicht aber das Typoskript von 1979. Ob dies eine bewusste Entscheidung oder ein Versehen war, bleibt eine offene Frage. So fehlen in dem Band einige für den Vorgang um den »Wundertäter« relevante Passagen wie die, in denen Strittmatter die Erweiterung jener Erzählung über das Schicksal des Mädchens reflektiert.

Noch zweimal, mit »Wahre Geschichten aller Ard(t)« und »Grüner Juni«, erlebt Strittmatter die demütigende Prozedur der politischen Zensur. Sein erstes Buch, das unbehindert zum Druck gelangt, ist 1992 der dritte Teil der »Laden«-Trilogie. Es wird für Strittmatter ein großer Erfolg und macht seinen Namen auch im westlichen Teil Deutschlands bekannt.

Dass die DDR keine Zukunft haben würde, erkennt er relativ früh. Er glaubt nicht an die Möglichkeit von Reformen und trennt sich von allen Utopien. Emotionslos und gelassen dokumentiert er die Auflösung der sozialistischen Welt und folgt einer inneren Stimme, die ihn auffordert, alle Zeichen aufzuschreiben, »die drauf hindeuten, dass die Gesellschaftsform, deren (allerdings kritischer) Vertreter du viele, viele Jahre warst, sich […] in eine andere verwandelt, von der noch keiner weiss, wie sie aussehen wird. Jedenfalls wirds nicht der Kommunismus der alten Utopisten sein!« (22. 12. 1979) Das Fazit seines DDR-Lebens ist nüchtern: »Ich ernte, was ich anbaute. Es nutzt nichts, nun dem Ekel Platz einzuräumen. Man muss sich verweigern, hätte es längst tun müssen.« (13. 6. 1982) Mit den ökonomischen registriert er auch die moralischen Symptome des Zerfalls und gesteht sich ein, ihn »durch stille Duldung« als Parteimitglied begünstigt zu haben (16. 12. 1982). Aus der SED auszutreten, erwägt er zwar, verwirft den Schritt aber aus pragmatischen Gründen, weil er damit rechnet, dann seine Existenz als Schriftsteller und somit seine Lebensaufgabe zu gefährden und Behinderungen ausgesetzt zu sein. Was für ihn zählt, ist, dass er die Trennung innerlich längst vollzogen hat und weder für Funktionen noch für Repräsentationsanforderungen zur Verfügung steht.

Wenn Strittmatter für sich die Loyalität zu seinem Staat aufkündigt, äußerlich wahrt er sie weiter. Als seine Losung definiert er: »Heraushalten aus jedweder Ideologie!« (20. 12. 1981) Weder äußert er sich in westlichen Medien, noch publiziert er dort inoffiziell literarische Arbeiten. Er versteht sich als »Kosmopolit«, der sich »sowohl diesen als auch jenen verweigern« muss (9. 4. 1983). Die Option, die DDR zu verlassen, die seit der Biermann-Affäre von immer mehr Künstlern wahrgenommen wird, kommt für Strittmatter und seine Frau nicht in Betracht. Beide fühlen sich biographisch und literarisch viel zu eng mit ihrer Umwelt verbunden, als dass sie diese Wurzeln herausreißen könnten, und beide werten eine solche Lösung als »Schwach-Werden« und »Aufgeben« (25. 1. 1981). Zudem gilt für Strittmatter als Motiv seiner Entscheidung, in der DDR leben zu wollen, weiterhin seine Abneigung gegenüber dem kapitalistischen Wirtschaftssystem, das er, wie er wiederholt betont, in seiner Jugend gründlich kennengelernt hatte. Sein Anspruch: »ICH WILL HIER LEBEN, auch teilnehmen am gesellschaftlichen Experiment, das gemacht wird. Aber ich will protestieren dürfen, wenn da Dummheiten gemacht werden« (29. 12. 1976). Die dann tatsächlich eintretenden Auflösungsprozesse von 1989/90 wertet Strittmatter unsentimental als Konsequenz der verfehlten DDR-Politik. Für ihn haben sie eine positive und eine negative Seite. Sich selbst sieht er in einer privilegierten Position: Er kann in finanzieller und ideeller Unabhängigkeit leben und vor allem: arbeiten. Doch beobachtet er auch intensiv die sozialen Verwerfungen in seiner Umgebung. Seine Notizen dokumentieren eindrucksvoll die Hektik und die sich überstürzenden Ereignisse jener Jahre. Und wie ein bewusstes Innehalten stehen in diesem Kontext Strittmatters Naturbeobachtungen. Hier gelingt ihm die erstrebte Gelassenheit und die Hingabe an den Augenblick, verbunden mit jener poetischen Leichtigkeit, die sein Spätwerk auszeichnet.

Seitdem Strittmatter 1954 begonnen hatte, systematisch Tagebuch zu führen, experimentierte er mit dem Charakter der Aufzeichnungen. Zunächst dienten sie vor allem der Bestandsaufnahme des »Tagwerks«, hinzu kamen Reflexionen über Natur- und Leseeindrücke sowie Skizzen, Entwürfe und Fassungen literarischer Arbeiten. Das Tagebuch der fünfziger und sechziger Jahre war eine Art literarisches Bergwerk, aus dem Strittmatter Material für sein Werk brach. Mit seinem Rückzug aus dem öffentlichen Leben, den er immer entschiedener vollzieht, fungiert das Tagebuch zunehmend als Medium der Selbstverständigung. Eine wesentliche Frage ist für ihn die nach den Motiven seiner früheren Parteigläubigkeit. Im Tagebuch versucht er zu ergründen, warum er zu jener Zeit so »sektiererisch vernagelt« war (28. 6. / 12. 7. 1976) und wie er es aushielt, »äusserlich freiwillig in geistiger Beschränkung« zu leben (20. 8. 1989). Ihm fehlte, meint er im Rückblick, eine stabile geistige Position als Alternative: »Die Folgen des Krieges stürzten mich in eine philosophische Primitivität und Sektiererei, in eine solche Veräusserlichung, dass ich für den Rest meines Lebens Erhebliches leisten muss, um dieses Loch von Schwäche mit entsprechender Stärke aufzufüllen.« (13. 8. 1974) Die geistige Alternative hat er für sich in seinem speziellen Philosophie-Gefüge aus Taoismus, Mystik und Glauben gefunden. Parallel zur Selbstanalyse in den Tagebüchern beschäftigt sich Strittmatter damit besonders in den dritten Bänden des »Wundertäters« und des »Ladens«. Im Zusammenhang mit der kritischen Sicht auf seine dogmatische Zeit prüft er auch seine Bücher auf ihren bleibenden Wert und distanziert sich von den Texten, die ihm »vom Zeitgeist besprungen« zu sein scheinen (28. 12. 1980). Zu solchen agitatorischen Erzählungen rechnet er auch einige aus »Ein Dienstag im September« und untersagt weitere Auflagen des Buches.

Ein kontinuierliches Motiv der Tagebücher ist Strittmatters Suche nach der Kindheit. In den Eintragungen hält er Erinnerungen fest, die zufällig oder bewusst ausgelöst werden: veranlasst durch das Gackern einer Henne etwa oder Besuche in der Lausitzer Heimat. Es sind Bilder einer Kindheit, die unbeschwert und voller Glück erscheint, doch bedenkt Strittmatter gleichzeitig auch, dass dies nicht der Realität entspricht und dass es die Zeit ist, die »die Bedrängnisse von damals ausgesiebt« hat (3. 4. 1991). Seine Sehnsucht gilt – wie er in der »Blauen Nachtigall« beschrieb – jener »Schwerelosigkeit, mit der man in der Kindheit lebte« (18. 11. 1982), und dem planlosen Zustand, »da ich nicht wusste, was mir das Leben am nächsten Tag bringen wird« (23. 8. 1988). Und in glücklichen Stunden des Schreibens, wenn ihm die

Hingabe an die Arbeit gelingt, spürt er, dass »der Riss« zwischen diesen Kinderjahren und der Jetztzeit schwindet (7. 7. 1974). Dann ist er dem ersehnten Zustand nahe, »dem Augenblick zu leben und keine Zukunft zu haben« (22. 4. 1981).

Für die Texte, die sich mit seiner Erinnerung an die Kindheit beschäftigen, entwickelt Strittmatter jenen heiteren, gelassenen Erzählgestus, der die satirisch zugespitzte Erzählweise des »Bienkopp«-Romans oder die barocke der »Wundertäter«-Trilogie hinter sich lässt. Nach dem ersten Teil des »Ladens« ist er sich sicher, dass er auch für die Fortsetzungen als »Grundmaterial« autobiographische Reminiszenzen benutzen wird: »Ich glaube bereits zu wissen, dass sich meine jüngste Vergangenheit auch verklären und vertiefen, symbolisieren und objektivieren lässt, ähnlich wie es die fernere Vergangenheit mit sich tun liess.« (24. 11. 1982) Dieser Bezug auf sein eigenes Leben bestärkt in der Rezeption, ungeachtet der literarischen Verfremdung und Objektivierung, eine Legendenbildung, die Werk und Autorenbiographie gleichsetzt. Aber sogar für Strittmatter selbst verwischen sich die Grenzen. In den späten Tagebüchern benutzt er nicht nur für sich den Namen jener Hauptfigur der »Laden«-Trilogie, Esau Matt, sondern gibt auch anderen Personen die entsprechenden Roman-Namen wie Onkel Phile, Anderthalbmetergroßmutter oder Ilonka Spadi.

Mit der Verfremdung der eigenen Identität beginnt Strittmatter bereits in den Tagebüchern der 1960er Jahre und benutzt für sich die Namen Tirst Rettam, später Este, und zwischen 1982 und 1986 ersetzt er die 1. Person Singular durch »der alte Mann«, auch »der Alte«, meist in Großbuchstaben geschrieben. Das scheint einerseits Strittmatters Versuch zu sein, sich seiner selbst mit Distanz und auf Umwegen zu nähern, andererseits gibt er als Begründung an, mit dieser Verfremdung einen Ausgleich für die Ich-Form der »Laden«-Romane ausprobieren zu wollen. Diesen Versuch beendet er, als er glaubt, die angestrebte Objektivität nicht erreicht zu haben, und fragt sich: »Wieso wollte ich das überhaupt? Sollte nicht gerade das Tagebuch subjektiv sein?« (12. 10. 1986)

Und so ist es, unabhängig von den Namen, immer Erwin Strittmatter, der hier spricht. Es sind seine Urteile, seine Bewertungen und Erinnerungen. Und bei einem so sprachmächtigen Wortgestalter wie ihm wird das nicht anders verlaufen, als dass er dabei literarisiert und stilisiert. Auch wenn er sich »Tagebuch-Aufrichtigkeit« abverlangt (20. 12. 1986), stellen die Notizen nicht unbedingt authentische Quellen der Biographie dar. Was er erzählt oder nicht erzählt, unterliegt keinem Gebot historischer Wahrhaftigkeit, sondern der Beschreibung einer Welt, in der er, Erwin Strittmatter, die Hauptfigur ist. Dabei geht er durchaus hart und kritisch mit sich um, registriert sein Versagen, seine Ungeduld mit anderen Menschen, seine Intoleranz, wenn es um den Vorrang seiner Arbeit geht, seine Eifersucht auf die Beziehung der Söhne zu ihrer Mutter. Mit besonderem Misstrauen beobachtet er Anflüge seiner Eitelkeit, die er ablegen möchte, weil er von sich verlangt, stärker in die Tiefe, zum Wesentlichen vorzudringen.

Wie in den früheren Tagebüchern Strittmatters gibt es auch in diesen späten keine biographische Reflexion seiner Kriegszeit, obwohl er sich 1974 mit seinen Aufzeichnungen aus diesen Jahren und den weltanschaulichen Folgen des Krieges für seine persönliche Entwicklung beschäftigt. Die Verdrängung, die offenbar stattgefunden hat, kann ähnlich initiiert worden sein wie die Erinnerung an die Zeit seiner zweiten Ehe, die er sich »mit Nachdruck vergessen machte« (22. 1. 1989). Für die Tagebuch-Reflexionen fehlte ihm vermutlich auch der Anreiz des Poetisierens, der ihm bei den Kindheitserinnerungen den Anstoß gab. Und offensichtlich sah er die literarische Aufarbeitung seiner Kriegserlebnisse im »Wundertäter«, bis hin zu der Frage nach der persönlichen Schuld, als die für die ihn gemäße und gültige Form der Auseinandersetzung und der Stellungnahme an. So hielt er sich, außer bei einigen konkreten Angaben für seine Partei, an den allgemeinen Konsens jener Kriegsgeneration, die weitgehend über ihre Erfahrungen und ihre Traumata schwieg. Obwohl über Strittmatters Kriegsvergangenheit gerüchteweise einige Vermutungen existierten, durchbrach ihm gegenüber niemand zu seinen Lebzeiten das Schweigen, etwa durch Fragen. Wo Strittmatter in den Tagebüchern seine Kriegszeit als Motiv eines literarischen Projektes erwähnt, missglückt der Ansatz wie bei »Weit,

weit weg« (25. 6. 1991), wo sich die Skizze in Details verliert, oder wird nicht (mehr?) realisiert wie die Geschichte von der angedrohten Erschießung in Wallern (8./12. 4. 1993). Das in den Tagebüchern nicht erwähnte Fragment »Sargträger« könnte möglicherweise in diesen Zusammenhang gehören.

Neben der breiten epischen Geste, zu der Strittmatter gern ausholt, tritt eine neue Nuance in den Tagebüchern auf. Ein Gegenüber wird angesprochen, zum ersten Mal mit dem Bericht von Assans Tod: »Ich denke (hört ihr, ich sage nicht, ›ich glaube‹) ich denke, es war so.« (8. 4. 1980). Spätestens jetzt rechnet Strittmatter mit Lesern der Tagebücher. Auch in Briefen an Freunde (ESA) geht er davon aus, dass es eine Veröffentlichung geben wird. Das ändert seine Beziehung zu den »Groschenheften« nicht sichtbar. Sie bleiben der Ort seiner Selbstreflexion, und an keiner anderen Stelle seines Werkes äußert sich Strittmatter so offen und so intim wie in diesen späten Tagebüchern.

In seiner letzten Lebenszeit, als er an der »Verwandlung« arbeitet, gehen Tagebuch und Werk sogar ineinander über. Das schafft die besondere Qualität dieses letzten, unvollendet gebliebenen Buches. Fünf Tage vor Strittmatters Tod endet sein Tagebuch. Bis dahin, bis »das Loslassen« (10./18. 12. 1993) zur Aufgabe wird, hält er mit gewohnter Disziplin an den Aufzeichnungen fest und an dem, was er als seine Identität definiert: »Ein Lebensbetrachter, der (freilich zuweilen mit Ungeduld und gelindem Hang zur Selbstzerstörung) intuitiv erhascht, welche von seinen Lebensbeobachtungen sich in seiner Hand zu einem literarischen Kunstwerk fügen.« (13. 1. 1985) Bei allen Brüchen und Widersprüchen seiner Biographie durchzieht eine Konstante die Tagebücher Strittmatters von seiner Jugend an: die Überzeugung, dass sein Werk Aufgabe und Rechtfertigung seines Lebens ist.

Almut Giesecke

Anmerkungen

Folgende Personen-Siglen werden verwendet:
ES   Erwin Strittmatter
EvaS Eva Strittmatter
Weitere Siglen sind im Abkürzungsverzeichnis angegeben.

5 *HERBERT* – Herbert Franke; arbeitete seit 1964 als Pferdepfleger bei ES; er und seine Frau Else waren Nachbarn der Strittmatters in Schulzenhof.
   die jüngeren Brüder – Heinrich, Martin und Manfred Strittmatter.
   DIE STADT SEGELFOSS – »Die Stadt Segelfoß«, Roman (1915) von Knut Hamsun.
   DIE LETZTE FREUDE – Roman (1914) von Knut Hamsun.
   »bewege sie ... im Herzen« – Bezug auf das Weihnachtsevangelium, NT, Lukas 2,19: »Maria aber behielt alle diese Worte und bewegte sie in ihrem Herzen.«
   Angefangen das 3. Kap. WUNDERTÄTER III – ES begann den 3. Band der Roman-Trilogie »Der Wundertäter« Anfang 1973 mit der Fabelkonstruktion, die ersten Seiten schrieb er am 3. 3. 1973.
   selber auf der Maschine abzuschreiben – Nachdem ES Anfang der 1960er Jahre begonnen hatte, seine Korrespondenz teilweise auf Tonband zu diktieren, um sie abschreiben zu lassen, ging er einige Jahre später dazu über, auch seine literarischen Arbeiten zu diktieren, die Abschriften zu korrigieren und diese wiederum abschreiben zu lassen (vgl. Bd. I, Eintrag 18. 1. 1966, S. 271).

6 *Bruno Schulz ... Erzählungen* – ES las vermutl. den Band »Die Zimtläden und andere Erzählungen«, Berlin: Verlag Volk und Welt 1970; in seiner Nachlassbibliothek befinden sich weitere spätere Ausgaben der Erzählungen von Schulz aus DDR- und BRD-Verlagen.
   Kreisdelegiertenkonferenz der Partei – Die Delegierten der Kreisorganisationen der SED, hier des Kreises Gransee, fassten u. a. Beschlüsse über den Rechenschaftsbericht und wählten die Delegierten für den Parteitag. – ES wurde persönlich eingeladen und entschloss sich zur Teilnahme, da er auf Anregungen für seinen Roman hoffte (Notiz vom 9. 1. 1974).

7   *LAMBERTS* – Werner Lamberz.
     HERMANN – Joachim Herrmann.
     trafen sich die Ideologen unserer Länder – Am 18./19. 12. 1973 fand
     in Moskau eine Beratung von Sekretären für internationale und
     ideologische Fragen der ZKs kommunistischer Parteien statt.

8   *Was ist mit China* – Nach Stalins Tod spitzten sich die Macht-
     kämpfe zwischen der UdSSR und China um den Führungsan-
     spruch in der kommunistischen Welt zu; in der DDR wurde das
     Zerwürfnis mit ideologischen Motiven begründet.
     Schriftstellerkongress in Moskau – ES war im Mai 1959 als 1. Sekre-
     tär des DSV Gast beim 3. Allunionskongress der sowjetischen
     Schriftsteller.

9   *DIE BESSONS* – Benno Besson und Ursula Karusseit, die seit
     1969 verheiratet waren; ihr gemeinsamer Sohn ist Pierre B. – Bes-
     son hatte 1960 »Die Holländerbraut« am Deutschen Theater, Ber-
     lin, inszeniert, seit dieser Zeit blieben ES und Besson in einem
     freundschaftlichen, wenn auch sporadischen Kontakt; vgl. Bd. I.
     die Kinder aus Bennos zweiter Ehe – Philippe und Marie Besson,
     Kinder von Benno und Imma B.
     die Ronays in Budapest – Marianne Gábor und ihr Mann Mihály
     (Mitjú) Rónai; Freunde von ES und EvaS.

10   *ähnlich meiner Mutter* – Helene Strittmatter.
     DOKTOR HILDCHEN – Die Ärztin Hildegard Diener, langjährige
     Freundin der Familie; im Sommer 1973 richtete sie sich in Schul-
     zenhof in der Nähe von Strittmatters Haus eine ehemalige Wald-
     arbeiterkate als Sommersitz ein. – ES nennt sie in den Tagebüchern
     nur »Dr. Hildchen«.
     Die Dickens-Stunde – EvaS las ihren beiden jüngsten Söhnen
     abends aus Büchern der Weltliteratur vor; diese Zeit wurde in der
     Familie »Dickens-Stunde« genannt.

11   *vom Präsidenten der Kunst-Akademie* – Konrad Wolf.
     Unser kranker Hermann – Hermann Kant; er litt lange an den Fol-
     gen eines schweren Autounfalls Ende 1973.
     KARL-MARX-ORDEN – Seit 1953 bedeutendste staatliche Aus-
     zeichnung der DDR.
     DAS KAPITAL – »Das Kapital. Kritik der politischen Ökonomie«,
     Hauptwerk von Karl Marx. Erste Fassung des 1. Bandes (1867),
     Friedrich Engels gab Band 2 (1885) und Band 3 (1894) nach dem
     Tod von Marx heraus.
     Fritz CREMER … nicht genehm – Fritz Cremer war 1961 wegen der
     von ihm in der DAK initiierten Ausstellung »Junge Künstler« ange-
     griffen worden; vgl. Bd. I, S. 154, 165.
     13. Februar – ES fasste, wie hier, mitunter Ereignisse mehrerer
     Tage unter dem Datum zusammen, mit dem er den Eintrag begon-

nen hatte. In der Regel schrieb er die Ereignisse des vorangegangenen Tages auf; vgl. Eintrag 18. 1. 1991.

11 *SOLSCHENITZYN* – Alexander Solshenizyn wurde am 14. 2. 1974 wegen seines im Untergrund erschienenen Romans »Der Archipel Gulag« unter dem Vorwand des Landesverrats verhaftet und aus der UdSSR ausgewiesen. Er lebte zunächst bei Heinrich Böll in Köln, dann in Zürich, später im US-Bundesstaat Vermont. – ES über S. vgl. Bd. I, S. 381, 457.

jene drei Bücher, die ich von S. kenne – ES nannte in einer Tagebuch-Notiz vom 30. 7. 1974: »Ein Tag im Leben des Iwan Denissowitsch«, »Krebsstation«, »Im ersten Kreis der Hölle« und Erzählungen als die Bücher, die er von Alexander Solshenizyn bisher gelesen habe. Er wertete sie als »grosse russische Literatur«, die bleiben werde.

12 *Babel* – Isaak Babel wurde 1939 wegen angeblicher Spionage verhaftet, 1940 erschossen und 1954 rehabilitiert.

Bunin – Iwan Bunin lehnte das Sowjetregime ab und emigrierte 1920 nach Frankreich, 1956 wurde das Publikationsverbot seiner Werke in der UdSSR aufgehoben.

Pasternak – ES schätzte Boris Pasternak als Poeten; vgl. Bd. I, bes. S. 265 ff.

VOR 22 JAHREN – Bezug auf die erste gemeinsam verbrachte Nacht; ES und EvaS hatten in Potsdam an einer Tagung der Arbeitsgemeinschaft Junger Autoren teilgenommen, ES als deren Leiter, EvaS als Mitarbeiterin des DSV; vgl. die Erinnerungen von EvaS in LuL, S. 21.

einige Tage in der Hauptstadt – Neben ihrem Wohnsitz in Schulzenhof (ab 1954) behielten EvaS und ES die Berliner Wohnung in der Frankfurter Allee 22 für zumeist beruflich bedingte Aufenthalte.

Frau Franke – Else Franke; sie war bis 1982 Haushaltshilfe bei Strittmatters.

13 *ihr Talent von der Umwelt bestätigt* – Der erste Gedichtband von EvaS »Ich mach ein Lied aus Stille« (1973) machte sie als Lyrikerin bekannt, bereits ein Jahr später erschien eine Nachauflage; außerdem veröffentlichte die NDL viele ihrer Gedichte.

die Jungen – Die Söhne Matthes und Jakob; Matthes besuchte die Schule in Dollgow, Jakob in Menz.

Conrad Wolf – Konrad Wolf.

Verband – Schriftstellerverband der DDR.

KUR in PISTANY – Vom 2. bis 30. 5. 1974 machte ES allein eine Kur im slowakischen Heilbad Piešťany, ab 1975 bis 1986 jährlich zusammen mit EvaS.

14 *ASSAN* – Dalmatinerrüde; seit November 1969 im Besitz von ES; vgl. Bd. I, S. 379.

14 *in der Stallstube* – Bis zum Einzug in den Neubau 1972, in dem ES die gesamte obere Etage für sich hatte, arbeitete er in dem separaten Appartement, das für ihn im April 1961 wegen der beengten Wohnverhältnisse in der Kate über dem Pferdestall ausgebaut worden war.

15 *TANTE ELSE* – Else Franke.

CASPAR UND SCHUBERT – Günter Caspar, Leiter des Lektorats Zeitgenössische deutschsprachige Literatur im Aufbau-Verlag, und der ES betreuende Lektor Günter Schubert.

16 *Das Lyrik-Festival ... früher zu Ende* – Das Festival in Sarajevo sollte ursprünglich vom 9. bis 16. 4. 1974 stattfinden; vgl. BaS I, S. 362.

Grossmutter – Hedwig Braun.

Museum für deutsche Geschichte – Das Museum für Deutsche Geschichte existierte 1952–1990 in Ost-Berlin; seine Bestände gingen danach in das Deutsche Historische Museum am gleichen Ort ein.

BIENKOPP-Roman – Nach dem Erscheinen des Romans (1963) gab es scharfe parteipolitische Kritik, die sich besonders auf die Hauptfigur und deren Tod bezog; vgl. Bd. I.

Ein ganzes Ministerium – Das Landwirtschaftsministerium war seit 1963 aufgelöst und zunächst durch einen Landwirtschaftsrat ersetzt worden.

Bündel mit der Aufschrift: BIENKOPP Auskorrigierte Seiten – Vgl. ESA 85.

17 *WUNDERTÄTER III ... DER LADEN ... NACHTIGALLGESCHICH-TEN* – Der dritte Band der »Wundertäter«-Trilogie erschien 1980, »Der Laden. Erster Teil« 1983. Dem ersten »Nachtigall«-Band (»Die blaue Nachtigall oder Der Anfang von etwas«, 1972) folgten »Meine Freundin Tina Babe« (1977) und »Grüner Juni« (1985).

WAS ICH VON PFERDEN WEISS – Nicht realisiertes Projekt.

DAS BUCH OHNE ANFANG UND OHNE ENDE – ES kommt auf dieses Projekt bzw. auf den Titel wiederholt zurück, ohne es zu realisieren. – Eine Variation dieses Titels verwendete EvaS für die Herausgabe der Tagebuchaufzeichnungen aus Piešťany: »Kalender ohne Anfang und Ende« (2003).

18 *ZUR WAHL* – Am 19. 5. 1974 fanden in der DDR Kommunalwahlen statt; da ES und EvaS zu dieser Zeit in Piešťany sein wollten, besuchten sie vermutl. ein Sonderwahllokal.

ROSEWITSCH – Tadeusz Różewicz.

19 *PIESTANY* – Piešťany; vgl. fünfte Anm. zu S. 13.

WIE WINDS KARLE SICH ... ABFESSELTE – Endgültiger Titel: »Zirkus Wind«.

ARMIN STOLPER – Arbeitete als Dramaturg u. a. in Berlin am Maxim-Gorki-Theater, an der Volksbühne und am Deutschen Theater.

19 *HORST SCHÖNEMANN* – Zu der Zeit Oberspielleiter am Deutschen Theater, Berlin.
STRITTMATTER-Abend – Premiere am 5. 10. 1974 im Deutschen Theater.

20 *PARTEIGRUPPEN-SITZUNG* – ES gehörte der SED-Parteigruppe des SV der DDR an.
Kulturminister Hoffmann – Hans-Joachim Hoffmann.
den nächsten Tag in der Akademie – Sitzung der Sektion Literatur in der Akademie der Künste am 20. 6. 1974; Thema: »Arbeit der Poesie«.

21 *MONETTE* – Monette Schober, verh. Büchele; Freundin von ES in seiner Ausbildungszeit zum Polizeigebirgsjäger (1942) in Reutte (vgl. Bd. I, S. 433 ff., 19. 5. 1971); das auf diesen Brief hin vereinbarte Treffen am 25. 10. 1974 fand wegen der Erkrankung von Monette nicht statt; sie besuchte ES während seines Aufenthaltes in Piešt'any 1977.
mit diesem Weibchen verheiratet – Waltraud Strittmatter; erste Ehefrau von ES.
im vorletzten Kriegsjahr … geschieden – Die Scheidung erfolgte im Januar 1945.
Mutter meiner beiden ältesten Söhne – Ulf und Knut Strittmatter.
Monette rechnete (sicher?) damit, dass ich sie heiraten würde – In einem späteren Brief vom 5. 11. 1974 an ES deutete sie an, dass sein Verhalten sie verletzt habe; ESA 675.
jener katholischen Krankenschwester – Anna Angermann; Heirat mit ES am 20. 8. 1946.
ein Kind – Uwe Strittmatter.

22 *(Forts. morgen!)* – ES schrieb keine Fortsetzung.

23 *ILJA* – Ilja Strittmatter.

24 *des Tyrannen FRANK* – Hans Frank, 1946 vom Internationalen Gerichtshof in Nürnberg wegen Kriegsverbrechen in Polen zum Tode verurteilt.
Solschenizyns ERSTEN KREIS DER HÖLLE – Alexander Solschenizyn: »Der erste Kreis der Hölle«, Frankfurt a. M.: S. Fischer Verlag 1968. Vgl. Eintrag 13. 2. 1974.
Eva reist (zunächst) mit Jakob und Matthes nach Berlin – EvaS fuhr mit den Söhnen über Moskau nach Gagra am Schwarzen Meer. ES hatte sich entschieden, nicht mitzureisen, weil ihm sein Arzt aus gesundheitlichen Gründen abgeraten hatte; vgl. BaS I, S. 385.
GALSAN – Galsan Tschinag; Bekanntschaft mit ES und EvaS seit seinem Germanistik-Studium in Leipzig, das er 1968 mit einer Diplomarbeit über ES abschloss. Da es im Tuwinischen keine Schriftsprache gibt, schreibt Tschinag auf Deutsch und hatte nach seiner Rückkehr in die Mongolei keine Möglichkeit, dort zu pu-

blizieren. Er blieb mit ES in Briefkontakt und war bei Aufenthalten in der DDR Gast in Schulzenhof.

25 *JESSENIN-Figur* – Vermutl. Bezug auf die Zerrissenheit Jessenins zwischen seiner kleinbäuerlichen Herkunft und seinem öffentlichen Leben als einer der beliebtesten russ. Lyriker.

meine Aufzeichnungen … aus der Kriegszeit – Die Ankunft der Sendung vermerkte ES in dem Eintrag 19. 5. 1971 (vgl. Bd. I, S. 434 f.); sie enthielt Briefe der Eltern und Geschwister an ES, Tagesnotate, Aphorismen, Gedichte und Texte von ES (Privatarchiv Jakob Strittmatter); vgl. auch Leo, Die Biographie.

26 *meine AUSWANDERER* – EvaS und die Söhne Matthes und Jakob kamen aus Gagra zurück; vgl. dritte Anm. zu S. 24.

BORIS DJACENKO – ES war mit ihm seit Sommer 1952 befreundet; die Beziehung brach u. a. nach dem negativen Urteil von ES und EvaS zum 2. Teil von Djacenkos Roman »Herz und Asche« ab; vgl. Bd. I., S. 102 ff. Zu der von Djacenko angeregten Versöhnung kam es nicht mehr, er starb am 14. 4. 1975.

Djacenkos neuestes Buch – Boris Djacenko: »Angriff der Sonnenblumen«, Berlin: Militärverlag der DDR 1974.

27 *Schulweg* – Matthes ging seit September in Groß-Woltersdorf zur Schule, Jakob weiterhin in Menz.

Der Vater kopiert das Zeremoniell – EvaS war vom 22. bis 27. 9. 1974 in Polen, vermutl. zu einer Lyrik-Veranstaltung.

KRAMKALENDERABEND – Vgl. zweite Anm. zu S. 19.

meine »Theaterlaufbahn« – Die Premiere des Stücks »Katzgraben« (Regie: Bertolt Brecht) fand am 23. 5. 1953 im Haus des Deutschen Theaters statt, in dem das BE gastierte, bis ihm das Haus am Schiffbauerdamm 1954 zur Verfügung stand.

Trude Beckman – Trude Bechmann.

HOLLÄNDERBRAUT – Das Stück »Die Holländerbraut« hatte am 6. 10. 1960 am Deutschen Theater, Berlin, Premiere; Regie: Benno Besson.

MANIFESTATION – Zum bevorstehenden 25. Jahrestag der DDR wurde eine akklamatorische Manifestation der Künstler und Kulturschaffenden an Erich Honecker übergeben.

28 *Lambertz* – Werner Lamberz.

29 *Die Parteigruppe des Vorstandes* – ES gehörte als einer der Vizepräsidenten des SV dem Vorstand und seiner Parteigruppe an.

seit dem Kongress – VII. Schriftstellerkongress (14.–16. 11. 1973); auf ihm erfolgte die Umbenennung von Deutscher Schriftstellerverband in Schriftstellerverband der DDR.

30 *WANDLITZ* – Seit 1960 Wohnsiedlung der wichtigsten Politiker der DDR; sie wurden dort abgeschirmt und bewacht durch das MfS.

30 *KÖNIG HIRSCH* – Stück (»Il re cervo«, 1762) von Carlo Gozzi; Premiere in der Regie von Benno Besson und Brigitte Soubeyran an der Volksbühne, Berlin, 20. 11. 1971.
die beiden … Darstellerinnen – Carmen-Maja Antoni, Walfriede Schmitt.
Usch – Ursula Karusseit.

31 *Telefonanrufe der ausländischen Freunde* – Nodar Kakabadse und Reso Karalaschwili aus Georgien, Lydia Gerassimowa aus Moskau; sie kamen einen Tag später zu Besuch in die Berliner Wohnung.
Puschkin-Essay – »Poesiefest in M.«, veröffentlicht in NDL 10/1977, und EvaS: »Poesie und andre Nebendinge«, Berlin: Aufbau-Verlag 1983.
»GLASPERLENSPIEL« – »Das Glasperlenspiel«, Roman (1943) von Hermann Hesse.
Schauspieler-Diplom – Erwin Berner studierte seit 1971 an der Schauspielschule Rostock; er verließ die Schule im Mai 1974 ohne den obligatorischen Abschluss im Fach Marxismus-Leninismus, um ein Theaterengagement annehmen zu können.
Kur in Piestany – Vgl. fünfte Anm. zu S. 13.

33 *TAG OHNE EVA* – EvaS war zu einer Lesung nach Stollberg/Erzgebirge gefahren.

34 *MAX FRÖHLICH, der* »Kartoffelkönig« – Erzielte als LPG-Vorsitzender besondere Erfolge im Kartoffelanbau. – 1976 gründete er den Reit- und Fahrverein Wulkow und organisierte unter den schwierigen technischen Bedingungen in der DDR den Bau einer Reithalle, die nach ihm benannt wurde.
Enkel Axel – Axel Stein.
Bauernpartei – Demokratische Bauernpartei Deutschlands, 1948 gegründet, 1990 Zusammenschluss mit der CDU.

35 *KAP* – Kooperative Abteilung Pflanzenproduktion; bis Ende der 1970er Jahre Einrichtung zur industrialisierten Produktion spezieller Pflanzensorten.

36 *MARIE-LUISE FLEISSER* – Marieluise Fleißer; nach ihrem Stück »Fegefeuer in Ingolstadt« (UA 1926 am Deutschen Theater, Berlin) schrieb sie auf Anregung Brechts das Stück »Pioniere in Ingolstadt«, das nach der Inszenierung am Theater am Schiffbauerdamm 1929 zu einem Skandal und zu ihrem Bruch mit Brecht führte.

37 *IN DER »KLEINEN KOMÖDIE«* – Spielstätte des Deutschen Theaters, Berlin.

38 *NACHT DER PROMINENTEN* – Benefizveranstaltung, die vom Fernsehen und dem Staatszirkus der DDR organisiert wurde, fand seit 1964 jährlich statt; zum Auftritt von ES vgl. Einträge 13.–28. 11. 1975.

38 *Ein alter Jugendtraum* – ES hatte sich 1932 und 1934 beim »Cirkus Krone« vergeblich um eine Anstellung beworben; vgl. ESA 453.

Schmidt und Sohn – Arthur Schmidt betrieb eine Schlosserei in Menz.

Irma – Irma Harder, mit ES seit 1951 befreundet; sie war öfter zu Besuch in Schulzenhof und betreute dort auch die Kinder, wenn ES und EvaS auf Reisen waren; vgl. Bd. I, S. 118.

39 *Besucher kamen* – U. a. Bruno Apitz mit seiner Frau Marlis, gen. Kiki, Bruno Skodowski sowie Nodar Kakabadse und Reso Karalaschwili, die an einer Germanistenkonferenz in Weimar teilnahmen.

die Erzählung SCHREIBEN – Endgültiger Titel: »Sulamith Mingedö, der Doktor und die Laus. Geschichten vom Schreiben«; EV in: »Meine Freundin Tina Babe. Drei Nachtigall-Geschichten« (1977).

Ein Datum von Bedeutung – Am 16. 6. 1953 begannen die Bauarbeiter der Ost-Berliner Stalinallee gegen die Erhöhung der Arbeitsnormen zu streiken, die noch am gleichen Tag zurückgenommen wurde. Die Streiks und Demonstrationen gegen unzureichende Lebensbedingungen und die realitätsferne Politik der Regierung weiteten sich am 17. 6. auf andere Städte der DDR aus; bis zum 18. 6. wurden sie durch sowj. Panzer und die Verhängung des Ausnahmezustandes niedergeschlagen.

der erste Riss in der fünfjährigen naiven Gläubigkeit – ES trat am 1. 5. 1947 in die SED ein.

40 *dass die Mäuler gross, aber der Mut klein war* – ES hatte in einer ursprünglich für das ND geplanten Stellungnahme zu den Ereignissen die mangelnde Verbundenheit der SED mit den Arbeitern als eine Ursache der Konflikte benannt (vgl. Archiv DSV 131). Der Beitrag wurde nicht im ND, sondern in der NDL 7/1953 veröffentlicht, allerdings war zuvor diese kritische Passage redaktionell gestrichen worden. Dennoch wurde ES in einem Leitartikel des ND vom 9. 7. 1953 vorgeworfen, »den provokatorischen, faschistischen Charakter der Ereignisse« zu verharmlosen. – Am 17. 6. 1983 notierte ES im Tagebuch, dass in der DDR die Ursachen des Aufstandes noch immer nicht aufgedeckt seien und dass den Autoren untersagt würde, über diese Vorgänge zu schreiben. Er selbst habe als Zeitzeuge außer jenem Bericht, für den er im »Partei-Hauptblatt gerügt wurde«, noch nicht darüber geschrieben: »Ich hoffe, es bleibt mir noch Zeit dazu.«

unsere neue Lektorin – Helga Pankoke; sie war bis 1990 die Lektorin von ES und EvaS im Aufbau-Verlag. – Günter Schubert wechselte zum Eulenspiegel-Verlag.

eine Art Sonderdruck – Der großformatige Band »Sulamith Mingedö, der Doktor und die Laus. Geschichten vom Schreiben« erschien

1977 mit 16 mehrfarbigen und 7 einfarbigen Illustrationen von Hubertus Giebe.

40 *GIEBE* – Nach ersten brieflichen Kontakten lernten ES und EvaS Hubertus Giebe anl. ihrer Lesung in Dresden am 3./4. 4. 1975 kennen, im Sommer dieses Jahres war er zum ersten Mal ihr Gast in Schulzenhof; vgl. Eintrag 22. 7. 1975 sowie den Essay von EvaS »Hubertus Giebe« in: »Poesie und andre Nebendinge«, Berlin: Aufbau-Verlag 1983. – Zwischen Giebe und Strittmatters entwickelte sich eine dauerhafte Freundschaft, Giebe arbeitete noch öfter in Schulzenhof, wo er Aquarelle, Grafiken und Skizzen, u. a. auch Porträts von ES und der Familie, schuf; vgl. Hubertus Giebe: »Skizzenblätter aus Schulzenhof«, Dresden: 2005, mit einem Essay von Hubertus Giebe. Vgl. auch die Korrespondenz zwischen Strittmatters und Giebe in ESA 677 sowie im Vorlass-Archiv Hubertus Giebe im Archiv Bildende Kunst der AdK, Berlin.

41 *VORSTANDSSITZUNG* – Vorstand des SV der DDR.
ICH GEH WIEDER SCHWIMMEN – ES lernte im Sommer 1970 schwimmen; vgl. Bd. I, S. 402 f.

44 *CARL ROERICHT* – *Karl Hermann Roehricht.*
unsere Diele – An den Wänden der Diele und in den anderen Räumen der Schulzenhofer und ebenso der Berliner Wohnung hingen viele Originalgemälde (vgl. Eintrag 1./2. 10. 1978), die meisten davon hatten ES und EvaS zur Unterstützung der Maler gekauft, »zu Preisen, die ihnen sonst keiner zahlt« (EvaS in BaS III, S. 13).

45 *keine TABUS* – In den Schlussworten der 4. Tagung des ZK der SED am 17. 12. 1971 sagte Erich Honecker, dass es »auf dem Gebiet von Kunst und Literatur keine Tabus« geben könne, wenn »man von der festen Position des Sozialismus ausgeht«; Honecker war als Nachfolger von Walter Ulbricht seit 1971 Erster Sekretär des ZK der SED.
als einer einen Helden von der Bühne schreien liess – In Volker Brauns Stück »Die Kipper« sagt die Hauptfigur Paul Bauch: »Das ist das langweiligste Land der Erde.« Nachdem 1965 die Inszenierung des Stücks am BE verboten worden war, gab es 1972 die UA an den Städtischen Bühnen Leipzig.

46 *der Vater* – Heinrich Strittmatter war seit dem 9. 8. 1975 zu Besuch.

47 *DU SOLLST VATER UND MUTTER EHREN!* – Nach dem 4. Gebot des Katechismus Martin Luthers: »Du sollst deinen Vater und deine Mutter ehren, auf dass dir's wohlgehe und du lange lebest auf Erden.«
seine Mutter – Goethes Mutter war Catharina Elisabeth Goethe.
Joh. 2,4 – Das Evangelium nach Johannes im NT; ES zitiert die Geschichte von der Hochzeit zu Kana, auf der Jesus Wasser in Wein

verwandelt. – Der Wortlaut variiert in den unterschiedlichen Übersetzungen.

47 *Lukas 8,19–21* – Das Evangelium nach Lukas im NT.
Evas Abreise – EvaS fuhr zu dem seit 1962 alljährlich stattfindenden Lyrikertreffen in Struga.

48 *alte Manuskripte, Briefe, Andenken etc.* – Diese Dokumente befinden sich unter den zzt. archivarisch noch nicht aufgearbeiteten Materialien im ESA 829, 830 und im Privatarchiv Jakob Strittmatter; vgl. auch Bd. I, S. 491 f.

49 *Aufzeichnungen von WALLERN* – Vermutl. im Zusammenhang mit dem Erzählfragment »Sargträger«; Privatarchiv Jakob Strittmatter. ES schildert hier die Bestattung ungarisch-jüdischer Häftlingsfrauen, die nach ihrem Todesmarsch vom KZ Helmrechts nach Wallern dort aus Schwäche umgekommen oder von der SS umgebracht worden waren; vgl. Leo, Die Biographie, S. 188 bis 195.
die ersten Wochen nach dem Krieg und die erste Zeit in Bohsdorf – Vermutl. Dokumente im ESA 182 und 484; vgl. Bd. I, S. 493 f.

50 *KRAFTFAHRZEUG-Brief für das alte Auto* – ES wollte das alte Auto (Modell Wartburg Tourist), das er seit fünf Jahren fuhr, verkaufen.
Zeit beim »Berliner Ensemble« – Bezug auf die Zusammenarbeit mit Brecht, die mit der Arbeit am Stück »Katzgraben« (Premiere 3. 5. 1953) begann; ES lockerte die Beziehung durch seinen Umzug nach Schulzenhof 1954.
NUN WAR'S SOWEIT – ES hatte eine Einladung erhalten, an der »Nacht der Prominenten« teilzunehmen und dort eine Pferdedressur vorzuführen; vgl. Eintrag 16. 4. 1975.
in meiner Sekretär-Zeit – ES amtierte als 1. Sekretär des DSV vom 1. 2. 1959 bis zu seinem gesundheitlichen Zusammenbruch im Juli 1960.

51 *Kostüm-Anprobe* – ES erhielt einen blauen Frack. – Ein Foto der »Neuen Berliner Illustrierten« (vgl. Eintrag 12. 12. 1975), auf dem ES in diesem Kostüm aus einem Zirkuswagen sieht, wurde vielfach reproduziert.

52 *»DIE NEUEN LEIDEN …«* – Ulrich Plenzdorf: »Die neuen Leiden des jungen W.« (Stück, 1968/69; nach Ablehnung durch die DEFA Umarbeitung als Erzählung und Bühnenstück, UA 1972 in Halle); ES sah im Deutschen Theater, Berlin, eine Inszenierung von Horst Schönemann mit Dieter Mann in der Hauptrolle.
»SALINGER-Jugend« – J. D. Salinger wurde besonders wegen der realistischen Jugendsprache seiner Figuren in »The Catcher in the Rye«, Roman (1951, dt. »Der Fänger im Roggen«), bekannt.
dem Goethe'schen WERTHER – »Die Leiden des jungen Werthers«, Briefroman (1787) von Johann Wolfgang Goethe.

53 *STIPKA* – Roberto Stipka; ES blieb mit ihm und seinen Kollegen lange im postalischen Kontakt; vgl. ESA.

55 *Wolfram* – Hans-Joachim Wolfram; er moderierte 1971–2011 die Unterhaltungssendung »Außenseiter – Spitzenreiter«.

56 *HEINE-PREIS* – Der Heinrich-Heine-Preis wurde vom Ministerium für Kultur der DDR seit 1956 jährlich zum Geburtstag Heines (13. 12.) für Lyrik und literarische Publizistik vergeben.
Christ – Richard Christ.

57 *EINE REPORTAGE ÜBER MEIN AUFTRETEN IM ZIRKUS* – »Zirkusluft. Erwin Strittmatter in der Nacht der Prominenten«, Teil der Reportage »Manegenzauber. Prominenz von Bühne, Film und Funk, Sportler und Schriftsteller als Artisten für eine Nacht«. Text: Uwe Nitsche, Fotos: Werner Schulze, in: »Neue Berliner Illustrierte«, 31. Jg., 51/1975.
einen Sammelband – Ulrich Plenzdorf, Klaus Schlesinger und Martin Stade hatten vor, eine Anthologie »Berliner Geschichten« herauszugeben; das Projekt musste nach Behinderungen durch MfS und SV aufgegeben werden. Der Band erschien später u. d. T. »Berliner Geschichten. Operativer Schwerpunkt Selbstverlag. Eine Autoren-Anthologie: Wie sie entstand und von der Stasi verhindert wurde«, Frankfurt a. M.: Suhrkamp Verlag 1995. – Jurek Becker gehörte nicht zu den Herausgebern.

58 *DER SOLDAT UND DIE LEHRERIN* – Erzählung aus dem Band »Ein Dienstag im September«. – Hans Müncheberg schrieb nach der Erzählung ein Szenarium, ES lehnte es jedoch nach den Vorgängen um Wolf Biermann (vgl. Einträge 17. 11. – 8. 12. 1976) mit der Begründung ab, nichts mehr für das DDR-Fernsehen machen zu wollen (Information Hans Müncheberg).
Ein Szenarium zu DAMALS AUF DER FARM – Die Autorenschaft des Szenariums konnte nicht ermittelt werden. – Die Erzählung »Damals auf der Farm« ist im Band »Ein Dienstag im September« veröffentlicht.

59 *DER DRAMATISIERTE BIENKOPP wird in Riga aufgeführt* – Das Theaterstück »Ole Bienkopp« wurde in der Adaption und Regie von Arnold Linyp am Künstlertheater »Janis Rainis« in Riga gespielt; vgl. »Theater der Zeit« 7/1977, S. 69.
»*BIENKOPP«-OPER* – Im Auftrag des Opernhauses Karl-Marx-Stadt (Chemnitz) verfasste Josef Budek 1978 ein Libretto nach Motiven des Romans »Ole Bienkopp«, als Komponist war Manfred Schubert vorgesehen. Geplant war eine Ringaufführung an weiteren Opernhäusern in Leipzig, Halle, Berlin und Schwerin. Das Projekt wurde im Winter 1980/81 vom Ministerium für Kultur gestoppt. – Das Exemplar des Librettos vom Deutschen Verlag für Musik befindet sich im Besitz des Autors; vgl. *www.josefbudek.de/tex/Ole-01.html*.

59 *Oper nach meiner Erzählung KRAFTSTROM* – Die Oper »Geschichte vom alten Adam« (Musik: Karl Heinz Wenzel, Text: Joachim Rähmer) wurde am 6. 10. 1973 in Leuna uraufgeführt. – Die Erzählung »Kraftstrom« ist im Band »Ein Dienstag im September« veröffentlicht.

Leiterin R. – Ursula Ragwitz; sie war seit 1973 zunächst stellvertretende, dann kommissarische, ab 1976 Leiterin der Abteilung Kultur des ZK der SED.

Parteitag – IX. Parteitag der SED (18.–22. 5. 1976).

des 1. Sekretärs … Sicherheitsdienst – Gerhard Henniger; als 1. Sekretär des SV führte Henniger von 1966 bis 1989 kontinuierlich Gespräche mit MfS-Offizieren; vgl. Sicherungsbereich, S. 628 ff.

60 *AUFBEWAHREN FÜR ALLE ZEIT* – Lew Kopelew: »Aufbewahren für alle Zeit!« Autobiographie Teil 2. Nachwort von Heinrich Böll, Hamburg: Hoffmann und Campe Verlag 1976.

LOWA – Eigtl. Ljowa, Koseform des russ. Vornamens Lew; ES nennt im Tagebuch Lew Kopelew meist Lowa.

LOEST … in der STALIN-ULBRICHT-ZEIT verhaftet – Erich Loest wurde wegen seiner oppositionellen Haltung, u. a. auch wegen seiner Mitarbeit am Leipziger Kabarett »Die Pfeffermühle«, im November 1957 aus der SED ausgeschlossen, verhaftet und zu 7½ Jahren Zuchthaus verurteilt; vgl. Bd. I, S. 77.

61 *Das Zusammensein mit LOEST sollte ihm zeigen, … dass ich mich mitschäme* – Diese Absicht ESs wurde von Loest offenbar nicht verstanden; vgl. seine Erinnerungen an den Besuch in: Leo, Die Biographie, S. 278 f. oder in: Carsten Gansel/Matthias Braun (Hrsg.): »Es geht um Erwin Strittmatter oder vom Streit um die Erinnerung«. Göttingen: V & R unipress 2012, S. 191, Fußnote 58.

4. September – Nach dem 12. 7. gibt es erst ab 1. 9. 1976 wieder Einträge, da sich ES auf die Arbeit am Roman konzentrierte.

in einer »Geschichte« – Volker Braun: »Unvollendete Geschichte«; EV in »Sinn und Form« 5/1975; Buchausgabe Frankfurt a. M.: Suhrkamp Verlag 1977.

Erinnerungen an das Witebsk der Jahrhundertwende – Bella Chagall: »Brennende Lichter«, mit Zeichnungen von Marc Chagall, Reinbek: Rowohlt Verlag 1969. – Bella und Marc Chagall wuchsen in jüdisch-orthodoxen Familien in Witebsk auf.

62 *Ordensverleihung* – Nationalpreis der DDR I. Klasse für das Gesamtwerk.

63 *MONTAUK* – Max Frisch: »Montauk«, Erzählung (1975).

BRECHT … Tagebücher (20–22) – Bertolt Brecht: »Tagebücher 1920–1922. Autobiographische Aufzeichnungen 1920–1954«, hrsg. von Herta Ramthun, Frankfurt a. M.: Suhrkamp Verlag 1975.

64 *neues Vorhaben* – EvaS: »Briefe aus Schulzenhof«, Berlin: Aufbau-
Verlag 1977; der Band umfasst die Jahre 1965–1975.
des Puschkin-Essays – Vgl. zweite Anm. zu S. 31.
Dr. Rolf S. – Rolf Schiefer, Chefarzt im Krankenhaus Gransee; be-
handelte dort ES und besuchte ihn auch privat häufig in Schulzenhof.
Totalschaden in meiner Ehe – Kant war seit 1971 mit Vera Oelschlegel verheiratet; die Ehe wurde 1976 geschieden. – Oelschlegel
war in dritter Ehe 1977–1987 mit Konrad Naumann verheiratet.

65 *BIERMANN des Landes verwiesen* – Nach einem Konzert von Wolf
Biermann am 13. 11. 1976 in Köln wurde in der Sitzung des Politbü-
ros des ZK der SED am 16. 11. 1976 seine Ausbürgerung »wegen
grober Verletzung der staatsbürgerlichen Pflichten« beschlossen.
Zwölf Jahre … geduldet – Biermann war 1953 aus Hamburg in die
DDR übergesiedelt, seit 1965 erhielt er zunächst zeitweises, dann
totales Auftritts- und Publikationsverbot.
Bs. Eltern von Faschisten hingerichtet – Biermanns Eltern Emma
und Dagobert B. waren Kommunisten, sein Vater wurde als Kommunist und Jude 1943 im KZ Auschwitz ermordet, seine Mutter
war im Widerstand gegen die NS-Diktatur aktiv.

66 *Jurij B.* – Jurij Brežan; 1969–1989 Vizepräsident des SV der DDR.
»Treue-Erklärung« – Nachdem in den West-Medien eine von
zwölf DDR-Autoren unterzeichnete Protesterklärung gegen die
Ausbürgerung Biermanns veröffentlicht wurde (vgl. erste Anm.
zu S. 69), gab es in der DDR eine massive Kampagne, um Prominente zu Zustimmungsäußerungen zur Ausbürgerung zu veranlassen.
DIE NEUEN BÜCHER – ES hatte von seinem Honorar Bücher aus
den Verlagen Suhrkamp, Fischer und Rowohlt gekauft, u. a. das
Gesamtwerk von Rilke sowie Bücher von Hesse, Fleißer, Kafka
(Notiz vom 20. 11. 1976).

67 *Das Scherbengericht hat begonnen* – Der ersten Protesterklärung
(vgl. erste Anm. zu S. 69) schlossen sich zahlreiche Künstler an.
Auf der Parteiversammlung des Berliner SV am 23./26.11.1976
wurde beschlossen, Parteiverfahren gegen involvierte Parteimit-
glieder einzuleiten sowie Maßnahmen gegen parteilose Autoren
vorzubereiten. Vgl. Protokolle, S. 206–220.
Man hat sie in die Bezirksleitung bestellt – EvaS war Mitglied der
Parteileitung des Bezirksverbands Berlin des SV; vgl. Notiz 12. 12.
1976. – Die am 23.11. begonnene Parteiversammlung des Berliner SV wurde am 26.11.1976 fortgesetzt.
Man hat Eva regelrecht erpresst – Vgl. LuL, S. 72 ff.

69 *die DELINQUENTEN, die … den FEIND um Hilfe anriefen* – Eine
von Stephan Hermlin vorbereitete und von zwölf Autoren unter-

zeichnete Protestresolution gegen die Ausbürgerung Biermanns wurde dem ND und mit einer Sperrfrist der Agence France-Presse übermittelt; im ND wurde der Text nicht veröffentlicht. – Die Unterzeichner der Erklärung waren Sarah Kirsch, Christa Wolf, Volker Braun, Franz Fühmann, Stephan Hermlin, Stefan Heym, Günter Kunert, Heiner Müller, Rolf Schneider, Gerhard Wolf, Jurek Becker, Erich Arendt. Gegen sie wurden Ausschlüsse aus dem SV oder Parteistrafen verhängt; vgl. Protokolle. – Die Repressalien nach den Protesterklärungen gegen die Ausbürgerung Biermanns hatten zur Folge, dass viele Autoren in den nächsten Jahren die vollständige oder zeitweise Ausreise aus der DDR beantragten.

70   *H. K.* – Hermann Kant.

mit meinem Roman – Hermann Kant: »Der Aufenthalt«, Roman (1976).

»Freund« BAUMERT … Tonbandgerät – ES kannte Holtz-Baumert seit den 1950er Jahren aus dem DSV, die Familien waren befreundet (vgl. Bd. I), doch brach ES diese Beziehung ab, als Mitte der 1970er Jahren inoffiziell bekannt wurde, dass Holtz-Baumert für das MfS arbeitete. ES blieb Holtz-Baumert gegenüber misstrauisch, auch wenn es später zwischen ihnen zu einer distanzierten Annäherung kam. – Der von ES hier formulierte Verdacht ist nicht zu belegen, tatsächlich aber war Gerhard Holtz-Baumert von 1957 bis zu seiner Wahl als ZK-Mitglied 1981 als IM, danach im losen Kontakt für das MfS aktiv, seine Frau Ingeborg seit 1958; vgl. Sicherungsbereich, S. 650 ff.

73   *Hinkel* – Erika Hinkel.

Manuskript BRIEFE AUS SCHULZENHOF – Vgl. erste Anm. zu S. 64.

74   *ILJA … Försterei bei Usadel* – Ilja St. wohnte in der Försterei Usadel.

75   *BESELERS* – Edith Rimkus-Beseler und ihr Mann Horst B., langjährige Freunde von ES und EvaS; vgl. Bd. I. – Edith Rimkus-Beseler fotografierte viel in Schulzenhof.

Skodowskis – Bruno und Maria Skodowski; ES war mit Bruno S. seit 1957 in Kontakt; vgl. Bd. I.

DIE ROEHRICHTS – Karl Hermann und Leonie Roehricht mit Tochter Josephine; ES und EvaS besaßen einige Bilder Roehrichts, u. a. Porträts von ihnen; vgl. Eintrag 1./2.10.1978. – Vgl. auch EvaS: »Korrespondenz mit Karl Hermann Roehricht« in »Poesie und andre Nebendinge«, S. 171–176.

76   *tagelanges Abschiednehmen* – Vorbereitung für die Kur vom 1. bis 29. 5. 1977 in Piešt'any.

77   *für alle Mitarbeiter des Aufbau-Verlages ein Fest* – ES finanzierte das Fest für die Verlagsmitarbeiter von dem Preisgeld des Nationalpreises (vgl. Eintrag 5. 10. 1976); ein zweites Fest gab er am 28. 6.

1985 im Aufbau-Verlag, nachdem er 1984 wiederum einen Nationalpreis erhalten hatte.

77   *aus Weimar* – Das Lektorat Deutsches Erbe des Aufbau-Verlags befand sich in Weimar.

mein tägliches Pensum – ES pausierte zugunsten der Roman-Arbeit mit den Tagebuch-Notaten und vermerkte auf dem letzten Heft-Umschlag von 1977 unter dem Datum »29. APRIL bis 18. JULI«: »und dann nichts mehr bis zum Roman-Abschluss 21. 3. 1978«.

80   *Mit soviel Verständnislosigkeit … nicht gerechnet* – ES entschuldigte sich bei Günter Caspar und Helga Pankoke nach dem Erscheinen von »Die Lage in den Lüften« wegen seiner Vorwürfe; vgl. vierte Anm. zu S. 421.

81   *NACH DEM GESPRÄCH MIT DEN LEKTOREN* – Vgl. Einträge vom 21. 4. und 27. 9. 1978.

82   *Fahrt nach Berlin* – ES holte das Manuskript des »Wundertäters III« zur Überarbeitung vom Verlag ab.

DAS BUCH OHNE ENDE – Nicht realisiert. Der Titel taucht in Varianten später wieder auf, ohne dass Arbeitsspuren für ein entsprechendes Projekt im Nachlass erhalten sind; vgl. dritte Anm. zu S. 17.

83   *vier Wochen Piešťany* – ES und EvaS waren ab 1. 5. 1978 in Piešťany.

Episode aus Moskau – Vermutl. bezieht sich ES auf seine Reise von Moskau nach Georgien, über die er Notizen im Sonderheft »SOWJETUNION. 4. Oktober 66 bis 24. Oktober 66« festhielt. Unter dem Datum vom 8. 10. erwähnt er, dass er in Kachetien eine Rede halten musste: »Spreche von deutscher Kriegsschuld und Mauer in Berlin«, außerdem erwähnt er seine kritischen Einwände in politischen Diskussionen, vor allen in Bezug auf Stalin.

84   *WU 3* – ES benutzt im Tagebuch für »Der Wundertäter. Dritter Band« die Kürzel »WU 3« oder »WU III«.

SOHN ERWIN … Militärdienst – Erwin Berner war von Mai 1978 bis Oktober 1979 zur Grundausbildung der NVA in Eggesin (Mecklenburg-Vorpommern).

85   *Forst-Student* – Matthes St. machte eine Ausbildung als Forstingenieur in Schwerin-Rabensteinfeld.

86   *nascha Karl* – unser Karl (russ.); gemeint ist Karl Hermann Roehricht, der vermutl. diesen Necknamen angenommen hatte und seine Briefe selbst so unterzeichnete; vgl. ESA 617.

H. K. – Hermann Kant.

Erich Loests Roman – »Es geht seinen Gang oder Mühen in unserer Ebene«; der Roman kam 1978 im Mitteldeutschen Verlag, Halle, heraus, wurde aber zusammen mit dem im selben Verlag erschienenen Roman »Tod am Meer« von Werner Heiduczek literarisch und ideologisch angegriffen und behindert. Hermann Kant intervenierte bei Erich Honecker wegen der Behandlung Loests; 1979 gab es eine Sonderauflage des Romans von 10 000 Exemplaren im Greifenverlag Rudolstadt. – Loest bedankte sich in einem Brief vom 22. 2. 1979 bei ES für »Ratschläge und Hilfe« in dieser Angelegenheit (ESA 679/2); vgl. auch Eintrag 21. 11. 1979.

86 *Haupt-Abteilung Literatur* – Für das Genehmigungsverfahren der gesamten Buchproduktion in der DDR wurde 1963 die Hauptverwaltung (HV) Verlage und Buchhandel im Kulturministerium geschaffen; seit 1973 war Klaus Höpcke deren Leiter. Die Zustimmung oder Ablehnung von Buchprojekten bedeutete ideologische Zensur und war vielfach von innen- wie außenpolitischen Konstellationen abhängig.

87 *Auslands-Laden* – Ab 1962 gab es in der DDR die staatliche Handelsorganisation Intershop, in der nur mit Devisen West-Waren gekauft werden konnten, ab 1979 musste das Geld zuvor in sog. Forumschecks getauscht werden. ES hatte sein Honorar in Gutscheinen vom Büro für Urheberrechte erhalten.

ABSCHIED von Eva – Vermutl. bereitete EvaS auf dieser Reise den auf Georgien bezogenen Teil des Dokumentarfilms »Ich sehe was ich seh« von Holmar Attila Mück und Ernst Cantzler vor. Das Projekt für den Film entstand Anfang 1978, Georgien einzubeziehen war eine Idee von EvaS (Information von H. A. Mück). Zum Film vgl. Einträge 22. / 23. 9. 1980 sowie erste Anm. zu S. 147.

DAS ALLEINHAUSEN – Jakob St. war seit September im Internat der Oberschule Gransee.

MATTHES mit einem zweiten Wagen – Matthes St. war seit 26. 10. 1987 in Schulzenhof.

89 *in der Wohnung* – In der Berliner Wohnung.

SÖHNCHEN bleibt noch eine Stunde – Jakob St.; er musste ins Internat nach Gransee.

RESO – Reso Karalaschwili.

Verlagsleiter und Verlagsleiterin – Vermutl. meinte ES den Verlagsleiter Fritz-Georg Voigt und die Cheflektorin Ruth Glatzer.

90 *SEKTIONS-SITZUNG* – Sektion Literatur der AdK.

91 *meine Frankfurter Redaktionszeit* – ES war 1948–1951 Redakteur in der Lokalredaktion der »Märkischen Volksstimme« in Senftenberg und Frankfurt/Oder; die Familie lebte in Spremberg.

der ... katholischen Krankenschwester Anna Angermann – ES lernte 1944 Anna Angermann als Krankenschwester kennen; er war 1946–1954 in zweiter Ehe mit ihr verheiratet.

92 *der Kinder wegen* – Ulf und Knut aus der ersten Ehe, Uwe und Thomas St. aus der zweiten Ehe.

93 *ILJA … mit der ganzen Familie* – Ilja St. mit seiner ersten Ehefrau Christiane und den Kindern Anne und Stefan.

Aussengutachter – Für das Genehmigungsverfahren von Buchprojekten (vgl. vierte Anm. zu S. 86) musste der HV Verlage und Buchhandel ein Verlagsgutachten und ein Gutachten von Außenstehenden vorgelegt werden. In politisch brisanten Fällen wurden von der HV weitere Gutachten angefordert und auch durch die eigene Abteilung erstellt.

94 *Tagebuch 1968 auf Band gesprochen* – Die Abschrift der Tonbanddiktate existiert als Typoskript mit dem Titel »Ein Jahr meines Lebens«; vgl. ESA 135. Auszüge aus diesen Tagebüchern nahm ES in den Band »Wahre Geschichten aller Ard(t)« auf. – Während des Diktats stellte er sich die Frage, ob eine Bearbeitung angebracht sei oder nicht: »Bei den philosophischen Passagen dürfte das hie und da nötig werden; natürlich nicht sinnverändernd, sondern nach der sprachlichen Klarheit hin.« (Notiz vom 29.1. / 4. 2. 1979)

Evas Mutter Hedwig – Hedwig Braun.

Weihnachts- und Neujahrsreise nach Leipzig und Kassel – Zu ihren Söhnen Udo und Wolfgang Braun, die in Leipzig bzw. Kassel lebten. Als Rentnerin erhielt Hedwig Braun das Reisevisum nach Westdeutschland.

95 *Präsidentenstuhl* – Hermann Kant war seit dem VIII. Kongress des SV (29. – 31. 5. 1978) als Nachfolger von Anna Seghers Präsident des SV der DDR.

PARKER – Gemeint ist ein Parka.

96 *Tante Magy* – Marga Zech aus Hornow.

97 *DER FROST HAT SIE ZEMENTIERT* – Der Winter 1978/79 war für Norddeutschland besonders extrem; es kam zu massiven Störungen in der Verkehrs-, Telefon- und Energieversorgung.

Die Lesestunde am Weihnachtsabend – Lesung von ES, die traditionell zu Weihnachten von Radio DDR II ausgestrahlt wurde. ES las aus neuen, noch unveröffentlichten Arbeiten.

ein zweites Gutachten – Vgl. zweite Anm. zu S. 93.

eine gewisse Löffler – Anneliese Löffler; ab 1971 IM »Dölbl« mit besonderen Aktivitäten in Bezug auf kritische DDR-Autoren; vgl. Sicherungsbereich, bes. S. 584–589. – Löffler argumetierte in ihrem Gutachten vermutl. aus innenpolitischem Kalkül für das Erscheinen des Romans, listete aber viele Passagen auf, die sie als nicht publizierbar bzw. politisch falsch einschätzte. – Ein weiteres zusätzliches Gutachten liegt als »Einschätzung« der »Quelle ›Wolfgang Köhler‹« (d. i. Werner Neubert) in den MfS-Unterlagen vor, das den Roman für »nicht veröffentlichbar« hält. Um ES zu einer rigorosen Entschärfung der Fassung zu bewegen, fügte der Verfasser taktische Vorschläge an bis hin zu der Warnung, die

Kritik von ES »an Überbleibseln des Nazismus in der DDR« könne bei einer Veröffentlichung dazu führen, »dass seine eigene Tätigkeit bei der faschistischen Feldgendarmerie (!) von unbekannter (vielleicht anonymer Seite) wieder aktiviert und die antifaschistische Legende um seine Person [...] etwas beschädigt wird«; vgl. BStU, MfS HA XX ZMA 4191.

99 *der auf S. 22 erwähnten »Tante«* – Bezug auf Anneliese Löffler; vgl. vierte Anm. zu S. 97. ES paginierte mitunter, wie in diesem Fall, seine Hefte; die Seite enthält die Notiz vom 8. bis 13. 1. 1979.

mit drei Gutachten – Statt der üblichen zwei Gutachten (vgl. zweite Anm. zu S. 93) reichte der Verlag drei Stellungnahmen ein: das für den Druck argumentierende Verlagsgutachten der Lektorin Helga Pankoke, das positive Außengutachten von Heinz Plavius und das kritische von Anneliese Löffler; vgl. AAV, 3182.

drei Bände Ehrenburg-Memoiren – Die mehrteilige Autobiographie von Ilja Ehrenburg: »Ljudi, Godi, Shisn« (Moskau 1961, 1963, 1965) erschien in deutscher Übersetzung u. d. T. »Menschen. Jahre. Leben« im Kindler Verlag, München (1962, 1965). Das Werk konnte in der DDR erst 1978 bei Volk und Welt erscheinen und kam nur beschränkt in den öffentlichen Verkauf. – ES hatte die Bände bereits 1968 aus der Bibliothek der AdK ausgeliehen und gelesen; vgl. Bd. I, S. 332 f.

Die General-Untersuchung – Die Untersuchung ergab keine schwerwiegenden Befunde (Notiz vom 29. 1. bis 4. 2. 1979).

100 *Verlagsdirektor* – Fritz-Georg Voigt. – Er hatte ES bereits am 25. 2. 1979 während einer Familienfeier besucht (vgl. LL, S. 183, dort abweichend vom Originaleintrag mit »4. März« datiert) und über diesen Besuch eine Notiz verfasst, die auch an Kurt Hager ging. Voigt teilte u. a. mit, dass ES weder zu weiteren Änderungen noch zur Unterzeichnung seines Vertrages bereit sei; vgl. SAPMO BArch Büro Hager DY 30/IV B2/2.024/98.

Hauptamt Literatur – HV Verlage und Buchhandel; vgl. vierte Anm. zu S. 86.

der Kulturminister – Gemeint ist der stellvertretende Kulturminister Klaus Höpcke.

Termin: 14. 3. – Der Besuch Kurt Hagers in Schulzenhof wurde kurzfristig von dessen Büro abgesagt; die Besprechung fand am 19. 3. in Hagers Büro statt; vgl. Eintrag 16. – 27. 3. 1979.

im Jubiläumsjahr – 30. Jahrestag der DDR am 7. 10. 1979.

den ganzen Trakt mit der Vergewaltigung der Risse-Tochter – Diese Passage stand im Zentrum der Kritik; vgl. erste. Anm. zu S. 103 und erste Anm. zu S. 109.

102 *der Botschafter im Falle Heiduczek* – Der Botschafter der UdSSR, Pjotr A. Abrassimow, intervenierte bei Erich Honecker gegen den 1977

im Mitteldeutschen Verlag erschienenen Roman »Tod am Meer« von Werner Heiduczek. Anlass war eine in Andeutungen darge- stellte Vergewaltigung deutscher Frauen durch sowj. Soldaten bei Kriegsende. Der Roman wurde in der DDR nicht wieder aufgelegt.

103 *eine Kraftprobe in dieser Richtung* – Die politischen Vorbehalte ge- gen den »Wundertäter III« bezogen sich vor allem auf den Figu- ren-Bericht über eine Vergewaltigung durch Soldaten der Roten Armee. Das Thema stellte einen Tabubruch dar (vgl. vorangehen- de Anm.), an dem bereits 1958 die Veröffentlichung von Boris Djacenkos zweitem Teil von »Herz und Asche« scheiterte. Auch ES lehnte diesen Roman damals ab, wobei er sich vor allem auf künstlerische Argumente bezog, ihn aber auch als »feindlich« be- zeichnete; vgl. Bd. I, Einträge vom 7. 2., 13. 2., 16. 2., 17. 2. 1958, S. 102–104. Vgl. auch Carsten Gansel in: Carsten Gansel/Matthias Braun (Hrsg.): »Es geht um Erwin Strittmatter oder vom Streit um die Erinnerung«, a. a. O., S. 193–204.

schärfere Kritik als beim OLE BIENKOPP – Nach dem Erscheinen des Romans »Ole Bienkopp« im November 1963 gab es kampa- gnenartige Verrisse; ES brach daraufhin gesundheitlich zusam- men und erholte sich schwer; vgl. Bd. I.

mit seiner West-Emigration – Nach Verhaftung und KZ Heuberg 1933 emigrierte Kurt Hager 1934 in die Schweiz, 1936 nach Paris, nahm 1937–1939 in den Internationalen Brigaden am Spanischen Bürgerkrieg teil, 1939 in Frankreich interniert, 1939–Juli 1946 Exil in Großbritannien, politische Arbeit für KPD und FDJ in Großbri- tannien, journalistische Arbeit unter dem Pseudonym Felix Albin.

Franz Dahlem wäre viel Unrecht geschehen – Nach dem Prager Schauprozess (20.–27. 11. 1952), der mit elf Todesurteilen, u. a. für Rudolf Slánský und Otto Katz (André Simone), endete, gab es auch in der DDR verschärfte Überprüfungen und Verhaftungen früherer Emigranten, die in westlichen Ländern gelebt hatten. Franz Dahlem war 1933 nach Frankreich emigriert, wurde von dort an die Gestapo ausgeliefert, bis 1945 im KZ Mauthausen in- terniert, 1953 aller Staats- und Parteifunktionen enthoben, u. a. wegen Verbindung zu dem angeblichen US-amerikanischen Agen- ten Noel Field.

zum achtzigsten Geburtstag DAHLEMS drei Bücher – Bezug unklar; im Zeitraum des 80. Geburtstags von Dahlem (1972) erschienen keine Bücher von ihm. Seine Erinnerungen »Am Vorabend des zweiten Weltkrieges« kamen in zwei Bänden 1977/78 heraus. – Hager war der »persönliche Zensor« Dahlems (Information von Bernd-Rainer Barth).

105 *Hager hat … noch nicht reagiert* – ES schrieb am 7. 4. 1979 an Kurt Hager, dass zwar Presse und Rundfunk von der erteilten Druck-

genehmigung des »Wundertäters III« informiert worden seien, nicht aber der Verlag; er drohte bei weiterer Verzögerung, das Roman-Manuskript zurückzuziehen und ein Parteiverfahren gegen sich einleiten zu lassen; vgl. SAPMO BArch DY 30/IV B 2/2.2024/98.

105   *7. Mai bis 13. Mai* – Bis 30. 9. letzter hs. Eintrag in den Tagebüchern von 1979.

4. 7. 79 – Für die Zeit vom 5. 6. bis 9. 9. 1979 gibt es 63 Typoskriptseiten, vermutl. Abschriften von Tonbanddiktaten (ESA 224), die teilweise hs. von ES korrigiert sind. Vermutl. entschloss sich ES wegen der bevorstehenden Nierenstein-Operation zum Diktat seiner Tagebuch-Notizen; vgl. Eintrag 30. 9. 1979. Entsprechend den damals geltenden Rechtschreibregeln wurde im Typoskript das »ß« verwendet. – ES beschreibt Alltagsgeschehen, notiert Lebensreflexionen und die anhaltende Ungewissheit über das Druckgenehmigungsverfahren für den »Wundertäter III« sowie weitere Diskussionen über den Roman mit Kurt Hager, Klaus Höpcke und Fritz-Georg Voigt. – Verglichen mit den hs. Tagebuchnotaten sind diese diktierten z. T. breiter und detaillierter. So notiert ES ausführlich den Verlauf der Erkrankung mit den entsprechenden Untersuchungen bis zur Operation im Regierungskrankenhaus am 12. 9. 1979, die für ihn eine besondere psychische Belastung bedeutete. – Die folgenden Passagen bis 30. 9. 1979 sind Auszüge aus diesem Typoskript mit Darstellungen zur »Wundertäter«-Affäre, die in »Die Lage in den Lüften« nicht enthalten sind.

die »Politischen Schriften« – Hermann Hesse: »Politik des Gewissens. Die politischen Schriften«, Bd. I 1914–1932, Bd. II 1932 bis 1962, Frankfurt a. M.: Suhrkamp 1977.

Bei H. im Oberbüro – Das Treffen mit Kurt Hager fand am 12. 7. im Gebäude des ZK der SED am Werderschen Markt in Ost-Berlin statt. – Da ES für die Dokumentation der Geschichte des »Wundertäters III« in »Die Lage in den Lüften« ausschließlich die hs. Tagebücher benutzte, in denen es über dieser Zeit keine Eintragungen gibt, beschrieb er dort vermutl. den zweiten Besuch bei Hager aus dem Gedächtnis; vgl. LL, S. 195 f. – Hager verfasste am 13. 7. 1979 ein Gedächtnisprotokoll über dieses Treffen, in dem er seine Argumentation ES gegenüber darstellte, gleichzeitig aber auch seine Bedenken zu einem Publikationsverbot des »Wundertäters III« formulierte; bei einer »Nichtherausgabe« des Romans fürchtete Hager die Wirkung einer »›Zeitbombe‹ für uns«. Seine Schlussfolgerung lautete: »Alle diese negativen Folgen wären schlimmer als die Auswirkungen, die die Veröffentlichung des Buches haben wird.« Vgl. SAPMO BArch DY 30/IV B 2/2.024/98;

auch in: Carsten Gansel/Matthias Braun (Hrsg.): »Es geht um Erwin Strittmatter oder vom Streit um die Erinnerung«, a. a. O., S. 200 f.

105 *Am 19. März* – Das erste Gespräch zwischen ES und Kurt Hager zum »Wundertäter III«; vgl. Eintrag 16. – 27. 3. 1979.
Der Juli kam bis zum achtzehnten Tag – ES wurde von Kurt Hager zum 12. 7. 1979 eingeladen; der 18. 7. war vermutl. das Einschreibedatum, denn der Text folgt auf eine Notiz über den Gesundheitszustand des Vaters mit der Datierung »18. 7. 79«. – Im Typoskript vermutet ES, dass die Einladung auf Intervention von Hermann Kant zustande kam, den er darum gebeten hatte, im ZK die ausstehende Entscheidung zum Roman anzusprechen. Allerdings bereute er diese Aktion sofort, weil sie seinem Vorsatz, sich nicht einzumischen, widersprach; er nahm sich deshalb vor, bei der Unterredung mit Hager keine Kompromisse einzugehen (Notiz vom 30. 6. 1979, Typoskript S. 21 f.).

107 *Botschafter A.* – Pjotr A. Abrassimow; vgl. Anm. zu S. 102.

108 *Der DEVIL Höpcke ... kam mit ... Dr. Voigt* – Klaus Höpcke und Fritz-Georg Voigt. Höpcke hatte zuvor brieflich ein Treffen am 3. 8. 1979 vorgeschlagen, das ES wegen des urspr. vorgesehenen Krankenhausaufenthaltes absagte; er fürchtete Änderungsforderungen von Höpcke, die über die Einwände von Hager hinausgehen könnten (Notiz vom 7. 8. 1979, Typoskript S. 39).
meine Meinung über sein zwittriges Verhalten – ES äußerte im Tagebuch wiederholt Vorbehalte gegen Höpcke, die sich auf dessen frühere Tätigkeit beim ND bezogen, vor allem aber auf dessen Haltung im Druckgenehmigungsverfahren für den »Wundertäter III« und auf Vermutungen über Höpckes Kontakte zum MfS, die später z. T. belegt wurden; vgl. Sicherungsbereich, S. 39 f.
Er versicherte ..., daß er ... die Druckgenehmigung erteilen würde – Höpcke verfasste am 27. 8. 1979 über den Besuch einen Bericht: Er habe ES gegenüber betont, dass er lediglich gekommen sei, um den Stand seiner Überlegungen zu erfahren; EvaS habe daraufhin die umgearbeitete Passage vorgelesen. Weggefallen sei die »naturalistische Beschreibung der Vergewaltigung«, die Aussage einer Figur, dass am ersten Tag der Befreiung den sowj. Soldaten Vergewaltigungen erlaubt worden seien, sowie die Bezeichnungen »Mongolen« und »Tataren« für die Rotarmisten. Die Umarbeitung bewertete Höpcke als »künstlerisch gelungen«, er habe die Druckgenehmigung zugesagt. ES habe aber auf dem Wort »Parteisträfling« in der Figurensprache bestanden; vgl. SAPMO BArch DY 30/ IV B 2/2.024/98.
DIE STELLE, AN DER Lenka Meura von der Vergewaltigung der Risse-Tochter erzählt – Vgl. »Wundertäter III«, 23. Kapitel, EA S. 253 ff.;

Aufbau Taschenbuch S. 259 ff. – Zum Tabuthema Vergewaltigungen durch Soldaten der Roten Armee vgl. erste Anm. zu S. 103.

109 *Wenn der Sorbe Friede Zaroba … daran erinnert* – Die Reden von Zaroba sind in den Erzählpart Lenkas montiert (»Und wieder wars Zaroba, was gesagt hat: ›'Ört uff mit Bibbern und Jammern. H'unsre Soldaten ham Tod ausgeteelt in h'andre Länder …‹«, EA S. 255, Aufbau Taschenbuch S. 260 f.).
Die Umarbeitung bezog sich auf zwei Seiten – In der EA: S. 253 ff., Aufbau Taschenbuch: S. 259 ff. Mit diesen Einfügungen, die die historische Schuld der Deutschen gegenüber der SU seit dem Überfall 1941 benennen, reagierte ES auf die Forderungen von Hager (vgl. Eintrag 12. 7. 1979). Außerdem nahm er auf diesen Seiten einige Streichungen vor (vgl. dritte Anm. zu S. 108), die formale Textumstellungen nach sich zogen. Die politische Brisanz dieser Passagen blieb angesichts des tabuisierten Themas dennoch stark genug, so dass in einem namentlich nicht gekennzeichneten Bericht für das MfS die Überarbeitung zwar akzeptiert, aber als nicht ausreichend bezeichnet wurde; vgl. MfS HA XX ZMA 4191 Bl. 000032 f. – Auch die massiven Versuche, Verkauf und Rezeption des Buches zu beeinflussen (vgl. erste Anm. zu S. 141), demonstrieren die Unzufriedenheit der Politiker und Funktionäre.
keinerlei Abstriche … trotz aller Verhandlungen – ES bezieht sich auf seine letzte Fassung, die er dem Verlag als endgültiges Druckmanuskript übergeben hatte (ESA 35), nachdem er das frühere Manuskript am 25. 4. 1978 vom Verlag zurückgeholt und bis 2. 10. 1978 überarbeitet hatte; vgl. Einträge 27. 9., 1./2. 10. 1978. (EvaS erwähnte die intensive Arbeit an der letzten Fassung in ihren Briefen; vgl. BaS II, S. 190 f., 193.) Danach arbeitete ES nicht mehr direkt an diesem Manuskript, sondern überließ die Ausführung seiner Umformulierungen dem Verlag (vgl. Eintrag 6. 11. 1978); auch die beiden umgeschriebenen Seiten nach dem Gespräch mit Hager, paginiert als Seiten 318 und 319, ließ er offensichtlich durch den Verlag in die Druckfassung einfügen; vgl. AAV 3182. – Bis zur Drucklegung gab er noch telefonisch kleine sprachliche und formale Korrekturen an die Lektorin durch (am 28. 8. 1979 u.a. »Vormittag« statt »Nachmittag«, »szenische Zuspitzung« statt »Dramatik«; vgl. AAV, a. a. O.).
seit März 1978 – Im Typoskript »1968«; hier als vermutl. Schreiboder Diktierfehler korrigiert, im März 1978 beendete ES jene Fassung (vgl. Eintrag 21. 3. 1978), die er am 25. 4. 1978 zur Überarbeitung vom Verlag zurückholte.

110 *Ich wurde operiert* – Vgl. dritte Anm. zu S. 105.

112 *Sohn Erwin, der … Armeezeit beendete* – Vgl. zweite Anm. zu S. 84.
Gorkis »Kinder der Sonne« – Stück (1905) von Maxim Gorki; ES

sah die Inszenierung von Wolfgang Heinz im Deutschen Theater, Berlin.

112 *eben erst zum Ensemble gekommen* – Die Zusammenarbeit mit Brecht begann im Februar 1952.

»*Courage*«-*Aufführung* – Helene Weigel spielte die Titelrolle in »Mutter Courage und ihre Kinder«; das Stück gehörte seit der Neuinszenierung (Premiere 11.9.1951, Regie: Bertolt Brecht) zum Repertoire des BE.

mit ausgewählten Gesängen des Peter Schreier – EvaS und Jakob St. hatten für die Sendereihe »Klassische Weltliteratur« in Radio DDR II Lieder Peter Schreiers zusammengestellt.

Joachim Kynass – Der Musikkrititker Hans-Joachim Kynaß war öfter Gast in Schulzenhof, ES zählte ihn zu seinen »geistigen Söhnen«; vgl. Eintrag 20. 9. 1980. Seine Krebserkrankung und sein Tod Anfang Mai 1983 bedrückten ihn sehr.

113 *mit seiner Frau* – Renate Schreier; von ES Emily genannt.

114 *ein gewisser SCHLESINGER* – Klaus Schlesinger; Mitinitiator des Anthologie-Projekts »Berliner Geschichten« (vgl. zweite Anm. zu S. 57), wurde 1979 nach Beteiligung an mehreren Protestschreiben wegen der Repressalien gegen Autoren, u. a. Stefan Heym, aus dem SV ausgeschlossen; 1980 mit dreijährigem Reisevisum Übersiedlung nach West-Berlin.

Ich habe L. dafür um Verzeihung gebeten – Vgl. erste Anm. zu S. 61.

seinen Roman ... einzog – Erich Loest: »Es geht seinen Gang«; vgl. dritte Anm. zu S. 86.

in einem anderen Verlag – Vgl. ebd.

115 *im Krankenhaus* – Vgl. Eintrag 30. 9. 1979.

DAS SCHWITZBAD – Satirisches Stück von Wladimir Majakowski (UA 1930 in Moskau, danach verboten).

FRANKE – Dieter Franke.

Das Stück lief ... schon einmal – Die Aufführung in der Ost-Berliner Volksbühne (Regie: Nikolai Petrow) wurde nach der Premiere 1959 abgesetzt.

Ich sah es mir damals an – Vgl. Bd. I, Eintrag 4. 2. 1959, S. 139 f.

Lotte Ulbricht – Unter dem 29. 11. 1979 setzt ES Erinnerungen an die »Schwitzbad«-Aufführung von 1959 fort und beschreibt eine spätere Begegnung mit Lotte Ulbricht (20. 11. 1975), die sich erfreut zeigte, dass er mit ihr sprach, nachdem sie als Witwe Ulbrichts von vielen gemieden wurde.

116 *Sekretär des Schriftstellerverbandes* – Von Februar 1959 bis offiziell Mai 1961.

Bitterfelder Bewegung – Auf der als Autorentagung des Mitteldeutschen Verlags in Bitterfeld durchgeführten Konferenz (24. 4. 1959) wurden die Künstler aufgefordert, sich in den Betrieben mit den Bedingungen der Produktion bekannt zu machen, und die Arbeiter, sich aktiv mit Literatur und Kunst zu beschäftigen.

116 *Ich befreite mich durch Krankheit aus der Sekretärsfunktion* – Im Juli 1960 erlitt ES einen gesundheitlichen Zusammenbruch und wurde von seiner Funktion entbunden; vgl. Bd. I, S. 141–146.

117 *Mitglied des Zentralkomitees* – Vgl. Bd. I, Eintrag 18. 12. 1962, S. 185 f.

Mitglied der Volkskammer – Vgl. Bd. I, Eintrag 28. 4. 1967, S. 284 f.

Präsident der Akademie der Künste – Vgl. Eintrag 12. 3. 1974, S. 13.

Präsident des Schriftstellerverbandes – Vgl. Bd. I, Eintrag 4. 12. 1968, S. 344.

aus dem Präsidium – ES gehörte von 1969 bis 1978 als Vizepräsident des SV dem Präsidium an; er schied auf eigenen Wunsch aus.

118 *UNSER SOHN MARTIN* – Sohn von Martin und Elisabeth St.; Neffe von ES.

Ihr Bruder – Martin Strittmatter.

119 *KATHRIN* – Tochter von Martin und Elisabeth St.; Nichte von ES.

120 *Meine Schwester* – Marga St.

beim Grossvater – Beim Vater Heinrich St. in Bohsdorf.

als ich vor drei Tagen … an Lübben vorüberfuhr – ES kam von einem Kurzbesuch in Bohsdorf am 3. 12. zurück; der Bruder Martin lebte in Lübben.

121 *lud ich die Nichte KATHRIN zu uns ein* – ES erwähnt diese vermutl. telefonisch ausgesprochene Einladung auch in einem Brief an den Bruder Heinrich (18. 12. 1979, ESA 633/1), zu einem Besuch der Nichte in Schulzenhof kam es nicht.

122 *ein eventuelles Interview* – Das Interview von Heinz Plavius blieb in der DDR unveröffentlicht; ES zog es zurück, um Kurt Hager zu entlasten (vgl. LL, S. 219 f.), und fügte es später als zeithistorisches Dokument dem Band LL bei.

SINN UND FORM – Die Zeitschrift wurde 1949 von Johannes R. Becher und Paul Wiegler gegründet, hrsg. von der DAK; erster Chefredakteur: Peter Huchel. – ES war 1968–1978 Mitglied des Redaktionsbeirates.

zu DEN STERNS – Jeanne und Kurt Stern; ES und EvaS waren seit Anfang der 1950er Jahre mit ihnen befreundet; zeitweise Entfremdungen, die sich aus verschiedenen politischen Positionen ergaben, stellten die Freundschaft nicht prinzipiell in Frage.

BOHSDORF (Nachtrag) – Bezug auf den Besuch in Bohsdorf; vgl. dritte Anm. zu S. 120.

124 *Plavius-Interview* – Vgl. erste Anm. zu S. 122.

Einfall der Russen in Afghanistan – Nach dem Sturz des seit April 1978 regierenden kommunistischen Ministerpräsidenten Taraki marschierten unter Berufung auf den Freundschaftsvertrag zwischen Afghanistan und der UdSSR im Dezember 1979 sowjet. Truppen in Afghanistan ein. Die Besetzung wurde von westlichen und islamistischen Staaten verurteilt (Boykott der Olympischen Sommerspiele in Moskau und Tallinn 1980). Es entwickelte sich ein brutaler Krieg zwischen Regierungs- und sowj. Truppen auf der einen und den international unterstützten Mudschaheddin auf der anderen Seite. Nach großen Verlusten zog die UdSSR 1989 ihre Truppen zurück.

124 *Görlich, Brezan ... Baumert* – Günter Görlich, Jurij Brežan, Gerhard Holtz-Baumert.

125 *TRUDE RICHTER ... Aufzeichnungen aus den Straflagern* – Die Lebenserinnerungen von Trude Richter mit ihrem Bericht über Lagerhaft und Verbannung als emigrierte deutsche Kommunistin in der SU (»Totgesagt«) erschienen erst 1990 nach ihrem Tod.
vor meiner Operation – Vgl. Anm. zu S. 110.

126 *Grossmutter oder Grossvater* – Magdalena (Helene) bzw. Matthäus (Matthes) Kulka.
Grodk – Sorbischer Name für Spremberg.

127 *»Fahnen«* – Abzüge des in der Druckerei gesetzten fortlaufenden Textes für die Korrektur; gemeint ist aber der Umbruch, der die bereits eingerichteten Seiten darstellt.

128 *DER GROSSE GEBURTSTAG* – 50. Geburtstag von EvaS am 8. 2. 1980.
Frau Franke – Else Franke.

130 *von seinen Filmarbeiten aus Jugoslawien zurück* – Erwin Berner wurde von der DEFA für die Rolle eines deutschen Polizisten in der jugoslawischen Fernsehserie »Die Schlacht um Dražgoše« engagiert, die Dreharbeiten wurden nach öffentlichen Protesten abgebrochen; vgl. Leo, Die Biographie, S. 142 ff.
Einzelgespräch – Das Gespräch fand am 1. 4. mit dem Parteisekretär Sepp Müller statt. ES bezeichnete es als Farce; ihm und EvaS wurde vorgeworfen, sich zu wenig an den Veranstaltungen der Parteigruppe zu beteiligten (Notiz vom 1. 4. 1980).
Parteitag – X. Parteitag der SED (11.–16. 4. 1981).

131 *Markthalle* – Nach dem Abriss der 1893 erbauten Markthalle war im Zusammenhang mit der Umgestaltung der Ost-Berliner Innenstadt 1969 in der Karl-Liebknecht-Straße eine neue Zentralmarkthalle entstanden, die ES häufig besuchte.
Die Familie Berner-Diener – Ironischer Bezug auf die freundschaftliche Beziehung Erwin Berners zur Familie Diener; er nutzte oft die Mitfahrgelegenheit von Berlin nach Schulzenhof in deren Auto.
meinen Söhnen – Außer Erwin Berner waren Matthes und Jakob St. anwesend.

131 *Daniela* – Daniela Diener.

132 *Skizzen für den LADEN* – Vgl. Bd. I, Eintrag 30. 1. 1973, S. 455; ES hatte aber bereits am 22. 1. 1969 einen Entwurf für das Projekt »Der Laden« erwähnt; vgl. Bd. I, S. 348.

133 *an Lews Geburtstag* – Lew Kopelew wurde am 9. 4. 1912 geboren. – ES gedachte im Tagebuch häufig der Geburtstage ihm nahestehender Menschen.

137 *nach Piešťany* – ES und EvaS fuhren am 1. 5. 1980 von Berlin aus nach Piešťany.

138 *GEARBEITET HABE ICH WENIG* – Im Unterschied zu den Piešťany-Aufenthalten anderer Jahre führte ES im Mai 1980 das Tagebuch weiter, wenn auch nur sporadisch; ein Extra-Heft enthält einige literarische Skizzen und eine Übersicht über die Tonbanddiktate.

   in einem Piešťany-Buch – Das von ES vorbereitete Projekt wurde von EvaS 2003 herausgegeben: »Kalender ohne Anfang und Ende. Notizen aus Piešťany«.

   nach meinem Ausbruch – Während der letzten Reisevorbereitungen in Berlin verlor ES die Nerven, weil er sich durch die Telefongespräche von EvaS in seinem Zimmer gestört fühlte (Notiz vom 1. 5. 1980).

139 *Aushänger* – Ungebundene Exemplare zur letzten Überprüfung durch den Verlag.

   Helga – Lektorin Helga Pankoke.

   Signal-Exemplare – Fertige Bücher, die der Verlag vor der offiziellen Auslieferung zur Ansicht erhält.

   unseres »Pfingst-Vertrages von Piešťany« – Als Resümee des Vortages hielt ES in der Notiz vom 26. / 27. 5. 1980 fest: »Wir beschlossen, unsere gründlich-liebevolle Unterredung und den Versuch einer Klärung unser PFINGSTABKOMMEN VON PIEŠŤANY zu nennen.«

140 *Proben zum Renn-Film* – »Adel im Untergang«, zweiteiliger Fernsehfilm (Regie: Wolf-Dieter Panse) nach dem gleichnamigen Roman von Ludwig Renn (Mexico: El Libro Libre 1944). Erwin Berner spielte die Hauptfigur Arnold Vieth von Golßenau. Erstausstrahlung: 1. Teil am 1. 1. 1981, 2. Teil am 4. 1. 1981.

   ein Feudaler – Ludwig Renn entstammte dem sächsischen Adel, er legte seinen Namen Arnold Vieth von Golßenau ab und trat 1928 in die KPD ein, im Spanischen Bürgerkrieg 1936 war er Stabschef der XI. Internationalen Brigade.

141 *da kam die Armee* – Nachdem die Druckgenehmigung für den Roman erteilt worden war, wurden am 18. 4. 1980 in der Abteilung Kultur des ZK der SED Überlegungen zum weiteren Umgang mit dem Roman formuliert: »1. Nichterscheinen // 2. Erscheinen, be-

gleitet von kritischen Rezensionen in ausgewählten Organen // 3. Erscheinen bei totaler Ignorierung in der Öffentlichkeit und evtl. begrenzter Zahl.« Hager legte diese Varianten Honecker vor, plädierte in einer hs. Notiz selbst für Variante 2 und schlug gleichzeitig die Reduzierung der ersten Auflage von 60 000 Exemplaren »durch Abkauf« von 20 000 Exemplaren vor, außerdem hielt er weitere Maßnahmen »zur *unauffälligen* Reduzierung der Wirkung des Buches« für möglich; vgl. SAPMO BArch, DY 30/IV B 2/ 2.02477/98. Honecker verzeichnete am 24. 4. 1980 sein Einverständnis auf diesem Papier. Der vorgesehene »Abkauf« erfolgte vor allem durch die NVA; die Anzahl der Exemplare, die tatsächlich an die NVA gingen, ist zzt. nicht zu ermitteln. – ES vermerkte im Tagebuch Informationen von Freunden oder Lesern, nach denen es zu weiteren Behinderungen beim Verkauf des Buches und bei der Veröffentlichung von Rezensionen kam; vgl. auch LL, S. 210–226.

141 *Als ich den WUNDERTÄTER III schrieb … –, dachte ich* – Vgl. auch Eintrag 26. 2.–11. 3. 1979.

142 *versuchten die Dogmatiker* – Vgl. erste Anm. zu S. 141 sowie LL, S. 220 ff.

144 *ALFRED WELLM* – Strittmatters waren seit 1962 mit Wellm und seiner damaligen Frau Inge befreundet, sie besuchten sich gegenseitig; vgl. Bd. I. Nachdem Wellm von Großmenow (bei Fürstenberg) nach Lohmen (bei Güstrow) umgezogen war, wurden die Besuche seltener, der Kontakt blieb aber brieflich und telefonisch erhalten. – Sigrid Damm war von 1979 bis Sommer 1983 mit Wellm liiert und seit dieser Zeit mit Strittmatters befreundet.
Essay über Marianne – »Ankunft der Prinzessin. Die Malerin Marianne Gábor«, in: EvaS: »Poesie und andre Nebendinge«.
eine Art Humoreske – »Ein haltbarer Kuchen für Anna«, in: Ebd.
IN POLEN – Seit Juli bis September 1980 kam es zu Streiks in verschiedenen Städten und Gebieten Polens, hervorgerufen durch die schlechten Lebensbedingungen der Bevölkerung; im Oktober wurde die von Lech Wałęsa geführte Streikbewegung »Solidarność« als freie Gewerkschaft registriert.

145 *Er wandelt Rilke ab* – In »Die Sonette an Orpheus« (XIII) von Rainer Maria Rilke heißt es: »Sei allem Abschied voran […].«

146 *sein deutsches Buch* – ES hatte sich bereits 1973 für die Publikation von Tschinags Erzählungen engagiert (vgl. Bd. I, Eintrag 16. 2. 1973, S. 456); das Buch (»Eine tuwinische Geschichte und andere Erzählungen«) erschien 1981 mit einem Nachwort von ES im Ost-Berliner Verlag Volk und Welt.
»Und sie versteht mein rätselhaftes Wesen … lesen …« – Zeilen aus dem Gedicht »Mein vertrauter Traum« von Paul Verlaine.

147 *Dokumentarfilm* – »Ich sehe was ich seh. Eva Strittmatter – ein Porträt«, Film des DEFA-Studios für Dokumentarfilme im Auftrag des Fernsehens der DDR (1982); Buch und Redaktion: Holmar Attila Mück, Regie: Ernst Cantzler, Kamera: Thomas Plenert.

148 *Brücke … von ARLES* – »Die Brücke von Arles«, Gemälde von Vincent van Gogh, der dieses Motiv mehrmals verwandte.
ELOHIM – Im Hebr. Begriff für Wesen von übernatürlicher Kraft und Wirkung; im Tanach sinngemäß Begriff für »Schöpfergott«.

150 *im Hauptblatt* – »Neues Deutschland«, die Rezension zum »Wundertäter III« von Hermann Kähler war am 9. 7. 1980 erschienen.
Caspar … möchte die SELBSTERMUNTERUNGEN schon nächstes Jahr – Der Band erschien in der Reihe Edition Neue Texte des Aufbau-Verlags 1981. – Zur Vorform in zwei Blindbänden vgl. Bd. I, Eintrag 10. 7. 1967, S. 289, sowie Anm. dazu S. 548.

151 »*31. Geburtstag der Republik*« – Die DDR wurde am 7. 10. 1949 gegründet.
nach Polen gerichtet – Vgl. vierte Anm. zu S. 144.
Ich warte auf Eva – Rückkehr von EvaS aus Georgien; vgl. Eintrag 22. / 23. 9. 1980.
nach Österreich zu reisen – EvaS sagte die Reise aus Gesundheitsgründen ab (Notiz vom 30. 11. 1980).

152 *BOHSDORF* – ES war in Begleitung von EvaS und Sohn Jakob, er zeigte ihnen auf dem Weg nach Bohsdorf und Cottbus Stätten seiner Kindheit.
Die neue angeheiratete Familie des Neffen Volker – Volker St. lebte in Cottbus und kam mit der Familie seiner zweiten Ehe oft wegen der beengten Wohnverhältnisse an den Wochenenden zu seinem Vater Heinrich St. nach Bohsdorf.
Das … Mädchen SUSANNE – Tochter von Christine St. aus ihrer ersten Ehe.
stolz auf seinen … Sohn – Ronny, Sohn von Volker und Christine St.

153 *SELBSTERMUNTERUNGEN* – Vgl. Eintrag 5. / 9. 10. 1980.
die Ronais – Die Malerin Marianne Gábor und ihr Mann, der Lyriker Mihály (Mitjú) Rónai, langjährige Freunde von ES und EvaS aus Budapest. – EvaS stattete ihren Band ausgewählter Gedichte »Unterm wechselnden Licht« mit Aquarellen von Marianne Gábor aus, ES wählte für den Umschlag der »Selbstermunterungen« ein Motiv von ihr.

154 *THOMAS schrieb mir, als er noch … von der Mutter verhetzt war* – Nach Auskunft von Thomas Strittmatter habe seine Mutter Anna trotz aller Familienkonflikte die Kinder nicht gegen ES aufgehetzt. Er habe den Brief, in dem er auf ESs Vater-Rolle verzichtete, die vor allem in Geldzuwendungen bestand, aus eigenem Entschluss

geschrieben, habe aber ausdrücklich darauf verwiesen, dass sein Verhältnis zur literarischen Arbeit von ES davon nicht beeinflusst sein würde.

154 *Gegenbuch zu SONJAS RAPPORT* – Ruth Werner: »Sonjas Rapport«, Berlin: Verlag Neues Leben 1977.

Jürgen Kuczynski … polemisierte gegen die WU 3-Besprechung von Hermann Kant – Kuczynski verfasste einen offenen Brief an Hermann Kant als Erwiderung auf dessen Rezension zum »Wundertäter III« in der NDL 6/1980. – Ein Informant der Staatssicherheit begutachtete am 26. 8. 1980 diesen Brief und kam zu dem Ergebnis, dass er in einigen Passagen der Parteipolitik widerspreche und dass seine Veröffentlichung »feindlich-negativen Personen« zusätzliche Argumente »für deren Absichten liefern« könne. Die Entscheidung über eine Veröffentlichung wurde der Parteiführung überlassen, die die Publikation schließlich genehmigte; vgl. BStU, MfS HA XX ZMA 4191. Kuczynski äußerte sich zwar zu einigen kritischen Aspekten des Romans zustimmend, bemängelte aber, dass ES im »Klein-Klein« steckenbleibe und keine Zukunftsperspektive gestalte; vgl. NDL 10/1980.

Gleichzeitig schrieb er an Eva einen Brief – Jürgen Kuczynski an EvaS, 20. 9. 1980 (EvaSA 1217). Er gibt als Motiv für seinen offenen Brief an, dass er seine kritischen Gedanken zum »Wundertäter III« zur Diskussion stellten wollte. Er bittet sie, »daß Du bei Erwin, meinem teuren Genossen Erwin Strittmatter, ein Wort einlegst, daß er nicht alle freundliche Gesinnung, die er mir gezeigt hat, verliert. Es gibt so wenige Menschen wie ihn!« – In einem weiteren Brief an EvaS (7. 11. 1980, ebd.) dankt er für ihre Antwort vom 3. 11. und betont, dass er den offenen Brief nicht, wie sie angedeutet habe, in einem Auftrag, sondern auf eigene Initiative geschrieben habe; auch habe er mit dem Begriff »Klein-Klein« nicht auf die Darstellung kleiner Leute gezielt, sondern darauf, »daß der große Zug der Zeit fehlte«. – Vgl. Brief von EvaS an Kuczynski in: BaS II, S. 374 ff.

155 *bei lag eine polemische Erwiderung* – Thomas St. hatte aus Enttäuschung über Kuczynskis Beteiligung an der Kampagne gegen den »Wundertäter III« diesem eine Entgegnung geschrieben, ihn aber nicht autorisiert, sie an ES weiterzuleiten. – Die Notiz in »Die Lage in den Lüften« vom 21. 11. 1980, S. 238, nach der Thomas St. seinen Brief an Kuczynski in der NDL veröffentlicht hätte, entspricht nicht dem Originaleintrag im Tagebuch.

in der Stille – Zwischen ES und Thomas St. gab es zu der Zeit keine persönlichen Kontakte, zu einer Begegnung kam es erst, nachdem sich ES bei Thomas St. für dessen Engagement bedankt hatte; der Kontakt blieb sporadisch. – Information Thomas St.

155 *die Ronais* – Vgl. zweite Anm. zu S. 153.

in ihrem Essay – EvaS: »Ankunft der Prinzessin«, ein Essay über Marianne Gábor; vgl. zweite Anm. zu S. 144.

diese heutige Ausstellung – EvaS hatte eine Ausstellung (12. 11. 1980 bis 6. 1. 1981) mit Bildern von Marianne Gábor in der Galerie des Theaters im Palast (TiP) initiiert. Der Titel des Essays »Ankunft der Prinzessin« war Motto der Ausstellung.

156 *die Abendveranstaltung* – Die Ausstellung von Marianne Gábor; vgl. vorangehende Anm.

Evas Reisevorbereitungen – Vgl. vierte Anm. zu S. 151.

157 *Mein Name darf … nirgendwo genannt werden* – Die von ES genannten Repressalien gehörten zur kulturpolitischen Strategie, um die Rezeption des »Wundertäters III« einzuschränken; vgl. erste Anm. zu S. 141. Die Ereignisse in Polen (vgl. vierte Anm. zu S. 144) verunsicherten die Funktionäre zusätzlich. Fertige Lesesendungen für das Fernsehen nicht nur von ES, sondern auch von EvaS wurden zurückgehalten, auch Erwin Berner wurde von der Besetzungsliste eines Films von Wolf-Dieter Panse gestrichen; vgl. BaS III, S. 96.

EVA KAUFMANN in SINN UND FORM – »Umgang mit Wirklichkeit« in: »Sinn und Form« 6/1980.

158 *DAS IST »DIE LAGE« IN DEN LÜFTEN* – Aus dieser Notiz entwickelte ES den Titel seiner Dokumentation über die Entstehung des »Wundertäters III« und die Konflikte während des Druckgenehmigungsverfahrens: »Die Lage in den Lüften«.

159 *IN DER AUSSTELLUNG* – Ausstellung mit Bildern von Marianne Gábor; vgl. fünfte Anm. zu S. 155.

160 *den zweiten Teil von ADEL IM UNTERGANG* – Vgl. erste Anm. zu S. 140.

161 *Lope Kleinermann* – Zentrale Figur in »Ochsenkutscher«.

LOWA KOPELEW … kann … nicht mehr zurück – Lew Kopelew reiste im November 1980 nach Köln, nachdem er nach langer Verzögerung eine Reiseerlaubnis erhalten hatte; im Januar 1981 wurden er und seine Frau Raja ausgebürgert.

Genrik Böll – Russische Aussprache für Heinrich Böll; er und Marion Gräfin Dönhoff hatten Kopelew zu der Studienreise eingeladen.

Gebt dem Kaiser … gebt Gott … – NT, Matthäus 22,21: »So gebet dem Kaiser, was des Kaisers ist, und Gott, was Gottes ist!«

162 *in sowjetischen Straflagern* – Lew Kopelew wurde 1945 wegen »Propagierung des bürgerlichen Humanismus« und »Mitleid mit dem Feind« zu Arbeitslager verurteilt; 1954 entlassen, 1956 rehabilitiert.

163 *DER PARTEITAG* – X. Parteitag der SED (11.–16. 4. 1981).

164 *Hiobs-Nachrichten* – ES notierte am 15. 4. 1981, dass ihm sein Bruder Heinrich den schlechten Gesundheitszustand des Vaters mitgeteilt hatte.

167 *Wahl* – Wahlen zur Volkskammer am 14. 6. 1981.

169 *Nodar* – Nodar Kakabadse.
den Dokumentarfilm – Vgl. Anm. zu S. 147.
Julimorgen – Im Original »Junimorgen«; hier als Schreibfehler korr.

170 *»WLADIMIRKAJA«* – In der Familie gebrauchter Name (auch »Wladimirka«) für einen breiten Sandweg, der von der sowj. Armee für Panzerfahrten benutzt wurde.
meine Nieren-Operation – Am 12. 9. 1979; vgl. Eintrag 30. 9. 1979.
Einen Beitrag von mir – »Der neue Mensch«, in: NDL 11/1958; vgl. Bd. I, Einträge 18. und 19. 9. 1958, S. 123, sowie Anm. dazu S. 523.

172 *Hesse hats ... irgendwo gesagt* – Ein entsprechender Ausspruch von Hesse ließ sich nicht belegen. (Dank für Recherche-Hilfe an Gunnar Decker und Volker Michels.)
PICASSO, der ... naturalistische »Friedenstauben« ... malte – Pablo Picasso hatte für das Plakat zum »Weltkongress der Kämpfer für den Frieden« (20.–23. 4. 1949 in Paris) das Bild einer Taube entwickelt, das seitdem in verschiedenen Motiven als Friedenssymbol verbreitet wurde.

173 *vor meiner Operation* – Vgl. zweite Anm. zu S. 170.

174 *GEBURTSTAGSPOST* – Um den Gratulanten zum Geburtstag am 14. 8. zu entgehen, fuhren ES und EvaS mit Herbert Franke und Bruno Skodowski nach Borken (bei Pasewalk); dort wollten sie sich Haflinger-Fohlen ansehen.

175 *in Skopje* – Aufenhalt anl. eines Lyrik-Festivals vom 25. 8. bis 2. 9. 1981.

176 *»Notizen aus Piešt'any 1981«* – ES und EvaS verschoben in diesem Jahr ihre Kur in Piešt'any von Mai auf den 14. 9. bis 10. 10. 1981, da wegen einer Erkrankung von Else Franke im Mai das Anwesen unversorgt gewesen wäre. – Zum geplanten Piešt'any-Buch vgl. zweite Anm. zu S. 138.
EVA plötzlich wieder daheim – EvaS war wegen einer Rippenfellentzündung zur Untersuchung nach Berlin gefahren.
zum Begräbnis – Von Emil Schmidt, dem früheren »Pferdemeister« bei ES.

177 *Sigrid* – Sigrid Damm.
eines »bibliophilen« Schriftleins zu meinem 70. Geburtstag – Broschüre von 17 Seiten mit Bibliographie, Fotos und Auszügen aus unveröffentlichten Arbeiten von ES.

178 *Prospekt für den Aufbau-Verlag* – Vgl. vorangehende Anm.

178 *LUISE KÖPP*– Sie betreute als Redakteurin die Lesungen von ES, die traditionell zu Weihnachten von Radio DDR II gesendet wurden. ES las aus neuen, noch unveröffentlichten Arbeiten.

Reproduktion des CLOWNS ... von MARIANNE – Covermotiv nach einem Aquarell von Marianne Gábor.

aus Evas Büchern – Vgl. Eintrag 5. – 9. 10. 1980.

179 *ESTE* – ES griff die Figur des Este, die er bereits 1969 als Alter Ego in die Tagebücher eingeführt hatte (vgl. Bd. I, Eintrag 30. 9. 1969, S. 370), seit dem 15. 11. 1981 gelegentlich wieder auf.

man schrieb den 22. November – Vermutl. nach Notizen oder Tonbanddiktaten nachgetragener Text.

auf das Büchlein eingelassen – Nachdem der Verlag das Erscheinen des Aphorismen-Bandes »Selbstermunterungen« vorgezogen hatte (vgl. Eintrag 5. – 9. 10. 1980), obwohl er ursprünglich zum 70. Geburtstag von ES gedacht war, entstand die Idee einer Auswahl von Tagebuch-Geschichten: »Wahre Geschichten aller Ard(t). Aus Tagebüchern«. Der Band enthält Auszüge aus den Tagebüchern von 1967 bis 1969; zur Entstehung vgl. ebd. das Nachwort von EvaS.

eine illustrierte Sonderausgabe von ZIRKUS WIND – Die Erzählung »Zirkus Wind« erschien mit Bildern von G. Ruth Mossner anl. des 70. Geburtstages von ES im Verlag Philipp Reclam jun.; vgl. Eintrag 17. 9. 1982.

180 *beim »Schneiden« des Films* – Vgl. Anm. zu S. 147.

Ost-West-Schriftsteller Treffen – »»Berliner Begegnung zur Friedensförderung«, 13. / 14. 12. 1981; es trafen sich von Stephan Hermlin eingeladene Schriftsteller aus Ost und West in Berlin.

181 *Geburtstagsbüchlein* – Vgl. dritte Anm. zu S. 179.

die aufständischen Arbeiter – In Polen (vgl. vierte Anm. zu S. 144) hatte Ministerpräsident Jaruzelski am 13. 12. 1981 das Kriegsrecht ausgerufen.

182 *JETZT IST SIE WOHL DOCH ... warm* – Seit dem 26. 12. 1981 beginnt ES mit jedem Satz eine neue Zeile, vermutl. um den Text zu rhythmisieren, gibt diese Schreibform zunächst wieder auf, um sie 1988 erneut anzuwenden; vgl. Anm. zu S. 345.

Die alte Sauheitl – Anna Sauheitl; ES, Hein Bethmann und Helmut Koppen lebten im April/Mai 1945 auf ihrem Hof, als sie in Wallern/Südböhmen untertauchten; vgl. Leo, Die Biographie, S. 181–188, vgl. auch den von ES ausgefüllten Fragebogen der SED, 16. 12. 1949, SAPMO BArch DY 30/IV 2/11/ v. 5185. – Anna Sauheitl schrieb Weihnachtskarten an ES und unterschrieb mit »Anna Seidel«; ES sprach sie in seinen Antwortbriefen dagegen mit »Liebe Frau Sauheitl« an (ESA 668, 681).

183 *Köppen* – Vermutl. Schreibfehler für Koppen; ES nennt in einem Brief an Hein Bethmann vom 10. 2. 1947 den Namen des Mannes,

der mit ihnen bei Anna Sauheitl lebte, Helmut Koppen; vgl. ESA 242.

183 *Monate lang* – Diese Zeitangabe ist fragwürdig, da ES nicht vor Anfang/Mitte April in Wallern eingetroffen sein kann und der Ort am 5. 5. 1945 von der US-Army eingenommen wurde; vgl. Leo, Die Biographie.

184 *WAHRE GESCHICHTEN ALLER ARÐT* – Die Schreibweise wurde schließlich auf »Wahre Geschichten aller Ar(d)t« festgelegt.
diesen Band zu stoppen – Die letzte Auflage des Bandes »Ein Dienstag im September« erschien 1981.

185 *der Film* – Der Dokumentarfilm »Ich sehe was ich seh«; vgl. Eintrag 22./23. 9. 1980 sowie Anm. zu S. 147.
STACHELSCHWEIN-Film – ES und EvaS schrieben für die DEFA-Reihe »Stacheltier« das Szenarium für den satirischen Film »Darf der denn das?«, das abgelehnt wurde; vgl. Bd. I, Eintrag 17. 1., 3. 2., 18. 11. 1958, S. 100 f., 128.

186 *das Interview mit Eva* – EvaS bearbeitete die Interview-Aufzeichnungen für den Text »Poesie und andre Nebendinge« in dem gleichnamigen Essay-Band.

188 *DAS GEBURTSTAGSBÜCHLEIN* – »Wahre Geschichten aller Ar(d)t«.
als wir uns um das stritten, was er … glaubte ausstellen zu müssen – Mit Datum vom 9. und 11. 2. 1982 schildert ES den Besuch von Günter Caspar und Helga Pankoke in der Berliner Wohnung; es ging um formale Korrekturen in »Wahre Geschichten aller Ar(d)t«, die ES als Vorwand für politische Vorbehalte wertete; er entschloss sich, den Band zurückzuziehen, was EvaS am 11. 2. dem Verlag mitteilte.
nach dem Telefongespräch mit Eva – Günter Caspar sprach am Abend des 11. 2. 1982 nochmals mit EvaS, ohne das Buchprojekt zu erwähnen, so dass sie und ES annahmen, der Entschluss, das Projekt zurückzuziehen, sei im Sinne des Verlags.
in Polen – Vgl. vierte Anm. zu S. 144.

189 *Das liess mich aufhorchen* – Da in dieser Zeit der Auseinandersetzung um »Wahre Geschichten aller Ar(d)t« außer Fritz-Georg Voigt auch Günter Caspar und Ruth Glatzer erkrankten, wurde ES in seiner Absicht unsicher, das Manuskript, »koste es was es wolle, durchzusetzen«, er entschloss sich, die politische Polemik »mit Hilfe der Poesie und mit deren Hilfe sogar viel stärker in die Leser hineinstrahlen« zu lassen und einige Texte entsprechend auszutauschen (Notizen vom 20. und 24. 2. 1982).
NUN WERDEN SIE GLEICH … erscheinen – Cheflektorin Ruth Glatzer und die Lektorin Helga Pankoke.

190 *ZWEI BÜCHER von LOWA* – Vermutl. die zuletzt erschienenen Bände der Autobiographie von Lew Kopelew: »Und schuf mir ei-

nen Götzen« (1979) sowie »Tröste meine Trauer« (1981); der letzte Band behandelt die Lagerzeit Kopelews.

191 *ZEHN TAGE ALSO NICHT eingeschrieben* – Der letzte Eintrag ist vom 4. 4. 1982; davor notierte ES außer der täglichen Arbeit Vorbereitungen zum Besuch der Leipziger Buchmesse.
REISE nach Piešťany – ES und EvaS waren in der Zeit vom 2. bis 30. 5. 1982 in Piešťany.

192 *UNSER MATTHES LIEGT IM LAZARETT* – Matthes St. war im Mai 1982 zum Armeedienst eingezogen worden.

193 *VOLKSARMEE* – Nationale Volksarmee der DDR, 1956 gegründet.
als Sohn Erwin Rekrut war – Erwin Berner war während seiner Grundausbildung in der NVA (vgl. zweite Anm. zu S. 84) massiven Repressalien älterer Dienstjahrgänge ausgesetzt; EvaS erreichte seine Verlegung von Eggesin nach Neubrandenburg.

194 *Ich fühle BARLACH* – Ernst Barlach lebte seit 1910 in Güstrow.

196 *KABALE UND LIEBE* – Drama (UA 1784) von Friedrich Schiller.
Wenn du nicht … kommst – Nach Erwin Berners Erinnerung wollte er damit seiner Mutter ein Argument bieten, um diese Reise gegenüber ES durchzusetzen.
RÜCKKEHR von Piešťany – ES und EvaS waren vom 2. bis 30. 5. 1982 dort zur Kur.

197 *in der Chausseestrasse* – Nachdem Brecht und Helene Weigel ab April 1949 zunächst eine Wohnung in der Berliner Allee 190 hatten, wo ES zeitweise unterkam, zog erst Brecht, dann auch Weigel im November 1953 in das Haus Chausseestraße 125 in Berlin-Mitte.

198 *BEI MATTHES IST NOCH NICHTS entschieden* – Die Freistellung von Matthes St. erfolgte zunächst durch eine Ärztekommission, die militärische Ausmusterung verzögerte sich bis Anfang August.
die R. – Ursula Ragwitz.
BAUSOLDAT – In den Baueinheiten der NVA (ab 1964) dienten Soldaten, die den Umgang mit Waffen ablehnten.

199 *ALTER MANN* – Fiktive Figur, mit der ES die 1. Person Singular ersetzt und sich eine Möglichkeit der Distanzierung schafft; vgl. Einträge vom 29. 12. 1985 und 12. 10. 1986.

201 *Katorga* – Im 18. und 19. Jh. in Russland schwere Strafe, meist Zwangsarbeit, im 19. Jh. vorwiegend für politische Häftlinge.

202 *SOHN MATTHES … im Krankenhaus* – Er wurde Mitte August entlassen.

203 *AM TAGE DANACH* – Nach dem 70. Geburtstag von ES am 14. 8. 1982. – Ein Informant des MfS urteilte in seinem Bericht: »Die gesamte Feier verlief ohne Provokation und Vorkommnisse«; BStU, MfS HA XX ZMA 4191, Bl. 000079.

205 *NACH LEIPZIG, UM LEIPZIG, IN LEIPZIG* – ES war vom Reclam-Verlag zur öffentlichen Signierstunde des von G. Ruth Mossner illustrierten Bandes »Zirkus Wind« (vgl. vierte Anm. zu S. 179) eingeladen worden; außerdem absolvierten ES und EvaS weitere Veranstaltungen in Leipzig und im Göschenhaus in Grimma.

BIGGI MOSSNER – G. Ruth Mossner, gen. Gigi. – G. Ruth Mossner legt Wert auf die Feststellung, dass sie darauf verzichtet hat, die von der Herausgeberin ausgewählten Textauszüge für die Edition der Tagebücher Erwin Strittmatters, die sie persönlich betreffen, vor dem Druck zu Kenntnis zu nehmen, wie es ihr vom Verlag aus Respekt vor ihrer Privatsphäre und Persönlichkeit angeboten wurde. Da die Darstellung ihrer Person ausschließlich aus der Sicht Strittmatters erfolge und Geschehenes nicht objektiv nachzeichne, habe sie keine Einwände gegen eine Veröffentlichung dieser ihr unbekannten Passagen. Für sie persönlich sei die Begegnung mit Erwin und Eva Strittmatter, die zu keiner Zeit ein wesentlicher Bestandteil ihres Lebens gewesen war, längst erledigt.

DÖLLING – Klaus Bölling; 1981 Leiter der Ständigen Vertretung der BRD in der DDR, kehrte im Mai 1982 als Regierungssprecher nach Bonn zurück; G. Ruth Mossner begleitete ihn, verließ Bonn aber nach kurzer Zeit und lebte wieder in Berlin.

Agentin des Staats-Sicherheits-Dienstes – Eine solche Tätigkeit für das MfS ist nicht nachweisbar, auch eine Zusammenarbeit in anderer Form ist nicht belegbar, da die Unterlagen im BStU fehlen bzw. unvollständig sind; vgl. Sicherungsbereich, S. 682.

207 *DIE KLEINSTADT* – Arbeitstitel für den zweiten Teil des »Ladens«.

208 *Umarbeitung eines langen Interviews* – Vgl. Anm. zu S. 186.

209 *VATERLÄNDISCHER VERDIENSTORDEN* – Die staatliche Auszeichnung gab es in der DDR seit 1954 in drei Stufen: Gold, Silber, Bronze.

VVO IN SILBER – ES erhielt 1959 den Vaterländischen Verdienstorden in Silber.

210 *BRUDER HEINI KAM* – Heinrich St. blieb bis 18. 10. 1982.

Der Bruder hat dabeistehen müssen – Heinrich St. war während des 2. Weltkrieges im Kaukasus eingesetzt.

211 *ein Manuskript* – Vorarbeit für »Mai in Piešťany«, zu dieser Zeit noch geplant für den Essay-Band »Poesie und andre Nebendinge«.

»Zeit zu schreiben« – »Zeit zu schreiben. Autobiographische Aufzeichnungen« von Halldór Laxness.

212 *SOHN ILJA … in seinem »neuen« Beruf* – Ilja St. war seit 1977 Forstingenieur in Neustrelitz.

214 *Cousine ILSE* – Sie war die Tochter von Paul Kulka, dem Sohn aus der zweiten Ehe von Matthäus Kulka mit Magdalena K.

214 *ZWEITE KINDHEIT* – Arbeitstitel für »Grüner Juni«; die Anregung für diesen Titel fand ES in der Erinnerung an einen Vorfall bei der Gepäckkontrolle vor dem Flug nach Prag auf der Reise nach Piešt'any. Ein Kontrolleur (»Zöllner«) hatte von ihm verlangt, seinen Koffer auszupacken, und, als ihm das zu langsam ging, gesagt: »Oder bist du schon in der zweiten Kindheit, Alter?« In den Diktaten in Piešt'any beschreibt ES, wie ihm »das Gesage von der zweiten Kindheit« einfiel; es veranlasste ihn, »voll Absicht in meine zweite Kindheit zu gehen und hob sie für mich aus dem Stande des Vorwurfs in eine Tugend«; vgl. ESA 130/8, Typoskript.

EVAS MANUSKRIPT für den Essay-Band – »Poesie und andre Nebendinge«; der Band erschien 1983.

215 *NACHT DER PROMINENTEN* – Vgl. erste Anm. zu S. 38.

TANTE ELSE ... wird ... sechzig – In der DDR begann das Rentenalter für Frauen mit 60, für Männer mit 65 Jahren.

die Anderthalb-Meter-Grossmutter – Figur im »Laden«; Vorlage dafür war Magdalena (Lenchen) Kulka, zweite Ehefrau von Matthäus Kulka, dem Großvater von ES.

217 *Vera* – Vera Oelschlegel.

das Stück DER KOMET – »Der Meteor. Komödie in zwei Akten« von Friedrich Dürrenmatt. Vera Oelschlegel inszenierte das Stück für das Theater im Palast (TiP), dessen Intendantin sie seit 1976 war. – Das TiP befand sich im Palast der Republik (Bauzeit 1973 bis 1976, Abriss 2006–2008).

220 *MEINE LESEVORSTELLUNG ... im PALAST-Theaterchen* – ES las im Theater im Palast (vgl. vorangehende Anm.) aus dem »Laden«-Manuskript, die Lesung wurde durch das Gitarren-Duo Dieter und Barbara Rumstig musikalisch begleitet.

meine drei letzten Bücher ... nicht den Beifall der Herrschenden – »Wundertäter III«, »Selbstermunterungen«, »Wahre Geschichten aller Ard(t)«.

221 *Christa* – Christa Grytsch; sie lebte 1953–1961 als Kindermädchen und Wirtschaftshilfe im Haushalt der Familie Strittmatter (vgl. Bd. I), sie starb bei der Geburt ihres ersten Kindes.

222 *ESAU, ESAU* – Vorwegnahme der späteren Gewohnheit ESs, von sich als Esau Matt zu schreiben.

der alte Mann – ES nimmt diese Form der Distanzierung, die er zwischen dem 24. 7. und 29. 8. 1982 in der Schreibung ALTER MANN ausprobiert hatte, für kurze Zeit wieder auf.

223 *HELIOTROP* – Der Gedichtband von EvaS erschien 1983. – Auf welche Gedichte sich ES bezog, kann nicht ermittelt werden, da EvaS die Anordnung des Bandes bis zum Druck wiederholt umstellte und die Gedichte der ersten Gruppe (S. 9–25) als neuen Anfang hinzufügte; vgl. EvaSA 1053.

223 *im Babelschen Sinne* – Vermutl. bezog sich ES auf den Text »Isaak Babel: Von der Arbeit des Schriftstellers«, in: »Sinn und Form« 5/1964, S. 645–652. In der Wiedergabe eines Publikumgesprächs vom 28. 9. 1937 heißt es in einer Antwort Babels: »Wenn ich mir meine Leser wähle, bemühe ich mich, mir das nicht zu leicht zu machen. Ich gebe mir einen Leser auf, der klug und gebildet ist und einen gesunden, anspruchsvollen Geschmack besitzt. Überhaupt meine ich, daß man eine Erzählung am besten einer sehr klugen Frau vorlesen sollte, weil diese Hälfte des Menschengeschlechts in ihren guten Exemplaren manchmal über einen absoluten Geschmack verfügt wie einige Menschen über ein absolutes Gehör.« (Übersetzung und Hinweis Fritz Mierau.)

224 *STEFAN HEYM ... die Anfeindungen* – Stefan Heym wurde für das Manuskript »5 Tage im Juni« auf dem 11. Plenum des ZK der SED (15.–18. 12. 1965; vgl. Bd. I, S. 544, Anm. zu S. 270) scharf kritisiert; auf Grund seiner in der BRD veröffentlichten Bücher wurde er 1969 und 1979 zu Geldstrafen wegen »Devisenvergehens« verurteilt, 1979 folgte der Ausschluss aus dem SV der DDR.
mit ihm und seiner Frau Gertrude in Moskau – Vgl. Bd. I, Eintrag 19. 12. 1954, S. 11. ES und Stefan Heym gehörten zur Delegation des DSV, die am II. Unionskongress des SV der UdSSR in Moskau (15.–26. 12. 1954) teilnahm.

225 *freie Kindheit, die ihm Eva vermittelte* – Knut St., Sohn aus der ersten Ehe von ES, lebte zunächst mit seinem Bruder Ulf in der zweiten Familie seines Vaters, bis sich ES 1952 zur Trennung von Anna St. entschloss. Knut St. war danach in verschiedenen Kinderheimen, ab November 1954 lebte er in Schulzenhof und ab September 1955 im Internat der Oberschule Rheinsberg; in Schulzenhof war er an den Wochenenden und in den Ferien. Sein Bruder Ulf, der zunächst mit ihm in einem Kinderheim lebte, begann 1953 eine Lehre als Geflügelzüchter und folgte kurz darauf seiner Mutter nach Westdeutschland. Vgl. Bd. I, S. 507, sechste Anm. zu S. 14.
ULF ... holte seine Nichte ... aus einem unserer Gefängnisse – Ulf St. veranlasste durch einen Anwalt den sog. Freikauf seiner Cousine Kathrin St. – Die DDR entließ seit 1962 politische Häftlinge für Devisen, die von der BRD-Regierung gezahlt wurden, in den Westen.
Das Mädchen sass gefangen, weil ihr Onkel ... es angestiftet hatte – Kathrin St. hatte im August 1981 aus eigenem Entschluss versucht, in Bulgarien über die Grenze nach Griechenland zu kommen, wurde dabei aufgegriffen und war 10½ Monate im Frauengefängnis Hoheneck (Stollberg) inhaftiert. – Ulf St. war ihr Cousin.
Bei Matthes Freikommen ... keine Entscheidung – Matthes St. musste von seinem Forstbetrieb in Hagenow freigestellt werden, damit er

die Wirtschaft in Schulzenhof übernehmen konnte; die Freistellung erhielt er am 23. 4. 1983.

226 *Diktate zur ZWEITEN KINDHEIT* – Vgl. zweite Anm. zu S. 214.

227 *Der Schreiber-Kongress* – IX. Kongress des SV der DDR (31. 5. bis 2. 6. 1983).

228 *WIR GEHEN ... zum Kongress* – Vgl. vorangehende Anm. ES nahm am 2. Kongresstag nicht mehr teil.

231 *EVCHEN RIEF AUS HEIDELBERG an* – EvaS war seit dem 27. 6. 1983 zu einer Lesung in Heidelberg. Die Reiseerlaubnis wurde lange hinausgezögert.

nicht ein ... Büchlein mitbrachte – Vgl. dazu EvaS in LuL, S. 27.

232 *Festnachmittag auf den Wiesen* – Hans Marquardt feierte sein 30-jähriges Verlagsjubiläum; 1953 wurde er Cheflektor im Verlag Philipp Reclam jun. 1961–1986 war er Leiter des Verlags und verantwortete eine Buchproduktion von hoher Qualität. Dabei unterhielt er auch offizielle und inoffizielle Kontakte zum MfS; vgl. Sicherungsbereich, S. 789 ff.

234 *die Reise* – ES und EvaS folgten vom 19. bis 26. 8. einer Einladung Peter Schreiers nach Salzburg, wo er während seines Engagements zu den Salzburger Festspielen lebte. ES und EvaS wurden in der Wohnung eines Arzt-Ehepaares untergebracht. – Die Eintragungen zu dieser Reise sind kurze, meist stichwortartige Notizen, die Tageseindrücke festhalten. ES ist beeindruckt, fühlt sich aber von der Kommerzialisierung abgestoßen: »Ich glaube, ich würde schlechter schreiben, wohnte ich in diesem Lande. Hier herrscht so etwas wie Halbpoesie, Ruppigkeit oder künstliche Schönheit. Jedenfalls würde mich die Landschaft nicht reizen, sie poetisch zu veredeln« (Notiz vom 25. 8. 1983).

235 *SOHN ERWIN SCHRIEB* – Erwin Berner war von September bis November 1983 als Reservist der NVA eingezogen.

236 *Alfred W.* – Alfred Wellm.

nach Frankreich – Eine über die Liga für Völkerfreundschaft organisierte Delegationsreise vom SV der DDR.

die beiden Söhne – Matthes und Jakob, der Armee-Urlaub bekommen hatte. – Die medizinische Untersuchung von EvaS ergab als Grund der Beschwerden Auswirkungen einer vorangegangenen Grippe.

237 *Dürrenmatts KOMET* – Dürrenmatts Komödie hat den Titel »Der Meteor«; vgl. Eintrag 12. 12. 1982 und zweite Anm. zu S. 217.

DIE LUSTIGEN WEIBER VON WINDSOR – Komödie (1600/01) von William Shakespeare; Inszenierung von Vera Oelschlegel am Theater im Palast.

Hager ... dankte für die Einladung – ES schickte ihm ein Exemplar des »Ladens« mit einem Brief, in dem er ihn nach Schulzenhof einlud (vgl. ES an Kurt Hager, 16. 9. 1983, SAPMO BArch DY 30/26303). – Kurt Hager kam der Einladung nie nach; Auskunft Erwin Berner.

238 *Willi Füllster* – Willi Fülster; ES schrieb in den Tagebüchern den Namen meist falsch.

DER NACHBAR – Willi Fülster.

Nachlass des Grafen Arnim – Seit dem 19. Jh. waren das Gut Zernikow, zu dem ursprünglich das Vorwerk Schulzenhof gehörte, sowie die Güter Wiepersdorf und Bärwalde im Besitz der Familie von Arnim. Baron Friedmund von Arnim ließ Anfang der 1930er Jahre in Zernikow und Schulzenhof die von seinem Vater Erwin von Arnim geschaffenen Kiefernschonungen durchforsten und die gefällten Bäume in Zernikow zu Scherengitter-Zäunen verarbeiten. Die Herstellung von Gatterzäunen hatte er in Süddeutschland kennengelernt; vgl. Clara von Arnim: »Der grüne Baum des Lebens. Erinnerungen einer märkischen Gutsfrau in unserem Jahrhundert«. Bern: Scherz Verlag 1998, S. 216 ff.

239 *DER NEUE Verlagsleiter … die stellvertretende Lektorin* – Elmar Faber wurde von der Cheflektorin Ruth Glatzer begleitet, die in dieser Funktion auch seine Stellvertreterin war. Der frühere Verlagsleiter Fritz-Georg Voigt war aus gesundheitlichen Gründen ausgeschieden.

wie viele unserer Bücher nach Westdeutschland … verkauft werden – Solange es keine Lizenzverträge mit westdeutschen Verlagen zu Titeln von ES gab, wurden bei entsprechenden Bestellungen dem Buchhandel Bücher aus der DDR-Ausgabe geliefert. Der Autor erhielt die im Vertrag festgelegte Vergütung für den Verkauf in DDR-Mark.

BRUNOS GEBURTSTAG – Geburtstag von Bruno Skodowski.

240 *DER ALTE MANN … und seine LIEBLICHE GEFÄHRTIN* – Parallel zu den literarisierten Verfremdungen seiner eigenen Person spielt ES auch mit Namen für EvaS. Als Familiennamen benutzt er zunehmend »Matt«, noch bevor er dazu übergeht, für sich den Namen der zentralen Figur des »Ladens«, Esau Matt, zu verwenden.

241 *bei Eva-Sohn Erwin* – Nach Auskunft Erwin Berners war ES nie in seiner Wohnung; er selbst besuchte seine Eltern in deren Wohnung in der Frankfurter Allee bzw. in Schulzenhof.

242 *Island-Elfe* – Eine Variante der Namen, die ES im Tagebuch G. Ruth Mossner gab; er leitete ihn aus der Verbindung von Laxness und Island ab.

bei Monette – Monette Schober; vgl. erste Anm. zu S. 21.

BANGEN UM EVAS GESUNDHEIT – EvaS war seit dem 27. 11. 1983 zur Darmuntersuchung in Berlin.

243 *Gastwirtschaft SÜHRING* – Bei dem Brand wurde der Saal der Gastwirtschaft zerstört und danach nicht wieder aufgebaut.

244 *Besuch bei den Bürgermeisters* – Besuch bei Arthur und Ernestine Wohlgemuth; vgl. auch Bd. I.
BEI DER KLEINEN HEXE – Besuch bei G. Ruth Mossner.

245 *Lesestunde am Weihnachtsabend* – Vgl. zweite Anm. zu S. 178.

247 *Tolstoi in seinen letzten Lebensjahren* – Bezug auf das konfliktreiche Verhältnis zwischen Tolstoi und seiner Frau Sofja A. Tolstaja und den Kindern aus dieser Ehe.

248 *Evchen … machte sich reisefertig* – In der Notiz vom 2. 1. 1984 notierte ES, dass EvaS angedroht habe, sobald sie gesund sei, Schulzenhof zu verlassen; sie hatte unter den Postsachen einen Brief von ES an G. Ruth Mossner gesehen.

249 *der Trieb zum Selbstmord vom väterlichen Vater* – Franz Josef Strittmatter hatte sich mit 40 Jahren das Leben genommen.
Lamprecht – Dieter Lamprecht, Nachbar aus Schulzenhof.
womöglich eine Agentin – Vgl. vierte Anm. zu S. 205.

251 *Bindungen gewöhnlicher Menschen* – Im Original ist der Satz unvollständig: »Bindungen, die gewöhnliche Menschen nicht an.«
nur noch hundert Tage – Bezug auf den Armee-Dienst von Jakob St.; vgl. Eintrag 26. 4. 1984.

253 *DER ALTE MANN* – Im Tagebuch zunächst »ich«, dann, wie im Eintrag 10. 3. 1984, in 3. Person Singular korrigiert; bis 12. 10. 1986 schreibt ES von sich wieder ausschließlich als »Der alte Mann« bzw. »Der Alte«. – Vgl. Reflexionen von ES zu dieser Form der persönlichen Präsentation in Einträgen vom 29. 12. 1985 und 12. 10. 1986.
einen neuen Anlauf – Vom 30. 1. bis 24. 2. 1984 war ES wegen eines psychischen Zusammenbruchs im Krankenhaus, daran schloss sich bis 8. 3. eine Rekonvaleszenz-Zeit an, wie ES auf dem Umschlag des 2. Heftes von 1984 vermerkte; er fügte hinzu: »Keine Lust zum Schreiben«. – In den letzten Eintragungen vor dem Krankenhaus spricht er von Depressionen und Angstzuständen, die er mit disziplinierter Arbeit zu bewältigen versucht.

255 *»Lektüre für Minuten«* – Hermann Hesse: »Lektüre für Minuten«. Ausgewählt und zusammengestellt von Volker Michels, Frankfurt a. M.: Suhrkamp Taschenbuch 1971.

257 *DIE REISE GING ZU ENDE* – Die letzte Notiz vor der Kur in Piešt'any war vom 5. 5. 1984.
DIE GROSSE AUSSPRACHE – In den Eintragungen der letzten Wochen registrierte ES zunehmende Konflikte mit Sohn Matthes, was für ihn immer wieder die Frage aufwarf, ob das Anwesen mit den Tieren weitergeführt werden könne. An der Aussprache am 13. 6. 1984 waren ES, EvaS, Jakob St. und Matthes St. beteiligt.

258 *FAMILIENKRÄCHE ... im Hause Tolstoi* – Vgl. Anm. zu S. 247.
JUBILÄUM: 30 JAHRE IN SCHULZENHOF! – ES kaufte am 1. 6.
1954 Grundstück und Kate in Schulzenhof; vgl. Bd. I, S. 505, zweite Anm. zu S. 7. Am 15. 6. 1954 zog die Familie ein.

259 *ERWINS FAUST* – Erwin Berner spielte am Theater Rudolstadt die
Titelrolle in Goethes erster »Faust«-Fassung, dem sog. »Urfaust«
(e. 1772/75).

261 *Das GROSSE SCHAUSPIELHAUS* – Das von Karl Friedrich Schin-
kel entworfene Königliche Schauspielhaus in Berlin (Eröffnung
1821) war im 2. Weltkrieg stark zerstört worden. Nach Rekon-
struktion und Umbau wurde es ab 1984 als Konzerthaus genutzt;
Eröffnung 1. 10. 1984.

263 *es der LIEBLICHEN aufzudecken* – Vgl. dazu die Darstellung von
EvaS in LuL, S. 100.
in einem Buch – Bezug auf das Nachwort von EvaS zu »Wahre Ge-
schichten aller Ard(t)«.
GEWIMMEL IM HAUS – Seit 11. 8. 1984 waren Ilja St. sowie Udo
Braun und seine Frau Helga aus Leipzig zu Besuch.

264 *Auf keinen Fall ... auf solche Briefe antworten* – ES fühlte sich trotz
dieses Vorsatzes zur Beantwortung der meisten Briefe verpflichtet
(Notiz vom 23. 8. 1984).
ein nicht geringer Teil ihrer Bekümmernisse – ES spielt auf den letzten Streit zwischen den Eltern und Sohn Matthes an, bei dem EvaS
einen Nervenzusammenbruch erlitt; Notiz vom 9. 8. 1984.
KARWITZ – In Carwitz (Mecklenburg) erstand Hans Fallada 1933
ein Grundstück mit einem Haus am Carwitzer See; nach der Trennung von Fallada wohnte seine Frau Anna Ditzen mit den Kindern dort und vermietete Ferienzimmer. ES erwog kurzzeitig den
Kauf des Hauses; vgl. Bd. I, Anm. zum Eintrag 1. 10. 1963, S. 537 f.
23. September – ES und EvaS waren am 17. 9. 1984 auf Einladung
des ungar. Kulturministers nach Budapest geflogen, hatten die
Reise aber wegen der unzureichenden Organisation am 19. 9. abgebrochen und waren nach Schulzenhof zurückgekehrt.

265 *VOM STUDENTEN JAKOB* – Jakob St. studierte 1985/86 Germanistik
in Leipzig, dann Wissenschaftliches Bibliothekswesen in Berlin.
vom »RAKU-Töpfer« Ilja – Ilja St. absolvierte 1984 eine Keramiker-
ausbildung im Zentrum Bildende Kunst in Neubrandenburg; er
spezialisierte sich auf Raku-Töpferei.
die Uhrzeit umgestellt – 1980 war in der DDR und in der BRD die
Sommerzeit eingeführt worden.

266 *Nationalpreis-Verleihung* – ES erhielt den Nationalpreis der DDR
I. Klasse.
in Omnibussen ... zum Staats-Rats-Gebäude – Vom Palast der Republik zum Sitz des Staatsrates (gebaut 1962 – 1964).

266 *die Doktorinnen Hildchen und Carla* – Hildegard Diener und Karla Schildt-Rudloff.

auf grosse Reise – EvaS musste die Reise nach Kasachstan wegen einer Grippe absagen.

267 *»GRÜNER JUNI«* – Die Erzählung erschien 1985 in der Reihe Edition Neue Texte des Aufbau-Verlags. – Zum Arbeitstitel »Zweite Kindheit« vgl. zweite Anm. zu S. 214.

268 *ERINNERUNGS-BLITZ* – ES plante eine Sammlung von Erinnerungen; er notierte im Tagebuch dafür vor allem Episoden aus seiner Kindheit.

Onkel Phile – In der »Laden«-Trilogie und der Erzählung »Schneewittchen« fiktiv für Paul Kulka.

270 *Gewinnspiel des Holländers Carell* – »Die verflixte Sieben«, Spielshow von Rudi Carell.

272 *ein neues Buch angekommen* – Vgl. Eintrag 10. 1. 1985.

in den ALTENTAGEN – ES schreibt zu dieser Zeit mitunter Wörter zusammen, vermutl. um sie zu verfremden und ihre Bedeutung zu betonen.

FRITJOF CAPRA – Fritjof Capra: »Wendezeit. Bausteine für ein neues Weltbild«, Bern u. a.: Scherz Verlag 1983; »Der kosmische Reigen. Physik und östliche Mystik – ein zeitgemäßes Weltbild«, Bern u. a.: Barth Verlag 1978.

eine Mappe – Vgl. ESA 347.

273 *Meister Eckart* – Meister Eckhardt.

Ich stehe nicht an … Kontrahenten – ES verwendete diesen Satz als Motto für den Band »Selbstermunterungen« (S. 6).

274 *die MATTS* – Vgl. Anm. zu S. 240.

DIE EHE DER MARIA BRAUN – Film (1979) von Rainer Werner Fassbinder.

275 *17. Juni 1953* – Vgl. dritte Anm. zu S. 39.

in einem Buch – Gisela Kleine: »Ninon und Hermann Hesse. Ein Leben im Dialog«, Frankfurt a. M.: Suhrkamp Verlag 1984.

277 *Shdanow'sche … Kunsttheorie* – Nach Andrej A. Shdanow, der als enger Mitarbeiter Stalins eine repressive Kulturpolitik durchsetzte und mit seiner »Zwei-Lager-Theorie« auf der scharfen Trennung zwischen sozialistischen und bürgerlichen Positionen in der Kunst bestand.

ALBIN HARTMANN – Vermutl. handelt es sich um eine Bekanntschaft im Zusammenhang mit seiner Tätigkeit als Volkskorrespondent oder bei der »Märkischen Volksstimme«. ES beabsichtigte, Hartmanns Existenz mit dem von ihm 1948 geschriebenen Nachruf zu dessen Tod zu belegen: »DA DIE DILETTANTEN VON ZENSOREN dem ALTEN unterschoben, er habe mit der Figur, die diese shdanow-stalinistische Kunsttheorie vertritt, den Kurt Hager, ihren ›Brotherrn‹ im ZK gemeint und nicht seinen allerersten kommunistischen Belehrer ALBIN HARTMANN aus Spremberg, suchte er im Archiv den Nachruf, den er 1948 für ALBIN HART-MANN schrieb. Also kann der ALTE, die ihn fälschlich der Lüge bezichtigen und verleumden, die Mäuler stopfen.« (Notiz vom 21. 2. 1985). – Der Nachruf konnte im ESA bisher noch nicht ermittelt werden.

277 *den Decknamen ALBIN* – Vgl. dritte Anm. zu S. 103.

278 *die Seiten 48–52* – Diese Seiten der letzten Fassung (ESA 131) entsprechen etwa den Buchseiten (EA) 48–55 f. Als beanstandete Passage beschreibt ES in der Notiz vom 21. 2. 1985 aber »die Episode mit dem russischen Offizier, der von ESAU MATT zu Vergnügungsfrauen geführt werden [will], der schliesslich nach ESAU MATT schiesst und so etwas wie einen ZEN-SATORI auslöst. Es ist das Kernstück der Erzählung und unentbehrlich.« Diese Episode befindet sich in der EA auf S. 153 f.

Die Geschichte wird zurückgezogen – Kulturminister Hans-Joachim Hoffmann reagierte offenbar auf diese Drohung und sagte am 27. 2. bei einem Besuch in Schulzenhof den ungekürzten Druck der Erzählung zu (Notiz vom 27. 2. 1985).

in Leipzig lesen – ES las anl. der Buchmesse aus »Grüner Juni«, EvaS aus »Mai in Piešt'any«.

279 *DER ROTE PAPST* – Konstantin U. Tschernenko.

Der neue Papst – Michail S. Gorbatschow.

282 *GRAUSTEIN* – Nachdem der Vater 1914 zum Militär eingezogen worden war, zog die Mutter mit ES und seiner Schwester nach Graustein zur Schwiegermutter Dorothea, die dort in zweiter Ehe mit dem Schneider und Gastwirt Gottfried Jurischka lebte.

284 *Ausspruch von FAULKNER: »Der Schriftsteller ist von seinem Traum besessen … zögern …«* – Zitat aus: Malcolm Cowley (Hrsg.): »Wie sie schreiben. Sechzehn Gespräche mit Autoren der Gegenwart«. Gütersloh: S. Mohn Verlag 1958; Reinbek: Rowohlt Taschenbuchverlag 1963.

Reisegepäck – ES und EvaS waren vom 2. bis 30. 5. 1985 zur Kur in Piešt'any.

die Besucher aus Kaukasien – Reso Karalaschwili mit Frau und Tochter.

285 *DER ALTE FREUND* – Lew Kopelew.

Spaltfreund Baumert die Präsidenten-Funktion – Weil Hermann Kant aus gesundheitlichen Gründen nicht amtieren konnte, wurde im Dezember 1984 Gerhard Holtz-Baumert als geschäftsführender Präsident des SV eingesetzt. Wegen der unter seiner Leitung entstandenen Spannungen im SV wurde Kant am 20. 5. 1985 von Honecker zu einem Gespräch geladen; seit der Präsidiumssitzung am 27. 6. 1985 amtierte Kant wieder als Präsident. (Vgl. Gutschke, Hermann Kant, S. 119.)

285 *Die Marquardts* – Hans und Barbara Marquardt mit ihrer Tochter Susanne.

Schwager Braun – Udo Braun.

gleich mit organisiert – ES und EvaS lasen am 13. 8. 1985 im Leipziger Dimitroff-Museum, am 14. 8. fand die Geburtstagsfeier von ES im sog. Seume-Gasthof in Hohnstedt statt.

286 *als er im Zirkus … auftreten sollte* – Vgl. Eintrag 15. 11. 1975.

287 *Stief-Onkel Paule* – Paul Kulka.

290 *ihr Abreisetag* – EvaS war vom Kulturzentrum der DDR in Paris zu einer Lesung eingeladen worden; sie kam am 27. 10. 1985 zurück, allerdings mit einer Grippe; vgl. BaS III, S. 359 f.

291 *ZETTELS TRAUM … nicht gedruckt* – Arno Schmidt: »Zettel's Traum«, umfasst 1334 DIN-A3-Seiten in 3-spaltigem Satz mit zahlreichen Randglossen; das Werk wurde seit 1970 zunächst nur als Faksimile-Ausgabe angeboten, als gesetztes Buch seit 2010 vom Suhrkamp Verlag.

292 *ILJA leistete seine ersten … Arbeitstage ab* – Für die weitere Bewirtschaftung des Anwesens in Schulzenhof gab es zunächst den Plan, dass die Söhne Matthes und Ilja im 2-Wochen-Rhythmus alternierend die Wirtschaft führen sollten. Da aber Matthes St. zum 1. 11. 1985 gekündigt hatte, weil er einen eigenen Hof in der Nähe der polnischen Grenze gekauft hatte, wurde Holger Hohenhaus im Oktober zur Probe, ab 22. 10. offiziell eingestellt. Bis Ende 1985 arbeitete er im Wechsel mit Ilja St. Ab 1986 kam anstelle von Ilja St. als zweiter Mitarbeiter Henry Thetmeyer nach Schulzenhof.

nach Ungarn – EvaS wollte zu einer Kulturkonferenz nach Budapest fahren, wurde aber krank; vgl. BaS III, S. 360.

Rückkehr aus Frankreich – Vgl. Anm. zu S. 290.

UND DAS UNBEHAGEN HATTE GRÜNDE – Ab dieser Zeile schreibt ES zwar noch unter dem Datum vom 12. 11., fasst aber die Ereignisse der folgenden Tage bis 30. 11. 1985 zusammen.

293 *dass eine Operation unumgänglich wäre* – Bei ES waren Gallensteine und eine Gallenblasenentzündung festgestellt worden.

der neue Gehilfe Holger – Vgl. erste Anm. zu S. 292.

294 *im Rundfunk* – Die traditionelle Lesung zu Weihnachten; vgl. zweite Anm. zu S. 178.

mit solchen Geldsummen unterstützen – Nach Aussage von Erwin Berner wurde er nur von seiner Mutter finanziell unterstützt.

296 *Kommt HENRI* – Henry Thetmeyer; vgl. erste Anm. zu S. 292.

298 *Schultergelenk eingerenkt* – ES blieb bis 7. 2. 1986 im Krankenhaus, vom 17. 2. bis 7. 3. war er zur Rehabilitation erneut im Krankenhaus.

299 *als er im Krankenhaus lag* – Vgl. vorangehende Anm.
Er kannte den ersten Teil bereits – Vgl. Eintrag 19. 10. 1982 und
erste Anm. zu S. 211.

300 *vor 12 oder 13 Jahren* – ES fuhr 1974 zum ersten Mal nach Piešt'any.
Sonja Friedland – Als Übersetzerin deutscher Literatur übertrug
sie neben dem »Laden« von ES u. a. auch »Die Blechtrommel« von
Günter Grass.
dem neuen Partei-Chef – Michail Gorbatschow.
zehn Holzschnitte zum LADEN – »Arno Mohr. Zehn Holzschnitte
zum Buch von Erwin Strittmatter Der Laden«; der Band erschien
1987 aus Anlass des 75. Geburtstages von ES im Aufbau-Verlag.
zum 75. Geburtstag – Als weiteres Geburtstagspräsent brachte der
Aufbau-Verlag eine illustrierte Ausgabe der »Wundertäter«-Tri-
logie heraus: Erster Band mit 26 Kohlezeichnungen von Lothar
Sell, Zweiter Band mit 12 Holzstichen von Eduard Albrecht, Dritter Band mit 6 Holzschnitten von Arno Mohr.
die Dokumentation – ES: »Lebenszeit. Ein Brevier«, ausgewählt
von Helga Pankoke, erschien ebenfalls zum Geburtstag 1987.
Die LIEBLICHE hält sich reserviert – In einigen Briefen, die EvaS in
die Sammlung BaS aufgenommen hat, spricht sie davon, dass ihr
das Leben in Schulzenhof mit den fremden Mitarbeitern schwer-
falle und dass sie oft ihrem »Fluchttrieb« nachgebe (BaS III,
S. 353). Als ein Motiv dafür deutet sie ihre Enttäuschung darüber
an, dass ihre Hoffnung, Sohn Matthes würde in Schulzenhof eine
Familie gründen, an den Spannungen zwischen Sohn und Vater
zerbrochen war (BaS III, S. 325).

301 *DIE KUR IN PIESTANY* – ES und EvaS waren vom 5. 5. bis 5. 6.
1986 in Piešt'any, es war ihr letzter Kuraufenthalt dort, weil sich
nach dem Erscheinen des Bandes »Mai in Piešt'any« einige Ange-
stellte des Sanatoriums falsch dargestellt fühlten; vgl. Eintrag 7. 6.
1987.
der niederschlesische Neurotiker – ES übernimmt diese auf ihn be-
zogene Charakterisierung von EvaS im »Laden« und zitiert sie
später des Öfteren.

303 *aus Laxness' WELTLICHT* – Der Protagonist des Romans von
Halldór Laxness heißt Olafur Karason.
ABWARTEN ZAHLT SICH AUS – Der Eintrag steht inmitten einer
in dieser Edition ausgelassenen ausführlichen Beschreibung einer
Reise nach Bohsdorf und Umgebung vom 13. bis 17. 9. 1986. – Der
Text ist, wie die folgenden Einträge vom 15. 8. und 11. 9., nach je-
dem Satzende mit Zeilenbrechungen geschrieben; aus Umfang-
gründen folgt unsere Wiedergabe nicht dieser Schreibweise.
Das Araber-Fohlen – Das Fohlen Guru war das 127. Fohlen, das in
Schulzenhof geboren wurde.

303 *DER TAG NACH DER FEIER* – Da sich Gratulanten angesagt hatten, entschloss sich ES zu einer Geburtstagsfeier am 14. 8.

304 *DREI LEUTE VOM AUFBAUVERLAG* – Cheflektorin Ruth Glatzer, Lektorin Helga Pankoke, Ausstattungsleiter Heinz Hellmis.
ZWEI MANUSKRIPTE für neue Bücher – »Der Laden. Zweiter Teil«, »Lebenszeit«.

305 *LESEN IN SCHLOSS FRIEDRICHSFELDE* – ES las aus dem »Laden«-Manuskript, EvaS las Gedichte.
eine neue Haupt-Arbeit – Vermutl. Bezug auf »Der Laden. Dritter Teil«.

306 *einen zweiten Band »Briefe aus Schulzenhof«* – Dieser Band mit Briefen aus den Jahren 1976–1980 erschien 1990.
seit er den Roman ... las – Vgl. Einträge 30. und 31. 3. 1986.

307 *»Aufzeichnungen des Malte ...«* – »Die Aufzeichnungen des Malte Laurids Brigge«, Tagebuch-Roman (1910) von Rainer Maria Rilke.
Freundin von ehemals in Österreich – Monette Schober.

308 *Die Form dieser Vereinbarung* – Vermutl. Bezug auf den von ES und EvaS vereinbarten Pfingst-Vertrag von Piešťany; vgl. vierte Anm. zu S. 139.

309 *heisst es bei Nietzsche* – Bezug auf Friedrich Nietzsche: »Ecce homo. Wie man wird, was man ist«, autobiographische Schrift (1888/89). Der Passus lautet: »dass alles Entscheidende ›trotzdem‹ entsteht«.
Geburtstagsfeier in Bohsdorf – ES war zum 70. Geburtstag seines Bruders Heinrich in Bohsdorf.
das Tagebuch in der dritten Person – Vgl. u. a. Einträge 24. 7. 1982 sowie 21. 12. 1987.

311 *HEUTE BRACH DIE TOLLWUT AUS* – Die Islandstute Flikka starb am 29. 10., der Wallach Olafur, der mit ihr Kontakt hatte, wurde am 31. 10. 1986 vom Tierarzt prophylaktisch erschossen.

312 *eine Geschichte über den Tod unseres Islandponys* – »Flikka. Eine Geschichte«. ES stützte sich hier weitgehend auf seine ausführlichen Tagebuchnotizen.

313 *DAS BRECHT-BUCH* – »Brechts Lai-tu. Erinnerungen und Notate« von Ruth Berlau. Hrsg. von Hans Bunge, Darmstadt, Neuwied: Luchterhand Verlag 1985; in der DDR erschien das Buch 1987 im Eulenspiegel Verlag, Berlin. – Seit 1936 war Berlau Mitarbeiterin von Brecht, kehrte mit ihm 1948 aus dem Exil nach Berlin (SBZ) zurück.

315 *EVCHEN KOMMT* – Nach einer weiteren Untersuchung im Klinikum Berlin-Buch drängte EvaS auf Entlassung aus dem Krankenhaus. Die Ursachen ihrer Fieberschübe und der Bronchienbeschwerden konnten nicht geklärt werden.
im Roman vom »Wiedergefundenen Paradies« – »Das wiedergefundene Paradies«, Roman (1960) von Halldór Laxness.

315 *die Lesestunde zu Weihnachten* – Vgl. zweite Anm. zu S. 178.
Der ALTE ist beglückt von der Einschrift – Die Widmung lautet:
»Für Erwin, in seinem 75. Jahr, in UNSEREM 35. Jahr, 5 Tage vor
Heiligabend, um 5 Uhr abends, bei Schneetreiben, Finsternis, fern
von der Welt (Telefon ist gestört), vor unserm 14. / 13. Piestany-
Mai. // Das erste Buch von unserm UNWIDERRUFBAREN Leben
(… aber Leben ist unwiderrufbar … S. 213, Mai in P.) gehört DEM
ÜBER MIR, der niemals nachläßt, sich zu mühen, der sich nie nach-
gibt wie wir andren alle, und der die Großmut hatte, Ja zu diesem
Buch zu sagen. // In Liebe! // Eva // 19. Dezember 1986 Schulzenhof«.

316 *Das Evchen fällt mir um den Hals* – Als der Verkauf der Schimmelstute ansteht, gibt ES zu, dass sein angebliches Geschenk für EvaS
egoistische Gründe hatte: »Eva spielte das Spiel mit. Sie kennt
mich, den siebzigjährigen Narren.« (Notiz vom 30. 7. 1989.)

317 *MEINE LESESTUNDE* – Vgl. zweite Anm. zu S. 178.

321 *das Buch* – EvaS: »Mai in Piešťany«.

322 *Er versorgt … mit Devisen* – Der Buchverkauf nach Westdeutschland lief nicht über den Verlag, sondern über die Leipziger Kom-
missions- und Großbuchhandelsgesellschaft; vgl. zweite Anm. zu
S. 239. – Die Autoren konnten sich nach Antrag beim Büro für
Urheberrechte einen bestimmten Teil ihres Honorars in Westgeld
bzw. Gutscheinen auszahlen lassen, für den übrigen Teil erhielten
sie DDR-Mark. – Zur Weiterleitung von Verlagsgewinnen an die
SED war auch der Aufbau-Verlag verpflichtet, obwohl er nicht
Eigentum der Partei, sondern des Kulturbunds war; vgl. Links,
Das Schicksal der DDR-Verlage, S. 253.
DER BUCHTITEL AUGENBLICKE – »Moments of Being. Unpu-
blished Autobiographical Writings« (1976) von Virginia Woolf
erschien im S. Fischer Verlag in deutscher Übersetzung 1981 zunächst mit dem Titel »Augenblicke. Skizzierte Erinnerungen«,
später unter »Augenblicke des Daseins. Autobiographische Skizzen«.
die Zeit mit Brecht und mit Eva – Nicht realisiertes Projekt mit dem
Arbeitstitel »Der Augsburger und die Ruppinerin«.

323 *NEUE REFORMEN in der Sowjet-Union* – Auf dem Plenum des ZK
der KPdSU am 27. / 28. 1. 1987 kündigte Gorbatschow innenpolitische Reformen an, für die die Begriffe »Glasnost« (Offenheit)
und »Perestroika« (Umgestaltung) standen.
wie dennmals in der Chruschtschow-Zeit – Bezug auf die Geheim-
haltung der Rede von Nikita Chruschtschow auf dem XX. Parteitag der KPdSU im Februar 1956, in der er die Verbrechen Stalins
enthüllte; ES las den Text am 1. 5. 1956 bei Käthe Rülicke; vgl. Bd. I,
S. 35. – In der DDR reagierten Partei und Regierung distanziert

auf die Reformbestrebungen Gorbatschows; seine Rede auf dem ZK-Plenum (vgl. vorangehende Anm.) wurde nicht im Wortlaut, sondern in einer entschärften Zusammenfassung im ND veröffentlicht.

324 *Unser H. und der tschechische H.* – Erich Honecker, Gustáv Husák.

325 *in dem ersten Brief* – Vgl. Biographie in Bildern, S. 87.

327 *KURT HAGER ... in der West-Illustrierten* – Die Hamburger Illustrierte »Stern« veröffentlichte am 9. 4. 1987 ein Interview mit Kurt Hager, der die Distanzierung der DDR von Gorbatschows Reformbestrebungen damit begründete, dass die DDR nicht verpflichtet sei zu kopieren, was in der SU geschehe. In dem Zusammenhang fiel der später oft zitierte und parodierte Satz: »Würden Sie, nebenbei gesagt, wenn Ihr Nachbar seine Wohnung neu tapeziert, sich verpflichtet fühlen, Ihre Wohnung ebenfalls neu zu tapezieren?« – Das Interview wurde am 10. 4. 1987 im ND nachgedruckt.

328 *Hat Mischa Wolf ... dieserhalb demissioniert* – Markus (Mischa) Wolf schied 1986 im Rang eines Generaloberts aus der HV Aufklärung des MfS aus.

an der VERWANDLUNG gearbeitet – Unter diesem Titel begann ES verschiedene nicht realisierte Projekte, bis er 1993 mit den Aufzeichnungen »Vor der Verwandlung« begann, die EvaS 1995 postum herausgab.

329 *HERMANN* – Hermann Kant.

Schriftstellertagung – ES und EvaS fuhren am 10. 10. 1987 zum Kongress skandinavischer Autoren nach Reykjavík, trafen dort kurz mit Halldór Laxness zusammen und besuchten ihn in seinem Haus, begleitet vom Botschaftsrat Klaus Bredow, der den Besuch vermittelt hatte.

332 *Ich hatte den Drang ... zu antworten* – ES bot in seiner Antwort (o. D.) an, dass die beanstandeten Stellen geändert würden, wenn auch andere, objektive Leser sie als Beleidigungen verstehen würden; ESA 700.

nächstes Jahr in Piestany – ES und EvaS fuhren nicht mehr nach Piešťany.

der vom Pferd fiel – ES wurde am 10. 6. 1987 von der Stute Recha abgeworfen.

DAS OFFIZIELLE SCHREIBEN – Vgl. ESA 681.

schon vor Wochen – Am 13. 5. 1987 notierte ES einen Besuch von Mitarbeitern der Abteilungen für Kultur und für Landwirtschaft, die darüber informierten, dass ihm die Ehrendoktorwürde für Agrarwissenschaft an der Hochschule für Landwirtschaftliche Produktionsgenossenschaften in Meißen verliehen werden sollte; vgl. Eintrag 26./28. 8. 1987.

333 *weil ich aufsässig und leichtfertig vom Gymnasium ging* – Diese la-
konische Begründung des Schulabbruchs entspricht kaum der ef-
fektvollen Version im »Laden II«, die später oftmals als biographi-
sches Ereignis kolportiert wurde; nach dieser Darstellung war der
Abgang vom Gymnasium Folge einer Ohrfeige, die der Schüler
Esau Matt dem Deutschlehrer verabreichte; vgl. Leo, Die Biographie, S. 50 ff.
Geschichte von Sohn Erwin – Erwin Berner hatte den Text seiner
Mutter gegeben, ES hatte ihn sich von deren Schreibtisch genommen.

334 *DIE GEBURTSTAGSFEIER* – Zum 75. Geburtstag von ES am 14. 8.
1987.
NUN WIRD EVAS FRNSEHFILM doch aufgeführt – »Ich sehe was
ich seh. Eva Strittmatter – ein Porträt« (1982); vgl. Anm. zu
S. 147. Der Film wurde am 26. 7. 1987 im Fernsehen der DDR ge-
sendet.
in einem Brief an Hager – Da sich EvaS erfolglos bemüht hatte, eine
Auskunft zu erhalten, wann der über sie gedrehte Porträtfilm im
Fernsehen der DDR gesendet würde, beschwerte sich ES bei Kurt
Hager; er verwies dabei auf EvaSs anhaltende Krankheit und deutete an, dass diese psychisch bedingt sei und mit der Verzögerung der
Ausstrahlung zusammenhängen könnte, da diese als Misstrauen zu
verstehen sei; vgl. ES an Kurt Hager, 15. 1. 1987; SAPMO BArch,
DY 30/26303. – Nach Auskunft von H. A. Mück verzögerte sich
die Freigabe der Sendung, weil sieben bereits gedruckte Gedichte
von EvaS herausgenommen werden sollten, was diese ablehnte.

335 *FREUND RESO* – Reso Karalaschwili.
Nach Faulkners Reden – Vgl. Eintrag 17. 4. 1985.
ATEM – Der Band »Atem« von EvaS erschien 1988.

336 *in Rostock … zu den Elefanten* – Der Direktor des Rostocker Zoos
hatte ES zu diesem Elefantenritt eingeladen.

337 *für Fotografen posiert* – Einer der Fotografen war Andreas Kämper
für die illustrierte Wochenzeitung »Für Dich«; vgl. Biographie in
Bildern, S. 170, sowie Eintrag 14. 11. 1987.
Evas Manuskript – Vgl. Eintrag 5. 7. 1987 sowie dritte Anm. zu
S. 335.
Evas Film – Vgl. Anm zu S. 147 sowie zweite und dritte Anm. zu
S. 334.
als ich ihn zum ersten Male … sah – Vgl. Eintrag 18. 1. 1982.

338 *MÖWE* – »Die Möwe«, Künstlerklub in der Ost-Berliner Luisen-
straße.
Verleihung des Ehrendoktor-Titels – Vgl. Einträge 11. 6. und
26. / 28. 8. 1987.
die Reise nach Island – Vgl. zweite Anm. zu S. 329.

338 *Oktoberreise nach Pizunda* – ES und EvaS reisten nach Island; vgl. Eintrag 1. 9. 1987.

Drei verschiedene Feiern – Die Geburtstagsfeier am 14. 8. im Berliner Künstlerklub »Die Möwe«, zu der vor allem Familienangehörige, Freunde, Mitarbeiter des Verlags und anderer Institutionen eingeladen waren, sowie die Feier in Dollgow am 15. 8. mit Nachbarn, Tierärzten, Pferdezüchtern u. a. und die Feier zur Verleihung der Ehrendoktorwürde. – Am Vormittag des Geburtstages wurde ES von Kurt Hager die Auszeichnung »Held der Arbeit« verliehen, in Dollgow erhielt er die Ehrenbürgerschaft des Dorfes. – Am 22. 8. 1987 schreibt ES von 700 schriftlichen Gratulationen und etwa 250 Geschenken, darunter eine Buddha-Figur aus Elfenbein von Hager, der ein handgeschriebener Zettel mit der chinesischen Spruchweisheit beilag: »Nur nach dem Menschen soll man fragen, nicht nach dem Rang«; vgl. ESA 681.

340 *Unsere Erlebnisse in Island … an anderer Stelle* – ES diktierte den Text mit dem Titel »Matt und der Alte auf Island« auf Tonband und ließ ihn abschreiben; vgl. Einträge 30. 10., 7. 11. 1987. Im ESA 228 existieren mehrere Typoskript-Fassungen, von denen EvaS eine für den Band »Geschichten ohne Heimat« (2002) auswählte.

DER ALTE MANN UND DAS ALTER – Nicht realisiertes Projekt.

341 *einen Roman … in der Ich-Form* – »Der Laden. Dritter Teil«; der Roman erschien 1992.

Fotografierer meines Elefantenritts – Vgl. Eintrag 9. 7. 1987 und erste Anm. zu S. 337.

342 *auf dem Kongress* – X. Kongress des SV der DDR (24.–26. 11. 1987).

343 *EINIGE SEITEN … zur Veröffentlichung herausgelassen* – »Mein erster Tag mit Brecht«. Im ESA 240 befinden sich die korrigierte Erstfassung sowie zwei Typoskript-Durchschläge. Eine Veröffentlichung konnte nicht ermittelt werden.

So Klecksereien – Kugelschreiberstriche; ES ließ die entsprechenden Stellen im Tagebuch frei.

dritte Person singularis … auswechseln – Vgl. Einträge 24. 7. 1982 und 12. 10. 1986.

344 *Mein Sohn* – Jakob St.

345 *WENN ICH DOCH endlich … würde* – Wie bereits der Eintrag vom 24. 12. 1987 sind alle Texte von 1988 mit Zeilenbrechungen geschrieben, vermutl. um den rhythmischen Gestus zu betonen. Aus Umfanggründen wurde auch hier beim Abdruck der folgenden Eintragungen auf die Wiedergabe der originalen Form verzichtet. Vgl. Anm. zu S. 182 f.

346 *Peter noch einmal in PALESTRINA* – Peter Schreier sang die Hauptpartie in der Oper »Palestrina« (1912 – 1915) von Hans Pfitzner

unter dem Dirigat von Otmar Suitner an der Deutschen Staats-
oper, Berlin.

346 *Tod des Stutfohlens* – Das von ES und der Familie besonders
geliebte Fohlen Nurid war am Tag zuvor an Koliken gestorben.

Seine Frau – Marion Kant; sie war in zweiter Ehe mit Hermann
Kant verheiratet.

die drei Kinder – Jessica Reinisch, Deborah Kant, Myron Kant.

347 *an den LETZTEN MELDUNGEN* – Arbeitstitel für den 3. Teil des
»Ladens«; vgl. ESA 14 und 15.

die olympischen Winterspiele – XV. Olympische Winterspiele in
Calgary (13.–28. 2. 1988).

AUGENBLICKE – ES reflektierte bereits im Zusammenhang mit
seinem Projekt »Der Augsburger und die Ruppinerin« über diesen Titel; vgl. Eintrag 25. 1. 1987.

die Ungarnfahrt – ES und EvaS waren vom 28. 3. bis 11. 4. in Ungarn; vgl. Eintrag 14. 4. 1988.

348 *EVA LAS … PETER SANG* – Veranstaltung im Theater im Palast mit
EvaS und Peter Schreier. Einen ersten gemeinsamen Abend ge-
stalteten sie bereits am 22. 4. 1985.

349 *GESCHONNEK* – Erwin Geschonneck; ES und der Schauspieler
Geschonneck wurden oft miteinander verwechselt; vgl. Bd. I,
S. 153, sowie ES: »Geschonneck und ich«, in: »Schulzenhofer
Kramkalender«.

Tein – Ulrich Thein.

Aus Ungarn zurück – ES und EvaS waren Gäste des ungarischen
Kulturministeriums; ES beschreibt seine Erinnerungen an die
Reise als »Blitz-Notizen« zwischen den täglichen Eintragungen,
u. a. über den Besuch einer Ausstellung von Marianne Gábor in
Szolnok. Er zitiert den Text, den er dort in das Gästebuch geschrieben hatte: »Im Alltagsleben ist Marianne eine Frau wie jede
andere auch, vielleicht ein bisschen schwieriger, aber wenn sie
einen Pinsel packt, ists, als ob ein Gott in sie einfährt« (Notiz vom
21. 4. 1988).

350 *Akte von Helsinki* – Am 1. 8. 1975 wurde nach zweijährigen Verhandlungen zwischen den USA, Kanada, der UdSSR und den eu-
ropäischen Staaten die Schlussakte der Konferenz über Sicherheit
und Zusammenarbeit in Europa (KSZE) in Helsinki unterzeichnet. Sie enthielt Vereinbarungen zur Zusammenarbeit, die sich
u. a. auf Fragen der Wirtschaft, Wissenschaft, Umwelt und Menschenrechte bezogen. Da die DDR die Schlussakte unterzeichnet
hatte, wurde von der Bürgerrechtsbewegung verstärkt seit den
1980er Jahren die Einhaltung der Menschenrechte, die Reisefreiheit einschließen, gefordert.

351 *EVA KAM HEIM* – EvaS war für einen Tag in West-Berlin, vermutl. über den Aufbau-Verlag organisiert.

UNSER NACHBAR VERSCHWAND – In der DDR nahmen legale und illegale Ausreisen in die BRD zu. Entweder wurden offizielle Ausreiseanträge gestellt, auf deren Genehmigung unter diskriminierenden Umständen lange gewartet werden musste, oder Menschen, die ein Reisevisum erhalten hatten, kehrten nicht in die DDR zurück, andere versuchten illegale Grenzübergänge. Im näheren Umfeld von ES kamen solche Fälle immer häufiger vor, u. a. blieb die Frau seines Schwagers Udo Braun nach einer Reise zu Verwandten in Frankfurt a. M., der Schwager stellte daraufhin für sich einen Ausreiseantrag.

353 *WIR FUHREN DAS HEU … EIN* – Anfang Mai 1988 schied Holger Hohenhaus, der seit 1987 mit Daniela Diener verheiratet war, als Mitarbeiter aus; für die Heuernte kamen Matthes und Jakob St. zur Hilfe.

354 *im Krankenhaus* – ES war beim Übersteigen des Elektrozauns gestürzt und hatte einen kurzfristigen Gedächtnisausfall.

Faulkners SATORIS – »Satoris«, Roman (1929, dt. 1961) von William Faulkner.

vier Aquarelle jener Laienmalerin – Der Band »Die Nachtigall-Geschichten« (1989) enthält acht Reproduktionen nach Bildern von Maren Reblin.

Das neue »Ausgehkleid« des Kramkalenders – Der Schutzumschlag sowie der Vorsatz vorn und hinten sind mit Holzschnitten von Arno Mohr illustriert und zeigen Landschaften.

Leseveranstaltung in Frankfurt am Main – ES und EvaS sollten zur Buchmesse nach Frankfurt a. M. fahren.

einen Besuch des Chefs von Kiepenheuer und Witsch – Reinhold Neven DuMont kam am 14. 9. 1988 zusammen mit Elmar Faber nach Schulzenhof; es wurde vereinbart, dass Teil 1 und 2 des »Ladens« 1989 im Verlag Kiepenheuer & Witsch erscheinen sollten.

355 *UNSERE SUCHE nach einem zweiten Gehilfen* – Die Bemühungen um einen weiteren Mitarbeiter neben Henry Thetmeyer nach dem Ausscheiden von Holger Hohenhaus-Diener (vgl. Anm. zu S. 353) brachten keine akzeptable Lösung; im Dezember sagte schließlich Matthes St. zu, mit seiner Freundin Marina Müller nach Schulzenhof zu kommen.

357 *nach … Jahren der Trennung* – ES und EvaS waren vom 5. bis 9. 10. 1988 in Frankfurt a. M. zur Buchmesse, am 6. 10. war die Lesung von ES, zu der auch Lew Kopelew kam. – ES schrieb diese Episode bereits zu Hause als Erinnerung, die Notizen vom Messebesuch sind kurze Mitteilungen über den Tagesverlauf; u. a. sah er Max

von der Grün wieder, mit dem er 1964 eine gemeinsame Veranstaltung in Düsseldorf hatte; vgl. Bd. I, Eintrag 6. 10. 1964, S. 250.

359 *Joroslav Seifert ... Nobel-Speck* – Jaroslav Seifert; er erhielt 1984 den Nobelpreis für Literatur.

Roberto – Roberto Stipka.

die Nummer ..., die ich vor vielen Jahren vorführte – In der »Nacht der Prominenten«; vgl. Einträge 15. 11. bis 2. 12. 1975.

361 *AUFZEICHNUNG meiner Weihnachts-Lesestunde* – Für die traditionelle Lesung von ES zu Weihnachten; vgl. zweite Anm. zu S. 178.

Luise Fiebinger – ES benutzt nicht ganz korrekt den Mädchennamen der Redakteurin Luise Köpp, geb. Fiebiger, unter dem er sie kennengelernt hatte.

362 *DEN VOLLBART* – ES trug seit September 1971 einen Vollbart; vgl. Bd. I, Eintrag 6. 9. 1971, S. 440.

366 *Diesmal kamen sie von der Universität* – Sektion Tierproduktion und Veterinärmedizin der Universität Leipzig; gekauft wurde das Pferd für den Rassebestand der Sektion; der erste Transportversuch war gescheitert.

367 *Sohn MATTI und seine Marina* – Vgl. Anm. zu S. 355.

371 *RESO IST TOT* – Reso Karalaschwili; er befand sich zu einem Studienaufenthalt in Weimar.

Eva kam vom Telefon – EvaS war seit 2. 4. 1989 in Berlin im Regierungskrankenhaus und nur zum Wochenende in Schulzenhof.

Hendel ... aus Weimar – Kulturstadtrat Gerhard Hendel; er gehörte zum engeren Bekanntenkreis von ES.

372 *die beiden LADEN-Bände* – »Der Laden. Roman in zwei Teilen« erschien 1989 bei Kiepenheuer & Witsch; vgl. sechste Anm. zu S. 354.

LOWA durfte ... in die Sowjetunion reisen – Lew Kopelew lebte mit seiner Frau Raissa (Raja) seit seiner Ausbürgerung in Köln; vgl. zweite Anm. zu S. 161.

Edith Kaiser – Persönliche Lektorin von Lew Kopelew.

Irmtraut Morgner – Irmtraud Morgner hatte ES zum »Laden« beglückwünscht und sich als seinen »Fan« bezeichnet; vgl. ESA 369.

UM MICH ZU TRÖSTEN – Seit April litt ES unter einer Schreibkrise und hatte Depressionen.

373 *Ehrenbürger-Urkunde* – ES wurde von der Stadt Spremberg die Ehrenbürgerschaft verliehen.

374 *jetzt ist diese Trennung innerlich vollzogen* – ES hatte sich entschlossen, den Pferdebestand endgültig auf zwei Island-Ponys zu reduzieren und die Bewirtschaftung mit nur einem Mitarbeiter, Henry Thetmeyer, durchzuführen, der zunächst im wöchent-

lichen Wechsel mit ihm, dann für den Winter im 5-Tage-Rhythmus arbeiten sollte, ab April 1990 wurde seine 5-Tage-Woche auch für den Sommer beibehalten, an den Wochenenden übernahm Jakob St. die Arbeit (vgl. Eintrag 9. 4. 1990). Später ergab sich eine zweiwöchige Präsenz von Henry Thetmeyer. – Diese Regelung blieb im Wesentlichen bis zum Tod von EvaS bestehen.

374 *»Quisling«* – Umschreibung für Kollaborateur, Verräter; nach Vidkun Quisling, der mit der deutschen Besatzung Norwegens zusammenarbeitete.

wie es Hamsun geschah – Hamsun wurde nach Ende des 2. Weltkriegs in einem Prozess wegen Landesverrats zu einer Geldstrafe verurteilt; wegen seiner Affinität zur Person Hitlers und seiner Ideologie wurde über Hamsun seit der Nachkriegszeit kontrovers diskutiert; ES beobachtete diese Diskussion unabhängig von seiner Verehrung für das Werk Hamsuns; vgl. Eintrag 11. 10. 1992.

Bruno – Bruno Skodowski; ES kannte ihn seit 1957; vgl. Bd. I, S. 155, sowie Anm. zu S. 530.

375 *DIE FREUNDIN LYDIA* – Lydia Gerassimowa; Freundin von ES und EvaS seit Mitte der 1950er Jahre; vgl. Bd. I. Sie war mit ihrer Tochter in Berlin, ES traf sie in diesem Jahr nicht persönlich, sondern telefonierte mit ihr. – Vom 21. 6. 1989 bis 20. 10. 1990 schreibt ES wieder mit gebrochenen Zeilen.

376 *In China werden … Menschen … umgebracht* – Auf dem Tian'anmen-Platz (Platz des himmlischen Friedens) in Peking wurden am 3. und 4. 6. 1989 Massendemonstrationen für Reformen vom Militär brutal niedergeschlagen, wobei es zu Todesopfern kam; an mehreren Orten der Stadt gab es weitere Aufstände, die ebenfalls durch das Militär beendet wurden.

377 *Elefantenritt* – Vgl. Eintrag 9. 7. 1987.

Zirkusauftritt – Vgl. Einträge 15. 11. bis 2. 12. 1975.

EDITH KAISER und … MONIKA LENNARTZ – Beide kannten sich aus ihrer gemeinsamen Schulzeit und waren befreundet.

378 *eines Prachtbandes zu Evas 60. Geburtstag* – Der Band von EvaS »Unterm wechselnden Licht. Ausgewählte Gedichte. Mit Aquarellen von Marianne Gábor« erschien 1990 im Aufbau-Verlag.

379 *DIE DAMEN VITALI UND RABE* – Elisabeth Raabe und Regina Vitali leiteten den Luchterhand Literaturverlag von 1987 bis 1993.

380 *einen Band Gedichte von Eva* – »Die heimliche Freiheit der Einsamkeit«, Sammlung Luchterhand, erschien 1989.

Von mir … die Nachtigall-Geschichten – »Als ich noch ein Pferderäuber war«; der Band erschien 1982 als Taschenbuch im Luchterhand Verlag.

LADEN-Besprechung … in der ZEIT – Martin Ahrends: »Ein ironischer Moralist«, in: »Die Zeit«, 21. 7. 1989.

381 *Wolfgang H.* – Wolfgang Henkel.
Dieter N. – Dieter Neise.
EIN MAKABERES JUBILÄUM – Am 13. 8. 1961 wurde mit dem Bau
der sog. Berliner Mauer begonnen. Wie viele andere Schriftsteller
sah auch ES diese Abgrenzung als notwendige temporäre Maß-
nahme in der Hoffnung, dass sich die innenpolitische und wirtschaftliche Situation der DDR stabilisieren würde, weil die offene
DDR-Grenze zu West-Berlin von vielen Menschen zur Flucht genutzt worden war und es durch den günstigen Tauschkurs für
West-Berliner zu Engpässen in der Versorgung der Bevölkerung
kam. Entsprechend betonte ES in seinem kurzen Statement (ND,
28. 8. 1961), dass der Aufkauf von Konsumartikeln durch West-
Berliner beendet sei, und verwies auf die vom Ostblock vertretene
Forderung nach einem Friedensvertrag mit beiden deutschen
Staaten. Dagegen wiederholte ES in zwei Schreiben an Günter
Grass, die er als stellvertretender Vorsitzender des DSV und privat
verfasste, die offizielle Argumentation der DDR-Führung und
stellte die Grenzsicherung als Friedensmaßnahme dar; vgl. Bd. I,
S. 556, Anm. zu S. 350. – Mit der Abgrenzungspolitik der DDR
nahmen reglementierende Maßnahmen gegen Künstler massiv
zu; in diese Zeit fiel die Diskussion um »Ole Bienkopp«.

382 *ANETTE* – Anette Sickel.

383 *Immer mehr Leute wandern … aus* – In Ungarn wurden seit Mai
1989 die Grenzanlagen zu Österreich abgebaut, aufgegriffene
Flüchtlinge aus der DDR wurden nicht mehr zurückgeschickt.
Seit Juni nutzten immer mehr vor allem junge Menschen diese
Möglichkeit zur Flucht, die sich ab August zur Massenflucht aus-
weitete. Ab 10. 9. erlaubte Ungarn die offizielle Ausreise von
DDR-Bürgern. Daneben flüchteten Menschen in westdeutsche
Botschaften in Prag, Budapest, Warschau und Ost-Berlin, um von
dort ihre Ausreise in die BRD zu erreichen. – Die Unfähigkeit der
DDR-Führung, auf diese Situation angemessen zu reagieren, for-
cierte in der DDR-Bevölkerung die Unzufriedenheit mit ihren Lebensbedingungen.
amerikanischer Botschafter – Vernon A. Walters; er war vom 24. 4.
1989 bis 18. 8. 1991 Botschafter der USA in Deutschland.

384 *mit den Jungen von der Grossmutter aus Neuruppin* – Alle vier Söhne
von EvaS waren, zeitweise auch gleichzeitig, in der Betreuung der
Großmutter Hedwig Braun in Neuruppin: Ilja von 1951 bis 1966,
Erwin von 1953 bis 1967, Matthes und Jakob im Kleinkindalter; die
Kinder waren dann nur besuchsweise in Schulzenhof; vgl. Bd. I.
Henry für »seine Woche« – Vgl. erste Anm. zu S. 374.
ALLE TAGE VERLASSEN … Menschen unser Ländchen – Vgl. erste
Anm. zu S. 383.

385 *REICHSTAGS-BUNKER-STIMMUNG* – Bezug auf das starre Fest-halten Hitlers an den »Endsieg«-Parolen während der Lagebe-sprechungen in den letzten Kriegstagen im »Führer-Bunker«.
Brief an Kurt Hager – ES an Kurt Hager, 11. 9. 1989 (SAPMO BArch, DZ 30/26303). – ES fragte Hager nach den Gründen fehlender In-formationen über vorgesehene Maßnahmen der Regierung: »Haltet Ihr uns wirklich für unmündig?«
Alfred W. – Alfred Wellm.

386 *HAGER HAT … geantwortet* – Kurt Hager an ES, 20. 9. 1989 (a. a. O.). – Hager erklärte sich zu einem Treffen mit einigen Schriftstellern und Künstlern bereit und versprach Informationen über Maßnah-men, »soweit bis jetzt schon darüber Klarheit besteht«, zurzeit habe er aber keine Termine frei. Das Treffen fand am 9. 10. 1989 statt.

387 *Nun stimmten sie … zu* – Die DDR-Führung ließ die Ausreise der Botschaftsflüchtlinge (vgl. erste Anm. zu S. 383) unter der Bedin-gung zu, dass sie in Sonderzügen über das Territorium der DDR fahren sollten.
40. Nationalfeiertag – Jahrestag der Gründung der DDR am 7. 10. 1949.
Wahlbetrug – Zu den Kommunalwahlen am 7. 5. 1989 organisier-ten Bürgerrechtler in einigen Städten der DDR die im Wahlrecht formal garantierte öffentliche Kontrolle der Stimmenauszählung und konnten mit der Differenz zu den offiziell bekanntgegebenen Ergebnissen den Wahlbetrug nachweisen.

388 *Gorbatschow kommt also* – Gorbatschow kam am 7. 10. 1989 als Gast zu den Staatsfeierlichkeiten nach Ost-Berlin; er traf mit dem Politbüro zusammen, wo er Reformen anmahnte und auf die Fol-gen durch Verzögerungen solcher Prozesse verwies. Gleichzeitig versicherte er, dass die SU nicht in die Innenpolitik der DDR ein-greifen würde; mit Honecker traf er sich zu einem Vier-Augen-Ge-spräch.
draußen werden Jugendliche … blutig geschlagen – Am 7. und 8. 10. 1989 wurden in Ost-Berlin Demonstrationen um den Palast der Republik, wo der Staatsakt stattfand, und im Prenzlauer Berg ge-waltsam von der Armee und der Staatssicherheit niedergeschla-gen, es kam zu zahlreichen Verhaftungen. Die Vorgänge wurden von oppositionellen Bürgerrechtlern dokumentiert.

389 *DER BEWUSSTE TAG* – Die von ES angeregte Einladung Kurt Ha-gers an einige Künstler zur Diskussion über die aktuelle politische Lage; vgl. Einträge 11. und 12. 9. 1989.
mehrmals wegen WT III – Bezug auf die Gespräche mit Hager zum »Wundertäter III«; vgl. Einträge 16. 3. / 27. 3., 12. 7. 1979.
Kamnitzer, Heimlichtuer – Vermutl. spielt ES auf die IM-Tätigkeit Kamnitzers seit 1978 an.

390 *die Schandtaten Shugaschwilis* – Die Verbrechen Stalins (eigtl. Dschugaschwili) waren seit dem XX. Parteitag der KPdSU (14. bis 25. 2. 1956) öffentlich bekannt.

H. KANT hat ... einen Artikel ... geschrieben – Hermann Kant: »Ein offener Brief an die Junge Welt«, in: »Junge Welt. Organ des Zentralrates der FDJ«, 9. 10. 1989. – Zu den Umständen der Veröffentlichung vgl. Gutschke, Hermann Kant, S. 164 ff.

Chef-Redakteur – Hans-Dieter Schütt.

als wir bei H. waren – Bezug auf die Besprechung bei Kurt Hager; vgl. Eintrag 9. 10. 1989.

391 *Die Bauernpartei* – Demokratische Bauernpartei Deutschlands (DBP).

Wir haben ... Foren und ... Organisationen genug – Mit der Begründung, dass es in der DDR ausreichend Möglichkeiten für gesellschaftliche Aktivitäten gebe, wurde die Zulassung des am 9./10. 9. 1989 gegründeten »Neuen Forums« abgelehnt. Nachdem immer mehr Menschen den Gründungsaufruf unterschrieben hatten, wurde es schließlich als politische Vereinigung zugelassen. Daneben entstanden aus der oppositionellen Bürgerbewegung weitere Gruppierungen wie der »Demokratische Aufbruch«, und die »Sozialdemokratischen Partei in der DDR« wurde gegründet.

statt des BIENKOPP ... WUNDERTÄTER III – Der Band erschien u. d. T. »Büdner und der Meisterfaun« bei Kiepenheuer & Witsch im Frühjahr 1990; vgl. Eintrag 14. 3. 1990.

392 *K. zum Fürsten unseres Landes gemacht* – Am 18. 10. 1989 wurde Egon Krenz vom ZK der SED als Generalsekretär der Partei gewählt, nachdem zuvor Erich Honecker abgesetzt worden war. Von der Volkskammer wurde Krenz am 24. 10. zum Vorsitzenden des Staatsrates und des Nationalen Verteidigungsrates gewählt; diese Funktion legte er nach massiven Protesten am 6. 12. 1989 nieder.

Antrittsrede – Krenz wiederholte im DDR-Fernsehen seine Rede, die er nach seiner Wahl im ZK der SED gehalten hatte.

394 *IN LEIPZIG 300 TAUSEND Leute auf den Strassen* – In zahlreichen Städten gab es Demonstrationen für die demokratische Erneuerung und gegen die bevorstehende Wahl von Krenz zum Staatsratsvorsitzenden; die größte war in Leipzig mit ca. 300 000 Menschen.

Das Interview, das Stoph im Fernsehen gab – Willi Stoph begründete die vom Staatsrat beschlossene Amnestie für Häftlinge, die wegen Republikflucht oder Demonstrationen verurteilt waren. Außerdem gab er die Wiedereinführung des zuvor ausgesetzten pass- und visafreien Reiseverkehrs in die ČSSR bekannt.

395 *von ihrem Geburtstagsbuch* – Vgl. Anm. zu S. 378.

396 *die Witwe des Grafen Arnim* – Clara von Arnim; sie war mit Baron Friedmund von Arnim verheiratet und flüchtete 1945 nach der Enteignung mit ihren sechs Kindern nach Westdeutschland; ihr Mann starb nach der Deportation in sowj. Haft.

dem vor dem Weltkrieg römisch II Zernikow und Schulzenhof gehörten – Das Vorwerk Schulzenhof war seit 1928 ein Ortsteil von Dollgow und damals bereits aufgeteilt und verkauft worden. Davor hatte es zum Gut Zernikow gehört, das seit dem 19. Jh. im Besitz der Familie von Arnim war.

Clara von Arnim ... hat ein Buch ... geschrieben – Clara von Arnim: »Der grüne Baum des Lebens. Lebensstationen einer märkischen Gutsfrau in unserem Jahrhundert«. Bern: Scherz Verlag 1989.

schildert ... den kurzen Besuch bei uns – Bei ihrem zweiten Besuch in der DDR 1978 kam Clara von Arnim auch nach Schulzenhof und besuchte dort u. a. Strittmatters; vgl. »Der grüne Baum des Lebens«.

ein Gedicht von Eva – EvaS: »Von Schulzenhof«, aus dem Band »Zwiegespräch«.

DIE GRÖSSTE DEMONSTRATION BISHER IN DER DDR – Von Künstlerverbänden iniitiert und organisiert, fand die erste nicht staatlich gelenkte Demonstration der DDR in Ost-Berlin statt. Sie endete mit einer Kundgebung auf dem Alexanderplatz. Die Angaben über die Zahl der Demonstranten schwanken zwischen 200 000 und einer Million.

397 *DIE MAUER ... hat ... Löcher gekriegt* – Auf der vom Fernsehen übertragenen Pressekonferenz am Abend des 9. 11. 1989 teilte Günter Schabowski eine neue, vom Ministerrat beschlossene Reiseregelung mit, die die Visaerteilung »ohne Vorausetzungen« vorsehe. Daraufhin setzte ein massenhafter Ansturm auf die Grenzübergangsstellen in Berlin und an der innerdeutschen Grenze ein. Am 10. 11. wurde die neue Reiseregelung als dauerhaft verkündet.

398 *Auch ich glaubte eine Weile* – Vgl. Eintrag 13. 8. 1989 sowie dritte Anm. zu S. 381.

»Begrüssungsgeld« – Die Bundesregierung stellte für Reisende aus der DDR seit 1970 eine finanzielle Unterstützung von zunächst zweimal jährlich 30,– DM, ab 1988 einmal jährlich 100,– DM zur Verfügung.

399 *DAS SED-PARTEIGEBILDE SACKT ... zusammen* – Am 1. 12. 1989 strich die Volkskammer den Führungsanspruch der SED aus Artikel 1 der DDR-Verfassung.

Arbeit als Lokalredakteur – ES war 1948–1951 angestellter Lokalredakteur der »Märkischen Volksstimme« in Senftenberg und Frankfurt/Oder.

399 *KRISENSITZUNG IM PARTEIHIMMEL* – Nachdem am 3. 12. 1989 mehrere Spitzenfunktionäre, u. a. Honecker, Stoph, Mielke, Sindermann, aus der Partei ausgeschlossen worden waren, traten auch Politbüro und ZK der SED zurück. Die Geschäfte führte ein Arbeitsausschuss, dem u. a. Gregor Gysi und Markus Wolf angehörten. – Am 13. 11. 1989 war Hans Modrow zum Vorsitzenden des Ministerrates und am 17. 11. ein neuer Ministerrat gewählt worden.

401 *die »neue« SED* – Auf dem am 8. 12. 1989 begonnenen Sonderparteitag der SED wurde Gregor Gysi zum Vorsitzenden gewählt; am 16. / 17. 12. 1989 erhielt die Partei den Zusatznamen »Partei des Demokratischen Sozialismus« (SED-PDS).
von ihrer neuen Heimstatt – Matthes St. hatte einen Hof in Groß Niendorf bei Schwerin erworben und plante einen Gewerbebetrieb für Fuhrgeschäfte und Holzverarbeitung.

404 *Das kann eine aufschlussreiche … Dokumentation ergeben* – Der Band »Die Lage in den Lüften« erschien 1990, er dokumentiert die Entstehung des »Wundertäters III« sowie den langwierigen Verlauf des Druckgenehmigungsverfahrens. ES stellte dafür Auszüge aus den Tagebüchern von 1973 bis 1980 zusammen.
Der P.-Sekretär – Der Parteisekretär.

406 *EVCHENS GEBURTSTAG* – EvaS hatte am 8. 2. 1990 ihren 60. Geburtstag; sie verbrachte ihn in Berlin.

407 *auf der ersten Seite … ein Gedicht* – Das ND brachte auf Seite 1 das vierzeilige Gedicht »Winter« von EvaS.

408 *Er muss vierzig Leute … entlassen* – Wie für die meisten DDR-Verlage brach mit der Konkurrenz aus den alten Bundesländern der Absatzmarkt des Aufbau-Verlags zusammen. Programm und Belegschaft mussten eingeschränkt werden; die Zahl der Mitarbeiter wurde schrittweise von 177 Mitarbeitern (Stand 1985) auf 120, schließlich auf 40 reduziert.

409 *UNVERHOFFTER … NACHMITTAGSBESUCH* – Achim und Helga von Arnim. – Die Darstellung des Gesprächs ist von ES literarisiert und kann nicht den Anspruch einer objektiven Wiedergabe erheben. Zur Interpretation des Besuchs durch Helga von Arnim-Gralla vgl. Leo, Die Biographie, S. 340 f.
auf ehemals gräflichem Eigentum – Vgl. zweite Anm. zu S. 396.

410 *die Vertreibung der Gutsbesitzer* – Im September 1945 wurden von den Länder- und Provinzialverwaltungen der SBZ Verordnungen zur Durchführung einer Bodenreform erlassen. Unter dem Motto »Junkerland in Bauernhand« wurde privater Grundbesitz über 100 Hektar entschädigungslos enteignet; betroffen waren mehr als 70 000 Großgrundbesitzer und Großbauern, von denen viele in die Westzonen flüchteten.

410 *BÜDNER UND DER MEISTERFAUN* – Vgl. Eintrag 13. 10. 1989 sowie dritte Anm. zu S. 391.

411 *DIESES IST DER TAG* – Wahl der Volkskammer, für die sich 24 Parteien und Listenvereinigungen bewarben; stärkste Kraft wurde innerhalb der »Allianz für Deutschland« die CDU (40,8 %), es folgten SPD (21, 9 %) und PDS (16,4 %).

412 *LOWA MIT TOCHTER MASCHA* – Lew Kopelew mit Maria, der Tochter seiner Frau Raissa (Raja) Orlowa-Kopelew aus ihrer 2. Ehe.
Wanderung im KAFKA – Bezug unklar.

413 *DICKMANN* – Eberhard Dieckmann.
Die Genossenschaft ist pleite – Da die bisher in der DDR übliche Genossenschaftsform nicht dem bundesdeutschen Wirtschaftsrecht entsprach, kam es zu einschneidenden Veränderungen bis zu Auflösungen dieser Produktionsform.
EVA … hat mit Henry ausgehandelt – Vgl. erste Anm. S. 374.

415 *der Tagebuch-Dokumentation* – Vgl. erste Anm. zu S. 404.

416 *DER WENDEHALS … beleidigt* – Der Begriff »Wendehals« wurde zur umgangssprachlichen Bezeichnung für opportunistisches Verhalten in der Zeit der sog. Wende.
die Journalistin MARLIS MENGE und den Fotografen MEISEL – Marlies Menge und Rudi Meisel waren 1977–1990 die einzigen akkreditierten Korrespondenten der »Zeit« in der DDR.

417 *Die M. stammt aus unserem Ländchen* – Marlies Menge übersiedelte 1950 von Potsdam nach Hamburg, 1961 nach West-Berlin, später wieder nach Potsdam.

418 *Die Eigentumsverhältnisse sind ungeklärt* – Ende 1989 bestand die SED-PDS darauf, dass der Aufbau-Verlag ihr gehöre, im Februar 1990 überführte sie ihn in Volkseigentum. Unter dieser Voraussetzung wurde der Verlag der Treuhandanstalt unterstellt, deren Aufgabe es war, früheres Volkseigentum zu privatisieren. 1994 stellte sich allerdings heraus, dass der Verlag nach wie vor dem Kulturbund, der ihn gegründet hatte, gehörte, jedoch weigerte sich die Treuhandanstalt, den Verlag vom Kulturbund zu erwerben. – Es folgte ein jahrelanger Rechtsstreit, den der Immobilieninvestor Bernd F. Lunkewitz zur Klärung der Besitzverhältnisse führte, nachdem er mit einem Konsortium weiterer Investoren den Verlag am 18. 9. 1991 von der Treuhandanstalt (vgl. Anm. zu S. 451) und ein zweites Mal 1995 vom Kulturbund gekauft hatte; vgl. Links, Das Schicksal der DDR-Verlage, S. 254 ff.
Reinhard Petri – Walther Petri.
als zweiter Bismark – Gemeint ist Helmut Kohl. – Otto von Bismarck hatte die Gründung des Deutschen Reiches forciert und war 1871–1890 dessen 1. Reichskanzler.

418 *1. Juli* – Am 1. 7. 1990 trat mit einem Staatsvertrag zwischen der BRD und der DDR die Währungs-, Wirtschafts- und Sozialunion in Kraft. Für die Umstellung der DDR-Währung in DM zum Kurs von 1:1 galt ein gestaffelter Umtauschkurs (für Erwachsene 4000, für Kinder 2000 und für Rentner 6000 DDR-Mark), darüber hinaus galt der Kurs von 2:1.

419 *bei der allerersten Geschichte* – Vermutl. Bezug auf den im »Kunstblatt der Jugend« 3/1928 veröffentlichten Text »Flock«.

IM OSTEN MIT DRECK – Bezug auf die parteipolitisch lancierte Kritik an »Ole Bienkopp«, »Die Cholera«, »Wundertäter III«.

420 *im Westen mit Mist* – Äußerungen von ES zum Mauerbau (vgl. dritte Anm. zu S. 381) lösten vor allem durch Peter Jokostras Intervention gegen die vom S. Fischer Verlag beabsichtigte Veröffentlichung des »Wundertäters« Medienkampagnen aus. Der S. Fischer Verlag stoppte 1961 die Auslieferung der vorbereiteten Auflage; vgl. Bd. I, zweite Anm. zu S. 157.

Die Folgen des Sturzes – Am 20. 7. 1990 beim Reiten auf Nurid.

421 *bei Brecht … in Weissensee* – ES wohnte 1952 zeitweise bei Bertolt Brecht und Helene Weigel in deren Haus in Berlin-Weißensee.

nie das Bedürfnis, etwas von Frisch zu lesen – ES las »Montauk«; vgl. Eintrag 8. 10. 1976.

GALSAN – Die letzte Begegnung zwischen ES und Galsan Tschinag fand 1986 statt; bei dem Besuch mit der Familie blieb Tschinag vier Tage in Schulzenhof.

nicht günstig über sein Verhalten als Lektor – ES an Günter Caspar, 3. 8. 1990 (Literaturarchiv der AdK: Autographen und unselbständige Sammlungen zur Literatur, Teilbestand Günter Caspar, Signatur 152/22). ES bezieht sich auf die Diskussionen um »Wundertäter III« vor dem Druckgenehmigungsverfahren im Verlag; vgl. Eintrag 21. 4. 1978 bzw. LL, S. 160. Er schreibt, dass er unsicher sei, wie Caspar die Aufzeichnungen aufnehmen wird: »Vielleicht gefällt Dir daran manches nicht. Du weißt, es gab Auseinandersetzungen auch zwischen uns. // Aber wie hätte ich anders dartun können, unter welchen Umständen bei uns in der Vergangenheit Bücher entstanden sind, in denen es dem Autor darum ging, einige Wahrheiten auszusprechen.« – Nachdem er das Buch gelesen hatte, deutet Caspar in seinem Antwortbrief vom 19. 11. 1990 (ebd.) zwar an, dass ihn die »massive Lektorenschelte« und bestimmte Unterstellungen, wie in der Notiz vom 21. 4. 1978, getroffen hätten, billigt ES aber »die Spontaneität des Tagebuchschreibers und die Verärgerung des Autors zu«. – Bei der Lektorin Helga Pankoke entschuldigte sich ES ebenfalls in einem Brief (29. 9. 1992, Privatbesitz) und dankte ihr auch in anderer Form für die Unterstützung seiner Arbeiten.

422 *Geldumtausch* – Vgl. vierte Anm. zu S. 418.

Ein Wehrdienstverweigerer als Verteidigungsminister – Rainer Eppelmann war Minister für Abrüstung und Verteidigung der letzten DDR-Regierung.

423 *Lesestunde* – ES las aus dem noch unveröffentlichten dritten Teil des »Ladens«.

Der neue Intendant – Siegfried Wein; er übernahm nach dem Rücktritt von Vera Oelschlegel die Leitung des Theaters im Palast.

424 *DIE LANDWIRTSCHAFTLICHE GENOSSENSCHAFT löst sich auf* – Vgl. Eintrag 8. 4. 1990 und zweite Anm. zu S. 413.

425 *Ursula Karusseit … wohnt in Köln* – Karusseit übersiedelte 1986 nach Köln, ab 1990 lebte sie wieder in Berlin mit Engagements als Schauspielerin und Regisseurin.

den Passus …, in dem es um das Plavius-Interview … geht – Vgl. LL, 11. 7. 1980, S. 219–223.

Kampagne, die gegen H. … im Westen läuft – Hermann Kant wurde vorgeworfen, seine Amtsführung als Präsident des SV zu eng an die politische Doktrin gebunden und Autoren geschadet zu haben. Kant selbst verstand seine Funktion als Vermittler zwischen SED-Führung und Schriftstellern; vgl. Gutschke, Hermann Kant. In diesem Sinne hatte Kant einige angegriffene Autoren unterstützt, wie z. B. ES während der Querelen um den »Wundertäter III«.

426 *Knut … ist Institutsleiter geworden* – Knut St. wurde 1990 zum Dozenten für Tierzucht (Schafe) und zum Leiter der Wissenschaftsbereiche Schafzucht, ab 1993 Tierzucht und Tierhaltung an der Universität Leipzig berufen.

427 *HERBSTMILCH* – Anna Wimschneider: »Herbstmilch. Lebenserinnerungen einer Bäuerin«. München: Pieper 1984.

429 *Der Buchhändler Ziemann* – Winfried Ziemann aus Buxtehunde engagierte sich besonders für die Propagierung der Werke von ES und EvaS und hatte eine gemeinsame Lesung für den 20. 11. 1990 organisiert, mit der ES sehr zufrieden war. – Seit dieser Begegnung gab es einen engen Kontakt zwischen Strittmatters bzw. ab 1994 zwischen EvaS und Ziemann bis zu dessen Tod.

430 *die Drei-Stunden-Fahrt … am Vortage* – Von Schulzenhof nach Berlin.

431 *Interview vom Mai* – Vgl. Eintrag 10. 5. 1990; das Interview »Schreiben für das Volk« von Marlies Menge (Text) und Rudi Meisel (Fotos) erschien im »Zeit-Magazin«, 50, 7. 12. 1990.

Pretnisolon – Prednisolon; entzündungshemmendes, antiallergisches Medikament.

mit dem komplizierten Unternehmen – Seit November 1990 hatte sich Matthes St. als Bauunternehmer in Groß Niendorf bei Schwerin selbständig gemacht.

432 *Bruno Sk.* – Bruno Skodowski.

433 *noch ein Jahr WEST* – Jakob St. schloss 1991 sein Bibliothekar-Studium ohne zusätzliche Verlängerung ab.
FIGARO – »Figaros Hochzeit«, Oper (Le nozze di Figaro, UA 1786) von Wolfgang Amadeus Mozart.

434 *einen ihrer Romane über ein Pferd* – Karin Struck: »Finale. Die Geschichte eines unentdeckten Pferdes«, Hamburg: Knaus Verlag 1981. Am 29. 1. 1991 äußert sich ES im Tagebuch zu dem Roman, den er als »einzigartiges Buch« bezeichnet, zumal die Autorin »mit großer Tiefe über die Verbindung Mensch – Pferd, Mensch – Tier überhaupt zu schreiben« weiß. Er befürchtet, dass diese Passagen »auf Kosten des Lebens der Verfasserin geschrieben sind« (Notiz vom 29. 1. 1991).

435 *DER KRIEG losgebrochen* – Nachdem der Irak am 2. 8. 1990 Kuwait überfallen und zur irakischen Provinz erklärt hatte, begann in der Nacht des 16. 1. 1991 mit UN-Mandat unter Führung der USA der 1. Irakkrieg (»Operation Wüstensturm«); er endete am 28. 2. 1991 mit der militärischen Niederlage des Iraks.

436 *der feiste Herr Kohl* – Helmut Kohl wurde vom Deutschen Bundestag am 17. 1. 1991 zum Bundeskanzler des vereinten Deutschlands ernannt.

437 *Amerikanerpräsident* – George W. Bush.

439 *Harmonie … in Hass* – Die bis 1991 in die SU eingegliederte Kaukasus-Region zerfiel 1991 in Nordkaukasien (mit Tschetschenien, Dagestan u. a.), das politisch zu Russland gehört, und Südkaukasien mit 7 Teilrepubliken (u. a. Aserbaidschan, Georgien).
MALEPOSTE – malle-poste (franz.) Postwagen.

441 *DIE HAUSBESETZER in der Mainzer-Strasse* – Nachdem im April 1990 Häuser in der Mainzer Straße (Berlin-Friedrichshain) von Jugendlichen besetzt worden waren, veranlasste der Berliner Senat am 12. 11. 1990 die Räumung von 13 Häusern; es kam zu gewaltsamen Auseinandersetzungen und massivem Polizeieinsatz. Die Rot-Grüne-Koalition des Senats zerbrach an diesen Ereignissen.

442 *Leseveranstaltung* – ES las aus »Laden III«.

443 *vier Tage werde ich in der Heimat sein* – ES hielt sich vom 27. bis 30. 5. 1991 in Bohsdorf und Spremberg für Aufnahmen zu einem Film über den dortigen Dialekt (»Ponaschemu«) auf, die Leitung hatte Prof. Georg Hansen von der FernUniversität Hagen. ES las aus dem »Laden«.
DER ZWEITE FILMTAG – Arbeit an dem Film »(Um-)Wege zu Laotse« von Holmar Attila Mück und Thomas Grimm für den DFF/Adlershof; Erstsendung 3. 10. 1991.

444 *WEIT, WEIT WEG* – Beginn eines Erzählfragments im Tagebuch. Dieser Anfang weist einige autobiographische Züge auf: die Le-

benssituation von ES 1940 in Saalfeld mit der Ehekrise, der schweren Arbeit in der Thüringischen Zellwolle AG, dem Auszug aus der Familienwohnung, dem Umzug nach Bad Blankenburg. In den Fortsetzungen (26. und 28. 6. 1991), die im Ausbildungslager der Reserve-Polizei einer sächsischen Kleinstadt spielen, geht es um die notorische Eifersucht des Mannes, der sich bei seinen Gedanken an die Untreue seiner Frau in entsprechenden Details verliert. – ES bricht den Versuch ab, den er offensichtlich selbst als literarisch missglückt einschätzt.

445 *Lange nicht eingeschrieben* – Am 13. 6. 1991 hatte ES einen Reitunfall, der eine Entzündung der Achillessehne zur Folge hatte; er musste strenge Bettruhe einhalten. Im Tagebuch beschreibt er sein Befinden und die Therapie des Beines, macht Notizen über Besucher, Lektüre und Reflexionen. Am 16. 6. beendet er eine erste Fassung von »Laden III«.

447 *DER PUTSCH DER MILITÄRS* – Am 18. 8. 1991 begann ein gegen das Reformprogramm der Regierung gerichteter Putsch von konservativen KPdSU-Funktionären und Teilen der Armee. Gorbatschow wurde in seinem Urlaubsort auf der Krim festgesetzt. Der vom russ. Präsidenten Jelzin organisierte Widerstand im belagerten Moskauer Regierungsgebäude konnte nicht niedergeschlagen werden, nachdem Teile der Armee den Gehorsam verweigert hatten. Der Putsch war am 21. 8. beendet.
MIT HEUTE ZERFÄLLT das Staatengebilde … Sowjetunion – Nach dem August-Putsch war die Position Jelzins als Repräsentant der Russischen Föderation gegenüber Gorbatschow gestärkt; am 24. 8. 1991 verbot er die KPdSU, deren Generalsekretär Gorbatschow war. Die Ukraine reagierte auf das veränderte Kräfteverhältnis innerhalb der Union der Sozialistischen Sowjetrepubliken mit Austritt, ihr folgten die baltischen Staaten. Gorbatschows Versuch, die SU als Konföderation zu erhalten, scheiterte. Die am 8. 12. gegründete Gemeinschaft Unabhängiger Staaten (GUS) von Weißrussland, Russland und der Ukraine beschloss am 21. 12. das Ende der UdSSR. Gorbatschow trat am 25. 12. 1991 zurück.

449 *der Fernsehfilm* – »(Um-)Wege zu Laotse«; vgl. zweite Anm. zu S. 443.

450 *Doktorin Schneider* – Helga Schneider; behandelnde Ärztin von ES in Gransee.

451 *DIE NEUEN INHABER DES AUFBAU-VERLAGES* – Am 18. 9. 1991 erwarb der Frankfurter Immobilieninvestor Bernd F. Lunkewitz den Aufbau-Verlag und den Verlag Rütten & Loening von der Treuhandanstalt. Als weitere Gesellschafter gehörten Thomas Grundmann, Eberhard Kossack und Ulrich Wechsler zu dem Investorenkonsortium; Elmar Faber blieb bis 1992 Verlagsleiter.

452 *JAKOB MUSSTE ZUR ARBEIT* – Jakob St. arbeitete im Bezirksamt Berlin-Prenzlauer Berg.

455 *seine zweite Frau* – Karin St.
Die drei Kinder – Johannes, Juliane, Ulrike St.
der Sohn – Christoph.

456 *Jo Maier* – Jo Baier
HERR JO MAIR – Jo Baier.

457 *LADEN-Verfilmung* – Der Fernsehfilm in drei Teilen nach der Roman-Trilogie »Der Laden« (Regie: Jo Baier, Drehbuch: Jo Baier, Ulrich Plenzdorf) hatte 1998 Premiere.
Grimme-Preisträger – Baier erhielt seinen ersten von vier Adolf-Grimme-Preisen 1989 für den Fernsehfilm »Schiefweg« (1988).
Dr. Erler – Gotthard Erler war seit 1990 Cheflektor des Aufbau-Verlags, seit 1992 auch Geschäftsführer.
Fotograf Prust – Günter Prust.
ES WAR NOCH NICHT DER TODESTAG – Vgl. »Vor der Verwandlung«, S. 5 ff.; für viele dieser »Aufzeichnungen«, vor allem für die mit Bezug auf den »Laden«, griff ES auf seine Tagebücher 1992 zurück; vgl. auch Eintrag 8.–12. 4. 1993. – Als Verursacher des Unfalls ermittelte die Cottbuser Polizei den Fahrer des Lastwagens (Notiz vom 2. 6. 1992).

458 *JO BEYER* – Jo Baier.

459 *FAHRT NACH LEIPZIG* – Lesung anlässlich der Leipziger Buchmesse.

460 *VOR DER VERWANDLUNG* – Vgl. zweite Anm. zu S. 328.

462 *Eva … schrieb ein Gedicht über diesen Zustand* – In dem Gedicht »Aus meinem Dorf«, in: »Mondschnee liegt auf den Wiesen«, appelliert EvaS an ihre Freunde in der Stadt: »Ich brauche die Verbindung zur Welt // In meinem Dorf. Schon aus diesem Grunde:// Helft mir und schreibt!«

463 *A.-Verlag* – Aufbau-Verlag.
der Herr Gysi – Gregor Gysi.
seinen Herrn Vater – Klaus Gysi; ES kannte ihn als Leiter des Aufbau-Verlags und als Minister für Kultur; vgl. Bd. I.

464 *Mit einem abtrünnigen CDU-Mann* – Peter-Michael Diestel; Januar bis Juni 1990 Generalsekretär der von ihm mitgegründeten Deutschen Sozialen Union (DSU), im August 1990 trat er in die CDU ein.
ein Komitee für Gerechtigkeit – Neben Gregor Gysi und Peter-Michael Diestel als Gründungsinitiatoren gab es prominente Unterstützung für diese Aktion, u. a. von Stefan Heym. Am 11. 7. 1992 wurde das Programm auf einer Pressekonferenz vorgestellt.

466 *Alles, was ich … reden und tun musste (?)* – Der bevorstehende 80. Geburtstag von ES wurde von den Medien mit Interviews, Artikeln und Filmaufnahmen vorbereitet.

466 *In Worpswede* – Damit ES und EvaS den Gratulationen zum Geburtstag entgehen konnten, holte Winfried Ziemann sie am 12. 8. 1992 ab und fuhr sie nach Worpswede, dann nach Buxtehude, wo ES am 14. 8. in Ziemanns Buchhandlung las; am 18. 8. fuhr Ziemann Strittmatters nach Schulzenhof zurück.

Der Barkenhof – Barkenhoff, ab 1895 von Heinrich Vogeler selbst gestaltete Wohn- und Arbeitsstätte in Worpswede und Zentrum der Künstlerkolonie.

467 *ZUSCHRIFTEN* – Am 6. 9. 1992 schreibt ES von »etwa 750 Sendungen«.

meine Interviews in der WOCHENPOST und in der MÄRKISCHEN – »Eins hin, zwei im Sinn«. ES im Gespräch mit Katharina Festner und York Gothart Mix, in: »Wochenpost«, 13. 8. 1992; »Nichts muß geschehen, nichts muß werden«. ES im Gespräch mit Karim Saab, in: »Wochenmagazin der Märkischen Allgemeine«, Ausgabe 31, 14. 8. 1992.

468 *die verspäteten Fernsehleute* – Für die Aufnahmen in der Sendung »Frühstücksfernsehen«.

Adelheids jüngster Sohn WERNI – Vermutl. ist der Enkel Vernando Hein gemeint.

des Direktors Rudi Sperlich – 1986 übergab Adelheid Hein die Leitung des Zirkus Hein ihrem Neffen Rudolf Sperlich und ihrem Enkel Vernando Hein.

469 *FABER … entlassen* – Am 8. 9. 1992 trennte sich Bernd F. Lunkewitz von Elmar Faber und übernahm selbst die Geschäftsführung.

FAHRT MIT DOKTOR ERLER – Cheflektor Gotthard Erler begleitete ES auf der Lesereise vom 15. bis 17. 9. 1992 nach Erfurt, Weimar, Suhl und Leipzig; vgl. auch die Tagebuch-Notate in VV.

470 *notgedrungen … nach Leipzig verkauft* – Vgl. Eintrag 31. 1. 1989.

AutogrammSammler-Schlange – ES schreibt in dieser Zeit mitunter Wortzusammensetzungen in dieser Form.

471 *ABFLUG VON TEGEL* – ES und EvaS flogen nach Frankfurt zur Buchmesse.

Frau Strella – Christa Streller.

Frau Tiecke – Jutta Schiecke; sie betreute ES und EvaS während der Buchmesse.

ZEUGEN DES JAHRHUNDERTS – Fernsehserie (ZDF) 1979–2004.

Der Interviewer – Alexander U. Martens; das Treffen diente der Vorbesprechung für die Sendung, die vom 30. 9. bis 2. 10. 1993 in Schulzenhof aufgezeichnet und am 15. 12. 1993 gesendet wurde.

Lowa und Edith – Lew Kopelew und Edith Kaiser.

INTERVIEW MIT RUMLER – Andreas Rummler für die »Deutsche Welle«.

471 *Mittenzwei … mit einem pseudo-gelehrten Buch* – Werner Mittenzwei: »Der Untergang einer Akademie oder Die Mentalität des
Ewigen Deutschen. Der Einfluß der nationalkonservativen Dichter an der Preußischen Akademie der Künste 1918 bis 1947«. Berlin, Weimar: Aufbau-Verlag 1992.

472 *die junge Frau Lunkewitz* – Daniela Amavia Lunkewitz.
Er hat Lowa Kopelew beleidigt – Bezug auf »Wolf Biermann antwortet seinen Kritikern in einem offenen Brief an Lew Kopelew«,
in: »Der Spiegel« 3/1992, 13. 1. 1992. – Biermann hatte in seiner
Dankesrede zur Verleihung des Büchner-Preises am 19. 10. 1991
ostdeutsche Autoren, besonders die der sog. Prenzlauer-Berg-
Szene, wegen Verwicklungen mit dem MfS scharf attackiert. Zu
den Kritikern der pauschalen Aburteilung gehörte Lew Kopelew,
dem Biermann im obengenannten Artikel zwar seine Verehrung
aussprach, andererseits aber vorwarf, »maßlos und arrogant« in
seiner Polemik gegen ihn geworden zu sein.
Frankfurter Oberbürgermeister – Andreas von Schoeler.
Das »Gerücht« um Hermann Kant – Die bisher geäußerten Vermutungen über Kants Beziehungen zum MfS erhielten mit einem
Bericht im »Spiegel« 41/1992 eine neue Qualität. Mit Dokumen-
ten aus der Stasi-Behörde wurde belegt, dass Kant von 1963 bis
1976 vom MfS als IM »Martin« erfasst worden war. – Vgl. Karl
Corino (Hrsg.): »Die Akte Kant«. Reinbek: Taschenbuch Verlag
1995. Kant selbst bestreitet eine Zusammenarbeit mit dem MfS
als Informant (vgl. Gutschke, Hermann Kant, S. 113–116) und
führte entsprechende Unterlassungsklagen gegen deutsche Medien.
von unserem kleinen SchutzEngel – Jutta Schiecke.

473 *Buch über den Hamsun-Prozess* – Thorkild Hansen: »Knut Hamsun. Seine Zeit, sein Prozess«. EA: München, Wien: Verlag Langen
Müller 1978.
nach dem Unfall – Vgl. Eintrag 15. 4. 1992.
im SPIEGEL – Vgl. vierte Anm. zu S. 472.

474 *»Freundesland«* – Rut Brandt: »Freundesland. Erinnerungen«.
Hamburg: Hoffmann und Campe Verlag 1992.
KNUT HAMSUN – SEINE ZEIT – SEIN PROZESS – Thorkild Han-
sen: »Knut Hamsun. Seine Zeit, sein Prozess«, a. a. O.
Robert Fergusons Hamsun-Biographie – Robert Ferguson: »Knut
Hamsun. Leben gegen den Strom«. München, Leipzig: List Verlag
1987.

475 *NACH GREIFSWALD* – Beginn einer weiteren Lesereise bis 16. 10.
1992.
Mainzer Fernseh-Leute – Das Zweite Deutsche Fernsehen (ZDF)
hat seinen Sitz in Mainz; zur Reportage vgl. Eintrag 16. 10. 1992.

475 *INTERVIEW MIT DR. TRAUB* – Rainer Traub; das Interview erschien in:»Der Spiegel« 45/1992.

476 *HEIMFAHRT OHNE ZWISCHENFÄLLE* – ES hatte vom 20. bis 22. 10. 1992 Lesungen in Spremberg, Cottbus, Forst und besuchte zwischendurch den Bruder in Bohsdorf.
die Wohnung von Schwiegermutter Hedwig – Hedwig Braun kam in ein Pflegeheim.

477 *GESPRÄCHE MIT HUBERTUS* – Hubertus Giebe hielt sich seit dem 24. 10. 1992 in Schulzenhof auf.
Mike Hamburger – Maik Hamburger.
das Interview – Vgl. dritte Anm. zu S. 475.
Emily – Renate Schreier.

478 *der Tod ASSANS* – Vgl. Eintrag 8. 4. 1980.

481 *Hamsuns letzte Jahre* – Vgl. dritte Anm. zu S. 474.
vor der Operation – ES hatte sich zu einer Operation des Leistenbruchs entschlossen, der ihn am Reiten hinderte.

484 *AUF DEN MARMORKLIPPEN* – Roman (1939) von Ernst Jünger.
in SINN UND FORM Auszüge aus seinem Tagebuch – »Sinn und Form« 1/1993.

485 *im Krankenhaus* – ES war vom 8. bis 26. 2. 1993 im Bundeswehrkrankenhaus in Berlin zur Operation seines Leistenbruchs. In den knappen Notizen zu dieser Zeit erwähnt er u. a., dass die Untersuchungen den bisher medizinisch unterschiedlich bewerteten Tumorverdacht in der Lunge bestätigt hätten; die Operation des Leistenbruchs erfolgte am 17. 2. (Notiz vom 5. 2. 1993).

486 *Geschichten vom Vorwerk … versprochen* – Der Schluss des dritten Teils vom »Laden« lautet:»Zunächst muß ich wohl noch etwas über mein Vorwerk und seine Bewohner schreiben, über das Vorwerk, auf dem ich vierzig Jahre meines Lebens zubrachte. Vorwerk – das Wort ist so schön doppeldeutig.«

488 *meine VORWERKS-Geschichten* – Vorarbeiten für »Vor der Verwandlung«; vgl. Eintrag 28. 3. 1993.
Strauss-Sohn – Franz Josef Strauß hatte zwei Söhne: Max und Franz Georg Strauß.

490 *»Kasse« eines Bordells* – Aus dem Stoff entstand die Erzählung »Greise Rivalen«; vgl. »Geschichten ohne Heimat«, S. 149–152.
der AutoUnfall – Vgl. Eintrag 15. 4. 1992; ES benutzt das Ereignis für den Anfang von »Vor der Verwandlung«.
die Geschichte von der angedrohten Erschiessung … in Wallern – Vermutl. Bezug auf ein persönliches Erlebnis nach der Einnahme Wallerns durch die US-Army; ES hielt sich während des Kriegsendes dort auf; vgl. Anm. zu S. 182. Da die beiden anderen genannten Motive tatsächlich in die Fassung eingegangen sind (vgl. VV, S. 5–9 bzw. S. 40 f.), ist es möglich, dass ES vorhatte, die Wal-

lern-Geschichte ebenfalls später einzufügen; Vorarbeiten dazu konnten im Nachlass bisher nicht ermittelt werden.

490 *der ungewollte Selbstmord* – ES vermerkte im Tagebuch am 12. 9. 1966 (vgl. Bd. I, S. 276) den Tod von Elise Fülster.

492 *weil er Eva und mich … beschimpfte* – Die Freundschaft zwischen Alfred Wellm und Strittmatters war zwar dauerhaft, es gab aber zwischenzeitlich Spannungen, die u. a. durch unterschiedliche literarische Positionen bedingt waren.

494 *Journalist STADE und sein Fotograf* – Heinz Stade, Günter Pambor; der Beitrag erschien am 14. 8. 1993 in der »Thüringer Allgemeinen«.

496 *Treuhandgesellschaft* – Vgl. erste Anm. zu S. 418.

499 *für die Sendereihe ZEUGEN DES JAHRHUNDERTS* – Vgl. vierte Anm. zu S. 471.

500 *FAHRT NACH BOHSDORF* – ES fuhr allein mit dem neuen Wagen (wieder ein Audi). Anlass war der Geburtstag des Bruders. Der Bericht über diese Fahrt in die Niederlausitz erstreckt sich im Tagebuch bis zum 28. 10. 1993.

503 *meine Sendung »Zeugen des Jahrhunderts«* – Vgl. Eintrag 30. 9./ 2. 10. 1993.
der ROTE BARON – Manfred von Ardenne, er entwickelte die Sauerstoff-Mehrschritt-Therapie.

505 *die Sängerin N.* – Angelika Neutschel.
Sohn Erwin nahm das zum Anlass – Nach Aussage von Erwin Berner bezog sich seine Kritik nicht auf die Leistungen von Inge Keller, sondern auf die Klassifizierung Kellers als »große Dame des deutschen Theaters«.

506 *Und damit soll das alte Jahr beschlossen sein* – Letzter Eintrag im Heft mit der Datierung 9. 11. 1993–4. 1. 1994. ES begann das neue Heft mit dem Eintrag 5. 1. 1994.

509 *Der Sohn unseres Nachbarn* – Frank Hoffmann, er starb nach einem Autounfall.

510 *die AMERIKANISCHE* – Dorothea Jurischka; Großmutter von ES; die »Amerikanische« genannt, weil sie mit ihrem ersten Mann Franz Josef St. kurzzeitig in Amerika lebte.
TANTE ADELHEID – Adelheid Hein.
Reso – Reso Karalaschwili.
»Berlin Kurier« – »Strittmatters Sohn lehnte neues Herz ab«, in: »Berliner Kurier«, 11. 1. 1994.

Chronik

1912 14. 8.: Geburt von Erwin Strittmatter in Spremberg. Vater: Heinrich Strittmatter, Mutter: Helene Strittmatter, geb. Kulka.
1919 Ostern: Einschulung in Graustein. Juni: Übersiedlung der Familie nach Bohsdorf.
1924 Realgymnasium in Spremberg.
1929 Abbruch der Schule.
1930 Bäckerlehre in Spremberg.
1931 Fortsetzung der Bäckerlehre in Pretzsch.
1932 April: Abschluss der Lehre als Bäckergeselle. Arbeit in der Bäckerei des Vaters in Bohsdorf. Zusätzliche Gelegenheitsarbeiten, u. a. Zucht von Angorakaninchen, Zeitungsausträger.
1934 Kurzfristige Inhaftierung durch SA in Döbern.
1935 April – Oktober: Leiter der Tierzuchtfarm »Diwa« in Dinslaken (Niederrhein), November (bis Januar 1936) Volontär in den Ortenburgischen Zuchtbetrieben Tambach (Oberfranken). Bekanntschaft mit Waltraud Kaiser.
1936 September (bis Mai 1937): Angestellter bei Hedwig Ruetz in Beulwitz (Saalfeld). Erstes Romanmanuskript »Tians Heimkehr«.
1937 Juni bis September: Pferdepfleger bei der Heeresstandortverwaltung Saalfeld. September bis Oktober: Hilfsarbeiter in der Thüringischen Zellwolle AG Schwarza. November (bis Mai 1938): Geflügelzüchter auf dem Mühlgut in Reschwitz bei Saalfeld. 4. 11.: Heirat mit Waltraud Kaiser.
1938 Geburt des Sohnes Ulf. Wohnung in Saalfeld, Saalwiesen 2. Juni bis August: Hilfsarbeiter in der Optischen Anstalt Saalfeld. August bis Oktober: Montagehelfer beim Maschinenbaubetrieb Darmstadt, ab Oktober: Hilfsarbeiter in der Thüringischen Zellwolle AG Schwarza.
1939 Geburt des Sohnes Knut.
1940 Erster Bruch mit Ehefrau Waltraud. November: Wohnung in Bad Blankenburg. Facharbeiter in der Thüringische Zellwolle AG Schwarza (bis 20. 2. 1941).
1941 1. 3.: Einberufung als Reserve-Polizist zum Polizeibataillon 325, Halle, das 1942 als III. Bataillon in das Polizei-Gebirgsjäger-

Regiment 18 integriert wurde. Ausbildung in Eilenburg. Rang: Wachtmeister/Oberwachtmeister. Oktober: Stationierung und Einsatz zur Partisanenbekämpfung in Krainburg (Kranj/Slowenien). Ende Oktober bis 20. 12.: Einsatz in Krakau.

1942   Januar: Wieder Stationierung in Krainburg und Einsatz in Slowenien. Seit März: Schreiber des Bataillons. Mai bis Juli und Oktober: Weitere Spezialausbildung des Bataillons als Gebirgsjäger in Reutte (Tirol). Strittmatter lernt Monette Schober kennen. Juli bis September erneuter Einsatz in Oberkrain. Ab November: Verlegung des Regiments nach Finnland (Karelien).

1943   Umbenennung von Strittmatters 1942 neu formiertem Regiment in »SS-Polizei-Gebirgsjägerregiment Nr. 18«, das Teil der Ordnungspolizei bleibt. Ab Juli: Verlegung des Regiments nach Griechenland. Oktober: Besetzung der Kykladen, Stationierung des Bataillonstabs auf der Insel Naxos.

1944   Januar: Abzug von Naxos, Verlegung des Regiments auf das Festland und Einsätze. Frühjahr: Strittmatter verlässt Griechenland, ab Sommer: Kriegsberichter für die Film- und Bildstelle der Ordnungspolizei, Standort Berlin-Spandau. Bekanntschaft mit Anna Angermann.

1945   Januar: Scheidung der ersten Ehe. Vermutl. April: Strittmatter taucht in Wallern/Südböhmen unter. Mai: Geburt des Sohnes Uwe (Mutter: Anna Angermann). Juni: Rückkehr nach Saalfeld. Arbeit als Gärtner auf dem Obstgut Gehlen. November: Umzug mit Sohn Knut zu den Eltern nach Bohsdorf. Arbeit als Bäcker, Neubauer, Kleintierzüchter. Erste Veröffentlichungen von Erzählungen.

1946   20. 8.: Heirat mit Anna Angermann. Beginn der Arbeit am *Ochsenkutscher*.

1947   Mitglied der SED. Amtsvorsteher und Standesbeamter für den Amtsbezirk Bohsdorf. Volkskorrespondent. Veröffentlichung von Kurzgeschichten und Reportagen.

1948   Anstellung als Lokalredakteur der »Märkischen Volksstimme« in Senftenberg und Frankfurt/O.

1949   Geburt des Sohnes Thomas. Umzug mit der Familie nach Spremberg, Leipziger Str. 5.

1950   Mitglied des Landesvorstands Brandenburg des DSV, Leiter der Arbeitsgemeinschaft »Junge Autoren«. Wohnung in Spremberg, Johann-Strauß-Str. 1. *Ochsenkutscher* (Roman).

1951   Beendigung der Tätigkeit als Redakteur; freier Schriftsteller. Laienspiel: *Die neue Straße von Katzgraben*.

1952   Seit Februar Bekanntschaft mit Eva Braun. Beginn der gemeinsamen Arbeit mit Bertolt Brecht am Stück *Katzgraben*. Strittmatter lebt zunächst in Schmalenberg bei Erkner, dann vorübergehend im Berliner Künstlerclub »Die Möwe«, später in der Wohnung von Helene Weigel und Bertolt Brecht in Berlin-Weißensee. Mitglied des Bezirksverbands Berlin des DSV, Mitglied des zentralen Vorstands des DSV und der Kommission für Nachwuchsförderung.

1953 Gemeinsame Wohnung mit Eva Braun und ihrem Sohn Ilja aus erster Ehe in der Berliner Stalinallee 107. 3. 5.: Premiere des Stücks *Katzgraben* am Berliner Ensemble. Geburt des Sohnes Erwin. *Eine Mauer fällt* (Erzählungen). Erster Nationalpreis der DDR von insgesamt fünf (1955, 1964, 1976, 1984).

1954 Juni: Mit Bertolt Brecht nach Amsterdam und Paris. Scheidung der zweiten Ehe. Ab Juli: Hauptwohnsitz von Erwin Strittmatter und Eva Braun wird Schulzenhof bei Gransee, Zweitwohnung in Berlin, Stalinallee 22. Ab November lebt auch Sohn Knut in Schulzenhof. *Tinko* erscheint im Kinderbuchverlag; *Ochsenkutscher* als Neuausgabe im Aufbau-Verlag, der Strittmatters Stammverlag wird.

1956 14. 6.: Heirat mit Eva Braun. Dritter Vorsitzender des DSV. Arbeit am Filmszenarium *Tinko* zus. mit Eva Strittmatter.

1957 *Tinko* (DEFA-Film). *Der Wundertäter* (Roman. Erster Teil).

1958 Mitglied der LPG Dollgow. Geburt des Sohnes Matthes. Anwerbung als Geheimer Informant durch das MfS, Kontakte bis 1961.

1959 Februar: 1. Sekretär des DSV. *Pony Pedro* erscheint im Kinderbuchverlag. Vaterländischer Verdienstorden der DDR in Silber. Mitglied der Akademie der Künste.

1960 Juli: Gesundheitlicher Zusammenbruch. Vorläufige Entbindung von der Verbandsfunktion. 6. 10.: Premiere des Stücks *Die Holländerbraut* am Deutschen Theater, Berlin.

1961 Mai: Offizielle Entlastung von der Funktion des 1. Sekretärs des DSV. Wegen Strittmatters öffentlicher Zustimmung zum Bau der Berliner Mauer stoppt der S. Fischer Verlag die Auslieferung seiner bereits gedruckten Ausgabe des *Wundertäters*.

1963 11. 3.: Abschluss der Arbeit am Roman *Ole Bienkopp*. Geburt des Sohnes Jakob. November: Nach intensiver parteiinterner Kritik erscheint *Ole Bienkopp*; kontroverse öffentliche Diskussionen um den Roman in den nächsten Monaten.

1964 Herz-Kreislauf-Erkrankung, lange Rekonvaleszenz.

1965 Adoption von Eva Strittmatters Sohn Ilja aus ihrer ersten Ehe. Im Sigbert Mohn Verlag, Gütersloh, erscheinen *Ole Bienkopp*, *Ochsenkutscher*, *Der Wundertäter*.

1966 *Schulzenhofer Kramkalender*. Fontane-Preis.

1967 Nach Abdruck der Erzählung *Die Cholera* in der Zeitschrift NDL 6/1967 Verbot der weiteren Publikation.

1968 Im Redaktionsbeirat von »Sinn und Form« (bis 1978).

1969 *Ein Dienstag im September. 16 Romane im Stenogramm.*

1971 *3/4hundert Kleingeschichten.*

1972 März: Beendigung der Bauarbeiten für ein neues Wohn- und Arbeitshaus. *Die blaue Nachtigall oder Der Anfang von etwas.* Auszeichnung mit dem Banner der Arbeit.

1973 *Der Wundertäter* (Roman. Zweiter Band). Beginn der Arbeit am Roman *Der Laden.* Stellvertretender Vorsitzender des DSV.

1974 Mai: Erstmals zur Kur in Piešt'any, mit Eva Strittmatter jährlich bis 1986. Karl-Marx-Orden.

1975 Kunstpreis des FDGB.

1976 Nationalpreis der DDR für das Gesamtwerk.

1977 *Meine Freundin Tina Babe. Drei Nachtigall-Geschichten.* / Mit 23 Illustrationen von Hubertus Giebe: *Sulamith Mingedö, der Doktor und die Laus. Geschichten vom Schreiben.*

1978 Auf eigenen Wunsch aus dem Präsidium des SV ausgeschieden. Kunstpreis des FDGB. Oktober: Strittmatter übergibt dem Aufbau-Verlag das Manuskript des dritten Bandes des *Wundertäters.*

1979 September: Nach diversen Versuchen, das Buch aus politischen Gründen zu verhindern, wird die Druckgenehmigung für den *Wundertäter* erteilt.

1980 *Der Wundertäter* (Roman. Dritter Band).

1981 *Selbstermunterungen* (Aphorismen).

1982 *Wahre Geschichten aller Ard(t). Aus Tagebüchern.* Vaterländischer Verdienstorden der DDR in Gold.

1983 *Der Laden* (Roman. Erster Teil).

1984 Nationalpreis der DDR für das Gesamtwerk.

1985 *Grüner Juni. Eine Nachtigall-Geschichte.*

1987 *Der Laden* (Roman. Zweiter Teil). Ehrendoktor der Agrarwissenschaften an der Hochschule für Landwirtschaft in Meißen. Ehrenbürger von Dollgow. Begegnung mit Halldór Laxness in Island.

1988 Ehrenbürgerschaft der Kreisstadt Spremberg.

1990 Januar: Austritt aus der SED. *Die Lage in den Lüften. Aus Tagebüchern.*

1991 Austritt aus der Akademie der Künste.

1992 *Der Laden* (Roman. Dritter Teil). *Flikka. Eine Geschichte.* Beginn der Arbeit an *Vor der Verwandlung.* Letzte große Lesereise. Verfilmung der Roman-Trilogie *Der Laden.*

1993 Februar: Operation des Leistenbruchs, zunehmende Schwächung des Gesundheitszustandes.

1994 6. 1.: Tod des Sohnes Matthes.

　　　31. 1.: Erwin Strittmatter stirbt in Schulzenhof.

　　　5. 2.: Beisetzung auf dem Friedhof in Schulzenhof.

Abkürzungsverzeichnis

Archive

AAV	Archiv des Aufbau-Verlages (Depositum 38) in der Staatsbibliothek zu Berlin – Preußischer Kulturbesitz, Berlin
BStU	Behörde für die Unterlagen des Staatssicherheitsdienstes der DDR, Berlin
ESA	Erwin Strittmatter Archiv (Depositum) im Literaturarchiv der Akademie der Künste, Berlin
EvaSA	Eva Strittmatter Archiv (Depositum) im Literaturarchiv der Akademie der Künste, Berlin
SAPMO BArch	Stiftung Archiv der Parteien und Massenorganisationen der DDR im Bundesarchiv, Berlin

Allgemeine Abkürzungen

AdK	Akademie der Künste, Berlin
Anm.	Anmerkungen
BE	Berliner Ensemble
DAK/AdK	Deutsche Akademie der Künste (1950–1974) / Akademie der Künste der DDR (1974–1990)
DAW	Deutsche Akademie der Wissenschaften
DEFA	Deutsche Film AG
DSV	Deutscher Schriftstellerverband
dt.	deutsch
e.	entstanden
EA	Erstauflage
ED	Erstdruck
EV	Erstveröffentlichung
FDGB	Freier Deutscher Gewerkschaftsbund (der DDR)
FDJ	Freie Deutsche Jugend
hs.	handschriftlich
HUB	Humboldt-Universität zu Berlin
HV	Hauptverwaltung Verlage im Ministerium für Kultur der DDR

IM	Informeller Mitarbeiter (des MfS)
KPdSU	Kommunistische Partei der Sowjetunion
Kulturbund	Kulturbund zur demokratischen Erneuerung Deutschlands
LPG	Landwirtschaftliche Produktionsgenossenschaft
MfK	Ministerium für Kultur
MfS	Ministerium für Staatssicherheit der DDR
ms.	maschinenschriftlich
ND	»Neues Deutschland«, Tageszeitung, 1946–1989 Zentralorgan der SED
NDL/ndl	Neue deutsche Literatur/neue deutsche literatur. Hrsg. vom Deutschen Schriftstellerverband / Schriftstellerverband der DDR
NT	Das Neue Testament in der deutschen Übersetzung von Martin Luther
NVA	Nationale Volksarmee der DDR
o. D.	ohne Datum
S.	Seite
SBZ	Sowjetische Besatzungszone Deutschlands
SED	Sozialistische Einheitspartei Deutschlands (1946–1989)
sowj.	sowjetisch
SU	Sowjetunion
SV	Schriftstellerverband
UA	Uraufführung
u. d. T.	unter dem Titel
UdSSR	Union der Sozialistischen Sowjetrepubliken
VEB	Volkseigener Betrieb
VEG	Volkseigenes Gut
ZK	Zentralkomitee der Sozialistischen Einheitspartei Deutschlands
//	Kennzeichnung für Zeilenbrechung bzw. Absatz

Bücher

BaS I / II / III Eva Strittmatter: Briefe aus Schulzenhof Band I (1965 bis 1975) / Band II (1976–1980) / Band III (1981–1992). Berlin: Aufbau Taschenbuch Verlag 1996

Biographie in Bildern Erwin Strittmatter. Eine Biographie in Bildern. Hrsg. von Eva Strittmatter und Günther Drommer. Berlin: Aufbau-Verlag 2002

Gutschke, Hermann Kant Irmtraud Gutschke: Hermann Kant. Die Sache und die Sachen, Berlin: aufbau taschenbuch 2011

Leo, Die Biographie Annette Leo: Erwin Strittmatter. Die Biographie. Berlin: Aufbau Verlag 2012

Werkregister

Romane/Erzählungen

* Der Text »Matt und der Alte auf Island« wurde in dem von Eva Strittmatter herausgegebenen Band »Geschichten ohne Heimat« (2002) erstveröffent-
licht.

Stücke

Filmszenarium zus. mit Eva Strittmatter

Publizistik

Projekte

Personenregister

* Der von Eva Strittmatter herausgegebene Band »Kalender ohne Anfang
und Ende. Notizen aus Piešťany« (2003) stützt sich auf Vorarbeiten Erwin
Strittmatters, zu denen die im Tagebuch erwähnten Notizen gehören.

Zu dieser Ausgabe

Die Edition beschließt die zweibändige Auswahl aus den Tagebüchern Erwin Strittmatters von 1954 bis 1994. Dieser zweite Band umfasst den Zeitraum vom 1. Januar 1974 bis zum 26. Januar 1994, wenige Tage vor Strittmatters Tod, und beruht auf den Tagebüchern, die sich zurzeit noch im Privatarchiv des Erben befinden und zur Übergabe an die Akademie der Künste, Berlin, vorbereitet werden. Es handelt sich um 249 Hefte im DIN-A6-Format sowie um ein Typoskript von 63 Seiten mit Tageseintragungen für die Zeit vom 5. Juni bis 9. September 1979.

Die Hefte haben unterschiedliche Umfänge von ca. 50 bis ca. 145 Seiten. Bis auf die Typoskriptseiten sind alle Eintragungen handschriftlich.

Der Materialumfang von ca. 20 000 Seiten machte es unumgänglich, für diese Edition eine Auswahl vorzunehmen. Stark reduziert oder ausgelassen wurden aus diesem Grund vor allem Wiederholungen in den Reflexionen. Die Darstellung der Arbeitsphasen jener Werke, mit denen Erwin Strittmatter in dieser Zeit befasst war, musste verkürzt werden; das betraf auch die Dokumentation der Entstehung des 3. Bandes der »Wundertäter«-Trilogie und der Vorgänge um Druckgenehmigung und Auslieferung des Romans. Erwin Strittmatter hat die entsprechenden Tagebuchnotizen mit geringfügigen Bearbeitungen in den Band »Die Lage in den Lüften« (1990) aufgenommen. Gekürzt oder ausgelassen wurde aus persönlichkeitsrechtlichen Gründen die Darstellung intimer Details, die das Privatleben der Familie und von Freunden betreffen.

Auslassungen sind mit [...] gekennzeichnet. Am Ende einer Tageseintragung mussten sie aus technischen Gründen angehängt werden, stehen aber nicht für eine thematische Fortsetzung der Notiz, sondern für die Auslassung weiterer Passagen.

Die Wiedergabe der Tagebuchaufzeichnungen erfolgt buchstaben- und zeichengetreu. Offensichtliche Schreibversehen wurden stillschweigend korrigiert, falsche Namensschreibungen dagegen nicht berichtigt.

Die konsequente Verwendung von ss statt ß ist eine durchgehende Eigenart Strittmatters in seinen handschriftlichen Texten. Bei den maschinenschriftlichen Seiten, die vermutlich Abschriften von Tonbanddiktaten darstellen, wird korrekt ß verwendet, bei seinen handschriftlichen Korrekturen des Textes verwendet Strittmatter dagegen wieder ss.

Ergänzungen und Zusätze der Herausgeberin stehen in eckigen Klammern. Hervorhebungen von Textstellen durch Unterstreichungen oder Einkästelungen sind kursiv wiedergegeben. Farbige Markierungen konnten nicht berücksichtigt werden. Absätze nach einer in Großbuchstaben geschriebenen ersten Zeile wurden nicht übernommen. Zeitweise bevorzugte Strittmatter innerhalb eines Satzes Zeilenbrechungen, die aus Umfanggründen nicht übernommen werden konnten.

Die Anordnung von Ort und Datum in der Kopfzeile wurde normiert, die Schreibweise der Daten und Tage beibehalten.

Für die Kommentierung zeitgeschichtlicher Vorgänge und Angaben zu Personen wurde neben den im Abkürzungsverzeichnis genannten Büchern hauptsächlich benutzt:

Wer war wer in der DDR? Ein Lexikon ostdeutscher Biographien. Hrsg. von Helmut Müller-Enbergs u. a. In Kooperation mit der Bundesstiftung zur Aufarbeitung der SED-Diktatur. Berlin: Ch. Links Verlag 2010 (5., aktual. und erw. Neuausgabe, 2 Bde.).

Ich danke Jakob Strittmatter, dem Erben der Urheberrechte Eva und Erwin Strittmatters, für den Zugang zu den Tagebüchern und für die großzügige Regelung bei der Nutzung der zurzeit noch unaufgearbeiteten Nachlässe von Erwin und Eva Strittmatter sowie für seine Informationen bei der Personenrecherche. Erwin Berner danke ich für die engagierte Unterstützung der Edition sowie für wichtige Hinweise bei der Auswahl und der Kommentierung.

Weiter bedanke ich mich für Hilfe am Zustandekommen der Arbeitsgrundlagen für diese Edition bei Constanze Holtz-Baumert, Margit Stragies und Helga Thron.

Für Informationen und Hinweise danke ich Bernd-Rainer Barth (Berlin); Sigrid Damm (Berlin); Gunnar Decker (Berlin); Anne Flierl (Berlin); Magdalena Frank (Berlin); Hubertus Giebe (Dresden); Ruth Glatzer (Berlin); Lars Herde (Süderholz); Karin Jesussek (Döbern); Wolfgang Kielblock (Dollgow); Edith Kaiser (Frankfurt a. M.); Katja Kühler (Berlin); Annette Leo (Berlin); Volker Michels (Offenbach); Fritz Mierau (Berlin); Holmar Attila Mück (Berlin); Ranghild Pannusch (Bohsdorf); Helga Pankoke (Berlin); Sarah Schaaf (Berlin); Bruno Skodowski (Fürstenberg); Ilja Strittmatter (Sadelkow); Knut Strittmatter (Leipzig); Thomas Strittmatter (Hohen Neuendorf); Volker Strittmatter (Forst); Kathrin Strittmatter-Polfers (Geldern); Erdmut Wizisla (Berlin).

Den Archivarinnen und Archivaren des Literaturarchivs in der Akademie der Künste, Berlin, danke ich für die freundliche Unterstützung, besonders Elfe Raasch, Franka Köpp, Sabine Wolf und den Mitarbeiterinnen des Besucherservice.

A. G.

Inhalt

Tagebücher 1974–1994

Anhang